구도 여행과
소리 없는 소리

김 우타

하모니

김우타

동서양 가르침(불교, 기독교, 카발라, 영지주의, 티베트 밀교)을 공부하고 있으며 고대로부터 비밀리 전해진 지혜를 연구하고 있다.
저서: 구도여행: 삶의 의미를 찾아서
　　　소리 없는 소리: 고대 지혜 가르침
　　　완성의 길: 세상 속으로 (2011년 하반기 출간 예정)

구도여행과 소리 없는 소리

지은이 / 김우타
펴낸이 / 김태항
펴낸곳 / 하모니
출판등록 / 2009년 5월 7일 제 2009-03호
초판 1쇄 인쇄 / 2011년 8월 29일
초판 1쇄 발행 / 2011년 9월 01일

주소 / 충청북도 제천시 하소동 353번지 203-605호
전화 / (043)920-7306 010-4289-0093
E-mail / taucross@naver.com

ISBN 978-89-962619-6-4 03200

ⓒ김우타, 2011, Printed in Korea

구도 여행(개정판)

-삶의 의미를 찾아서-

Journey Seeking for Truth

−Looking for Life's Meaning−

차 례

서문 / 6
제1장　회상 / 11
제2장　타우의 집 / 21
제3장　여행 / 91
제4장　인연 / 157
제5장　삶의 수레바퀴 / 271

서 문

　행복은 내면의 평화에서 나온다. 사람들이 행복을 보장한다고 믿는 명예나 재산, 가족, 연인, 그 모두는 외부 조건일 뿐이다. 외부조건은 언제 어떻게 변할지 모른다. 우리의 행복이 가변적인 외부조건에 의존한다면 그 행복은 늘 불안한 행복일 수밖에 없는 운명이다.

　참 행복은 가난 속에서도, 역경 속에서도, 모두가 떠나고 혼자 남은 속에서도 언제나 우리와 함께 한다. 우리는 그 영원불멸하는 참된 행복을 찾아서 길을 떠나야 한다. 그 길은 외부에 있는 것이 아니라 우리 내면에 있다.

　자신이 찬란히 빛나는 신의 분신임을 알게 될 때 우리는 신의 영광과 평화 그리고 조화 속에 살아갈 수 있다. 불행히도 우리는 너무 오랫동안 행복의 원천이 우리 내부에 있음을 잊어왔다. 이제 조용히 관심을 내면으로 돌려 참 모습과 대면해야 할 때이다.

　오랜 세월 습관적으로 살아온 삶의 틀에서 존재의 의의가 무엇이며, 신과 나와의 관계가 무엇이며, 우주와 여러 생명현상의 비밀은 무엇인지 함께 생각해 볼 기회를 마련하기 위하여 소설 형식을 빌려 책을 쓰게 되었다. 존재의 문제에 대하여 여러 종교나 철학에서 다루고 있음은 사실이나 우리의 의문을 명쾌히 풀어준다고 볼 수도 없고 다양한 이론이나 교리가 서로 다른 답을 제시하여 내면의 길을 걷고자 하는 우리에게 혼란과 좌절감을 주고 있는 것도 사실이다.

위대한 스승들에 의하면 가르침은 일반인을 위한 공개된 가르침과 준비된 사람을 위한 비밀가르침으로 구분되어 왔으며 부처님이나 예수님의 가르침도 그 예외가 아니라고 한다. 진주를 돼지에게 던지는 어리석음을 범하지 않기 위하여 스승들은 진리를 조심스럽게 소수의 준비된 자를 통하여 보존되어 전해지도록 하였다. 이를 일컬어 고대 비밀 가르침이라고 한다. 이런 가르침은 비밀 학교를 통하여 수많은 세월을 거치면서 원형 그대로 유지되어 왔으며 일반대중 의식이 이런 가르침을 받아들일 수 있는 시기를 기다려 왔다.

여러 단체에서 말하듯 이 시기는 새로운 변화의 시대이며 다가올 황금시대를 준비하는 시기이다. 이 시기를 맞이하여 고대비밀 가르침은 진심으로 원하는 사람에게 주어지고 있다. 이런 고대비밀 가르침을 인류에게 전하는 단체로 미국의 Brotherhood of The White Temple이 있다. 이 단체의 설립자인 대 스승 Dr. Doreal이 강의한 예수님의 비밀가르침, 티베트 비밀불교, 카발라 가르침은 최고의 진리를 담고 있으며 통신교육방식으로 회원들에게 주어지고 있다. 그동안 브라더후드 본부의 허락 없이 책을 번역한 사람도 있었고 브라더후드 교과내용을 자신의 글로 소개한 사람도 있었다. 이런 위법행위는 개인의 업을 두텁게 하는 일이다. 한국에서 정식 허가를 받고 브라더후드의 가르침이 소개되는 것은 이것이 처음이다.

이 소설의 전개를 위해서 사용되는 여러 형이상학적 내용(치유, 엘리멘탈, 윤회, 바르도, 혼, 각성법, 우주론, 카발라, 신비센터, 점성술 등)은

Brotherhood of The White Temple로부터 사용 허가를 받았으며 민감한 분야인 한국의 종교와 사회 문제에 답을 얻기 위하여 고대 비밀 가르침의 일부를 사용하였다. 이 책에 사용되는 상당수 정보는 이미 영어권의 일반에게 공개된 소책자(브라더후드에서는 일반인을 위한 공개된 내용을 소책자로 엮어 팔고 있음. 영어로 되어있으며 한국어로 번역은 금지되고 있음)를 참고한 것이며 더 깊은 수련법과 내용에 관심 있는 분은 Brotherhood of The White Temple[주소: 7830 Oak Way Sedalia, Colorado 80135 U.S 전화번호: (303) 688-3998, 홈페이지: www.bwtemple.org]로 연락하면 된다.

이 책에 나오는 등장인물은 이야기 전개를 위하여 가공된 인물이며 소설 전개과정에서 언급되는 형이상학 정보는 브라더후드가 가지고 있는 정보의 극히 적은 분량임을 밝힌다. 내용이 이해하기 어렵거나 미흡하다면 그것은 진리를 소설에 응용하는 과정에서 발생한 개인의 능력 부족임을 밝힌다.

방대한 내용 중 극히 일부분을 소설형식으로 소개하다 보니 미흡한 점도 있으나 소개되는 내용은 비밀가르침의 일부분으로 비밀 중의 비밀, 신비 중의 신비임을 밝힌다. 진리의 전파를 위하여 소설에 이 정보를 사용하도록 허락한 브라더후드 본부에 감사드린다. 이 책은 우리의 의식 확장에 큰 도움이 되리라 생각한다.

개정판을 내면서

2002년에 책이 나오고 여러 해가 흘렀다. 출판사 사정으로 책이 절판된 지 오래되었지만 여전히 이 책을 찾는 독자들이 있어 이번에 하모니 출판사를 통하여 <소리 없는 소리>와 합본하여 개정판을 내게 되었다.

참 행복과 삶의 의미를 찾아가는 구도에 대한 지침서로 <구도여행>을 발간하였고 이어서 후속 작품으로 행복의 원천인 내면의 신성/불성을 찾는데 필요한 고대 지혜 가르침을 담은 <소리 없는 소리>를 간행하였다. 그리고 이들 작품의 후속으로 세상 속으로 들어와 내면에서 찾은 지혜를 사회에 적용하여 모두가 행복해지는 <완성의 길>이 곧 나올 예정이다. 이들 3개 작품은 하나의 작품으로 생각해도 괜찮을 만큼 공동 주제와 동일 인물이 등장한다.

이 책이 구도의 길을 걷고 있는 분들에게 조금이라도 도움이 되었으면 하는 바람이다.

2011년 8월 15일

우타

1장 회 상

불암산 자락을 통하여 아침이 다가온다. 눈을 비비며 일어나 습관적으로 라디오를 튼다. 의자에 앉아 라디오에서 흘러나오는 음악을 듣다 다시 잠은 쏟아지고 비몽사몽간에 귓가로 라디오 소리가 까마득히 들린다. 다시 눈을 떴을 때는 햇살이 창문을 통하여 들어오고 라디오에서는 9시를 알리는 뉴스가 나온다. 이불을 개고 창문을 열어본다. 오늘도 하루가 시작되고 아래 보이는 아파트 광장에는 사람들이 부지런히 발걸음을 옮긴다.

벌써 출근을 안 한 지가 3달이 지났다. 처음 한 달간은 평소처럼 일어나 하릴없이 서성거렸는데 지금은 늦게 일어나 온갖 게으른 짓은 다 한다. 독신인 것이 이럴 때는 편하기도 하다. 그러나 하루 종일 하는 일 없이 지낸다는 것은 정말 지겨운 일이다. 내가 9년간 다니던 회사를 그만두고 백수의 길로 들어선 것은 여러 사연이 복합적으로 작용하였다.

오늘은 강원 태백으로 내려간다. 늘 마음속에 그리움으로 남아있었던 대학 친구 학성이의 주소를 알아낸 것은 실로 우연한 계기였다. 대학시절 서로 마음을 주고받았던 친구였는데 졸업 후 나는 취업을 하였고 친구는 군대에 입대하였다. 군대 휴가 때 한 번 만나고는 그 후로 거의 17년간이나 연락이 끊어졌다. 직장생활의 무료함과 그 의미 없음에 절망할 때마다 나는 그를 그리워하였다. 그는 나에게는 친구이며 동시에 형이며, 스승이었다. 내가 직장동료나 다른 친구를 깊게 사귀지 못한 것도 학성이 만큼 영혼을 울리는 친구를 만나지 못했기 때문이다. 간혹 다른 동기들의 소식은 들었지만 학성에 대하여는 아무런 소식도 듣지 못했다.

회사를 그만두고 무료한 시간을 도서관에서 보내곤 하였는데 <영지사상>이라는 월간지를 뒤적이다가 반가운 이름을 발견하였다. 정신세계를 다루는 월간지에 그의 글이 실려 있었다. 글의 제목은 "치료와 각성"이었는데 내용은 치료와 깨달음에 대한 형이상적 접근과 치료법에 대한 것이었다. 17년 전이나 지금이나 친구의 정신세계에 대한 탐구는 여전히 계속되고 있음을 알게 되었다. 나는 잡지사를 통하여 친구 주소와 전화번호를 알아내어 오랜만에 그와 통화를 하였다. 그는 강원도 태백시 한 산골에 살고 있었다.

나는 간단히 샤워를 끝내고는 샌드위치로 아침을 때웠다. 태백까지 가려면 서울에서 5~6시간은 걸리므로 오전 중으로 출발해야했다. 퇴사 후 먼지를 뒤집어쓰고 주차장 한 모퉁이에 방치된 차의 먼지도 털고 엔진 오일과 냉각수를 점검하고 시동을 걸었다. 한 일주일은 친구 집에 머물 예정이었다.

평일이라 중부고속도로는 한산하였다. '선비'라는 단어가 떠오른다. 친구는 언제나 선비처럼 자신에게 엄격하고 친구에게는 부드럽고 사회의 부조리에 날카로웠다. 얼마나 변했을까 궁금해졌다. 원주에서 영동고속도로를 나와 중앙고속도로로 들어섰다. 치악산의 웅장한 봉우리들이 좌우로 들어서 있고 그 사이로 날렵하게 길이 나있다. 치악산 휴게소에 차를 세워 잠시 휴식을 취하고 다시 차를 몰았다.

영월을 지나고 길은 태백산맥 중턱으로 이어지고 대관령만큼이나 험한 고개가 나타났다. 이런 깊은 곳에 수양대군은 어린 조카 단종을 유배 보내고 그것도 불안해서 조카의 목숨을 끊어버렸다. 곱씹어 보면 세조의 명예는 한줌의 흙이 되어 땅속에 묻혔고 어린 단종의 슬픈 이야기는 수백 년이 지난 지금도 살아 숨 쉬고 있다. 불현듯 우리의 한평생은 얼마나 짧은 순간인가, 허무하다는 생각이 들었다. 한참을 달리니 태백산 자락이 눈에 들어왔다. 언젠가 읽은 책에서 태백산은 원래 그 뜻이 한백산이라고 하는데 크다는 '한'의 한자음을 빌려 '태'를 사용하고 백은 '밝다'라는 뜻에서 따왔다고 한다. 그러므로 태백산은 크게 밝은 산이란 뜻이다. 태백산 자락에 제일 큰 봉오리가 장군봉이라고 하지만 그 건너편 함백산이 제일 높다. 그런데 그 이름 함백도 '한백'에서 한자의 음을 빌려 표시한 또 다른 태백산의 이름이라고 한다.

우리가 태백산을 오른 것은 대학 4년 늦은 가을이었다. 산을 좋아한 우리는 가끔 산행을 하였는데 태백산이 있는 태백은 그의 고향이기도 하였다. 대부분의 국내 명산들이 바위산인데 비해 태백산은 흙으로 된 토산이었다. 태백산은 2시간이면 여유 있게 정상에 오를 수 있는 편안한 산이었다.

정상은 해발 1560m이지만 출발지가 해발 700m여서 상대적으로 힘든 산행은 아니었다. 정상아래 망경사에는 샘물이 있었다. 해발 고도 1500m에 수량도 풍부한 샘물이 있다는 것이 신기하였다. 태백시의 황지못이 공식적인 낙동강 근원으로 표시되어 있지만 사실상 이 샘물이 낙동강 최상류가 된다고 하였다. 산을 오르며 우리는 이것저것 많은 이야기를 나누었다.

"이 산은 우리나라 모산(母山)이야. 위치상 한반도의 등뼈인 백두대간이 태백산에 와서 방향을 서남으로 틀어 소백산, 속리산, 덕유산, 지리산으로 이어지고, 남으로는 그 줄기가 한반도 남부에 이른다. 명실 공히 어머니 산으로서 우리를 먹여 살리는 산이야. 만약 석탄이 없다고 해봐, 어떻게 우리나라가 발전을 하겠어. 국내 무연탄의 절대량이 이 지역에서 채굴되지.

그런데 요즈음 사람들이 떠나고 있어, 이제는 석유가 석탄을 대체하기 시작했거든. 이것을 보면 어머니가 자기 살 도려내듯 힘들게 자식을 키워 자식이 홀로 설 수 있게 되었다고나 할까. 물도 태백이 어머니 산임을 잘 보여주고 있어. 국내 제일 긴 강은 한강이고 그 다음이 낙동강인데 모두 그 원류가 태백에 있다는 점이야. 어쩌면 태백산은 그 이름만큼이나 우리에게 의미 있는 산이야."

고향 산이라 많이 알고 있었다. 그의 설명을 듣고 태백의 모습이 새롭게 보였다. 전날 기차로 태백에 도착하였는데 도중에 창가로 보였던 고한, 사북, 태백 지역의 산하는 우중충하고 검었다. 한눈에 석탄 개발로 황폐해진 지역임을 알 수 있었다.

오기 전까지는 새로운 장소에 대한 기대가 컸지만 도착하고 나서 그 황량한 모습에 적지 않게 실망했다. 그 초췌한 도시에서 그는 20년을 살아왔던 것이다. 그러나 시내에서 버스로 20분 거리에 있는 태백산 주변은 아늑하고 넉넉하였다. 그의 설명처럼 한국 어머니의 자화상을 태백산에서 느꼈다.

"여기서 한 1년 지내면 도가 통할까? 우리 같이 도나 닦을까?"

나는 붉게 물든 산 아래를 내려다보며 약간은 농담조로 말하였다. 산은 아름답게 물들기 시작하였고 늦은 가을 햇살은 다가올 겨울을 예고하고 있었다. 학성이의 반응이 없어 나는 계속 말을 이어갔다.

"이 세상에 이상향의 세계 즉 유토피아가 가능할까? 모든 사람이 서로를 자신처럼 위하고 부정과 부패는 존재하지 않는 단지 평화와 정의와 사랑이 넘치는 세상 말이야."

유토피아는 제법 철이 들고 나서는 늘 내 마음의 화두로 남아 있었다. 어렸을 때 나는 모든 사람이 빈부격차 없이 잘 살고 행복해 하는 세상을 건설하겠다는 꿈이 있었다. 그것은 소싯적 감상적이고 유아적인 발상이었다. 대학에 입학하고도 친구들의 고민이 민주와 민족에 대한 것이었다면 나의 고민은 삶에 대한 의미 찾기와 내면세계에 대한 갈구였다.

그 시절 만난 학성은 여러 점에서 나와 비슷한 점이 많았고 정신적 교감을 할 수 있는 유일한 학우였다. 당시 인권과 민주주의가 유린되던 시국에 대한 갈등도 컸지만 내면 탐구의 열정보다 강할 수는 없었다.

내 말을 들으며 학성은 별다른 반응 없이 묵묵히 산 아래를 바라보았다. 그날 이번 여행이 그와의 마지막 대학시절 추억이 될 것이라는 생각에 조금은 감상적인 기분이 든 나는 말을 많아졌다.

"생각나니, 동환이랑 자본주의와 공산주의에 대하여 토론하던 때 말이야. 우리는 늘 전체를 보지 못하고 눈에 보이는 현상만 집착하지. 그것은 이념에서도 마찬가지였지. 그때 네가 이런 말을 했지, '공산주의는 결코 성공 할 수 없는 이념이라고. 그들은 물질만 보고 그것을 기준으로 소유와 신분의 평등을 추구하려하지만 물질은 우리의 드러난 한 면이고 마음에 대한 변수를 공산주의는 무시하였다고. 인간의 욕심은 물질평등으로 만족될 수 없는 것이고 인간 의식 모두가 성인처럼 되지 않는 한 우리의 욕심은 물질 평등의 가장 큰 적일 수박에 없다고. 유토피아는 마음의 변화에서 출발하는 것이지, 인위적인 제도의 변화로는 한계에 직면한다고 했던가."

유토피아란 나의 말에 학성은 손을 들어 멀리 겹겹이 이어지는 산 남쪽을 가리켰다.

"저 아래를 봐. 저기 보이는 산 너머 골짜기에 정감록을 믿고 수대째 살고 있는 마을이 있어. 세상을 구원할 정도령이 나타날 때를 기다리며 살아온 거지. 이 태백산과 소백산 기슭은 예로부터 환난에 피해를 입지 않는 십승지 중의 한 장소로 많은 사람들이 숨어 들어와 살아왔던 곳이야.

역사를 보면 늘 사람들은 새로운 세상을 꿈꾸어 왔지. 그것은 우리만이 아니라 모든 인류가 갈구해온 거야. 정도령이라고 자칭하면서 혹세무민한 자들이 얼마나 많았는지, 지금도 그런 사람들이 많이 있잖아. 언젠가 정말 우리가 찾던 그런 유토피아가 이 세상에 드러나겠지. 나는 그런 세상의 현시를 위하여 삶을 헌신하고 싶다."

침묵이 흘렀다. 이런 이야기를 주고받을 수 있는 사이였기에 우리는 친구들 사이에서 이방인으로 통하였다. 연애담, 정치이야기, 자기자랑,

과시, 잡담 등 새로울 것이 없는 이야기에 참가한다는 것은 고역이었다. 우리는 사상의 동지였던 셈이다. 이번 여행은 우리 젊음의 한 장을 마무리하는 졸업여행이었다. 나는 기업체에 입사가 결정되었으나 학성은 졸업 후 바로 군에 입대할 예정이었다. 나에게는 마음에 부담이 없는 여행이었지만 합리성, 자유, 보편성, 인류애로 무장한 학성이 복종과 규율을 강조하는 군대에서 잘 적응을 할 지 걱정이 되었다.

"참 세월 빠르다. 30대도 금방 다가오겠지. 그리고 까마득한 먼 남의 인생처럼 보이는 40대도 어김없이 찾아오겠고. 그리고 세월은 더욱 빨리 흐르겠지. 40대에 우린 어떤 모습으로 존재할까? 군대 제대하면 뭐 할 거니? 나처럼 직장생활 할 거야?"

학성은 잠시 생각을 하더니 조용히 그러나 확신에 찬 목소리로 말하였다.

"불교 법구경에 이런 말이 있어. '그물에 걸리지 않는 바람처럼, 천둥에 놀라지 않는 사자처럼' 아주 좋아하는 글귀야. 아무 것에도 걸림이 없는 삶, 무엇에도 놀라지 않는 당당한 삶, 그런 삶을 살 거야. 그러나 늘 사람들의 아픔을 같이 하는 길. 나는 사람들에게 지상에 실현 가능한 유토피아를 보여주고 싶어."

11월의 가을바람이 스산하였다. 우리의 이야기는 바람에 날려 사라지고 태백산 주목은 천년의 이야기를 들려주었다.

10월이지만 태백 날씨는 쌀쌀하였다. 17년의 세월이 20대 중반에서 40대로 우리를 바꾸어 놓았지만 그의 모습은 크게 변화지 않았다. 단아한 얼굴은 세월의 변화와 무관하게 여전하였으며 좀 더 깊어진 눈과 맑은 눈동자는 공자가 말한 불혹의 나이에 자신의 얼굴에 책임을 져야한다는 말이 생각나게 했다.

우리 미소는 오랜 세월이 남긴 서먹함을 단숨에 날려 보냈다. 오랫동안 잃어 버렸던 찬란한 이상으로 빛나던 나의 20대를 보았다. 그의 거소는 시내에서 30분 거리에 있는 산골이었다. 시내에서 절골이라는 골짜기로 접어들어 포장도로를 한동안 달리니 도로가 끊어지고 이어서 비포장도로가 나타났다. 힘들게 차를 몰고 가니 오른쪽 산 중턱에 집 두 채가 나타났다. 한 채는 오래된 퇴색한 법당처럼 보였고 또 한 채는 요사채 같았다. 우리가 올라온 길이 한눈에 보이는 곳에 집이 위치하고 있었다.

집 앞 골짜기에는 시냇물이 흐르고 있었고 집 입구에는 <타우의 집>이라는 현판이 걸려있었다. 일자로 된 집은 방이 3칸이었고 나는 오른편 방에 짐을 놓고 친구 방으로 안내 받아 갔다. 책상, 휴대용 컴퓨터, 이불과 옷 몇 점이 눈에 띠었다.

"내 사는 모습이야. 이곳은 절이 있던 곳인데 내가 수리하여 거소로 사용하고 있어. 네가 원하면 얼마든지 머물러도 돼."

새 지저귀는 소리가 온몸을 통해 찌릿하게 전해졌다. 텔레비전과 자동차 소음에 무뎌진 나의 청각은 자연의 소리를 온몸으로 느끼기 시작했다.

"새소리가 참 듣기 좋다. 너는 여전하고. 나만 변한 것 같다."

그는 내 말에 미소를 지었다.

"그동안 어떻게 지내왔어. 전화로는 회사를 그만두었다고 했지."

나는 별로 기억하고 싶지 않은 사회생활보다는 그와의 기억을 떠올렸다.

"벌써 17년의 세월이 흘렀구나. 기억나니, 대학 4년 때 태백산 가을 여행. 아직도 기억에 생생하다. 왜 그렇게 오랫동안 소식을 몰랐는지. 정말 너를 많이 생각했어."

"그래 왜 그랬는지, 네가 그 때 이런 말을 했지, '40대에 어떤 모습으로 존재할까', 우연히도 그 나이에 다시 만나게 되다니 신기하기도 하다."

나는 그의 말에 40대의 초라한 내 모습을 느꼈다. 그날 밤 나는 바람소리, 산소리, 새소리를 자장가 삼아 깊게 잠들었다.

"김환영 씨! 왜 그렇게 눈치가 없어! 담당자가 알아서 <삼영>이 발주 받도록 만들어야지. <영창>에 발주하겠다고 품의를 올리면 어떻게 하겠다는 거야. 이 품의서를 상무님께 올리면 나는 어떻게 되냐고. 2년 근무했으면 눈치가 있을 것이 아닌가? 다시 품의서 작성하여 올리게."

방수복 차장은 품의서를 다시 건네주었다. <영창> 사장이 김 상무와 대학 동창이라는 것은 알고는 있었지만 이번 구매는 엄격한 품질이 요구되는 사안이었다. 견적 금액도 <영창>보다 높았고 품질도 뒤떨어졌다. 방 차장은 이것을 알고 있으면서도 결재권자인 김 상무에 잘 보이려고 무리한 요구를 하고 있었다. 입사 후 총무부에 발령 받아 입사 2년차부터 구매업무를 담당하였다. 이런 일이 한두 번이 아니었지만 그럴 때마다 갈등과 분노를 억눌려야했다. 허위 서류를 만들라는 방 차장의 지시에 마지못해 자리에 돌아와 앉았다.

"명단에 이름이 없네요. 죄송합니다."

전화기에서 흘러나오는 안내원의 말에 온몸에 기운이 쪽 빠졌다. 4년의 노력이 결실도 없이 사라지는 순간이었다. 첫 직장에서 적응 못하고 갈등하다 나이 더 들기 전에 원하는 일을 해보자는 심정으로 4년 전에 회사를 사직하였다. 그리고 사법고시에 20대 마지막 젊음을 투자하였다. 사회정의라는 좀 거창한 목적을 내세워 선택한 길이었다. 시험을 치르고 나는 찬란한 미래를 꿈꾸었다. 무난히 잘 치렀다는 생각이 들었기 때문이었다. 이번에 합격하지 못하면 경제적으로 더 이상 버틸 여력이 없었던 상황이었다. 지쳐 걸을 수 없을 때까지 한없이 걸었다. 그리고 나의 30대는 암울하게 다가왔다.

"내일 미국으로 가, 미안해 여보, 건강해, 행복하고."

미지는 마지막 인사를 전화로 했다. 6년간 같이 살아온 세월이 떠올랐다. 나이 제한에 걸려 간신히 들어간 회사에서 그녀를 만났다. 다시 시작한 직장 생활은 부대끼는 일이 많았다. 선배 사원들은 나보다 나이가 어리거나 동년배여서 불편했으며 조직의 경직성, 부당성은 여전히 나의 인내를 시험하고 있었다. 그녀는 인사 교육 담당이었는데 신입사원 교육 때 알게 되어 1년간 연애 끝에 결혼하게 되었다. 대학 졸업 후 3년 동안 교육 부서에 근무해온 입사 3년차 사원으로 나보다 나이는 어렸지만 선배사원이었다.

남들처럼 결혼 생활이 시작되었다. 길은 좁아지고 내가 선택해야 할 길은 오직 한 길, 그 길은 가족의 행복을 위해 한눈팔지 않고 부지런히 직장생활을 하는 것이었다. 젊어서 꿈꾸었던 내면탐구나 사회정의는 먼지를 푹 뒤집어쓰고 한편에 물러나 있었고 주택 마련과 출세를 위하여 참된 꿈이 없는 생활이 시작되었다. 모두가 살아가는 그런 방식, 모두가 하면 그것이 올바르든 그르든 최소한 불안하지 않는, 거대한 흐름 속에 고분고분 살아갔다.

미지는 결혼 후 못다 한 공부를 한다고 대학원에 진학하였고 졸업 후에는 자신의 분야를 찾아 일하였다. 그녀는 야망과 능력이 있는 여자였다. 동양적인 미덕은 없었지만 합리적이고 개방적이었다. 그녀의 대학원 진학과 바쁜 직장생활 그리고 2세에 대한 무관심으로 결혼생활은 단조롭고 좀 지루하였으나 결혼이 가져다주는 안도감과 안정감은 있었다.

가정에 위기가 다가온 것은 그녀 친정의 미국 이민이었다. 친정부모에 대한 정이 깊었던 그녀는 1년 동안 부모와 전화로 안부를 주고받더니 어느 날 미국이민을 제안하였다. 여러모로 생각해 보았지만 내가 받아들일 수 없는 제안이어서 무시하였다. 당연히 그녀도 포기할 줄 알았다. 그런데 얼마 후 그녀가 내게 보여준 미국 대학교 박사과정 입학허가서는 나를 놀라게 하였다. 일언반구 협의도 없이 자신의 계획을 추진해 온 아내에게 배신감을 느꼈고 실망감도 컸다. 그것이 계기가 되어 우리

관계는 급속히 냉각되었다. 그러던 어느 날 그녀는 5년을 기다릴 수 있느냐고 물었다. 그렇지 못하면 미국에 같이 들어가자고 하였다. 진정한 사랑은 소유가 아니라 놓아줌이라고 누가 그랬던가, 나는 그녀를 떠나보냈다.

다시 회사를 떠났다. 9년간 근무한 회사. IMF 이후 근근이 버티던 회사가 마침내 구조조정의 칼을 들이대고 나섰다. 6개월 치의 월급을 명퇴 조건으로 관리자들을 잘라냈다. 지난해 과장으로 진급한 나는 관리자급에 해당되어 부장과 면담을 하였다. 부서별로 30%를 선정해야 한다고 했다. 우리 부서는 3명의 과장이 있었다. 부장은 나를 명퇴 대상으로 찍고 형식적으로 면담을 하였다. 평소 사이가 좋지 않았던 터라 명퇴이야기가 나왔을 때부터 직감적으로 눈치를 챘었다.
"김 과장은 자식도 없고 부인도 미국에 있는 것으로 아는데 다른 과장들은 부양가족이 있고 하니 양보하시지요."
언제나 상사 비위나 맞추고 부장이라고 고압적인 태도를 보이던 그가 정색하며 부탁하였다. 미련 없이 사직서를 내었다. 며칠 후 경리과에 갔다.
"이렇게 떠나니 섭섭합니다. 부디 하시는 일 잘되시길 바랍니다."
경리차장은 퇴직금을 건네주며 악수를 건넸다. 회사를 나오니 분주히 차들은 달리고 사람들은 무슨 일이 그리 많은지 바삐 움직였다. 목적도 없이 하염없이 길을 걷는데 누군가 "환영아!" 하며 나의 등을 쳤다. 학성이었다.

꿈에서 깨어나니 학성이가 밖에서 나를 부르고 있었다. 벌써 아침이 밝은 것이다. 지난 하룻밤에 17년의 세월을 꿈꾸었다. 그래 새롭게 출발하는 거야. 내 대학시절 꿈꾸었던 것을 다시 시작하는 거야. 살아온 세월은 꿈처럼 과거 속으로 사라진 거야. 나는 혼자 중얼거렸다.

2장 타우의 집

(1)

긴 세월에도 우리의 우정은 변함이 없었다. 나는 살아온 이야기를 하였고 친구의 지난 세월도 들었다. 군 제대 후 그는 6년 정도를 이곳 저곳 정처 없이 돌아다니면서 여러 종교와 사람들을 만났다고 했다. 종교사회도 세속과 마찬가지로 욕망과 추함, 부정과 고뇌가 만연하였다 했다. 어디에 있든 진리는 태양처럼 빛나지만 눈 뜬 장님들이 온갖 그림을 그려서는 이것이 법이요 하느님의 말씀이라 소리치는 것이 종교계라 하였다. 아마도 그는 자신의 꿈인 유토피아 세계에 대한 비전 차원에서 여러 종교를 접한 듯하였다.

그리고는 어떤 계기가 있어 미국에서 생활하다 한국에 돌아온 지는 4년이 되었다고 하였다. 미국에서 고대로부터 전해 내려오는 지혜의 가르침을 공부하였다고 했다. 내가 서울에서 직장생활을 하고 있는 동안 그는 나와는 다른 삶을 살아왔던 것이다. 그는 삶에 대한 지혜와 깊은 통찰력을 지니고 있었다. 자신의 꿈을 차분히 실현시켜 가는 모습이 부러웠다. 그는 인류가 나아가야 할 유토피아에 대한 서문을 적은 노트를 보여주었다. 유토피아 방법론의 서두는 다음과 같이 시작되었다.

미륵세계(천년왕국)는 물질적 풍요가 아니라 정신적 풍요에서 시작한다. 이 사회에서 권력은 부와 직위에 의존하는 것이 아니라 개인의식의 각성 정도에 따를 것이다. 공산주의의 결점은 인간의 무한한 정신적 측면을 무시하고 단지 외면적인 물질현상에 이론적 기초를 두었기 때문이다. 그런 면에서 자본주의는 인간의 다양성을 인정하고 그 욕망의 성취를 경쟁을 통하여 인정한 점에서 공산주의의 필연적 몰락과는 달리 아직도 그 생명을 유지한다. 그러나 자본주의도 인간의 자유의지의 허용 측면에서는 바람직한 일이지만 물질 만능주의 사조에 결정적 기여를 한다.

미래의 이상향 사회는 이러한 공산주의나 자본주의 성숙이 아니라 정신적 성숙과 관련된다. 이 사회는 물질의 풍요와 공유가 아니라 인간 의식의 신성 회복이다.

지금까지 역사상 모든 정치는 인간의 행복을 내세웠으나 아무도 성공하지 못하였다. 그 원인은 인간의 마음을 바로 다스리지 못하였기 때문이다. 작은 부(富)라도 성인은 서로 양보하고 타협할 줄 알지만 소인배들은 더 큰 재산을 가지더라도 욕심으로 분쟁을 낳고 세상의 평화를 깨뜨린다. 이제는 마음 다스리는 방법에서 그 가능성을 모색해야 한다.

그러나 성인들이 마음 다스리는 방법을 가르쳐 왔으나 그 방법이 성인마다 달라 추종자들이 서로 자신의 방법을 최고라 내세운다. 보석은 보는 위치에 따라 수많은 모습으로 나타나듯이 진리는 하나이나 그 설명하는 방법이 다를 뿐이다.

사람마다 발전 정도가 다르고 살아온 인생이 다르고, 전생의 업이 다르니 일률적으로 한 가지 방법이 모두에게 동일한 효과를 주지 못한다. 개성을 인정하듯 수행법도 다름을 인정해야한다. 참선법이 모두에게 최선의 방법은 아니고 염불이나 위빠사나가 좋을 수도 있다. 사람에 따라서는 신에 대한 헌신이 좋을 수도 있다. 사람의 의식 발달 정도가 너무도 달라서 성숙한 자에게는 거기에 맞는 우주차원의 지식과 수련법을, 초보자에게는 쉽고 단순한 방법을 제시하여야 한다. 아울러 살아온 삶과 전생, 개인의 고유한 파동(주파수)에 따라 A에게 적합한 행법이 B에게는 맞지 않을 수도 있다.

이상향은 꿈의 세계가 아니라 실현 가능한 세계이다. 인간의 의식에 존재하는 모든 것은 실현가능하기 때문에 존재하는 것이며 단지 그 시기를 기다릴 뿐이다. 동양의 한 성자가 이런 말을 했다. "모든 인류가 한순간 절대적으로 사랑과 평화를 생각한다면 그 즉시 이 세상은 사랑과 평화가 넘쳐나는 악이 없는 세계가 된다."

생각은 전파처럼 흘러나와서 모든 사람에게 영향을 주고 생명력을 유지하는 실체적 존재이다. 생각을 정화하고 모두가 올바른 목적을 향유할 때 인류가 꿈꾸어 온 이상향은 우리에게 모습을 드러낼 것이다. 그것은 인간의 사고전환과 의식정화에 달려있다.

"네가 꿈꾸어온 세계에 대한 단상인가? 그러나 의식의 정화니 생각의 정화는 이전부터 성자들이 주장해온 이야기 아닌가? 그리고 그 방법도 주어졌고, 단지 문제는 일반인의 관심이 없다는 거지."

"그래 잘 지적했다. 특별한 것은 없어 보이나, 나중에 밝히겠지만 그동안 대중에게 드러나지 않았던 고대비밀 가르침을 보게 되면 놀랄 거다. 그 신비지식과 구체적 수행법은 새로운 모습으로 사람들에게 다가갈 수 있을 거야. 모든 사람이 인생설계를 하듯 그렇게 깨달음 설계를 하는 거야. 그런 사회풍토가 형성되면 훨씬 쉽게 영적 발전에 우리의 노력과 에너지를 투자할 수 있고 인생에서 성공하듯 깨달음에 성공할 거야."

그는 나의 질문에 기다렸다는 듯이 말했다.

"너의 계획 속에 사회 분위기를 영성 개발로 이끌고 나갈 방법은 있는 거니? 이것은 아주 중요한 일이라고 생각해."

"그것을 위해 많은 것을 생각해봤어. 가장 중요한 것은 유토피아를 위한 영성 개발 프로그램이고 다음은 그것을 사회에 알리는 방법, 경영학 용어로 마케팅이지. '깨달음 전수를 위한 마케팅', 아주 재미있는 단어야. 각성에 이르는 방법론은 어느 정도 준비가 되었어. 우주론, 창조론, 인간과 신의 관계, 신체의 비밀, 영적 에너지, 불사의 약과 연금술, 혼과 마음의 비밀, 질병과 치료, 생각과 마음, 사마디 등과 같은 주제는 깨달음을 위해서 우리가 알아야 할 중요 내용이라고 생각해. 나중에 시간 있으면 내용에 대해서 이야기해보자. 전달 방법은 여러 가지를 검토하고 있는데 아직 시기를 보고 있는 중이야. 너의 아이디어가 필요할지도 몰라."

아침 한나절은 그와의 대화로 지나가고 있었다.

(2)

평소 나에게는 지병이 있었는데 과민성 장이 문제였다. 약간의 긴장에도 장은 과민하게 반응하여 속이 거북하고 불편하였다. 특히 집을 떠나 다른 곳에서 잠을 자게 되면 장이 탈나곤 했다. 태백에서의 첫날도 기분 좋은 밤이었지만 장은 예전과 마찬가지로 불편하였다. 대학시절 그와 여행하면서 건강에 대하여 이야기를 나누었고 학성은 아직도 그것을 기억하고 있는 것 같았다.

"요즈음도 장이 과민하여 고생하니."

학성은 늦은 점심 겸 저녁을 들고 나서 차를 마시면서 물었다.

"아직도 그것을 기억하고 있구나, 여전하지 뭐."

나는 비밀이 탄로 난 사람처럼 조금은 부끄러웠다. 아무런 병도 없을 것 같은 그의 단아한 모습에 세속에 찌든 나의 모습이 비교가 된 것이다.

"건강과 영적인 각성은 아주 밀접한 연관이 있어. 육체의 건강 없이 마음이 전체와 합일하는 것은 아주 어려워. 육체의 불균형이 집중을 방해하여 명상이 깊어지지 않아. 깨달음의 전제조건인 사마디는 몸과 마음이 균형을 이룬 상태에서 내면의 신성자아와 합일할 때 비로소 얻어지는 거야. 질병으로 의식이 방해를 받으면 집중도 이완도 할 수가 없지. 집중과 긴장의 차이와 이완과 집중의 관련성을 이해한다면 좀 더 쉽게 명상을 할 수가 있어."

학성은 내게 책상다리를 하게하고 허리를 바로 세우게 하더니 질문을 던졌다.

"명상에서 집중과 이완, 어떤 것이 필요하다고 생각하니?"

난 잠시 당혹스러웠다. 한 번도 깊게 생각해보지 않은 질문이었기 때문이었다. 피상적으로 다가오는 생각은 서로 반대되는 개념이 아닌가 하였다.

"서로 반대되는 것 같은데." 라고 말하니 그는 살짝 미소 지으며 말하였다.

"집중의 반대는 분산이며 이완의 반대는 긴장이지. 명상에서 필요한 것은 집중과 이완이야. 명상 중 의식이 분산되어서는 안 되며 아울러 집중을 하면서 긴장을 하여서는 안 돼. 한마디로 이완된 집중이 명상의 첫째 조건이야. 많은 사람들이 이것을 할 줄 몰라서 명상한다고 자리를 틀고 앉아 있으나 온갖 망상만 떠오를 뿐이지. 난 네가 여기 머무는 동안 이것을 훈련하고 갔으면 한다. 그리고 병도 고치고 말이야."

"병을 고쳐."

"물론 가능하지."

"어떻게."

"오늘 저녁은 치유에 대한 글을 읽어보았으면 해. 아마 많은 도움이 될 거야."

학성은 그러면서 치유에 대하여 정리된 노트를 건네주었다. 둘째 밤은 치유에 대한 글을 읽으면서 지나갔다.

(치유)

치유는 육체의 병을 고치는 것에 한정되지 않는다. 정말 중요한 것은 마음의 치유 더 나아가 혼의 치유이다. 혼의 치유는 무지에서 벗어나 깨달음을 얻는 것이며 내면의 신성의식과 하나 되는 것이다. 그런 면에서 깨닫기 전에는 모든 사람은 환자이다. 우리는 신과 분리되어 내면의 신성을 자각하지 못하여 조화롭게 살아가지 못한다. 이런 부조화와 불균형으로 크고 작은 병들이 생겨난다.

이 말은 우리가 신과 합일을 이룰 때까지 불완전하게 살아갈 수밖에 없는 운명이라는 것이다. 무지로 인한 불완전성이 육체나 마음의 질병으로 나타난다. 또한 질병과 관련하여 중요한 것은 진리 차원에서 무지도 질병이라는 점이다. 여기서 무지는 단순히 지식의 부족을 일컫는 것만이 아니라 자신의 본질에 대한 무지를 말한다.

한 위대한 스승께서는 이런 말씀을 하셨다. "육체의 치료가 무슨 소용이 있겠는가, 혼의 치료가 되지 않는다면." 혼의 치료 없이는 그 어떠한 치유도 원인을 제거하지 못한 불완전한 치유가 되기 때문이다.

모든 것은 혼의 치료 즉 깨달음의 문제로 귀결한다. 우리가 각성되기까지 늘 질병과 함께 할 운명이다. 그러나 질병을 극복하여 가는 과정이 우리가 걸어야 하는 필연적 길(완성의 길, 합일의 길)이라면 적극적으로 자신의 병이나 이웃의 병을 치료하는 근본 방법을 알아 실행하는 것이 신에 가까이 가는 방법일 것이다.

(병에 대한 원인)

병에 대한 동서양의 인식은 다르다. 동양은 눈에 보이지는 않으나 신체에 흐르는 기의 원활한 흐름이 무너질 때 즉 균형이 무너질 때 병이 생긴다 한다. 모든 것이 음양의 어울림 속에 존재한다는 음양이론은 동양사상의 핵심이다. 치료는 기의 원활한 흐름과 무너진 음양의 균형을 되찾게 함으로써 시작된다. 동양 삼국은 음양오행설에 의거하여 의학체계가 형성되었으며 인도는 야유라베다 체계에 의존하는데 사실 중국의 한의학은 인도의 아유라베다 체계가 전래되어 발전한 것이다. 인도의 아유라베다 의학은 프라나 에너지 호흡법이 그 기초를 이루며 병의 원인을 중국과 마찬가지로 에너지의 부조화에서 찾는다.

반면 서양은 논리와 이성이 사상계를 지배해왔으며 이런 사조로 자연스럽게 현대적 의미의 과학의학이 태동하였다. 드러난 현상에 대해 과학적이고 실증적인 방법으로 진단하고 증상을 치료하는 방법이다. 현대의학에서는 서양의 과학적 의료행위가 의학으로서 그 자리를 차지하고 있으며 심지어 동양에서도 전래 한방이 보조 역할을 하는 실정이다.

그러나 현대의학으로 치료될 수 없는 병이 동양의술로 치료되고 기타 다양한 원천에서 기원하는 대체요법이 현대의학의 사각지대를 보완하고 있다. 현대의학이 동양의학과 대체요법에 우려의 시선을 가지고 비평하는 경우도 많으나 점점 그 존재의 중요성을 자각하는 추세이다. 한편 현대의학을 무시하고 전적으로 동양의학이나 대체요법에 의존하는 사람도 있으며 좀 더 종교성을 띤 사람들은 신의 능력에 의존하는 영적인 치료에 매달린다.

우리는 병의 근원적 원인이 무엇이며 그 치료법은 어떠해야 하는지를 명확하게 이해하는 것이 필요하다. 근원적 원인을 안다면 치료의 절반은 이루어진 것이다. 병의 원인은 크게 3가지 즉 영적인 원인, 정신적 원인, 물질적 원인으로 나눌 수 있다. 드러난 병의 증상은 이 세 가지 중에 하나이다.

영적인 원인은 모든 병의 근거가 되며 혼의 의지가 작용하는 영역이다. 정신적 원인은 심리적 원인으로 스트레스, 두려움, 잘못된 생각, 미움, 분노, 열등감 등이 복합적으로 작용하여 생긴다. 물질적 원인은 살아가면서 부주의로 일어나는 사고나 일상적인 질병이 그러하다. 정신적 원인에서 사이킥 원인을 분리할 수 있으며 이것은 눈에 보이지 않으나 실재하는 존재들(샤머니즘 세계의 잡신들 류)에 의하여 생기는 병으로 귀신들린 경우나 무당 되기 전 신병이나 빙의가 그 예이다.

이러한 원인이 다양한데 특정한 치료법만을 고집하는 것은 어리석다. 각각의 원인에 맞는 치료법이 있어야 한다. 현대의학은 물질적 원인 즉 사고나 일상적인 질병에 적합하며 정신적 질병에는 상담심리나 여러 종교의 명상법이 보다 효과적이다.

사이킥 질병은 일반의학으로는 치료할 수가 없으며 형이상학적인 지식과 능력을 가진 사람만이 담당할 수 있는 분야이다. 영적인 원인으로 생기는 병은 혼의 문제로 사실 모든 병의 원인으로 존재한다. 병든 혼은 바른 생각을 할 수 없으므로 이것이 부정적 원인이 되어 병이 생겨나게 한다.

아무 것도 우연히 발생하는 것은 없다. 원인이 있어 그 결과가 드러나는 것이며 그 결과에 대처하는 방법이 무수히 많으므로 미래는 가변적일 수밖에 없다. 신의 변덕이나 장난으로 운 좋게 은총이 주어지는 것이 아니라 모든 것 뒤에는 조화롭게 작동하는 우주법칙이 있다. 무지로 이 우주법칙을 위반할 때 그 결과로 질병을 얻거나 여러 부정적인 사건을 경험한다. 이 법칙과 조화롭게 삶을 영위할 때 질병은 사라지고 고통과 불행은 존재할 수 없다.

(영적인 병)

영적이란 혼에 대한 것으로 힌두교나 불교에서는 누구에게도 불성, 신성이 존재한다고 한다. 다만 무지 때문에 내면의 신성을 인식하지 못한다고 한다. 참된 자신의 존재 즉 신의 일부분인 자신을 알지 못하고 물질에 집착하여 괴로움이 생긴다. 이러한 모든 것은 자신의 영적 모습을 모르기 때문에 일어나는 일이다. 신성한 혼에 대한 우리의 무지가 영적 병이다. 인류 대다수는 이 영적 병에 걸려있다. 이것은 엄밀한 의미에서 우리의 원죄이다. 동양종교에서나 서양 신비사상에서 말하는 신과의 합일이 영적인 병에서 회복이며 다른 말로 혼의 치료이다. 모든 병은 이 영적인 병에서 근원 하는 것이다.

우리는 본능적으로 우리 내면에 감추어진 신성한 무언가를 감지한다. 그러나 그 길로 안내하는 길은 너무 많아 혼란스럽고 게다가 잘못된 길로 안내하는 가르침도 있다. 우리의 신성함을 부정하는 가르침은 우리를 열등한 존재로 몰고 가고 운명에 체념적이게 한다. "진리가 너희를 자유롭게 하리라."라고 예수님은 말한다. 예수가 말하는 진리는 신성 자각과 신과 합일의 가르침이며 영원한 자유의 길이다.

(정신적 병)

현대인이 가장 많이 앓고 있는 것이 정신병이다. 어느 동양 현자는 이런 말을 하였다. "우리 모두는 정도의 차이는 있어도 정신병자다." 우리가 추적할 수 있는 정신병의 직접적 원인은 잘못된 생각과 억압된 감정에서 유래한다. 사고로 생기는 병을 제외하고 거의 모든 질병이 정신적 원인에 기인한다. 영적인 병(신과 분리/무지) 때문에 우리는 긍정적, 적극적, 영적인 생각보다는 부정적, 소극적, 물질적 생각을 하고 이로 인하여 병이 생긴다. 우리가 마음을 잘 다스려 이것을 통제할 수 있다면 우리는 건강한 삶을 영위 할 수 있다.

서양에서는 정신병과 관련하여 심리 분석 치료법이 발달하였지만 그것은 과학이라는 한계가 있다. 심리학은 과학의 영역으로 실험을 거쳐 적용되며 논리와 관찰 가능성, 증명 가능성에 의존한다. 모든 과학이 그러하듯 증명할 수 없는 것, 보여줄 수 없는 것은 일단 과학의 대상이 될 수 없다. 그러므로 과학은 증명될 수는 없으나 실재하는 영적인 현상을 다룰 수 없다는 한계가 있다.

흔히 우리가 미쳤다고 하는 정신분열증은 전형적인 정신병으로 심한 억압과 스트레스, 심리적 압박, 갈등으로 말미암아 도저히 그 상황을 이겨내지 못할 때 정신분열 증상으로 나타나게 된다. 이러한 환자들은 상황에 매우 민감하게 반응하고 이를 견디어 낼 수 있는 정신능력이 부족해서 병에 걸린다. 이러한 영역은 정신분석학이 다룰 수 있는 분야이다.

그러나 우리가 알아야 할 것은 정신병동에 수감되어있는 적지 않은 사람들이 이러한 종류의 정신병을 앓기보다는 오히려 사악한 영이 빙의하여 환자를 통제하여 생기는 경우이다. 이것은 사이킥 병에서 언급한다.

잘못된 생각이 육체에 반영되어 나타나는 질병도 정신적 요인에 기인한 병이다. 어떻게 생각이 육체에 영향을 미치는지 알아본다. 동양에서 극성이 무너지면 병이 생긴다고 하는데 극성이 무너지는 것은 생각과 밀접하게 연관되어 있다.

생각은 파동이다. 이것은 일정한 진동수를 가지고 온 공간을 진동하고 있다. 소리와 빛과 냄새, 더 나아가 우주의 모든 물질이 진동하고 있으며 그 진동수에 따라 형태가 결정된다. 물체는 진동이 낮아서 우리 눈에 보이는 것이다. 생각은 진동이며 이것은 뇌의 지령을 받고 명령을 수행하기 위하여 신체 각 부위로 전달된다. 그 전달 통로는 과학이론에 따르면 신경센터이며 이 신경계는 우리 몸 구석구석 퍼져있다.

비밀가르침에 의하면 이 생각을 전달하는 운반자는 자력 에너지로 불린다. 자력에너지는 우리가 호흡할 때 들어오는 프라나 에너지(에텔에너지)에 크게 영향 받는다. 이 에너지는 호흡 시 들어오는 공기와는 다른 차원의 것이다. 바른 호흡법(느리고 깊은 호흡)으로 대기 중의 프라나를 충분히 흡입하면 그것에 상응하여 자력도 강해진다. 이 자력에너지가 약할 때 뇌의 명령을 전하는 생각이 신체부위로 잘 전해지지 않으며 (육체 반응이 늦어진다), 생각을 외부로 표출하는 경우에는 그 생각이 타인에게 깊은 영향을 주지 못한다.

일반적으로 우리 몸은 프라나의 음양 에너지로 극성화가 되며 이 때 우리 몸은 건강한 상태에 있다. 프라나 에너지는 음과 양의 에너지로 이루어지며 오른 코로 양의 프라나 에너지, 왼 코로 음의 에너지가 들어온다. 이 두 에너지가 균등하게 들어올 때 우리 몸은 균형을 유지한다.

그런데 영적인 병으로 말미암아 부정적 생각을 하게 되고 이러한 생각은 즉각적으로 신체에 전해져서 신체의 극성을 교란한다. 이렇게 신체(세포, 장기, 내분비선 등)가 생각에 영향을 받아 균형이 무너지면 병균의 침투가 용이해지고 만다. 신체의 균형이 무너진 상태에서 내분비선이 적절히 작용하지 않게 되어 병이 발병하게 된다. 특히 부정적 생각이 신체에 계속 영향을 주면 이것은 나중에 견고한 부정적 패턴을 형성하여 해당되는 신체에 질병을 야기한다.

예를 들면 부모가 위암으로 사망한 자녀들의 경우 약간의 위의 이상도 혹시나 유전적 요인에 의한 것이 아니지 과민하게 반응한다. 뉴스에 소개되는 유사한 질병 증상에 대하여 들을 때마다 자꾸 자신의 위를 신경 쓰는 생각과정이 오랫동안 지속되면 그 생각 패턴이 위에 형성되어 증상이 나타날 수도 있다. 이것을 연관성의 법칙이라고 하는데 많은 병이 이러한 연관성의 법칙에 의해 일어난다.

우리가 마음으로 병의 패턴을 세워서 어떤 증상에 강하게 집중하기 시작한다면 그 패턴은 생각의 운반체인 자력흐름으로 들어가서 신체의 관련되는 부분으로 이동하여 정착할 수도 있다. 그렇게 되면 그 기관에 영향을 주게 되고 병의 패턴을 세우지 않았으면 걸리지 않았을 병에 걸리게 된다. 이 때문에 옛사람들은 항상 올바른 생각을 지닐 것을 강조하였다. 왜냐하면 생각이미지(패턴)는 신체의 모든 세포뿐 아니라 내분비선과 다른 여러 기관에 반응하기 때문이다.

반대로 치료를 위하여 어떤 조건에 대한 비존재를 의식한다면 그것은 생각이미지가 되어 자력에너지를 따라 흘러가 부정적 조건이 있는 육체에 반응하여 그 조건을 사라지게 한다. 중요한 것은 환자의 마음에 완전한 건강 이미지를 계속 유지하도록 하는 것이다. 부정적 생각은 치유사의 힘으로 일시적으로 힘을 잃지만 정화되지 않은 환자의 마음이 옛 생각으로 돌아온다면 다시 병이 발생한다.

  문제는 우리가 너무 오랫동안 부정적으로 생각하는데 익숙해져서 무슨 일에서든 좋은 면보다는 나쁜 면을 더 오래 기억한다는 것이다. 그래서 건강보다는 병에 대해 생각하고 생각이 생각을 낳는 연쇄 고리를 만들고 우리는 질병이라는 운명에 묶여버린다. 그래서 바른 생각, 긍정적 생각이 강조되고 불교의 8정도는 이런 점에서 아주 건강에 유익한 내용이다.

  정신병 치유에 심리학 특히 상담심리학이 도움을 주고 있으나 인간 마음을 과학논리로만 이해하는 까닭에 한계가 있다. 부정적 생각으로 생겨나는 질병은 종교나 명상의 힘을 통하여 극복될 수도 있다.

(사이킥 질병)

  눈에 보이지 않는 사악한 영[형이상학적 용어로 엘리멘탈이라고 하며 유령(ghost), 악마(demon)가 여기에 해당함]이 사람에게 빙의하여 정신을 혼미스럽게 한다. 이들 존재가 사람 마음을 완전히 통제하는 경우 샤머니즘에서는 이를 신병이라고 하고 서양에서는 귀신 들렸다고 한다. 잘못된 수련으로 생기는 부작용을 사이킥 병의 범주에 넣는 경우도 있다. 의외로 잘못된 수련으로 신체 이상이 생기고 상당히 고생하는 경우가 있다.

  서양의 엑소시즘은 이러한 사이킥 병을 치료하기 위한 의식이며 서양의 퇴마사(엑소시스트)는 일반 의사가 아니라 주로 종교 성직자이다. 그것도 특별히 준비된 영성이 강한 성직자만이 할 수 있는 일이다. 신약성서에서 예수님이 미친 자에게서 귀신을 몰아내는 것은 바로 이러한 엑소시즘의 예이다.

  현대의학으로 설명될 수 없고 치료가 불가능한 사이킥 병은 우리가 일반적으로 알고 있는 정신병과는 다르다. 인간의 의식을 제어하고 주인 행세를 하는 이 사이킥 질병은 엘리멘탈의 장난질이 원인이다. 엘리멘탈은 인간의 무지를 이용하여 인간을 지배하고 세상을 혼란시키는 존재들인데 무당에게 빙의하여 사람들 과거를 알아맞히고 운명을 점친다.

오랜 세월을 눈에 보이지 않게 인간과 함께 살아왔으므로 인간의 역사, 약점, 과거를 잘 알고 있다. 무당을 통하여 그런 정보를 전달하여 마치 대단한 존재인 것처럼 행세하고 아울러 사람의 생각을 읽고는 예언능력이 있는 것처럼 행동한다. 자신의 매개물(채널러)이 되기를 거부하는 사람에게는 소위 신병이라는 잔혹한 고통을 주어 자신의 의지에 복종케 한다. 샤머니즘의 영매는 사실 사이킥 질병을 앓고 있는 것이다.

엘리멘탈이 빙의하여 정상적 생활을 못하고 미친 사람처럼 행동하는 사람들이 있다. 미국의 저명한 형이상학자에 의하면 미국 정신병동 환자의 상당수가 순수한 정신병이 아니라 바로 엘리멘탈이 빙의하여 생긴 병이라고 한다. 이러한 병은 겉보기에는 정신병처럼 보이나 사실 전혀 다른 병이며 이것은 정신병의사가 치료할 수 있는 것이 아니라 영적 능력을 지닌 사람이 치료할 수 있는 영역이다.

최근 유행하는 채널링에서 체너럴를 통하여 신기한 정보를 제공하는 존재도 엘리멘탈일 수 있다. 이들 존재는 인류의 진화에 가장 거대한 적이다. 이들은 그럴싸한 잘못된 정보로 인류를 혼란과 어둠으로 안내한다.

(물질적 병)

영적, 정신적, 사이킥적 병이 물질계에 반영되어 나타나는 것이 물질적 병이다. 정신과 육체는 둘이면서 하나로 긴밀히 작동하고 서로 영향을 미친다. 그런 점에서 순 물질적인 병은 없다.

순 물질적 원인으로 병이 생기는 경우가 있는가? 겉보기에는 그렇게 보일지라도 좀 더 넓게 생각해 보면 그렇지 않다. 우연한 것은 없다는 동양의 사상이나 기독교의 신의 의지를 생각하면 모든 것에는 그 원인이 있다. 이것이 원인과 결과의 법칙 즉 카르마의 법칙이다. 순수하게 물질적 병으로 보이는 것도 그 원인은 상위의 계에 존재한다. 현재 우리 상황은 과거에 혼이 어떤 원인을 만들었느냐에 따른 결과이다.

우주법칙의 가장 근본이 되는 것이 원인과 결과의 법칙이다. 이 법칙은 신에 대하여 이해할 수 없었던 많은 모순된 점을 이해할 수 있게 한다. 태어날 때 불평등하게 태어난 혼들은 그것이 신이 임의대로 결정한 것이 아니라 이미 각자의 혼이 그러한 환경에 태어날 원인을 만들었기 때문이다. 여기서 우리는 원인 결과와 관련되는 중요한 개념인 윤회의 문제와 직면한다. 즉 삶이 일회성이라면 이해될 수 없었던 많은 문제점이 삶의 연속성을 인정함으로서 해결이 된다.

사실 윤회는 동양의 고유한 사상이 아니라 서양에도 존재해 왔다. 다만 기독교의 번창으로 사라졌을 뿐이다. 지금은 희미하게 흔적만 남아있는 1~4세기에 번창하였던 서양 영지주의 가르침에는 윤회가 나온다. 유대신비 가르침인 카발라도 윤회를 인정하고 있으면 성경에 윤회와 관련된 구절이 여러 곳에 나온다.

(병의 치유)

인류의 꿈은 건강하게 오래 사는 것이었다. 과거에 비하여 평균수명은 길어지고 있으며 질병은 의학의 발달로 치료 가능하게 되었다. 의학의 진보는 아주 빠르게 진행되고 있으며 그동안 신의 영역으로 간주되었던 인간복재까지 가능한 수준에 이르렀다. 비밀에 가려졌던 유전자의 비밀이 하나하나 밝혀지고 유전자 조작을 통하여 유전병도 어느 정도 치료할 수 있다. 암이나 다른 여러 난치병들이 점점 치료 가능한 영역으로 들어오고 있다. 이것은 아주 고무적인 일로 새로운 삶의 창을 열고 있다.

이러한 긍정적 측면 이면에 우리가 관심을 기울어야 할 부분이 많다. 생명연장이 인류에게 긍정적으로 작용하는지 여부, 유전자 조작이 인간의 존엄성을 파괴하는 측면은 없는지, 인간복제 후 일어날 수 있는 여러 가지 위험한 변수, 과학의 발전이 의식의 발전 정도를 초월하여 앞서 가는 경우 일어날 수 있는 이기적, 악의적 인간복제의 위험성, 그리고 인간은 물질만이 아니고 혼이 있는데 그 혼의 문제를 어떻게 다룰 것인지 등이 그 예이다. 여기서 대두되는 문제점은 깊이 있게 연구되어야 할 문제이다.

그러나 우리가 생각해야 하는 것은 의학이 아무리 발전해도 마음과 혼에서 근원하는 병은 고칠 수 없다는 것이다. 단지 증상만 치료할 뿐 원인은 늘 남아 언제든지 다시 새로운 증상을 만들어낸다. 이것이 현대의학의 한계이다. 위대한 스승은 진실한 치유는 육체의 치유가 아니라 혼의 치유이며 혼이 치유되지 않는다면 신체의 치유가 소용이 없다고 하셨다. 이는 오늘날 우리가 가야할 방향을 제시해준다. 모든 병의 치유는 혼의 치유에 모아진다.

(혼의 치유)

모든 치료는 혼의 치료로 귀결된다. 혼의 치료 없이는 육체는 질병에서 벗어날 수 없기 때문이다. 일시적으로 증상이 치료될지라도 나중에 다른 방법으로 발병한다. 혼을 어떻게 상정하느냐에 따라 접근방법이 달라지겠지만 카발라, 불교, 힌두교, 영지주의 등 혼의 신성을 인정하는 종교에서는 무지에서 다시 원래의 지혜로운 상태로 올라가 신과 합일되는 것을 혼의 치유라 본다. 이러한 방법으로 참선, 위빠사나, 요가, 카발라, 기도, 심상화법, 명상이 생겨났다.

세상에 존재하는 종교는 혼의 문제를 해결하기 위하여 생겨났다. 그 길을 따라 수많은 사람들이 실락 후 잃어버렸던 에덴동산을 되찾았다. 이것은 깨달음이며 전체와의 합일이다.

혼의 치유는 자신이 누구인지에 대한 성찰과 삶의 목적을 분명히 설정했을 때 가능하다. 원래의 혼의 상태 즉 신과 합일을 못하는 이유는 무지로 인한 집착 때문이다. 이 물질세계에 대한 우리의 집착은 고통을 낳고 이 고통을 피하려고 더욱 집착하고 그렇게 계속 맞물려 돌아가는 것이 인생의 수레바퀴이다. 이러한 수레바퀴에서 벗어나도록 붓다는 8정도를 이야기하였다.

이 세상을 환영의 세계, 꿈의 세계라고 하는데 그것은 존재하는 모든 것은 영원함이 없고 시시각각 사라져가기 때문이다. 혼 이외 모든 것은 꿈과 같이 사라진다. 이러한 사실을 알고 환영의 세계 너머 더 높은 세계로 가기 위해서 우리는 바른 지식과 지혜, 그리고 바른 수행법이 필요하다.

이 세계는 유일한 곳이 아니라 차원을 달리하여 존재하는 더 높은 세계가 있다. 우리가 사는 세계는 가장 아래 세계이며 지옥은 바로 우리가 사는 이 세계, 우리 마음에 있다.

깨달음은 혼이 치유된 상태이며 그 길은 예수님이 말씀하셨듯이 좁고 바른 길이다. 인간의 욕망에 호소하여 우리가 가는 길을 방해하는 장애물들이 일상생활 속에 존재한다. 모든 유혹을 견디어냈을 때 새로운 의식 차원이 드러난다.

(질병 치유)

육체 치유는 혼 치유의 출발점이므로 아주 중요하다. 치유에 사용되는 방법으로 에너지(생명력, 자력, 프라나, 아카사) 이용법과 개념 바꾸기, 내분비선 자극법, 심상화법, 진언, 영적 치유 등이 있다.

아카사는 일반인에게 좀 생소한 용어인데 이것은 치료에 직접적인 효과가 있는 에너지이며 특정 부위에 적당한 자극을 하면 그것은 몸에서 방출되면서 즉시 그 부위의 부조화(질병)를 조화로 바꾼다. 아카사 에너지 증강법과 이를 치료에 이용하는 방법은 건강의 핵심이다. 또한 여러 에너지가 신체 유지에 중요한 역할을 하고 있다. 신체에 흐르는 보이지 않는 이러한 영적 에너지의 역할과 그 응용 방법은 자세한 설명이 필요하다.

질병과 치유에 있어 우리가 지니는 개념은 필수적인 요소이다. 물질계는 신성한 마음이 구체화된 세계이며 그것은 개념으로 존재한다. 질병도 우리의 개념이며 건강도 우리의 개념이다. 이 개념은 인간의 집단 최면과도 밀접하게 관련되고 시대에 따라 변화한다. 인간은 신의 일부분이므로 우리의 생각은 신의 속성인 창조성을 띤다. '생각하는 대로 이루어진다.'라는 말은 우리가 지닌 이런 창조성을 두고 하는 말이다.

물질세계가 영원하다는 생각, 눈에 지각되는 모든 것이 실재한다는 생각은 꿈속에서 우리가 실존한다고 생각한 것이 깨어나면 한바탕 꿈에 불과했다는 것을 알게 되는 것과 다를 바 없다. 결국 질병이라는 것도 우리 생각이 창조한 개념일 때문이다. 꿈속에서 죽을 병에 걸렸어도 깨어나면 환상이듯이 우리의 부정적 개념을 바꾸어버리면 우리는 쉽게 질병에서 벗어난다. 육체를 완전하고 건강한 모습으로 생각하면 그대로 이루어진다. 이것은 영적 치료의 한 수단이다.

내분비선이 적절하게 작동하지 못하여 생기는 질병도 많다. 비정상적인 감정(스트레스나 억압) 상태는 신경체계에 영향을 주고 이것은 즉시 내분비선에 영향을 주고 결국 내분비선이상으로 병이 생긴다. 예를 들면 부신선의 과잉 작동은 고혈압을 야기하고 그 반대는 저혈압을 야기한다.

신체의 내분비선이 적절하게 작동되어야하는데 이를 위해서는 올바른 호흡과 충분한 생명 에너지가 필요하다. 또한 호르몬 합성에 필요한 음식물도 필요하다. 우리는 신체를 적절히 자극하거나 시각화를 통하여 내분비선을 의지대로 조절할 수 있다. 이렇게 되면 호르몬 불균형으로 발생하는 질병을 치료할 수 있다.

　육체와 마음(그리고 영혼)은 분리 할 수 없는 동전의 양면이다. 마음과 육체 중 어느 일방의 균형이 무너진다면 삶의 균형은 무너진다. 마음이 건강하면 몸도 건강해지고 몸이 건강하면 마음도 건강해진다. 그러나 가장 중요한 것은 질병의 원인이 되는 마음의 긴장을 푸는 일이다. 마음 상태는 즉각 육체에 그대로 반영되어 나타나기 때문이다.

(3)

　치료에 대한 글을 많이 읽었지만 그의 글은 내 마음을 감동시키기에 부족함이 없었다. 글에 나오는 '혼의 치료', '조화', '엘리멘탈' 등과 같은 용어가 내 의식을 강하게 사로잡았는지 이것이 꿈속에서도 반복되어 떠올랐다.

　맑은 아침 공기가 가슴 깊숙이 흘러 들어와 온몸으로 스며들었다. 뿌연 스모그 속에 하루를 시작했던 서울에서의 생활이 뽀얗게 먼지 낀 영상으로 다가왔다. 집 뒤쪽으로 나있는 좁은 오솔길이 산 정상을 향하여 나있었다. 그리 높지 않은 산 위에 오르니 앞산 너머로 떠오르는 태양이 눈부셨다. 이제 다시 젊었을 때 꿈꾸었던 삶을 되살려 보리라. 나는 암울했던 삶이 새로이 밝아짐을 느꼈다.

　집에 돌아와 명상실에 들어가니 학성이 명상을 하고 있었다. 내가 자리를 잡고 앉으니 잠시 호흡에 대하여 설명을 해주었다.

　호흡을 통하여 공기가 들어올 뿐 아니라 프라나(에텔) 에너지가 들어온다. 이 에너지는 4차원 채널인 이다와 핑가라를 통하여 들어와 척추 아래 미저골에서 만나 합쳐져서 4차원 채널인 수슘나로 흘러 들어간다. 쿤달리니 에너지가 발견되는 곳이 이 두 에너지가 만나는 미저골이다. 왼쪽 코에서 시작해서 척추 아래 부분 미저골에서 끝나는 채널인 이다는 음의 프라나 에너지, 반대로 오른 코에서 시작해서 척추 아래 부분 미저골에서 끝나는 채널인 핑가라는 양의 프라나 에너지 통로이다. 각각 기능이 있는데 마음의 활발한 활동, 체온 상승, 소화, 변비, 신경쇠약에는 오른 코 호흡, 내분비물 조절, 긴장완화, 냄새 맡을 때는 왼 코 호흡이 좋다. 일반적으로 1시간은 왼 코, 다음 1시간은 오른 코 순서로 호흡이 일어난다. 호흡이 바뀌는 순간에 일정 시간 양코로 동시에 호흡을 하는 경우가 생긴다. 이를 이중 호흡이라고 부르며 쿤달리니 각성과 밀접한 관계가 있다. 건강에 필요한 프라나(에텔) 에너지를 많이 끌어당기기 위하여 호흡은 천천히 하는 것이 필요하다. 호흡만 바로해도 건강은 유지된다.

나는 명상실에서 가부좌를 틀고 앉아 호흡을 깊게 천천히 하기 시작했다. 학성은 오른손으로 나의 왼손을 쥐고는 나에게 가능한 완전한 건강상을 생각하고 의식을 머리 중심에 집중할 것을 지시했다. 무엇인지 찌릿한 전기 흐름이 나의 왼손을 통하여 몸으로 흐르기 시작했다.

"어제 책에서 읽어보았겠지만 치료에는 여러 방법이 있어. 지금 내가 하는 것은 완전한 건강 이미지를 시각화하며 그 이미지를 너의 위장에 보내는 것이야. 너에게 완전한 건강상을 요구한 것은 너의 건강한 상념 이미지가 생각 운반 에너지인 자력을 통하여 불완전한 패턴이 고착화되어있는 장으로 흘러가서 새로운 건강 패턴을 만들기 때문이지.

나 또한 너의 위장의 완전상을 시각화하여 생각 파동으로 내보냈으므로 그 상념의 힘은 조화롭지 못한 부위를 조화롭게 변화시키기 시작하지. 이 방법은 마음이 순수한 어린아이나 자신을 감춤 없이 드러내는 사람에게 효과적이야.

지금 너의 과민성 장은 오랜 세월 동안 서서히 너의 부정적 생각이나 감정이 쌓여서 질병으로 나타난 것이라 볼 수 있어. 지금 이 방법으로 어느 정도 치료가 될 것이라고 생각해. 그러나 늘 심호흡을 통하여 충분한 양의 프라나를 흡수하는 것은 아주 중요해. 호흡이 얕으면 신체 구조상 몸은 긴장을 하게 되고 긴장은 몸의 균형을 무너뜨리고 이 상태는 질병이 일어나는 원인이 되지."

학성은 내가 알아듣기 쉽게 설명했다. 나는 어젯밤 떠올랐던 여러 단어 중에 혼의 치료가 생각이 났다.

"어제 읽은 너의 글에 치료의 궁극적인 목표는 혼의 치료라고 나오던데 내 혼도 치료할 수 있는 거야?"

나는 조금은 철부지 어린아이처럼 장난기석인 목소리로 물어봤다.

"혼의 치유라, 누가 그것을 대신해줄 수 있겠니! 너 스스로 해야지. 너도 알겠지만 그 방법은 다양해. 첫날 네가 읽었던 '유토피아'에서 간단히 언급을 하였다고 생각해. 난 인류 모두가 혼의 치유에 적극적으로 나서길 바라는 마음에서 이번 삶을 그 일에 헌신하기로 마음먹었어. 그 일에 너도 적극 동참했으면 하지. 너는 잘 모르겠지만 지금 세계는 극도로 혼란스러워. 어제 읽어봤으면 알았겠지만 엘리멘탈은 인류 각성을 방해하는 아주 큰 적이야. 가장 큰 적은 물론 우리 인간의 게으름이겠지만 말이야.

지금 출몰하는 비행접시나, 채널러를 통한 계시나 예언, 다양한 단편적 명상지식, 명상기구가 우리에게 도움이 되는 내용인지 아닌지 생각도 안하고 그 새로운 내용을 맹목적으로 받아들이는 사람이 참으로 많아. 난 누구보다도 너를 잘 알아. 다시 만나길 기다려왔어. 우리는 전생의 인연이 큰 것 같아."

과장됨이 없고 진실한 그였기에 나를 다시 만나길 기다려 왔다는 그의 말에 조금 흥분되었고 온몸에 전율이 흘렀다. 그의 말에는 낯선 내용도 있었지만 그것이 그의 신뢰를 훼손시키는 것은 아니었다. 진실하지 않으면 결코 말하지 않는 그였기에 하는 말이었다. 나는 궁금했던 단어 엘리멘탈에 대하여 묻기로 하였다.

"엘리멘탈과 채널링과는 어떠한 관계가 있는 거지?"

그러자 그는 기다렸다는 듯이 웃으며 그러나 조금은 신중하게 말하였다.

"나는 인연이 되어 고대 비밀 가르침을 만나 공부했어. 물론 진리는 말과 글만이 아니라 실제로 느끼고 경험하여야 하는 문제야. 가르침 중에는 우주 창조론, 인간과 신의 관계, 신체의 비밀, 영적인 에너지, 불사의 약과 연금술, 마음과 신체, 질병과 치료, 생각과 마음, 사마디 얻는 법 등이 있고, 인간을 부정의 길로 이끄는 보이지 않는 존재들에 대한 내용도 있어. 엘리멘탈은 인류에게 방해가 되는 존재야. 아마 실감이 나지 않을 거야. 오늘 내 너에게 즉각적으로 이루어지는 치료현장과 엘리멘탈의 실체를 보여주려고 해. 오늘 오후에 시내에 같이 나가자."

학성이 알고 지내는 태백 시의원의 손녀가 심하게 천식을 앓고 있다며 도움을 요청하여 왔다. 평소 학성의 치유 능력을 알고 있었던 시의원이 어린 손녀의 치료를 위해 초청을 하였던 것이다. 학성은 환자의 나이와 성격에 따라 치료방법을 조금씩 다르게 사용한다고 하였다.

환자는 6살의 어린 소녀였다. 학성은 소녀를 의자에 편하게 앉게 하고는 허리부문을 양손으로 누르고 눈을 감고 한동안 있었다. 놀랍게도 얼마 후 발작적인 기침은 사라지고 소녀는 아주 편한 모습이 되었다. 이어서 학성은 소녀에게 필요한 지시를 하였다.

"앞으로는 심한 기침은 없을 거야. 선생님이 은경이 같은 사람을 많이 고쳐주었거든. 선생님이 아주 신성한 힘을 하늘에서 불러 은경이 몸에 불어넣었지. 매일 한 번 손을 허리 뒤에 대고 이렇게 눌러주는 거야. 그러면 신성한 하늘의 힘이 너에게 내려오지. 그 힘은 기침 못하도록 하는 힘이야."

이어서 부모에게는 불소(계란 노른자, 배추, 시금치, 구리, 마늘, 등푸른 물고기), 망간(시금치, 아몬드, 자두, 옥수수, 귀리, 포도, 복숭아, 계란 노른자, 닭고기, 콩, 사과), 칼륨(곡식, 시금치, 귀리, 당근, 콩, 상추, 사과, 코코넛)이 많이 들어있는 식품을 권하였다.

시의원 집을 나서면서 나는 호기심을 참을 수가 없었다. 기침을 멈추게 한 비법과 소녀에게 한 말이 궁금하여 묻지 않을 수 없었다.

"허리를 지압한 것과 소녀에게 한 말은 무슨 이유지?"

"병은 증상과 그 원인으로 구성되는데 병의 증상은 치료가 쉽게 이루어질 수 있겠지만 그 원인은 찾기가 쉽지 않아. 원인의 치료가 없는 한 증상 치료는 또 다른 증상을 가져와. 진실한 의사는 원인을 찾아 그 원인을 제거하지.

소녀에게서 병의 원인을 제거하였어. 천식은 신체에 아드레날린이 부족하여 일어나는 병이야. 신체의 부신선을 자극하여 그 호르몬이 분비되도록 촉진시키는 것이 가능해. 그리고 아드레날린을 만드는데 필요한 요소가 부족하여 충분한 아드레날린이 생성되지 않아 이런 문제가 생길 수도 있어. 그러므로 그런 요소를 함유한 식품을 충분히 섭취하면 어느 정도 치료가 되는 병이야. 현대과학은 아직도 명확하게 그 원인을 모르지. 단지 증상만 알고 있는 거야.

사실 피부 알레르기나 편두통도 현대 의학에서는 아직 증상만 알고 있지 원인은 정확하게 몰라. 이것도 마찬가지로 부신선과 연관되는 질병이야. 내가 부신선을 자극한 것은 소녀에게 부족한 호르몬이 혈관으로 흐르도록 한 것이지. 사실 이것은 중요한 것이 아니야. 왜냐하면 환자 자신의 믿음이 가장 중요한 것이니까? 환자나 의사가 치유에 대한 확신이 없다면 아무리 정확한 약을 처방하더라도 효과는 반감되지.

내가 많은 천식환자를 치료하여 완치시켰다는 말은 그녀에게 전적인 신뢰를 주기 위함이었어. 치유의 원리를 이해하기에는 민경이가 아직 어리므로 그 수준에 맞게 '하늘에서 내려오는 신성한 힘'으로 설명을 한 거야. 치유에 의심이 있으면 안 돼. 어린아이들은 의사를 많이 신뢰하므로 그 아이는 앞으로 천식에서 해방될 가능성이 커. 성인에게 이런 방법은 효력이 없을 수도 있어. 의심과 부정적인 생각이 강해 치유가 쉽게 일어나지 않기 때문이지. 그들에게는 다른 방법이 효과적일 수 있어."

"그러면 만약 천식환자가 성인인 경우는 어떻게 치료하지?"

"방법은 마찬가지야. 학식이 있고 이성적인 사람에게는 작동원리를 설명하고 믿음이 강하나 이성이 부족한 사람에게는 그 사람의 신앙체계에 의존하여 설명을 하고 치유를 해. 환자마다 대화를 통하여 그가 어떤 유형의 사람인지를 아는 것도 치유에 중요하거든."

나는 병의 치유에 대하여 호기심이 생겨 여러 질문을 던졌고 그가 말한 내용은 이러했다.

혼의 치유가 있기까지는 병은 인간의 유산으로 존재한다. 스스로 자신의 질병을 다스릴 수 있는 능력은 의식의 발달수준과 비례한다. 왜냐하면 치유법은 수련법의 다른 면이기 때문이다. 육체가 정화되어 신성한 상위의 에너지가 우리 육체로 흐른다면 질병은 자연스럽게 사라진다. 반대로 정화되지 않은 육체는 신성한 창조에너지가 흐르지 못하므로 병이 생긴다.

병의 원인이 무엇인지 아는 것이 중요하다. 선천적인지 후천적인지, 성격, 가족의 병력, 환자의 환경조사 등이 필요하다. 이러한 원인을 알려면 시간이 필요하다. 또 어떤 경우는 여러 요인들이 원인으로 존재할 수도 있다.

어떻게 병이 뿌리를 내리는지 안다면 치유가 훨씬 쉽다. 연관성의 법칙이라는 말이 있다. 어떤 병의 증상을 보고나 듣고 혹시 자신도 그러한 병에 걸리면 어떻게 하지라는 생각이 드는 것이 보통 사람들의 심리이다. 만약 정도가 심하게 그것을 반복하여 기억한다면 그 상념의 파동은 해당부위에 작용하여 신체의 구조를 변화시키기 시작한다.

사실 주변 사람들의 부정적 증상이나 생각에 영향 받거나 넘쳐나는 의학 정보에 민감하게 반응하여 생겨나는 병이 많다. 이런 경우는 병이 자리 잡게 된 과정을 반대로 하게 되면 치유가 가능하다. 즉 완전한 건강을 심상하여 그 생각을 병의 부위에 보내 조화로운 조건으로 만들면 치유가 일어난다.

생각은 힘이고 신의 창조력이 우리의 생각을 통하여 작동하고 있다. 그러므로 우리는 누구나 신성한 창조력을 가지고 있다. 최고의 치료사는 자신의 무한 능력을 인정하고 그것을 사용하는 사람이다. 문제는 자신의 능력에 대한 신뢰 부족과 자신이 원하는 완전한 이미지를 시각화할 수 있는 능력이 부족하기 때문이다.

이것을 머리로는 이해하면서 실제로 치유에 적용하지 못하는 것은 의식의 문제이다. 무엇을 신뢰한다는 것은 다른 말로는 완전한 앎을 의미한다. 완전한 앎 속에 믿음이 생기고 전적인 신뢰가 일어난다. 앎이 없이 믿는 것은 참된 믿음이 될 수가 없다.

만약 우리가 우주가 작동하는 원리를 안다면 우리는 그것에 신뢰를 둘 것이며 우주법칙은 우리를 통하여 작동을 하게 된다. 우리가 지금 당장 '나는 신이다'라고 말한다고 해서 우리가 신이 되지는 못한다. 우리가 신의 속성을 가진 신성한 존재이므로 '나는 신이다'라는 자기 확신은 일리는 있지만 앞에서 말했지만 우리와 신과의 관계에 대한 완전한 앎이 없이는 그것이 우리를 신으로 만들지는 않는다는 것이다.

'나는 신이므로 병은 존재할 수 없다'라는 말은 진리이지만 그 말이 작동하지 않는 이유는 우리가 아직도 신에 대하여 모르기 때문이다. 의식의 확장을 통하여 시야가 넓어지고 진리의 전체성을 보게 될 때 우리는 신에 좀 더 다가갈 수 있다.

진리는 무수히 많은 면을 가진 다이아몬드 같다. 보는 위치에 따라 모습이 다르게 보이는 보석처럼 진리도 그러하다. 진리 즉 신은 다양한 모든 것의 합체이다. 진실로 우리가 그 전체성을 알게 될 때 신의 한 면만 보고 그것이 유일한 진리인 양 내세우는 많은 단체의 우를 피할 수 있는 것이다.

치유는 자기치유가 가장 바람직하며 법칙을 알면 모든 병은 치유 가능하다. 그런데 주의할 것은 환자의 자유의지에 반하여 치료하면 절대로 안 된다. 왜냐하면 개인의 자유의지에 개입하면 그 카르마를 같이 받게 되기 때문이다. 또한 동정심으로 하는 치유가 능사가 아님을 주의해야한다.

한 스승께서 수많은 사람을 진리 전달의 일환으로 치유하였으나 그 중 치유에 응용된 법칙 즉 진리에 관심을 가지고 공부한 사람은 거의 없었다. 마음공부를 하도록 즉 혼의 치유를 하게끔 사람들의 의식을 진리로 안내하려는 시도는 성공하지 못하였다. 그리고 치유 받은 사람들 중 많은 수가 세월이 흐르면서 다시 이전의 병의 패턴을 만들어 재발되었다.

결국 증상 치료는 그 증상의 원인인 마음치료가 되지 않으면 언제 재발될지 모른다. 병은 긍정적인 면도 있는데 자신에 대하여 생각하고 삶을 다시 돌이켜보도록 하며 더 나아가 과거를 반성하고 영적인 길로 들어설 수 있는 기회를 제공하기도 한다. 쉽게 병이 고쳐지자 큰 반성 없이 이전의 생활로 돌아가는 것을 본 그 스승은 진리를 받아들일 수 있는 마음자세가 되어있는 사람 말고는 치유를 하지 않았다.

아파 죽어 가는 사람을 살려놓았는데 나중에 회복하여 사람을 해친다면 이것은 생각해 볼 문제이다. 여기서 자비와 정의가 어떻게 조율될 것인가 하는 문제가 있다. 시야가 넓고 식별력이 있으면 몰라도 그렇지 않으면 우리는 드러난 것 뒤에 숨은 진실을 알지 못하여 실수하는 일이 많게 된다.

우리가 사지가 멀쩡한 거지에게 적선한다면 그 거지는 영원히 그 일에서 벗어나지 못할 것이다. 값싼 동정이 나쁜 결과를 가져올 수도 있다. 그래서 스승들은 일을 행함에 예리한 판단력과 통찰력으로 사건을 종합적으로 판단한다. 이처럼 주어진 단편적인 사실에 감정적으로 반응하기 전에 우리는 삶의 다양한 면을 보도록 해야 한다.

(4)

차는 어느 사이 태백산 당골로 들어서고 있었다. 우리가 간 곳은 이 지방에서 유명한 무당집이었다. 학성은 무당에게 '자녀 문제'를 질문할 것이며 어떤 답이 나오는지 지켜보라고 하였다. 물론 이 질문은 전혀 그와는 관계없는 정보였다. 무당은 학성이 병약한 아들 문제로 점을 보러 왔다고 말할 것이라고 말하였다. 그리고 학성은 자신이 물어볼 다른 사항을 나열하고 그것에 대한 예상 답을 미리 나에게 말하며 지켜보라고 하였다. 방에 들어가 앉아 있으려니 무당은 얼마 후에 학성에게 말하였다.

"애가 걱정이 되어서 오셨군요. 얼굴은 핼쑥하고 사내 아이고."

나는 깜짝 놀랐다. 학성이가 질문하기도 전에 이미 예상했던 답을 무당은 말하고 있었던 것이다. 학성이가 예측한대로 여러 질문에 대한 답은 예상을 벗어나지 않았다. 돌아오는 도중 나는 그에게 도대체 어떻게 된 일이냐고 물어보았다.

"놀랄 것도 없어. 무당은 나의 생각을 읽고 답을 한 거야. 나는 이미 마음으로 병들어 하는 사내아이의 이미지를 만들어서 그것을 무당이 읽게 한 거야. 일반인들이 점 보러 가서 용하게도 잘 맞추는 것에 신기해 하지만 사실 답은 이미 자신들의 생각 속에 있는 셈이야.

고민이 있어 점 보러 간다면 그들은 그 고민을 마음속에 가득 채우고 가고 무당은 그 이미지를 읽으면 되는 거야. 물론 점쟁이가 다 그런 것은 아니야. 교묘하게 인간심리를 이용하여 답을 하는 사람도 있고 직감력이 발달되어 예민하게 사람의 마음을 읽는 경우도 있지만 샤머니즘의 무당은 이들과는 구별되어야 해.

무당은 사실 자신의 능력으로 점을 치는 것이 아니라 자신은 채널이 되고 신으로 모시는 이름은 다양하지만 보이지 않는 존재가 점을 치는 거야. 질문할 때마다 질문에 대한 생각 이미지가 계속 나오므로 마치 사진영상을 보듯 정보를 잡을 수 있는 거지. 무당마다 모시는 신들이 너무도 다양해. 이순신, 중국의 삼국지에 나오는 관우, 제갈공명 같은 역사적 인물에서부터 지리산 산신령, 아기신, 처녀신, 방울신 등 너무도 다양한 모습이야. 이들은 무당을 숙주로 살아가는 보이지 않는 생명으로 고대비밀가르침에서는 엘리멘탈이라고 부르지."

나는 어제 읽었던 치료법에서 그 존재를 알았지만 여전히 생소한 존재였다. 나는 호기심과 일말의 두려움으로 물어보았다.

"우리에게 얼마나 해로운 존재인지 궁금해지는데?"

"간단히 설명할 수 있는 것이 아니야. 넌 인간과 동물의 차이가 무엇인지 아니. 그 차이는 딱 하나. 인간은 육체와 그 육체를 살아있게 하는 생명에너지 그리고 혼이 있는데 동물은 혼이 없다는 점이 달라. 그러나 동물도 지성이 있어 어느 정도의 지적인 행동을 하는 거야. 그러니 동물 훈련이 가능한 거고.

그러면 혼은 없지만 침팬지보다 수백 배의 지성을 가진 존재가 있다고 생각해봐. 아마 인간이 두려워할 만한 대단한 지성을 가지고 있겠지. 엘리멘탈은 진동수가 달라 우리 눈에 보이지 않지만 대단한 지성을 가진 존재로 보면 이해가 되지 않을까 싶어."

나는 지성을 가진 보이지 않는 생명이 존재 할 수 있는지 궁금하였다

"어떻게 그런 존재가 가능할 수 있을까? 나는 정말 쉽게 이해가 가지 않아."

"눈에 보이는 것만 실체로 인정하는 것이 과학이고 인간이지. 이 공간에 무수히 다른 파장을 가진 전파가 서로에 방해됨이 없이 존재하고 있음은 과학으로 증명된 사실이야. 그러면 우리는 다른 진동을 가진 지성체가 존재함을 무조건 부정할 수는 없겠지.

사실 우리가 살고 있는 물질계 말고도 같은 공간 속에 다른 진동을 가진 고차원의 세계들이 존재해. 엘리멘탈은 다른 차원의 존재였는데 어떤 계기로 우리가 살아가는 3차원계로 불리어져서 살아가는 인간의 눈

에 보이지 않는 존재들이야. 마치 만화 속에 나오는 투명 인간처럼 우리 눈에는 보이지 않지만 특정한 동물의 눈에는 감지가 되기도 해. 갑자기 개나 고양이가 아무 것도 없는 빈 공간을 보고 무엇인가를 본 것처럼 짖어 되는 것을 본적이 있지.

그건 그렇고 무당에 나타나는 엘리멘탈보다 더욱 해로운 엘리멘탈들이 있지. 이들은 아주 지성이 고도로 발달된 고급 엘리멘탈들로 요즈음 활발하게 활동하고 있어. 아마 너도 읽어봤을 거야. 시중에 넘쳐나는 채널링 책 말이야."

이야기하는 동안 우리는 집에 도착했다. 학성은 오늘 저녁에 읽어보라며 정리된 노트를 주었다.

(엘리멘탈)

신의 일부분인 인간과는 구별되는 지성을 지닌 존재로 우리와 다르게 혼이 없다. 우리와는 다른 진동을 지녀 눈에 보이지 않지만 인간에게 여러 모습으로 나타난다. 그릇된 정보를 채널러를 통하여 내보내는 유형, 영매를 통하여 나타나는 유형, 의식이 약한 자에게 빙의하는 유형으로 나눌 수 있다.

채널러를 통하여 우주인 혹은 스승으로 칭하면서 새롭고 신비한 지식을 전해주어 인간의 마음을 혼란시킨다. 이들은 현재 인간들이 알고 있는 지식 너머 정보를 사용하여 인간들을 미혹시키고 자신들을 영적인 존재로 보이게 한다. 채널러의 정보제공자는 몇몇 예외를 제외하고는 거의 엘리멘탈의 장난인 경우가 많다.

인간은 윤회를 통하여 과거의 기억을 잃지만 이들 존재는 죽음 없이 존재하여 왔으므로 인류의 과거 역사를 잘 알고 있다. 결정적으로 이들은 빛의 반대 세력인 악의 세력에 의하여 조정되고 사용되는 도구라는 점이다.

오래 전부터 빛과 어둠의 싸움이 있어왔다. 서양에서 사탄, 악마라고 하는 악의 무리는 빛과의 전쟁을 위하여 원래에는 중립이었던 엘리멘탈 존재를 그들의 세계에서 우리 세계로 불러내어 자신들의 사악한 목적을 그들에게 주입시켰다. 엘리멘탈은 선도 악도 아니 존재였으나 점차 이러한 악의 세력의 부정적 진동으로 사악한 존재로 변하여갔다.

빛의 세력이 인류의 각성을 위하여 헌신하고 노력하는 반면 악의 세력은 인간의 각성을 방해하고 인간이 의식 속에 파괴와 증오와 부조화를 불어넣는 것이 목적이다

이들은 인류를 속이려고 진리와 비슷한 그릇된 내용을 전파하고 있으며 영원히 인류를 물질세계에 잡아두려고 한다. 왜냐하면 이들은 빛보다는 어둠을 더 좋아하기 때문이다.

주변을 살펴보면 물질 삶에 만족하여 영적인 삶을 추구하려는 사람은 극소수이다. 그러나 진리를 조금이라도 맛본 사람은 어떠한 물질 만족도 영적 충만함에는 비교될 수 없음을 안다. 엘리멘탈은 악한 힘의 통로로 사용되며 악의 세력은 인간의 저급한 물질 집착성에 호소하여 인간이 영원히 물질에 매여 있기를 바라고 이런 혼란스런 세계를 즐긴다.

지금 많은 가르침이 난무하고 그 가르침의 상당수가 영매를 통한 보이지 않는 존재로부터의 내용이다. 그 내용에 미혹되어 믿고 따르는 사람이 많은 것은 그 내용이 대중을 속이기에 아주 교묘하고 진리를 닮고 있기 때문이다. 뉴에이지 운동과 더불어 이런 현상은 더 심해지고 있다. 새로운 세계에 대한 기대 그리고 거기에 맞는 철학이나 사상이 나오는 것은 자연스러운 일이다. 그러나 진리를 가장(假裝)한 많은 사이비가 인류를 잘못된 길로 안내한다.

사이비(似而非)는 겉으로는 비슷하나 본질은 완전히 다른 것을 말한다. 사실이나 사건이 거짓임이 드러나기까지 겉모습은 진리처럼 보인다. 진리의 길을 걷는 사람에게 매력적으로 다가오는 경이로운 사건들은 사이비인 경우가 대부분이다. 비행접시의 외계인, 채널링을 통한 경이로운

메시지, 종교에서 보이는 이적현상, 크리스털이나 도구를 사용하여 점을 치거나 에너지를 끌어당기는 일, 그 모두가 의식 발달 수준이 낮은 사람에게는 신비하고 진실하게 보인다.

그러나 기억해야한다. 사기꾼은 온갖 감언이설로 우리의 판단력을 흐리게 하여 마지막에 가서야 비로소 우리가 사기를 당했음을 알게 되듯 이 영적인 사기꾼은 교묘하기가 우리의 상상을 초월한다. 살아가면서 물질적으로 사기를 당하면 복구가 가능하지만 마음, 혼의 영역인 영적인 사기는 그 피해가 실로 막대하다. 영적 사기꾼이 너무도 많다.

세상에는 인류의 영적 각성을 조직적으로 방해하고 그릇된 길로 안내하는 악의 조직이 존재한다. 인류의 역사는 눈에 보이지 않지만 선과 악의 싸움이었으며 그 최종적인 싸움이 시작되고 있다. 이것을 일러 아마겟돈이라 한다. 이 환난 후에 미륵이 다스리는 세계 즉 그리스도왕국이 도래한다.

악의 세력은 인류의 영적 진화를 방해하는 것이 목적이다. 내면의 신성한 본질을 찾는 것을 방해하고 자신들을 숭배하도록 하고 인간이 영원히 물질성에 매여 있기를 바란다. 그 방법이 교묘하여 지혜와 세밀한 판단 없이는 쉽게 그들이 원하는 함정에 빠진다.

나라마다 그 문화나 의식에 맞게 다양한 모습으로 나타나는데 한국에서는 무당에게 능력을 주는 신으로, 서양에서는 영매를 통한 메신저로 주로 나타난다. 그러나 이러한 방법 이외에도 실로 상상을 초월하여 사람들을 현혹시킨다. 그들은 심지어 잠자는 사람들 마음에 자신들의 생각을 주입하기도 한다. 수단 방법은 다양해서 그 실체를 안다면 전율을 금할 수 없을 것이다.

우리는 우주인이나 채널러(영매)를 통한 메시지가 영적이고 지적이며 인류에게 새로운 세계를 보여주지 않느냐고 반문할 수도 있다. 그것은 영리하고 교활한 악의 세력이 인간의 의식 발전에 걸맞은 새롭고 신비한 내용을 제시하여 인간의 신뢰를 얻기 위함이다. 낚시의 미끼 같은 것이며 최종적으로 인간을 자신들의 지배하에 두기 위함이다. 메시지가 영양가 있는 말처럼 보이나 그 뜻은 모호하고 그러면서 결정적으로 영적 발전에 필요한 수련법이 별로 없다. 교활한 방법일수록 진리처럼 보인다. 이성과 분별력으로 올바른 판단을 해야 한다.

(5)

혼란스런 밤이었다. 엘리멘탈(일부에서는 저급 영으로 불리어짐)의 존재와 이 순간 벌어지고 있는 악의 활동에 두려움이 들었다. 민감한 성격이어서 쉽게 소설의 스토리나 영화의 장면에 몰입되어 그 잔상이 오랫동안 남아있는 경향이 있었다. 지금 이 순간 나를 지켜볼지도 모르는 그런 존재들에 대한 생각으로 가득 찼다. 고등학교 시절 모 종교단체가 발행한 요한계시록을 읽고 며칠간 그 글 속의 장면이 떠올라 잠을 설치고 혼란스러웠던 적도 있었다.

새벽녘에 잠이 들었다 일어나니 벌써 한낮이었다. 냇가에 가서 세수를 하고 한동안 흐르는 물을 바라보며 생각에 잠겼다. 물고기, 깨끗한 조약돌, 모래가 맑은 물 아래 드러났다. 그때 돌멩이 하나가 맑고 맑은 물에 떨어져 수면을 흔들었다. 출렁이는 물결 속에 투명한 물처럼 잠깐이나마 맑았던 마음에 생각이 너울거렸다. 정적은 깨어지고 난 심술궂은 작자가 누구인지 뒤를 보니 학성이가 웃고 있었다.

"잘 잤어! 새벽녘에 잠드는 것 같아 깨우지 않고 두었지. 명상을 방해했나보군. 무엇을 생각하고 있었니?"

"모처럼 마음이 맑아짐을 느꼈어. 저 깨끗한 물처럼 말이야. 물이 참 맑기도 하다."

"마음이 맑아졌다니 나도 기뻐. 옛날부터 수행자들이 높은 산이나 맑은 물이 있는 곳에서 수련을 했어. 단지 세속의 소음에서 해방되려는 의도 외에도 다른 의미도 있었지. 유흥가에 가면 끈적끈적한 욕망의 진동을 느끼고 자신도 모르게 그 흐름에 동조하게 되고 사찰이나 수도원에 가면 엄숙함과 경건함이 느껴지고 마음도 거기에 조율되는 것을 경험했을 거야. 이것은 생각 진동의 영향이야. 매 순간 우리는 생각을 하고 그 생각은 사라지지 않고 전파처럼 우주공간에 남게 돼. 그래서 장소에 따라 그 장소를 점유하는 사람들의 생각의 질이 우리에게 영향을 미치는 거야.

민감하지 못하면 간과하겠지만 우리 모두는 발신기와 수신기를 가지고 끊임없이 생각을 내보내고 받아들이고 하지. 착한 사람이 악한 무리에 있으면 자신도 모르게 거기에 휩싸여 압도당하기도 하고 말이야. 집단 심리에 휩쓸려 자신도 생각 못한 일을 하고 난 후 후회하는 경우도 있는데 그것은 생각의 흐름에 잡혔기 때문이야.

수련자들이 높은 산, 맑은 물이 있는 곳을 찾는 이유는 생각의 흐름과 관계가 있어. 맑은 물은 생각의 흐름을 정화하는 능력이 있고 지대가 높으면 대중의 생각 흐름이 올라오지 않아서 그 부정적 생각에 영향을 받지 않게 되므로 수련하는데 도움이 돼. 어떤 경지에 이르면 어디에 거주하든 이러한 생각의 흐름에 전혀 영향 받지 않고 살아갈 수 있지만 수련과정에는 장소가 중요한 것도 사실이야."

그의 말을 듣고 나는 그 동안 정신세계와 관련된 책을 읽어오면서 느꼈던 생각 관련 여러 용어가 저자마다 약간씩 다르게 사용되어 혼란을 느꼈는데 지금 학성에게 그 문제를 던지고 싶었다.

"생각에 대해 말했는데 일반적으로 우리가 사용하는 의식이나 마음과는 어떻게 다르며 혼과 자아, 자아, 에고와는 어떤 관계가 있는지 이야기 해줄 수 있니. 언어의 모호성이 명확한 이해를 방해한다고 생각해 왔는데 책마다 단체마다 다르기도 하고 모호하기도 하고 말이야. 아마 눈에 보이지 않는 실체를 언어로 정의한다는 것이 힘들겠지만 어떤 면에서는 명확한 정의가 우리에게 가장 필요한 것이 아닐까 생각해."

그는 한동안 생각에 잠기더니 조심스럽게 말하기 시작했다.

"네가 말한 단어들이 정신수련 단체에서 혼란스럽게 사용되는 경향이 있어. 수련이나 명상을 하려고 해도 그 내용이 정확하게 다가오지 않으면 바른 수련이나 공부가 되지를 않아. 백과사전을 참고하면 단어마다 여러 뜻이 있고 문화라든가 종교 혹은 학문에 따라 다른 의미로 사용되는 경우도 많아. 지금 내가 말하는 것은 사전적 의미보다는 수련하는데 필요한 정의라고 보면 될 거야.

사전에 보면 알겠지만 혼이나 자아에 대한 정의는 분야에 따라 달라. 철학적 정의와 심리학적 정의, 종교적 정의가 다른 것은 그들 학문의 영역과 연관되기 때문이지. 과학의 한 분야로 인간 심리 분석에 초점을 둔 심리학은 혼이란 존재를 인정하는데 인색하고 인간의 행동과 관련지어 자아를 설명하려하지. 철학은 혼을 관념적인 형태로 대상의 세계와 구별된 인식과 행위의 주체이며, 작용, 반응, 체험, 사고, 의욕의 작용을 하는 것으로 보지. 물론 기독교에서는 신에 의하여 창조된 혼에 대해서 말하고 있지. 혼에 대한 정의가 가장 중요하지 아닐까 싶어.

혼이란 인간에게만 존재하는 것으로 인간이 신성이나 불성을 가졌다고 주장하는 근거가 되지. 혼에 대한 비밀가르침 내용은 나중에 시간 있으면 차분히 설명하기로 하고 간단히 혼을 신의 속성을 띤 한 부분으로 정의하고 싶어. 물론 이 육체는 혼이 거주하는 거소가 되겠고.

그러면 왜 신의 일부분인 혼이 자신의 신성 능력을 발휘하지 못하는지 의문이 들겠지. 여기서 기독교 용어를 빌리자면 인간의 타락 때문이고 불교용어로는 무지 때문이라고 말할 수 있어. 그러면 왜 타락했는지에 대하여서는 좀 더 나중에 얘기하기로 하고 타락 상태, 무지상태에서 원래의 신성상태로 돌아가는 긴 여행이 인간에게 시작되었다고 볼 수 있는데 그 여행길을 안내하는 것이 부처님이나 예수님, 기타 여러 성인들의 가르침이야.

혼이 정의되었으면 다음은 의식인데 이것은 어떤 일, 현상, 대상 등을 대상으로서 알거나 깨닫거나 느끼는 것이지. 이것은 자각하는 능력에 따라 단순의식, 자아의식, 신 의식으로 구별돼. 단순의식은 단계별로 무생물, 식물, 동물이 가지고 있는 의식으로 구별되며 자아의식은 3단계로 구별되는데 인간만이 가지고 있는 의식이야. 신 의식은 인간이 도달해야 하는 의식이며 이것에 도달하기 위한 3단계가 있어. 1단계는 1해탈, 2단계는 2해탈, 3단계는 3해탈로 불리어져. 여기서 우리가 의식을 혼과 비교한다면 혼이 의식을 가지고 우리에게 존재한다고 할 수 있어.

우리가 타락 전에는 신 의식 혹은 우주의식 상태에 있었으며 실락 후 우리는 자아의식 상태로 떨어졌지만 언젠가는 우주의식 단계에 도달해야 해. 이것이 각성이며 삶의 목적이야. 우주의식 상태를 붓다 상태, 니르바나 상태 혹은 그리스도 의식으로도 표현하지. 우리가 주의해야할 것은 깨달음과 관련된 비전의 5단계가 있다는 거야. 1비전과 2비전을 통과해야지 1해탈이 가능하다고 하는데 제1비전은 모든 감정과 욕망을 통제하고 그 주인이 될 수 있는 상태로 어떤 상황에서도 흔들림 없는 마음자세를 유지할 수 있어야 해. 감정도 통제하지 못하고 분노하고 화 내고 명예를 구하고 욕심을 내는 경우에는 제 1해탈은커녕 1비전도 통과하지 못한 증거야.

다른 종교에서 사용되는 견성이나 해탈, 깨달음이 내가 말한 해탈이나 비전과 다를 수 있음을 이해했으면 해. 물론 궁극적으로 전체와의 합일을 통한 신성회복은 같겠지만 그 과정에서 사용하는 용어가 같은 단계나 속성을 의미한다고는 생각하지 않아. 아직 감정도 통제하지 못하면서 큰 소식을 얻었다고 말하는 수도자가 많으니까 하는 소리지.

그럼 마음에 대하여 정의를 내리지. 마음에 대한 정의는 참으로 애매해. 심리학에서는 "의식"의 뜻으로 쓰이는가 하면, 육체나 물질의 상대적인 말로서 "정신"또는"이념"의 뜻으로도 쓰이기도 하지. 일관성 있게 의식과 관련하여 정의를 내린다면 혼 의식이 사물에 대해 어떤 감정이나 의지, 생각 등을 느끼거나 일으키는 작용이나 그 상태를 마음이라 할 수 있어. 간단히 설명하면 의식이 활동하는 면이 마음이라고 할 수 있어. 타락 전에는 우리 혼 의식은 우주의식과 합일상태여서 우리 마음은 신의 마음이었다는 사실이야. 지금 우리가 마음 공부하는 이유는 바로 원래의 우주의식을 다시 얻기 위함이고.

에고는 많이 사용되는 단어인데, 자아로 정의되는데, 어떤 경우에는 자아를 진아(참나)와 구별하여 설명하기도 하지. 이러한 경우에 에고나 자아는 오염된 혹은 타락한 혼 의식을 말하는 것이 되고 진아는 타락 전의 자아(혼)를 말하는 것이 되지. 그래서 위빠사나나 선에서 말하는 무아의 경지나 사마디의 경지는 타락하지 않은 신성자아(혼)와의 합일을 말하는 것이야.

좀 더 깊게 들어가면 자아(혼)를 고급자아(혼)와 저급자아(혼)로 구별 하기도 해. 중요한 것은 자아(혼)는 하나이며 그 속성을 저급이니 고급 이니 부른다는 것이야. 유대 신비가르침인 카발라에 의하면 혼은 4가지 속성(물질적, 아스트럴적, 멘탈적, 영적)이 있다고 해. 저급자아에서 고급자아를 얻는 것이 아니라 이미 존재라는 고급자아를 의식의 확장으로 도달하는 거지. 혼의 4속성을 설명하려니 태초의 우주창조를 설명해야 할 것 같고 지금 너에게는 아직 무리라고 생각이 들어.

그럼 마지막으로 아주 중요한 주제인 생각에 대하여 정의를 내려 볼까. 많은 사람들이 마음과 생각을 같은 차원에서 이해하고 하나로 보고 있는데 심지어 과학자들은 마음에 존재하는 생각이 우리가 태어나서 받은 여러 느낌과 인상을 통하여 개성이나 개체를 형성한다고 말하지.

엄밀한 의미에서는 생각은 마음(의식)이 사용하는 도구 혹은 대상물 이라는 것이야. 그리고 마음은 우리의 영적인 각성에 따라 다르게 기능 한다는 것이고. 그래서 깨달은 자의 마음은 신의 마음이므로 생각(감정) 을 자유롭게 통제하고 늘 신의 속성이 빛나지.

앞에서 생각의 흐름에 대하여 설명했지만 생각은 실제 존재하는 어떤 것이라는 거야. 눈에 보이지 않지만 공간을 흐르는 무수히 많은 전파 처럼 생각도 진동으로 이 공간을 흐르고 있어. 조화로운 생각은 나가서 다른 사람에게 좋은 영향을 미치고 나쁜 생각은 그 반대야. 물론 어떤 생각을 받아들이는 여부는 자유의지에 달려있지만 말이지. 생각은 양날을 가진 칼인 셈이야.

더군다나 생각은 여러 용도로 사용되고 있어. 치유의 경우에 생각은 절대적이야. '생각한대로 그렇게 된다.'라는 말이 있는데 신의 창조에너지가 우리 생각을 통하여 끊임없이 흘러나오므로 이 말은 사실이야. 치유도 생각의 집중으로 가능하고.

생각은 크게 두 흐름으로 볼 수가 있는데 하나는 우리의 카르마와 연관되어 상위의 계에서 충동(임펄스) 형태로 흘러나오는 생각이고 다른 하나는 사람들이 이런 생각에 반응하여 나오는 생각이야. 마음에 어떤 임펄스가 나와 어떤 행동을 하도록 야기하는데 그것은 원인과 결과의 법칙이 현시되는 방법이야. 조금 전까지 생각도 하지 않다가 갑자기 어떤 생각이 나서 무언가를 한다든가 혹은 어떤 장소에서 사람을 만난다든가 사건을 겪게 되는데 이것이 우연처럼 보이지만 사실은 카르마의 법칙이 작동하는 것이며 우리가 과거의 결과를 직면하고 새로운 원인을 설정하는 과정이야."

학성은 말을 마치고 돌을 집어 잔잔한 물속으로 던졌다. 물결이 일고 냇가의 정적은 깨어졌다.

"물결이 일면 물속을 볼 수 없듯 생각이 일면 참된 마음, 참된 자아를 볼 수 없어. 생각이 가라앉아야 마음속에 참된 자신의 모습을 보게 되지. 잊어왔던 평화로운 고향의 모습을 다시 보는 것이라고나 할까? 그래서 강둑 위에 앉아 흐르는 물을 바라보듯 생각을 지켜보는 수련이 불교 위빠사나와 티베트 불교에서는 출발점이 되고 있어. 이렇게 생각에 흔들림 없이 생각을 지켜보고 내면의 신성자아를 감지하는 단계가 빛의 길에 출발점이 되는 거야. 이 빛의 길로 나서기까지도 많은 노력과 시간이 필요해.

많은 사람이 참된 자아를 조금이라도 보게 된다면 인생관과 삶의 방향이 바뀌고 빛의 길에 들어서게 되는데 일반인에게는 이것도 쉬운 일이 아닌 것 같아. 많은 사람들이 과거의 경험이나 기억의 합체로 이루어진 생각을 자신으로 오해한다는 거야. 생각은 아주 중요한 개념이고 그 설명만 하는데도 오래 걸릴 거야."

그러면서 생각에 대한 중요한 이야기를 요한계시록과 관련하여 설명해 주었다. 그에 말에 따르면 생각은 1초당 6백6십6조의 진동이며 1조분의 1초에 생각파동이 666번 진동한다하였다. 요한계시록의 짐승의 마크인 666은 바로 의식적으로 혹은 무의식적으로 사람에 대한 생각을 지배하는 법을 배운 사람들이나 독재자가 행하는 인간에 대한 정신(생각) 지배를 의미한다고 하였다. 즉 미래에 개인의 생각 진동을 통제하여 인류를 통제하려는 악의 세력과 연관되는 것이 바로 생각 흐름이라고 하였다.

그때 물새 한 마리 날아와 수면을 박차고 물고기 한 마리를 낚아채서 사라졌다. 물결이 일었다면 그 새는 자신의 먹이를 얻지 못했으리라는 생각 들었다. 진리를 먹고사는 인간이 되어야 한다는 말이 떠올랐다. 세속적 욕망에 이리저리 흔들이며 목적이라고는 남들처럼 출세하고 돈 벌고 잘사는 것이 전부인 삶이었다.

생각이 늘 문제였다. 감수성이 예민하고 조금은 소심한 나에게 생각이 지옥인 경우가 많았다. 실수는 마음속에 기억으로 남아 계속 괴롭혔고 잊으려 하면 더욱 생생히 떠올랐다. 생각은 생각을 낳고 나중에는 더 이상 어쩔 수 없는 생각의 사슬에 매여 질식사할 것 같았던 아픈 기억. 살아가면서 경험이 쌓이고 어떻게 생각에 대처해야 할 것인가에 요령은 생겼지만 여전히 생각은 감당하기 어려운 대상이었다. 생각의 통제 필요성을 느껴 여러 방법을 사용해 왔으나 여전히 생각은 나에게 힘겨운 상대였다.

"너의 말을 들으니 어느 정도 개념 정리가 되는 것 같아. 그런데 생각의 선택 여부는 마음이라고 했는데 구체적으로 통제하는 방법에 대하여 듣고 싶은데."

"넌 어떤 문제나 논점의 핵심을 쉽게 감지하고 질문하는 것 같아. 위빠사나의 생각 지켜보기를 알고 있겠지. 부처님이 깨달은 행법으로 아주 좋은 수행법이라고 생각해. 지켜보는 자 혹은 아는 자가 되어서 마음으로 흐르는 모든 생각을 중심에 서서 지켜보는 것이지. 철저하게 생각과 분리되어 초연하게 머물러야 하는데 해보면 알게 되겠지만 쉬운 일은 아니야. 약간의 방심에도 생각의 흐름에 휩쓸려 헤매는 자신을 발견하는 것이 일반적이야. 그래서 '깨어있음', '알아차림'이 요구되고 생각이 일어날 때마다 가차 없이 생각의 뿌리를 잘라내라는 말도 나오지."

"생각 지켜보기는 알고는 있는데 문제는 방법은 알지만 잘 안 된다는 거야. 그래서 많은 사람들이 중단하고 다른 방법을 찾거나 체념하고 살아가는 것 같아."

누구보다도 정신세계에 꾸준한 관심을 가져온 나에게 위빠사나 수련은 생소한 것은 아니었다.

"마음 통제 즉 마음이 생각을 통제하는 방법은 육체나 생각을 지켜보는 것 말고도 호흡 지켜보기, 만트라 등이 있는데 호흡법이 많이 알려져 있어. 호흡에 집중하여 생각이 들어올 틈을 주지 않는 행법이지. 만트라는 호흡법처럼 많이 알려져 있지는 않지만 만트라를 하면서 그 소리에 집중함으로써 생각의 침입을 막아내지. 아무 단어나 암송하는 것이 아니라 사용되는 특별한 만트라가 있어.

사실 만트라는 육체의 신비 에너지 채널을 여는 방법으로도 사용돼. 나중에 기회가 되면 설명하겠지만 신성한 에너지가 흐르는 신비채널이 있는데 그 채널이 일반인에게는 거의 닫혀있어서 충분한 영적 에너지가 흐르지 못한다는 거야. 이 채널을 여는 열쇠로서 만트라가 사용되기도 해. 카발라에서 히브리문자는 치유 만트라로 사용되고 있고 티베트 명상에서도 만트라가 많이 사용되고 있어. 내가 강조하고 싶은 것은 수련의 성공 여부는 개인의 의지와 노력에 달려있다는 거야. 좋은 도반과 단체 그리고 스승의 필요한 이유는 옆에서 계속 의지를 북돋아주고 함께 격려하면서 길을 걷게 하기 때문이야."

생각이 잠잠해지면 원래의 모습을 볼 수 있다. 그런데 생각이 이것을 방해한다. 나는 이 명제 앞에 떠오르는 의문을 지울 수 없었다. 즉 설사 생각을 어느 정도 통제하여 마음을 보더라도 그 마음은 여전의 타락한 마음이 아닌가 하는 것이었다. 왜냐하면 주변을 보면 오랜 세월 수련을 하여 집중도 잘하고 생각 통제도 가능한 사람을 만나는데 여전히 그들이 추구하는 신성 혹은 깨달음은 그들과 멀어 보였다. 그것이 학성이가 말한 마음의 정화가 문제라면 그럼 이 생각 너머 존재하는 마음을 닦는 수련 단계가 깨달음의 핵심이 아닌가 하는 생각이 들었다.

시중에 단기간에 각성으로 인도하는 수련프로그램이 있는데 이것은 생각의 통제가 아닌가 싶었다. 그 방법의 한계는 어쩌면 심리학이 혼의 존재를 제외하고 육체와 생각에 한정하여 인간 현상을 이해하려는 시도에서 나타나는 한계와 같은 차원이 아닌가 싶었다. 인간은 육체적이며 정신적(마음)이며 아울러 영적(혼)이기 때문에 이 모든 것을 아울러 이해하지 않으면 한계가 부딪칠 수밖에는 없다는 생각이 들었다.

"실락한 혼이 어떻게 생각을 통제할 수 있는지 그리고 생각 너머 생각의 주인인 마음 혹은 의식을 어떻게 정화할 수 있는지 궁금해지는데."

"그래 좋은 질문이야. 비록 혼이 타락했다 하더라도 완전한 암흑 속에 있는 것이 아니라 비유를 든다면 거울에 먼지가 끼여 원래의 깨끗한 상태가 흐려져 보인다는 거지. 그래서 우리는 그 순수한 빛을 받고는 있지만 완전하지 못해. 우리가 신을 찾고 자비를 베풀고 형제애를 느끼는 것은 그 순간 원래의 신성한 마음이 작용하기 때문이야.

어떤 사람은 많은 먼지가 끼여 좀 더 부정적일 수 있고 어떤 사람은 많이 닦아서 영적인 빛이 많이 비칠 수 있어. 그것이 그 사람의 영적 수준이라고 말할 수 있지. 우리가 생각을 통제하고 마음을 바르게 사용하는 것은 여전히 신의 마음이 빛나고 있기 때문이야.

네가 질문했듯이 생각의 통제는 첫 번째 단계고 그 너머 단계가 마음 수련법으로 실락한 마음(의식)을 원래 상태로 돌이키는 법이야. 생각을 통제하고 일반인의 한계를 넘는 집중력으로 기적 같은 일을 하는 사람들이 있지. 그런데 그들의 영적인 면은 별로인 경우가 많아. 왜냐하면 마음공부가 되지 않아서야. 조금이라도 생각의 통제를 느슨하게 하면 금방 부정적인 생각이 스며들지. 그 이유는 마음이 정화되지 않아서 그들 마음이 부정적인 생각을 채택하거나 기억해내기 때문이지.

마음공부는 바른 앎에서 시작돼. 불교 팔정도가 이것을 아주 논리적으로 설명하고 있지. 팔정도의 첫 번째가 정견 즉 바른 견해 혹은 바른 앎이야. 정견이 있어야 이어지는 정사 즉 바른 생각이 생기고 이어서 정언인 바른 말이 나오고 말이야. 바른 견해가 깨달음의 핵심이라는 것이지.

왜 인간이 신의 단계에서 떨어졌는지는 네가 좀 더 준비되었을 때 설명하기로 하지. 하여간 우리가 무지하다는 거야. 이 무지가 부처님이 말씀하셨듯이 모든 집착의 원인이 된다는 거지. 붓다는 그 무지에서 벗어나서 참된 모습을 보기 위해서 바른 앎이 필요하다고 말했어. 그러면 바른 앎은 무엇이냐. 바로 진리를 말하는 것이야. 티베트 비밀불교나 유대 신비가르침인 카발라에는 우리가 다시 원래의 상태로 돌아가는 방법을 아주 잘 보여주고 있어."

나는 이 주제와 관련 평소 의문이었던 질문을 던졌다.

"또 궁금한 것은 부처님이 말씀하신 자아 혹은 아트만의 부정을 어떻게 이해하여야 할까. 네 말은 혼이 자아이고 힌두교의 아트만 같은데 그리고 신과 합일을 말하고 있어 그렇다면 힌두교의 범아일여와 같은 개념인데 왜 부처님이 아트만(자아)을 부정했을까."

"중요한 질문이군. 이런 관점에서 불교와 힌두교를 구별하는 학자도 많은데 정말 부처님이 자아를 부정했을까? 아트만을 어떤 개념으로 사용했는지가 중요하겠지. 그런데 앞에서 우주의식(신, 전체, 합일)과 혼

(신의 분광, 부분, 분리)을 설명했는데 혼 즉 자아(아트만)는 분리 상태에서만 혼으로 존재한다는 거야. 우주의식과 합일 상태에서는 혼은 전체에 녹아들어가 하나의 개체로서 존재하지 않는다는 점이야. 그런 점에서 아트만(자아)은 없는 것이니 부정하는 것도 당연하지.

결국 아트만에 대한 초점을 어디에 두고 정의하느냐가 중요하다고 봐. 학자에 따라서는 붓다가 참자아를 부정한 것이 아니라 생각이나 개념으로 이루어진 거짓 자아(에고)를 부정한 것이라고 하지.

또 다른 차원에서 설명해 본다면 사실 우리 자아(혼)는 이 물질계에 존재하는 것이 아니라 언젠가 배우게 되겠지만 신(우주의식)을 둘러싸고 있는 7개의 영 행성에 있어. 이 영 행성에 혼이 존재하고 우리의 혼은 그 혼의 확장 쉽게 말해서 랜턴의 불빛이 퍼져나가듯이 그렇게 중심에서 확장되어 나온 것이야.

그러므로 엄밀한 의미에서 이 물질계에는 혼(아트만)은 없고 혼의 빛만이 있을 뿐이야. 그런 점에서 아트만의 부정이 가능하고. 아마 언어의 한계가 이런 것이 아닐까 하는데 중요한 것은 비밀 불교 가르침에서는 신과 합일의 범아일여사상을 반대하지 않는다는 거야."

그때 학성을 찾는 목소리가 우리의 대화를 중단시켰다. 학성은 나에게 마음 수련과 관련해서 "의식 확장과 깨달음의 관계"를 생각해보고 아울러 "정의와 자비가 어떻게 삶에 적용되어야 하는지" 명상해보라 하였다.

(6)

두 남자가 마당에서 학성을 기다리고 있었다. 아버지로 보이는 사람이 학성에게 가벼운 목례를 하였다. 아들로 보이는 젊은이는 별 반응 없이 옆에 서있었다.

"어서 오세요, 김 선생님."

반갑게 학성이 인사를 하였다. 이미 얘기가 되어 있었는지 학성은 두 남자를 명상실로 안내하였다. 방문을 닫고 학성은 촛불을 켰다. 바람도 없는 방안에 촛불은 놀랍게도 정확하게 젊은이에게 향하였다. 이를 보고 학성은 한동안 그 사내의 얼굴을 보며 무엇인가 노려보는 듯 깊은 침묵으로 들어갔다. 얼마 후 갑자기 젊은이가 몸을 부르르 떨며 신음 소리를 내더니 방바닥에 엎어졌다. 곧 촛불은 다시 곧게 타오르기 시작했다.

"아드님은 부분적으로 엘리멘탈에 빙의되었습니다. 지금 일시적으로 쫓아냈으나 다시 찾아올 수 있습니다. 아드님이 정신이 오락가락한 것은 엘리멘탈이 부분적으로 잠재의식을 차단하고 지배해서 일어난 현상입니다. 지금부터 저의 말을 잘 듣고 실행하면 더 이상 문제는 없을 것입니다."

학성은 어디서 많이 보았던 도형을 그리기 시작했다. 그리고는 정신을 차린 젊은이에게 그 도형을 집안에 걸어 두고 마음속으로 그 도형을 시각화하고 머리 중심인 송과선에 집중할 것을 당부했다.

"젊은이! 자네는 이 도형이 엘리멘탈을 물리치는 절대적 힘이 있음을 늘 기억하게. 자네의 믿음이 클수록 더욱 강력한 보호막이 될 걸세."

"고맙습니다. 마치 한동안 꿈을 꾼 것 같아요. 제정신으로 돌아왔다가 어느 순간 저도 모르게 이상한 행동을 하게 되고, 마치 모호한 꿈을 꾸는 것 같았습니다."

젊은이는 그동안 실성한 사람 취급을 받아왔다 했다. 그런데 정신병원에도 다녀도 진전이 없어 학성을 찾아온 것이었다. 목격한 한 것은 빙의된 사람에게 악령을 몰아내는 의식이었다. 영화에서 엘리멘탈과 싸우는 무시무시한 장면을 생각한 나에게 이것은 아주 흥미로운 일이었다. 학성은 두 사람과 함께 시내로 나가면서 다음날에 오겠다며 "엘리멘탈 퇴치법"을 건네주었다.

(엘리멘탈 퇴치법)

엘리멘탈은 현시의 욕망이 있다. 능력에 따라 여러 종류로 나뉘며 1등급은 인간을 완전히 빙의하여 미치게 만들 수 있으며 더러는 교묘하게 인간을 미혹하는 다양한 모습으로 나타난다. 인간을 채널로 이용하여 마스터나 스승, 우주인, 심지어 더러는 그리스도라고 말한다.

간혹 인간의 생명력을 사용하여 잠시 육체를 형성하여 나타날 수도 있다. 생명력은 생물이 살아갈 수 있게 하는 생명을 주는 에너지로 이 에너지가 일정 수준 떨어지면 인간이나 동물은 죽게 된다. 이들은 이 생명력을 사용하여 인간들이 원하는 모습으로 나타날 수 있으며 공개적으로 대중 앞에 나타날 경우 피 의식이 행하여지는데 이것은 핏속에 생명력이 많이 흐르기 때문이다.

피 의식(儀式)을 통하여 흘러나오는 생명력을 가지고 엘리멘탈은 자신을 드러낼 수 있다. 역사상 피 의식은 세계적으로 광범위하게 행하여졌는데 엘리멘탈과 관련이 있을 수도 있다. 이들을 물리치기 위해서는 매우 높은 영적 능력이 필요하다. 2등급 엘리멘탈은 인간에게 빙의하지만 완전하게 빙의는 하지 못하며 들어왔다 나갔다 하며 사람을 실성한 것처럼 보이게 만든다.

이들 엘리맨탈을 퇴치하기 위한 방법은 여러 가지 있는데 여기서 몇 가지를 소개한다. 첫째 원은 완성의 상징으로 처음과 끝이며 시작도 끝도 없다. 원이 그려지고 그 속에 있으면 엘리멘탈로부터 보호된다. 원을 그릴 때 절대로 선이 끊어지면 안 되며 그 원을 가로질러 넘어가도 안 된다. 그러므로 안에 들어가서 원을 완성한다. 둘째 엘리멘탈이 두려워하는 도형이 있다. 그 도형을 사용하면 엘리멘탈은 두려워 도망간다.

엘리멘탈이 인간을 완전히 빙의한 경우 그 사람은 미치게 된다. 부분적으로 빙의된 경우와는 다르게 빙의당한 사람은 자신의 의식을 완전히 점령당하여 의식을 사용할 수 없다. 엘리멘탈은 잠재의식을 점령하여 빙의 당한 사람의 의식이 작동하는 것을 차단한다.

정신병자의 다수는 이러한 경우에 해당한다. 현대의학은 이런 경우 치료할 수가 없다. 엄청난 정신적 스트레스로 스스로 현재의식에서 철수하여 잠재의식으로 들어간 사람이나 뇌의 구조적 결함이나 기능 이상으로 미친 사람인 경우는 원래 의미의 정신병자이다. 심리학자나 정신과 의사는 이들의 치료에 도움을 줄 수 있지만 빙의된 환자의 경우 전혀 손을 쓸 수가 없다.

오늘날 엘리멘탈은 좀 더 교묘하게 채널링을 통하여 인간에게 그릇된 정보를 주고 잘못된 길로 인도하려고 한다. 참된 스승의 메시지인지 아닌지 그 내용으로 판단하는 경우도 있으나 교묘하게 자신의 정체를 신뢰하도록 새롭고 신비한 정보를 제공함으로써 대단한 식별력과 이성이 필요하다.

대부분의 경우 참된 스승은 뒤에서 보이지 않게 목소리로 진리를 전달하는 방식이 아닌 준비된 제자에게 직접 모습을 나타내어 진리를 전해준다. 아울러 준비된 제자가 직접 스승과 대면하여 가르침을 전수 받는 방식을 취한다.

아주 특별한 경우를 제외하고는 3계(물질, 마음, 영적)의 균형 상태에 도달하지 못한 사람에게 신 혹은 스승의 메시지가 전달될 수는 없다. 진리가 흐르는 통로가 되려면 충분히 그 진리를 담아 전달할 그릇이 되어야 하는데 부정과 무지로 차있는 의식으로 진리가 내려온다면 그것은 왜곡되고 변질되기 때문이다.

신은 우리에게 내려오는 것이 아니라 우리가 신에게 올라가야 한다는 말이 있다. 왜냐 하면 우리의 부정적 의식으로 신성한 우주의식(신의식)을 받아들일 수 없기 때문이다. 그래서 신에게 기도할 때는 소리치고 눈물 흘리며 감정으로 하는 것이 아니라 평온과 행복한 마음으로 기도를 해야 응답이 있다. 신은 조화롭고 평온한 상태에 있으므로 우리가 스스로가 그런 상태를 만들어야 신 의식과 동조가 되기 때문이다. 신 의식과 동조될 때 우리는 신의 에너지와 말씀에 열리고 그것을 우리 것으로 할 수 있다. 의식이 확장되고 진리를 담을 그릇이 되기 전에는 정보는 왜곡될 수밖에는 없다.

(7)

아무도 없는 산 속, 나의 인기척이 새벽 아침 정적을 어지러이 깨뜨렸다. 명상실로 들어가 자세를 바로하고 생각 지켜보기를 하였다. 어느 때보다 마음은 가벼웠고 생각은 명상을 방해하지 않았다. 생각은 한동안 마음으로 흐르더니 잠잠해졌고 나는 호수처럼 잔잔한 마음 상태에 이르렀다. 어떤 생각도 일어나지 않았고 어떤 생각을 불러일으키려는 생각도 없었다. 텅 빈 마음, 유리알처럼 투명한 마음을 느꼈다. 괴로움도, 아픔도, 미움도, 명예도 모든 감정이 생각의 일어남이었으며 텅 빈 마음 속에 그런 감정은 존재하지 않았다.

그날 오후에 학성은 돌아왔다. 아직도 아침 명상의 환희에 남아 있었던 나는 자랑스럽게 그 경험을 이야기했다.

"넌 생각이 잠시 멈춘 정적 상태를 경험한거야. 이제부터 본격적으로 마음공부가 시작된다고 말하면 너에게 실망이 될까."

그는 내 표정을 살피며 신중하게 말하였다.

"이것이 출발점이라고" 나는 조금은 실망스럽게 말하였다.

"어떤 것도 마찬가지겠지만 첫 번째 단계가 가장 어려운 관문이야. 물론 그 너머 단계가 더 어려운 것은 사실이지만 첫 관문을 통과하면 그 힘의 추진력으로 다음 단계는 훨씬 쉽게 통과 할 수 있어. 너는 경험으로 생각과 지켜보는 자가 분리되어 있는 별개의 존재임을 알게 되었어. 생각이 흐르지 않는 상태에서 너의 원래의 존재 즉 지켜보는 자가 드러난 거지. 그것이 자아이며 혼이야.

그러나 이해해야 할 것은 혼의 4국면이 있다는 것이야. 이것을 이해하기 위해서는 이 세계가 물질계 말고 상위의 3계가 존재한다는 사실과 각각의 계마다 혼의 속성이 다르게 존재한다는 거야. 즉 혼은 하나지만 각각의 계에 모습을 드러내는 혼은 다른 속성을 나타낸다는 거지. 쉽게 말한다면 하나가 4가지 모습으로 드러난다고 생각하면 돼. 상위의 혼이 물질계의 혼을 통하여 신성한 모습을 드러내는데 추락으로 그 통로가 막혀있다는 거야. 그러니까 상위의 혼은 완전한 상태에 있고 물질계의 혼이 문제라는 거야. 물질 혼이 정화될 때 우리는 상위의 존재와 연결되고 조율되어서 신과 합일 상태로 되지.

아스트럴 투사 혹은 유체이탈에 대해서 들어본 적이 있을 거야. 이것은 우리 의식이 바로 상위의 아스트럴 혼에 조율되어 이 물질계를 잠시나마 떠나는 것이지. 유체이탈은 너무도 많은 오해가 있는 내용이므로 아마도 이것에 대한 별도의 설명이 필요할 것 같다. 그리고 많은 사람들이 유체이탈을 경험하였다고 하는데 사실은 아스트럴 경계선에 의식이 투사된 경우가 대부분이야. 그리고 이 경계선을 아스트럴계로 오해하고 잘못된 정보를 가지고 돌아오지.

흔히 아스트럴계를 감정이 지배하는 영역으로 오인하는 경우가 있으나 두려움이나 감정이 지배하는 곳은 아스트럴계가 아니라 물질계와 아스트럴계의 경계선 구역이야. 이 경계선에서 물질계를 본다든가 자신의 생각이 투사된 경험을 하는 것이지. 진실한 아스트럴계는 물질계와 다른 진동으로 되어 있고 신이 물질 창조를 하기 전의 기본 틀 즉 메트릭스가 발견되는 곳이야.

그건 그렇고 다음 명상에서는 오늘 네가 경험한 상태를 유지하긴 쉽지 않을 거야. 왜냐하면 마음에 겹겹이 남아있는 부정적인 기억이 계속 명상을 방해할 것이고, 과거 네가 만든 원인의 결과가 끊임없이 마음을 통하여 흘러나와 너의 의지에 영향을 주어 특정한 경험을 하도록 하기 때문이지. 이번 삶에서 경험한 것은 잠재의식 속에 남아서 생각에 영향 줄 것이고 과거 삶에서 만든 원인은 마음의 계(정의와 자비의 계)에서 잠재의식을 통하여 흘러나올 거다. 이 모든 것을 극복할 때 카르마를 극복하는 것이 되고 신과 하나가 되는 거야.
 겹겹이 쌓여 있는 기억과 과거 생의 원인을 불교에서 말하는 카르마 나 습으로 보면 될 거야. 이러한 과거의 흔적은 네가 진전할수록 더욱 맹렬히 흘러나와 마음을 혼란시키므로 끊임없는 노력이 필요해. 빛의 길에 처음 들어서면 이전보다 더욱 맹렬한 저항이 있을 수 있어. 이것은 욕망에 사로잡힌 대중이 추구하는 도도한 삶의 흐름을 거슬러 올라가는 것과 같은 거야. 남들처럼 일상의 삶을 살아간다면 아마도 당분간은 전체 흐름 속에 편안할 수도 있겠지.
 그러나 마음에서 부정적 속성을 제거하고 원래의 청정한 상태로 돌아가는 것이 우리 삶의 목적이야. 이 상태를 불교에서는 니르바나로 부르고 오컬트 단체에서는 우주의식을 얻는 것으로 말하지. 네가 빛의 길로 본격적으로 뛰어들기를 바란다. 물론 이미 시작했지만 말이야.”
 자세히 설명하여 주는 학성이의 의도는 아마 조금 전 내가 보였던 약간의 실망을 고려해서인 것 같았다. 그의 말대로 마음의 정화 즉 습의 제거는 나의 화두가 되어야 했다.
 “습을 제거하고 신과 합일에 이르는 방법을 내게 알려줄 수는 있니.”
 나는 이 말을 하면서도 조금은 멋쩍었고 준비도 안 된 사람이 너무 앞서 나가는 요구가 아닌가 하고 내심 걱정했다. 그는 친구지만 내가 접근할 수 없을 만큼 높이 올라간 혼이 아닌가. 나는 그의 말에 귀를 기울였다. 그는 가벼운 미소와 함께 말을 하였다.
 “하하! 누구든 자기 나름대로 삶을 살아가지. 삶을 살아가면서 경험을 통하여 의식은 확대되고 지혜는 커지고. 그 방법은 일반 대중이 살아가는 방법이고. 문제는 그런 방식은 영적 진화가 달팽이 속도처럼 느리다는 거야. 그래서 수련법이 필요한 거야. 그런데 수련법도 종류에 따라 그 효과가 실로 천차만별이지. 바른 가르침을 따르는 자는 빨리 그 길에 도달해. 그러나 강조하지만 가장 중요한 것은 개인의 의지야. 아무리 훌륭한 가르침이라도 그것을 받아들이는 사람이 준비되어있지 않아 의지가 발동되지 않으면 소용이 없는 거야. 아울러 의식 수준에 어울리는 수련을 해야 해. 의식 수준이 낮은 사람에게 고급 수련법은 큰 효과가 없어.

기독교와 불교에는 두 가지 흐름이 존재해 왔어. 하나는 의식이 낮은 대중에게 전해지는 가르침이고 다른 하나는 선정된 소수의 제자들에게 전해지는 비밀가르침이야. 기독교의 영지주의 가르침이나 티베트 불교의 비밀가르침이 그러한 경우야. 초등학생에게 대학 과목을 가르칠 수 없듯이 일반대중에게 비밀 가르침이 그러했어. 사실 지금 기독교의 가르침은 도덕규범을 나열한 것에 지나지 않는다고. 천국과 지옥이 있고 벌을 주는 인간을 닮은 신이 있고 말이지.

불교도 정도는 덜하지만 도덕적 훈계를 목적으로 하는 내용이 많아. 인간이 짐승으로 태어난다는 윤회 교리는 일반 대중에게 겁을 주어 죄를 저지르지 못하도록 방편으로 한 말이야. 비밀불교에서는 인간이 인간으로만 윤회한다고 가르쳐.

스승들은 이제는 비밀 가르침이 드러나야 할 때가 되었다고 말하지. 적지 않은 단체에서 인간 혼이 동물로 윤회 한다고 믿는데 무지라고 생각해. 그리고 동물 혼이 여러 단계를 거쳐 마침내 인간의 혼으로 진화한다고 하는 단체도 있지만 인간은 혼은 처음부터 신의 분광이었으며 인간 이외 그 어떤 생명도 혼이 존재하지 않아.

동물은 지성을 가지고 있는데 침팬지나 돌고래 경우는 상당한 지능을 가지고 있어. 그렇다고 혼이 있는 것은 아니야. 가끔 인간에게도 혼이 없는 아이가 태어나기도 하지. 백치라고 하는데 이성이나 분별력이 없고 단지 동물처럼 생명력을 가지고 살아가. 일반적으로 단명하는데 이를 보아서도 일반 동물이 지성을 가지고 살아가는 것이 문제될 것은 없어.

내가 너에게 알려주려는 수련법은 비밀 가르침의 일부임 기억했으면 해. 그 가르침은 비밀단체를 통하여 수많은 세월을 원형 그대로 유지되어 고스란히 전해온 내용이야. 앞으로 새로운 시기를 맞아 온 인류의 각성을 위하여 드러날 거야. 기억 할 것은 깨달음을 위한 단시간 성취를 보장하는 수련법은 이 세상에 존재하지 않는다는 거야. 많은 사람들이 짧은 시간에 엄청난 영적인 성취를 보장하는 수련법에 마음이 혹하는데 그런 수련법은 없어.

물론 상대적으로 효과적인 수련법이 있겠지만 말이야. 깨달음은 많은 노력과 강한 의지력이 요구되는 장기 레이스 같아. 시중에 잘못된 가르침이 넘쳐나고 있어. 그런 점에서 바른 가르침을 만난다는 것은 참으로 대단한 인연이야. 전생에 그런 복을 만날 원인을 만들었다고 봐야겠지.

난 현대인이 영적인 각성에 무관심한 것이 안타깝고 그나마 자신의 내면에 관심 있는 소수의 사람도 잘못된 가르침에 혹하여 길을 걷고 있는 것을 보면 정말 안타까워. 네가 진정 이 길에 관심이 있다면 나는 너에게 가르침을 줄 준비가 되어있어. 막혀 있는 12영센터와 물질센터 여는 법, 7차크라 여는 법, 카발라의 신비 비법, 만트라의 비밀, 호흡법, 개념을 통한 각성법, 우주 신비지식 등 너에게 가르칠 내용은 전부 일반인에게는 알려지지 않은 내용이야."

나는 감격스러웠고 기뻤다. 나에게 신비가르침을 알려주겠다는 말은 나를 흥분으로 몰고 갔고 굳은 결의에 휩싸이게 하였다.

"고맙다. 내가 잘할 수 있을지 모르겠지만 정말 열심히 하고 싶어. 이 수련에 필요한 요구조건이 무엇인지 말해줘. 그것을 지킬 수 있다는 생각이 들면 전적으로 이 공부에 매진하고 싶어. 네가 스승과 제자의 예를 요구한다면 기꺼이 그럴 수도 있고."

"하하하! 모든 사람의 혼은 신성하고 나이가 같아. 그러나 영적인 각성을 위해 엄격히 제자가 따라야 할 규율이 필요하기도 해. 엄격한 규율은 스승의 사랑이지. 그러나 너와 나는 이미 서로를 잘 아는 친구의 인연으로 만났는데 새삼스러이 그럴 필요는 없지. 그러나 진리 앞에 지켜야 할 것은 알려주고 싶어.

먼저 사람들의 생각에 영향을 받거나 흔들림이 없이 그들과의 관계를 유지할 수 있어야 하며, 사람들이 무슨 말을 하든지 자신의 길을 꿋꿋하게 갈 수 있는 의지가 필요해. 어리석은 사람들은 쓸데없이 남의 일에 간여하거나 비난하는 경향이 있기 때문이지. 사람들의 비판에 상관없이 자신에게 올바른 일을 해야 해. 그리고 열린 마음으로 여러 분야의 지식을 배우는데 힘써야 하고. 그런데 여기서는 무엇보다 분별력을 발휘하여야 해. 거짓 정보나 가르침이 난무하거든.

자기분석을 철저히 해야 하고, 육체의 욕망이 자신의 영적인 발전에 방해가 된다면 단호히 거절할 수도 있어야 해. 이기적 욕망을 버리고 세상의 영적 완성을 위하여 일해야 하며, 노력과 봉사만이 모든 것을 이룰 수 있음을 알아야 해. 비밀이 요구되는 것은 침묵으로 비밀을 지켜야 하며, 말하기 전에 깊게 생각하고, 진실하게 행동하고, 올바름과 잘못됨 사이에는 타협이 있어서는 안 되며, 한쪽으로 치우침 없이 공평하게 만사를 대해야 하고."

지침은 진리의 길을 걷는 사람에게 반드시 필요한 내용이었다. 잘할 수 있을지 걱정이 되기도 하고 한편으로는 마음속에 굳은 의지가 되살아났다. 학성은 나의 반응을 지켜보고는 말을 이어갔다.

"그리고 수련에 필요한 기본 지식이 있어. 어떤 수련법을 행하려면 아무 생각 없이 그냥 따라하는 것이 아니라 그 수련법이 어떻게 작동하는지를 생각해봐야 해. 이성적으로 수긍이 되지 않으면 일단은 멈추는 것이 좋아. 그리고 수련은 지식공부가 병행되어야 해. 사람들이 실수하는 것 중의 하나가 한 가지만 선호해서 다른 것을 무시한다는 거야. 이론과 실제의 문제지.

나중에 알게 되겠지만 이론과 수련은 둘이 아니라 같은 것이야. 이성이나 지성에 의존하여 이론 공부만 하면 믿음 없는 궤변가가 되겠고 이론 공부 없이 수련에만 의존한다면 자신의 주관에 빠질 우려가 있지. 그래서 깨달음을 위해서 이 두 개의 길은 서로 만나야 해.

나중에 '깨달음과 지식공부'에 대한 글을 보게 되면 상호 관계에 대한 이해가 쉬울 거야. 작동원리를 모르고 수련만 한다고 영적 변화가 오는 것은 아니야. 물론 그 반대로 이론만 안다고 되는 것도 아니고. 어떤 수련법이 결과를 내기 위해서는 의식의 집중이 필요해. 그리고 왜 이런 공부를 하느냐에 대한 명확한 이해가 있어야 하고. 자신의 각성만이 목적이라면 이 공부를 할 자격이 없다고 생각해. 고통 속에 있는 형제들을 도와주려는 보살정신 즉 인류에 대한 봉사 마음이 없다면 이것은 자전거 바퀴 하나가 없는 상태로 길을 떠나는 것에 비유될 수 있어."

이론과 수련(실제)이 하나가 되고 인류에 대한 봉사마음이 있어야 깨달음을 얻게 되리라는 그의 말은 내 가슴 깊이 다가왔다.

(8)

오전 가르침, 오후 일, 저녁 수련법으로 이어지는 학성과의 생활은 어느 듯 겨울로 이어지고 있었다. 그동안 나는 서울의 집을 처분하고 짐은 최대한 정리하여 태백으로 이사를 하였다. 가르침은 방대한 양의 이론과 수련법으로 구성되었는데 주로 나의 수준에 적당한 기초이론과 수련을 하였다. 나는 인류의 영적 각성에 헌신을 다짐하였고 아울러 세상에 유토피아를 세우는데 일조하기 위하여 삶을 헌신하기로 결의하였다.

12월 중순 어느 아침에 일어나니 온 천지가 눈으로 덮여있었다. 눈을 치우려고 오리털 잠바를 입고 밖을 나오니 추위가 장난이 아니었다. 아침부터 매섭게 휘몰아치는 눈보라와 찬바람에 저절로 어깨가 움츠려졌다. 마당 한편에서는 이미 학성이 부지런히 눈을 쓸고 있었다. 바람이나 불지 않았으면 그나마 견디겠는데 바람이 너무 강하여 곧 온몸이 얼어붙기 시작했다. 날씨가 좀 풀리는 오전에 눈을 치우자는 말을 하려고 학성을 쳐다보니 내 마음을 알아챘는지 나중에 치우자며 눈삽을 놓았다.

"태백 날씨가 매섭지. 이곳은 해발 800미터야. 겨울 한철을 지내면 좀 적응이 될 거야."

학성은 뜨거운 차를 권하였다. 오래 동안 내복 없이 지내왔는데 태백에 거주하게 되면서 12월부터 내복을 입고 지냈다. 방에 보일러가 있었지만 밤에만 트는지 잠자는 시간만 조금 미지근하였고 낮에는 바닥에 냉기가 서렸기 때문이었다.

"무슨 날씨가 이렇게 춥냐. 요즘은 명상을 하려고 해도 추워서 집중이 잘되지 않아."

엄살이 좀 심했지만 사실 반가부좌를 하고 앉아있으려면 어깨가 선뜻선뜻했다.

"투모에 대해서 들어보았어. 티베트 고위 승려들이 하는 수련법인데 눈에 보이지 않는 상위 에너지를 불러내어 몸을 뜨겁게 하는 방법이야. 그들은 영하 수십 도가 되는 추위 속에서도 추위를 느끼지 않아."

티베트 마법을 다루는 책에서 투모에 대하여 읽은 적이 있었다. 워낙 신비가 많이 숨겨진 나라라 그럴 수도 있겠다는 생각이었다.

수년전에 TV에서 최면에 대한 프로그램을 방영하였는데 그 내용이 상당히 흥미로웠다. 최면사가 겨울 스키장에서 대상자에게 최면을 걸어 그들에게 뜨거운 사막을 생각하게 하였다. 대상자들은 한겨울에 정말 더워 못 견디듯 옷을 벗었고 목말라 하였다. 당시에 에너지를 불러내 몸을 뜨겁게 한다는 투모가 최면과 연관성은 없는지 그런 약간은 얼토당토 않는 생각을 하기도 했다. 이 기회에 평소 궁금해 왔던 최면에 대하여 질문을 하였다.

"최면을 통해서 추위를 이겨낼 수 있을까? 만약 그렇다면 그 작동 원리는 무엇일까?"

"물론 자기최면이나 타인에게 최면을 걸어 추위를 이겨낼 수 있겠지. 최면에 대한 작동원리는 현재의식을 일시적으로 중지시키고 잠재의식으로 들어가 현재의식을 통하지 않고 직접 잠재의식에 명령을 주는 거야. 우리가 현재의식의 기능인 오감을 통하여 자각을 하고 이 정보를 잠재의식이 해석하여 적절한 반응을 취하는 것이 정상적인 과정이라면 최면 상태는 우리를 반수면 상태로 인도하여 잠재의식이 최면술사의 명령에 따르도록 하는 거야. 이런 경우 최면으로 들려오는 정보가 판단의 자료가 되며 그 정보에 맞는 반응을 하는 거지. 뇌가 현실과 상상을 구분하지 못한다는 거지.

이것은 우리의 감각이 절대적이지 못하다는 증거야. 손에 놓인 얼음 조각을 불타는 석탄덩이로 최면 받았다면 잠재의식은 얼음을 불타는 석탄으로 생각하여 손이 뜨거움에 보이는 반응을 하도록 하지. 얼음이지만 손에 화상을 입을 수 있어. 우리 생각이 창조적 힘을 갖는다는 증거지. 앞에서 말했지만 생각은 힘이야. 생각을 통하여 신의 창조에너지가 흐르고 있기 때문이야.

최면과 관련하여 아주 재미있는 이야기가 있는데 너도 들어 봤을 거야. 한 냉동 창고 직원이 창고에 갇혀 버리게 되었어. 그 사람은 다음날 얼어 죽은 시체로 발견되었는데 놀랍게도 그 냉동 창고가 전기고장으로 작동하지 않았다는 거야. 그런데 그 사람은 곧 자신이 얼어 죽게 된다는 두려움에 스스로를 자기최면에 빠트린 거야. 만약 현재의식의 감각이 정상적으로 작용했으면 냉동 창고가 작동하지 않음을 감지할 수 있었겠지만 두려움에 자기도 모르게 자기최면을 걸어서 이 사람은 얼어 죽은 거야."

그 이야기는 어느 책에서 읽은 기억이 났다. 나는 그의 자세한 설명과 논리성에 고마움을 느껴왔는데 오늘도 예외는 아니었다. 그는 어떤 주제에 대해서도 막히는 경우는 거의 없었다. 나는 최면에 대한 부정적 이미지가 있어서 다시 물었다.

"최면이 우리에게 긍정적인가 부정적인가?"

"사용 목적에 따라서 다르겠지. 긍정적으로 사용된다면 여러 가지 면에서 유익한 점이 많다고 봐. 최면을 치료에 이용하면 아주 효과적이야. 타인의 무지를 이용하여 어떤 생각을 주입시켜 이기적 목적을 달성하려는 경우는 나쁜 경우지. 가장 무서운 것은 집단최면이야.

최면과 관련하여 잘못 알려진 것이 있어. 최면술사가 마술 같은 힘을 가진 것으로 오해하는 것과 최면대상자가 자신의 의지에 반하는 어떤 것을 하도록 최면 당한다는 것, 최면 도중 최면술사가 어떤 사고로 죽게 된다면 상대방은 영원히 최면에서 깨어나지 못한다는 것이 그 예야.

최면은 누구나 할 수 있는 것이고 최면상태에서 주어지는 암시를 자신의 의지로 취사선택할 수 있으며 의지에 반하는 암시라면 즉시 최면에서 나올 수 있어. 어떤 경우에도 원한다면 쉽게 최면에서 나올 수 있으며 잠으로 들어가서 정상적인 상태로 깨어날 수도 있고, 최면사의 목소리가 얼마간 들리지 않으면 눈을 뜨게 되므로 문제가 될 수가 없지.

전에 감각은 100% 신뢰 할 수 없다고 했지만 우리의 판단력도 쉽게 최면에 영향을 받아. 굳이 최면의 형식을 취하지 않지만 어느 면에서는 최면일 수도 있는 것이 집단 최면이야. 최면술사가 최면을 걸어 암시를 주는 것은 아니지만 살아가면서 암시가 반복적으로 주어지면 우리의 사고는 최면에 걸려 암시대로 생각하고 살아간다는 것이야. 그것이 최면이라고는 아무도 생각하지 못하지.

예를 들면 사람은 태어나서 나이가 들면서 늙고 죽는다는 고정관념도 사실 최면이야. 왜 나이가 들면 늙는다는 생각이 드느냐 이거야. 나이가 들면서 늙어지는 것이 아니라 더욱 성숙할 수는 없는가 하는 거지. 성경이나 고대 기록을 보면 인간의 수명은 아주 길었어. 나이가 들면 늙어진다는 생각은 태어나서 그런 생각을 가진 집단 속에서 자라면서 끊임없이 암시가 주어져서 당연시하게 된 것이라고 볼 수도 있어. 생각은 힘이라고 했듯이 이런 생각이 육체를 늙게 만드는 것이야.

과학적인 사고를 하는 매우 지적인 존재로 우리 자신을 생각할지 몰라도 상위의 존재들이 본다면 유치한 수준에 머물고 있다고 봐야해. 다른 예를 본다면 인종에 대한 편견도 자라면서 보고 듣고 하여 주입된 생각이야. 2차 대전시 독일국민의 유대인에 대한 증오와 자국인에 대한 우월의식은 나치에 의하여 주어진 일종의 잘못된 암시의 결과였지. 결국 우리가 완전한 각성에 이르기 전에는 늘 최면에 빠져 살고 있다는 거야. 그릇된 정보와 지식이 잘못인 줄 모르고 살아간다는 것은 일종의 최면이라고 볼 수도 있으니까. 신비학교에서는 이것을 두고 우리가 꿈을 꾸고 있다고 말하지. 꿈을 꾸든 최면 속에 살고 있든 이 세계는 환영의 세계란 뜻이지.

무지가 환영을 만들고 그 속에 우리는 깊게 몰입되어 꿈인 줄도 모르고 살아가지. '무지는 용서가 되지 않는다.'란 말이 있어. 몰라서 잘못하는 것은 세상사에서 용서가 될지 모르지만 우주적 차원에서는 용서할 수 없는 죄란 뜻이야. 예수님이 '진리가 너희를 자유롭게 하리라'란 말을 했어. 진리만이 우리를 꿈에서 깨어나게 해."

행복한 겨울 아침이 지나가고 있었다.

(9)

아침에 일어나면 1시간 정도 명상수련을 하고 뜨거운 녹차를 마시는 것이 하루 일과의 시작이었다. 특히나 추운 겨울에 마시는 녹차 한잔은 몸의 긴장을 풀어주었다. 그 시간은 마음에 평화로움이 잔잔히 물결치고 몸 깊숙이 들어오는 공기가 달콤하였다. 그럴 때면 나는 영적 고향으로 귀향을 생각하곤 했다.

까마득한 기억 속에 사라져 버린 고향 가는 길이지만 이제는 고향 모습이 어렴풋이 생각난다. 내 고향은 언제나 오늘처럼 평화롭고 아늑하였다. 이제는 돌아가야지. 부귀와 명예, 사랑과 욕망, 모두 꿈인 것을. 미련 없이 길을 떠난다. 고향 가는 길은 내 마음속에 있고 너무도 오랫동안 밟지 않아서 잡초는 무성하지만 이제 그 길을 걷는다. 외로운 길, 그러나 길 멀리서 흘러나오는 향내와 아름다운 피리

소리에 발걸음을 재촉한다.

우리는 자주 찻잔을 앞에 두고 침묵하곤 했다. 어떤 날은 오후에 시작된 침묵이 어둠이 짙게 깔리는 밤까지 계속되기도 하였다. 굳이 침묵을 깨기 위하여 말할 필요는 없었다. 살아가면서 어색한 침묵을 깨기 위하여 의미 없는 말을 많이 하지만 우리에게는 그럴 필요는 없었다. 차를 들자니 차와 관련된 선승들의 선문답이 생각났다.

"차나 한 잔 들게(끽다거-喫茶去)라는 선문답이 유명한데 만약 내가 도가 무엇이지 물어본다면 무어라 말 할 거니?"

그러자 학성이가 농담반 진담반 식으로 말하였다.

"칼이라고 하지, 하하!"

"뭐, 칼!" 나는 그가 말장난하는 것을 알았다.

"그러지 말고 진지하게 답해주었으면 하는데."

"난 선승이 아니야. 선사가 그런 말을 했다고 지금 내가 그것을 따라 할 필요가 있을까?

내가 도를 묻는 사람에게 '차나 한잔하게' 한다고 해서 그 사람이 깨닫는다고 생각해."

학성은 나의 예상과는 달리 선문답에 응하지 않았다.

"선문답으로 깨달음을 얻을 수 있을까?"

좀 유치하지만 내가 궁금해 하던 것이었다.

"과거에는 몰라도 지금 선문답이란 화두를 가지고 각성하는 사람이 얼마나 있는지 모르겠다. 앞에서 말했지만 다양한 수행법이 있고 수준에 맞는 수련법을 해야 한다고, 선이 수련법의 일종이라면 이 수련법에 적합한 사람이 있겠지. 그러나 알아야 할 것은 선은 중국의 문화풍토 속에서 만들어진 중국인의 사유에 맞는 수련법이었어. 그러나 그것도 과거의 중국이었지 지금 중국인에게는 어울리는 방법은 아닐 거야. 왜냐하면 현대 중국인의 의식수준이 선이 꽃폈던 과거 중국인과는 다를 테니까. 과거 한자문화권으로 소중화를 내세웠던 고려나 조선시대에는 적합하였는지 모르겠지만 지금 한국인에게 맞는지 모르겠어."

그의 입에서 조금은 예상 밖의 답변을 듣고는 한동안 무엇을 말해야 할지 몰랐다.

"수련법이 시대에 따라 변한다는 의미인가?"

"진리는 변화지 않지만 인간 의식의 발달 정도와 민족 특성을 고려하여 수련법이 다를 수 있어. 어찌 보면 선은 단숨에 진리를 얻으려는 기개가 보이는 방법이지만 그 방법을 사용하기에 적합한 사람이 얼마나 있겠어. 화두를 잡으면 화두에 집중되어 생각은 단지 하나의 의문인 화두에 모아지지. 이런 점에서 생각의 통제는 가능할 수 있을지 몰라도 혼의식의 정화가 얼마만큼 가능할지 모르겠어. 물론 전생에 많은 수련을 하여 의식이 많이 정화되고 마음공부가 되어있다면 몰라도 말이야. 선에서는 경전 공부를 중시하지 않아. 지식 너머 세계를 단숨에 경험하려는 것이지. 그런데 처음부터 지식 없이 화두를 잡는다고 갑자기 깨달음이 오느냐하는 것이지. 전생에 얼마만큼 준비를 했느냐가 문제겠지.

선가(禪家)에서 자주 사용되고 있는 '단박에 깨달을 수 있다는 돈오 철학은 절차와 순서를 무시하는 경향으로 나타나기도 해. 이러한 직관과 돈오를 강조하다보니, 너도나도 당장 부처가 되겠다고 자신의 의식수준을 생각 못하고 덤벼들기도 하고. 하지만 깨달음에 돈오가 있을 수 있을까? 겉보기에는 돈오처럼 보이지만 사실 그 단계까지 수많은 생을 통한 엄청난 노력과 수련의 결과야. 그런데 많은 사람들이 선(禪) 우월주의에 빠져 교리나 가르침을 경시하고 단지 참선으로 모든 것을 해결하려는 경향이 있어."

그는 말을 끝내고는 온 정신을 다해 주의를 기울이던 나에게 갑자기 '야'라고 소리쳤다. 나는 갑작스런 그의 말에 놀라 한동안 멍하니 있었다.

"하하하! 선가에서 도를 묻는 자에게 몽둥이 한방(봉)이나 고함 한마디(할)를 준다더니 그래 내 고함소리에 깨달음을 얻었어?"

나는 그의 유쾌한 웃음소리에 덩달아 웃고 말았다. 선문답은 원래 해석하지 않는 것이라고 했다. 그런데 언젠가 한 인도 명상가의 선문답 해석을 읽어본 적이 있었다. 그에 따르면 선사들의 예상을 뛰어넘는 행동(이유도 없이 큰소리치거나 몽둥이로 때리기, 비논리적 응대)은 제자들이 그 순간 잠시나마 모든 질문이 사라지고 생각이 끊어진 순수한 상태를 경험하도록 의도된 행동이라고 했다. 그런 목적이라면 선이란 학성이 말한 생각을 지켜보는 자와 분리시켜 생각 너머 마음을 만나는 것과 마찬가지인 셈이었다.

"네 말을 들으니 각성을 위해서는 교리와 수련이 병행되어야 한다는 말이 떠오르고, 생각 너머에 있는 의식 정화를 위한 교리와 수련법의 필요성을 절실히 느낀다. 언젠가 네가 말한 '의식의 확장과 깨달음'이란 내용에 대해서 알고 싶은데"

말이 나온 김에 마음에 담아두었던 의문사항을 질문하였다. 그러자 학성은 내 질문이 마음에 드는지 환하게 미소 지으며 말하였다.

"언젠가 '타우의 집' 이름에 대하여 물어 본적이 있었지. 지금 그 의미를 알려줄까 해. 그 이름은 의식의 확장과 관계되는 거야. 타우(tau)는 히브리어 마지막 문자이고 그 의미는 완성과 십자가를 의미해. 십자가(cross)는 기독교인들이 알고 있는 예수님의 십자가와는 다른 숨은 의미가 있어. 불교의 만(卍)자는 구부러진 십자가이며 십자가는 기독교인들이 사용하기 오래 전에 세계적으로 광범위하게 사용된 심벌이었어.

간단히 그 의미를 설명한다면 유대 신비가르침인 카발라에 의하면 이 우주는 4개의 세계(영계, 멘탈계, 아스트럴계, 물질계)로 이루어져 있어. 우리는 욕망과 부정에 빠져 우리가 사는 물질계 너머의 상위 계를 모른다는 것이지. 이 4계의 균형을 완수할 때 우리는 근원자(신/무한자)에게 돌아가서 하나가 된다고 해.

십자가 4개의 점은 4개의 계를 의미하고 그 십자가 중심은 모든 것이 나온 원천 즉 무한자를 상징해. 그래서 십자가는 4계의 균형을 이룬 완성을 의미하며 깨달음의 상징이야. 예수님이 십자가에 못 박히신 것은 깊이 숨겨진 의미를 우리에게 전하려고 하신 건데 그 참 뜻을 아는 사람이 몇 사람 있을까? 의식의 확장은 이 물질계 너머 상위의 계로 확장되어야 하고 4계의 균형 즉 완성에 이를 때 완전한 깨달음, 궁극적인 해탈에 이르게 돼.

이전에 내가 해탈에는 3개가 있다고 말했지. 제3해탈은 우주의식과 합일이고 우리가 최종적으로 돌아가야 할 상태야. 상징적으로 우리 모두는 십자가가 되어야 해. 작게는 자신의 십자가를 걸머지고 더 나아가 인류의 깨달음을 위한 봉사의 십자가를 걸머져야 하는 거야. 이제 <타우의 집>의 깊은 의미를 알겠어."

'타우'라는 단어를 처음 보았을 때 너무도 생소한 단어에 몹시 궁금하여 그 의미를 물러봤었는데 그 당시 그는 대답을 하지 않았었다. 난 그 이름이 지닌 깊은 뜻에 크게 감명 받았다. 십자가의 집, 깨달음의 집, 완성의 집인 <타우의 집>에 내가 산다는 것이 너무 행복하였다.

십자가는 나에게는 좋은 심벌로 생각되어온 것은 아니었다. 시내 곳곳이 높게 솟아있는 십자가는 인간이 신의 피조물임을 선언하는 것으로 그리고 우리의 신성을 잠재우고 구속하려는 상징으로 여겨졌었다. 그리고 저돌적이며 배타적인 선교와 교리가 별로 마음에 들지 않았다.

그렇다고 예수님의 위대함을 부정한 것은 아니었다. 단지 타종교인들을 무시하고 사탄 취급하는 배타적인 일부 기독교인들에 대한 반감이었는지도 몰랐다. 십자가의 숨은 뜻을 모르고 단지 자신들을 위하여 십자가에 매달려 숨진 예수님의 모습만을 연상하는 현실이 안타까웠다.

내가 감명 깊게 듣고 있자 학성은 기독교인들이 사용하는 아멘이 어디에서 왔는지 아느냐고 물어 보았다. 어젠가 책에서 읽은 기억이 나서 인도의 만트람 옴/아엄(Om/Aum)에서 온 것이 아니냐고 말하자, 전혀 다른 이야기를 하였다. 그는 유대인들이 이집트에 거주하는 동안 이집트인들이 숭배하던 태양신 아멘 라(Amen'Ra)에서 온 것이라고 하였다. 그래서 기도를 마칠 때 하는 아멘은 사실 이집트의 태양신을 부르는 것이라고 말하였다.

그날 또 새롭게 알게 된 사실은 이집트 기제에 있는 스핑크스 뒤에 있는 대피라미드의 비밀이었다. 3만 년 전에 세워진 이 피라미드는 왕의 무덤이 아니라 신비사원이었고 비전을 위한 장소라 했다. 현대에 학자들에 의하여 탐구되고 알려진 피라미드 내부는 극히 작은 부분이고 알려지지 않은 많은 신비가 숨겨져 있다고 했다. 모세, 솔로몬, 예수가 여기서 수년을 머물며 가르침을 받았다고 하였다.

그리고 지구 백색형제단에 대하여 이야기를 하였다. 보통사람이면 이해하기 어렵고 믿을 수 없는 흥미진진한 이야기였다.

지구 백색형제단은 티베트 수도인 라사 지하 깊숙이 물질 진동이 아닌 아주 높은 진동으로 이루어진 곳에 위치하며 어떤 물질적 충격에도 영향을 받지 않는다. 144명의 아데프트들이 계시며 12명으로 구성된 위원회가 있으며 그 위에 최고의 책임자가 있다. 여기서 인류의 영적 진화를 이끌고 있으며 숫자 12는 우주의 힘이 현시되는 12법칙과 관련된다. 12명의 원탁기사, 예수님의 12제자, 12황도대, 히브리 12단자는 전부 12법칙을 상징한다. 우리 머리의 송과선과 그 주위에 있는 12영센터도 같은 상징이다.

그날 밤 자리에 누우니 여러 가지 생각이 떠올랐다. '물질세계 너머 존재하는 세계들', '십자가의 숨은 뜻은 완성이다', '늙어 감은 집단 최면의 일종이다', '현실은 집단 최면의 결과이며 꿈이다', '지식과 수행은 병행되어야한다', 이러한 생각이 머리를 가득 메우고 있었다.

학성은 내게 '의식의 확장이 무엇인지' 생각해보라고 했다. 우물 안 개구리가 우물 밖 세상을 보기 전에는 자신의 우물이 우주인 줄 알고 그 의식의 한계에서 생각하고 살아가듯이 우리 인간도 이 물질계가 전부인줄 착각하고 그 한정된 의식에 매여 살아가는 존재가 아닌가 생각하였다. 우리 사는 세계에 대한 우리의 이해나 지식이 얼마나 한정되고 고정화되어 있는지 생각했다.

'무지는 용서되지 않는다.'라는 말이 계속 떠올랐다. 그 동안 무지로 얼마나 많은 실수를 했을까. 방안에 홀로 누워 어두움을 직시했다. 그래. 이 어두움을 뚫고 높이 날아올라 빛으로 빛나리라. 나는 마음속으로 몇 번이고 다짐을 했다.

(10)

'타우의 집'으로 가끔 사람들이 찾아왔다. 시내에서 학성이의 명성을 듣고 찾아오는 사람들이었다. 오후쯤 학성이의 고교 후배라는 남자가 부인과 함께 방문했다.

"선배님, 제 아내가 요즈음 제대로 잠도 자지 못하고 괴로워하고 있습니다. 사실은 몇 개월 전에 낙태를 하였습니다. 그런데 요즈음 갑자기 낙태시킨 태아 천도재를 해야 한다고 야단이에요."

사연은 이러했다. 몇 개월 전에 부부는 낙태를 하였는데 요즘 여자 꿈에 죽은 태아가 나타난다는 것이었다. 그럴 때마다 생명을 해쳤다는 생각에 괴롭다고 했다. 최근에 낙태로 태어나지 못하고 죽은 태아 영혼을 하늘나라로 인도하는 천도재가 일본에서 유행한다는 뉴스를 접하고 자주 다니는 절의 스님에게 어떻게 하면 좋겠느냐고 문의하니 태아 천도를 하는 것이 좋겠다는 말을 했다는 것이다. 남편은 평소 잘 알고 지내던 학성에게 해결책을 듣고자 방문했다.

"최근에 일본에서 낙태로 태어나지 못하고 헤매는 혼의 천도제가 유행한다는 말을 들은 적이 있네. 발렌타인데이를 상업화하여 돈벌이를 시도한 것이 일본이라고 알고 있는데, 존재하지도 않는 태아의 혼을 위해 천도재는 무슨. 우리나라도 일본처럼 천도재가 상업적으로 이용될지 모르겠군.

내가 알기에는 한해에 낙태로 태어나지 못하는 태아가 수십만이라고 하는데 얼마나 큰 시장이 형성되겠는가. 그러나 무조건 부정적으로 볼 일도 아니지. 왜냐하면 양심의 가책으로 괴로워하는 사람들에게는 이런 의식이 조금이나마 죄책감을 덜어주니 말이야. 심리적인 면에서 부정적이지는 않네.

우리나라 형법은 낙태를 불법으로 처벌하고 있지만 거의 사문화된 규정이지. 문제의 초점은 낙태의 대상인 태아를 독립된 인격체로 인정할 것인가 하는 거지. 인정한다면 언제부터 인정할지와 막 수정한 태아도 인격체로 볼 것인가 하는 문제가 있지. 혼을 인정하는 사람들에게는 언제 혼이 태아에게 들어가느냐가 중요한 문제야. 만약 혼이 출생 시점에서 태아에 들어간다면 낙태는 혼이 없는 생명체를 지워버린 것이 되니까 죄책감이 덜할 수 있지. 정말 여러 논점이 얽혀있는 것이 인류가 직면한 낙태문제라네.

생명존중 입장에서 혼의 존재 여부를 떠나 낙태는 될 수 있으면 하지 말아야 할 일이야. 그건 개인의 업을 쌓는 일이니까. 그러나 이런 면이 진실을 방해해서는 안 되네. 내가 말하고자 하는 진실이란 혼은 출생 직전에 육체로 들어간다는 것이지. 기독교나 불교에서 혼이 어느 시점에서 육체로 들어가는지 언급한 경전은 없는 것으로 알고 있네. 아마도 기독교에서는 윤회를 인정하지 않으므로 육체의 형성과 동시에 혼의 창조를 설명해야겠지. 그런 경우는 낙태에 대한 죄책감이 아주 크겠지. 엄밀히 말해서 낙태는 혼과는 상관없는 일이야. 천도재의 대상이 존재하지 않는다는 거야."

낙태에 대한 학성이의 설명은 여기서 멈추었다.

두 사람의 말을 경청 하던 여자가 학성을 보며 말하였다.

"그럼 천도재는 필요 없겠군요. 지금까지 너무 괴로워서 천도재를 해서 마음의 부담을 덜고 싶었습니다."

"물론 제 말을 이해했으면 천도재는 필요가 없지만 그렇다고 태아에 대한 책임이 사라지는 것은 아닙니다. 책임이란 원인에 대한 결과 즉 카르마를 말합니다. 두 사람의 공동 행위로 임신이 되었으면 그 결과인 태아를 책임져야 하는 것이 법칙이지요. 어떤 면에서 낙태는 책임의 회피일 수도 있다는 겁니다.

이 세상은 눈에는 보이지 않지만 우주의 법칙에 따라 운영되는 것입니다. 그 법칙의 중심에는 원인과 결과의 법칙이 있습니다. 살아가면서 만나는 모든 것은 과거 자신이 만든 원인의 결과를 만나는 것이고 그것에 대처하는 방법은 무한히 많지요. 대처 방법에 따라 무수히 많은 새로운 원인을 만드는 것이고요. 피치 못할 아주 특별한 경우가 아니면 낙태는 좋은 대처 방안이 아니라는 것이지요.

자신이 한 것은 자신이 책임지는 것이 우주의 법칙입니다. 좋은 원인을 쌓는 것은 현재 어떻게 삶을 살아가느냐 하는 것에 달려있어요. 이 순간의 행동에 의하여 우리의 미래는 결정되는 것입니다. 그런 면에서 운명은 가변적이고 없다고 봐야겠지요. 권해드리고 싶은 것은 천도할 돈이 있으면 그 돈을 고아원이나 주변의 불우 이웃을 위해 사용한다면 좋지 않을까요."

"선생님 고맙습니다. 말씀을 들으니 답답했던 가슴이 확 트이는 것 같습니다. 앞으로 모든 일에 책임지는 삶을 살아가겠습니다."

여자는 고마움을 표시하였다. 후배라는 사내는 큰 짐을 벗어던진 것처럼 마음이 가볍다며 사실 자신도 가끔 죄의식에 시달려왔다고 하였다. 두 사람은 정중하게 고마움을 표시하고 떠났다. 나도 주제에 대하여 궁금했지만 대화에 끼어들 수가 없어 호기심을 눌러왔지만 그들이 떠나고 난 후 마음속에 있는 의문을 털어놓았다.

"네 말대로라면 태교는 필요 없겠는데?"

"태교는 필요해."

그는 망설임 없이 말하였다. 난 그의 망설임 없는 답변과 감추지 않고 주어지는 신비가르침을 접하고 참으로 행운아라는 생각이 들곤 하였다. 어디서 이런 기회를 가지겠는가.

"혼이 출생 직전에 들어간다면서 태교는 왜 필요한 거야?"

"준비된 육체에는 그것에 어울리는 혼이 들어오는 것이 일반적이야. 출생 직전에 혼은 자신이 살아가야 할 육체 즉 집을 선정하는데 자신에게 인연 있는 육체가 선택의 대상이야. 앞에서 이야기했다만 모든 것은 원인과 결과의 법칙에 따른다고 했는데 육체 선정도 마찬가지야. 물론 이 선정에는 앞으로 살아가야 할 부모나 친척들과의 인연도 중요하지.

태교는 새로이 들어올 혼을 위한 어머니의 사랑이며 책임이야. 절대적이지는 않지만 중요성은 크다고 봐. 우리나라에 임신부가 지켜야 할 주의사항이 있는데 행동조심, 말조심, 음식조심은 그 예라고 볼 수 있지. 말이 났으니 말인데 자녀의 지능은 어머니에 크게 좌우돼. 그래서 이런 말이 있지, 똑똑한 자식을 얻으려면 똑똑한 아내를 얻어야 한다고."

"그건 어떤 이유에서."

"9개월간 태아를 배속에 키우고 있는 동안 탯줄을 통하여 어머니로부터 모든 영양분을 제공받고 어머니의 감정에 영향을 받아. 이 말은 태아가 생각을 한다는 것이 아니라 신체의 일부분으로서 영향을 받는다는 거지. 심하게 화를 내면 그 감정이 신체에 그대로 전해지는 이치와 마찬가지야. 엄마가 긴장하면 태아도 긴장해. 완전히 육체적으로 하나인 상태이니까. 그러나 무엇보다 태아에 들어가는 영혼의 의식 수준이 아이의 지능이나 성격 등을 결정하지."

"그러면 태아의 경우는 별개로 하고 일반인이 사망한 경우 천도재가 필요할까?"

"우리는 죽은 후 몇 시간 안에 이 세계를 떠나 다음 환생을 위한 준비단계인 바르도로 가지. 불교에서는 중음계라고 말하지. 일부 종교단체에서 조상신 이야기를 하면서 제사를 지내야 한다고 하는데 이것은 잘못된 거야. 아마 돈벌이 목적이 크지 않을까 생각해.

혼은 우주법칙에 묶여 있고 그 법칙 중의 하나가 윤회의 법칙이야. 이 법칙에 따라 혼은 재탄생을 위한 준비단계인 바르도 49계로 가지. 여기에 머무는 시간은 3일이야. 그 후에는 특별한 경우를 제외하고 다시 육체를 가지고 환생해. 물론 완전한 깨달음인 3해탈을 얻었으면 윤회할 필요는 없지만 그렇지 않는 경우 윤회는 피할 수 없는 운명이야. 불교의 49제는 아마도 혼이 경험하는 바르도 49단계를 날로 오해하여 생긴 제도 같아. 그러니 제사가 왜 필요하겠니? 천도재는 당연히 의미가 없는 것이고.

사람들은 자식을 위한 태교의 중요성은 알면서 자신의 임종을 대비한 교육에는 무지한 편이야. 임종 때의 의식이 다음 생의 운명에 엄청난 영향을 미치는데 우리는 그 사실을 모르고 있으니 답답할 뿐이야.

말이 나왔으니 하는 이야기인데 종교마다 사후세계에 대한 이야기가 달라. 그러면 그중 하나가 맞든지 아니면 다 틀리든지 하겠지. 성경에는 사후 인간들이 가는 세계에 대한 언급이 없는 것으로 알고 있는데 교부들이 나중에 교리를 보완하여 연옥을 만들고 없는 지옥도 만들었지. 최후의 심판을 믿기에 심판 때가 되면 죽었던 모든 혼들이 다 부활하여 심판을 받아야한다고 설명하는 기독교인도 많이 있지.

만약 기독교 교리처럼 인간에게 출생 후 한 번의 기회만 주어지고 그 결과에 따라 천당과 지옥이 결정된다면 논리적으로 이해가 되지 않는 부분이 많아. 태어나서 바로 죽은 어린 혼은 악에 물들 기회가 없었으므로 천국에 가고, 오래 사는 사람은 무수히 많은 유혹을 이겨내야 하는 운명이지. 만약 실패하면 지옥에 떨어질 운명이고. 이럴 바에야 일찍 죽어 천국에 가는 것이 좋지 않을까?

더군다나 어떤 사람이 식인종으로 태어나서 기독교 교리 모르고 사람 잡아먹은 죄를 저질렀다면 그리고 다른 어떤 사람은 목사 아들로 태어나 성경 공부하면서 성장할 기회가 주어졌다면 이것은 출발부터 공정치 못한 게임이지. 신이 혼을 창조하고 삶의 기회를 준다면 신에 의하여 주어지는 이러한 차별적인 조건은 정의롭다고 할 수 없지.

윤회는 이러한 논리적 모순을 설명하는 가장 합리적인 교리라 생각해. 지금 자신이 처한 상황을 과거 자신이 설정한 원인으로 이해한다면 출발부터 불공정한 게임은 아니며 누구를 비난할 일도 아닌 것이지. 그리고 윤회를 통하여 자신의 카르마를 극복할 기회는 주어지니 합리적이고."

"그런데 실제로 천도재를 행하는 불교계 스님도 상당하더군. 그들은 한이 많은 혼이 이 세계를 떠나지 못하고 귀신이 되어 방황하고 있다고 생각하는 모양이지?"

그는 잠시 생각하더니 말을 이어갔다.

"사후세계에 대해 말할 기회가 있으면 그때 체계적으로 말하지. 우리나라에는 사후 영혼의 세계에 대하여 깊은 관심을 가지는 사람이 많은 편이야. 이러한 공부가 영적인 각성에는 도움이 되지 않아. 왜 한국에는 조상 팔아먹고 사는 사람들이 많은지 생각해봤어? 한국인의 의식이 그런 방향으로 집단 최면에 걸려있는 거야. 명당 찾고 화장보다 매장 선호하고 제사 끔찍이 위하는 것은 복을 얻고자 하는 발복(發福) 사상이 내포되어 있는 것이야. 그리고 조선시대 체제 유지 수단으로 강조된 충과 효의 사상을 현재에도 금과옥조로 삼는 사람이 많아서 그렇고. 그러면서 고아 수출은 세계 1위인 나라고.

죽은 자 때문에 산 자마저 거기에 매여 허우적거리는 곳이 한국이야. 언젠가 엘리멘탈에 대하여 말했지. 무당이 아픈 사람 고친다고 굿하면서 조상의 누가 떠나지 못하고 환자에게 달라붙어 있다면서, 그것을 달래서 나가게 한다며 굿을 하지. 어떤 경우는 죽은 영혼을 불러내어 대화까지 하고 말이야. 이것도 엘리멘탈의 유치한 장난이야. 자신의 능력을 과시하려고 장난질하는 거야."

엘리멘탈, 나는 그 존재에 대하여 다시 생각을 하게 되었다. 그 존재가 개입되지 않은 경우가 거의 없었기 때문이다. 그러면 많은 사람들이 말하는 흉가나 귀신이야기는 어떠한 현상인지 알고 싶었다.

"흉가가 존재하고 귀신을 봤다는 경우는 어떻게 설명할 수 있을까?"

그 말을 기다렸다는 듯이 학성은 즉시 답을 했다.

"흉가 이야기가 나왔으니 하는 말인데 여기서 20분 거리에 수십 년 간 방치된 폐가가 한 채있어. 간혹 이 골짜기에 야영 오는 사람들이 있는데 폐가 주변에 텐트 치고 놀다가 무언가에 놀라 여기로 도망쳐오는 경우가 여러 번 발생했지. 작년 여름에도 대학생 3명이 텐트 치고 야영하다가 여기로 도망쳐 왔어. 어떤가 한 번 담력을 시험해보지 않겠어."

잠시 망설여졌다. 여러 사람들이 도망쳐 왔다면 무엇인가 있긴 있는 모양이었다. 더군다나 학성이 하는 말이니 사실인 것 같았다. 머뭇거리며 있으려니 학성이가 웃으며 말하였다.

"내가 죽은 영혼이 귀신이 되어 나타나지는 않는다고 하였지. 그러면 흉가에 나타나는 정체는 무엇일까? 엘리멘탈이라고 생각해?"

나는 무어라 말할 수 없어 한동안 머리를 굴렸으나 알 수가 없었다.

"내가 어떻게 알겠어. 그러나 귀신이야기가 회자된다는 것은 무엇인가 있다는 것이 아니겠어. 사실 평소에도 궁금했어."

"그럼 오늘 나하고 가서 정체를 알아보는 거다. 오늘밤 같이 가기로 한다. 좋지."

그는 그렇게 말하고는 자신의 방으로 가버렸다.

(11)

어두운 산길, 얼음을 뚫고 흐르는 시냇물 소리가 유난히 크게 들리는 밤이었다. 골짜기 상류를 향해 20분 걸으니 오른쪽으로 약간 경사진 오솔길이 나타났다. 우리는 그 길을 오르기 시작했다. 곧 어두운 밤하늘을 배경으로 집 한 채가 나타났다. 뒤를 돌아보니 우리가 지나온 시냇물이 별빛에 어렴풋이 보이고 동쪽으로는 산들이 이어져 나타났다. 전망이 아주 괜찮은 곳이었다.

　마당으로 들어서자 무엇인가 심상찮은 분위기가 느껴졌다. 지붕과 벽은 무너져 황폐했다. 문이라고 할 수 없는 부서진 문짝을 밟고 작은 마루와 이어져 있는 가운데 방으로 들어갔다. 전등에 비친 내부에는 여기저기 먼지가 쌓인 짐들이 놓여있었고 왼편으로 방이 2개 있었고 우측으로 부엌 겸 창고 같은 것이 있었다. 혼자 있으라면 자신이 없을 만큼 으스스한 곳이었다.

　우리는 마루에 앉아서 방안 쪽을 보았다. 학성은 전등을 끌 것을 지시했다. 마당으로는 어둠에 쌓인 주변 산들이 흐릿하게 보이고 방안은 한치 앞도 분간할 수 없는 어둠만이 있었다. 순간 눈앞에 영화의 한 장면처럼 고통스러워하는 한 여인의 모습이 나타났다 사라지고 이어서 울부짖는 10대 아이의 모습이 보였고 그 뒤편으로 피를 흘리며 죽어 있는 남자의 시체가 보였다가 사라졌다. 나는 무엇인가 홀린 듯 꿈인지 생시인지 구분이 가지 않았다. 영화의 장면처럼 유사한 화면이 나타났다 없어지고 하였다. 귀신이 이런 것인가 하는 생각이 들었다.

　얼마 후 방을 나왔다. 음울한 기분이 집 전체를 감싸 흐르고 있었다. 나는 빨리 벗어나고 싶어서 서둘러 마당을 벗어나 우리가 온 길로 내려갔다. 별로 유쾌한 기분이 아니었고 빨리 집으로 돌아가고 싶어서 아무런 말도 없이 나는 앞장서서 집으로 향했다.

　"무엇을 보았니."

　집에 도착하자 학성이 내게 물었다. 나는 내가 보고 느낀 것을 말했다. 학성은 내 말을 듣고는 그곳에 일어났던 일들을 이야기를 해주었다.

　"30년 전 울진, 삼척 무장공비 사건이 있었어. 그때 경찰에 쫓겨 태백산맥을 헤매던 무장공비 일당이 태백에 출몰하여 그 집에 살던 한 가족을 학살하였어. 네가 본 것은 그 때 그 학살 현장이야."

　"그럼 내가 본 것은 30년 전의 학살당한 사람들이란 말인가? 어떻게 그런 일이 가능하지?"

"어떻게 설명할까. 그때 죽은 억울한 영혼들이 거기에 남아 있는 것이 아니라 네가 본 것은 과거의 영상을 본거야. 마치 영화 속의 인물이 실제가 아니듯 그것은 이미지였어."

"그럼 30년 동안 그런 영상이 어떻게 남아 있을 수가 있지?"

"이것은 생각과 긴밀히 연계되는 문제야. 생각은 진동으로 이루어진 어떤 것이라고 한 말 기억하지. 생각은 늘 이미지로 존재한다고. 지금 네가 무엇인가를 생각한다면 그것은 머릿속에 늘 이미지로 나타나. 예를 들면 의자를 생각해봐. 지금 무엇이 떠올랐어? 네가 마음속에 가지고 있는 의자에 대한 이미지가 떠올랐을 거야. 생각은 이미지라 말할 수도 있어. 꿈을 꾸어도 이미지가 나타나지. 우리는 그것을 꿈이라 말하지만 생각 이미지야.

그런데 생각은 마음에서 흘러나와 생각흐름으로서 존재해. 대부분의 생각은 몇 시간 혹은 며칠 만에 소멸하여 버리지만 생각이 나올 당시 사람이 긴박한 혹은 극한 감정적 상황에 있었다면 그 생각은 아주 오랜 세월 심지어 수만 년 동안 남아 있을 수 있어. 흉가라든가 귀신이 출몰하는 장소는 늘 거기엔 어떤 강한 충격적인 사건이 있었던 곳이라고 생각하면 돼. 물론 경우에 따라서는 엘리멘탈의 출현인 경우도 있지만."

"그러면 생각이 어떤 방식으로 그 장소에 오랜 세월 남아 있을 수가 있지? 아울러 어떻게 오랜 세월 영상을 계속 내보낼 수가 있는지 궁금한데."

"생각은 진동이라고 했지. 그런데 그 생각 이미지를 담는 오딕이라는 에너지가 있어. 오딕 에너지는 생각과 함께 존재하는데 그것이 사건 주변의 사물에 박혀서 끊임없이 이미지를 내보내는 것이야."

이것은 정말 처음 들어보는 정보였다. 점점 이세상의 미스터리로 보이던 현상들이 하나 둘 신비의 베일을 벗기 시작했다. 언젠가 학성이가 무당 앞에서 보여주었던 것도 생각이미지를 이용한 것이라고 생각하니 생각의 여러 비밀 중의 한 면을 이해할 수 있었다. 그는 잠시 나의 반응을 기다렸다가 계속하여 말하였다.

"아주 예민한 사람은 일반인이 감지 못하는 생각이미지를 읽을 수 있어. 물건을 이마에 대고는 그 물건에서 나오는 과거의 생각이미지를 읽고 물건 주인의 성격이나 인상 심지어 사건을 기억해내지. 범죄 현장에서 범인 추적에 사용되는 방법 중의 하나야. 영상으로 나타나는 것은 아주 강한 사건이 일어난 현장에서의 일이고 일반적으로는 느낌으로 감지된다고 봐야돼. 마음이 잡다한 생각으로 혼란스러우면 주변 환경을 생각해 볼 문제야."

"유령이나 귀신의 정체는 너 말대로 엘리멘탈이나 생각이미지인데 그럼 그밖에 다른 원인은 없을까?"

"두려움이 많은 사람은 환상을 보게 되는 경우가 많아. 자신의 잠재의식에 있는 유령이미지가 어떤 환경 속에서 마치 실재하는 것처럼 눈에 보일 수도 있어. 사실 귀신을 목격했다고 하는 사람들의 상당수가 환상을 본 거야."

학성이의 말에 많은 의문이 해소되었지만 여전히 의문에 남는 것은 심령에 대한 것이었다. 여러 심령현상을 어떻게 이해할지 명쾌한 답변을 듣고 싶었다.

"심령현상은 엘리멘탈이나 생각이미지와 상관없는 현상일까?"

"지금까지 내가 이야기한 것을 어떻게 이해한 거니. 정도의 차이는 있어도 같은 차원이야. 많은 사람들이 영적 발전에 도움이 되지 않는 심령현상에 시간과 에너지를 낭비하고 있어. 영계에 가서 선인들을 만났다거나 조상을 만났다든가 하는 경우는 나중에 이야기 하겠지만 바르도계 중에 사람이 지닌 모든 잠재의식이 현실처럼 펼쳐지는 계가 있어. 그 바르도 상태에 가서 자신이 평소 생각해왔던 관념이 현실처럼 펼쳐지는 환영을 보고 돌아와서는 엄청난 경험을 한 것으로 착각하는 것 같아."

더 질문을 하려다 학성이가 자리에서 일어서서 질문을 그만두었다.

3장 여 행

(1)

　모처럼 차로 달려보는 강원의 산야는 아름다웠다. 우리는 태백에서 삼척시 호산으로 나있는 국도를 타고 동해안 바닷가로 향했다. 산속 생활에 가끔은 기분 전환이 필요하다며 학성은 여행을 제안하였다.
　동해안으로 가는 길은 아름다웠지만 해발 900미터 산간에서 해변으로 내려오는 도로라 산을 휘도는 급회전 급경사가 많았다. 험한 재를 내려오니 길옆으로 밭이 보이고 골짜기에서 모인 물들이 하천을 형성하고 흐르고 있었다. 이제는 경사도 별로 없는 평탄한 길이 산과 밭 사이로 펼쳐져 있었다. 대관령이나 한계령을 통하여 동해안을 가봤지만 강원 남쪽 태백산 쪽을 통하여서는 처음이었다. 새로운 경치에 기분이 아주 좋았다. 계속 얼마를 달리니 동해안 고속화도로가 나타났고 우측 길은 경북 울진으로 향하는 길이고 좌측은 삼척을 향하는 길이었다.
　우리 예정은 겨울 해수욕장을 들러 바다를 구경하고 이어서 동해, 삼척의 무릉계곡과 두타산을 구경하는 일정이었다. 핸들을 삼척 방향으로 꺾어 오른 편에 바다를 끼고 달리기 시작했다. 작은 어촌을 여럿 지나 우리는 솔밭과 백사장이 아름다운 조화를 이루는 맹방 해수욕장에 도착했다.
　탁 트인 바닷가, 이렇게 가까이 겨울 바다를 보기는 처음이었다. 수많은 사람이 분비였을 백사장에는 파도만 철썩거리고 있었다. 젊은 연인한 쌍이 서로 가볍게 어깨를 감싸 안고 해변을 거닐고 있었다. 정답고 아름다워 보였다. 불현듯 한동안 까마득한 과거의 사람마냥 잊어버렸던 미지가 생각났다. 미국으로 떠나고 난 후 몇 번 전화연락이 있었고 그것마저 끊어진지는 2년이 넘은 것 같았다. 잘 살고 있는지, 한 때는 내 인생의 한 부분으로 평생을 같이하려 했던 여자였다. 어쩌면 좋은 사람 만나 재혼을 했을지도 모를 일이다.

두 연인을 보니 가볍게 미소가 떠올랐다. 사랑이라는 감정은 두 사람을 함께 하도록 하겠지만 그 감정은 그리 오래가지 못함을 알고는 있을까? 한동안 성에 대한 탐닉은 즐거울 수 있겠지만 서로의 환상을 깨는데 오래 걸리지는 않을 것이다. 삶은 끊임없이 두 사람의 인내를 실험하리라. 그리고 서서히 서로에게 타협하고 양보하면서 운명이려니 하면서 숨 가쁘게 삶을 살아가겠지. 남들처럼 자식도 있어야겠고, 집도 장만해야겠고, 미래를 위해 저축도 해야 하고, 여러 행사에 얼굴을 내밀어야하고, 젊었을 때의 정의감은 현실 앞에 적당한 타협으로 바뀌겠고, 그러다 언젠가는 나이가 들어 젊은 사람들의 행동이 못마땅해지기도 하겠지. 그들을 보니 모처럼 여자 생각이 났다.

아내와 헤어지고 혼자 살아오면서 성에 대한 갈증은 가끔 나를 곤혹스럽게 하였다. 성이란 우리에게 무엇인지, 가장 바람직한 접근법은 무엇인지 고민을 했었다. 바다를 뒤에 두고 두타산을 향하는 차 안에서 나는 성에 대한 의문을 제기하기로 하였다.

"아까 바닷가에 본 두 사람이 좀 부럽더라. 사실 그때 여자 생각이 나더라고. 미국에 있는 이혼한 아내가 생각이 났으니까 말이야. 그런데 결혼에 대해서는 어떻게 생각하니. 독신 생활이 영적 각성에 꼭 필요한 조건인가 궁금하고, 음, 그리고 성욕이 생기면 어떻게 하는지, 아울러 성에 대한 바람직한 태도는 무엇인지 정말 궁금하다."

사실 조금은 조심스러워야 할 질문이었다. 잠시 생각을 하더니 학성은 나에게 물었다.

"너는 섹스의 역할이 무엇이라고 생각하니?"

그의 물음에 난 잠시 생각에 잠겼다. 사랑, 출산. 두 단어가 동시에 떠올랐다.

"물론 대를 잇기 위한 자녀 출산이겠지. 그리고 사랑하니까 서로 즐기기 위해서고."

"하나만 말한다면?"

그는 둘 중 하나를 택하기를 재촉했다. 전체적으로는 인간이라는 종족을 유지하는 것이 더 필요한 일인 것 같았다.

"인류의 존속을 위한 자녀 출산이 아닐까?"

"그러면 동물처럼 발정기에만 성욕이 일어나서 자녀를 임신시키는 그러한 메커니즘으로 바뀌면 이 사회가 어떻게 될까?"

나는 조금은 터무니없어 보이는 그의 얘기에 가볍게 대답하였다.

"그러면 이 세상이 재미가 있을까?"

"그럼 태백에서 생활이 너의 결혼 생활에 비하여 재미없고 의미 없는 생활이었니?"

그건 아니었다. 내 인생에서 가장 뜻있고 평화로운 날이었다. 이전 생활과는 비교할 수 없는 정도로 만족스러운 날들이었다. 그와 함께 지내는 동안 성에 대한 욕망은 일어나지 않았다. 여행하면서 여자들의 모습에서 다시 여자에 대한 과거의 감정이 되살아난 것 같았다.

"그런 말은 아니야. 이전에 느껴보지 못한 행복한 날들이었어. 내 말은 우리 사회의 성에 대한 경향을 말한 거야. 우리 사회가 성이 주는 쾌락에 너무 빠져버린 것은 아닌지 해서 하는 말이야. 지금 너도 알겠지만 과거와는 달리 성이 자유스럽게 논의되고 있고 성을 최대한 즐기는 방법에 대한 책들도 많이 나오는 추세지. 흐름을 보면 성이 우리의 삶에서 아주 큰 부분을 차지해야 한다고 강요하는 것처럼 보이기도 하더군. 그것도 의식의 확장 문제와 연관되겠지만."

나는 조금은 내 자신을 방어하듯 말을 하였다. 학성은 빙그레 웃었다.

"난 성을 부정하자고 하는 말이 아니라 우리가 가지고 있는, 방금 네가 말했듯이 의식의 한계 즉 고정관념을 문제 삼는 거야. 종족 보존을 위하여 이성에 끌리게 만든 것은 신의 의도라고 봐. 태어나는 혼을 위해서 육체는 필요한 것이니까. 난 특정 종교처럼 성을 부끄럽게 여겨야 한다는 생각은 아니고 그렇다고 누구처럼 프리섹스를 옹호하는 것도 아니야. 바람직한 성에 대한 원칙을 제시하고 싶어. 미래의 이상향 세계에서 성은 지금과는 아주 다른 모습으로 드러날 거야. 성의 남용으로 한해에 수십만의 태아가 사라지고, 성이 단지 순간의 쾌락을 위한 욕망의 배출구가 되어 가는 현실에서 성에 대한 바른 이해는 참으로 중요하다고 생각해.

우리가 살아가는 궁극적인 목적은 깨달음이고 다른 모든 목적은 이를 달성하기 위한 도구가 되어야 한다고 생각해. 그런데 물질적 욕망 특히 성에 탐닉은 영적인 각성에 방해가 돼. 물질적 욕망은 늘 더 큰 자극을 요구하고 인간은 그것을 위해 좀 더 강한 수단이나 방법을 모색하고 연쇄적으로 더욱 물질적 욕망에 구속되고. 이것은 성에서도 동일하게 적용돼. 더 자극적인 성을 요구하고 그러다 보니 비정상적인 성이 난무하고 심지어 성을 너무도 크게 확대시켜 마치 인간 존재의 의의가 성의 쾌락에 있는 것처럼 왜곡하고.

내가 말하고 싶은 것은 방편이지만 성에 기준을 제시해 본다는 것이지. 즉 사랑이 있는 경우에만 섹스를 한다는 것. 그러므로 사랑 없는 욕망의 배출구로서의 섹스는 피해야 한다는 것을 제시하고 싶어. 물론 전제조건으로 사회가 요구하는 기준 나이에 도달해야하지. 진정 사랑한다면 성을 통하여 더욱 성숙해질 수 있는 기회가 될 수 있다고 봐.

문제는 사랑을 어떻게 정의하느냐에 있지. 불륜이나 젊은 혈기에 열정을 참지 못하고 욕망으로 이루어지는 사랑을 참된 사랑이라고 정당화 시킨다면 문제겠지. 그러나 아무도 이것을 구체적으로 판단할 기준을 만들 수는 없어. 왜냐하면 사랑에 대한 우리의 생각은 늘 변하고 사랑은 주관적인 문제니까? 결국 의식이 높은 사람에게는 사랑의 기준이 높을 것이고 수준이 낮은 사람에게는 사랑에 대한 기준이 낮을 수밖에 없지. 깨달은 자에게 성은 일반인의 생각과는 다르겠지. 그렇다고 그 기능을 부정하지는 않을 거야. 각각의 수준에서 균형 잡힌 성생활은 영적인 성장에 방해가 되지 않음을 아니까. 의식의 확장과 더불어 사랑에 대한 개념은 더욱 확장되고 이해의 폭은 넓어지겠지."

"너의 말은 깨닫기 전에는 사랑에 대한 어떠한 정의도 미흡하고 불완전하다는 이야기군."

"전체를 볼 때 비로소 모든 것이 바로 보이는 법이지. 사랑에는 남녀 간의 사랑, 부모와 자식 간의 사랑, 이웃에 대한 사랑 등 여러 가지가 있겠지만 진정한 사랑은 모두에게 치우침이 없이 베푸는 사랑이지. 전체와의 합일 즉 깨달음 전에는 끊임없이 이러한 진정한 사랑의 개념을 확대해나가는 과정으로 생각해. 의식이 확장되고 새로운 차원의 사랑 개념이 나오겠지.

남을 미워하면서 자식이나 부인을 사랑한다면 이것은 사랑이 아니라 가족을 자신의 일부분으로 보는 소유욕의 하나일 뿐이고 사랑으로 포장된 욕망일 뿐이야. 모두 사랑으로 표현되지만 이것이 참 사랑인가는 깊게 생각해보아야 할 일이다. 사랑이 아니라 집착일 수 있고 무지로 인한 착각일 수 있고 자기기만일 수도 있다.

특히 우리는 집착을 사랑으로 착각하는 경우가 많아. "I love you"가 "I want to posses you."를 의미하는 경우이지. 남녀 간 사랑이나 자식에 대한 부모 사랑이 그러해.

진리 차원에서 참 사랑은 지혜와 앎(이해)이 뒤를 받쳐주고 그 옆에서 정의가 균형을 잡아 주는 거야. 앎이나 지혜가 없는 사랑은 자신이 생각하기는 사랑처럼 보이지만 집착이고 욕망이고 자기기만이지. 그런 사랑의 결과가 자신에게 그치면 다행인데 타인이나 사회에 영향을 미치니 문제야. 신에 대한 사랑(무지)으로 종교전쟁이나 종교탄압을 하는 경우가 그 예이지."

그의 말대로라면 부모와 자식 간의 사랑, 우정, 부부의 사랑이 참된 사랑은 아니다. 결국 이 세상에는 완전한 사랑은 없고 완전한 사랑을 향한 과정이다. 그러나 이러한 불완전한 사랑이라도 있기에 세상은 살아갈만한 곳이라는 생각이 들었다. 독신생활에 대한 답변을 듣고 싶었다.

"독신 생활이 수련과 영적 성장을 위해서 바람직할까?"

"사람마다 다르겠지만 카르마와 처한 상황이 검토되어야 하겠지. 결국은 개인의 문제라고 생각해. 아무도 남의 과거 원인을 잘 몰라. 그러므로 판단은 신중해야지. 결혼생활에서 배울 것이 많이 있는 것처럼 독신생활에서도 배울 것이 많이 있어. 전생의 경험을 통하여 결혼생활에 대한 교훈을 충분히 배운 사람은 독신생활이 자연스러울 수도 있겠지.

한국에서 독신생활은 용기를 필요로 하고 개인적으로는 자기절제와 외로움을 견딜 수 있어야 해. 그렇지 못하면 결혼 생활을 하면서 수련하는 것보다 못할 수도 있지. 종교 성직자에게 독신이 요구되는 이유 중 하나는 결혼하면 가족을 부양해야하고 그러기 위해서는 많은 시간을 경제활동에 투자해야 하는데 그럴 바에야 그 시간에 더 많은 사람에게 봉사할 수 있도록 하기 위함이지. 수련이 어느 정도 진행되면 자신만의 명상 장소와 시간이 필요함은 사실이야. 그러나 깨달음에 결혼 여부가 절대적 조건은 아니라는 점이야.

"그럼 독신의 경우 성욕은 어떻게 대처하지?"

"성욕은 우리가 이 육체라는 도구에 거주하는 한 존재하는 것이지만 통제는 가능해. 영적으로 각성될수록 성은 존재하겠지만 성에 대한 관심은 줄어들겠지. 이것은 각성과 더불어 물질 욕망이 줄어드는 것과 마찬가지 이유야. 성의 끌림은 있겠지만 그것을 분리시켜 바라볼 수 있는 능력이 생기는 거지. 자세히 보면 성적인 충동은 주변 환경에 크게 영향을 받아. 예를 들면 나와 함께 태백에 있을 때는 성에 대한 갈망이 별로 없었을 거야. 왜냐하면 주변의 진동은 조화롭고 세속적인 사람들의 진동이 그 장소까지 미치지 않아서 성의 충동을 부추기는 요인들이 적어서 그런 거지. 다른 욕망과 마찬가지로 성욕은 마음을 흐리게 하고 이성보다는 충동에 휘둘리게 만들어. 성행위 없이도 행복할 수 있다는 것을 많은 사람은 망각하고 있어. 주변 환경도 성을 부추기지만 전생을 포함한 과거의 기억도 성적 유발의 원인이야.

　살펴보면 어떤 일에 헌신하는 사람보다 시간과 돈은 많은데 헌신할 일이 없는 사람들이 성적 욕구가 강해. 왜냐하면 성욕은 에너지이고 그것이 사용되는 방법에 따라 다른 것으로 변환될 수 있는데 오직 아래에만 초점을 모으니 성 에너지가 되는 거야. 연구에 몰입하면 연구에너지가 되고 운동하며 운동에너지가 되는 건데. 그러나 이러한 평면적인 전환보다는 차원적인 변환이 필요해. 그것은 성 에너지를 영적인 에너지로 바꾸는 일이야. 지금 그 방법을 묻지는 말고."

(2)

　차는 어느새 동해시 삼화를 지나가고 있었다. 오른편으로 거대한 시멘트 공장이 회색 먼지를 덮어쓰고 서있었다. 여기가 책에서 읽었던 유명한 석회석 산지이며 단일 공장으로는 세계 최대의 시멘트 공장이 있는 곳이었다. 석회석 채굴현장이 멀리 보이고 계단식으로 개발된 석회암석은 작은 그랜드캐년처럼 웅장하였다. 개발과 자연보호를 생각하게 하는 장소였다. 한국의 경제발전은 시멘트에 크게 도움을 받았다. 그러나 한편으로는 아름다운 자연환경을 파괴시키고 얻은 발전이었다. 이익이 상충될 때 어느 것이 더 이익이 되는지 판단은 참으로 어렵다. 그러나 발전은 어느 정도의 희생을 필요로 하고 있으며 그런 면에서 영적인 발전을 위해서 우리는 어느 정도 세속적인 일을 희생시켜야 하리란 생각이 들었다.

두타산 입구인 무릉계곡에 도착했다. 우리는 식당에 들러 허기진 배를 채우기로 하였다. 겨울이라 식당가는 한산하였다. 들어간 식당에는 손님은 없어 우리가 전체 식당을 빌린 기분이었다. 자리에 앉으니 방바닥이 따뜻했다. 차림표를 보더니 학성이가 무엇을 시킬 건가 물었다. 식당의 고기 냄새가 나를 자극했다. 대학시절에는 가리는 음식이 없었던 그였다. 그런데 태백에서는 늘 간단한 나물요리와 김치 그리고 콩 반찬이 전부였기에 나는 그가 혹시 채식주의자가 된 것은 아닌가 싶었다. 그의 의견을 구하려고 하니 학성이가 먼저 말을 꺼냈다.

"모처럼 나왔는데 불고기 맛이나 보지."

나의 의견을 구하였다. 채식주의자가 아닌 것이 조금은 다행스러웠다. 도 닦는 사람들이 흔히 고기는 수련에 방해된다든지 아니면 교리에 금한다고 먹지 않는 것이 일반적인데 그가 육식을 한다는 것은 각성과 육식은 관계가 없어 보였다.

"나야 좋지. 난 네가 채식주의자가 된 줄 알았는데."

"하하하! 식성은 변한 것이 없어. 태백에서는 경제적으로 여유가 없었고 그리고 냄새가 수련에 방해가 되어서 그렇지."

그는 그러면서 고기 2인분을 시켰다.

"책에서 읽었는데 각성을 위해서는 육식을 해서는 안 된다고 하는데 음식이 영적 각성에 어떤 영향을 주는 거니."

"무릉계곡은 참으로 아름다운 곳이야. 계곡에 아름다운 용추폭포가 있는데 걸어서는 좀 걸리는 거리야. 나중에 걸으면서 여유 있게 이야기하자고."

그는 방금 가지고 온 고기를 석판에 올려놓으며 말을 계속했다.

"그건 그렇고 오늘은 이렇게 밖에 나왔으니 너 이야기 좀 듣고 싶다."

"무슨 얘기."

"너 옛날 직장생활도 좋고 연애하던 이야기도 괜찮고. 지난번에 내게 첫 직장생활을 구매 부서에서 시작했다고 했지. 술 접대를 많이 받는 부서 아니야?"

대략적으로 살아온 이야기를 했지만 자세한 이야기는 하지 않았었다. 술과 관련된 나의 직장생활은 유쾌한 경험은 아니었다. 체질적으로 난 술에 약했다. 한잔 술에 얼굴이 변하고 심장 박동이 엄청 증가할 정도로 체질적으로 술과는 인연이 멀었다. 대학시절 술자리 모임에는 자발적으로 참가한 적이 없었고 참가해도 일반 음료수를 마시는 정도였다.

그러나 직장생활은 달랐다. 상사가 권하는 술을 거부하기에 직장분위기는 권위적이었고 서로 주고받는 술잔 속에 일치감과 연대의식을 느끼고 서로가 그것을 즐기는 모습이었다. 서로 죽도록 취하게 마시는 문화였다. 그 흐름에 벗어난다는 것은 직장생활에서 중요한 무기를 하나 잃고 시작하는 것과 마찬가지였다.

신입사원 시절 젊은 패기로 이를 악물고 술에 익숙해지려고 노력했지만 언제나 난 술에 녹다운 되고 말았다. 소주 2~3잔에 의식은 몽롱해지고 좀 과하다 싶으면 안주며 술을 토하곤 했다. 뱃가죽과 등이 달라붙어서 숨을 못 쉴 정도로 위 속의 모든 것을 토하고는 술 먹이는 사회를 원망하였다. 술 분해효소가 없는 모양이었다. 술이 센 동료들이 얼마나 부러웠던지 그때는 그랬다.

"너도 알지만 내가 술을 못하잖아. 남들은 부러워하는 그 부서에서 술 때문에 고생한 것 생각하면 아직도 끔찍하다."

"술 못하는 것이 사회생활에 불이익이 되는 것은 한국 특유의 술 권하는 문화 때문이지. 음주량이 사내다움의 척도로 생각되고 술 취한 상태에서 실수가 관대하게 용서되는 곳이 한국 아니냐. 아마 어느 나라도 이처럼 웃기는 술 문화는 없을 것이다. 고생 많았겠구나."

그는 내가 겪었을 마음고생을 충분히 이해한 듯 웃으며 말하였다.

"그런데 지금은 좀 변했어. 젊은 세대들 개성이 강하고 자기주장을 확실하게 하니까 말이야."

"그래도 한국인의 술 문화가 변하려면 시간이 걸리리라 생각해. 이러한 술 문화는 바로 우리의식의 표현인 셈이야. 신문에 봤더니 한국인이 고쳐야 할 병폐로, 계급의식, 학벌주의, 연고주의, 체면, 권위주의, 물질만능 주의, 출세주의, 허례허식(관혼상제), 남을 배려하지 않는 태도 등을 나열했더라고. 이런 사고는 의식 깊이 박혀서 여러 불합리한 사회문제를 만들어 내지. 술 문화도 이런 요인들이 복합적으로 작용한 거지.

미국에는 동양 3국 유학생들이 많은데 얼굴로는 판단이 안 되지만 한눈에 한국인을 구별하는 방법이 있어. 머리 숙여 인사하는 사람은 한국 사람이라고 생각하면 돼. 같은 동양문화권이지만 일본이나 중국 사람은 우리처럼 나이로 엄격하게 선후배 따지지는 않아. 나이가 상하관계를 결정하고 언어사용도 나이나 신분에 따라 다르다는 것에 대하여 외국인들은 상당히 이상하게 생각하지. 우리가 말하는 선배, 후배라는 단어가 그들에게는 없으니 말이야. 이런 사고로는 세계 경쟁에서 이기지 못해.

한국에서는 나이가 2~3살 차이만 나도 친구로 지내기는 힘들지. 그러나 외국에선 나이에 상관없이 누구나 친구가 될 수 있어. 이것이 사회적으로 얼마나 큰 이익인지 생각해 본 적이 있니. 위계질서로 형성된 사회는 경직되고 의사소통도 위에서 일방적인 경우가 많아. 그리고 서로에게 진실하지 못하고 정신적 스트레스를 많이 주게 되니 술이 필요하게 되지. 그래서 술 힘을 빌려 평소 못한 말도 하고.

내가 꿈꾸는 사회는 나이나 직위, 성이 중요한 것이 아니라 모두가 서로를 존중하고 자신의 역할을 다하는 그런 사회야. 권위의식이 없는 사회, 부정이 없는 사회, 편견이 없는 사회, 정의와 자비가 넘치는 사회."

손님이 없어 아예 우리는 그 집에서 커피까지 마시며 여유롭게 여러 주제에 대하여 이야기를 나누었다.

〈알코올과 각성관계〉

　취하지 않을 정도의 적당한 술은 육체의 혈액순환에 도움이 된다. 술이 우리에게 줄 수 있는 유익한 점이라 할 수 있다. 그러나 술의 부정적 측면은 정신적, 영적인 문제와 연관된다. 현실의 괴로움을 잊기 위하여 술을 마시는 경우, 일시적인 도피는 되겠지만 영구적인 해결책은 되지 못한다. 술은 중독성이 있어서 마약처럼 위험하다. 술은 의식의 각성문제 즉 영적 성장과 깊은 관련이 있다.

　육체는 눈에는 보이지 않지만 4차원적 구조에 의하여 지탱되고 있으며 이 4차원적 구조가 파괴되면 육체는 존재할 수 없다. 우리가 생명을 유지하기 위하여 음식물과 산소를 마시지만 이것은 외면적인 요소이며, 4차원 통로를 통하여 영적인 에너지가 흐르지 않는다면 생명은 유지되지 않는다. 여러 다양한 영적 에너지가 이런 4차원 구조를 통하여 흘러나오며 이들은 생명의 원천이다.

　이 4차원 구조에는 채널/통로 이외에도 신비센터가 있으며 우리 육체로 상위의 영적 에너지를 내보내는 기능을 한다. 그런데 술은 이 신비센터에 심각한 영향을 주며, 음주 후 24시간 동안은 상위자아와 접촉하는 것을 방해한다. 이 말은 명상을 하더라도 아무런 효과를 얻지 못한다는 뜻이다.

　깨달음을 육체 입장에서 정의한다면 신비센터가 각성되어 상위의 영적 에너지가 육체로 충만하게 흐르는 상태를 말한다. 결국 술을 많이 마시는 것은 영적 발전에 아주 부정적이며 만약 과다한 음주로 4차원 구조가 손상을 입으면 결국 그 생에서는 깨달음을 얻을 수 없다.

　명상을 하는 사람 중에 술을 즐기는 사람이 더러 있다. 하루나 혹은 여러 날 열심이 명상하여 영적 진동을 올려놓고는 술을 마셔 그 효과를 순식간에 무효로 만든다. 명상은 우리 의식을 명료하게 깨어있도록 하는데 반하여 술은 우리 의식을 무디게 만든다. 의식이 무디게 되면 감정과 욕망의 영역인 잠재의식의 통제가 어렵게 되고 실수를 하게 된다.

명상에 겉멋만 들어 자유로움을 추구한다며 일탈을 행하는 사람들이 범하는 것 중 하나가 음주이다. 과다한 음주, 빈번한 음주는 육체와 정신에 해가 될 뿐 아니라 영적 자살 행위이다.

답답하지만 우리는 술 문화가 더러운(?) 사회에 살고 있어 영적으로 많은 부정적 영향을 받고 있다. 이 사회가 영적으로 성장하려면 우선 음주문화(술 강권하는 사회, 술에 관대한 사회, 술과 함께하는 밤 문화 등)가 변해야 한다.

(말의 힘)

생각은 진동이며 창조력을 띤다. 바른 견해, 바른 생각에서 바른 말이 나온다. 말하는 사람의 의식과 인격을 반영하는 것이 말이다. 말에는 창조력이 있어 좋은 말, 긍정적인 말을 사용해야한다.

언어는 역사와 사회를 반영하는 산물이며 국민의 집단의식이 담겨있다. 한국어의 특징 중의 하나가 존대어의 발달이다. 지구상 우리처럼 존대어가 발달된 나라는 일본어와 인도네시아의 자바어 정도라고 한다. 유교권의 엄격한 위계질서가 존대어 형성에 일정부문 기여했다고 할 수 있을 것이다.

신분이 다른 사람과의 차별을 위해서는 신분상 차별 말고도 언어를 통한 차별이 필요했을 것이며 장유유서가 중요한 덕목이었던 사회에서 존댓말과 반말 그리고 존칭 문제가 중요한 특징으로 자리 잡았을 것이다. 이러한 우리 언어가 과거에는 어느 정도 그 기능을 발휘했을지 몰라도 지금과 같은 민주사회에서는 여러 가지 문제점을 드러낸다.

언어는 생각의 반영이며 단어에는 단어 원래 의미 말고도 사회적 혹은 문화적 의미가 내포되어 있다. 이것은 존대어와 반말의 경우와 호칭에서 명백히 드러난다. 단어마다 그 사람의 생각이 표현되므로 상대방에 어떤 존칭을 사용해야 할지 그리고 호칭은 어떠해야 할지가 한국인에게는 심각한 고민거리로 등장한다.

물론 다른 언어에서도 단어의 사용이 신중하게 요구되는 것은 사실이지만 한국어의 경우는 존대어 문제로 한층 고민 정도가 크다. 영어의 경우 존대어가 발달된 언어가 아니어서 누구에게나 평상어로 이야기가 가능하므로 한국인처럼 언어 사용에 고민스러워할 필요는 없다.

세계화 시대에 우리의 언어구조는 원활한 의사소통을 방해하고 갈등을 부추긴다. 체면을 중시하는 한국인의 의식구조에 언어사용과 호칭문제는 실로 대단한 문제이다. 호칭문제로 싸움은 물론이고 살인사건까지 일어난 경우도 있다.

나이가 어리다는 이유로 함부로 반말하고 견해에 귀 기울이지 않는 경우도 있다. '나이도 어린놈이'라는 생각이 원활한 의사소통을 방해한다. 세계 속의 한국으로 발전하려면 언어 사용의 변화가 요구된다. 신분 관계나 나이에 상관없이 서로에게 존대어나 반말이 아닌 평상어를 사용하는 것이 바람직할 것이다. 호칭문제는 거품을 빼야하며 되도록이면 단순화되어야 한다.

말은 힘이다. 그 예로 멀쩡한 사람을 여럿이 짜고 만날 때마다 얼굴이 피곤해 보이는데 몸이 아픈 것이 아니냐고 인사해 보라. 한사람도 아니고 몇 사람이 같은 말을 하면 정말 자신의 얼굴이 피곤해 보이고 몸이 아픈 것이라고 받아들인다.

이 말은 우리가 인사를 하면서 상대방에게 관심을 가지고 있다는 뜻으로 멀쩡한 사람에게 얼굴이 안돼 보인다고 말하거나, 몸이나 컨디션이 안 좋은 사람에게는 위한다는 생각으로 동정적인 말을 하는데, 이런 말은 부정적 생각을 심어주므로 되도록이면 긍정적 말을 하는 것이 좋다. 위로한다고 하는 것이 오히려 당사자 마음을 더욱 약하게 그리고 부정적으로 몰고 갈 수 있다. 거짓말을 하라는 것이 아니라 기분을 북돋우는 말을 하라는 것이다.

(3)

　무릉계곡은 사방이 기암괴석으로 둘러싸인 정말 아름다운 곳이었다. 설악산의 화려한 산세만큼이나 주변의 산은 아름답고 그윽했다. 왼쪽의 두타산과 정면과 오른쪽의 청옥산 자락이 무릉계곡을 감싸고 있었으며 골짜기를 타고 흐르는 물은 아주 맑았다. 사람들이 별로 없어서 우리는 주변을 감상하면서 여유를 부리며 걸었다.
　그때 반대편에서 걸어오던 50초반의 남자가 아는 체를 하며 학성에게 다가와 "야! 너 학성이 맞지. 오랜만이다. 그간 어떻게 지냈어!"하며 악수를 청하였다. 학성은 잠시 기억을 더듬더니 곧 상대방을 알아보고는 허리를 숙여 악수를 하며 정중하게 말하였다.
　"예 잘 지내고 있습니다. 그런데 어떻게 지내시는지요?"
　"난, 지금 동해에서 작은 사업을 하고 있어. 그런데 이거 얼마만이야. 여긴 웬일이고?"
　두 사람은 한동안 서로의 안부와 지난 이야기를 하더니 사내가 명함을 건네주고는 저녁에 한 번 찾아오라는 말을 하였다. 옛날 한동네에 살았던 사람이라고 하였다. 시종일관 동생 취급하며 반말로 이야기하던 그 사람을 보자니 조금 전 학성이가 말하였던 언어의 힘이 생각났다. 반말 그 자체로 이미 두 사람 관계는 결정된 것이다. 그런데 알고 보니 그 사내는 학성이 보다 겨우 3살 위였다. 나이에 비하여 늙어 보이는 사람이었다.
　"그 사람 나이에 비하여 좀 늙었는데. 난 50대 초반으로 생각했는데."
　"고등학교 시절에 보고는 처음인데 그때는 아주 젊었는데 세월이 무섭구나."
　"그런데 남보다 빨리 노화가 진행되는 사람들은 유전적 요인 때문인가, 아니면 다른 정신적 스트레스나 음식물 때문인가?"
　이것에 대하여 학성은 길게 설명을 해주었다.

"외양이 그렇게 보이는 사람이 있는 반면 정말로 육체적으로 노쇠한 사람이 있어. 노화는 인간의 집단최면 때문에 생긴 보편적 현상이지만 그 속도가 빠른 사람이 있어. 그것은 크게 정신적 스트레스와 음식물에 기인해. 스트레스를 많이 받게 되면 신경조직이 피로하게 되고 이것은 긴장을 야기하지. 이로 인해 육체는 균형이 무너져 쉽게 병에 걸리고 아울러 긴장상태에서는 우리의 생명에 필수적인 영적 에너지가 잘 흐르지 못하므로 육체는 좀 더 빠른 속도로 노화가 진행되지.

다음은 음식물인데 건강을 위해 영양소를 골고루 흡수하는 것은 누구나 알고 있는 상식이고. 사실 음식물과 관련하여 아주 중요한 비밀이 있어. 내가 신체의 4차원 구조를 말했지. 이 구조를 통하여 영적 에너지가 흘러나오는 중심부가 바로 머리 중심인 송과선이야. 그래서 예로부터 제 3의 눈으로 불렸지.

송과선은 육체에 필요한 영적 에너지의 중심부로 그 주위로는 12 뇌신경센터가 둘러싸고 있고 아래에는 뇌사라는 작은 모래처럼 가는 입자가 진동하고 있어. 12신경센터와 뇌사는 각자의 역할이 있는데 이중 뇌사는 육체의 노화와 밀접한 관계가 있어. 이 뇌사를 통하여 세포를 살아 있게 하는 생명에너지가 육체로 흘러 내려가는데 만약 이 뇌사가 막혀 있으면 생명에너지는 내려갈 수가 없어서 서서히 노화가 시작되는 거야.

이 뇌사는 끊임없이 진동을 하여 통로를 열고 있는데 일반적으로 20대 초반 이후에는 그 진동이 느려져 노화가 시작돼. 우리가 먹는 음식물 중 이 진동을 방해하는 것이 돼지고기의 지방질이야. 흡수된 돼지지방은 몸에 흡수되어 머리의 뇌사에 달라붙어 진동을 방해하므로 신체 노화에 아주 해로운 음식물이야.

물론 다른 돼지고기 부위는 상관없고 또한 소량의 돼지기름은 소화가 되므로 문제가 되지는 않겠지. 어떻든 돼지고기 지방이나 다른 동물성 지방을 많이 먹지 않는 것이 노화방지에 좋아. 물론 이것 말고도 노화에 영향을 미치는 것은 많이 있어."

돼지고기 지방이란 말에 나는 내심 마음이 뜨끔했다. 직장생활하면서 동료들과 어울려 자주 돼지 삼겹살을 먹었던 날들이 생각났다. 그런데 생명에너지란 무엇이기에 신체의 노화에 관계되는지 궁금했다. 그때 용추폭포가 눈앞에 나타났다. 12월 겨울이라 폭포의 상류 일부는 약간 얼어 있었고 떨어지는 물의 양은 적었지만 깊은 소로 쏟아지는 물줄기는 볼만하였다. 물이 얼듯이 뇌사도 지방으로 뭉쳐져서 굳어버리는 것이 연상되었다.

"그러면 한 번 굳어버린 뇌사는 회복 불가능한거야? 그리고 생명에너지는 요가에서 말하는 프라나 에너지와 어떻게 다르고 우리가 많이 사용하는 기 에너지와는 어떻게 다른지 알고 싶은데."

"굳어지는 것을 방지하는 진동수련법이 있어. 그리고 프라나 에너지는 생명 에너지와는 다른 기능을 가진 에너지야. 요가의 쿤달리니 각성에는 프라나 에너지가 필요해. 물론 프라나 에너지는 쿤달리니 각성 말고도 신체 유지에 필요한 여러 작용을 하는데 호르몬 형성에도 참가하고 백혈구나 적혈구의 형성에도 참가하지.

생명에너지는 여러 기능이 있지만 주기능이 신체 모든 부분으로 흘러 들어가 세포와 신체기관을 활성화하는 역할을 하므로 노화에 직접적으로 관계되지. 피부의 주름은 생명에너지가 원활히 흐르지 않아 피부세포가 굳어져 생기는 현상이야. 송과선에서 내려온 생명 에너지는 태양신경총에 일단 저장되었다가 온몸을 통하여 흘러나가지. 태양신경총은 배 위 갈비뼈 사이에 위치하는데 우리가 잠을 잘거나 누울 때 배를 대고 눕게 되면 태양신경총을 압박하여 생명에너지가 충분히 저장되지 못하므로 이런 자세는 피해야 해."

학성은 나에게 뇌사 진동법을 간단하게 설명해 주었다. 그것은 특정 자세나 만트라가 필요 없이 순수하게 시각화를 통하여 뇌사를 진동시키는 수련법이었다. 그 자리에서 나는 실습을 해봤다. 내가 아는 사람 중에 늘 배를 바닥에 대고 자는 사람이 있었다. 얼굴은 늘 피곤에 젖어있었으며 쉽게 피곤을 호소하였다. 그것이 생명력 문제일 수도 있겠다는 생각이 들었다. 이런 유익한 정보들이 왜 사람들에게 알려져 있지 않은지 답답했다. 내가 궁금하였던 기(氣)에 대해서는 언급하지 않아서 나는 재차 물었다.

"동양의 기는 무엇이지, 프라나 에너지야 아니면 다른 에너지야."

"신체에 필요한 영양소가 다양하듯 이 육체를 유지하는데 필요한 영적 에너지도 종류가 다양해. 어떤 에너지는 생각에 작용하고 어떤 에너지는 치료에 관여해. 알다시피 프라나 에너지는 쿤달리니 활성화에 사용되는 에너지이고. 여러 가지 에너지 중에 동양에서 말하는 기와 관련되는 것은 아카사라는 에너지야.

사실 동양의 기는 한마디로 정의되기 어려운데 현대에 들어서 과학적으로 이것을 규명하려는 노력이 있어왔어. 그 힘이 존재한다는 것은 여러 가지 실험에서 드러났고 치료와 영적 각성의 수단으로 사용되고 있는 것은 잘 알고 있겠고. 그런데 이 기가 깨달음과 어떠한 관계가 있는지는 단체마다 의견이 다르고 수련법도 조금씩 다르다는 점에서 신중할 필요가 있어.

비밀 가르침에서는 아카사 에너지가 나오는데 이 에너지는 수십만의 미세한 채널을 통하여 온몸으로 흐르는 치료 에너지이야. 이 아카사 에너지는 머리를 통하여 가장 많이 흘러 들어오나 실제로는 온몸을 통하여 들어오는 에너지야. 좀 더 민감해지면 피부호흡을 통하여서도 들어오게 돼.

신체에는 33개의 중요 아카사 망이 있는데 이 부위를 자극하면 치유 에너지가 나와서 주변을 바로 조화로 바꾸어버리는 에너지지. 이것은 한의학에서 말하는 경혈과 비슷하다고 보면 될 거야. 비밀가르침에서는 이 에너지를 동양처럼 소주천이나 대주천시키지는 않지만 치료에 필수적인 에너지로 보고 있어.

이런 점이 동양의 기와는 좀 다르지. 분명한 것은 치료에 필수 에너지며 이 에너지를 잘 이용한다면 육체는 건강하게 되고 그러면 마음도 균형 상태에 있게 되므로 영적 진화에 긍정적인 결과를 가지고 온다고 볼 수도 있어. 건강은 각성의 밑바탕이 되어야 해.

우리가 사용하는 기라는 개념은 너무 포괄적이어서 기능별로 여러 에너지로 나누어 설명하는 비밀가르침과는 비교하기가 힘들어. 나중에 우주의 창조비밀을 공부하게 되면 우주에는 모든 에너지의 근원인 쉰(Shin)이라고 하는 원초 에너지가 있고 이 에너지에서 창조의 두 에너지(+, - 에너지)가 나오고 여기에서 우주에 존재하는 모든 에너지가 생겨났어. 요가의 쿤달리니를 형성하는 프라나 에너지는 창조의 두 에너지의 현시라고 할 수 있어."

학성은 조금은 조심스러운 어투로 말을 하였다. 나에게 늘 의문으로 남아있었던 기의 세계, 사실 그동안 여러 책도 보고 간단한 수련도 해온 것이 사실이었다. 그러나 늘 마음에 남아있었던 기가 깨달음에 바른 길인지에 대한 의문이 있어왔다. 특히 요가의 프라나 에너지와 동양의 기 에너지가 서로 다른 센터를 가진다는 것과 수련법이 아주 다르다는 것이 늘 의문이었다. 간혹 요가의 7차크라와 기의 통로를 연관시켜 설명하려는 시도는 있었으나 늘 거기에는 논리의 결함이 있었다. 깨달음에 사용되는 에너지라면 왜 달라야하는가의 의문은 이번에 어느 정도 해결된 셈이었다.

"그러면 기 에너지를 축적하여 돌리는 것은 어떤 효과가 있을까?"

"선도에서는 기의 순환을 통하여 우주와의 합일을 주장하는데 여기에 대해서는 어떻게 설명을 해야 할지 모르겠어. 물론 생각은 창조력이 있으며 이 생각의 힘으로 에너지를 축적하여 온 몸에 나있는 민감한 채널들을 통하여 의도적으로 순환시킨다면 육체는 활성화되어 몸이 가볍게 느껴지지. 그러다 보면 의식이 해방감을 느끼는 경우도 있겠고 순간적으로 합일 의식을 경험하기도 하겠지. 사실 순간적인 합일 의식은 누구나 일정한 조건에서 경험할 수 있는 일이야. 이것을 자기만의 특별한 경험으로 간주하면 문제지. 좀 더 우주의식에 가까이 다가갔다는 징표는 되겠지만 여전히 완전한 합일의 길은 남아있어.

　깨달음, 전체와의 합일은 여러 요인이 합체하여 의식의 완전한 각성이 일어나는 거야. 완전한 각성은 우주의 모든 법칙에 대하여 알게 되는 것이며 자신이 법칙이 되는 것이므로 조금이라도 의심이 있으면 그것은 깨달음이 아니야. 한국에서 깨달은 사람과 다른 나라에서 깨달은 사람의 말이 다르다면 이것은 무언가 문제가 있다는 것이지.

　나는 수련과정을 컴퓨터의 벽돌 깨기 게임에 비유하고 싶어. 화면의 벽돌을 깨면 승리하는 놀이인데 격파를 위한 기본 무기(커서를 따라 다니는 라켓과 공)가 제공되지. 벽돌을 깨어나가다 보면 새로운 무기가 제공되지. 그러면 적절하게 그 무기를 사용하여 좀 더 쉽고 빠르게 벽돌을 부수는 요령이 생겨. 그런데 중요한 것은 처음 주어진 수단에만 고집하여 벽돌을 깬다면 속도도 늦고 공이라도 놓친다면 1라운드도 마치지 못하고 게임이 끝날 수 있다는 거야.

　우리도 마찬가지로 수행을 하다보면 요령이 생기고 여러 수단이 보이지. 그런데 한 가지 방법만이 편하다고 거기에 매여 버리면 각성의 속도는 늦고 헛되이 한 생을 보낼 수도 있는 거지. 그리고 벽돌을 다 격파하여 마침내 목적지에 도달한 것처럼 보이지만 화면이 바뀌어 다른 벽돌들이 공간을 채우고 게임은 2라운드로 진행되지.

　우리도 수련 중에 어떤 경지에 도달했다고 생각하지만 이어지는 새로운 과제들을 만나는 것과 마찬가지 같아. 그런데 1라운드가 전부라고 착각하고 거기에 머문다면 영원히 상위 라운드를 만나지 못하게 되는 것이지. 수련자들이 각성을 경험했다는 그 수준은 무수히 많은 단계의 하나일 가능성이 높아.

　가르침을 컴퓨터 벽돌 게임에 비유한다면 어떤 가르침은 단지 한 단계의 설명을 다루는 경우도 있고 어떤 가르침은 벽돌 한 줄에 대한 설명일 수 있어. 그러나 진실한 가르침은 게임에 승리하도록(깨닫도록) 모든 단계에 대한 설명을 주고 안내를 하는 거야. 그래서 참된 가르침을 만나기가 어렵다는 거야. 자신이 알고 있는 진리의 아주 작은 면을 모든 우주에 적용하려는 사람들이 있고 그것을 진리로 믿고 따르는 사람들이 많다는 것이 현실이야."

눈이 내리기 시작했다. 눈 내리는 것을 물끄러미 바라보고 있는 학성을 보며 나는 잠시 방금 들었던 내용을 정리하기 시작했다. 창조의 두 에너지, 우주법칙, 완전한 각성, 얼마의 침묵이 흐르고 다시 말을 꺼낸 것은 학성이었다.

"눈이 오면 종종 어렸을 때 썰매 타고 놀던 때가 생각나. 내가 살았던 태백의 겨울은 춥고 눈 많은 곳이었어. 겨울의 눈은 채탄으로 엉망이 되어버린 주변의 시꺼먼 산들을 은백색으로 덮고 잠시 우리를 동화나라로 안내하곤 했지. 쌓인 눈으로 눈사람 만들고 눈 집도 짓고 산비탈에 올라가 엉덩방아 찧으며 눈썰매도 타고 놀 때는 추위도 배고픔도 잊어버리고 신나했지. 어렸을 때 그곳은 나에게는 우주였어. 다른 세계를 보지 못했으니 비교나 할 수 있었겠니.

가난한 사람들이 모여 살던 곳이었지. 그래도 탄 먼지 날리는 그 속을 뒹굴며 행복해하였어. 그런데 나중에 서울서 살게 되면서 내가 살아온 환경이 얼마나 열악했었는지 알게 되었어. 처음부터 서울에 살았으면 내가 배우고 경험했을 세계는 훨씬 컸을 것이고 보는 것이 많았을 테니까, 느끼고 배우는 것이 많았을 텐데 하는 생각이 들었던 거지. 이 말은 우리가 작은 행복이 주는 현실에 만족하여 더 큰 세계를 생각하지 못한다는 거야. 지금 사는 이 물질세계는 더 높은 세계에 비한다면 아주 사소한 곳이라는 거야."

결국 작은 세계에 매여서 만족하는 의식이 문제라는 뜻이었다.

"너의 관심사는 온통 영적 문제구나. 과거의 추억도 그런 식으로 생각을 하고 말이야. 사랑했던 여자나 그리운 여자는 없니?"

나는 조금은 가볍게 별 뜻 없이 물었다. 그는 미소를 띠며 폭포를 뒤로하고 왔던 길을 돌아서 가기 시작했다. 나도 그 뒤를 따르며 혹시 그가 나의 질문에 기분이 상하지 않았나 싶었기 때문이었다. 언제나 호수처럼 잔잔한 느낌을 주는 비록 나의 친구이지만 가끔은 그 앞에 행동이 조심스러워졌다. 한동안 걷던 그가 나를 보며 시를 한편 읊어주었다

"그땐 내 사랑은 금강석처럼 단단하였고
떠오르는 태양처럼 영원하리라 생각했지

그녀 움직임 하나, 표정하나 밤새 되새기며
가슴 벅찬 행복을 느꼈다네.

이제 기억 저 멀리 변색된 사진처럼 그녀의 영상은 먼지에 덮여있고
싸늘하게 식어버린 타고남은 모닥불처럼 뜨거웠던 열정은 흔적이 없네.
사막의 신기루처럼 존재하지 않았던 꿈속의 사랑이었네.

깨어나 보니
하늘이 빙긋 웃으며 내게 다가오고 나는 하늘이 되었다.

지금 눈 내리는 하늘 아래
이 순간 난 살아 숨쉬고,
살아 숨 쉬는 이 순간,
영원한 지금만이 있네."

　　나의 질문에 대한 그의 대답인 것도 같았다. 그의 말대로 영원한 지금, 과거는 사라져 버린 것이고 미래는 오지 않은 것이니 늘 지금만이 끊임없이 계속되는 것이다. 몸이 가벼워지고 머리는 아주 맑아지기 시작했다.

(4)

우리는 숙박 장소인 무릉계곡의 산장으로 돌아왔다. 찻잔을 앞에 두고 학성은 A4용지에 정리된 글을 건네주었다. 제목은 감정의 지배자였다.

(감정의 지배자)

살아가면서 중요한 것 중의 하나가 감정통제(생각통제)이다. 감정적이 되어서는 문제를 해결할 수는 없다. 이성적인 냉철한 판단이 문제해결에 도움이 된다. 감정이 모두에게 같은 것은 아니다. 예를 들면 누군가 우리를 비난한다면 그것에 반응하는 정도는 사람마다 다르다. 비난에 화를 내는 것은 각자 머리에 내장된 프로그램에 의거한 습관적 반응이기 때문이다.

우리 뇌는 오랫동안 반복되어 형성된 사고패턴 때문에 조건에 습관적으로 반응한다. 쉽게 말한다면 우리는 외부조건(자극)에 조건 반사적으로 반응하는 프로그램 같다. 문제는 적지 않는 사람들이 이 프로그램(생각, 개념, 경험 등의 집합물)을 자신과 동일시한다는 점이다.

감정통제는 자아에서 프로그램(감정, 생각)을 분리시키는 일이다. 생각은 강물처럼 흐른다. 우리는 강둑에 앉아 강물이 흘러가는 것을 지켜본다. 강물은 소용돌이치며 흐르나 언덕 위에서 강물을 지켜보는 한 우리는 안전하다. 감정이나 생각도 마찬가지이다.

우리 자신과 생각을 동일시하지 않고 흐르는 것을 지켜본다면 그것은 우리에게 영향을 줄 수 없다. 생각은 흐르고 우리는 그들을 담담히 지켜본다. 문제는 우리가 쉽게 생각이나 감정의 흐름 속에 몰입되어 감정이나 생각에 휘둘리고 나중에 후회하는 행동을 한다는 것이다.

생각통제가 잘되지 않는 이유는 마음속에 일어나는 생각이나 감정을 자기합리화하고 끊임없이 판단하는 경향이 있기 때문이다. 자기합리화를 멈추고 마음속에 일어나는 생각이나 감정을 아무런 판단 없이(판단하면 생각에 개입하는 것이 되고 분리가 일어나지 않음) 지켜보기만 한다면 생각이나 감정은 지나간다.

　감정은 뇌에 프로그램된 정보이다. 가족 일원이 죽어서 슬퍼하는 상황을 생각해 보자. 우리 마음에는 가족 일원이 죽으면 슬프다고 하는 프로그램이 내장되어있어서 슬퍼한다. 중요한 것은 그 상황에서 우리가 슬프다고 생각하기 때문에 슬픈 것일 뿐이다. 감정을 아무런 판단 없이 지켜본다면 그 감정이 슬픔이든 분노든 일어나다 곧 사라진다.

　생각이나 감정에 개입 없이 지켜보는 것은 자아와 감정 사이의 간격을 유지하기 위함이다. 생각과 자아가 분리되어 우리가 지켜보는자가 되면 슬픔은 느껴지지 않는다. 냉정한 인간이 되자는 말이 아니라 분노나 미움, 두려움 같은 부정적 감정을 통제할 수 있는 주인공이 되자는 뜻이다.

　죽음은 하나의 사건이며 그것에 대한 우리의 감정은 고정된 불변의 것이 아니라 통제 가능한 종속변수이다. 예를 들면 인도에서는 가족이나 친한 사람의 죽음에 우리와는 다르게 반응한다. 슬퍼하는 대신 새로운 삶으로 다시 태어날 것이라는 희망으로 죽음을 대면한다. 죽음에 대한 다른 프로그램을 가지고 있다. 우리는 죽음에 대한 반응뿐만 아니라 미움이나 여러 감정도 개인이나 문화에 따라 다른 프로그램, 즉 고정관념을 가지고 있다.

　그런 점에서 불행하다고 생각하는 것이 불행한 것일 뿐이다. 모든 것은 마음먹기에 달려있다. 우리는 좋지 않은 감정이나 습관을 괜찮은 감정이나 습관으로 프로그램할 수 있다. 슬퍼하고 분노하는 대신 행복하고 평온할 수 있다. 행복하다고 생각하면 행복하다. 삶을 통제하는 존재는 프로그램이 아니라 바로 우리의 내면자아 즉 지켜보는자이다.

　긴장된 순간에 웃음과 심호흡을 하면 마음이 편안해진다. 화가 나는 상황에서 웃으면 웃음과 동시에 좋지 않은 감정은 사라진다. 웃음은 이완을 가져오고 이완할 때 우리는 거리를 두고 여유롭게 감정을 지켜볼 수 있다. 생각이나 감정통제는 운명통제의 시작이며 영적 성장과 깨달음의 밑바탕이다.

학성은 별도로 육체와 마음의 조건화에 대하여 설명을 해주었다. 마음은 조건에 반응하여 육체적 반응을 야기하는데 예를 들면 대중 앞에 연설할 때 우리 마음은 '많은 사람 앞에 연설'이라는 조건에 반응하여 육체의 긴장을 불러일으킨다. 그러면 역으로 우리가 가장 편안할 때의 육체의 조건을 생각하고 긴장된 순간에 그 편안한 육체 조건을 의도적으로 만든다면, 예를 들면 웃음, 느린 호흡 상태를 만든다면 마음은 육체의 조건에 반응하여 이완되고 편안해질 수 있다는 것이다. 그러나 지켜보기가 깊어지면 두려운 감정이 신체 반응을 하기 전에 지나가고 만다.

언젠가 슬픈 소식을 듣고 마음이 아픈 적이 있었다고 했다. 그런 분위기 속에 잠겨있다 불현듯 슬퍼지는 이유가 무엇인지 생각을 하게 되었다. 슬픈 것은 자신이 슬픈 것이 아니라 어떤 조건에 습관적으로 반응하는 자신의 감정체계가 슬퍼하는 것임을 알아챘다. 그 순간 미소 지으며 즐거운 일을 생각하자 슬픈 감정은 사라지고 말았다고 했다. 슬픈 감정이 상황에 도움이 되는 것이라면 유지했겠지만 그렇지 않았기에 그는 그 분위기를 바꿀 수 있었다고 했다. 슬프다는 생각이 슬픈 것이지 그 상황이 절대적이지 않다는 것이었다.

(5)

아침 일찍 우리는 산장을 나와 두타산 등산을 시작했다. 겨울산행은 해가 일찍 떨어지고 일기가 예측불허여서 되도록 서두르는 것이 좋았다. 두타산을 향하는 등산로는 무릉계곡 초입의 왼편으로 나있었다. 초입부터 경사가 가파르고 설상가상으로 어제 내린 눈으로 걷기도 만만치 않왔다. 다행인 점은 바람이 약하고 날씨가 맑았다. 생각보다 등산로는 험하고 길은 멀어 보였다. 두 시간을 오르니 눈앞에 바위산이 보였다. 힘들게 오르며 이것이 정상이려니 생각했으나 두타산 정상은 저 멀리 보였다. 힘이 빠지고 숨도 많이 차서 그곳에서 휴식을 취하였다.

학성이 올라온 길 오른쪽을 가리키며 고려말기 이승휴가 <제왕운기>를 쓴 곳이 저 아래 고찰이라며 손으로 가리켰다. <제왕운기>라면 <삼국유사> 이후 단군을 역사적 인물로 기록한 책이 아닌가. 몽고침략으로 국민의 자긍심을 북돋우기 위하여 쓴 책으로 알고 있었는데 그 책이 두타산 자락에서 서술되었다니 700년 전 역사의 향기가 여기에 아직 남아있는 착각이 들었다. 그의 말대로 특정한 생각의 이미지는 수만 년을 지속한다 했으니 어쩌면 이승휴의 발자취가 이 두타산 어딘가에 남아있을 것 같았다.

'단군'이란 단어에 여러 생각이 떠올랐다. 한국인에게는 너무도 친숙한 단군 할아버지이면서 기독교와 실증주의 역사가들에게는 그 존재가 부정되는 인물이고 최근 민족종교와 기독교 사이에서 갈등의 중심에 있는 분이 아닌가.

단군과 관련하여 고대 한민족의 위대성을 강조하는 책들을 읽은 적이 있었다. 민족주의자들의 이념적 근간이 되는 <천부경>, <삼일신고> 같은 단군 시대 책을 둘러싸고 위작 여부가 끊임없이 제기되는 것도 사실이며 그 가치를 인정하는 사람들의 천부경 해석이 각양각색인 점도 흥미로운 일이었다. 언제쯤 단군과 고서(古書)에 대한 명확한 해석이 나올지 모르겠지만 천부경은 위서 여부를 떠나서 그 내용의 심대함은 누구나 한 번쯤 음미해야 할 것으로 보였다.

그러나 민족의 우월성을 강조하는 그런 사상에 처음에는 관심을 가지고 <단>이라든가, 위대했던 한민족 역사서나, 한민족이 미래 세계의 주역이 된다는 책들을 탐닉한 적도 있었지만 곧 흥미를 잃었다. 그것은 현실적이지 못하였고 영적 발전에 도움이 되지 못한다고 생각했기 때문이었다. 그러나 단군사상인 홍익인간의 정신은 시대를 불문하고 인류 보편적 사상으로 존재할 수 있으리라 생각했었다.

"단군과 천부경에 대하여 어떻게 생각하니?"

나는 의문이 생기는 대로 학성의 의견을 구하는 것이 습관이 되었다. 학성은 나의 이러한 조급성과 끊임없는 질문에 짜증 한번 없이 잘 응해 주었다.

"난 역사가가 아니므로 단군의 실존 여부를 논하지는 않겠지만 그러나 국가 위난 때 구심점으로 작용한다는 점에서 긍정적으로 봐. 물론 이것이 너무 민족주의로 흘러 순종주의, 배타주의, 우월주의로 흘러버리면 안 되겠지만 말이야. 그러나 역사를 돌이켜본다면 우리 민족이 민족주의를 내세워 타민족을 괄시하거나 배타적으로 된 경우는 없었어. 오히려 민족보다는 모화사상으로 중국문화를 사모하고 그것을 철저히 민중에게 강요한 것이 소위 지배계급인 양반들이었으니.

민족이란 개념이 우리역사에 그렇게 중요한 개념이 아니었다는 생각이 들어. 근대에 들어와 일제에 대항하기 위하여 선각자들이 민족 구심점으로 내세운 것이 단군이라고 생각해. 물론 고려시대 말기에 저술된 <삼국유사>나 <제왕운기>에 단군이 처음으로 기록된 것은 국가위난의 상황에서 민족에 대한 새로운 각성의 결과로 볼 수 있겠지만,

조선시대 내내 사대주의 망령 속에 민족이란 개념은 소중화라는 개념에 묻혀 있었지. 병자호란에서 삼전도의 치욕을 당하고 효종이 북벌을 계획한 것도 민족의 자긍심 회복보다는 소중화로 생각해온 조선이 자신보다 못한 오랑캐인 만주족에게 당한 치욕을 갚기 위한 것이었으니 말이야.

조선 500년간 사대부의 머릿속에 담겨져 있었던 사상은 중국의 사상이었지 조선의 사상을 가진 자는 별로 없었다고 생각해. 그러니 과거시험도 사서오경이었지. 자기나라 역사를 시험과목으로 채택했는지는 의문이야.

민족이라는 개념이 약소국의 존립에 필요한 힘이 된다면 강대국의 민족주의는 언제나 우월주의와 배타성으로 흘러 이웃나라에 피해를 주어왔어. 좀 더 이 세계가 영적으로 진전된다면 민족이란 개념은 당연히 사라져야할 대상이야. 민족은 세계가 하나 되는데 장애로 작용할 것이니까. 그러나 그때까지는 민족주의는 여러 모습으로 나타나겠지.

중국과 일본 사이에서 한국이 독립을 유지하려면 상당 기간 민족이라는 구심점이 필요할거야. 중국의 오만방자한 중화사상이나 일본의 배타적 민족주의는 한국의 존립을 위협하니 말이지.

난 개인적으로 홍익인간 정신은 우리 민족이 보편적인 진리로 세계에 내세울 수 있는 사상이라고 생각해. 천부경을 읽어봤는데 간결함 속에 우주의 진리가 함축적으로 표현돼 있음을 느꼈어. 물론 여러 해설서마다 해석이 다를지라도 그 속에 포함된 사상은 우주 창조와 전개를 보여주고 있다고 봐.

혹자는 그것이 후대에 위작된 것으로 주장하는데 역사적 고증은 필요한 일이겠지만 내용 그 자체로는 평범한 글이 아님은 확실하지. 진리는 늘 상징 속에 숨겨져 내려왔는데 언어로 표현될 수 없는 진리는 상징을 통하여 가장 적절히 표현되기 때문이야. 이러한 경전이나 가르침이 한국에만 전해 내려오는 것이 아니라 세계적으로 전승되어 내려오지. 마치 우리 민족에게만 이러한 고대사상이 전승되어 내려온다고 생각하는 것은 민족주의적 발상이지.

한민족이 세계의 주인이 되고 한국이 세계 중심이 된다는 아주 희망적인 내용이 담긴 책을 읽은 적이 있어. 민족 종교나 단체에서 출판되는 책은 정도는 다르나 유사한 주장이 나오지. 유대인들이 자신들은 선택된 민족으로 생각하듯 한민족을 그런 논리 비슷하게 설명하는데 난 그런 비논리적인 선민사상을 받아들이지는 않아.

그런 내용이 많은 세월을 사대주의와 모화사상으로 줏대도 없이 중국 눈치나 보면서 살아온 우리의 잠재의식에 박혀있는 열등감과 체념의식을 없애고 좀 더 밝고 긍정적 의식을 심는데 도움이 되리라고 생각은 들지만."

산 정상까지 우리는 이런 주제로 이야기를 나누었다. 그는 원인과 결과의 법칙을 강조하며 어느 순간 준비도 없이 우리나라가 세계 제일의 정신국가가 된다는 것은 있을 수 없다고 말하였다. 미래를 알려면 현재를 보라며 우리의 현재 모습이 미래의 세계 주인이 될 그런 모습인가 생각해보라고 했다.

세계의 중심이 되기 위해서는 보편성 있는 문화와 인류의 정신세계를 선도할 사상이 있어야 하고, 그것을 실행할 성숙한 시민의식이 있어야 하는데 지금 우리는 어느 것 하나 갖춘 것이 없다고 했다. 사소한 질서의식에서부터 심각한 성차별, 인종차별, 세계에서 손꼽히는 부정부패까지 고쳐야 할 것이 많은 나라 했다.

숱한 사기사건, 사회 부패상, 도덕 불감증, 심각한 성 매매, 수준 낮은 정치, 부패한 종교, 등 부정할 수 없는 한국의 현실이었다. 이런 곳에서 천지개벽하듯 의식이 바뀌어 온 인류가 존경하는 그런 나라와 민족이 된다는 것인지. 물론 온 국민이 노력해서 세계 제일의 국가로 만들수는 있겠지만 지금 현실로는 가능성이 커 보이지 않았다. 학성은 민족은 어느 시기까지는 필요하겠지만 결국은 사라져야할 시대의 유산이며 한시라도 빨리 인종, 이념, 성의 차별이 없는 형제애로 가득 찬 지구촌이 되어야 한다고 말하였다.

산 정상에 서니 바람이 거칠게 불었다. 동해 바다가 산 너머로 보이고 청옥산으로 나있는 등산로는 눈으로 덮여 있었다. 그 길 뒤로 멀리 백두대간의 중심인 태백산이 가물거렸다. 청옥산으로 난 등산로를 따라 다시 걷기 시작했다. 두타산과 청옥산을 연결하는 등산로 주변에 펼쳐지는 경치는 피로를 잊게 하였다.

얼마 후 우리는 청옥산 정상과 무릉계곡의 갈림길에서 오른편 무릉계곡으로 코스를 정하고 하산을 시작했다. 한참을 내려가니 눈에 익은 폭포가 나타났다. 어제 구경했던 용추폭포였다. 가파른 경사길이 많아서 내려오면서 발에 힘을 많이 주었더니 다리는 후들거리고 허기도 졌다. 생각보다 긴 산행이었다. 용추폭포에서 식당까지 2킬로미터를 더 걸을 생각을 하니 엄두가 나지 않았다. 겨울 산행은 평소보다 시간도 더 걸리고 힘도 더 들었다.

힘들게 식당에 도착하니 주인은 우리를 알아보고 반갑게 인사를 했다. 몸이 나른해지며 등산의 피로가 몰려왔다. 학성은 음식을 시키고는 잠시 눈을 감고 명상에 잠기는 모습이었다. 음식물을 앞에 두고 불현듯 먹지 않고 살 수는 없을까 하는 생각이 들었다. 어느 책에서 음식물 없이 사는 사람 이야기를 읽은 적이 있는데 이것이 실제 가능한 일인지 속임수인지 궁금하였다. 학성은 거의 모든 주제에 대하여 나에게 답을 할 수 있는 존재였으므로 나는 호기심을 억제할 수는 없었다.

"먹지 않고 살 수는 없을까?"

그러자 학성은 웃으면서 욕망 중에 성욕, 명예욕, 재산욕이 가장 기본 욕망인데 음식도 무시 못 하는 욕망이라고 말하였다. 인간은 집단최면에 빠져 죽음과 늙음에 대한 개념을 실제로 받아들이는데 음식도 마찬가지라고 하였다. 음식물을 먹는 것은 에너지와 영양분을 흡수하려는 것이며 그 에너지의 원천은 태양광선이다. 식물이 광합성을 하여 필요한 영양물을 만들듯이 우리도 음식물을 소화하여 필요한 영양분을 흡수하는 간접적인 방식 대신 직접 대기 중의 영양분을 흡수할 수도 있다고 말하였다. 그러나 문제는 개념을 변화시키는 의식의 대전환이 필요하다는 것이었다. 믿을 수도 없고 그렇다고 부정할 수도 없는 표정으로 있으려니 학성이 밥이나 먹으라며 웃으며 말하였다.

배가 부르고 몸이 따뜻하니 쏟아지는 잠을 견디기 어려웠다. 가까이 있는 숙소로 돌아가 가볍게 씻고는 잠을 청하였다. 행복은 이런 것이 아닐까 싶었다. 마음 맞는 친구와 이야기도 하고 맛있는 음식도 같이 즐기고 그러다 졸리면 잠자는 것. 행복한 마음으로 잠이 들었다. 단잠을 자고 난 후 밤에는 나는 아직도 듣지 못했던 음식과 각성의 관계에 대하여 그의 의견을 청하였고 그는 그 문제에 대하여 설명을 했다.

(음식과 각성)

많은 수련단체나 종교단체에서 채식을 권장하고 심지어 어떤 단체는 육식은 각성에 방해가 된다고 말한다. 그들의 논지는 동물이 죽임을 당할 때 고통과 두려움으로 인간에게 해로운 화학성분이 분비되어 인간의 몸에 나쁘며 아울러 모든 생명을 존중하는 입장에서 생명을 인간의 먹이로 삼는다는 것은 업을 쌓는 일이라는 것이다. 이러한 입장과는 상관없이 채식을 건강상 이유로 선호하는 사람들도 많이 있다. 일리가 있는 말이지만 그것은 잘못된 정보이다.

먼저 채식만이 각성에 이르는 식이요법이라고 주장하는 사람들은 식물도 동물처럼 느끼고 반응하는 생명체라는 것을 잊고 있다. 동물의 경우는 식물에 비하여 고통을 느끼는 신경망이 적으며 중추신경이 절단되면 곧 숨을 거두는 반면 식물은 절단되어도 모든 부분의 신경은 살아서 생명이 유지된다.

상추의 잎사귀 하나하나 비록 몸체에서 떨어져 있어도 싱싱한 생명력을 오랫동안 유지하는 이유도 자체적으로 생명을 유지하는 능력이 있기 때문이다. 그런 면에서 단시간에 생명이 끊어지는 동물에 비하여 오랜 기간 고통을 느끼고 반응한다. 최근의 실험에서도 식물이 인간의 감정에 능동적으로 민감하게 반응함을 보여준다.

생명존중 차원에서 채식을 한다면 아무 것도 먹지 말아야 한다. 음식은 몸속에 들어가면 필요한 성분은 분해되어 몸의 에너지원으로 사용되고 그렇지 않는 부분은 배출된다. 고기든 야채든 들어가면 영양분으로 분해될 뿐이다.

문제는 동물이 가지는 외형적 특징이 인간에게 가까워 생명에 대한 보호본능이 발휘되는 우리의 관념이 문제이지 고기 그 자체는 아니다. 물론 살생유택처럼 생명을 죽이되 가려서 죽어야 하는 것은 당연한 일이며 인간의 심성을 보호하는 방책이기도 하다. 생명을 잔인하게 이유 없이 죽이는 성격이라면 그런 성향이 인간에게도 적용되지 않을까 두려워하는 것은 당연하다. 그런데 채식을 하면 인간의 심성이 온순하고 좀 더 영적일 수 있다는 생각을 하는 사람들이 많은데 이 또한 오해이다.

재미있는 사실은 히틀러가 채식주의자였다는 것이다. 중요한 것은 먹는 음식이 아니고 먹는 사람의 성품이다. 붓다나 예수가 고기를 먹는다고 그들의 신성함이 사라질까? 살인자가 채식을 한다고 그들의 성품이 고상하게 될까? 모든 문제는 자신에게 있다.

북극의 원주민들은 기후관계로 사시사철 고래 고기나 육류만 먹어야 한다. 마찬가지로 북 시베리아원주민들은 순록이나 사슴을 식용해야한다. 몽골의 유랑민도 고기가 주식이다. 그들이 고기를 식용한다고 호전적인가? 그렇다고 영양부족으로 건강이 나쁜가? 그들이 영적 각성을 얻지 못하는가? 많은 것이 잘못된 고정관념의 소산이다. 채식이 좋으면 그렇게 하고 육식이 좋으면 그렇게 하면 된다. 강요할 필요는 없는 것이다. 중요한 것은 육체에 필요한 영양분을 위해서는 균형 잡힌 식생활이 필요하다는 점이다.

어떤 음식이고 유해성분을 가지고 우리 몸에 들어온다. 그리고 우리 몸은 이를 분리하여 내보낼 것은 내보내고 흡수할 것은 흡수한다. 음식물을 섭취하게 되면 고통과 두려움에 때문에 식물이나 동물에게서 생겨나는 독성과 진동이 우리 몸에 들어온다. 그러나 우리에게는 독성을 제거하는 내분비선이 있고 진동을 통제하는 신체기관이 있다.

육식이 생명 경시로 이어지면 안 되겠지만 영적 각성은 음식과는 상관없다. 그러나 성욕을 자극하는 음식도 있고 감정을 불러일으키는 음식도 있다. 그런 면에서 수도자가 일시적으로 음식물을 가려 먹는 것은 필요하다. 예수는 입으로 들어가는 것이 중요한 것이 아니라 입에서 나오는 말이 중요하다고 하였다.

(6)

3일 만에 타우의 집에 돌아왔다. 하얀 정적이 집을 감싸고 있었다. 마당에는 눈이 쌓여있었고 동물발자국이 숲속으로 나있었고 사람 발자국도 보였다. 문 사이로 급전이 끼여 있었다. 서둘러 전보를 읽어본 학성은 어디론가 전화를 하였다. 친구의 사망을 알리는 급전이었고 우리가 여행 중이어서 전보를 보냈던 것이다. 미국 체류 중 만난 친구로 대학에서 교수를 한다던 학성의 친구였다. 내가 모르는 사람이었지만 학성과 함께하면 배울 것이 많아 동행을 하기로 했다. 우리는 서둘러 서울로 향했다. 태백산을 끼고 나있는 도로는 눈으로 빙판이 군데군데 나있었다.

가는 동안 학성은 죽은 사람에 대하여 이야기를 해주었다. 그 친구는 성품이 착했는데 문제는 자의식이 강하여 고집스러웠고 한편으로는 남모르는 열등감이 있었다고 하였다. 키가 작은 것에 대하여 콤플렉스를 가졌는데 주변사람들이 보기에는 그렇게 고민할 정도로 아주 작은 키는 아니었다. 그러나 본인은 심각하게 생각하였다고 했다. 그래서 자기분석을 통하여 열등감에서 벗어나도록 상담도 했다고 하였다. 집착에는 자기분석이 필요하다며 나보고도 집착하는 것이 있으면 그것을 대상으로 삼아 한번 해보라며 모든 원인은 욕망으로 귀결되며 특히 명예욕이 주원인이라고 하였다. 그 말을 정리하면 이러했다.

심각한 정신문제를 야기하는 열등감과 긴장을 자기분석을 통하여 알아볼 수 있다. 열등감은 비교에서 나온다. 비교대상이 없으면 열등감은 없다. 그러면 비교하여 자신이 열등하다고 느끼는 근거는 무엇인가? 그리고 열등감에 대하여 괴로워하는 이유는 무엇인가? 이것을 알면 열등감이 가져다주는 정신적 고통은 사라진다.

우리는 비교 대상에 대한 나름대로의 판단기준이 있는데 그 기준은 물질적이며 가변적이다. 재산의 차이, 외모의 차이, 학력의 차이, 직위의 차이, 힘의 차이를 느낄 때 사람은 어느 정도 열등감이 생긴다. 그러나 이러한 기준은 순전히 물질적 판단에 의한 기준이지 영적인 기준은 아니다.

우리가 부끄러워할 것은 영적 능력의 부족이지 다른 어떠한 것도 없다. 살아가면서 영적 주관이 뚜렷이 잡혀있지 않으면 물질적 판단에 의한 열등감을 겪을 수밖에 없다. 왜냐하면 어느 누구도 비교에서 오는 열등감에 자유로울 수 없기 때문이다. 대통령도, 재벌도, 박사도, 영화배우도 마찬가지이다.

열등감을 좀 더 살펴보면 그것은 명예감정이 손상된 것이며 명예감정은 대상에 대한 집착 때문이다. 자신이 멋져야 하고 잘살아야 하고 직위도 있어야하고, 이런 것이 바로 에고가 추구하는 것이다. 에고는 명예에 집착을 하고, 이것이 충족되지 않으면 괴로워한다. 물질 속성에 집착할수록 비교하는 마음은 커지고 이에 상응하여 괴로움이 커진다.

앞에 언급했듯이 열등감의 비교 대상은 곧 사라질 물질적 속성이라는 것이다. 그러므로 영원하고 신성한 영적 존재로 자신을 자각한다면 집착할 것이 없다. 집착에서 벗어나면 열등감에서 생기는 마음의 고통은 사라진다.

열등감이 클수록 심리적 긴장은 커진다. 자신감이 부족하면 방어적이 되고 불필요하게 긴장하기 때문이다. 심리적 긴장에 대하여 자기분석을 해보면 원인은 많겠지만 타인에 대한 과도한 의식, 즉 남에게 내가 어떻게 보일 것인지에 대한 자의식이 주원인이다. 타인에게 비추어지는 자신의 모습이 좀 더 근사했으면 하는 명예욕이 내재하고 있다. 이런 생각 때문에 행동은 부자유스러워지고 방어적이 되고 그러면서 긴장이 일어난다.

　물론 보호본능 차원에서 일어나는 자연스러운 긴장은 생존에 유효한 수단이지만(물리적 위협과 관련되는 위급상황에서 긴장은 필요한 도구) 사회적 동물인 인간에게 살아가면서 일어나는 심리적 긴장은 여러모로 불편을 야기하고 심하면 질병의 원인이 되고 사회생활을 방해한다. 열등감이든 긴장이든 이것이 비교에서 나오는 명예감정에 대한 집착임을 안다면 이러한 의미 없는 집착을 버리고 내면의 신성을 자각하는 것이 바로 탈출구임을 알게 된다.

　서울에 도착하여 우리는 병원 영안실로 향했다. 도착하니 애도 화환이 길게 늘어서 있었고 사람들로 북적거렸다. 죽고 난 후 애도화환이 많이 들어오고 조문객이 많을수록 상주는 자랑스러워한다. 그래서 만사 제쳐두고 부지런히 친지, 친구, 이웃, 동창회, 계원 등의 경조사에 참석하여 얼굴 도장을 찍는다. 우리 사회에서 경조사 챙기는 일은 생존에 필수적인 것처럼 보인다. 체면 문화의 부작용이다.

　회사생활 3년차 시절에 담당 중역의 부모가 사망한 일이 있었다. 그날로 모든 부원은 3일간 조를 짜서 밤샘하며 상가를 지키며 온갖 허드렛일을 하였다. 잘 사는 집이라 정원에는 조화로 가득 찼고 문상객으로 넓은 집이 넘쳐났다. 부원들은 손님 안내에서 신발 정리까지 생전 한번도 본 적이 없는 사람의 장례를 위하여 3일을 소비했다. 회사 일은 미루어지고 부서장들도 3일 내내 상갓집에 살다시피 하였다.

　상사가 어려운 일을 당했으므로 도와주려는 생각이 아주 조금은 있었겠지만 내 눈에는 상사 눈도장 찍으려는 모습으로 비쳐졌다. 낭비되는 시간, 넘쳐나는 조화, 생판 한번도 본 적이 없는 사람 장례가 무엇 중요한지 불만과 분노가 마음에 들끓었다. 담당 과장은 상사 경조사를 잘 챙겨 고속 승진하였다고 전해지는 사람이었다.

　그 사건 이후 우연히 누가 쓴 시인지도 모르는 '고독에 부치는 노래'

라는 시를 보고는 아주 마음에 드는 내용이라 책상 앞에 붙여두고 암기
할 정도가 되었다.

욕망과 관심을 아껴 약간의
세습된 토지에 만족하는 사람은 행복하여라.
고향 땅 공기를 즐겨 숨쉬며
자기 땅을 지키는구나.
자기 젖소에서 우유를, 자기 땅에서 빵을,
자기 양떼에서 옷감을 얻는 사람은 행복하여라.
자기네 나무에서 여름철 그늘을 얻고
겨울철 땔감을 얻는구나.

조용히 흐르는 세월을
무심히 지켜보는 사람은 복되어라.
육신이 건강하고 마음은 평화로우니
낮으로 한가롭기만 하다.

밤이면 깊은 잠, 학습과 안락이 함께 하니,
즐거운 휴양이 되네.
그리고 티없는 마음이 가장 즐기는 것은
깊은 명상에 잠기는 일.

아무도 모르게, 눈에 띄지 않게 살게 해주오.
아무도 슬퍼하는 이 없이 죽게 해주오.
남 몰래 이 세상 떠나고자 하니 내 무덤에
비석일랑 세우지 마오.

(7)

상주에게 조문하고 학성은 친구 부인과 별도로 말을 나누었다. 유학시절 친하게 알고 지내던 사람이라 부인이 학성에게 연락을 한 것이었다. 작년 여름에 부부는 태백에서 학성과 휴가를 보냈다고 했다. 사인은 심장마비였다며 부인은 눈물을 훔쳤다.

식사를 하자니 친척으로 보이는 사람들이 가문 이야기를 하고 있었다. 모처럼 만났는지 한 노인은 앞에 앉아있는 젊은이에게 족보를 언급하며 가문내력에 열변을 토하고 있었다. 그들을 보니 국립중앙도서관 족보실에서 족보를 복사하며 자기 조상은 신라사람 누구고 중시조가 누구고 고려와 조선조를 통하여 과거급제자가 누구며 이런 이야기를 하던 사람들이 생각났다.

언젠가 우리나라 족보의 70~80%는 거짓이라는 기사를 본 적이 있었다. 조선 말엽 돈을 주고 양반이 될 수 있었던 신분변화의 시기에 많은 상민 출신들이 돈을 주고 양반가문에 족보를 올렸다는 것이다. 실제로 조선조에 양반만이 족보를 가지고 있었는데 그 당시 양반의 인구는 전체인구의 20%로 되지 않았다 한다.

그런데 오늘날 우리나라 족보를 보면 조상 거의가 양반으로 기록되어 있으니 인구 대다수를 차지하던 상민의 후손들은 어디에 있단 말인가? 더 올라가면 후삼국시대와 고려시대 초까지도 왕족이나 소수 귀족을 제외하고는 대부분의 백성들은 성이 없었다. 그러면 그 시대의 백성들은 후손을 남기지 못하고 멸종하고 다만 왕족이나 귀족만이 후손을 남겨 오늘날까지 이어진다는 뜻인지. 신뢰할 수 없는 것이 족보인데 우리 한국인은 족보에 미련이 많다. 일반 만남이나 결혼 조건에서 본관을 묻는데 참 가소로운 일이다.

내일 경기도 안성에 소재한 장지에 가기 위하여 우리는 주변 여관에 숙소를 정하였다. 방을 들어서더니 학성은 작은 성수 병을 꺼내서는 방 구석구석 성수를 뿌렸다. 많은 사람이 사용해온 방이라 잡다한 진동이 방안에 배여 있어 향수를 뿌려 진동을 중화하려는 목적이었다. 향이 있으면 향을 태워도 부정적 진동에 효과적이라고 하였다.

편안 옷으로 갈아입고 학성은 죽은 친구의 영혼을 바르게 안내한다며 명상을 시작했다. 처음 들어보는 진언(만트라)을 천천히 소리내기 시작했으며 1시간 정도 계속되었다.

그날 밤 내가 들은 것은 중음계 혹은 티베트에서 바르도계라고 알려진 죽은 후 다시 태어나기 전까지 가는 세계에 대한 정보였다. 티베트 라마승이 영혼 천도를 위하여 의식을 진행하는 과정을 담은 <죽음의 서>라는 책을 읽은 적이 있었다. 관심 있어서 읽어 본 책이지만 기억에 남아있는 것은 혼이 바르도계를 거치는 동안 밝은 빛을 따라가도록 안내하는 내용이었다.

학성은 의식이 낮은 일반인들을 위한 바르도 의식과 비밀가르침을 이해하는 사람들을 위한 바르도 의식이 다르다며 지금 자신이 한 의식은 직접 바르도계에 있는 친구 영혼과 동조하여 그 세계가 환영임을 알도록 하는 것이라 하였다. 내용을 요약하면 이러했다.

바르도 기간은 3일이지만 그 계에서의 시간은 물질시간과 달라서 마치 꿈속 짧은 순간에 수년의 세월을 꿈꾸듯 한없이 긴 시간을 보내는 것이 가능하다. 평소 지옥의 개념을 믿어왔고 자신이 많은 잘못을 저질렀다고 생각하는 사람이 바르도에 가게 되면 지옥을 경험하게 된다. 그 상태에서 시간이 길게 느껴져도 물질시간은 3일에 불과하다.

49계의 단계는 사람들이 가지고 있는 개념이 실제로 존재하는 것처럼 보이는 환영의 세계이다. 천국, 지옥, 불의 세계, 물의 세계, 신의 세계, 빛의 세계, 상상의 세계, 지혜의 세계, 분노의 세계 등 인간이 가지고 있는 그러나 극복해야할 그릇된 개념이 실재처럼 펼쳐진다.

죽어서 가는 것이 원칙이지만 살아서도 어떤 조건 하에 이 세계로 갈 수 있으며 간혹 천국을 보거나 이상한 경험을 하고 돌아왔다고 하는 경우는 거의 전부 자신의 잠재된 생각이 현실처럼 나타나는 바르도 계에 갔다 온 것이다. 자신의 영적 경험을 책으로 써서 유명한 스웨덴 보르그의 경우가 그 예이다.
　바르도가 환상임을 직시하는 순간 바르도는 사라지고 우리는 그 너머 영적 세계와 만나게 되는데 그렇지 못하면 윤회의 수레바퀴에 매여 탄생, 죽음, 바르도, 탄생을 반복한다. 이것이 삶과 죽음의 수레바퀴이며 이것 너머로 가는 것이 우리의 목적이다.
　죽는 순간 충격으로 꿈처럼 흐릿한 의식을 가지고 바르도로 들어가므로 이를 방지하기 위해서는 평소에 바르도 49계 속성을 잘 숙지하여야 한다. 그리고 바르도를 통과할 때는 그것이 환영임을 직시할 수 있는 깨어있는 의식이 필요하다. 꿈속에서 자신이 꿈을 꾸고 있음을 모른다면 바르도계에서도 자신이 바르도계에 있음을 모른다. 꿈에서 깨어나기까지 꿈인 줄 모르듯 바르도에서 다시 태어날 때까지 바르도에서 일어나는 일이 실재처럼 보인다.
　지옥을 경험하는 사람은 지옥의 고통을 맛보며 천국을 경험하는 사람은 천국을 맛본다. 그러나 이것 전부 환영이라는 사실을 모르는 한 윤회는 계속된다. 즉 인간에게는 깨달음을 위한 두 가지 방법이 주어지는데 물질계에 살아가면서 깨닫는 것과 바르도계에서 환영을 직시하여 깨닫는 것이 그것이다.
　그러나 바르도에서의 각성은 더 어렵고 힘들다. 왜냐하면 살아있으면서도 이 세상의 본질에 대하여 자각하지 못하는데 꿈처럼 몽롱한 바르도 상태에서 깨닫기는 쉽지 않기 때문이다. 그러나 환영임을 자각하는 순간 환영은 물러나고 참된 세계를 보게 된다.
　방금 한 행법은 바르도계에 오래 남아있을수록 기억이 사라지므로 안내를 통하여 바르도 단계를 빠르게 지나가도록하여 좀 더 기억을 가지고 태어나게 한다. 임종 전에 필요한 정보를 주는 것이 중요하다. 사후 경험하게 될 세계에 대하여 미리 안다면 좀 더 수월하게 통과할 수 있고 영적으로 준비되었다면 깨어있는 상태로 죽음을 맞이하고 바르도를 통과할 수 있다. 그래서 바르도는 참으로 중요하다.

인간은 이 삶과 죽음의 수레바퀴에 구속되어 돌고 돈다. 죽은 후 귀신이 되어 구천을 떠도는 경우는 없다. 심령현상에 관심 있는 많은 사람들이 보게 되는 세계는 엘리멘탈의 장난이거나 아니면 살아서도 갈 수 있는 바르도 상태(계)를 보고 와서 하는 말이다. 참된 길을 가는 자는 이런 것에 관심 기울이지 말아야하며 자신의 참된 자아 말고는 모든 것은 변화하고 사라질 영속성이 없는 환영임을 직시해야 한다.

그날 밤 나는 꿈속에 꿈을 지켜보려는 시도를 하였다. 아침에 일어나니 무리하였는지 눈이 무겁고 머리가 개운치 않았다. 꿈속에 깨어있기 위해서는 좀 더 수련과 노력이 필요하였다.

학성의 친구 장지는 조상들이 묻혀있는 고향 산이었다. 앞은 남쪽으로 멀리 강물이 흐르고 좌우로 산이 둘러싸고 있으며 뒤편은 산의 줄기가 내려와서 넓고 평평한 지세를 형성하였다. 한눈에도 위치는 좋았다. 명문가였는지 주변에 상석과 비석이 세워져있는 묘지가 여러 개 보였고 묘지는 아주 잘 관리되고 있었다. 지관이 나침반과 책을 들고 구덩이 속의 관이 놓일 위치를 잡고 있었다.

우리는 좀 떨어진 나무 옆에 앉아서 지켜보기로 하였다. 관 위에 흙이 덮이자 인부들은 흙을 다지면서 좋은 모양을 내기 위하여 이리저리 삽질을 하고 있었다. 아무런 느낌도, 설사 저기에 내 피붙이가 묻힌다 해도 별다른 느낌은 없을 것 같았다. 저 시체는 이미 주인 떠난 빈집, 마치 매미 애벌레의 껍데기와 무엇 다를 것이 있으랴 생각했다.

신문에 가끔 보이는 가진 자들이나 힘 있는 자들이 묘지를 이장한다거나 크게 증축하는 기사를 볼 때마다 미래를 위하여 그런 돈을 젊은 세대에게 투자하지 못하고 죽은 자들에게 돈을 처박는 문화를 지도층이 조장하고 있음에 분개하곤 했다. 어찌 보면 참으로 어리석은 짓거리다. 묘지가 크고 보기 좋아야하고 남이 보기에도 좋아야 한다는 사고, 거기에다 후손들에게 복을 보장한다는 명당을 찾아 국토를 파헤치는 지배층이나 가진 자들의 의식을 생각하면 지금 한국에 일어나는 여러 병리현상이 이해가 되었다.
　학성도 같은 생각이었다. 가장 좋은 장례방법은 화장이라고 하였다. 그 이유에 대해서는 바르도와 관련하여 설명했다. 평소에 삶과 육체에 대한 집착이 아주 강하였던 사람들은 바르도 3일간 계속 육체를 보게 되는 바르도계로 가게 되는데 이러한 경우 자신이 죽었음을 확실하게 알려주는 방법이 육체가 불타 없어지는 화장이라 했다. 영혼이 이것을 보게 되면 집착이 사라지고 편안하게 바르도를 통과한다고 했다.
　화장이 필요한 또 다른 이유로 살아있는 사람이 죽은 사람에 대한 애착으로 자꾸 기억하면 다른 장소에 태어난 혼이 그 상념에 영향을 받게 되어 현실에 빨리 뿌리를 내리지 못할 수 있고 영적 진화에 방해가 된다는 것이었다. 사라 없어질 육체라면 썩어 없어지기보다는 화장이 좋지 않느냐고 말하였다.
　한국인 의식에서 조상이 차지하는 비중이 크다 보니 조상을 팔아먹고 사는 각종 사업이 번창하는데 종교단체도 마찬가지 같았다. 언젠가 집으로 향하는데 도를 아느냐며 접근하는 두 청년이 있었다. 장시간 설교가 싫어 무시하고 걸어가려니까 얼굴에 우환이 있어 보인다며 조상신을 모시지 않아 그러니 한번 이야기하자며 달라붙었다. 상당히 불쾌한 접근이었다. 한국인의 약점인 즉 조상에 대한 것이면 당장 관심을 가지는 한국인의 약한 심리를 이용하여 대화를 시도하는 동기가 이미 도를 하는 사람이 아니라 사이비 종교인이었다. 그전에 유사한 일을 친척이

당하였는데 조상을 위하여 제를 지내야 한다는 말에 상당한 돈을 헌납한 사실이 있어 더욱 그들의 접근 방식에 화가 났다. 학성에게 재미삼아 그 이야기를 했더니 그 문제점을 지적하여 덧붙였다.

"이성이 아닌 인간의 감정이나 약점을 자극하여 사람들을 끌어 모으는 종교단체가 한국에서 성행하고 있어. 의식수준이 낮은 대중들은 감정을 자극하는 교묘한 화술에 쉽게 이끌리고 그럴수록 더욱 종교 산업은 번창하고. 그것이 우리의 현실이야. 작은 종교집단만 그런 것이 아니라 신도를 모으기 위하여 기성 종교에서도 감정을 자극하는 일이 다반사야. 종교단체가 큰 건물 짓고 돈 펑펑 쓰는 것은 바로 신도들의 감정을 자극하여 끄집어낸 돈이라고."

"감정을 자극한다고 했는데 구체적으로 말한다면 어떤 경우이지?"

"사후의 복을 위하여, 좋은 세상에 가기 위해, 조상신을 잘 모시기 위해, 혹은 신에게 잘 보이기 위해, 현실의 복을 얻기 위해, 자기 단체에 헌금하라고 은근히 부추기는 종교단체는 전부 그러한 예에 속한다고 봐. 인간 심리를 이용하여 자신들의 부를 축적하는 사람들이 얼마나 많은데. 대중의 감정을 교묘하게 이용해 번영해온 종교는 우리 의식이 성장할수록 생존 터전을 잃게 될 수밖에 없는 운명이야."

우리는 사회개혁을 위하여 의식혁명이 필요함에 공감하였다. 그러나 정치가나 행정가도 아니면서 사회제도나 국민의식을 개선할 수 있을지는 의문이 갔다. 영적 각성과 사회개혁을 생각하니 정치가가 영적 자질을 갖추는 것이 바람직해 보였다.

"아주 힘 있는 정치가가 이런 사회개혁 마인드를 가지고 일을 추진한다면 얼마나 좋을까?"

"내가 너에게 건네준 <유토피아론>을 읽어 봤지. 사회문제도 같은 차원으로 생각하면 돼. 의식이 변하면 사회구조도 변화하고 사회구조가 변하면 우리 의식도 변하는 연쇄반응을 야기하지. 한번 바르게 나아가기 시작하면 그 흐름은 힘을 받아 점점 빨라지게 되고, 작은 것에서 시작하지만 그것이 종국에는 거대한 변화를 일으키게 되지.

　현명한 사람이 나라를 다스리는 것이 물질적인 욕망에 사로잡힌 정치인들이 나라를 다스리는 것보다는 나을 거야. 문제는 현명한 자를 찾아내는 문제와 그리고 국민 의식이 그들을 받아들일 정도로 성숙하느냐가 문제지. 아직도 지연, 학연, 혈연, 종교에 좌우되는 유권자들이니 말이지. 우리 의식이 성숙되고 진리가 꽃필 때 그때 지도자는 미륵이고 예수가 아니겠어.”

　　그 정도는 바라지도 않지만 최소한 국민의식이 성숙되어 더 이상 지역감정이나 종교 감정에 의하여 지도자를 뽑는 우를 범하지 않았으면 했다.

　“우리가 사람 마음을 읽을 수 있다면 얼마나 좋겠어. 그러면 선거에서도 고민할 필요가 없겠는데. 지역성을 부추기는 정치인들의 속내도 알 수 있으니 말이야.”

　“한국의 아주 시급한 문제 중의 하나가 지역갈등이야. 이러한 지역적 갈등이 심각하다는 것은 이기심과 편협성이 강하다는 것이지. 앞에서도 말했지만 이런 의식으로 어떻게 세계 주역이 된다 말할 수 있는지. 미국이나 유럽에서는 인종차별이 심각한 문제지만 이것은 지역주의를 넘어선 다음에 직면할 문제라고 생각해. 같은 민족 간에도 차별과 갈등이 있는데, 만약 다른 인종이 한국 국민으로서 같이 살아간다면 그 갈등은 훨씬 심각하겠지.

　지역성을 이용하는 정치인이나 이용당하는 국민이나 똑같이 비난받아야 할 일이야. 지역갈등을 신라와 백제까지 거슬러 올라가 찾으려는 사람들이 있는데 그것은 사실이 아닌 것 같아. 삼국통일 후 토착민을 다른 지역으로 이주시키고 반대로 다른 지역 사람을 정복지로 이주시키는 정책을 취하여 어느 정도 신라, 백제라는 소속감은 사라졌다고 봐. 만약 감정이 그때 시작하였다면 왜 고구려계통과 신라계통의 지역감정은 없었지?

통일신라나 고려시대 그리고 조선시대는 철저히 지배자와 피지배자로 이루어진 사회구조였어. 신분 간 갈등은 있었겠지만 서민들에게 지역감정이 있었을까. 평생 자기가 태어난 고을 한번 벗어나지 못할 서민들이 도(道)라는 거대한 행정구역 간의 지역적 차이나 갈등을 경험할 기회는 없었을 거야. 지금과는 달리 지역 간 교통도 나빴고 여행도 일반화되지 않은 실정에서 지역주의는 아마도 고을의 소지역주의 정도나 되었을까.

오히려 계급 간의 갈등이 더 큰 문제였겠지. 동학혁명을 봐도 최제우 선생은 경주사람이지만 가장 활발하게 일어난 지역은 전라도 지역이잖아. 조선후기만 해도 지역주의는 지금처럼 실체를 드러내지 않았다고 봐. 지금 우리가 경험하는 지역주의는 상당부문 1960년대 이후 공화당 정권의 작품으로 봐야해. 항상 오해는 의외로 사소한 것에서 시작되지. 정권 차원에서 지역감정을 이용한 것이 가장 중요한 원인이 아닐까 생각해."

그의 말에 공감이 갔다. 말로는 민족과 국익을 말하고 뒤로는 개인 욕심 채우는데 바쁜 우리 정치인들. 권력을 위해서는 무엇이든 할 것 같은 사람들. 구한말 이완용이 자신의 사리사욕을 위해 나라를 팔아넘겼듯이 오늘날 정치인들도 만약 그러한 순간에 처한다면 국가와 민족을 배반하지 싶었다.

(8)

서울에 온 김에 북한산에 가보기로 하였다. 평일이고 겨울이라 등산객으로 붐비지는 않았다. 정릉에서 출발하여 일선사에 도착하니 옅은 안개가 일선사를 신비롭게 감싸고 있었다. 안개 사이로 산봉우리, 서울 도심과 한강이 흐릿하게 보였다. 학창시절 한 달에 한번 정도는 학성과 북한산을 올랐는데 사회생활을 하고는 자주 찾아오지 못하였다. 일선사는 여전히 변함없어 보였다. 그런데 경내에 현상금 광고가 눈에 띄었다. 내용은 북한산 여러 사찰에 방화가 있었고 일선사에서도 최근 방화 시도가 있었다며 범인으로 보이는 사람의 인상착의를 적은 글이었다. 우리는 법당에 들려 삼배하고 자동판매기에서 커피를 뽑아 마셨다. 땀이 식으면서 추워지기 시작했는데 뜨거운 커피가 몸을 덥혀주었다.

"언젠가 신문에 봤더니 누군가 북한산에 있는 불상에 십자가를 칠하고 여러 불상을 훼손하였다고 기사화되었더군. 아마 기독교 광신도들 행태겠지."

나는 몇 개월 전 일어난 뉴스거리를 끄집어냈다.

"그렇겠지. 최근에는 초등학교 단군상을 우상이라고 그 머리를 자른다고 하더군. 그들 훼손 행위를 찾아보면 엄청나게 많아. 여러 절이 불타고 불상이 파괴된 예는 수도 없이 많아. 그런데 경찰서는 정신병자 소행으로 간주하여 형법을 적용하지 않고 정신치료나 훈방하는 실정이야. 확신범이지만 정신이상이라니 벌을 줄 수가 없다는 거지. 성경에 우상을 숭배하지 말라고 나와 있는데 그들은 그것을 지킨다고 생각하는 거지.

신문에 난 기사를 봤는데 경찰서 구내에 전경이나 경찰의 종교 활동을 돕기 위한 성당, 교회, 법당이 있는데 한 지방 경찰서에 기독교 신자들이 몰려가서 경찰서 구내의 법당 안에 있는 불상을 철거하라는 데모를 벌렸다군. 우상이라는 거지. 재미있는 것은 자신들의 교회에는 십자가를 설치하면서 타종교의 경배물은 우상으로 폄하한다는 거야. 자신들이 하는 것은 모두가 신의 뜻이고 다른 종교는 그 반대로 생각하는 거지.

종교 이기주의의 한 모습인데 문제는 자신들이 믿는 하나님과 인도의 브라만, 이슬람의 알라, 그리고 우리 조상들이 믿어온 천지신명, 기타 세상에 존재하는 여러 신을 자신들과는 다른 신으로 생각한다는 거야. 절대자는 하나밖에 없고 지역에 따라 그리고 의식수준에 따라 다양한 이름으로 존재하는 건데 말이야. 구약성서의 유대인들이 생각했던 신의 모습과 신약성서에 나오는 신의 모습은 다른 모습으로 나타나지. 그 시대를 살았던 사람들의 의식이 반영된 거야. 우리에게 신의 이미지는 인간 수만큼 존재하지. 그런데 너는 부처님에게 절할 때 어떤 마음으로 절을 하니?"

그는 갑자기 절하는 것에 대해 나의 생각을 물어봤다.

"절을 하게 되면 겸손해지고 아울러 '나도 당신처럼 깨달은 자가 되겠습니다.'라고 내 자신을 일깨우고 붓다를 존경하는 마음이지, 불상 그 자체야 아무 것도 아니잖아."

"너처럼 그런 마음가짐을 가지고 절을 하는 것을 우상숭배라고 하면서 자신들 마음속에 가지고 있는 신의 이미지에 대한 절대적 맹종을 믿음이고 신앙이라고 하지. 오히려 그들이 보이지 않는 우상을 숭배하는 것이니 계율을 어겼다고 봐야하지 않나 모르겠어. 인간은 자기의식 수준에 따라 판단하고 행동하니 문제야. 보이는 우상이야 부서버리면 되겠지만 마음속에 존재하는 우상은 무슨 수로 파괴하지.

그리고 불교의 일부 신도들도 문제야. 불상을 신처럼 믿고 스스로 자신의 불성을 발견하려고 하지 않고 부처님에게 복을 비는 형태로 불교를 알고 있으니 말이야. 게다가 일부 승려들은 시도 때도 없이 세계 최대니 하면서 불상을 만드는데, 신도들이 피땀 흘려 번 돈을 그렇게 써야 하는지. 주변을 보면 꼭 돈을 사용할 그늘진 곳이 얼마나 많아.

어떤 절에는 무속과 결합하여 부적이나 팔고 점쳐주고 하니 부처님이 보시면 얼마나 한심하겠어. 어떤 승려들은 정치에 관심 있는지 자신의 본분을 잊고 정치적으로 민감한 주제에 대하여 함부로 말을 하고, 자신의 감정도 추스르지 못하면서 만행을 한다고 승려의 신분을 망각하고 세속적 욕망을 채우는 자들도 있고, 아무에게나 하대하고 수도자 신분을 직업으로 생각하는 승려도 있고, 참으로 요지경 속의 종교계야. 부처님이 말세에 도적이 가사를 입고 부처님 말씀을 판다더니 지금이 그런 시대가 아닌가 싶어."

"그래도 불교는 배타성이 없고 포용적인 면에서는 기독교에 비할 바가 아니라 생각해."

"물론이지. 그래서 그나마 중동처럼 종교로 인한 분쟁이 덜한 거지. 만약 불교도 기독교처럼 배타성을 띠었다면 여러 번 종교전쟁이 일어났을 거다. 기독교 교리의 중심이 되는 신약 복음서가 예수님 가르침의 전부라고 생각하면 오산이야. 아울러 현재의 성경 가르침이 순수한 형태로 왜곡 없이 전해져 왔는가도 의문이고. 현재 성경에 실려 있는 복음서를 공인한 것은 로마 황제였지 예수님은 아니잖아. 왜 다른 여러 복음서가 이단으로 사라지고 현재의 복음서만이 정통으로 인정되었느냐는 그 당시 시대적 배경을 살펴보면 알 수 있어.

4세기까지는 예수님의 신비 가르침들이 살아있었는데 콘스탄틴 황제가 정치적 목적으로 가톨릭을 설립하고는 예수님의 비밀가르침을 파괴하기 시작한 거야. 대중의 통제를 위해서 그들의 이성을 자극하는 가르침 대신 감정적, 맹목적 신앙이 필요했지. 그래서 정치적 목적에 적합한 복음서는 살리고 신비적이고 이성을 강조하는 복음서는 이단으로 파괴했어. 결국 수많은 영지주의 복음서가 파괴되어 사라져갔지.

영지주의 복음서에는 윤회도 나오고 동양의 사상과 일치하는 내용이 많아. 맹목적인 신앙이 아니라 영지를 통한 신과의 합일을 주장했으니 이 세계의 유일한 대변자로서의 황제의 위치가 도전받게 되어서 없애버린 거야. 오늘날 서양의 성경연구가들은 최근에 발견된 사해문서라든가 나그함마디 문서에서 영지주의 내용을 찾아내고 있어.

그래서 성경은 하느님의 말씀이므로 자구 한 자도 고쳐서는 안 된다고 주장하는 사람들을 보면 답답해. 일례로 영어 신약성서 판이 여러 권 있고 원전을 옮기는 과정에서 단어가 다르고 문장도 약간 다르게 번역되어 있지. 우리나라 성경도 어디에서 발간했느냐에 따라 단어나 문장이 다르고. 그리고 성경이 처음 기록된 후 필사되는 과정에서 필요에 따라 내용이 삽입되거나 빠지고 했어. 불경도 후대에 제자들에 의해 여러 내용이 추가되었다고 알려졌고. '달을 가리키는데 달은 안보고 손가락을 보는 것'이 우리지 싶어. 어차피 언어는 표현의 한계가 있어서 언어로는 진리를 다 표현할 수 없어. 말 속에 진리를 찾아 실행하면 되는데 단어에 구속되니 문제야.

종교 교리에는 훌륭한 도덕적 규범으로 많아. 일반 대중은 이런 도덕적 규범에 따라 삶을 바르게 살려고 노력하고. 그런 점에서 종교가 어느 정도 역할을 해왔다고 생각해. 그러나 일반 대중에게 주어진 도덕적 규범과는 차원이 다른 비밀가르침은 준비된 소수의 사람들에게만 전해졌지."

나는 성경의 내용은 하느님의 말씀이므로 무조건 믿고 따라야 한다는 논리에 거부감을 가지고 있었다. 이전부터 기독교 신자와 논리와 이성으로는 도저히 이해할 수 없는 성경구절을 두고 논쟁하곤 했었다. 논쟁 속에 그들이 마지막으로 의존하는 답변은 신의 뜻을 피조물인 우리가 알 수가 없다는 것이었다. 모든 것을 이성과 논리로 해결할 수는 없지만 우리가 가지고 있는 이성이나 식별력을 가지고 많은 것을 알 수 있다고 생각하였다. 인간에게 주어진 이성의 힘을 종교 문제에 있어서는 자제해야 한다는 그들의 논리를 이해할 수 가 없었다. 인간의 이성이 접근할 수 없는 영역도 있으나 우리 의식수준이 할 수 있는 만큼은 해야 한다고 생각했다.

우리는 절 뒤로 나있는 길을 통하여 북한산 산행을 계속했다. 능선을 타고 오르니 갈림길이 나왔는데 오른편은 대동문이나 동장대를 거쳐 우이동으로 가는 길이고 왼편은 평창동으로 이어지는 길이었다. 왼편을 택하였다. 20대 초반에 가끔 걸었던 길이었다. 40대에 들어서 중년의 나이로 길을 걷자니 감회가 새로웠다. 예전에는 세속적 성공을 꿈꾸었다면 이제는 영적 성공을 꿈꾸리라 생각했다. 세상은 성공을 돈과 지위로 판단하지만 진정한 인생의 성공은 영적 수준이리라. 드러난 외형적 결과만 가지고 사람을 판단하는 우리의 가치체계가 변화되지 않으면 우리 사회는 과시주의, 간판주의로 병들고 사람들은 괴로워하리라, 그런 생각이 들었다.

"사람들이 가지고 있는 세속적 가치 판단기준이 참으로 우스꽝스럽다는 생각이 들었어. 재산이나 지위가 성공의 기준이 되니 사람들은 평생 사회가 제시하는 성공을 위하여 고군분투하고. 그런데 그렇게 에너지와 시간을 투자하여 얻은 지위나 재산이 행복을 보장하지 않으니 말이야. 남들이 앞을 향하여 달려가니 모두가 덩달아 뛰어가는 모습 같아. 난 이제는 누가 뭐라도 그런 세속적 판단에 마음 흔들리지 않을 거다."

조금은 감상적인 내 말을 듣더니 학성이가 말을 받았다.

"2차 세계대전 때 히틀러는 독일국민을 게르만민족의 우월성을 내세워 집단최면에 빠트려서 인류가 감히 생각도 못한 만행을 저질렀어. 그런데 전쟁 중에 나치가 수백만의 유대인을 학살하는 동안 독일인들은 이를 묵인하였어. 가치체계가 정상적이지 못하였다는 것이지.

지금 우리의 가치체계는 천박한 물질주의에 근거하여 출세지상주의로 흐르고 있어. 자녀 교육의 목적이 세속적 성공에 모아지고, 등수나 점수로 사람을 판단하고, 적성에 관계없이 간판만 보고 명문대에 진학하려하고, 수단 방법을 가리지 않고 재산 축적에 인생을 걸고. 이 모두가 잘못 설정된 우리의 가치체계 때문이야.

머리가 좋고 나쁨을 아이큐로 표시하는데 요즈음은 아이큐에 대한 신뢰도가 많이 떨어졌지. 대신 인간의 능력을 측정하는 여러 가지 방법이 사용되고 있는데 요즈음 가장 각광받는 것이 감성지수를 측정하는 EQ야. 이것은 어느 정도 IQ의 단점을 보완해주는 기능을 하고 있는 것 같더군. 어쩌면 감성지수가 더 중요할 수도 있지. 대인관계에서 남을 배려하고 이해하는 감성능력이 암기력, 연상능력, 산수능력을 측정하는 IQ보다는 중요할 수도 있다고 생각해.

아이큐가 높고 학력이 높은 사람이 인간성도 좋은 것은 아니잖아. 남을 배려하고 이해하는 능력이 떨어지는 되먹지 못한 사람들이 얼마나 많아. 아이큐와 비례하여 감성도 비례한다면 얼마나 좋겠냐만 그렇지 못한 것 같아. 겸손하지 못하고 남을 업신여기고 능력과 관계없이 학벌 하나로 평생을 먹고 살아가는 사람들이 얼마나 많아.

그러나 우리가 놓치고 있는 것은 영적 지수(SQ)야. 영어로 Spiritual Quotient로 표시되는데 우리가 최종적으로 의존해야 할 가치기준이라고 생각해. 우리의 목적은 깨달음이고 그러려면 영적 지수를 발달시켜야 해. 구체적 내용과 방법은 바로 우리가 이야기 해온 비밀 가르침이야. 이러한 영적 가르침을 산수, 국어 배우듯이 학교 정규 과정에서 배울 수 있어야 해, 그리고 학교교육 이외에도 가정에서도 부모들이 자녀들의 영성 개발에 최선을 다하는 그런 사회를 만드는 것이 너나 내가 해야 할 일이야.

유토피아는 바로 이러한 영적 지수가 생활화되고 모두가 이것을 가치기준으로 삼아 매진할 때 지상에 나타날 수 있어. IQ사회에서 EQ사회로 그리고 마지막으로 SQ사회로 진전되는 것이 인류 역사의 흐름이며 그럴 때 우리사회는 형제애와 사랑과 신성으로 가득 찬 지상낙원이 되지 않겠어. 물론 영적능력을 수치화시킨다는 것은 우스운 일이지. 초점이 물질에서 영성으로 바뀌어야 한다는 뜻이야."

'영적 지수'라 나는 너무도 멋진 용어에 가슴이 설레었다. 거짓이 없고 서로 깨달음을 위해 도와주고 이끌어 주는 사회. 사회의 가치기준이 개인의 영적 각성인 사회. 너무 근사한 사회가 아닌가. 이러한 사회에서는 기존의 가치기준인 재산, 직위는 중요한 것이 아닐 것이며 불필요한 소모적인 경쟁도 사라질 것이다. 사람들은 영적 각성에 도움이 되는 직업과 직위를 선택할 것이며 재산은 목적이 아니라 박애를 위한 수단이 될 것이었다.

평창동 출입구를 나와 우리는 부자들이 산다는 평창동 거리를 걸었다. 높은 담장, 아름다운 정원과 대리석으로 치장된 집들이 산자락을 끼고 웅장하게 들어서있었다. 저들 중에 몇 사람이 공정한 게임으로 부를 축적했을까 생각해 보았다. 자본주의 사회에서 빈부의 격차는 당연한 일이지만 천민자본주의 냄새가 물씬 풍기는 것이 우리 한국의 현주소가 아닐까 생각했다.

도로에 3살 정도 보이는 귀여운 여자애가 아장거리며 우리 앞으로 다가왔다. 뒤에는 엄마로 보이는 여자가 웃으며 조심스럽게 지켜보고 있었다. 걸어가는 모습이 참으로 귀여워서 한참 발걸음을 멈추고 지켜보았다. 학성도 귀여운 듯 환하게 미소 지으며 바라보았다. 해맑은 어린아이의 모습에 불현듯 '이번 생에 자식 인연이 있을까' 그런 생각이 떠올랐다.

"귀엽네. 그런데 자식이 있었으면 그런 생각했지."

학성의 말에 내 마음을 읽은 것 같아 조금은 멋쩍었다. 예쁜 아이들을 볼 때마다 그런 생각이 드는 것은 사실이었다. 일찍 결혼한 고등학교 친구들은 중학교에 다니는 아이들까지 있었다. 의식을 안 하려해도 친구들 만나 자식 얘기가 나오면 부담스러웠다. 그들 삶이 자식을 위하여 존재하는 것처럼 보일 때도 있었다.

그런 점에서 자식이 없는 편이 좋을 수도 있다고 생각을 하곤 했다. 그러나 노인들을 보면 나도 늙겠지 하는 생각과 피붙이 하나 없이 노년을 혼자 보낸다는 것이 쓸쓸하고 두렵겠다는 생각도 들곤 했다. 그런 면에서 학성과 만남은 나의 생각을 새롭게 정리할 수 있는 기회였다. 그가 자식에 대하여 어떤 생각을 가지고 있는지 궁금했다.

"아이 보면 귀엽지. 솔직히 너도 자식에 대해 생각해 보지 않았다면 거짓말이겠고."

"귀엽지. 그 감정은 사용하기에 따라 삶에 활력소가 되기도 하고 더러는 인생을 파탄으로 몰고 가기도 해. 귀엽다고 소유하려고 한다면 그때 소유하려는 집착 때문에 처음에 가졌던 귀여움 감정은 사라져버려. 감정을 객관적으로 보고 그 순간 즐기면 되는데 거기에 개인적인 욕망이 개입되면 감정의 노예가 되어버려. 자기 자식이 귀여우면 남의 자식도 귀여워해야 하는데 사람들은 남의 아이들을 경쟁이나 비교대상으로 생각하니까 시기하고 질투하는 감정이 생겨나고.

자식에 대한 한국 부모들의 태도가 문제야. 자식을 하나의 인격체로 존중하고 특성을 살려 자신의 삶을 살아가도록 하게 하는 것이 아니라 부모나 가문의 명예를 위하여 자식을 이용한다는 것이지. 심지어 부모가 자식의 진로를 결정하고 이끌어나간다는 것이야. 자식을 소유하려는 경향이 우리에게는 아주 강해. 부모의 역할은 자식이 성년이 될 때까지 안내자로 보호해주는 일이야.

우리가 잘 알고 있는 '예언자'를 쓴 명상가 칼릴 지브란이 이런 말을 했지.

자식은 부모의 자식 아니라 자신들의 삶을 갈망하는 혼들이다. 그들이 부모를 통하여 왔지만 부모에게서 온 것은 아니며 부모와 함께 있어도 소유물이 아니다. 부모는 자식에게 사랑을 줄 수는 있지만 자신들의 생각을 줄 수는 없다. 자식들은 자기 나름의 생각을 가지고 있기 때문이다. 부모는 자식을 위해 주거를 제공할 수는 있으나 그들 혼에게는 그리할 수 없다. 자식의 혼은 미래에 머물기 때문이다. 부모는 자녀처럼 되려고 노력할 수는 있지만 자식을 자신처럼 만들려고 하면 안 된다. 왜냐하면 그들 삶은 뒤로 가지 않고 부모와 함께 머물지 않기 때문이다.

한국의 부모들이 한 번쯤 음미해볼 문구 같아. 요즘 이민 가는 사람들이 많은데 그 첫째 이유가 자녀 교육 문제더군. 능력이 되면 선진국의 좋은 환경에서 공부시키는 것은 좋다고 생각해. 그런데 그 발상이 조금 이해가 되지 않아. 부모의 인생은 자녀가 보상해 주지 않는다고. 자녀가 잘되면 심리적, 경제적으로 보상은 되겠지만 부모가 희생한 세월이나 노력은 어디에서 보상받느냐 하는 거야.

난 이민의 첫째 목적이 자녀보다는 부모들의 나은 삶을 위하여 가야 한다고 생각해. 비록 이번 삶에서 인연이 되어 자식으로 태어났지만 그들 나름대로 인생이 있고, 부모는 이 삶에서 이루어야 할 목적이 있어서 태어난 것이니 자식의 출세가 부모 삶의 목적이 되어서는 안 돼. 자식의 성공이 부모에게 영적 각성이나 깨달음을 가져다주는 것은 아니잖아.

우리가 태어난 것은 자신의 부정적 속성을 극복하고 원래의 신의 자녀로 돌아가는 것이므로 그것이 가장 큰 삶의 목적이 되어야한다고. 흔히 부모의 자식 사랑은 무조건적이라고 하는데 그건 굉장한 오해야. 이 세상에 무조건적인 사랑이 가능하다고 생각하니. 그것은 맹목적인 사랑으로 표현해야 맞을 거야.

부모가 자식에게 아무것도 기대함이 없이 일방적으로 사랑을 베푸는 것처럼 보이는 경우도 있지. 그런데 그런 사랑은 사람들이 자신의 육체와 재산 그리고 명예에 집착하듯 그렇게 자기 자식을 자신과 동일시하여 생겨나는 일이야. 우리 자신에 대한 애착심을 생각하면 자식을 자신의 분신처럼 생각하는 사람에게 무조건적인 사랑이 어느 정도 가능하겠지.

그런데 그러한 무조건적인 사랑이 우리가 추구해야하는 사랑이냐는 것이야. 우리가 추구하는 것은 누구에게나 형제애를 보여주는 절대적 사랑, 보편적 사랑이야. 그런 점에서 우리가 자랑하는 자식에 대한 무조건적인 사랑을 바람직한 것만으로 볼 수는 없어.

부모는 자식의 후견인으로 길 안내자로서의 역할을 해야 하고 의식 수준이 높으면 자식의 영적 발전을 위한 스승의 역할을 해야 한다고 생각해. 영적 지수를 높이기 위하여 부모 자신도 마음 공부해야 하고 바른 삶을 보여 주어야 해.

우리사회가 영적으로 성숙한 사회가 되려면 TV 교육방송처럼 영적 각성 프로그램이 생겨나야 해. 그리고 정규학교 교과 과정에 명상과 오컬트 과목이 포함되어야 하고. 물론 가정교육도 영적 각성에 맞추어져야겠지. 지금 우리 의식이 이런 수준에 이르지 못하였지만 언젠가 이루어질 일이야. 그때에 가서 지금 시대를 돌이켜 본다면 우리가 중세시대의 암울한 사회상을 보고 실소하는 것처럼 한심하게 바라보겠지.

　난 어린아이들을 보면 그들의 혼을 보지 육체의 나이를 보지는 않아. 이전 삶에서 우리의 조상일 수 있었고 더 먼 옛날에는 친구나 이웃일 수 있었던 아이들이지. 넓은 눈으로 보면 이 세상에 내 자식, 내 집, 내 땅 등 내 것이란 없는 거야."

　열린 눈을 가진 사람들에게는 몰라도 그렇지 못한 사람들에게는 받아들이기 어려운 내용 같았다.

　"이해는 가지만 실현 가능한 일일까? 내 말은, 너의 취지는 좋지만 그것이 수용되기에는 좀 더 많은 시간이 필요하지 않을까 생각하는데."

　"일리가 있는 말이야. 그런데 이런 말이 있지 '만약 모든 사람이 같은 시간에 1분간이라도 절대적 평화를 생각한다면 이 세계는 그 순간 그렇게 변화될 수 있다.' 옛날 캄보디아에서 일어난 일인데, 한 도시에 거주하던 수백만 명이 어느 한순간에 사라지는 일이 벌어졌지. 사람으로 분비던 거대한 도시가 순식간에 인적 하나 없는 도시로 바뀌었는데 거기에 대해서는 아직도 세계의 불가사리로 남아 있어. 학자들은 자연재해, 역병, 침략 등 여러 가설을 주장하고 있지.

　비밀 전승에 따르면 그 도시에 살고 있었던 사람들은 수준이 상당히 높았던 사람들인데 어느 시점에서 그들 의식이 서로 간에 높게 동조되어 의식적 상승이 일어났고 이 물질세계를 극복할 정도로 모두의 의식이 앙양되었어. 그래서 한순간에 이 세계에서 상위 세계로 올라가 버렸다고 하지.

　우리 의식이 지금은 부정적이지만 점차적으로 의식이 정화되고 그러다 어느 순간에 긍정적 의식이 부정적 의식보다 강해지면 그 흐름에 힘을 받아 빠른 속도로 의식의 진화가 일어날 수 있어. 그래서 아주 힘들어 보여도 생각하기에 따라 쉬울 수 있어. 가장 큰 장애는 스스로 할 수 없다는 한계를 설정하는 일이야. 할 수 있다는 생각은 모든 장애를 이겨 낼 수 있는 힘이야. 내가 처음 너를 만나 물어본 것이 무엇인지 생각나니? 내가 너 삶의 목적이 무엇이냐고 물어봤지. 그때 우리가 한 이야기가 생각나?"

내가 태백에 머문 지 얼마 후에 학성은 인생목표가 무엇인지 물었다. 사회생활을 하면서도 늘 떠나지 않았던 단어는 '깨달음'이었다. 현실이 괴롭고 힘들었어도 언젠가는 이런 생활을 청산하고 시골이나 깊은 산골에서 도를 닦겠다는 생각은 살아 있었고 평소에도 틈틈이 책방에 들려 정신세계와 관련되는 책을 읽어왔다.

그러나 깨달음은 나와는 멀리 떨어진 소수의 특별한 사람만이 이룰 수 있는 일로 생각해 온 것도 사실이었다. 그래서 학성 질문에 당대에 깨달음을 얻겠다는 말을 하기에는 내 자신이 부끄러워 열심히 수련하면 다음 생에는 각성을 이루지 못하겠는가라고 말하였다.

그 말을 하고 내 딴에는 너무 내 자신을 과대평가하지 않았을까 걱정스럽게 그를 쳐다봤는데 의외로 그는 나를 힐난하고 나섰다. 구도자의 길을 걷는 사람의 꿈이 그렇게 소극적이어서 어떻게 하겠냐고 말하였다. 1,000미터 산을 목적으로 산을 오르는 사람은 자신의 능력이 그 이상이라도 스스로 자신이 설정한 목적에 따라 계획을 세우고 힘을 분배할 것이므로 그 높이만큼 오를 수밖에 없다. 그러나 2,000미터 산을 오르겠다고 목표를 잡고 산을 오르는 사람은 능력이 부족하더라도 생각은 늘 그 목적에 있으므로 자연스럽게 삶이 그 목적을 향하여 움직이므로 산 정상에 오를 가능성이 크다. 그래서 최고의 영적 목적을 세워야 한다. 스스로 설정하는 자기 한계만큼 큰 장애물은 없다. 높이 나는 새가 멀리 보듯이 목적을 크게 세울 것을 권하였었다.

"듣고 보니 네 말이 맞는 것 같다. 자기 한정만큼 어리석은 일은 없을 거야."

우리는 서로 마주보며 웃으며 길을 재촉했다. 삶의 무게에 눌려 이리저리 치이고 괴로워하며 살아가야했던 날들이 이제는 아주 먼 기억 속으로 사라질 만큼 행복하였고 발걸음은 가벼웠다. 세상이 만들어 놓은 삶의 틀에서 벗어나면서 성공경쟁에서 낙오되어 영원히 버림받을 것 같은 압박감이 있었다. 나는 그 압박감에서 벗어난 기분이었다. 중대한 인생 목적이 나의 도전을 기다리고 있고 옆에는 친구 학성이 있었다.

평창동에서 버스를 타고 광화문에 내렸다. 모처럼 광화문의 한 책방에 들렀다. 정신세계와 관련한 책들이 참으로 많았다. 우리는 대충 책을 훑어보고 옆에 나열되어 있는 명상도구를 살펴봤다. 피라미드 모형이 눈에 띠었고 수정도 보였으며 명상으로 인도하는 뇌 주파수 도구도 있었다.

과거에는 생각도 할 수 없었던 명상도구들이 상품화되어 나오기 시작한 것은 그리 오래되지는 않았다. 피라미드 모형이 가장 먼저 상품화되어 나왔고 그 이후 여러 다양한 명상도구들이 쏟아져 나왔다. 인류에게 도움이 되는 일인지 아닌지 그것이 늘 궁금하였다. 명상도구가 돈 벌기 위한 수단으로 상품화된 것은 시장경쟁에서 너무나 당연한 추세겠지만 상업화에 치중하여 효과가 과잉 선전되고 있는 것은 아닌가하고 생각했다.

우리는 발길을 조계사로 돌렸다. 우중충한 미국영사관 앞을 지나려니 미국이라는 단어에서 여러 상념이 떠올랐다. 오만한 국가, 최대강대국, 주한미군, 성조기, 열등감, 북한군대, 일본, 중국, 부시 등, 짧은 시간동안 여러 잡다한 이미지가 지나갔다. 해방이후 한국인에게는 없어서는 안 될 나라가 되어 버린 미국. 나에게 있어 미국은 일부 운동권처럼 증오도 그렇다고 친미주의자들처럼 미국을 짝사랑하는 것도 아닌 아주 복합적인 감정의 대상이었다. 이런 감정은 평균 한국인에게 공통적인 것 같았다.

미국 비자문제로 반미주의자가 되어버린 동네친구 인수가 생각났다. 비자 받기 위하여 요구되는 서류며 비용까지 지불했는데 비자 인터뷰에서 미국 체류가능성이 있다고 거부를 당하고는 분노를 표시했었다.

"미국은 우리에게 필요한 나라지만 너무 오만하고, 모든 것을 자국 위주로 생각하고, 패권주의 경향을 보이고 있는 것 같아. 난 여기를 지날 때면 여러 감정이 복합적으로 일어나."

영사관 옆을 지나치면서 나는 그의 반응을 물어봤다. 그는 아무 말도 없이 조계사를 향하여 걷기만 하였다. 나도 차들이 분주히 오가는 시끄러운 도로에서 대화하기를 멈추고 잠자코 따라 걸었다. 우리는 조계사가 운영하는 찻집에 들어가 자리를 잡고 앉았다. 녹차를 앞에 두고 대화를 시작했다.

"아까 미국에 대한 내 생각을 물어봤지. 우리가 알아야 할 것은 우리가 미국보다 국력이 약하고 국민 의식수준도 그들보다 높다고 볼 수 없다는 거야. 지금 미국이 세계 경찰국가 노릇을 하고 있다고 봐야하는데, 만약 우리나라가 현재 초강대국의 입장에 있다면 미국만큼 경찰 노릇을 할 수 있겠느냐 하는 거야. 그렇다고 속 좁은 일본이 세계 경찰 일을 할 수 있겠어, 아니면 무질서한 러시아나 후진국 중국이 하겠어. 흡족하지는 않지만 그나마 미국이라는 나라가 어쩔 수 없이 차선책으로 필요하다는 생각이야.

경찰의 역할이 왜 필요하냐고 의문을 제기할 수 있겠지만 세계 현실은 그렇지 않아. 만약 아프리카 인종 분규를 스스로 해결하라고 그냥 방치한다면 엄청난 학살이 일어날 가능성이 커. 한국전쟁에서 남북분쟁은 한국문제이므로 알아서 하라면서 미군이나 UN이 개입하지 않았다면 지금 우리가 누리는 자유를 어디에서 찾을 수 있겠어.

통일 지상주의자들은 민족을 자유보다 우위에 두고 민족통일이면 모든 것이 해결될 것 같이 말하지만 민족은 소중하지만 자유와는 바꿀 수 없는 거야. 인간답게 사는 것이 우리 살아가는 목적 아니겠어. 그런데 그러한 삶이 보장되지 않은 사회에서 민족이 무슨 소용이 있겠느냐 말이야.

언젠가 말했지만 민족은 사라질 개념이야. 물론 중화민족주의나 일본 국가이기주의가 한반도를 위협하는 정세를 고려하면 우리에게 당분간 민족이라는 방패가 필요하지. 중국과 일본 사이에서 살아남기 위해서는 강한 나라가 되어야 하고 그러기 위해서는 남북한 통일이 필요하다는 것은 누구나 공감하는 일이야. 통일의 반대가 아니라 방법이나 시기가 문제라는 거지. 감정적으로 민족이라는 말에 자유를 저당 잡히지 말아야 해. 통일은 필요하지만 냉정하고 신중해야 한다는 것이지."

초점을 어디에 두느냐에 따라 견해는 아주 다를 수 있다. 민족통일을 지상과제로 삼고 있는 사람들에게 학성이의 이야기는 반민족 반통일적으로 보일 수도 있다. 그러나 자유를 민족에 저당 잡히는 위험스러운 곡예는 피해야 할 것 같았다. 삼국시대에 신라가 민족통일을 이루었을 때는 지금의 남북한보다 이데올로기 차원에서는 오히려 동질성이 더 있지 않았을까 그런 생각이 들었다.

우리의 대화는 자연스럽게 얼마 전에 일어난 조계사 폭력사건으로 흘러갔고 자연스럽게 비판적 의견이 나왔다. 잿밥 싸움에 병든 한국불교, 세속적 욕망을 버리고 도를 닦겠다는 승려들이 세속적 지위와 권력을 탐하여 서로 싸우고 고소하는 현실, 시중잡배처럼 몽둥이와 쇠파이프를 들고 서로 치고받는 승려들, 정치권에서는 내심 쾌재를 부르고 다른 종교인들은 노골적으로 비웃고 국민은 한심하고 그런 것이 불교 폭력사태이다. 돈과 권력이 승려를 유혹하고 거기에 정치까지 유혹하니 속세에서 이루지 못한 명예와 부귀를 출가하여 누리고자 한다.

문제는 잿밥에 눈이 어두운 일부 승려들의 탐욕이다. 신도들이 피땀 흘려 벌어서 기부한 시줏돈이 그 값어치만큼 사용되는지 모르겠다. 수련하여 성불하라고 시주하면 생사를 걸고 용맹 정진하여 도를 깨쳐 중생을 구제할 생각은 하지 않고 일반인들이나 추구하는 세속적 욕망을 다하려 드니 문제다. 신도에 대해 겸손하지 못하고 함부로 하대하고, 도가 높을수록 겸손해지는 것이 정상인데 알량한 지식을 내세워 세상을 혼란스럽게 한다.

  부처님의 가르침이 참선만이 아닐진대 다른 불교 가르침은 홀대하고 무시하며 오직 선만이 최고의 길이라며 다른 가르침에 문을 닫는 승려들도 있고 깨달음에 남녀가 다르지 않은데 비구니를 우습게 여기는 비구도 있다. 그런 모습을 보면 어디에 도가 머무는지 한심하다. 우리의 이야기는 대략 이러한 내용으로 흘러갔다.

(9)

  우리는 태백으로 돌아가는 길에 평창에 들르기로 했다. 학성과 알고 지내는 사람이 그곳에서 농사를 짓고 있었다. 우리는 원주를 지나 영동고속도로를 타고 달리다 평창으로 빠져나갔다. 한산하게 보이는 평창 시내를 지나 20분을 달리니 골짜기가 나타났다. 골짜기로 들어서 한참 올라가니 산 중턱에 집이 나타나고 주변에는 밭이 널려있었다. 고랭지 배추를 재배하는 밭이라고 학성이가 말하였다.

  사전에 방문이 예고되어 있었는지 부부가 차 소리를 듣고 나와서 반갑게 우리를 맞이해주었다. 집이 남향이라 늦은 저녁 햇살이 아늑하게 비치고 있었고 우리가 올라온 골짜기 언덕길이 나무숲에 싸여 아스라이 어둠 속으로 나있었다. 그들 부부와 간단히 인사를 하고 우리는 방으로 안내되었다. 황토로 지은 집 내부는 시골 집 치고는 단정하게 정리가 되어있었다.

  그날 저녁 우리는 식사를 하고 이것저것 이야기를 나누었다. 남자는 30대 후반, 부인은 30대 중반으로 보였다. 젊어서부터 도를 닦겠다고 정신세계 여러 스승을 만나고 인도도 순례하였다고 했다. 5년 전에 학성을 만나게 되면서 더 이상의 방황이 필요 없게 되었다고 했다. 부인도

인도라는 나라를 동경하여 나갔다가 남편을 만나게 되어 같이 살게 되었다고 했다.
 학성을 만나게 된 인연은 책을 통하여서였다했다. 여러 명상법과 스승들의 가르침을 공부하면서도 안정을 못 찾고 계속 무엇인가를 찾아야 한다는 강박감으로 떠돌아다녔는데 인도 순례에 대한 비판적 글을 읽고 공감되는 것이 있어 연락을 하였고 지금까지 인연을 유지하게 되었다고 했다. 나는 궁금하여 어떤 내용의 글이었는지 물어보았는데 그들이 기억하는 내용은 이러했다.

〈인도순례의 허상〉

 인도순례가 구도의 길에 필수 코스처럼 되어가고 있고 일반인들도 한국에서 얻지 못할 그 무엇인가를 얻기 위해 여행을 한다. 어떤 사람들은 주기적으로 인도 여행을 하여 삶의 변화를 추구한다. 방문객들은 인도인의 문화와 삶에서 배운 것이 많다고 한다. 대체적으로 배운 것을 나열하면 공통적인 것이 욕심을 부리지 않고 현실에 순종하며 살아가는 인도인의 삶, 그리고 기차나 버스 출발시간이 지켜지지 않아도 몇 시간이고 불평함이 없이 견디는 사람들, 순하게 보이는 큰 눈, 위대한 요가 스승 등이다.
 여행을 통하여 배우는 것은 당연하고 무엇을 배우냐가 중요한데 인도에서 고생하며 배우는 것이 인도인의 순박한 삶, 욕심 없는 삶이라고 한다면 거기에는 문제가 있다. 인도인이 현실에 욕심 없이 순종하며 살아가는 것은 욕심이 없어서가 아니라 삶을 포기한 결과이다.
 철저한 카스트 제도 하에서 한 번 결정된 신분은 바꿀 수 없다. 신분제도와 현실에 순응하여 살면 다음 생에서는 더 나은 삶이 보장된다는 믿음으로 어려운 현실을 살아간다. 카르마를 체념적으로 받아들이고 잘 살려는 노력도 영적인 발전을 이루려는 시도도 하지 않는다. 가진 것이 있을 때 버리는 것은 대단한 것이나 버릴 것이 없는 자에게는 그 기회조차 주어지지 않는다. 욕심 없이 현실에 만족하여 살아가는 그들의 삶이 희망이 없는 이유이다. 이러한 삶은 진실로 욕심을 버리고 살아가는 삶과는 구별되어야한다.

과학의 발전이 영적인 발전과 비례하는 것은 아니 듯이 가난한 삶이 영적인 삶을 의미하는 것은 아니다. 카르마라는 개념이 인도인에게 잘못 사용되고 있다. 과거 자신이 만든 원인의 결과를 만나는 것이 카르마이며 만나게 되는 카르마를 어떤 식으로 대처하느냐에 따라 새로운 원인을 만든다. 미래는 지금 우리하기에 달려있다. 그러므로 카르마는 체념적으로 살라는 것이 아니다.

그들은 시간관념이 없어 기차나 버스 시간을 지키지 않는다. 거기에 대하여 짜증을 내지 않고 잘 살아가는 것이 신기하게 보일 수도 있고 우리에게는 여유 있는 삶을 살아가는 것처럼 보일 수도 있다. 우리처럼 시간에 매여 조금의 약속시간 위반에도 견디지 못하는 습성과는 비교되어 보이는 모양이다.

인도인이 시간에 구속됨이 없이 살아가는 것은 영적인 여유라기보다는 후진문화가 그렇게 만든 것이다. 후진국일수록 시간관념이 부족하다. 영적인 발전에 중요한 것이 남을 배려하는 자세이다. 남은 어떻게 되든 자신 편한대로 행동하는 일은 영적으로 진화되지 않은 모습이다.

여유란 책임을 다하고 남을 배려하는 마음속에 존재하는 것이지 무지 속에 드러나는 무질서는 여유처럼 보이지만 무책임이며 혼란이다. 남의 물건을 훔치는 사람이나 시간을 훔치는 사람 모두 도둑이다.

영적인 각성이 있기 위해서는 먼저 알아야 한다. 무지는 각성에 가장 큰 장애물이다. 붓다는 무지로 집착이 생기고 고통이 생긴다고 하였다. 고의 종말과 깨달음을 위한 방법으로 8정도를 제시하였으며 그중 첫째가 정견 즉 바른 이해이다. 이것이 바로 될 때 바른 생각이 나오고 바른 말이 나온다. 영지주의도 영지 즉 지식을 하늘나라로 돌아가는 수단으로 삼았다.

영적인 스승들이 많이 태어난 곳이라고 인도 사람들이 영적이지는 않다. 오히려 다수는 무지하다. 소수의 지배계급은 알 것은 알면서도 신분의 이익을 위하여 여전히 카스트 제도를 이용하고 유지한다. 하급계급이 체념 속에 살아가는 곳이 인도이다.

인도의 환상은 깨어져야한다. 인구과잉과 사회적 모순으로 굶어 죽는 사람이 많은 인도이다. 현대교육이 필요하고 문맹률이 낮아져야 한다. 그래서 세계의 흐름에 접하여 스스로 운명의 주인이 되어야 한다. 인도가 우리에게 영적인 환상을 주는 일은 없어야 한다. 그렇다고 인도의 위대한 스승들의 존재를 부정하는 것은 아니다.

대략 그러한 내용이었는데 그동안의 인도순례를 통하여 공감하는 것이 많아 연락을 하게 되어 인연의 줄이 이어졌다고 했다. 사내는 학성에게 많은 것을 배우고 있다며 정성껏 대접하였다. 그는 학성에게 전해 받은 수행법을 통하여 몸의 신비 채널을 개통하는 수련을 하고 있었다. 목적의 비이기성과 비밀 엄수가 학성이 수련법을 전하면서 내세운 조건이었다고 하였다.

그가 말한 수련법은 학성이 나에게 알려주지 않은 것이었다. 몇 개월을 함께 생활하면서 그가 나에게 보여준 것은 여러 신비지식과 고정 관념을 깨는 내용이었고 수련법은 호흡법과 생각 지켜보기가 전부였다. 아마 아직 준비가 되지 않았다고 생각하는 것 같았다.

내가 여러 가지 주제에 호기심이 많듯이 사내 또한 그러하였다. 사내는 저녁 늦게까지 이야기하면서 그동안 궁금하였던 내용들을 학성에게 물어보았다. 그날 화제 중의 하나가 인간복제 문제였다. 인간복제 가능성, 도덕성 문제, 영적 문제, 그리고 인간 복제를 주장하는 종교단체의 정체 등에 대하여 물어보았고 학성은 충실하게 답변을 하였다.

(인간복제)

현대과학이 인간복제를 할 만큼 발전하였다. 그리고 의도만 한다면 그리 멀지 않은 미래에 인간 복제가 가능할 수도 있다. 그러나 인간의 도덕성과 영성이 과학의 발전만큼 발전하였느냐가 문제이다. 성숙하지 못한 과학자가 이기적 목적으로 인간을 복제한다면 그것은 인류에게 재앙이 될 것이다. 인간복제가 인류사회에 어떤 변화를 가져올 것인가는 미래학자도 아직 예측 못하는 문제다.

공통적으로 인식되는 우려는 환자의 장기 공급원으로서 인간복제가 행하여질 수 있다는 것과 이럴 경우 발생하는 인간의 존엄성 문제이다. 그리고 복제된 인간의 신분도 문제이다. 자식으로 인정될 것인가 아니면 또 하나의 분신으로 간주될 것인가 하는 문제이다.

종교계 입장에서는 특히 기독교 입장에서는 복제는 신의 권위에 대한 심각한 도전으로 보고 있으며 인간 파멸의 원인이 될 수 있다고 경고한다. 그리고 대부분의 종교계에서도 인간복제에 대하여 반대한다. 우리는 여기에서 인간복제의 영적인 차원을 이해하여야 한다.

외국의 한 부호가 미래에 자신의 복제를 위하여 거금을 헌납하고 유전자를 보관시켰다는 소식도 있다. 죽은 후에도 복제를 통하여 다시 삶을 얻어 영생하겠다는 생각이다. 이것은 육체를 자신과 동일시하는데서 생기는 오해이다. 유전자는 같을 지라도 복제된 육체 속에 존재하는 혼은 다른 혼이다.

죽은 자가 복제를 통하여 다시 살 수는 없다. 그 육체에 들어오는 혼은 아마도 전생에 그런 육체를 받기에 적합한 원인과 결과를 설정한 혼이며 인격적으로 전혀 다른 존재이다. 영생을 위하여 인간 복제를 원한다면 쓸데없는 일이다. 다른 혼이 들어와 살게 되면 복제인간은 외형적으로도 서서히 변화되어갈 것이다.

육체와 혼을 별개로 다루고 윤회를 인정하는 경우는 굳이 복제가 필요하지 않을 것이다. 죽은 후 혼은 인연에 따라 새로운 육체에 환생하는 것이 되니 기억의 문제이지 영생은 하는 셈이다. 물론 깨달아 다시 이 세계로 돌아오지 않는다면 윤회의 수레바퀴에서 벗어나는 것이 된다.

그런데 기독교 입장에서는 좀 더 심각한 문제가 대두된다. 즉 태어나는 아기는 신에 의하여 혼이 새롭게 창조된다고 믿는다. 물론 성경에 나오는 이야기는 아니다. 성경은 그러한 세세한 내용을 담고 있지 않으므로 경전에 의거하여 성직자들이 생각해낸 이론이다. 윤회를 인정하지 않으므로 혼은 출생 때 창조되어야 하는 것이 기독교 논리상 맞다.

그런데 그 혼이 언제 창조되느냐 하는 문제는 또 다른 논란이 된다. 출생할 때인지 아니면 임신할 때인지 여부가 그것이다. 성경에는 그런 규정이 없으니 교부들이 규정해야 하는 문제인데 낙태와 연관되어 법리상 중요한 일이다. 어찌하든 신만이 인간을 창조하는 것으로 알고 있는데 과학이 인간을 복제하겠다는 발상은 기독교의 권위와 존재를 뒤흔드는 중요한 사건인 것이다.

여기에 최근 한 종교단체가 인간복제를 하겠다고 나섰는데 이것은 아주 미묘한 파장을 일으키고 있다. 왜냐하면 이들 단체는 인간을 우주인이 창조한 피조물로 보고 심지어 과거 살았던 세계 성인들도 지금 자신들의 별에서 유전자로 복제되어 살고 있다고 주장하기 때문이다. 철저히 혼의 존재를 부정하는 과학 만능 이론을 가지고 있는 이들은 인간복제를 자기들 논리를 위하여 적극적 옹호하는 입장이다. 그러므로 아마도 이 단체에서 먼저 복제인간이 태어날 가능성도 있다. 이 단체도 앞에서 언급한 유전자가 같으면 동일한 사람으로 계속 영생할 수 있다는 허구에 빠져있다.

그리고 UFO와 관련된 정보가 광범위하게 퍼지고 있는데 이들의 정체가 무엇인지 생각해볼 문제이다. 단순히 과학문명이 고도로 발전한 외계인이 지구를 찾아와서 영적인 메시지를 전하는 것이라고 생각한다면 문제이다. 채널링을 통하여 들은 우주인 메시지를 전하는 사람들이 있고 심지어 우주인을 만나서 전해들은 가르침을 전파하기 위하여 종교단체를 만드는 사람도 있다.

위대한 스승님들은 특별한 경우를 제외하고는 목소리만으로 메시지를 전하는 분들이 아니다. 오랜 옛날부터 지구에 계시면서 인류의 영적 각성을 이끌어 오신 위대한 스승들이 계신다. 그분들은 지구 백색형제단을 형성하여 인류의 각성을 돕고 있으며 비밀 가르침은 그분들에 의하여 지켜지고 보존되어왔다.

영적 존재라고 칭하는 채널링 배후의 존재, 우주인 그리고 여러 영성 단체들에 대하여 우리는 분별력을 가지고 지켜보아야 한다. 인간의 영적 진화를 방해하고 인간이 영원히 물질 혼란 속에 있기를 원하는 악의 존재들이 이 우주에는 존재하고 있다. 교묘하고 영리하여 인간의 마음을 꿰뚫어보는 능력이 있으며 진리인 것 같으나 종국에는 우리를 부정으로 몰고 간다.

그들의 가르침이 진리처럼 보인다고 하는데 인간의 관심을 끌고 인간을 속이려면 당연한 것이다. 악의 세력이 노골적으로 파괴와 증오 그리고 혼란을 내세울 만큼 미련하지는 않기 때문이다. 인간의 수준이 올라간 만큼 그 수준에 적합한 내용이 교묘하게 말해지는 것이다.

UFO 단체 치고 사랑, 평화, 정의를 말하지 않는 단체가 어디 있는가. 그런 말을 하지 않으면 인간이 처음부터 따르지 않을 것이니 진리처럼 보이는 내용을 미끼처럼 보여주는 것이며 그것으로 인간들을 불러 모아 바른 길로 가지 못하게 한다. 그러면 진리와 거짓을 어떻게 구별하는가? 이성과 식별력이다.

인간 복제와 관련한 질문에 대한 답이었다. 덩달아 나도 아주 소중한 정보를 얻은 것이다. 내가 여기서 의문을 가진 것은 이전에 채널링에 관한 이야기에서 그들의 정체가 주로 엘리멘탈이라는 말은 들었는데 그러면 실제로 나타나는 UFO의 정체는 무엇인지 의문스러웠다. 그래서 내가 "UFO의 정체는 무엇이지. 혹시 엘리멘탈의 장난인가?" 라고 물어보왔더니 잠시 머뭇거리더니 이런 말을 했다.

"미확인 비행물체는 원통 형태(시가 모양), 피라미드 형태, 그리고 많이 목격되는 접시 형태(원반형)가 있어. 문제가 되는 것은 원반형 비행접시야. 거기에 타고 있는 존재는 엘리멘탈은 아니고 인류를 어둠과 혼란으로 몰고 가려는 악의 집단이지. 설명하자면 먼 지구의 역사부터 이야기를 해야겠는데 나중에 하자고."

그러면서 더 이상 말하려 하지 않았다.

4장 인연

(1)

　태백에 돌아온 후 어느 날 학성은 일이 있다고 행선지를 말하지도 않고 태백을 떠났다. 혹시 일이 있으면 전자메일로 연락하라며 내 전자메일 주소를 묻고는 자신의 전자메일 주소를 남겼다. 이번 겨울은 자신이 준 수련법을 실습하면서 지내라 하였다.
　그가 떠나고 나의 일상은 적막하기 그지없었다. 겨울 산은 바람과 눈의 반복이었다. 눈이 많은 고장이라 어떤 날은 눈 치우느라고 여러 시간을 보내기도 하였다. 겨울에는 이곳까지 들어오는 사람이 별로 없어 나는 하루 종일 말 한마디 없이 지냈다.
　일주일을 사람 구경 못하고 말 한마디 못하니 혹시 이러다 입이 굳어져 버리는 것이 아니지 고민 아닌 고민을 하기도 했다. 학성이 있을 때는 못 느꼈던 외로움과 적막감이 가슴을 짓눌렀다. 아무도 없는 곳에서 수련을 하면 잘될 것 같았었는데 마음은 게을러지고 수련은 뜻대로 되지 않았다. 옆에서 길을 가게끔 채찍질해주는 도반이 있었으면 했다.
　하루는 무료함을 달래려고 시내에 나가 영화 한 편을 보려고 길을 나섰다. 차를 두고 걸어서 시내까지 나갔다. 아무도 밟지 않은 눈길을 걸으며 주변의 아름다운 자연을 감상하니 마음은 어느새 소년시절로 돌아감을 느꼈다. 밟고 지나온 눈길을 보니 나의 과거도 이 공간에 진동으로 남아있으려니 하는 생각이 들었다. 눈앞에 펼쳐 보이는 공간에 과거와 다른 차원의 세계가 서로 다른 진동으로 존재한다고 생각하니 무한히 작은 것은 무한히 큰 것이라는 형이상학의 명제가 어느 정도 이해가 되는 것도 같았다.

공상과학 영화처럼 타임머신을 타고 과거로 돌아가는 것이 가능한지 학성에게 물어본 적이 있었다. 육체를 가지고 과거로 갈 수는 없지만 우리 의식은 과거 공간으로 갈 수는 있다 했다. 이 공간에 과거가 존재하고 있지만 다른 진동으로 존재하고 있어 우리가 느끼지 못한다고 했다.

의식의 진동을 낮추어 과거 영상이 기록되어 있는 공간으로 가면 과거영상을 영화 보듯이 볼 수가 있다고 하였다. 과거를 변화시킬 수는 없지만 과거를 다시 지켜봄으로써 실수가 무엇이었으며 영적인 발전을 위해 무엇을 해야 하는지를 알 수 있으므로 도움이 되는 경험이라고 하였다.

우리의 모든 생각과 행동이 입자로 방출되어 우주공간에 영상 이미지로 남아 있으며 이것이 아카식 레코드라고 하였다. 이곳에는 수많은 생의 기록뿐만 아니라 우주에 일어났던 모든 일들이 필름처럼 기록되어 남아있어서 우리가 감출 수 있는 것은 아무것도 없다고 했다. 물질 삶에서 일시적으로 거짓이나 속임수가 통하겠지만 결국 부처님 손바닥 안이라며 작은 행동에도 주의해야 한다고 했다.

시내에 도착하자 난 먼저 피시방을 들어갔다. 내려오면서 곰곰이 생각했던 삶의 의문점을 질문하기 위하여 학성에게 이메일을 보내기로 결심했다. 물론 그가 받아볼 수 있는 환경에 있는지 모르지만 그가 문제가 있으면 이메일로 연락하라고 했으므로 한 번 해보기로 했다.

 학성에게

네가 떠난 지도 10일이 되었다. 하루하루가 고독과의 싸움 같다. 네가 준 수행법은 매일 하고 있다. 이제는 수련을 하고나면 머리가 개운하고 에너지의 흐름이 머리로 흐르는 것을 느낀다. 머리를 통하여 시원한 바람이 흐르는 것 같고 호흡은 아주 느려지고 생각은 저만큼 떨어져 나를 방해하지 않는다. 그러다 내면의 자아를 감지한다.

　오늘은 기분 전환으로 시내에 내려와 피시방에 들렀다. 아무도 밟지 않은 눈길을 걷는 기분이 좋았다. 지나온 발자국을 바라보며 어쩌면 나는 네가 밟고 지나간 발자국을 따라 눈길을 헤치며 나아가고 있지 않나 생각했다. 길을 걸으며 시간에 대해 생각을 해봤다. 이전에 네가 말한 설명이 이해가 될 것 같으면서도 명확히 이해가 되지 않는 것은 아직도 한정된 물질개념으로 이해할 수밖에 없는 나의 의식의 한계라고 봐야겠지.

　운명에 대하여 생각을 해보았다. 서양의 점성술, 사주, 운명예측, 등이 우리에게 긍정적으로 작동하는지 피해야 할 것인지 궁금하다. 운명예측이 가능한지 의문스럽기도 하다. 그리고 최근에 전생보기가 유행인데 너의 생각은 어떤지도 알고 싶다. 그동안 너에게 배운 가르침이 나의 지혜를 증진시키고 짧은 시간이지만 한정된 의식이 점차 확장되고 있음을 느낀다. 먹구름 속에서 푸른 하늘을 보지 못하다 이제는 푸른 하늘이 원래의 하늘임을 알게 되는 것 같다.

　가는 길은 멀고 언젠가는 목적지에 도달하겠지. 그 길을 너와 함께 간다는 것이 든든하고 마음 편안하다. 말은 하지 않았지만 내가 얼마나 너에게 감사하는 마음을 가지고 있는지 알고 있으리라 생각한다. 메일 받으면 연락 바란다.

'타우의 집' 거주자 환영

모처럼 작은 극장에서 영화 한 편을 보았다. 사실 별로 관심 없는 장르였다. 내가 좋아하는 분야는 코미디나 공상과학 영화였다. 멜로드라마를 싫어하는 것은 아니지만 흐름이 늦고 결과가 쉽게 예측가능하다는 점에서 오히려 순간순간 웃음을 자아내고 머리 복잡하게 하지 않는 코미디가 좋았다. 공상과학영화는 예측할 수 없는 이야기 전개와 환상적인 화면 때문에 좋아하는 분야였다.

내가 본 영화는 폭력영화였다. 갱단에 가족이 피살되고 이를 복수하는 한 가장의 영웅담이었는데 폭력 장면을 끌어내기 위한 이야기 전개가 부자연스러웠다. 강력한 폭력을 수반한 볼거리를 통하여 관중의 눈을 끌어당기려는 영화였다.

복수를 위하여 주인공이 죽인 사람이 수백 명은 되는 것 같았다. 선과 악의 전형적인 구도 하에 너무도 많은 사람들이 주인공의 영웅 만들기에 죽어 가는 것이 억지스러웠다. 복수를 위해서는 사람을 저렇게 많이 죽여도 되는지, 생명에 대한 존중은 찾아볼 수 없고 복수를 위하여 살인이 정당화되는 내용이 찜찜하였다. 폭력 영화를 보고 자란 세대는 그 폭력성을 배우게 되고 당연히 정서적으로 좋지 않다.

생각은 힘이라고 했는데 이러한 폭력적인 장면들이 뇌리에 남아 계속 마음에 떠오른다면 이 생각 진동은 외부로 나가 본인은 물론 주변사람들에게도 영향을 미칠 것이다. 그리고 사람들이 그런 폭력적 생각에 반응한다면 폭력적 생각 진동은 연쇄 반응하여 폭발적으로 퍼져나갈 것이다. 그래서 조화로운 생각을 유지하는 것이 중요하다.

나는 의도적으로 폭력적인 영상이미지 대신 평화롭고 조화로운 장면을 떠올리려고 하였다. '일념'이라는 단어가 떠올랐다. 과거 고려시대 몽골의 침략에 팔만대장경을 조성한 것도 국민의 생각을 하나로 모아 현실의 괴로움을 극복하려는 시도였다. 신성한 경전을 조판하는데 온 국민의 힘이 모아지니 자연스럽게 생각은 정화되고 이러한 정화된 생각이 온 국토를 덮게 되니 전쟁이라는 폭력적 행위가 상응하는 힘을 받지 못해 전쟁이 끝나게 된 것일 수도 있었다. 세상을 평화로운 진동으로 채워야 한다는 사명감이 마음을 짓눌렀다.

(2)

　일주일 만에 다시 시내에 나왔다. 일전에 보낸 전자메일의 답장여부를 확인하고 싶어서였다. 피시방을 들어서니 카운터의 여자가 아는 체를 하였다. 전에 한번 온 것을 기억하다니 놀라웠다.
　"어떻게 저를 기억하세요."
　그러자 20대 후반의 여자가 생글거리며 말하였다.
　"다른 손님들은 보통 게임을 하는데 손님께서는 전에 오셨을 때 늦은 속도로 열심히 타이핑을 하는 것이 눈에 띄었거든요."
　남이 기억을 해준다는 것은 특히 예쁜 여자가 나를 기억해 준다는 것은 기분 좋은 일이었다. 내가 미소를 띠며 있으려니 그녀는 재차 내게 물었다.
　"외지 분이시지요."
　내가 타지방 사람처럼 보였나 보다. 아니면 그냥 해보는 소리인지도 모를 일이었다. 나는 장난삼아 당연히 그녀가 모르겠지만 말했다.
　"타우의 집에 살아요."
　그러자 그녀는 놀라운 표정으로 나를 쳐다보았다.
　"허 선생님이 사시는 곳 말하는 거예요?"
　산골의 작은 문패를 기억하는 이 여자는 누구인지 궁금해졌다.
　"예, 그런데 어떻게 아시는지."
　내가 궁금하다는 듯이 말을 하자, 그녀 또한 궁금하다는 뜻이 나를 쳐다보았다.
　"허 선생님과는 어렸을 때부터 아는 사이죠. 좋은 분이셔요."
　그런데 어쩐지 그런 말을 하는 여자의 표정이 어두워짐을 보았다. 나는 내 소개를 하고 학성에게 전자메일을 보내기 위하여 왔다고 하였다. 그녀는 인근 중학교 국어선생이라며 방학 중이라 아버지 피시방을 돕고 있다고 했다. 내가 컴퓨터 앞으로 가려하자 그녀는 자신의 이름을 말하며 허 선생님에게 메일 보낼 때 자신의 안부를 전해달라고 하였다. 메일을 여니 반갑게도 학성에게 답장이 와있었다.

환영에게

　메일 잘 받았다. 난 지금 잘 지내고 있다. 언젠가 말했는지 모르지만 진리는 마주보고 말해지는 것이 바람직하다. 인터넷에 들어가보면 참으로 많은 정보가 우리를 기다리고 있다. 인터넷 시대라 정보 교환이 통신을 통하여 빠르게 전파되는데 장단점이 있는 것 같다.

　유익한 정보가 넘쳐나는 인터넷이라면 좋겠는데 해롭고 부정적인 내용이 만만찮게 활개를 쳐서 우려도 된다. 음란 사이트는 초등학생까지 접근가능하고 폭력사이트나 유해한 사이트도 무척 많아서 선과 악의 양날을 가진 칼 같아 보인다.

　종교나 형이상학 사이트도 많이 개설되었는데 훌륭한 사이트도 있지만 개중에는 잘못된 싸구려 내용을 올린 사이트도 많고 단편적인 지식이나 준비되지 않은 내용이 진리인 양 모습을 드러내고 있는 것도 있다. 너무도 쉽게 영적 정보를 얻게 되다 보니 사람들은 정보의 좋고 나쁨을 몰라보고 전부 같은 취급을 하려한다.

　최고의 가르침이 주어져도 그 가치를 몰라본다. 쉽게 영적 정보를 접하다보니 진리에 대한 존경심이 약해지고 진리는 누구에게나 공개적으로 그리고 공짜로 주어져야한다는 그릇된 생각을 하게 된다.

　진리는 사람을 직접 만나 그 사람 됨됨이를 보고 판단하여 가르침을 줄 것인가 아닌가를 결정해야한다. 예수님이 말씀하신 것처럼 돼지에게 진주를 던져주는 어리석음을 범하지 말아야 한다. 그런 면에서 난 모르는 사람과는 일상사는 몰라도 진리는 통신으로 주고받지 않는다. 그러나 이미 서로를 잘 알고 있는 관계이므로 네가 한 질문에 답을 할까 한다.

운명이 결정되었다면 살아갈 필요가 없겠지. 우리가 살아간다는 것은 운명을 만들어 간다는 뜻이다. 우리가 점성술이나 기타 여러 수단을 통하여 운명을 예측한다는 것은 미래에 대한 호기심과 두려움 때문인데 그 정확성은 별개로 치더라도 미리 운명을 안다는 것이 우리 인생에 도움이 되느냐 하는 것이다. 좋지 않은 미래를 들었다면 그 말에 구속되어 오히려 좋을 수 있었던 삶을 망칠 수 있는 것이고 좋은 미래를 들었다면 노력을 하지 않고 결과를 기다리는 사람이 될 수도 있으며 결정적으로 우리 인간은 부정적인 정보에 아주 민감하게 반응한다는 것이다.

99개의 좋은 점과 1개의 나쁜 점을 들었으면 1개의 나쁜 점에 의식이 집중되는 것이 인간이며 좋은 것은 쉽게 잊어버리는 것이 인간의 의식구조이다. 이런 점에서 운명예측은 부정적인 측면이 강하다.

흔히 내세우는 자신의 운명을 알면 미래를 살아가는데 도움이 된다고 하는데 좋은 말이지만 동시에 상업적인 냄새가 풍기는 말이다. 진실로 참된 구도자나 스승은 제자나 일반인의 운명에 대하여 점을 치는 경우는 없다. 일반적으로 이런 일에 종사하는 사람들 대다수는 먹고살기 위하여 직업으로 선택한 일이다.

물론 평생 공부 끝에 인간의 운명을 어느 정도 예측할 수 있는 사람이 있을지는 모르나 우주법칙을 아는 사람들은 개인의 운명을 사사로이 말하지는 않는다. 과거 원인에 상응하는 결과를 만나게 되는 것이 운명이고 현재의 대처방안에 따라 미래가 결정된다. 평소의 사고방식이 갑자기 변하지 않으므로 현재의 모습에서 미래를 어느 정도 예측할 수는 있다.

인류 역사상 가장 역동적인 삶을 사신 분이 티베트의 밀라레빠인데 이 분은 부모의 복수를 위해 수많은 사람을 흑마술로 살해한 사람이었다. 보통의 경우 엄청난 업 때문에 다음 생에서는 가장 처참한 인연을 만나게 될 운명이었지만 그 생에서 참회하고 상상을 초월하는 혹독한 수련을 통하여 당대에 최고의 경지인 3해탈에 이른 사람이다. 이렇게 의지에 따라서는 최악의 상황에서도 연꽃을 피울 수 있는 것이 인간 운명이다. 누구도 의지만 있다면 이러한 기적 같은 일을 할 수가 있다. 그때 만약 밀라레빠가 자신의 비극적 운명에 굴복하여 살았다면 윤회를 통하여 그의 생은 상상을 초월하는 고통스러운 삶이었을 것이다.

그런 면에서 운명은 있기도 하고 없기도 하다. 도로 위를 꾸준히 시속 100km로 달리는 차가 1분 후에 어디에 도착해 있을 것이란 추측이 가능하듯이 운명도 그러하다. 그러나 1분 동안 일어날 수 있는 변수가 작동하면 그 일상적인 추측은 어긋날 수도 있다. 운전사가 생각을 바꿔 갑자기 브레이크를 잡을 수도 있고 아니면 속도를 150km로 하여 달릴 수도 있다.

점성술이나 여러 운명 예측에서 말하는 것은 이러한 차원의 운명일 것이다. 사람의 성향이 이러하니 아마도 이러한 길을 걸을 것이라는 추측이다. 여기서 성향은 전생의 원인이 결과가 되어 나오는 삶의 흐름을 말하는 것이다. 그러나 이러한 성향을 추측하는 점성술이나 기타 방법이 얼마나 이러한 성향을 바로 잡아내는지는 의문이다.

태어나는 시기마다 우주에서 흘러들어오는 에너지의 성질이 다르고 이러한 에너지의 힘이 평생 그 사람의 인생 항로를 안내하는 역할을 한다. 우리 머리에는 12 황도대에 상응하는 12개의 영센터가 있다. 출생 시 특정 영센터가 상대적으로 많이 열리게 되는데 그 센터를 통하여 흐르는 에너지에 영향을 많이 받게 되어 특정한 성향을 나타나게 된다. 그러나 우리가 깨닫기 위해서는 나머지 닫혀있는 센터를 열어야 우주의 모든 에너지가 우리에게 흘러 들어와 우리는 우주와 합일을 이룰 수 있다.

이 흘러나오는 우주의 에너지는 시기에 따라 그 성질이 다르며 이것이 사람의 성향을 어느 정도 결정한다. 흔히 서양 점성술에서는 달, 태양, 수성, 금성, 화성, 목성, 토성이 인간에게 영향을 미친다고 하는데 비밀 가르침이나 티베트에서는 이런 행성이 인간에게 영향을 주지 않는다고 한다. 7행성은 상징일 뿐이며 진실은 상위의 계의 중앙 영 태양을 둘러싸고 있는 7개 영 행성을 말하는 것이다.

이 물질 우주는 거대한 수레바퀴처럼 공간을 움직이며 이 움직임 속에 물질계(우주)와 상위 존재 계 사이에 접합점이 12번 일어나는데 그때 상위 계로부터 힘이 물질우주로 흘러 들어오는 것이다. 운명예측은 긍정적인 면보다 부정적인 면이 더 크다.

그리고 전생퇴행요법 대하여 물어봤는데 전생이 있는 것은 확실하나 최면상태에서 과거로 돌아가는 전생요법을 통하여 얼마나 정확히 과거를 기억할지 의문이다. 그들이 보는 것은 대부분 잠재의식인 경우가 많고 설사 보더라도 수많은 기억들이 혼재하여 존재하는 속에서 자신의 전생인지 아니면 다른 사람의 전생인지도 구별이 어렵다. 그러나 전생에 대한 인식이 확대되어 가고 있다는 점은 다행스러운 일이다.

내가 준 수행법을 열심히 하고 있다니 기쁘다. 늘 말하지만 깨달음에 속성코스는 없다. 사람들은 내게 빠른 깨달음에 대한 질문을 많이 한다. 무엇보다 바른 가르침을 만나는 것이 가장 중요하고 강한 의지와 헌신이 필요하다. 깨달음은 신/우주의식과 합일이다. 우리가 신/근원과 분리되는 사건이 일어나지 않았다면 윤회도 깨달음도 불필요한 일이었을 것이다.

우리가 근원에서 분리된 사건은 우주창조론과도 관련이 있다. 까마득한 시절에 어떤 사건이 일어나서 에덴동산 즉 신과 합일상태에 있었던 인간에게 실락이라는 사건이 일어났다. 기독교에서는 이것을 에덴동산에서 추방으로 설명하는데 사실 구약성서의 대부분의 이야기는 상징이지 글자 그대로 읽으며 안 된다. 에덴동산이나 인간의 실락 이면에는 깊이 숨은 뜻이 있다.

유대비밀가르침인 카발라를 이해하지 않고는 구약을 이해할 수 없다. 인간의 추락은 부정에 휩싸여 자신의 신성을 바로 보지 못하게 된 사건을 의미한다. 인간이 추락하자 그 당시 추락하지 않았던 혼들이 있었는데 그들은 추락한 혼들을 원상회복시키려고 많은 방법을 동원하여 실험을 하였다. 마침내 그 방법으로 고안된 것이 윤회였으며 인간에게 죽음이 주어졌다. 그리고 윤회하는 혼을 위하여 바르도가 만들어졌다. 추락 전에는 중음계(바르도계)가 없었다. 이렇게 하여 인간은 기나긴 윤회를 통하여 자신에게 남아있는 부정을 제거할 수 있었다.

내면의 참 속성이 부정에 가려져서 우리는 물질에 집착한다. 추락하지 않았던 혼들이나 추락 후 다시 신의 경지에 도달한 혼들이 신에게 돌아가는 방법을 보여주기 위하여 물질계에 현시하였는데 예수님이나 붓다는 그러한 분들이다. 부정을 제거하는 방법으로 여러 가르침이 주어졌고 그 방법을 따라 한 수많은 혼들이 깨달음을 얻어 신과의 합일상태를 얻었다.

우리가 인식을 못하겠지만 우주에는 혼의 각성을 위하여 일하는 우주형제단이 존재하고 있으며 지구에는 그 지부로서 지구인의 각성을 위하여 일하는 백색형제단이 계신다. 우리가 깨닫게 되면 이러한 존재들과 함께 일을 하게 되며 더 나아가 우주의 형제단과도 일을 하게 된다.

그들의 임무는 모든 혼들이 잃어버렸던 신의 속성을 되찾도록 하는 일이다. 지금 이 순간도 위대한 백색형제단은 모든 수단을 다하여 우리 혼의 각성을 위하여 일하고 있다. 모든 인류가 각성을 얻도록 능력이 닿는 한 인류에게 봉사하는 것이 우리의 임무이다.

깨닫게 되면 우주차원에서 우주계획을 알게 되고 우주와 우리 존재의 의미를 알게 된다. 그래서 깨달음을 우주의식(신)과의 합일이라고 한다. 우리가 우주의식과 합일함으로써 우주계획에 참가하고 다가올 새로운 우주변화에서 역할을 하게 된다. 이런 말을 하면 조금은 놀라겠지만 우리가 존재하는 이 우주 말고도 다른 우주가 존재하고 그런 우주를 전부 포함한 더 큰 우주가 존재한다는 것이다. 물질 개념으로는 이해하기 어려운 일일 수도 있겠다.

신은 인류의 각성에 최선의 방법을 찾아왔고 그 일환으로 바르도와 윤회 그리고 죽음이 생겨났다. 그리고 많은 스승들을 내려 보내 우리에게 돌아가는 길을 보여주었다. 지금까지 주어진 방법은 우리에게 최선의 것이었다. 만약 신이 쉽게 혼들을 각성시키는 방법을 알았다면 당연히 그런 방법을 제시하였을 것이다. 오늘날 효과가 빠른 각성 법을 발견하였다고 주장하는 단체나 사람도 나타나는데 그것도 기존 방법의 일부분일 뿐이다. 새로운 것은 없다.

준비된 혼에게만 비밀 가르침이 주어지는데 그것은 준비되지 않은 혼이 진리를 이기적으로 사용하는 것을 방지하기 위해서이다. 깨달음에는 요행이 없다. 언젠가 네가 명상도구가 깨달음에 도움이 되는지 물어봤지. 너에게 과제를 주고 싶다. 거기에 대한 너의 의견을 한 번 알려주기 바란다. 그리고 질문 있으면 질문하기 바란다.

친구 학성이가

새삼 그의 자세한 답변에 감사를 느꼈다. 편지에서 그가 말한 봉사와 형제애를 느낄 수 있었다. 그의 답변을 음미하면서 그가 내게 준 과제를 한 번 멋지게 답변해야겠다는 생각으로 간단히 인사만 남기고 일어서려니 카운터의 여자가 다가와 자신의 안부 꼭 전해달라고 부탁하였다. 아마 그녀가 말하지 않았으면 잊어버렸을 것이다.

학성에게

　답장 고맙다. 늘 너에게 감사하고 있음을 알지. 네가 준 질문에 생각을 하고 이메일로 답장하겠다. 그리고 오늘 피시방에서 김선미라는 분을 만났는데 너를 잘 알고 있는 것 같더라. 안부 인사를 부탁하여 너에게 알린다.

친구 환영

　자리에서 일어나 카운터로 가니 여자가 밝게 웃으며 자리에서 일어났다. 사용료를 지불하려니 웃으며 허 선생님 친구 분에게 돈을 받을 수 없다며 손을 저었다. 금액은 얼마 되지 않지만 그냥 갈 수가 없어서 카운터에 돈을 놓고 급하게 인사하고는 문을 나섰다. 그녀는 뒤따라 나오더니 뒤에다 대고 외쳤다.
　"언제든지 마음 편히 오세요."
　나는 뒤를 돌아보고 가볍게 손을 흔들고 길로 나섰다. 찬바람이 휑하니 불었다. 무언가 아픔이 느껴지는 여자의 표정이 잊히지 않았다.

(3)

　점점 수련에 익숙해져 갔다. 생각이 끊어지고 끝없는 침묵 속으로 빨려 들어가는 나 자신을 발견하기도 하고 순간순간 일체감을 느끼기도 하였다. 그러나 문제는 호흡이었다. 일체감을 지속하려는 순간 호흡이 의식되고 그 순간 조화로운 균형이 무너지곤 했다. 호흡이 아주 길어서 호흡의 변화가 감지되지 않거나 아니면 호흡이 아주 부드러워 몰입에 방해가 되지 말아야 했다.
　그러던 어느 날 나는 평소 하지 않았던 12영센터 및 12물질센터 준비과정을 통하여 상위의 에너지를 활성화시키고 이어서 지금까지 해오던 자아에 몰입을 하였다. 놀랍게도 머리와 육체에 활성화된 에너지가 생각의 흐름을 차단하더니 마음과 몸이 조화롭게 균형이 잡히는 기분이

들었다 그러자 호흡이 아주 부드럽고 느리게 흐르기 시작했다. 그 상태에서 호흡에 방해됨이 없이 자아로의 몰입을 경험하였다.

아주 기분이 좋았다. 머리는 구멍이 난 듯 시원하였고 온몸으로 시원한 에너지가 흘러 몸이 새털처럼 가벼워짐을 느꼈다. 수련에 대한 보고와 일전에 내게 생각해보라고 한 <명상도구의 유익성 여부>에 대하여 답을 하려고 일주일 만에 시내로 나왔다. 오늘은 김선미란 여자 대신 20대 젊은이가 카운터에 앉아있었다. 전자메일을 열어 내 생각을 정리하여 글을 쓰기 시작했다.

학성에게

오늘은 아주 행복한 날이었다. 짧은 순간이나마 수련 중 전체와 하나 되는 체험을 하였다. 물론 이것이 아주 작은 첫걸음이겠지만 작은 산을 하나 올라가서 아래로 내려다보는 느낌이다. 일전에 네가 준 주제에 대하여 나름대로 생각해봤다. 생각보다는 쉽게 판단하기가 어려운 주제더라. 나의 생각은 시중에 나오는 뇌개발 장치라든가, 피라미드 같은 명상도구가 조금은 도움이 되지 않겠는가 생각해본다. 그러나 궁극적으로 영적 성장에 필요한 것은 개인의 의지이지 도구는 아니라고 본다. 위대한 스승들이나 신이 하지 못한 일을 명상도구가 하리라고는 생각하지 않으니까. 네가 이런 질문을 한 것도 명상도구의 한계에 대하여 말하려 함이 아닐까 추측해 본다. 언제 오는지 궁금하다. 전화를 주든가 아니면 메일로 연락 바란다.

메일을 보내고 나서 인터넷 서핑을 시작했다. 별로 찾고 싶은 사이트도 없고 해서 한동안 생각하다가 호기심에 김선미라는 이름을 타이핑해 보았다. 놀랍게도 홈페이지가 개설되어 있었다. 홈페이지에 들어가니 그녀의 프로필이 나오고 가족소개, 방명록, 문학, 사진 등이 있었다. 문학을 클릭하니 여러 편의 글이 떴다. 성장이란 글이 눈에 들어왔다.

성 장

하루가 1000년만큼이나 길었던 시절에,
눈을 뜨면 느려터진 시간으로 숨이 막혔고
가슴에는 피멍 같은 푸른 피가 흘렀어.

세상은 온통 회색빛,
1000년 같은 하루를 힘겹게 보내고 잠자리에 누우면
파도처럼 밀려오는 그리움으로 숨은 가빠 오는데
천정과 바닥과 벽은 사정없이 나를 향해 무너지던,
잠을 이룰 수 없었던,
꿈도 꿀 수 없었던
하루가 천년 같았던 그런 시절이 있었어.

비바람에 튼튼히 뿌리를 내리는 나무처럼
태풍 지나간 후 더욱 맑고 푸른 하늘처럼
그렇게 난 내가 되었어.

　유명한 저자 작품에서부터 여자의 작품으로 보이는 글도 있었다. <성장>이라는 글을 읽으면서 왠지 깊은 아픔이 느껴졌다. 사진 란을 클릭하니 여자의 어렸을 때 모습부터 대학 졸업사진까지 그리고 가족들 사진도 있었다. 그런데 사진 중에 눈에 띠는 것이 있었다. 주목을 배경으로 여자와 그리고 학성이 함께 있는 사진이었다. 여름날 같았다. 주변 풍경이 푸르고 시진 속 두 사람의 미소가 푸르렀다.

(4)

내가 다시 피시방을 찾은 것은 설날이었다. 혼자 지내다보니 날짜가는 줄 모르고 지냈었는데 거리의 사람들 옷차림에서 비로소 설날인줄 알았다. 문을 닫지 않았을까 생각하고 피시방에 가보니 다행히 문이 열려 있었다. 이런 날 피시방에 사람이 있을까 생각했는데 의외로 구석에 컴퓨터 게임을 하는 학생이 둘이나 있었다. 그리고 그 여자도 있었다.

"어서 오세요. 허 선생님에게서 메일 받으셨어요."
그녀는 무척 반갑다는 듯이 말을 했다. 그녀 홈페이지를 보고 나서 다시 그녀를 보니 그녀가 새롭게 보이기 시작했다. 옅은 화장을 한 얼굴이 청순하였고 전체적으로 귀엽고 맑은 분위기를 풍겼다.
"오늘 확인하려고 왔습니다. 일전에 안 계시더군요."
"개학이 되면 여기 나오지 못할 거예요. 그런데 언제까지 허 선생님 댁에 묵으시나요?"
그 질문에 나는 무엇이라고 말하기 곤란하였다. 언제가 될지 나도 모르는 일이었다. 그와 평생 같이 살 수는 없는 일이고 그렇다고 다시 서울에서 직장 생활하는 그런 생활로 돌아가고 싶은 마음은 없었다. 시골에 정착은 하되 새로운 생활 방식으로 살아갈 필요성을 느끼고 있었다.
"글쎄요. 아직은 잘 모르겠습니다. 그런데 타우의 집에 오신 적 있나요?"
그녀는 내 물음에 잠시 머뭇거리다 말하였다.
"동생하고 놀러 간 적이 있어요."
학성에게 메일이 와 있었다. 서두 없이 내용은 바로 명상도구에 대한 답변으로 시작되었다.

(명상도구와 영적 발달)

의식의 변화 없는 외형적 현상은 아무런 소용이 없다. 연민으로 거지를 도와주어도 그 거지의 의식이 변화되지 않으면 자선은 일회성에 그치고 거지의 의존성만 커진다. 다양한 수련도구(기 증가용 허리띠, 피라미드, 자수정, 뇌주파수 조종기 등)가 깨달음에 어떤 기여를 할 수 있는지 생각해 보았다.

과학의 발전으로 깨달음을 줄 수 있는 기계가 발명될 수 있다고 생각하는 사람도 있다. 즉 깨달음의 심리적 두뇌현상을 파악하여 이러한 조건을 인위적으로 조성할 수 있는 기계가 발명된다면 누구나 깨달음을 얻게 된다고 생각한다. 이러한 태도는 인간을 물질적 존재로만 파악한 무지의 소치이다. 이는 마약 흡입 후 경험하는 환각 상태를 초월적 상태로 받아들이는 경우와 비슷하다 할 것이다.

이러한 인위적 수단을 이용하여 얻은 상태는 그 수단이(마약, 기구) 사라지면 존재할 수 없다. 의식이 변화지 않으면 소용이 없다. 만약 도구의 힘으로 인류가 깨달음에 도달할 수 있다면 위대한 스승들이 왜 그것을 생각하지 못했겠는가? 이것은 용량과 속도가 늦은 컴퓨터에 엄청난 처리 속도를 요하는 소프트 프로그램을 깔아 보았자 작동하지 않는 이치와 마찬가지다.

최고의 방법으로 고안된 것이 죽음, 바르도, 윤회이다. 이러한 것은 인간 추락 전에는 존재하지 않았던 깨달음을 위한 발명품이다. 영적 성장에 도움이 되는 도구가 있다면 인류에게 희망이다. 그러나 현실은 그것이 가능하지 않다. 물론 각성의 방법은 많이 있지만 하나같이 요구되는 조건은 강한 의지력과 노력이다.

한 위대한 스승께서 "혼의 치료가 아니면 무슨 소용이 있겠는가?"라고 말씀하셨다. 결국 혼을 둘러싸고 있는 부정(negation)을 제거하지 못하면 영적인 각성은 일어날 수 없다. 인간의 뇌 상태를 인위적으로 조정하여 각성상태로 유도하는 기계가 있다면 문제점은 무엇일까?

인간은 육체, 정신, 혼으로 구성된 복합적인 존재로 과학으로 조절 가능한 영역이 육체와 심리차원이라면 그 너머 혼의 영역은 과학이 접근할 수 없는 영역이다. 즉 기구를 통한 각성 상태는 기구가 제거되면 사라지게 된다.

마음과 육체에 영향을 주는 것이 혼이며 혼의 변화 없이는 영구적인 변화는 불가능하다. 부정은 여전히 혼 주위에 머물고 기구에 중독된 인간은 마약 중독자처럼 나약하고 의존적인 존재가 될 것이다.

그러나 약이 육체에 효력이 있듯 기구도 어느 정도는 마음과 육체에 효과가 있다. 그러나 그 효과는 명확한 한계를 가진다는 점이다. 긴장으로 굳어져서 에너지가 원활하게 흐르지 않는 육체를 명상도구로 이완시킬 수 있고 이것은 육체 건강에 도움이 된다. 그러나 영적 발전은 이것과는 다른 차원의 문제이다.

사랑과 평화 속에서 학성

나는 글을 읽고 잠시 생각에 잠겼다. 명상도구에 호기심을 가지고 유혹을 받은 것은 사실이었다. 결국 가장 중요한 것은 개인의 의지이고 올바른 가르침이었다. 받은 글에 대해 생각하는데 여자가 커피 잔을 들고 다가왔다. 나는 고맙다는 인사를 하며 커피 잔을 받았다.

"앉아도 되나요."

그녀는 나의 허락을 구했다.

"앉으세요."

나는 옆 의자를 끄집어내어 그녀에게 권하였다. 그녀는 앉으면서 컴퓨터 화면을 들여다보더니 물었다.

"허 선생님으로부터 온 메일이네요. 그런데 제 이야기는 없나요."

"지난번에 한 선생님 안부를 전했는데 답변이 없네요. 이거 미안합니다."

나는 공연히 미안한 기분이 들어 변명을 했다.

"아니에요. 가까운 사이도 아닌데요, 뭐."

그녀는 애써 무덤덤하게 말하였지만 몹시 실망한 표정이었다. 잠시 침묵이 흘렀다.

"그런데 김 선생님도 도를 닦으시나 봐요. 허 선생님 주위에는 늘 그런 분들이 모이는 것 같아요. 만나면 이야기도 그런 주제고요."

"하하, 전 대학 친구예요. 세상 돌아가는 이야기는 하지 않고 각성이 어떻고 깨달음이 어떻고 그러면 사람들은 재미없어 하지요. 그런 점에서 허 선생이나 저는 아주 재미없는 사람입니다. 하하."

"오해 마세요. 저도 그 분야에 아주 문외한은 아니고요, 관심도 있어요. 그런 뜻으로 말한 것은 아니에요. 도가 삶의 전부인 것 같다는 것이지요."

그녀는 나의 반응을 지켜보며 말하였다. <도가 삶의 전부인 것 같다>라는 그녀 말에 드는 생각이 있었다. 세상일 제쳐두고 도를 닦겠다고 길을 떠나는 사람들의 모습이 일반인에게 현실도피로 보일 수도 있다는 생각이었다.

종교 성직자들이야 소속 단체에서 주거며 생활을 보장하고 직업으로 생각될 수 있으므로 문제는 덜하지만 어느 곳에 소속됨이 없이 구도의 길을 떠나는 사람들에 대한 시선은 곱지만은 않다. 세상과 담을 쌓고 도에만 전념하는 모습이 불안스럽게 보일 수도 있다. 여자는 그런 생각으로 말을 했는지는 모르겠지만 나나 학성에 대한 오해가 있으면 안 될 것 같아서 이 문제에 대하여 무엇인가 말을 해야 할 것 같았다.

"삶에 도움이 되고자 도를 구하는 것이지 현실을 벗어나 혼자만 잘 되겠다고 도를 구하는 것은 아니라고 생각해요. 좁게 보면 이기적이고 현실 도피적으로 보일 수도 있겠지만 넓게 본다면 더 큰 사랑과 책임을 위하여 선택한 삶이라고 봅니다. 물론 현실을 도피하려는 사람도 있겠지만 도를 구하려는 사람은 현실 안주에서 벗어나 변화를 구하고 도전하는 용기 있는 사람이라고 생각합니다.

부정과 적당하게 타협하고 살아가면 편한 곳이 현실 아닌가요. 똑같은 삶을 반복하여 살아가는 현실, 가족과 직장의 안정, 가족 건강, 재산 증식이나 직위나 명예에 매여 한 평생 보내는 것이 보통사람들의 삶 아닌가요. 그러한 생활에서 벗어난 사람들이 위태롭고 이단자처럼 보이는 것은 어쩌면 당연할지도 모르겠습니다. 일반인들은 그러한 일을 감행할 정도로 용기도 지혜도 없으니까요."

나도 모르게 조금 목소리가 커지고 있음을 느끼고는 말문을 닫았다.

"전 그러한 오해는 없고요, 오히려 그런 사고를 가진 분들에게 희망을 느껴요. 단지 현재 드러난 우리 삶도 이해하고 감싸주었으면 하는 생각이지요.

"허 선생에게 그런 점이 부족하다고 보셨군요. 오해는 마시고 들어주세요. 허 선생과는 오랜 친구이므로 누구보다도 그를 잘 알고 있다고 봅니다. 그는 혼자만 행복해지겠다는 그런 사람이 아닙니다. 인류에 대한 사랑은 누구보다 큽니다. 모두가 행복한 세상을 위하여 개인적인 욕망도 많이 접고 삽니다."

나는 그녀가 학성에게 섭섭한 무엇인가 있다고 생각했다. 그러다 보니 나도 모르게 학성을 변명하는 꼴이 되었다.

그녀는 내 말을 듣고는 당황해하며 서둘러 말했다.

"제 말은 그런 뜻이 아니었어요. 허 선생님을 두고 한 말이 아니고 그냥 일반적 의미로 한 말이에요. 왜 그런 말을 하냐면, 춘천에 대학 친구가 있는데 어쩌다가 도 닦는 사람을 사랑했어요. 그런데 그 도인이란 사람이 친구의 애틋한 마음을 무시하고 사랑 감정을 우습게 알더랍니다. 친구가 사랑한다고 하니 그 도인이라는 사람이 무엇이라 했는지 아세요. 사랑은 지나가는 한줄기 바람과도 같다나요. 바람은 머물지 않으니 사랑도 그런 것이라며, 아픈 마음을 달래주기는커녕 냉정하게 돌아서더랍니다. 친구가 그 일로 얼마나 가슴앓이를 했는지 옆에서 지켜보던 나도 안타까웠지요. 그렇게 냉정하게 돌아서는 것이 도를 아는 사람의 행동인가 하고 생각했답니다."

나는 무어라고 말할 수 없었다. 그녀 말이 사실인지 어쩌면 자신의 이야기를 하고 있는지도 모른다는 생각이 들기도 했다. 내가 머뭇거리는 동안 그녀는 말을 이어갔다.

"인류에 대한 사랑을 말씀하셨는데, 작은 사랑도 보듬지 못하면서 큰 사랑을 말할 수가 있나요?"

나는 그녀가 몰라서 그런 질문을 하지는 않는다고 생각했다. 부처님의 출가는 아버지로서 그리고 남편으로서의 의무를 져버리는 길이었다. 그러나 우리는 그분을 가족 책임을 져버린 사람으로 보지는 않는다. 큰 것을 위해 작은 것을 버리는 용기야말로 진정한 사랑의 표현인 것이다.

"나중에 친구 되는 분은 그 도인이라는 사람의 참된 사랑을 알게 되는 날이 있겠지요. 하하! 오늘은 정말 좋은 이야기 많이 나누었군요. 커피도 맛있었고요"

내가 말을 끝내자 그녀는 가볍게 목례를 하면서 자리에 일어서 카운터로 돌아갔다. 학성에게 글을 쓰기 시작했다.

학성에게

피시방에서 커피 한잔을 대접받고 즐거운 마음으로 글을 쓴다. 아! 참 누가 커피를 대접했는지 알고 싶지 않니. 김선미 선생과 이야기를 좀 나누었다. 참한 여자 같다. 그런데 이런 얘기해도 될지 모르겠는데 너에게 안부가 없다하니 좀 섭섭해 하더라. 다음에 답장을 줄 때는 간단히 안부나 적어 보냈으면 좋겠다.

너의 글은 명상 도구에 대한 나의 이해 폭을 넓혀 주었다. 늘 고맙게 여기고 있다. 오늘 아침에는 고라니 한마리가 마당에 내려와 눈 위를 어슬렁거리더라. 먹이를 찾으러 내려온 것 같았지. 그래서 우리 식량을 조금 적선했다.

어제는 밀렵꾼 2명이 앞산에서 멧돼지 사냥을 했다. 경찰에 신고를 했는데 너무 늦게 도착해서 밀렵꾼들의 사냥 현장을 잡을 수가 없었다. 건강에 좋다면 못 먹는 것이 없는 사람들 때문에 야생동물이 죽어난다. 몸에 좋다고 살아있는 짐승 피를 마시는 사람들을 보면 정말 혐오스럽다. 돈을 위해 밀렵하는 사람이나 몸을 위해 밀렵으로 잡힌 짐승을 사먹는 사람들이 이해가 되지 않는다. 물론 일부는 경제적인 이유나 건강에 문제가 있는 사람도 있겠지만 그것이 밀렵을 정당화시키지는 못하겠지.

최근에 곰곰이 생각해 오고 있는 문제인데 그것은 경제력에 대한 것이다. 수련만 하고 있다고 먹을 것이 해결되는 것도 아니고 어느 정도 생계는 유지되어야하지 않겠냐 하는 생각이지. 물론 너야 나름대로 생활방식이 있겠지만 나는 미래가 불안스럽다. 당장은 여유 돈이 있지만 계속 쓰기만 해서는 언젠가는 바닥이 보이겠지.

이런 생각하는 내가 조금은 한심스럽다만 미래에 대한 불안감이 전혀 없는 것은 아니다. 남들처럼 자식이 있는 것도 아니고 그렇다고 앞으로 직장생활을 할 것도 아닌데 돈은 미래 노년을 위해서도 어느 정도는 필요한 것 같다. 사실 너와 있을 때는 모르겠는데 갑자기 미래를 생각하면 다가오는 불확실성에 두렵기도 하다. 이 문제에 대하여 아직까지 구체적으로 이야기를 나누어 보지 않은 것 같다. 이런 생각이 내가 물질계를 너머 가기 위하여 극복해야할 문제 같다.

타우의 집 거주자 환영

피시방을 나오려니 김선미 씨가 언제 준비했는지 떡과 음식물이 담긴 비닐 백을 건네주었다. 일방적으로 받는 것만 같아 무엇인가 보답을 해야겠다는 생각이 들었다.

(5)

며칠 후 다시 시내로 나갔다. 오늘은 다른 피시방으로 가기로 했다. 학성에 대한 그녀의 관심이 조금은 부담스러웠기 때문이었다. 이메일을 여니 '현재에 간편하게 살기'라는 제목의 답장이 와 있었다.

(현재에 간편하게 살기)

생활방식을 바꾸면 인생이 바뀐다. 우리 생활은 너무 소비위주로 되어있어 많이 벌더라도 그만큼 쓰도록 되어있는 체계다. 많은 시간을 투자해서 아무리 많이 벌어도 쓸 곳이 많으면 부자가 아니듯이 적은 시간에 적게 벌어서 적게 쓴다면 오히려 그것이 부자이고 행복한 삶일 수 있다.

우리가 열심히 돈 버는 이유는 행복하자는 것인데 그 과정과 수단이 불행하다면 이것은 행복한 삶이라 할 수는 없다. 살아가는 그 자체에서 행복하다면 구태여 행복을 찾으려고 노력할 필요도 없이 행복한 것이다.

현대인은 너무 많은 시간을 돈벌이에 투자하고 그래서 많이는 벌고 있으나 사용해야하는 곳이 너무나 많아 늘 허덕이는 삶을 산다. 수입이 늘어나는 만큼 과시용 욕심이 커지고 그러다 보니 지출이 많아지고 그래서 더 열심히 벌어야 하는 악순환의 삶이다. 물론 재산이 많아 여유있게 살아가는 사람도 있지만 그런 사람은 소수이다.

예를 든다면 대중교통에서 중고차, 소형차, 중형차, 고급차로 바뀌고 지하방 사글세에서, 전세, 아파트 전세, 단독주택, 고급아파트, 전원주택으로 바뀌고 자녀 유학까지 생각하는 것이 우리들이다. 그러니 끊임없이 돈과의 전쟁이 시작된다.

그러나 여기서 벗어나서 적게 벌면서 소비는 최소화하는 생활을 한다면 우리는 예전의 생계에 투자하는 시간의 반만으로 삶을 영위할 수가 있다. 불필요한 과시용 소비를 줄인다면 아마도 상당한 돈이 절약될 것이고 그만큼 적게 벌어도 되고 그 시간에 현대인이 시간 없다고 하지 못하는 여러 가지 일을 할 수가 있다.

행복은 미래 어느 시점에서 무엇을 완수하였다고 찾아오는 것이 아니다. 지금 행복하지 않으면서 미래에 행복이 온다는 보장은 어디 있겠는가? 미래에 대한 너의 불안감을 공감하고 있다. 아마 너만이 아니라 모든 사람들이 공통으로 느끼는 감정이 아닌가 한다. 재산의 과다나 직위의 높고 낮음, 자식의 존재 여부를 떠나서 노후는 불안한 것이다.

미래 불안에서 우리를 해방시키는 것은 자신에 대한 확고한 믿음이고 그 믿음은 바로 자신의 신성을 자각하는 일이다. 우리가 신을 믿듯이 그렇게 신의 일부분으로 자신을 믿는다면 설사 이 세상이 멸망한다 해도 무슨 걱정이겠는가. 모든 것이 신의 작품인데. 그리고 그 신은 바로 나이며 불사의 존재인데.

일전에 말했듯이 이 세상을 불국토로 만드는데 이번 삶을 헌신하기로 결심했다. 그런 점에서 나에게는 현재의 삶의 방식이 그대로 이어질 것이다. 진리를 좀 더 대중에게 알리고 같은 길을 가는 도반들과 힘을 합하여 진리를 알리고 영적 수련을 목적으로 하는 교육기관 설립에 매진하고 싶다.

끝까지 나와 같은 길을 가자고 강요할 생각은 없다. 그러나 내게 머문다면 언제나 환영이고 우주적인 차원에서 네가 할 일이 있을 것이라 생각한다. 경제적 문제는 예수님의 '먼저 하늘의 뜻을 구하라. 그러면 모든 것이 주어지리라' 이 말을 상기시키고 싶다. 우리가 진리를 모든 것 앞에 둔다면 우리의 생계는 이미 보장되고 있다고 본다.

그리고 3월초에 태백에 돌아가려 한다. 아울러 김선미 씨가 안부를 전했는데 고맙다고 전하고 늘 행복하길 기도한다고 전해주길 바란다.

나는 즉시 답장을 했다

이제는 혼자 지내는 것에 습관이 되어가는 것 같다. 어제는 모처럼 뒷산에 올라가 찬 공기를 마시며 혼자만의 산행을 즐겼다. 준비 없이 산에 올라갔는데 바람이 너무 강해 온몸이 얼어붙는 줄 알았다. 그런데 날씨는 얼마나 맑은지 가을하늘처럼 푸르고 높았다. 티끌 하나 없는 하늘을 바라보며 내 마음도 저렇게 늘 맑았으면 좋겠다는 생각을 했다. 얼마간 명상이 잘되더니 이를 시기나 하듯 요즈음 잡념이 생기고 쓸데없는 생각에 공연한 에너지를 낭비하는 것 같다.

며칠 전에는 얼음길에 미끄러져 나무에 가슴을 부딪쳤는데 충격에 가슴부위가 약간 시큰거렸다. 그런데 자고 나도 차도가 없자 갑자기 가슴부위에 신경이 가기 시작하더라. 내 생각에는 가벼운 찰과상 정도로 생각했는데 시큰거리며 저려오는 통증에 갑자기 별생각이 다 들었다.

혹시 염증으로 악화되지나 않을까, 심장까지 영향을 미쳐 호흡에 지장을 주지는 않을까, 거기에다 수련에 중요한 것이 호흡인데 만약 심장이 잘못되면 이번 생에 깨달음은 어떻게 하지 등등 말이야. 이러한 생각들이 기다렸다는 듯이 떠오르기 시작하는데 생각을 하지 말아야지 하니 더욱 떠오르고, 걱정이 걱정을 불러내고 부정적 생각이 부정적 생각을 불러낸다는 것이 딱 내게 해당되더라.

너 말대로 생각에 힘을 주는 것은 나 자신인데 내가 계속 부정적 생각에 에너지를 주고 있다고 생각하니 한마디로 미치겠더라. 지켜보기를 시도했지. 너의 말대로 어떤 생각이 나타나도 판단을 하지 않고 철저히 나와 관련성을 절연했지. 생각에 대하여 판단을 하지 않는다는 것은 주의 깊은 자기 통제력과 무의식적으로 생각에 반응하려는 습관을 이겨내는 것인데 평소보다 쉽게 되지 않았다.

아마 육체에 대한 집착이 커서 그런 것 같았다. 의미 없는 생각에 개입하여 나중에는 오도 가도 못하고 생각의 사슬에 매여 버리니 미치겠더라. 어느 정도 수준에 도달했다고 느낄 때 시험하듯 아직도 멀었음을 알려주는 것이 수련의 길 같다. 이런 생각을 해봤지. 생각이 실재하는 것이라면 그 근원은 어디이며, 생각은 우리가 만드는 것이 아니라 단지 선택할 뿐이라고 했는데 생각 없는 세계가 존재할 수 있을까?

학성에게 답장을 하고 김선미 씨 홈페이지를 들어갔다. 안부 전해달라는 학성이의 소식을 방명록에 남기고 싶었기 때문이었다. 그녀가 이 소식에 기뻐하리라는 혼자만의 판단으로 글을 남겼다.

    김선미님 메일로 소식 전합니다. 일전에 주신 떡은 맛있게 먹었습니다. 내가 홈페이지를 알고 있으리라고는 생각 못하셨겠죠. 이름을 치고 검색을 했더니 홈페이지가 나오더군요. 사진도 잘 봤고 시도 잘 감상했답니다. 시간 나면 수필이나 소설도 한번 읽어보려는 중입니다. 국어 선생님이라 문학에 관심이 많으신 것 같네요.
    참 오늘 허 선생이 김선미님이 행복하길 기도한다는 글을 보내왔습니다. 아마 3월초에는 태백에 돌아올 것 같네요. 3월에 개학하시면 바쁘시겠지만 한번 타우의 집에 오세요. 그동안 신세만 진 것 같은데 식사를 대접하고 싶습니다.
    그리고 타우의 뜻은 알고 있나요. 아마 허 선생이 말했는지 모르겠지만 십자가를 상징하고 깨달음과 완성을 의미한답니다. 그리고 호기심에 히브리 문자표에서 봤는데 타우가 숫자로는 400을 의미하더군요.
    400이 무엇을 의미하는지는 아직 모르겠습니다. 아마도 완성을 의미하는 숫자가 아닌가 싶어요. 나중에 방문하시면 허 선생에게 물어보세요. 그리고 홈페이지 링크란에 티베트사이트가 있더군요. 혹시 티베트 종교나 문화에 관심이 있어서 그러신 건가요. 저도 티베트를 좋아합니다. 행복하세요.

김환영

(6)

2월의 한파가 지나가고 겨울이 서서히 뒷모습을 보이는 2월말 나는 다시 시내 한 피시방에 있었다. 학성과 김선미 씨로부터 이메일이 도착해있었다.

 수련하다가 운동선수가 슬럼프에 빠지듯 명상이 잘되지 않을 때가 있지. 비록 추락하는 것처럼 보일지라도 그것은 위로 움직이는 추락일 수도 있어. 예를 들면 삶의 흐름은 진동하는 추처럼 최고점과 최저점을 왕복하는데 우리가 최고점에서 노력하여 한 단계 높은 영역으로 들어간다면 그것이 한 단계 높은 영역에서 진동하는 추의 최저점일지라도 우리는 영적으로 진화의 길을 가고 있는 거지.
 그러나 노력하지 않아 늘 같은 추에서만 왔다 갔다 하는 사람이 있는가 하면 간혹 어떤 사람은 아래 영역으로 떨어질 수도 있지. 우리의 신성을 가로막고 있는 부정의 층이 하나하나 벗겨지면 그럴 때마다 새로운 부정의 층을 만나게 되고, 이를 극복하면 다시 새로운 부정 층을 만나게 되고, 이처럼 끝이 없을 것 같지만 점점 신성한 자아를 향하여 가까이 다가가고 있는 것이다.
 그래서 돈오란 결국 과거부터 꾸준히 수련을 해서 어느 순간 신성 불꽃을 보게 되는 것을 말하는 것이다. 그리고 깨닫고 나서도 제2, 3깨달음을 위해서 계속 수련을 해야 한다. 난 네가 한 단계 상승한 흐름을 타고 있다고 생각한다.
 그리고 생각은 너무도 광대한 주제라고 생각한다. 내가 돌아가면 이야기 나누기로 하자. 시간이 된다면 이번 일요일 차를 가지고 오후 4시에 역으로 나와 주었으면 한다. 일요일에 보자.

학성

김 선생님께

　김 선생님 메일 고마웠어요. 허 선생님이 저에게 안부를 주셨다니 무척 기쁘네요. 가끔은 메일 하나가 이렇게 사람 마음을 즐겁게 하기도 하군요. 봄에 한번 방문하고 싶네요. 미리 제가 방문한다고 말해주시면 합니다. 예고 없이 누가 방문하는 것을 싫어하시는 분이거든요.

　티베트를 좋아하냐고 물어봤지요. 대학 때 부전공이 역사였는데 티베트에 대하여 관심이 많았답니다. 중국이 티베트를 점령하고 통치하는 것이 너무 마음 아파요. 문화, 언어, 인종이 다르고 역사도 다른데 중국의 일부분이라고 주장하는 중국당국의 논리가 터무니없죠. 아마 중국 논리로 한다면 베트남이나, 몽골, 한국도 중국에 사대를 하였으니 중국이어야 한다고 주장하는 것과 같지요.

　올해 정부에서 달라이 라마 방문을 불허했잖아요. 얼마나 속상했는지요. 일부 국민들이 방한을 추진했는데 중국이 한국정부에 압력을 넣어 방문을 허락하지 말라고 했지요. 아마 협박 비슷하게 한 모양이에요. 국가의 주권이 침해당해도 정부는 중국 눈치 보느라고 아무런 항변도 못했답니다.

　그런데 이것 아세요. 전 세계에서 달라이라마가 방문 못한 국가가 한국이랍니다. 다른 나라들은 방문을 허용하는데 우리만 못했죠. 아직 사대주의 근성이 뿌리 깊게 남아있는 거예요. 중국이 얼마나 우리를 만만히 보겠어요. 일전에 허 선생님이 말씀하셨죠. 티베트는 아주 영적인 나라라고요.

　김 선생님도 티베트를 좋아한다니 반갑네요. 어렸을 때 세계문화와 지리에 대하여 관심이 많았어요. 그래서 세계지도를 보곤 했는데 티베트가 그렇게 마음에 끌리는 거예요. 이런 말 들어보셨나요. 이유 없이 마냥 좋아지는 느낌말이에요. 누구 말대로 전생에 티베트 사람이었나 봐요. 매번 태어날 때마다 국적이 바뀐다면 민족이라는 개념도 일회성일 수밖에 없는 같네요. 다음 생에는 미국에 태어날 수도 있잖아요. 그래서 누구 말대로 가장 중요한 것은 편 가름이 없는 보편적 사랑이 우리에게 절실할지도 모르겠군요. 다음에 뵙지요.

(7)

학성은 겨울 동안 어디에서 무엇을 했는지 말하지 않았다. 하여간 그가 돌아오니 집이 생기가 넘치고 좋았다. 나는 그간 있었던 일들을 이야기하면서 김선미 선생 이야기를 했다. 내가 그동안 그녀와 있었던 일을 얘기해도 학성은 별로 말이 없어서 이전에 어떤 관계였는지 물어볼 수가 없었다.

3월 봄 햇살이 잔설을 녹이고 겨우내 얼어붙었던 개울의 얼음이 녹으면서 물 흐르는 소리가 곧 화사한 생명의 탄생을 예견하는 것 같았다. 그러나 아직 조금은 추운 기운이 남아있는 날씨였다.

좀처럼 사람의 흔적이 없는 이곳에 차 한 대가 들어서고 있었다. 차에서 내리는 사람은 김선미였다. 일전에 한번 놀러 오라고 메일에 남겼는데 정말 찾아온 것이었다. 학성이 별 말이 없이 바라보자 그녀는 가볍게 고개를 숙이며 먼저 인사를 하였다. 두 사람 사이에 가벼운 긴장이 느껴졌다.

"이야기 들으셨지요. 김 선생님이 초청을 해서 이렇게 오게 되었어요. 그간 잘 지내셨어요?"

그녀는 어색한 분위기를 풀기라도 하듯 말하였다.

"그래요. 건강하니 보기 좋네요. 모두 잘 계시고요."

학성은 집 안부를 물었다.

"예 이번 여름에 집에서 피시방을 열었어요. 거기서 김 선생님을 뵙고 소식 들었고요."

나는 차에 실린 음식물을 꺼내 들고 그들을 따라 방으로 들어갔다.

정성스럽게 마련한 김밥이며 밑반찬이 들어있었다. 학성은 차를 대접하며 별로 말이 없었다. 나는 어색한 분위기를 깨기 위하여 먼저 말을 꺼냈다.

"요즘 학생들 말 잘 듣나요. 우리 때에는 여자 선생님 부임하면 야단났지요. 어떤 여선생님은 남학생들 등살에 견디지 못하고 한학기만에 다른 여학교로 전근을 가기도 했지요."

"다행히 여학교예요. 그래도 옛날과 달리 말을 잘 듣지 않아 힘들 때가 많아요."

"뉴스에 보니 정말 옛날에는 상상할 수 없을 정도로 학교가 붕괴되어 가는 현장이 보이더군요. 왜 학교가 이렇게 되었는지 말입니다. 실제 교육현장에 있으니 우리의 교육현실을 잘 알겠군요. 왜 우리의 교육이 이렇게 망가졌을까요? 물론 과거에도 좋았던 것은 아니지만 지금처럼 황폐하지는 않았다는 생각이 드네요. 뉴스에 봤더니 수업시간에 잠자는 학생, 잡담하는 학생, 책이 없는 학생 등, 도저히 옛날에는 상상도 할 수 없는 모습이 보이더군요."

뉴스에 붕괴되는 학교교육의 실태가 나온 적이 있었는데 정말 놀랄만큼 심각하다고 느꼈었다.

"글쎄요. 기존 틀이 무너지고 있는 것 같아요. 책임을 둘러싸고 그 책임이 정부의 교육정책, 교사의 질, 학생의 질. 가정교육 등이 언급되는데 어느 하나의 책임이 아니라 총체적 문제 같아요. 아무도 책임지는 사람이 없어요. 그 원인은 한국인 전체의 책임으로 봐야겠지요. 성적 제일주의로 인성은 무시하고 점수만 신경을 쓰도록 하는 입시제도, 그리고 학부모의 과잉 교육열, 간판으로 평생 보장받는 학벌주의가 이런 문제의 원흉이겠지요. 아마 더 근원을 올라간다면 체면문화가 근간에 자리 잡고 있다고 봐요.

남보다 좋은 대학, 학벌, 직장, 직위를 부모 체면을 세운다고 생각하는 것이 한국 부모들 아닌가요. 자신의 적성에 맞으면 그것이 어떤 직업이든 존중하고 축복해야하는데 무조건 과시를 목적으로 적성과는 상관 없이 자녀를 몰아대는 부모들, 그리고 그런 부모를 생산하는 한국사회의 의식구조가 문제지요.

변화를 위해서는 시간이 많이 걸리겠지요. 요즈음은 대안학교도 생기 더군요. 가정에서 인성교육이 되어야 하는데 질서의식도 가르치지 못하니 말이지요. 경쟁과 명성만을 생각하는 이기적 부모들에게 학생들이 배울 수 있는 것이 무엇 있겠어요.

그래도 더 나은 세계에 대한 희망을 가지고 살아야겠죠. '황금률'을 지키는 그런 사회를 기원하면서요. 저가 너무 비판적이지요. 그런데 김 선생님도 아시겠지만 우리 허 선생님는 우리 사회에 대하여 아주 비판적이세요."

그녀는 학성을 쳐다보며 말을 끝냈다. 그녀 말대로 어느 일방의 책임이 아니라 이것은 총체적 난맥상을 보여주는 우리 사회의 한 단면이었다. 문제되는 것이 어디 교육뿐이겠는가. 그러나 국가의 백년대계가 걸려있는 교육이니 만큼 더욱 시급한 문제로 보였다. 누구를 탓하기 전에 먼저 우리 자신을 탓해야 하지 않을까 생각 들었다. 소수만이 가능한 최고가 되기 위하여 모두가 무한경쟁으로 몰리는 사회였다. 그런데 황금률이라니, 나는 한 선생을 바라보며 말했다.

"그런데 황금률이라니요?"

그러자 그녀는 조금 웃으며 슬쩍 학성을 바라보았다.

"아실 줄 알았지요. 허 선생님이 우리가 '황금률'의 정신으로 살아간다면 세상은 참으로 괜찮을 거라고 자주 말했지요. 그 정신은 남이 나에게 해주길 바라는 것을 남에게 똑같이 해 주라는 말이에요."

듣고 보니 책에서 많이 들었던 내용이었다. 정말 그대로 남이 나에게 해주기를 바라는 만큼 남에게 그렇게 한다면 서로 오해하고 얼굴 붉어지는 일은 없겠다 싶었다. 나는 대화로 학성을 불러들이기 위하여 말을 붙였다.

"한국교육에 대해 어떻게 생각해. 아마 미국에도 있어 봤으니 비교가 되겠는데 말이야."

내 질문에 학성은 마지못해 말을 시작했다. 그러나 한 번 시작되자 그 이야기는 길게 이어졌다.

"김 선생님 말대로 문제는 심각하다고 봐요. 그런데 이런 학교 붕괴 현상이 일본이나 미국에서도 일어나고 있어요. 우리의 경우에는 간판주의가 과잉경쟁을 불러일으키고 이것이 사회에 엄청난 문제점을 산출한다면 미국의 경우에는 총기나 마약에 노출된 미국사회의 모순점이 학생들을 통해서 분출된다는 점이지요.

미국에서는 우리처럼 한 번 딴 간판을 가지고 평생 밥 먹고 사는 사회구조가 아니므로 우리와 같은 점수 따기 교육이 낳는 병폐는 없지요. 문제는 총기와 마약이 성인뿐만 아니라 청소년을 유혹한다는 점이지요. 나라마다 그 원인이 다르지만 엄밀하게 말한다면 공동되는 원인이 숨어 있습니다.

100년 전과 비교하면 세계 인구가 3배가 늘었지요. 그럼 윤회를 인정한다면 이러한 혼들이 어디에서 왔느냐 하는 것이지요. 인간은 인간으로 윤회하는데 단지 100년 만에 인구가 수십억이 증가했다면 이것은 다른 별에서 이 지구로 이동해온 혼들이 있다는 것을 의미하지요. 이들 혼들은 지구에 오래 전에 살아왔던 혼들보다는 영적으로 뒤떨어진 혼들입니다. 이들이 지구 인구의 다수를 차지하게 되니 지구 사회가 혼란스럽습니다."

학성이의 존댓말이 조금 어색하게 들렸다. 아마 평소에 반말로 하다가 나 때문에 존대를 하는지 모르는 일이었다. 학성은 다른 각도에서 문제 원인의 일부를 지적하고 있었다.

"전혀 새로운 차원에서 교육문제를 보시네요. 저도 선생님의 윤회에 대한 설명은 이전에 들어서 이해가 가는데 지구가 아닌 다른 행성으로 윤회가 가능하다는 말은 새로운 내용이네요. 과학적으로 지구 말고 다른 별에도 생명이 살 수 있는지 궁금해요."

그녀는 아주 조심스럽게 말을 하였다.

"당연히 의문을 제기할 수 있는 내용이지요. 그런데 과학이 진리를 대치할 수는 없어요. 흔히 우리가 오해하고 있는 것이 종교는 과학과는 같이 갈 수 없는 것으로 간주하고 특히 종교 마인드를 시대에 뒤떨어진 것으로 간주하는 경향이 있어요. 사실 과거의 종교를 보면 비과학적이며 미신적 요소들이 많았지요.

그러나 비밀 가르침을 보면 오늘날 과학이 감히 상상도 할 수 없는 만큼 굉장한 사실들이 실려 있어요. 현대과학은 이들 내용에 비하면 아직 걸음마 단계라는 것이지요. 지구 말고도 생명이 존재하는 무수히 많은 행성이 있어요.

아틀란티스 대륙에 대하여 들어 봤을 거예요. 5만 년 전에 지금의 대서양 속으로 사라진 아틀란티스 문명은 인간복제부터 순간이동까지 우리가 상상할 수 없을 정도의 과학 발전을 이룩하였지요. 우주를 흐르는 자력을 이용하여 비행선을 조정했으며 이 비행선은 빠른 속도에서도 순식간에 가속도 법칙을 이겨내고 자유자재로 행로를 바꿀 수 있었고요.

그들의 의식은 높아서 영적 수준이 높은 다른 행성으로 이동해 갔고 그들이 떠난 지구를 차지하게 된 혼들이 지금의 우리입니다. 의식수준이 낮았으므로 최첨단 과학문명과 영적 능력을 이어받지 못하고 말았고요. 그 시대의 과학수준은 우리가 상상할 수 없을 만큼 진화된 단계에 있었어요. 그런 면에서 현대과학을 기준으로 모든 것을 판단하는 것은 인류의 대단한 오만이지요.

아틀란티스 대륙이 침몰할 때 고대 지혜의 보존과 전파 임무를 가지고 토트라는 분이 그 당시 미개인이 살던 이집트로 가서 고대지혜를 전수하고 마지막으로 인류에게 남긴 금속판이 있는데 <에머랄드 타블레트>라고 합니다. 미국의 한 성자에 의하여 아틀란티스 언어로 기록된 내용이 영어로 번역되어 나와 있습니다. 여기에는 아틀란티스 문명과 위대한 존재들에 대한 언급 그리고 미래의 인류 운명이 기록되어 있습니다. 이것은 인류 역사상 가장 위대한 기록 중 하나입니다.

우리가 오해하는 것 중의 하나가 생명체에 대한 것인데 반드시 생명체는 물과 산소를 필요로 하며 온도도 지구에서처럼 적당해야 한다는 조건을 내세우는 것이지요. 이것은 우리가 지구 관점에서 우주를 보는 단견이에요. 생명체는 유기물로 반드시 존재해야 한다는 고정관념도 마찬가지지요.

행성의 환경에 맞게 생명체는 존재합니다. 온도가 엄청 높아 가스형태로 생명이 존재하는 생명체가 있다고 한다면 그들은 오히려 물이 있으면 생명이 존재할 수 없다는 생각을 가질 수도 있겠지요. 모든 것은 상대적이라는 것이에요. 가스형태로 존재하는 생명체는 대기에서 직접 태양에너지를 흡수하여 생명을 유지할 수 있는 거지요.

그리고 태양을 뜨거운 불덩이로 말하는데 이것 또한 잘못된 것이에요. 태양은 상위의 계로부터 내려오는 영적 에너지를 이 세상으로 방출하는 통로에요. 그래서 태양에너지는 우리 생명에 필수고요. 그리고 태양에너지는 대기권에 들어와 빛과 열로 변환되는 것이지요.

그러나 과학 분야에서 엄청난 발전이 이루어지고 있으니 언젠가 과학이 고대지혜가르침이 진리임을 증명하게 되겠지요. 그러나 과학은 물질에 대한 연구이므로 마음과 그 너머 혼의 영역을 다루는 데는 한계가 있어요. 물론 정신과학 분야가 발전하고 있지만 말입니다.

궁극물질에 대한 물리학자들의 탐구는 그들을 유신론자로 만든다는 말이 있어요. 물리학자들이 최종적으로 만나게 되는 우주는 신의 존재를 인정하지 않을 수 없게끔 신비롭고 질서 있는 모습이거든. 우연히 존재하기에는 너무도 계획적인 우주의 모습을 보게 된다고 그러지요."

그는 잠시 멈추더니 우리의 반응을 살펴보았다. 김선미는 아주 열심히 그의 말을 듣고 있었다. 학성은 계속하여 말을 이어나갔다.

"기아로 허덕이는 북한이나 인도 혹은 아프리카에 태어나는 사람들의 카르마는 그런 원인이 있어 그 결과를 받는 겁니다. 그런 환경을 극복해야 할 운명이지요. 중국인들이 황하 문명을 이룩한 역사 깊은 문화민족이라고 자랑스러워하는데 그것이 역사적 사실일지라도 지금 중국 13억 중 옛날부터 중국에 살아온 혼들은 몇 명이나 되겠어요. 그들 대다수는 지구에 윤회한 지 얼마 되지 않은 혼들일 겁니다.

우리나라도 마찬가지겠지요. 민족 우월성은 가만히 살펴보면 아주 터무니없어요. 어떤 민족으로 태어나면 그 민족의 유전자로 인하여 고유한 외형적 특색을 나타내겠지요. 그리고 자라면서 자연스럽게 민족문화를 배우게 되고 그러다 보면 어떤 인종이 되어있는 것이지요.

그런데 그 육체 속에 거하는 혼은 민족을 초월한 존재라는 거예요. 그래서 어려서 외국으로 이민 간 한국인이 다른 인종 사이에서 자라면 한국인이 가지는 사상이나 특성이 아닌 다른 인종의 특성을 가지게 되지요.

어떤 인종 속에 살아가면 의식적, 무의식적으로 끊임없이 집단의식의 영향을 받게 됩니다. 깨달음에 중요한 것 중의 하나가 이런 집단의식을 넘어가는 것이에요. 한국인이라는 집단의식, 일본이라는 집단의식, 중국인이라는 집단의식 등은 사실 깨달음에 방해일 뿐입니다. 장벽이 생기고 질시와 견제, 오해가 발생하며 형제애를 저해하는 것이니 말입니다.

말이 나와서 그런데 북한이 가장 내세우는 것이 민족이란 단어에요. 주체사상도 민족이라는 테두리 안에서 이해되고요. 김일성 부자가 북한주민을 통치하기 위한 수단으로 민족이라는 단어를 사용하는 것이지 그들에게 민족을 위하려는 생각이 있을까요?

내 말은 어느 집단을 통치하기 위해서는 다른 집단과 구별하여 민중을 하나로 묶는 수단이 필요한데 독재자들이 주로 민족이란 개념을 이용하지요. 그런 면에서 다양한 인종이 모여 사는 미국에는 민족이라는 개념보다는 국가라는 개념이 국민을 하나로 묶는 역할을 하지요.

미국에서 한국인을 입양하는 것 보세요. 우리는 같은 민족이지만 핏줄의식이 강해서 자신의 핏줄이 아니면 입양을 꺼리지요. 그런데 미국은 의식이 개방되어있어요. 여러 민족이 어울러 살다보니 민족보다는 인간이라는 의식이 더 작동한다고 봐야지요."

화제가 교육 문제에서 과학, 그리고는 민족문제까지 전개되어버렸다. 학성은 잠시 말을 멈추더니 김선미를 보고 말을 하였다.

"주제가 너무 딱딱하지. 선미가 모처럼 왔는데. 난 재미있는 이야기를 못하는 편이야."

처음으로 그의 입에서 자연스러운 반말이 나왔다.

그러자 김 선생이 정색을 하며 말했다.

"아니에요. 언제 들어도 유익하고 교훈적이에요. 그래서 많이 생각이 나곤 했어요."

생각이 나곤 했다니 그러면 이런 이야기를 이전에는 둘이서 많이 나누었다는 뜻이었다.

나는 조금은 장난삼아 두 사람을 쳐다보며 말하였다.

"아니 그러면 이전에 두 분께서 자주 만나 이런 이야기를 주고받았단 말인가요."

그러자 학성은 웃으며 말하였다.

"친동생 같은 사이야."

옆에 있던 김선미가 얼른 말을 받았다.

"김 선생님은 대학시절에 처음 만났겠지만 우리는 어렸을 때부터 알고 지내온 사이랍니다."

"허 선생이 동네 오빠였군요."

그러자 학성이가 말을 받았다.

"김 선생과는 알고 지낸지 오래야. 그건 그렇고 자네가 김 선생을 초대했으니 손님 대접을 잘 해드려야지. 재미있는 이야기 없니."

학성은 자신이 화제에 오르자 국면전환을 하려는 듯 나에게 관심을 돌렸다. 그날 나는 좀처럼 말하지 않는 과거 연애담도 꺼내면서 타우의 집을 사람 소리로 채웠다. 두 사람 사이에 무언가 어색함이 느껴졌지만 학성의 말을 경청하면서 쳐다보는 김 선생 눈빛은 너무도 진지하고 아름다웠다. 그 눈빛은 사랑하는 사람을 지켜보는 말없는 말이었다.

내 연애시절 미지가 내게 보였던 지순한 눈빛이 김 선생의 그윽한 눈빛을 따라가지는 못하리란 생각이 들었다. 애기 도중 학성은 그녀의 시선에 부담스러운지 내게 시선을 두고 말하였다. 김 선생이 떠나고 나자 산골의 오후는 다시 적막함에 싸였다.

그날 김 선생의 방문은 내게 새로운 일거리를 가져다주었다. 애기 도중 생활의 단조로움과 경제적 문제가 나왔었는데 마침 PC방에서 시간제 아르바이트를 구하고 있다며 내게 그 일을 제안한 것이다.

(8)

피시방 근무 첫날, 컴퓨터 응급조치법, 자리배정, 요금수납과 같은 기본적인 업무를 배우고 일을 시작하였다. 그래도 대기업 과장 출신인데 작은 피시방에서 최저임금을 받으며 일하려니 자존심이 조금 상했으나 나에게는 일이 필요하였다. 단조로운 생활에 조금은 지루하였고 미래에 대한 불안도 있었다. 빠르게 변하는 문명의 흐름에 뒤처지는 것은 아닌지 걱정도 되었다. 그래서 매일 시내에 나와 현실을 맞닥트릴 수 있는 기회를 놓치고 싶지 않았다.

저녁 퇴근 무렵에 김 선생이 수업을 마치고 피시방에 들렸다. 첫날이므로 자기가 식사를 사겠다며 분위기 좋은 양식당으로 나를 안내했다. 식사 도중 그녀는 자신이 떠난 후 학성이 무슨 말을 했는지 물어보았다. 사실 그녀가 떠난 후 학성은 그녀 제의에 좀 더 신중히 생각하라며 달가운 표정은 아니었다. 반대 이유가 컴퓨터가 내보내는 전자파가 정신에 좋지 않다는 것이었다. 나는 이미 확답을 한 상태에서 이런 이유로 거절을 한다는 것이 마음에 내키지 않았고 생활에 변화가 필요해서 그의 의견을 거절하였다.
"별로 다른 이야기는 없었습니다. 단지 컴퓨터 전자파가 정신건강에 좋지 않다고 하더군요."
그러자 그녀는 다행스러운 표정으로 웃으며 말하였다.
"그럼 전자파를 방지하는 행법도 배웠겠군요."
"아니요. 그런 행법도 있나요."
나는 조금은 놀라서 물었다. 그녀는 무엇이 즐거운지 재미있는 표정으로 말했다.
"어제 그랬지요. 어렸을 때부터 알고 지내온 사이라고요. 김 선생보다는 비교도 할 수 없이. 저에게는 벌써 오래 전에 알려주었거든요. 전자파가 나쁘다고."
나는 조금은 실망스러웠다. 나보고 컴퓨터 전자파가 정신건강에 좋지 않다고 하면서도 김 선생에게 알려준 방지 행법을 나에게는 말해주지 않았다는 것이 섭섭했다. 생글거리는 것이 학성이 자신을 더 소중히 여기는 사람임을 확인하고 즐거워하는 것으로 보였다. 나는 애써 표정을 감추고는 좀 퉁명스럽게 말하였다.
"오늘 돌아가서 한 번 알아보아야겠어요. 어제는 좀 바빴거든요."
그리고 나는 방어라도 하듯 좀 공격적인 질문을 던졌다.
"그런데 사실은 김 선생에 대해서는 한 번도 들은 적이 없었어요. 대학시절도 그리고 최근에 다시 만나고 나서도 말이에요. 아주 친한 친구라 어지간한 비밀은 다 이야기하는 사이거든요. 김 선생님은 허 선생과 어떤 인연인지 궁금합니다."
나는 말을 하고 나서 조금 경솔한 질문은 아닌지 걱정이 되었다. 아니나 다를까 밝았던 표정은 사라지고 조금 심각한 표정을 지어보였다. 잠시 무언가를 생각을 하던 그녀가 입을 열었다.
"허 선생님의 부모님을 만나보시거나 그분들에 대한 이야기를 들어보신 적이 있으세요."

그녀 말을 들으니 생각나는 것이 많았다. 대학시절 학성은 부모님이 시골에서 농사짓는다고 하였다. 대학 졸업하는 해에 태백산 여행에서 인사를 드리려했지만 부모님이 여행 갔다며 나중에 만나라며 집에 가지도 못하고 시내 여관에서 묵었던 일이 생각났다. 그리고 최근에 만났을 때 부모님이 다 돌아가셨다는 말만 하였다. 그가 가족문제를 화제를 삼는 것을 피하는 눈치여서 나 또한 그렇게 해왔다. 그러나 그녀의 질문에 무엇인가 비밀이 있지 않을까 하는 생각이 들었다.

그날 저녁 김 선생은 내가 모르는 많은 이야기를 해주었다. 정리하면 이러했다.

학성을 키워준 분은 그의 부모님이 아니라 절의 스님이었으며 어렸을 때 절에 맡겨진 아이였다. 자식을 맡긴 부모의 사연은 알려지지 않았으며 김 선생 집은 절의 신도여서 사연을 알고 있었다. 김 선생 부모가 김 선생이 어렸을 때부터 절에 데리고 다녀 학성을 친오빠처럼 따랐다.

그녀가 초등학교 3년 때 학성은 대학생이 되어 서울로 가게 되었다. 친오빠 감정이 연모로 바뀐 것은 중학교에 올라가서였으며 학성이 군 제대 후 인사 왔을 때 그녀는 고등학교 학생이었다. 여자 아버지가 학성에게 이제는 결혼을 해도 되겠다며 여자가 있느냐고 물어봤을 때 여자는 가슴을 졸였다.

여자는 만나면 어렸을 적 모습만을 기억하고 소녀 취급하는 학성이 원망스러웠다. 그녀 가슴에는 학성에 대한 사랑이 쌓여갔는데 어느 날 소식도 없이 학성은 태백을 떠났다.

그가 다시 나타난 것은 절의 스님이 돌아가신 날이었다. 6년이란 세월을 어디서 보내고 나타났는지 모르지만 우연치고는 놀랍게도 임종 날짜에 맞추어 왔다. 스님의 장례를 치르고 난 후 학성은 몇 달간 태백에 머물렀다.

6년이 지나고 만난 두 사람에게 서먹함이 있었다. 이제는 성숙한 여자로 변해버린 대학 3년인 김 선생을 보는 학성이의 태도는 옛날처럼 자연스럽지 못했고 여자는 그동안 간직해온 마음을 학성에게 밝혔다. 학성은 그녀 고백을 부담스러워하였고 자신이 길은 따로 있다며 그녀의 사랑을 받아들이지 않았다. 그러던 어느 날 편지 한 통을 남기고 떠났다.

　"내 살아온 삶에서 선미가 없었다면 내 마음에는 모래사막처럼 삭막한 기억만이 남아 있을 거야. 언제나 너는 내게 아름다운 미소를 지닌 귀여운 소녀로 남아 있어. 세상에 의지할 곳이란 스님뿐이었고 내게는 네가 둘도 없는 형제와 같았지. 대학시절 지나가는 여학생들을 보면 네가 생각났고 방학 때면 무엇보다도 너의 모습이 그리워 달려가곤 했어. 그것은 부모도 형제도 없는 외로움에서 너를 친동생처럼 생각했기 때문이야.
　6년간 많은 것을 경험했어. 더러 너라는 동생이 얼마나 아름다운 숙녀로 변해있을까 생각하곤 했지. 나의 기억 속에 여자에 대한 기억은 너밖에 없으니 말이야. 그러나 나를 생각하는 너의 마음을 알고는 마음이 무겁다.
　고향을 생각하면 떠오르는 다정한 동네 오빠로 생각해 주었으면 해. 여기에 돌아올 때 결정된 일이지만 미국으로 공부하러 간다. 얼마가 걸릴지 평생 미국에 머물게 될지 모르겠지만 이 길이 내가 가야하는 길 같아서 모든 것을 정리하고 떠난다. 언제나 너의 귀여운 모습을 기억할게. 행복하고 그리고 좋은 인연 만나길 기원한다."

　학성이 떠나고 여자는 한동안 방황하였다. 외로우면 떠오르는 그와의 추억을 지울 수가 없었다. 여자는 졸업 후 선생이 되었다. 학성은 4년 전에 태백에 돌아와 스님 입적 후 거의 버려진 절을 수리하여 '타우의 집'으로 삼았다. 그녀 집에서 이 사실을 알리지 않았다. 그녀가 학성에게 마음이 있는 것을 눈치를 채고 선도 주선하고 연애도 권했지만 여자는 관심을 보이지 않았다.

학성이 태백에 정주한 지 2년이 지나서야 그녀는 그를 만났다. 여름방학이 되어 휴가차 집으로 돌아와 문뜩 절에 가보고 싶은 생각이 들어 그곳으로 가보았다. 그가 미국으로 떠난 다음해 텅 빈 집 앞에서 한없이 울고 난 후 실로 5년 만에 가보는 절이었다. 그동안 더욱 황량하게 변했을 절을 생각하였는데 옛날 절 간판 대신에 '타우의 집'이라는 간판이 걸려있었다.

그녀는 설마 학성이가 돌아왔으리라 생각은 못하고 누가 이 집에 살까 하면서 마당으로 들어섰다. 한 남자가 옛 법당이 있던 건물 안에서 명상을 하고 있었다. 너무도 눈에 익은 그 사람은 학성이었다. 그녀는 한동안 숨을 쉬지도 못하고 서 있다가 그냥 집으로 돌아왔다.

그녀는 일절 소식도 없었던 그가 한국에 돌아와서도 2년이나 연락을 하지 않은 것이 야속하였고 무엇보다 떠날 때의 냉정한 반응이 떠올라 만나기가 너무 두려웠다. 근무지 춘천으로 돌아왔으나 그리움은 어쩔 수가 없어 그녀는 태백으로 전근을 신청하여 여자 중학교에 근무를 하였다.

그리고 절을 찾아가 학성을 만났지만 그의 마음은 변함이 없었다. 자신을 기다려왔다는 것에 큰 부담을 느끼고 있었고 앞으로 혼자 살 계획이니 동생으로 남아달라고 하였다.

부지런히 '타우의 집'을 다녔으나 그의 태도는 조금도 변함이 없었고 그녀가 들은 이야기는 깨달음이니 인류에 봉사, 형제애 같은 현실과 동떨어진 말이었다. 그는 조금도 사적인 감정을 드러내지도 않았고 그렇다고 그녀가 감정을 드러낼 기회도 주지 않았다.

그러다 그녀 집에서 이 사실을 알고는 학성에게 다시는 만나지 말 것을 경고하였다. 여자 부모는 10년 연상에다 세속적으로 성공 가능성이 없고 거기에다 출생도 불명확한 학성을 사윗감으로 생각하지 않았다. 학성은 여자가 찾아와도 만나주지 않았다.

그녀의 말을 듣고 비로소 두 사람의 서먹서먹한 분위기를 이해할 수가 있었다. 문전박대하는 학성에게 절망하여 혼자 아픔을 삭여오다가 나를 만나 다시 연결이 된 것이었다.

(9)

김 선생 이야기를 듣고 돌아오는 내 마음은 뒤숭숭했다. 무엇이 바른 방법인지, 학성을 못 잊는 한 여자의 마음이 절절하게 내게 다가왔고 학성의 꿈과 생각이 무엇인지 아는 나로서는 둘 사이를 도와 줄 수 있는 방법은 없는 듯했다. 그녀가 과거를 이야기한 것은 어쩌면 나의 도움을 얻기 위한 것이지도 몰랐다.

그러나 그녀가 마지막 한 말이 떠올랐다. '더 큰사랑, 우주만큼 큰사랑을 생각하는 사람에게 작은 사랑을 강요하는 것이 죄를 짓는 일인지도 모르겠어요. 그분이 하는 말이 있어요. 진짜 사랑은 소유하는 것이 아니라 그 사람이 원하는 것을 하게끔 놓아주는 것이라고요. 그런 면에서 나는 사랑을 하는 것이 아니라 집착하고 소유하고 싶은 것인지도 몰라요. 너무 힘이 들지만 그분을 마음에서 놓아드려야 할 것 같아요.'

그녀에게서 학성의 어린 시절을 듣고는 대학시절 고고하면서도 어딘지 모르게 외로워 보였던 학성이 이해될 것 같았다. 4년간을 그렇게 친하게 지냈건만 가족이야기는 극도로 아꼈다. 귀여운 여동생이 있다고 했는데 김 선생을 두고 한 말 같았다..

저녁에 학성과 찻잔을 놓고 앉았다. 그녀와 관계를 내가 아는 척해야

하는지 아니면 그냥 모른 척 해야 하는지 망설여졌다. 내가 피시방에 일하는 것을 반대한 이유가 내가 그녀와의 관계를 이어주는 끈으로 작용할까 우려해서였을 것이다. 알고 난 사실을 모른 체 할 수는 없어 그날 있었던 일들을 말했다. 반응을 기대했는데 담담하게 듣기만 하자 나는 조금 도발적인 질문을 했다.

"가족관계를 감추어야할 만큼 나는 별 볼 일 없는 친구였다는 생각이 든다. 대학시절에는 그랬다고 쳐도 지금까지 비밀로 해온 것은 좀 섭섭하다."

나의 말에 그는 별로 당황한 기색도 없이 차분한 톤으로 말하였다.

"나에게는 그것이 수치스런 비밀이 아니라 단지 세상 사람들의 쓸데없는 관심이나 동정 혹은 편견이 싫었기 때문이었어. 너에게 감추려고 한 것은 비밀이어서가 아니라 가족이나 배경에 근거함이 없이 순수한 모습으로 만나기 위해서였고.

돌아가신 스님은 호적상으로는 내 아버지였고 친아들처럼 키우셨어. 자식을 노후 대책을 위한 투자로 보는 부모도 많고 그냥 외로워서 자식을 키우는 부모도 많지만 스님은 그런 개인적 욕망이나 기대 없이 한 인간의 참된 영적 성장을 바랬어. 누구보다도 훌륭한 부모님이셨으니 숨길 이유는 없었어. 스님은 어렸을 때부터 나라는 것은 없다고 말씀하셨어. 모두를 위한 삶을 살라고 하셨고."

한 번도 본 적이 없는 스님이라는 분의 향기가 느껴졌다. 말이 나온 김에 나는 김 선생에 대한 질문을 했다.

"대학시절 여동생이 있다고 했는데 김 선생을 두고 한 말이었구나. 그런데 동생이 아니라 이성으로 김 선생을 생각해본 적은 없었니."

결국 내가 하고 싶은 말이었다.

"김 선생은 내게 친동생 같은 존재였어. 미국으로 가기 얼마 전에 그녀의 고백을 듣고 그녀만큼이나 괴로워했던 것은 사실이야. 내가 가장 소중히 여기던 선미가 나 때문에 가슴앓이를 해왔던 것이 마음 아팠어.

그때에는 이미 나의 미래 계획은 확고했고 그 일환으로 미국으로 가야 했으므로 그녀의 마음을 받아들일 여지가 없었어. 선택의 여지가 없었지.

잊을 사람은 빨리 잊는 것이 좋잖아. 서로 보지 않고 세월이 흐르면 자연히 잊히는 것이 세상일이고. 너도 사랑을 해봤으니 알겠지만 폭풍처럼 왔다가 사라지는 것이 남녀 간의 사랑 감정이잖아.

다시 재회했을 때 정말 반가웠지. 외로우면 생각나는 유일한 여자였으니 말이야. 그런데 다시 만났을 때 여전히 나에 대하여 미련을 가지고 있는 것이 부담스러웠어. 왜냐하면 그녀를 아끼기에 그녀가 많이 행복하기를 바랐거든.

나를 바라보는 그녀의 모습에서 나는 진한 아픔을 느껴. 그 아픔은 사랑일 수 있겠지. 그 아픈 마음은 그녀에게만이 아니라 모두에게도 마찬가지야. 물론 사연은 다르겠지만 말이야. 인간이면 겪어야 하는 삶에 배어있는 무상함에 대한 아픔!"

그가 가야하는 길을 잘 알고 있었다. 사랑하는 여자를 대동할 수는 없는지 하는 생각이 들었다. 수련과 헌신의 길을 걸으면서 결혼생활을 병행한다면 여러 가지로 극복해야 할 일이 많을 것 같았다. 가족부양 문제부터 자녀양육, 더 나아가 확장된 친인척 문제, 거기에다 부부 가치관 문제까지 모두가 상당한 시간과 에너지를 필요로 할 것이었다.

또한 배우자의 세속적 기대치를 충족시켜주기도 쉽지 않겠고 남들 하는 것 다하면서 수련하고 봉사할 시간이 있을지도 의문이었다. 성직자의 독신 생활이 이해가 되었다.

나는 그의 의식 수준이 늘 궁금했다. 진리를 아는 것과 진리가 되는 것은 엄연히 다른 것쯤은 알고 있기에 그의 입에서 나오는 진리가 자신이 경험한 지식인지 아니면 단지 전달자에 불과한지 궁금하기도 했다.

그러나 각성 정도에 대하여 묻는 것이 예의에 어긋나는 일이란 것은 알고 있었다. 설사 그 답변이 무엇이라도 해도 내 자신이 그 상태가 되기 전에는 알 수 없는 주관적 경험의 세계였다. 나는 그에게 유도성 질문을 해봤다.

"깨달은 자는 성을 느끼지 않는 거니?"

나의 엉뚱한 질문에 그는 잠시 나를 쳐다보더니 웃으며 말했다.

"깨달음에는 여러 단계가 있다고 말했던가. 어느 단계의 상태를 말하는지. 깨달은 혼이 육체에 존재한다면 당연히 육체의 본능이나 감정에 둘러싸이게 돼. 일반인들처럼 성을 느끼지만 감정을 통제하듯 성을 의지에 따라 통제하지. 감정에 노예가 되는 것은 피해야 할 일이지. 그러나 실생활에서 감정을 잘 활용하는 지혜가 필요하듯 성도 그런 것이야. 그러니 사용하는 사람에 따라 선이 되기도 하고 악이 되기도 하지.

원효 선사가 요섭 공주와 사랑을 나눈 것은 성욕에 휘둘러 그런 것이 아니라 필요에 따른 성의 사용이었음을 엿볼 수가 있지. 성 에너지를 자유자재로 다른 에너지로 변환시킬 수 있는 상태에 도달한다면 성은 우리가 생각하는 그런 성이 아니라 영적 발전을 위한 도구가 될 수도 있어.

여기서 오해가 없었으면 하는데 영적 발전을 위한 도구가 일부 잘못 알려진 성을 통하여 깨달음을 추구하는 탄트라를 의미하지는 않아. 탄트라에 대해 우리가 알고 있는 정보는 지엽적이고 오해도 많아.

내가 말하는 것은 의식수련을 통하여 성 에너지를 영적으로 승화시키는 것을 말하는 것이야. 스승님의 말씀에 따르면 성을 통한 깨달음은 아주 위험한 방법이라고 거의 성공할 수 없는 방법이라고 하셨지."

가끔 스승의 말을 인용할 때는 늘 학성이 신중하고 조심스러워보였다. 언젠가 한 번 스승에 대하여 물어봤지만 시원스러운 답을 들지는 못하였다. 미국에서 그가 배운 것도 바로 그 스승이라는 분의 가르침이었다.

"혼자 살아가면서 끊임없이 다가오는 외로움은 극복하기 참 힘들더군. 요즈음 사실 마음이 허전하고 외로워. 그 외로움이란 물결이 밀려오면 정말 아무 것도 못하고 쓸데없는 잡생각만이 나더군. 이것도 수련의 한 단계로 생각은 하지만 말이지."

"외로움 때문에 결혼하는 사람이 많지만 결혼이 외로움을 없애주지는 않아. 결혼할 때 막연히 어떤 희망을 갖고 시작하지. 여러 가지 낭만적인 요인도 결혼을 부추기고. 심지어 주변 압력에 못 이겨 결혼하는 사람도 결혼에 대한 어느 정도 긍정적 기대를 가지고 못이기는 체 결혼하는 거지. 그러나 대부분 이런 기대도 깨어진다고. 기대가 사라진 후, 자신이 선택한 삶에 대한 책임감으로 잘살아 보려고 애쓰는 것이 인생이지.

부부가 함께 사는 가장 큰 이유가 선택한 삶에 대한 책임감과 외로움을 달래기 위한 것이 아닐까 싶어. 외로움을 잊기 위하여 사람을 만나고 오락에 빠지고 가정을 꾸미고 하는데 그런데 이것은 일시적인 방편일 뿐이야. 외롭다는 것은 신과 분리되어 있음을 느끼는 것이지. 그러니 신과의 합일을 할 때까지 우리는 늘 외로움을 직면할 수밖에 없는 운명이야.

그런데 사람들은 이 외로움의 정체를 알려고 하지 않고 끊임없이 바깥에서 그 해결책을 찾고 있지. 외로움을 직면하는 용기가 필요한데 사람들은 일단은 피하자는 생각이야. 원초적 외로움은 결국 우리 모두가 넘어서야 할 대상인데."

원초적 외로움! 아무도 그 외로움을 해결해줄 수 없는 인간이 가지고 있는 본질적인 속성, 이 구절이 화살처럼 마음에 박혔다. 나는 방을 나와 산길을 걸으며 외로움에 대하여 사색했다. 살아오면서 늘 외로웠다.

숲속에 섰다. 바람소리와 나뭇잎 흔들리는 소리가 가슴으로 들렸다. 밤하늘의 별들이 가슴에 내려와 크리스마스트리의 별처럼 반짝거렸다. 하늘과 내가 하나로 연결되어 공기와 흙과 생명이 내 안으로 들어왔다. 외로움이 들어올 틈이 없었다. 숲속 명상에서 평안을 얻고 집으로 돌아왔다.

(10)

　피시방의 주인인 김 사장과 커피를 같이 했다. 처음부터 나는 김 선생의 대학선배로 사업에 실패하고 잠시 태백에 거주하는 사람으로 소개되었다. 학성을 언급하여 공연히 문제를 복잡하게 할 필요가 없었다.
　오랫동안 책방을 운영하다가 잘되지 않아 피시방을 열게 됐다는 김 선생 아버지는 60을 갓 넘긴 사람이었다. 나이에 비하여 젊어 보이는 김 사장은 사업에 실패하여 마음이 아프겠다며 비록 아르바이트지만 편하게 피시방에서 근무하면서 사업구상을 해보라며 격려해주었다.
　이미 김 선생과는 대충 말을 맞추었기에 대화는 큰 문제없이 진행되었다. 이야기를 하다가 가족 이야기가 나왔는데 자식 자랑을 은근히 하였다. 첫째인 김 선생 말고도 둘째인 아들이 지금 미국에서 박사학위 중에 있다고 하였다. 마을에서 지금까지 외국에서 박사학위 받은 사람이 없다며 아들에 대한 기대와 자부심을 드러냈다. 미국에서 지진이나 태풍 소식을 들어도 아들놈이 염려가 된다며 걱정 아닌 걱정을 하기도 하였다.
　부모의 마음은 다 그런 모양이었다. 나는 1년에 소식 한 두 번 전하는 못난 자식이었다. 형이 다행스럽게 장남의 운명을 받아들여 어머니를 모시고 있어서 나는 어느 정도 어머님에 대한 관심을 끊고 살 수 있었다. 자랄 때부터 조금은 냉정하고 가족 일에 무심했던 나여서 1년에 한 두 번의 안부 전화에도 집에서는 그런 놈이려니 생각을 해주어 다행이었다.
　"김 선생 부인이 미국에 있다고 들었는데 고생이 많겠습니다. 빨리 제기하셔야지요."
　이혼한 사람이면 싫어할 것이라 해서 아내가 친정인 미국에 가있다고 말을 하였다.
　나는 할 말이 마땅치 않아서 그냥 어색하게 미소만 지었다.
　그러자 김 사장이 말을 이어갔다.

"딸애 엄마가 세상을 뜨고 혼자 살아온 지 3년이 되었는데 여러모로 힘이 듭니다. 집에는 여자가 있어야 합니다. 딸아이가 있어 그나마 다행인데 시집가면 혼자 살아갈 일이 걱정입니다. 시집갈 나이가 되었는데 도대체 갈 마음이 있는지 은근히 걱정도 됩니다."

나는 화제의 초점이 나에게서 벗어남을 느끼고 얼른 말을 받았다.

"김 선생님이야 성격 좋고 참하고 거기에 여자로는 최고 직장인 학교 선생님인데 좋은 짝이 나타날 것입니다."

김 사장은 기분이 좋은지 활짝 웃었다.

"그건 그렇지요. 내 딸이지만 심성이 착하고 마음 씀씀이가 기특하지요. 그런데 생각보다 좀 주관이 강한 것이 문제입니다."

나는 좀 더 여유 있게 김 사장 말을 들어주고 질문하는 식으로 그분의 이야기를 화제로 대화를 이끌어나갔다. 천성적으로 사람들은 자신의 말에 귀를 기울이고 관심을 보여주는 사람에게는 호감을 가지는 법이었다.

살아가면서 남의 말을 잘 들어주는 것도 쉬운 일은 아니다. 특히 술자리에서 들었던 이야기를 반복해 듣는 일이나 일방적으로 자기 이야기만 하는 사람의 말을 듣는 일은 고역이다. 다행히 김 사장은 오랜 시간 사람을 잡아두고 스트레스 풀 듯 말을 많이 하는 사람은 아니었다.

퇴근 무렵에 김 선생이 피시방에 들려서 우리는 어두워지는 저녁 길을 같이 걸었다. 아버님을 만나 커피 한잔을 했다고 하니 웃으며 아들 자랑하지요 하였다.

"김 선생님 자랑도 하셨어요. 그런데 시집갈 생각을 안 한다며 걱정하시더군요."

그녀는 결혼 이야기가 나오자 만나는 사람마다 결혼이야기를 꺼낸다며 속마음은 그렇지 않으면서 겉으로는 위하는 척하는 것이 정말 짜증 난다고 했다. 사람들이 그것이 얼마나 쓸데없는 간섭인지 당사자 기분을 상하게 하는지에 대해 무지하다고 조금은 흥분하여 말하였다. 그녀는 재미있게 이런 말을 했다.

"처음 사람 만나면 무엇부터 확인하는지 아세요. 나이 확인이에요. 그리고는 결혼 여부를 물어보지요. 아직 미혼이라는 말이 무섭게 그 다음에 이어지는 말은 정말 지겨울 정도로 똑같아요. 말해 볼 테니 들어보세요. '아니, 왜 결혼 안하셨어요?' '결혼 안하실 거예요?' '나이가 차면 결혼해야지요. 더 늦기 전에 서두르세요.' 나름대로 결혼관을 설명하면 설명하는 대로, 그냥 대충 얼버무리면 얼버무리는 대로, 이해한다는 듯이 고개를 끄덕거리다가는 그래도 넌 무엇인가 잘못하고 있다는 듯, 훈계 아닌 훈계에 들어가니 정말 지겨워죽겠어요.

무시할 수도 없고 일일이 답하려니 짜증나고. 왜 남의 일에 관심이 많은지요. 외국에서 이런 질문은 실례가 되므로 절대 하지 않는다고 들었는데 말이에요. 책에서 봤는데 다양성을 인정하는데 익숙하지 못한 우리 국민의 의식 문제라고 하더군요."

그녀 말을 들으며 그녀의 심정이 마음에 와 닿았다. 결혼은 특정 나이에 모두가 해야 하는 것으로 알고 있는 구시대적 사고가 아직도 우리 사회의 현실이었다. 모두가 같아야 속이 편하고 개인보다는 집단을 강조하다보니 개성적인 모습을 받아들이기 힘든 것 같았다. 집단의식이 너무 강하다보니 이것이 부정적으로 작동하는 경우도 많다. 파벌의식, 지역주의, 연줄, 가문, 등은 사실 집단의식의 발로이다.

언젠가 직장 상사가 나의 인사 고과에 개인주의적 경향이 강하다고 기록한 것을 봤다. 이것이 서양에선 아무런 문제가 되지 않지만 한국에서는 개인주의를 이기주의와 동일시하기에 문제가 된다. 이것은 오해이다.

사회나 남에게 피해를 주지 않으면서 자신의 일을 하는 것이 개인주의라면 이기주의는 남을 생각하지 않고 자신의 이익만을 위하여 살아가는 것을 말한다.

우리나라와 같은 집단주의가 발달된 나라에서는 집단 이기주의가 엄청 기승을 부린다. 오히려 이런 집단 이기주의가 사회나 국가 발전의 장애물로 존재한다. 최근에 눈에 띄게 드러나는 것이 종교집단의 이기주의이다. 내 종교만이 최고라고 다른 종교를 무시하다 못해 해코지까지 하는 지경이다.

저녁 어스레한 어둠 속에 비치는 김 선생은 참 아름다웠다. 학성을 만나지 않았다면 이렇게 예쁜 김 선생이 마음 고생하지 않겠지 하는 생각이 들었다.

(11)

날씨가 점점 봄을 향하여 달려가고 있었다. 피시방에 들어서니 김 사장이 컴퓨터 앞에 앉아 있었다. 아마도 미국에 있는 아들에게 메일을 보내는 것 같았다. 나는 준비한 글을 김 사장에게 내밀었다.

"행복을 만드는 사람"

이 사람은 빛나는 시간, 기쁜 순간만을 생각한다.
불쾌했던 기억, 실패의 추억, 어두운 과거를 마음에서 몰아내고
슬픈 일, 우울한 생각을 결코 마음에 두지 않는다.
미움, 질투, 분노, 불유쾌한 것,
그런 것은 불행을 불러오고 실패를 부르는 초대장이 아닌가?
내생명의 행복을 좀먹는 도적들이 아닌가?
어찌 이런 도적들을 환영할까보냐!
행복을 지키는 사람, 성공을 거두는 사람은
언제나 빛나는 순간에
기쁜 기억만을 간직하고 말한다.

기쁨을 말하는데서 행복이 찾아드는 것이다."   -광덕 스님-

　잡지를 읽다가 좋은 글이어서 간직하고 있다가 어제 미국 아들에 대한 걱정을 듣고 소개하려고 가지고온 글이었다. 김 사장은 글이 너무 좋다며 나에게 감사했다.

(12)

　밤늦게 전화가 왔다. 형이었다. 내일이 어머님 생일인데 전화 한 통화 없느냐며 전화를 바꾸어주었다. 오랜만에 들어보는 어머니 목소리였다. 늘 하는 이야기를 주고받으며 죄지은 마음으로 전화를 끊었다.
　형은 대학을 나오지 못하였다. 공부에는 별로 관심이 없어서 공고에 진학하여 일찌감치 기술을 배웠다. 공고를 졸업하고 여러 작은 회사를 전전하다 전파상을 하고 있었다. 그런 형에 비하여 나는 공부를 잘하였다. 대학생이 된 나를 그리고 넥타이 매고 회사에 출근하는 자식을 무척 자랑스러워하였다.
　나의 이혼을 가장 가슴 아파했으며 실직 후에는 자식 마음 상할 것을 우려해 전화도 하지 않는 어머니였다. 그런 점에서 나는 무척이나 감성이 무디고 자신만의 삶을 생각하는지도 몰랐다.
　자유! 이것이 내 인생의 화두였다. 사실 한때 출가를 결심했었다. 그 결심은 직장생활과 결혼으로 사라졌지만 지금 나에게 주어진 길은 새로운 출발이며 출가인 셈이었다.
　이제는 살아가는데 일반인과는 다른 기준이 필요하고 그것은 필연적으로 어머니와 갈등을 야기할 것이었다. 다시 좋은 직장 구하여 재혼도 하고 자식도 낳고 남들처럼 그렇게 살기를 바라는 것이 어머니 마음이었다.
　아침에 일어나 나는 새롭게 마음을 다지기로 했다. 사랑의 정열만큼이나 뜨거운 열정으로 신을 찾고 싶었다. 수련의 매너리즘에 빠지는 나를 경계하기 위해서도 마음의 결심이 필요한 때였다. 매일 생활 지침으로 삼을 문구를 정리하여보았다.

-자기 페이스 유지: 서두르거나 조급해하지 말 것이며 언제나 지켜보는 자가 되어야 한다.
-8정도를 생활화: 마음의 정화, 행동과 육체의 정화
-생각 지켜보기: 생각이 그릇되게 나가면 즉시 시정한다.
-수련시간 엄수: 매순간 최선을 다하여 수련한다. 삶은 수련이다.
 수련시간을 배정하여 규칙적으로 명상한다.
-습관 개선: 깨어있는 자각으로 습관을 바꾼다.
-신의 뜻이 최우선: 무엇을 하든 신의 의지를 앞에 둔다.
 명성을 얻음에 신의 뜻과 다름은 무슨 소용인가?
 재산을 얻음에 신의 뜻과 다름은 무슨 소용인가?
 세속적 명성, 명예를 추구하지 말 것이며 신의 뜻이라면 그것이
 우선 행해지도록 한다.
-남의 평판에 구애되지 않는다.
-영적 각성과 세계의 평화를 위하여 살아간다.

내가 식사 후 이 문구를 책상 앞에 붙이자 학성은 대단한 각오라며 격려하여주었다. 그리고는 어느 정도 지켜보기 훈련이 되었으니 다음 단계의 수련으로 넘어가도 되겠다고 했다.
그동안 주어진 주요한 수련법은 집중과 이완 그리고 지켜보기 법이었다. 그는 집중과 이완, 지켜보기가 어느 정도 마스터되면 본격적으로 수련에 들어갈 수 있다고 평소에 말하여 왔다. 그는 앞으로 할 수련법이라며 혼의 호흡법, 소리명상, 빛 명상, 영센터 각성법, 만트라를 통한 센터각성, 심벌수행 등을 간단히 설명해주었다.

(13)

　피시방에는 다양한 사람들이 드나들었다. 가끔은 혼내주고 싶을 정도로 예의가 없는 사람들도 있었다. 쓰레기통이 옆에 있는데 몇 발자국 걷기 싫어 많은 사람이 사용하는 바닥에 가래침을 뱉는 사람도 있었다. 눈치 안 보고 마음껏 재치기하는 것은 흔한 모습이었다. 본인은 시원하겠지만 그 소리에 놀라하고 불쾌해하는 사람의 마음은 배려하지 않았다.
　휴대폰을 진동으로 하는 것이 예의인데도 지키지 않고 실내에서 큰 소리로 통화하면서 미안해하지도 않았다. 남을 배려하지 않는 사람들은 자유란 남을 불편하게 하지 않을 때 주어지는 것임을 모른다.
　모처럼 김선미 선생 홈페이지로 들어갔다. 명상란을 클릭하니 교훈적이며 아름다운 글들이 실려 있었다. 언젠가 책에서 읽었던 글도 있었다.

　히말라야에 아주 예쁜 새가 있었답니다. 이 새는 낮에 찬란히 빛나는 태양 아래서 즐거운 하루를 보내지요. 태양이 지고 밤이 다가오면 히말라야의 살을 에는 추위가 다가오고 낮에 노는데 소일한 새는 밤중 내내 추위에 괴로워하며 내일은 반드시 집을 짓겠노라고 다짐, 다짐을 하지요.
　다시 해가 뜨고 따사로운 햇살 아래, 그 새는 노는데 바빠 다시 집 짓는 것을 잊어버린답니다. 밤이 찾아오고 엄청난 추위에 다시금 집을 지을 것을 다짐하고, 그러나 날이 밝고 그 맹세는 다시 잊히지요. 이 새는 평생 집을 짓지 못하고 그렇게 산답니다.

　내가 어렸을 때 나의 상상은 자유롭고 한계가 없었다. 그때 나는 이 세상을 변화시키겠다는 꿈을 꾸었다. 조금 나이가 들고 세상을 알게 되자 이 세계를 변화시키기가 어렵다는 것을 알게 되었다. 그래서 조금 생각을 좁혀 내 나라만이라도 변화시키겠노라고 결심했다. 그런데 이것마저도 어려워보였다. 좀 더 나이가 들어 마지막 시도로 가까운 내 가족만이라도 변화시키겠노라 결심을 했다. 그런데 슬프게도 이것마저 되지 않음을 알게 되었다. 지금 임종을 맞이하여 불현듯 깨닫게 되었다. 만약 내가 먼저 내 자신을 변화시켰다면, 그랬으면 그 다음에는 가족을 변화시킬 수도 있었을 텐데. 그랬으면 가족의 영감과 격려로 나라를 개선시킬 수 있었을 것이고 그리고 심지어 이 세계를 변화시켰을지도.

남자와 여자가 태초에는 하나였답니다. 하나 속에 둘이 존재하는 상태였지요. 그때는 그 자체로 완전한 상태여서 지금처럼 자신의 짝을 찾을 필요가 없었답니다. 그런데 어떤 계기로 하나는 둘로 나뉘어졌습니다. 남녀가 서로에게 끌리고 사랑하는 것은 자신에게 없는 한쪽을 찾기 위한 것이랍니다. 그런데 육체적인 합일로는 진정한 만남이 아니고 내면 의식을 상승시켜 우리의 의식이 우주의식과 연결될 때 비로소 완전한 만남이 이루어진답니다.

나는 김 선생의 정신세계가 참으로 흥미로웠다. 감성적 글에서 우리 자신을 뒤돌아보게 하는 영적인 글까지, 생각이 넓고 감수성이 예민한 여자 같았다. 그런 면에서 나와 이혼한 미지는 지적이고 합리적인 여자였지만 영적인 세계에 대한 무관심이 늘 나를 허전하게 하였다. 결혼하기 전에 그것이 큰 문제가 될 것이라고 생각하지 못했다. 그러나 살아가면서 서로의 관심사를 공유할 수 없다는 것은 보이지 않는 장벽이었다.
그렇게 쉽게 자신의 길을 갈 수 있었던 것도 서로의 삶에 대한 공감이 없었기 때문이었다. 한 남자를 지극히 사랑하는 김 선생과 자신의 인생 목적을 위해 길을 떠난 미지가 비교되어 마음에 떠올랐다.
헤어지기 전까지는 사실 남들이 보기에는 문제없는 부부였지만 막상 이혼이라는 결정을 내려야 하는 순간에 전혀 상상할 수 없을 만큼 우리는 쉽게 도장을 찍었다. 난 미지의 결심을 막을 만큼 그녀가 절실히 필요하지 않았고 그녀 또한 자신의 행로를 위해 나라는 존재를 포기할 만큼 나를 필요로 하지 않았다. 서로에게 아무런 미운 감정 없이 헤어진 것은 어쩌면 절실히 서로를 사랑하지 않았다는 증거일 수도 있었다.

(14)

내가 잠시 생각에 잠겨있을 때 김 선생에게서 전화가 왔다. 동료 교사 한 분이 내일 주말에 타우의 집을 방문하고 싶어 한다며 허 선생님의 생각을 알려달라는 내용이었다. 그런데 동료 교사가 종교에 관심 많은 기독교인으로 도 닦는 사람이 살고 있다는 말을 듣고 호기심이 발동하여 한 번 만나보고 싶다는 것이었다.

종교토론은 수준이 어느 정도 맞아야 되는 것인데 종교토론을 위하여 방문한다면 당연히 사절이었다. 나의 의견을 말하며 어렵지 않겠냐고 말하니 동료교사가 깨달음의 종교에 대하여 알고 싶은 것이 많아 평소에도 자신과 많은 이야기를 나누고 있는 사이라고 하였다. 직접 전화를 걸어 허락을 구하라고 하니 김 선생은 자신보다는 아무래도 친구 분이 말하기가 좋지 않겠느냐며 말 좀 잘 해 달라고 사정했다.

저녁에 김 선생의 말을 전하고 학성이의 의견을 기다렸다. 잠시 곤혹스러운 표정을 보이더니 진리를 위해서는 사람을 만나야 할 필요가 있다며 허락하였다. 그리고 진리에 대한 갈구는 모든 혼에 내재하는 속성이라며 그동안 내가 궁금해 하던 혼에 대하여 우주적인 차원에서 이야기하였다. 그 내용을 정리한다면 이렇다.

(혼)

혼은 우주의식/신의 분광(分光)으로 물질계의 어둠을 빛으로 변화시키기 위하여 나타났다. 태초에 물질계의 혼은 자웅동체 즉 하나 속에 양성이 존재하는 자체적으로 완전한 상태였다. 어떤 사건으로 물질계에 현시 하였던 혼이 추락하게 되었으며 이로 말미암아 혼은 신성한 능력을 상실하게 되었다.

물질계에 있지 않아 추락을 경험하지 않았던 신성한 혼들이 추락한 혼들의 원래 능력을 회복시키려고 여러 방법을 시도하였다. 그러나 혼을 둘러싸고 있는 부정/어둠의 힘이 너무 강하여 성공하지 못하다가 마지막으로 생각한 것이 혼을 두 극성 즉 남과 여로 분리하는 것이었다. 분리시킨 후 혼을 동물체(인간 육체)에 화신시켰으며 죽음과 바르도 그리고 윤회로 이어지는 삶과 죽음의 사이클을 만들었다.

이것은 죽음을 통하여 생전에 극복한 부정의 파편을 제거할 수 있음을 위대한 스승들이 알았기 때문이다. 이전까지는 우리 혼은 물질로 이루어진 지금과 같은 육체가 아니라 구형체(球形體)의 아주 섬세한 9차원 체에 존재했었다.

동물체 즉 현재의 우리 육체에 화신한 혼은 자신의 극성(남녀)에 따라 남과 여로 육체를 변화시켰으며 그때부터 두 반대 극성을 가진 혼은 서로에게 끌리게 되었다.

그러나 이것은 육체적 차원의 합일이며 각성을 통하여 우리 의식이 신의식과 동조될 때 우리는 헤어졌던 반쪽과 만나게 된다. 그러나 아직도 반쪽이 각성을 얻지 못하였다면 영적인 진동을 보내 각성을 촉진시킬 수 있다.

많은 사람들이 소울 메이트를 육체에서 찾고 있으나 이것은 잘못이다. 성 에너지가 영적으로 변화될 때 남성 진동은 영적인 여성 진동과 접촉하게 되고 물질계에서뿐만 아니라 영계에서 결합된다. 이럴 때 우리는 창조력을 가지게 되고 마음과 몸은 완전한 평화 속에 있게 된다.

새로이 사회현상의 하나로 대두되고 있는 것이 동성애자나 성전환자 문제이다. 이 현상을 어떻게 이해할 건가는 우리 사회가 풀어야 할 문제일 수도 있다. 그들의 권리를 인정하고 사회의 주류에 편입할 것인가 아니면 사회의 이단자로 배척할 것인가도 생각할 문제이다.

이러한 성향을 가지는 사람들의 원인을 다각적으로 연구하는 학자들이 생겨났으며 심리적, 유전적 원인을 찾아내려고 노력하고 있다. 그러나 획기적인 연구 결과는 나오지 않고 있는 실정이다. 이러한 성향의 사람들이 늘어나는데 어떤 면에서는 이런 흐름이 오랜 기간 유지해온 사회구조의 틀을 무너트릴 수도 있다.

비밀 가르침에서는 이런 현상을 혼의 문제로 설명한다. 혼은 늘 동일한 성으로 윤회를 하는데 특수한 경우 즉 전생에서 지나치게 다른 성을 싫어하였던가 아니면 다른 성으로 태어나고 싶은 강한 갈망이 있었던 경우 교훈적인 차원에서 자신의 성과 다른 육체에 태어나서 타성의 경험을 하면서 필요한 교훈을 배운다.

그러므로 이들은 혼과 육체가 서로 반대되는 극성으로 혼란을 겪는다. 그러나 혼과 육체의 반대 극성으로 인한 혼란이 아니라, 좀 더 색다르고 자극적인 성적 욕망을 얻고자 이성에 만족하지 못하고 동성에 성적 충동을 느끼는 경우도 상당하다.

미국 같은 경우는 상당수의 사람들이 동성연애자인데 그들이 전부 혼과 육체의 반대 극성으로 인한 필연적인 반응이 아니라 성의 무분별한 남용이나 자극적인 성이 원인일 수 있다. 왜냐하면 아주 특별한 경우를 제외하고는 이런 성향으로 태어나는 사람이 그리 많지 않기 때문이다.

같은 이유로 만약 전생에 특정 민족을 아주 싫어했다면 교훈적인 차원에서 이번 생에서는 자신이 싫어했던 인종으로 태어날 수도 있다. 유전자는 민족의 특성을 유지하고 있지만 혼은 어느 민족에도 속하지 않는 우주적인 존재이다.

혼과 관련하여 혼이 육체에 작동할 때 어떤 메커니즘을 통하여 작동하는지는 매우 흥미로운 주제이다. 우리가 먼저 알아야 하는 것은 혼은 늘 상위의 계에 남아 있고(추락한 혼은 상위계에서 물질계로 확장되어

나온 혼이다) 그 혼의 발출물이 물질계에 현시하고 있다. 그 확장된 혼 (비록 혼의 확장이지만 혼의 속성을 지니고 있다, 카발라의 4개 혼 참조)이 육체에 화신하는데 육체와 만나는 점이 바로 머리 중심에 있는 송과선이다.

이 송과선은 3부분으로 나뉘며 송과선을 통하여 혼은 육체를 작동시킨다. 송과선 밑에는 뇌사라는 모래처럼 작은 입자들이 있으며 기억력과 건강에 중요한 역할을 한다. 송과선을 구성하는 제일 아래 부분은 혼의 접촉점이며 중간 지점인 두 번째 부위는 잠재의식의 자리이고 제일 윗부분인 세 번째 부위는 영적인 에너지를 통제하는 역할을 한다. 그리고 송과선에서 약간 앞부분 아래쪽에는 뇌하수체가 있는데 이것은 현재의식의 자리이다.

과거의 기억이 저장된 곳이 잠재의식이며 필요에 따라 정보를 끄집어내고 저장하는 역할을 하며 상위의식에서 오는 정보를 받아들여 현재의식으로 보내는 역할도 한다. 즉 상위의식과 현재의식 사이의 연결점이며 엘리멘탈이 빙의할 때 점령하는 장소가 바로 송과선의 잠재의식 자리이다. 그러므로 빙의가 되면 의식이 차단되고 엘리멘탈이 육체를 조정한다.

혼은 송과선의 제 1부위에 접촉하고 이어서 송과선 제 2부위로 확장하여 잠재의식을 형성하고 다시 잠재의식에서 뇌하수체로 확장하여 현재의식을 형성한다. 그러나 혼은 잠재의식이나 현재의식에 존재하지는 않는다. 단지 혼의 힘이 작동하고 있다.

그러므로 위빠사나의 수련법인 생각 지켜보기도 현재의식이나 잠재의식에 흐르는 생각을 혼의 입장에서 지켜보는 것이며 형이상학에서 많이 사용되는 단어 '지켜보는자' '거주자' '아는자'란 바로 우리의 혼을 가리키는 것이며 생각에 휩싸이지 말고 혼의 자리에 머무르라는 것이다.

인도의 요가에서 제3의 눈에 대하여 언급을 하는데 제3의 눈이 송과선이다. 뇌하수체에 위치한 아즈나 차크라를 제3의 눈이라고 주장하는 사람들도 있으나 혼이 육체와 접촉하는 송과선이 제3의 눈이며 육체의 생명줄이다.

이 센터가 활성화 될 때 우리는 신 의식을 접촉할 수 있다. 요가 수행자는 이 센터를 <사하스라라>라고 하며 카발라에서는 신성한 쉐키나 혹은 가장 신성한 장소로 부르며 동양에서는 깨달음의 문으로 불린다.

혼의 문제와 관련하여 우리가 생각해야 할 점이 개체 혹은 개성에 대한 것이다. 심리학이나 일반인들은 현재의 개성이나 개체의 특징을 유전과 출생 후 경험으로부터 형성된 것으로 본다. 이것은 단편적인 견해이다. 육체는 부모의 유전자 특성을 향유하겠지만 자녀 육체에 들어오는 혼은 전생의 인연에 따라 들어온 독립된 개체이다.

그러므로 성격이 누구를 닮았다고 하는 것은 후천적으로 같은 생활 공간에서 살아가다 보니 닮게 되는 것이지 성격이 유전자와 직접적인 관계는 없다. 물론 간접적으로 신체의 특징이나 유전적 질병이 심리적으로 성격에 영향을 줄 수는 있다.

개체나 개성은 이런 요인보다는 전생의 원인 결과에 따른 혼의 성숙도에 따른다. 부모와는 전혀 다른 성격의 아이가 태어나는 것은 바로 이러한 혼의 속성 때문이다.

원래 혼이 거주하는 곳이 7영행성인데 이것이 7개의 혼의 광선을 형성한다. 모든 혼은 7영행성 중의 하나에 속한다. 혼은 자신이 속한 광선에 반응하는데 이것은 혼의 성향이 된다. 이 말은 모든 인간을 크게 7종류로 구분할 수 있다는 뜻이다. 자신의 고유한 혼 광선과 같은 그룹에 속하는 사람을 만나면 쉽게 서로를 이해하고 친하게 지낼 수 있다.

사람들은 자녀가 자신의 성격을 닮았다거나 아니면 친척 중의 누구를 닮았다고 말하는데 이것은 자녀에 대한 집착을 강화한다. 우리가 나의 자식, 나의 것처럼 나라는 한정된 사고에서 우리라는 확장된 의식으로 나아가기 위해서는 모두가 신에게서 온 것이며 전부 하나라는 의식을 가져야 한다.

(15)

　일요일은 피시방 일이 없는 날이었고 김 선생과 동료교사 방문이 예정되어 있는 날이었다. 오후 2시 무렵 두 사람은 마당으로 들어섰다. 동료교사라는 여자는 30대 초반으로 보였는데 안경이 썩 잘 어울렸다. 여자는 우리를 보며 가볍게 목례를 했다. 적당한 키에 군살이 없는 아름다운 몸매였다. 김 선생이 여자를 소개시켜 주었다. 이지현이라고 자신을 소개하면서 방문을 허락해 주어서 고맙다고 인사를 했다. 학성은 낯선 환경에 어려워하는 이 선생의 마음을 풀어주려고 주변을 안내하며 설명을 해주었다.

　얼마 후 우리는 찻잔을 앞에 두고 앉았다. 그녀는 이렇게 아름답고 조용한 곳에 살고 계시니 근심 걱정이 없겠다 했다. 그러면서 도를 추구하면 모두가 이런 생활을 해야 하느냐며 삶의 터전을 떠나 수련하고 살아가는 것이 현실 도피적이지 않느냐며 슬쩍 질문을 던졌다. 학성은 그녀의 질문에 아주 차분하게 설명을 했다.

　"도를 위해 삶을 도외시하는 것은 잘못된 태도지요. 현실 삶에 조화롭게 살면서 그러나 집착을 하지 않고 살아가는 능력이 필요하다고 생각해요. 집착은 모든 고통의 원인이니까요. 사람들은 명예, 재산, 사랑이 행복을 가져다주리라 생각하지요. 그리고 물질 욕망이 충족되면 행복하다고 생각해요. 그러나 이런 행복과는 차원이 다른 영적(각성) 행복이 있다는 것을 알았으면 좋겠어요. 대다수의 사람들이 가지 않는 길이라서 오해받을 수 있는 길이기도 해요. 그리고 영적 행복이라는 단어가 잘못 오해될 수도 있겠군요. 기독교적 의미의 영적 행복이라기보다는 다른 의미를 내포하고 있고요."

　"선생님이 말한 영적 행복이란 개념은 어떤 의미인지 알고 싶습니다. 기독교에서 영적 행복이란 하나님의 말씀을 믿고 따르게 됨으로써 신이 우리에게 베푸는 사랑이나 삶의 기쁨 같은 것을 뜻합니다."

　"영적 행복이란 눈에 보이는 물질세계가 주는 물질적 행복이 아니라 내면에 존재하는 신성, 불성을 깨달아 우리의 존재가 물질적 존재가 아니라 신처럼 영적인 속성을 가진 존재임을 알 때 느끼는 행복이라고 할 수 있겠지요."

"그럼, 깨닫게 되면 우리가 신과 동등한 존재라는 것인가요."

"그래요. 문제는 자신이 그러한 존재임을 모르고 스스로를 피조물로 한정시키는 의식이 문제 아닐까요."

"그럼 우리가 신의 일부분이라는 증거는 어디 있나요."

"그럼 마찬가지로 우리가 신의 피조물이란 증거는 어디 있습니까?"

"이 우주가 운영되는 질서를 본다면 절대자의 존재를 인정하지 않을 수 없다고 생각해요."

"그 말은 수긍이 갑니다. 그럼 이 선생님이 생각하는 신은 어떤 신입니까? 성경에 나오는 하늘나라에서 모든 것을 주재하는 신인가요."

"절대자이므로 모든 것을 포함하는 전지전능한 그런 존재라고 생각해요."

"그럼 구약에 나오는 신의 모습, 즉 파괴를 명하고 질투하거나 분노하는 신이 나오는데 이런 모습이 이 선생님이 생각하는 신의 이미지인가요?"

"확실하게 답변은 못하겠지만 그런 모습으로 나타난 것은 인간의 의식수준으로는 판단하기 어려운 신의 숨은 뜻이 아닐까 하는데요."

"구약에서 신은 인간처럼 분노하고 질투하며 심지어 파괴를 명령하는데도 이 모든 것을 신의 뜻으로 받아들여야 한다고 건가요."

"그렇게 받아들여야 한다는 것이 지배적 의견이지요. 왜냐하면 신은 전지전능하니 우리가 감히 무엇이라고 평할 수는 없다고 봅니다."

"그러면 성경의 내용이므로 무조건 믿어야 한다는 논리인데 그 성경은 누가 기록을 하였나요? 유대인들이 역사로 알고 있습니다만. 처음 기록되었을 때 그것이 신의 말씀이라는 증거는 어디 있고 2000년 이상을 전해 내려오면서 글자 하나 변함없이 온전히 전해 내려왔다고 생각하나요?"

"신이 전지전능하므로 얼마든지 그러한 가능한 일이라고 생각합니다."

"그런 논리라면 거의 모든 종교는 나름대로 절대자를 가지고 있는데 그들이 남긴 경전도 절대자의 의지가 작용했으니 진리라고 보아야 하지 않을까요?"

"그러나 하나님은 유일신이고 다른 종교의 절대자는 성경에 말하는 하나님이 아니라고 봅니다."

"그런 논리라면 다른 종교에서도 똑같은 말이 가능하지요. 내 것만 유일 최고의 것이라는 사고는 종교인 누구나 가지고 있는 것이고 이런 식의 주장은 사실 의미 없는 논쟁으로 이끈다는 것이 증명되었지요. 일단 이 문제는 여기서 접고 성경에 나와 있는 모든 내용이 사실이라고 믿나요?"

"믿지 않는다면 신의 뜻을 거역하는 것이 되지 않을까요?"

"그런데 실제로는 원본에서 다른 언어로 번역되는 과정에서 끊임없이 오역되고 첨삭되어왔다는 것이지요. 현재의 복음서가 어떤 과정을 통하여 정통으로 인정되었는지 아시나요?"

"잘 모르지만 여러 복음서 중에서 이단인 복음서가 있었다고 알고 있습니다. 그러나 그 선정 과정에 신의 뜻이 개입되었다면 무슨 문제가 있을까요?"

"신약은 예수님의 말씀과 행적을 기록한 것이지만 예수님은 한 자도 직접 쓴 적이 없다는 것입니다. 여러 작가의 글들을 모아 엮은 것이 신약이며 로마황제가 편의에 따라 여러 복음서에서 정치 지배에 유익한 글만 정통으로 인정하고 나머지 영지주의 복음서는 전부 이단으로 취급하여 파괴한 일은 역사적으로 증명되고 있고요. 중요한 것은 이단인 영지주의 복음서에는 윤회가 언급되고 구원의 도구로 믿음이 아니라 영지 즉 지식을 중요시했다는 것입니다. 이것도 신의 뜻이라고 한다면 할 말은 없습니다."

"선생님은 성경의 내용에 대하여 집요하게 따지시는데 그러면 모든 것을 초월한 신의 존재는 인정하시는 건가요?"

"인정하지요. 그러나 정의로운 법칙의 신을 인정하지요. 신을 상정하지 않고는 질서정연하게 운행되는 우주를 설명할 수 없지요. 그런데 질서정연한 우주는 신의 변덕에 좌우지되는 우주가 아니라 우주법칙에 따라 운행되는 우주라는 거지요. 즉 우주법칙은 신의 현시이며 이 법칙에 따라 삼라만상 모든 것이 의존한다는 것입니다. 그래서 법칙의 신이라고 부르기도 하지요. 그리고 기독교인이 생각하는 인간의 모습을 닮은 하늘나라에 거주하는 신이 아니라 현상 지을 수 없는 무한자로 모든 것을 포함하는 신이라는 것이지요."

"그 말은 결국 범신론이 아닌가요?"

"글쎄요. 모든 것을 주재하는 신의식이 자기 창조를 한다고 할까요. 창조된 세계를 통하여 신의 분신인 인간이 나타났고, 이 세상에서 인간만이 신의 무한 속성 즉 신성을 가진 존재라고 할 수 있지요. 왜냐하면 인간에게 존재하는 혼은 신의 일부분이니까요."

"그러면 신의 존재인 인간이 왜 이런 상태에 있다고 보는가요?"

"기독교에서는 에덴동산에서 추방이라는 말을 사용하는데 나중에 말씀드리겠지만 성경은 많은 상징으로 이루어진 글이에요. 글 그대로 이해하면 숨어있는 깊은 뜻을 알 수가 없지요. 인간 추락의 상징은 신의 상태에서 지금의 상태로 떨어진 것을 의미합니다.

유대 신비 가르침인 카발라가 있는데 구약은 카발라 없이는 이해할 수가 없다고 하지요. 추락의 원인은 실로 긴 설명을 필요로 하는 우주창조론과 연결되므로 언급하지 않겠습니다. 다시 신의 상태로 돌아가려는 시도가 수련이며 그 상태를 얻는 것을 깨달음으로 표시하지요."

"선생님 말씀을 믿어야 할지 아니면 흘려들어야 할지 모르겠네요."

"인간에게는 이성이 있지요. 우리는 신에 모든 것을 맡겨 버리고 어떤 의문도 판단도 하지 않고 무조건 신을 믿는 것을 당연한 것처럼 생각하지요. 생각하는 것은 골치 아프고 뭐든 맡기고 믿어버리면 되니 얼마나 편하겠어요. 이것이 맹신으로 이끄는 원인이 되고 우리의 참 모습을 알지 못하게 하는 원인이 되지요. 외람되지만 한 번 이성을 사용하여 왜라고 질문하면서 성경도 보시고 다른 경전도 보면 좀 더 예수님의 참된 말씀을 알게 되지 않을까 생각해봅니다."

"신의 말씀을 우리가 판단하는 것 자체가 죄를 짓는 것이 아닐까요. 모든 것을 창조하신 하나님의 전지전능함을 인정하신다면 말이에요."

"이 선생님의 전제는 일단 피조물로 자신을 설정하고 모든 것을 거기에 근거하여 말씀하시는데, 만약 자신이 창조주의 한 부분이며 그 창조에 참여하고 있다고 생각해보세요. 비유를 들자면 부모가 자녀를 키우면서 아무런 생각 없이 무조건 자신을 믿고 따르는 아이를 바라지는 않지요. 왜라는 질문을 하고 도전도 하면서 자녀가 성장하기를 바라지요. 신도 맹목적으로 복종하는 자녀를 바라지는 않을 것입니다. 우리는 로봇도 노예도 아니니까요."

"우리에게는 신에 대한 경외심이랄까 두려움이 있다고 생각해요. 사실 이런 대화를 하면서 죄를 짓는 기분이 들어요. 어쩌면 앞에 계신 분이 저를 악의 길로 안내하는 악의 무리가 아닌가 생각도 들고요."

"사탄이라는 말씀인가요. 기독교가 아닌 다른 가르침이나 종교단체를 사탄의 가르침으로 설교하는 성직자들의 종교관이 문제지요. 그렇게 해야 신에게 인정받고 하늘나라에 간다고 느끼는 거지요. 그리고 신도에게 겁을 주어 자신의 교회에 머물도록 하려는 의도도 있고요. 저가 말씀드리고 싶은 것은 좀 더 이성을 가지고 보자는 것이지요."

"사실 제 같은 경우는 많은 것을 이분법으로 판단하고 있다는 생각이 들긴 들어요. 하나님을 믿는 자와 믿지 않는 자로 구분하여 사람을 보는 경우도 있거든요. 그리고 저가 믿고 있는 진리가 최고이며 모든 사람이 반드시 믿어야 한다는 의무감, 뭐 사명감 같은 것이 있고요. 그런데 선생님 말씀을 들으니 물론 전부 받아들이는 것은 아니지만 도움이 되는 것도 많네요. 다행인 것은 그래도 개념은 다르겠지만 선생님이 신은 있다고 하니 안도도 되고요. 만약 무신론자처럼 신이 없다고 한다면 세상은 너무 의미가 없을 테니까요."

"그래요. 그러나 우리가 신의 존재를 인정하나 그 개념이 다르다는 것이지요. 피조물인가 아니면 창조자의 한 부분인가 하는 차이지요."

두 사람의 대화를 들으면서 끼어들 생각은 없었다. 한 선생도 눈을 반짝거리며 열심히 듣고 있었다. 그녀의 말에는 정말 생각나게 하는 것이 많았다. 신에 대한 경외감은 아마도 두려움을 말하는 것이리라.

친척 중에 기독교 신자가 있었는데 국립박물관에 전시된 불상유물도 우상이라며 인상을 찌푸리고 다른 유물전시실로 가버리는 사람이었다. 아는 지인 중에 기독교를 믿다가 다른 종교로 개종한 사람이 있었다. 가장 힘들었던 것이 신이 자신을 벌하지 않을까 하는 두려움에 한동안 운전도 등산도 조심스러웠다고 했다.

신의 이미지는 다양한데 자비와 사랑의 이미지와 정의와 심판의 이미지가 크다. 그런데 심판의 이미지를 너무나 의식하다 보니 행동의 자유마저 억압되기도 한다. 우리가 지닌 의식 수준이 낮아 일어나는 일이다. 새가 알에서 깨어나 하늘을 날아가듯 우리도 의식의 틀에서 벗어나 세상을 온전히 보아야 하리라.

"그런데 예수님은 하나님의 독생자로 이 세상을 구원하러 오셨는데 그런 면에서 부처님은 인간에서 깨달음을 얻었으니 차원이 다른 것 아닌가요?"

"모두가 하나님의 부분인데 독생자가 따로 있나요. 여전히 선생님의 전제가 신과 인간을 이분법으로 보시니까 그렇게 보이는 거지요. 모두가 신의 부분이라고 하였는데 그 말은 원래의 자리에서는 누가 높고 낮음이 없다는 것이지요. 문제는 우리가 지금 자신이 누구인지 모르고 있다는 사실이고요.

예수님이나 부처님은 무지 속에 있는 우리에게 진리를 즉 신에게 돌아가는 길을 보여주기 위하여 가르침을 주신 분이세요. 어원을 보더라도 그리스도나 붓다는 다 '깨달은 자'를 뜻하는 보통명사예요. 고유명사가 아니므로 누구나 깨달으면 붓다가 되고 그리스도가 되는 것이지요.
　고대 비밀가르침을 보면 예수님의 티베트에서의 생활이 나와 있어요. 시중에 책으로도 나와 있더군요. 때가 되어 예수님의 비밀 가르침이 담긴 영지주의 복음서를 보시면 예수님의 참된 가르침이 무엇인지 아실 거예요."
　"그런 책을 어떤 근거로 믿을 수 있나요. 허 선생님이 성경에 의문을 제기한다면 마찬가지로 다른 책도 의문을 제기해야 하지 않나요?"
　"물론이지요. 연구 결과가 성경학자들에 의하여 밝혀지고 있는 중이지요. 가장 중요한 것은 책의 형태 여부를 떠나서 그 내용이 우리를 각성으로 이끄는 진리인가 하는 점이지요."
　"그 판단도 주관적이지 않나요?"
　"초등학생은 대학교재를 이해하지 못합니다. 아이들이 교재를 이해 못한다고 그 교재 내용이 거짓은 아니지요. 의식이 확장되면 확장되는 만큼 이해 폭이 커지지요. 오해하지 마세요. 단지 비유하는 것이니까요. 이것도 주관적 견해라 한다면 할 말은 없습니다."
　"그러면 선생님은 성경의 우주창조를 믿으시나요?"
　"상징이라고 보지요. 그러나 의미가 있다고 봐요. 우주창조론은 시작이 있음을 말하는 것인데 사실 그 시작을 있게 한 존재와 그 존재를 있게 한 존재를 따지면 끝이 없겠죠. 그래서 무시무종이라고 말하는 편이 논리의 전개에 모순이 없지요. 이 문제는 정말 방대한 내용이에요. 앞에서 이야기한 카발라를 모르면 이해하기 어려운 주제라고 생각합니다.
　"그러면 끝은 있다고 생각하시는 건가요?"
　"마지막 심판을 말씀하시는 건가요? 그렇다면 그 심판 이후 이어지는 천국에서의 삶은 새로운 시작이라고 봐야겠군요. 그렇다면 우주의 끝은 없는 셈이고요.

　비밀 가르침에 따르면 우리가 알고 있는 이 우주 말고도 다른 우주가 많이 있고 어떤 시기가 되면 우리가 이 우주공간에서 다른 우주공간으로 이동한다고 하지요. 물론 모든 우주마다 전체를 지휘하는 우주의식이 있고 우리는 이것을 신이라고 부르고요. 그런 면에서 끝을 논하기에는 우리가 아는 것이 없고요. 마찬가지로 이 우주를 포함한 많은 우주를 품고 있는 더 큰 우주가 있고 그 위에 또 다른 근원이 있다면 시작/근원을 논하기도 어렵지요."

　"그러면 우리가 살고 있는 이 우주 말고 다른 우주가 있고 거기에 또 상위의 우주가 있다는 말씀인데, 정말 흥미롭네요. 모든 것을 포함하는 무한히 무한한 신이 있다고 보면 되겠군요. 우리가 신이라고 말하는 것은 이 우주의 신인 셈이고요."

　"하하, 그럴 수도 있겠지요. 이 대화를 통하여 서로의 견해가 조금은 좁혀졌으면 합니다. 오늘 대화는 서로에 대해 마음의 문을 어느 정도 열었다고 생각이 듭니다."

　"오늘 잘 방문했다고 생각 드네요. 신에 대한 이미지를 다시 생각하게 하군요. 좀 더 넓은 신의 이미지가 드러나는 것 같아요. 제 자신이 만든 신의 이미지를 신이라고 생각해온 것 같아요. 신은 한정 지을 수 없는 개념 그 너머 있는데 말이에요. 하나님을 좀 더 잘 알게 된 것 같아요. 그런데 아주 중요한 질문인데, 만약 신이 법칙으로 현시한다면 그것은 우리 삶에 어떻게 작동하나요?"

　"우주를 운영하기 위한 많은 법칙이 있습니다. 그중 근간이 되는 것이 <변화와 진화의 법칙>과 <원인과 결과의 법칙>입니다. 우주는 더 나은 질적인 변화를 위하여 움직이고 있지요. 순간마다 모든 것은 변화하고 있어요. 신은 완전하지만 완전함이 이 순간의 완전함을 의미하고 순간순간 그 완전함은 계속 더 큰 완전함으로 바뀌는 것입니다.

　그리고 우리 삶을 지배하는 법칙으로 흔히 카르마라고 하는 원인과 결과의 법칙이 있습니다. 이것은 원인이 있어 결과가 생기고 결과를 어떻게 대처하느냐에 따라 새로운 원인을 만든다는 것입니다. 이것은 우리 삶을 지배하는 법칙 중의 법칙이지요. 여기서 윤회가 등장하고 신의 정의와 사랑이 카르마 법칙에 작동됩니다. 그래서 신은 법칙으로 존재한다고 하고요."

"그러면 법칙을 신의 의지로 이해할 수 있나요?"

"그렇게도 볼 수 있지요."

"이 세상에 존재하는 악은 어떻게 이해하세요?"

이 선생은 악에 대하여 학성에게 질문하였다. 살아가면서 선과 악에 대하여 생각해보지 않은 것은 아니지만 만족할 만한 결과를 얻은 적이 없었다. 어떤 답이 나올까 지켜보았다.

"이 선생님은 누가 악을 만들었다고 생각하세요?"

학성은 답변 대신 오히려 질문을 던졌다.

그러자 이 선생은 조금 망설이더니 확신이 없는 목소리로 말하였다.

"인간이 악을 만든 거라고 들었는데, 제 이야기가 아니고 일전에 목사님이 신은 선하시므로 악을 창조할 수 없다고 하시더군요."

"그러면 신이 인간을 창조하였다고 하는데 만약 신이 선하다면 어떻게 그 피조물인 인간이 악을 창조할 수 있나요. 신의 피조물로 신의 생각 영역 속에 구속되어 활동하는 것이 인간이 아닌가요?"

"그래요 이 문제는 논리로 도저히 이해하기 어려운 주제였어요. 그러시면 선생님은 혹시 신이 악을 창조하였다는 말씀을 하시려는 것은 아니신가요?"

"하하, 선과 악을 이분법으로 보니 문제가 있는 거예요. 우리가 가지고 있는 선악 개념은 상대적인 것이지 절대적인 것은 아니에요. 시공간에 따라 변화하는 것이 선악관이고 크게는 우주 생태적으로 좁게는 지구 생태적으로 서로 밀접하게 연관되어 있는 것이 선과 악이지요. 이러한 선악의 개념은 모든 것 너머 있는 신 의식에는 존재할 수가 없어요.

신에서 분리된 이 세계에만 선과 악의 개념이 있을 뿐이지 모든 것이 합일되어있는 신 의식에는 분리개념이 존재할 수가 없다는 것입니다."

"어려워요. 결론은 상황에 따라 악은 악이 아닐 수도 있고 선은 선이 아닐 수도 있다는 말씀 같고, 그러한 개념은 인간세계에서 상대적으로 존재하는 것으로 말씀하시는 것 같군요. 말씀을 들으니 이런 생각이 드네요. 전쟁에서 서로를 죽여야 하는데 그것이 악이라고 볼 수도 없겠다는 생각 말이에요."

"평화를 위해 전쟁에 참가할 수도 있지요. 그런 경우에 상황에 따라서는 사람을 죽일 수밖에 없겠지요. 이때 적에 대한 미움이나 증오 없이 단지 평화를 위하여 즐겁지 못한 일이라 느끼면서 전쟁을 수행한다면 그것은 개인의 업으로 되지는 않겠지요. 때로는 정의를 위해 총을 들고 피를 흘려야 하는 경우도 있으니까요."

"윤회를 조금 전에 말씀하셨는데 전쟁 중에 수많은 사람이 죽게 되는데 그러면 그 혼들이 태어날 육체가 부족하지 않을까요?"

"전쟁으로 짧은 기간에 많은 사람이 죽게 되면 그 혼들이 태어날 체가 부족하지요. 이러한 경우 진화의 정도가 비슷한 다른 태양계의 행성에 태어납니다. 비밀가르침에 보면 우리 태양계 말고도 생명이 존재하는 별이 무한히 많습니다. 최근 지구 인구의 엄청난 증가는 다른 행성에서 지구로 태어나는 혼들이 많아서 그러하지요."

이 선생이 이해하기에는 생소한 내용이었다. 아마 이것에 질문을 한다면 끝이 없으리라고 생각하고 있는데 내 마음을 알기라도 하듯 이 선생이 말을 꺼냈다.

"오늘은 종교에 대해서는 그만 이야기해요. 하루에 너무 많은 것을 머리로 이해하려면 소화할 시간이 있어야 할 것 같아요."

두 사람의 대화는 여기서 멈추었다. 흥미진진한 이야기였다. 자신의 주장을 말하고 상대방의 의견을 받아들이는 이 선생의 태도가 마음에 들었다. 그래서 김 선생이 그녀를 초대했을 것 같았다.

그날 오후 우리는 잠시 어린 시절로 돌아가 4월의 봄 햇살을 받으며 냇가에서 가재를 잡으며 즐거운 시간을 보냈다. 나이도, 성도, 신분도 벗어 던지면 모두가 친구이고 꿈 많은 소년 소녀인데 그렇게 하지 못함은 감추어야 할 것이 너무 많고 명예나 직위 등에 집착하기 때문이리라. 오랜만에 타우의 집도 내 마음에도 훈훈한 봄의 냄새가 느껴지는 듯했다.

신발을 벗고 돌을 들쳐 내며 가재를 잡다보니 자연스럽게 이 선생과 대화를 할 수 있는 기회가 있었다. 우습게도 이전에 아내 미지에게 가장 강렬하게 육체적 매력을 느낀 부위가 매끄럽게 균형 잡힌 다리였었는데 맨발의 이 선생 종아리가 눈부시게 예뻤다. 사람마다 매력으로 다가오는 신체 부위가 다른데 나는 유별나게도 예쁜 여자 다리에 매력을 느껴왔다.

대화가 생각보다 잘 풀려나갔다. 난 그녀에게 학성과 나의 인연을 설명하였더니 두 사람이 행복해 보인다며 맑게 웃었다. 헤어지면서 이 선생이 다음 주에 다시 방문해도 좋겠느냐고 허락을 구했다. 학성은 흔쾌히 방문을 허락하였다.

그들이 떠나고 난 후 모처럼 여자에 대한 그리움이 일어났다. 이 선생의 예쁜 다리가 눈에 떠올랐다. 마음으로 간음하는 것도 죄라고 하는데 공연히 죄를 짓는 것 같아 생각을 멈추었다.

(16)

인터넷에 들어가 나는 영지주의에 대한 정보를 찾아보기로 하였다. 한국어로 영지주의에 대한 정보가 미흡하여 영어로 그노시즘을 치자 엄청난 정보가 떴다.

관심을 끄는 것에는 예수님의 십자가에 못 박혀 죽기 전에 예수라는 육체에 거하였던 신성한 구세주는 이미 하늘나라도 돌아갔다는 것, 세상

사람들을 속이기 위하여 죽은 것처럼 보였다는 것, 육체 속에 갇힌 신성 불꽃이 다른 육체로 다시 태어난다고 가르쳤다는 것, 유대인들의 신관을 열등하다고 생각하였고 반 유대적인 경향이 강했다는 것, 기독교가 유대인들의 신관을 승계하고 영지주의를 반대하였다는 내용이 있었다. 무엇보다 흥미를 끄는 것은 신의 나라로 돌아가는 방법으로 그들이 내세운 것이 영지 즉 지식이었다.

예수님의 가르침이 오늘날 기독교와는 전혀 다른 모습으로 나타난다는 것이 참으로 인상 깊었고 많은 생각을 자아내게 하였다. 초기교회의 설립과 영지주의 교회와의 싸움 그리고 박해와 순교가 있었으며, 역사 속에 영지주의 학파로는 마르시온 학파, 바실리데스 학파, 카인주의와 카르포크라테스 학파, 만디안 종교, 마니교가 있었다.

1900년대에 발견된 나그함마디 장서에는 많은 영지주의 작품이 담겨있다. 이러한 영지주의 유산이 살아남아 근대에 문학이나 철학에 영향을 미쳤는데 영국의 신비주의 작가 윌리엄 블레이크, 괴테, 멕빌, 실존주의 철학, 그리고 심리학자 칼 융에게까지 폭넓게 영향을 미쳤음을 보여주었다.

특히 영지주의 내용을 담고 있는 나그함마디 장서의 도마(토마스)복음서는 아주 흥미로웠다. 책은 "이것은 살아있는 예수가 말씀하신 비밀의 말씀이며 나 도마가 받아썼다."로 시작되고 1장 2절의 "이 말씀의 해석을 발견하는 자는 죽음을 경험하지 않을 것이다."라는 말이 나왔다.

"자신을 알게 될 때 알려질 것이며 살아 있는 아버지의 아들이 바로 그대임을 알리라. 그러나 자신을 모른다면 그대는 빈곤 속에 거하고 그대는 바로 그 빈궁함이 되리라." "만약 그대가 내면에서 지혜를 가져온다면 가져온 그것이 그대를 구원할 것이다. 만약 그대가 내면에서 가져오지 못한다면 가져오지 않은 것이 그대를 파괴할 것이다." 이들 구절은 기존 성경과는 아주 다른, 말 그대로 영지주의 내용을 담고 있었다.

맹목적인 믿음이 아닌 해석, 이해, 탐구, 자아인식, 지배력 획득과 같은 내용이 구원을 위한 영지주의 처방임을 보여주었다. 믿음에 대한 어떤 권고도 없었다.

나는 이러한 내용들을 정리하여 김 선생에게 이메일로 보냈다. 왜냐하면 그녀는 이것에 대해 상당한 관심을 보였기 때문이었다. 나는 글 말미에 내가 좋아하는 시를 적어 보냈다.

한 세상 살아가는 법

그대는 아는가,
물빛 참외가 이룩한
몇 소절의 바람
옷가지 두고 떠나는 법을 아는가.

눈물도 황혼도
홑이불처럼 걷어내고
갓난아기의 손톱 같은
아침이 오면
우린 또 만나야 하고
기억해야 한다.

-서지월 〈꽃잎이여〉 중에서

오래 전에 우연히 접한 글인데 마음에 들어 기억하고 있는 시입니다. 한세상 살아가는 법은 사람마다 다르겠지만 옷가지 두고 떠나는 법을 아는 사람은 얼마나 될까요.

글을 남기면서도 조금은 멋쩍었다. 옷가지 두고 떠나는 법을 모르면서 아는 체하는 것은 아닌지 해서였다. 그녀에게서 메일을 받은 것은 다음날이었다.

    보내주신 정보 유익하게 읽었습니다. 이 선생에게 많은 도움이 될 같아 허락 없이 이 선생에게도 보여주었답니다. 아시겠지만 그분은 과학 선생이에요. 학교에서는 생물을 전공했고요. 지난 토요일 즐거웠다고, 그리고 김 선생님 인상이 좋다고 하네요. 관심이 있으시면 저에게 말하세요. 허 선생님처럼 여자를 돌처럼 보지는 않으시겠지요. 그렇다고 이 선생이 김 선생님을 좋아하는 걸로 오해하지는 마세요. 남자 분들은 d자가 조금만 관심을 보여도 자기를 좋아한다고 착각하잖아요. 사람 만나는 것 그리고 서로 좋은 친구가 된다면 그것으로 좋은 일이지요. 이 선생은 소탈하고 생각보다 이해심 많아요. '한세상 살아가는 법' 정말 좋은 시군요. 옷가지 두고 떠나는 법을 알기까지는 저에게는 좀 더 시간이 필요하겠지요. 허 선생님은 그런 준비가 되었나 봐요. 언제나 모든 것을 벗어 던지고 바람처럼 사라질 준비 말이에요.

(17)

    이지현 선생과 두 번째 만남은 좀 더 편안하고 부드러운 분위기 속에서 이루어졌다. 지난 토요일 동심으로 돌아가 즐겁게 보냈던 것이 서로에게 편안함을 준 듯했다.
    처음에 마당으로 들어서는 이 선생을 보고 잘 못 알아보았다. 안경을 쓰지 않으니 다른 사람처럼 보였기 때문이었다. 안경 속에 가려졌던 가늘게 쌍꺼풀 진 눈이 무척 예뻤다. 우리는 거실에 자리를 잡고 가벼운 이야기로 대화를 시작했다.
    "안경을 벗으니 다른 사람처럼 보이네요. 아름다우세요. 특히 눈이 예쁘세요."

작업 멘트처럼 들리는 말을 하고나니 좀 쑥스러웠다. 그러나 빈말은 아니었다. 그녀는 가볍게 웃었다.

"그렇게 봐주시니 고맙네요. 선생님도 좋아 보이세요."

그러자 옆의 김 선생이 웃으며 농담조로 말하였다.

"어머, 두 분이 서로에게 호감이 있으신가 봐요. 허 선생님과 저에게는 관심도 보이지 않고요. 이 선생님을 바라보는 김 선생님 눈빛이 빛나는 걸요."

그냥 있으면 정말 내가 이 선생에게 관심이 있는 것처럼 보일 것 같아 의미 없이 농담조로 한마디 했다.

"김 선생님의 그 진지한 눈빛은 누구를 향하여 그렇게 빛나고 있나요?"

말을 하고 보니 쓸데없는 말을 한 것은 아닌지 후회가 되었다. 조금 멋쩍은 표정으로 있으려니 나의 마음을 읽었는지 김 선생이 가볍게 농담조로 말을 받았다.

"진리를 갈구하는 눈빛이랍니다."

그러자 이 선생이 말을 받았다.

"김 선생님 말이 시적이네요. 그런데 정말 눈이 빛나는 것 같아요."

가만히 듣고만 있던 학성이 헛기침을 하고는 차 맛이 어떠냐며 화제를 돌렸다.

얼마 후 김 선생이 학성을 쳐다보며 말하였다.

"선생님, 여기 이 선생은 대학시절 생물학을 전공했는데 과학에 대해 관심이 많아요. 과학과 종교에 대한 질문을 준비해 왔다고 해요."

지난주에는 성경이나 신의 개념에 대한 토의였는데 오늘은 과학이라니 재미있을 것 같았다. 학성은 미소를 지으며 질문을 기다린다는 듯이 이 선생을 바라보았다.

"먼저 이런 소중한 시간을 내주어서 고맙게 생각합니다. 선생님도 아시겠지만 진화론과 창조론이 격렬한 논쟁 속에 있는데 어떤 의견을 가지고 계신지요?"

그녀의 질문은 과학과 기독교계가 첨예하게 다투고 있는 분야의 주제였다. 최근에 기독교 과학자들로 구성된 창조과학회에서 창조가 과학적이라고 주장하는 것을 보았다.

"이 선생님은 당연히 창조론을 믿으시겠지요. 창조론이나 진화론 어느 하나가 지구의 생물 출몰과 진화를 충분히 설명할 수는 없다고 봐요. 서로 간에 존재하는 모순을 양자가 보완한다고 보면 될 것 같은데요. 예를 들면 도저히 확률적으로 일어날 수 없는 화학 원소의 우연한 조합으로 생명이 시작되었다고 하는 진화론이나, 생명의 진화를 무시하고 신이 흙으로 인간을 창조하였다는 창조론 모두가 한계가 있는 이론이에요.

요점은 혼과 육체를 분리하여 보자는 것이지요. 혼의 존재를 믿는다면 우리는 육체와 혼으로 구분되고 이 양자의 진화가 다르다는 것이지요.

혼의 윤회를 인정하지 않는 기독교에서는 혼이 매번 창조된다고 보지요. 그런데 혼의 존재를 인정하지 않는 과학계는 육체와 정신을 하나로 보니 단세포 동물에서 현재의 인간으로 진화하였다고 주장합니다. 기독교에서는 육체를 진화의 결과로 보지 않고 성경에 의거 그 모습 그대로 혼과 더불어 창조된 것으로 보니 서로가 평행선을 달릴 수밖에요.

고대 지혜의 가르침에는 혼과 육체를 나누어 설명해요. 육체는 진화론에서 말하듯이 단세포에서 진화하여 고등동물로 진화하였고 혼은 신의 분광 혹은 확장으로 인간으로 진화한 육체에 들어온 것으로 말이지요. 혼은 계속 육체를 바꾸며 깨달음에 이를 때까지 윤회를 하는 거지요."

"그러면 처음 유기물 합성을 통한 생명의 탄생은 진화론처럼 우연한 것으로 생각을 하시는 건가요?"

"아니요, 이 세상에 우연은 없어요. 우연처럼 보이는 것에도 그 뒤에는 의지가 작동하고 있는 것이지요. 신의 의지 혹은 절대자의 의지 없이는 창조는 있을 수 없고요. 그것은 마치 우리가 의지 없이 아무 것도 할 수 없듯이 말입니다. 우리는 신의 확장이에요. 이 말은 신이 우리를 창조했다는 뜻이 아니라 신이 자신을 확장하여 나왔다는 것이지요. 추락으로 지금은 우리 신성에 대하여 무지하지만 우리는 신의 부분이라는 것이에요. 혼 말고 다른 것은 신이 창조한 것입니다."

"그럼 혼은 언제 창조 아니 확장되었나요?"

"우주창조론은 상징적으로 카발라에 가장 잘 드러나지만 일반인이 그것을 이해하기는 어려울 수도 있어요. 기회 있으면 우주창조에서 혼이 우주로 확장되어 나오는 과정을 설명해 드리겠습니다. 그러니 까마득한 옛날에 이미 혼은 전부 존재했다는 것이지요. 그런 점에서 우리 모두는 나이가 같다고 할까요. 물론 수준은 천차만별이지만요."

"그러면 우리가 추락에서 다시 신에게 돌아갈 때까지 이런 육체로 계속 윤회한다는 것이네요. 전 별로 좋을 것 같지 않은데요. 삶이란 그렇게 반복해서 살 만큼 재미있고 가치가 있는지 의문이에요. 생로병사 속에 살아간다는 것이 고(苦)라는 생각이 들거든요."

"그러니 노력해서 고통으로 가득 찬 윤회의 수레바퀴에서 벗어나 상징적으로 표시되는 다시 돌아옴이 없는 상태 즉 수레 중심으로 들어가면 되지요. 그것을 신과의 합일, 깨달음이라고 하는 것이고요.

이 선생님이 '고'라는 말을 사용하니 기분이 새롭습니다. 기독교인들은 모든 것을 신의 뜻으로 돌리고 사후의 천국에 대한 기대가 크잖아요. 어떤 점에서는 '고'라는 말을 사용하는 것이 신의 영광을 위해서만 존재하는 피조물 인간에게는 사치스러운 말처럼 들리고요. 모든 것을 신의 영광으로 돌리면 마음은 편하지요, 그런데 문제는 자신을 노예로 한계 짓는 것이지요."

"선생님 말씀은 우리가 아무리 신을 믿고 살아도 천국에는 가지 못한다는 것이네요. 깨닫기 전까지 말이에요. 이 말은 기독교인에게 엄청난 좌절과 실망을 주기에 충분한 것 같네요. 저부터도 사실 열심히 하나님 말씀 따라 살면 된다고 생각했거든요.

만약 각성이 모두에게 운명적인 일이라면 주변의 도 닦는 사람들처럼 은신하여 수련도 해야 하고 선생님처럼 많이 알아야 하는데 너무 어려운 일이 아닌가 싶네요."

"아주 어려운 일로 보이지요. 그러나 이것을 한번 생각해 보세요. 우리가 물질 삶을 살아가면서 여러 목적을 세우고 그것을 완수하지요. 그렇다면 영적인 목적도 마찬가지로 실현 가능하다는 것이지요.

우리가 살아가면서 물질적 목적에 도달하기 위하여 투자하는 노력만큼 영적인 목적에 투자한다면 못할 것도 없지요. 우리는 99%의 노력을 물질적 목적에 1%의 노력을 영적인 각성에 기울이고 있지요. 그것이 반대로 되어야 하는데 말입니다.

우리는 물질에 몰입되어 영적인 것에 관심을 주지 않지요. 나중에 기회가 되면 설명 드리겠지만 우리의 의식은 4계(물질계, 아스트럴계, 멘탈계, 영계)에 걸쳐 있습니다. 지금 우리가 몰입해 있는 물질적 차원은 4계 차원 중의 가장 아래에 있는 차원일 뿐입니다."

"전부 새로운 내용이네요. 지금까지 그래도 열심히 성경을 공부하고 삶과 진리에 대하여 조금은 안다고 생각했는데 제가 무식한 건지 아니면 선생님이 아주 특별한 사람인지."

"하하, 오해는 하지 마시고 들어보세요. 성경은 살아가는데 필요한 도덕률이고 사람들이 쉽게 받아들일 수 있는 내용이에요. 가부좌하고 수련하는 것도 없잖아요. 누구나 쉽게 배울 수 있는 종교라서 많은 사람들이 믿고 있다고 생각해요. 깊게 공부하지 않고도 신심이 돈독한 신자가 될 수 있는 것이 기독교 장점(?)이지요. 전지전능한 존재에 모든 것을 맡겨 버리면 만사 오케이니까요. 결국 배우기 쉽고 의지하기 쉬운 종교라서 한국이나 세계 여러 나라에 신도가 많은 거지요.

반면에 깨달음을 추구하는 종교는 많은 것을 요구합니다. 헌신, 지식, 지혜에다 수련까지 요구하지요. 그러니 누가 쉽게 접근하겠어요. 사실

불자 중에 부처님 법을 바로 아는 사람이 그리 많지는 않습니다. 복을 비는 기복적 종교로 변질되어 신앙되고 있어요.

그들에게 깨달음은 승려나 소수 재가불자에게만 해당되는 것으로 생각하지요. 우리에게 지금의 불교나 기독교가 희망이 될 수는 없습니다. 너무 낡아 새 포도주를 담기에는 부족하지요. 예수님 말씀처럼 새것은 새 포대에 담아야지요."

"그런 그 새 포대를 알고 계시나요."

"물론이지요."

"무엇인가요?"

"앞에서 윤회에서 벗어나기 위하여 수련과 지혜가 필요하다고 했지요. 그 수련법과 지혜가 바로 새 포대입니다. 고대 비밀 가르침이라고 한답니다."

"쉬운 일이 아닌 것 같군요. 가능할지 의문이 드네요."

"쉬운 일이었다면 누구나 전부 깨달아 하늘나라로 갔겠지요. 그러나 가능하지요. 가능하지 않으면 주어지지 않아요. 이 방법으로 각성을 얻은 사람들이 많이 있으니까요."

"그런데 언제까지 이 우주는 존재하나요. 영원히 존재하나요?"

"아마겟돈 들어보셨지요. 그리고 천년왕국이니 미륵세계에 대해서도 말입니다. 그것은 다가올 황금시대에 앞서 인류의 부정을 청소하는 시기를 말하는 것입니다. 아마겟돈은 특정 사건을 말하는 것이 아니라 빛과 암흑이 격렬한 싸움을 하는 기간을 지칭하는 것인데 그 정점을 흔히 우리는 아마겟돈이라고 말하지요.

그 시기 이후에 기독교에서는 천년왕국, 불교에서는 미륵이 다스리는 세계가 도래한다고 하지요. 다른 종교에서도 그런 유사한 개념이 있고요. 이것은 세계의 종말을 의미하지만 동시에 다른 세계로의 진전을 말하는 것이고요.

많은 사람들이 아마겟돈에 대한 잘못된 정보를 가지고 있는데 나중에 별도로 시간을 내어서 이야기하도록 하지요. 질문에 대한 답은 우주론을 이야기하고 난 후 설명하는 것이 좋을 것 같네요. 그리고 시간 내어 여기까지 오기가 쉽지 않으니 시내에서 김 선생을 만나서 말씀을 나누는 것도 괜찮겠군요.”

갑자기 내 이야기가 나오자 계면쩍었다. 내게 그럴만한 자격이 있을까 생각이 들었다. 그동안 그에게 듣고 배운 것이 꽤 되지만 단편적인 지식일 뿐 누구에게 진리를 말 할 수준은 아니었다. 이 선생이 그 말을 듣고는 잘 부탁한다는 말을 하였다. 당황하여 손을 내저으며 아무 것도 모른다고 말하니 옆에 있던 김 선생이 한마디 거들었다.

“허 선생님과 대학시절부터 이런 공부 해오셨는데 너무 겸손하시네요.”

그 말을 듣고 나는 답변할 생각도 못하고 그저 웃고 있으려니 학성이 이 선생에게 말을 건넸다.

“지구의 역사가 얼마나 된다고 생각하시나요.”

이 선생이 잠시 생각하더니 말을 하였다.

“일부 성경학자들에 따르면 아담 창조 이후 지금까지의 역사를 6000년으로 추정하고 있는 것 같아요. 그리고 과학자는 지구역사를 대략 45억 년으로 추산하고 있고요.”

“그럼 이 선생님은 어느 것을 따르세요?”

“모르겠어요. 둘 다 확신은 들지 않지만 과학은 탄소측정 방법을 사용하였다니 그것을 믿어야겠지요.”

“그럼 성경 자구(字句) 하나도 신의 말씀이므로 무조건 믿어야 한다는 고정관념에서는 벗어나셨나 보네요. 아담의 갈비뼈로 여자를 만들었으므로 분명히 여자는 해부학적으로 갈비뼈 하나가 부족하다고 믿은 사람도 있었다 하더군요. 물론 옛날에요.”

김 선생과 나는 그 말에 그만 웃고 말았다. 설마 그런 사람이 있었을까 생각하니 웃음이 나왔던 것이다. 그러나 나는 내 웃음이 그녀에게 비웃는 느낌을 주지는 않을까 걱정되어 얼른 얼굴표정을 바꾸었다. 이 선생도 웃으며 말을 받았다.

"나도 그렇게 사리분별이 없을 만큼 막힌 사람은 아니에요."

"그래요. 대화란 누구에게 자신의 주장을 강요하는 것이 아니라 이성적으로 받아들일 것은 받아들이고 거부할 것은 거부하는 것이지요. 제가 가장 좋아하는 말은 '함께 이성적으로 생각해 봅시다'에요. 그러면 논쟁에서 승자와 패자가 아닌 모두가 승리하는 대화가 되겠지요."

그러자 그녀는 살짝 미소를 띠며 말하였다.

"솔직히 말씀드려서 논쟁하러 여기 온 것 아니거든요. 선생님과는 논쟁의 상대가 되기에는 여러모로 부족함을 지난번에 느꼈기에 정말 배우려는 마음으로 왔습니다."

그러자 학성이 정색을 하였다.

"아니에요. 이 선생님만큼 열린 마음으로 대회에 임하는 사람을 별로 본 적이 없어요. 듣기에 좀 거북스러운 내용도 있었는데 말입니다."

그러자 옆에 있던 김 선생이 대화에 끼어들었다.

"선생님은 제가 아무 사람이나 소개해드릴 줄 아셨어요? 이 선생은 마음이 열려있고 탐구 열의가 대단하셔요. 학교에서 저와는 제일 친한 분이에요. 가끔 선생님 이야기도 하였거든요."

그녀는 말을 하면서 학성이 눈을 한순간도 놓치지 않았다. 눈부신, 무엇인가에 몰입되지 않고는 나올 수 없는 눈빛이었다. 학성은 듣고만 있다가 이 선생에게 시선을 돌리며 말했다.

"그런데 과학에서 말하는 지질학적 역사가 위험한 가설에 의존하고 있다는 것입니다. 과학자들은 바위 형성이나 종의 변화가 늘 같은 속도로 진행된다는 것이지요. 즉 현재에 일어나는 속도를 과거에 그대로 적용한다는 것입니다. 예를 들면 종의 진화속도는 지구로 떨어지는 우주선(宇宙線, cosmic ray)의 힘에 의존하는데 과거에는 그 우주선의 힘이 지금보다 훨씬 강했다는 것을 간과하고 있어요. 과거 조건이 현재와는 다르다는 사실을 의식하지 못하지요.

우주선은 지구의 모든 물질의 진화 속도를 좌우하는데 만약 과거에 그 우주선의 세기가 지금의 1000배였다면 진화 속도도 지금보다 1000배정도 빨랐다는 것을 의미합니다. 이것은 우리가 생각하는 것보다 지구의 역사가 짧다는 것이며 아주 짧은 기간 안에 종의 진화가 급속히 이루어졌다는 것도 예측 가능하지요. 비유를 하자면 10시간짜리 영화 필름을 영사기 속도를 빨리하여 10분만에 다 돌릴 수 있는 것과 같습니다. 과거의 조건이 지금과 같았을 것이라는 가설이 엄청나게 긴 지구역사를 낳게 했지요.

또 다른 예로는 빛의 속도로 별이나 행성 간의 거리를 계산하는 것이 천문학자들의 논리인데 빛이 대기 밖에서보다 대기를 통하여 통과할 때 조금 느리게 움직인다는 것을 무시하고 있지요. 과학자들은 어떤 조건에서도 빛이 항상 일정한 속도로 움직인다고 믿고 있어요. 우주공간을 통하여 빛이 지구로 오는데 걸리는 시간을 산정하여 별 간의 거리를 재는데 비밀가르침에서는 빛이 우주공간 내에 존재하는 물질에 부딪쳐서 생각보다 별 간의 거리가 멀지 않다고 하지요. .

마지막으로 예를 하나 더 든다면 과학자들은 물질을 끌어당기는 힘을 중력이라고 하지요. 태양계의 여러 작은 행성들이 엄청난 질량을 가진 태양의 중력에 끌려가지 않고 일정한 순환궤도를 돌 수 있는 것은 서로간의 끌어당기는 힘이 균형을 유지하고 있어 그렇다고 합니다.

우리가 알고 있는 혜성은 행성에 비하여 정말 작은 중량을 가진 행성인데 이 혜성은 일정한 주기를 가지고 아주 태양 가까이 접근을 해서 지나가는데도 태양에 끌려가지 않고 자신의 궤도를 유지하지요. 태양의 크기에 비한다면 정말 암석 정도의 혜성이 태양의 중력에 끌려가지 않는 이유를 과학은 명쾌하게 설명하지 못합니다.

지구를 포함한 9개의 태양계 행성들이 일사불란하게 태양주위를 도는 것이 신기하지요. 눈에 보이지 않는 거미줄 같은 에너지 망으로 온 우주는 연결되어서 일사불란하게 움직이지 중력 때문은 아니라고 합니다."

"전적으로 공감되는 것은 아니지만 그럴 수도 있겠다는 생각이 드네요. 선생님이 말하는 고대 가르침이라는 것은 도대체 어디서 나온 것이에요."

"여기 두 사람은 전에 내가 이야기해서 조금은 알고 있으리라 생각드네요. 이 선생님에게 그런 의문이 드는 것도 무리는 아니지요. 먼저 고대문명에 대해서 말해보지요. 전설 속의 아틀란티스와 레무리아 문명은 실제 5만 년 전에 존재했던 문명이고 이것 말고도 그 이전에 고비사막 문명(옛날에는 기름진 땅), 극지방문명(옛날에는 따뜻한 지역) 등이 있었습니다.

지구문명은 끊임없이 진화해온 것이 아니라 부침을 거듭했습니다. 문명이 극에 달하면 이어서 쇠퇴기가 왔으며 이것은 혼의 이동과 관련됩니다. 영적으로 의식이 최고에 도달한 혼들은 상위의 행성으로 이동을 하고 아래 행성의 저급한 혼들이 지구에 태어나 그 자리를 차지합니다. 이들은 고급 문명을 이어받을 준비가 되지 않아 문명은 쇠퇴합니다.

우리 문명에 앞서 아틀란티스 문명이 존재하였는데 그 문명이 대서양에 침몰한 후에도 그 시대의 위대한 혼들이 남긴 가르침이 비밀리에 준비된 사람에게만 전해 내려왔습니다. 지금 지구의 새로운 변화 시기를 맞아 일반인에게 그 내용이 서서히 공개되고 있습니다.

불교나 기독교가 인류의 종교사를 지배하여 왔듯이 앞으로는 이 고대 비밀가르침이 인류의식을 지배할 것입니다. 고대 비밀가르침이 지배하는 시대가 미륵세상이고 그리스도왕국입니다. 낡은 포대가 아닌 새 포대로 새로운 세상의 이상을 담을 필요가 있어요. 기존종교는 그 역할을 다했다고 봅니다."

"그런 말씀을 하시니 조금 이상해요. 마치 신흥 종교집단들이 내세우는 주장 같아요."

"하하, 그렇게 말씀하시니 제가 말을 너무 직설적으로 했나보네요. 조심스럽게 이야기해야 하는데 말입니다. 신흥 사이비 종교의 특징은 교주의 우상화, 여러 종교의 혼합, 재림 예수 지칭, 이성보다 인간 감정에 호소, 그런 것 아닌가요.

비밀가르침은 모두의 신성을 자각시키고 형제애로 이 세상을 다스리자는 것이지요. 교주 우상화나 우상숭배가 배격되고 모두가 각성된 의식 속에 평화롭게 살아가는 것이지요. 항상 새로운 흐름에는 반발이 일어나지요."

"그러면 기존 종교는 역할이 끝이 났다는 건가요?"

"지금까지 인류를 여기까지 이끌고 온 역할은 간과될 수 없지요. 그러나 이제는 그 역할을 왜곡됨이 없이 보존되어 내려온 고대 비밀가르침에 넘겨야 한다고 생각해요. 감성과 이원론적인 도덕률을 가지고는 더 이상 진리에 목말라 하는 사람들의 욕구를 충족시키지 못합니다."

"그럼 왜 지금까지 그런 고대 비밀가르침이 숨겨져 왔을까요?"

"쉽게 말해서 지금까지 인류 대다수가 그런 가르침을 수용할 의식이 되지 않았기 때문이지요. 초등학생에게 대학교재를 줄 수는 없겠지요. 물론 준비된 사람에게는 늘 주어졌지만 말입니다."

"선생님 말씀은 인류의 의식이 과거보다 영적으로 진화되었다고 보시는 건가요?"

"숫자 면에서는 그렇지요. 그러나 비율로 봐서는 의문이네요. 인구는 엄청나게 늘어났고 그런 면에서 숫자로는 늘어났겠지만 비율로 봐서는 의문이지요. 하지만 중요한 것은 우리 우주는 무한히 계속되는 것이 아니라는 것입니다. 전에 이야기했지요. 좀 더 진화된 우주 사이클로 이전한다는 거지요.

우리가 차지하고 있던 이 우주공간은 아래 우주 사이클의 존재가 차지하고 우리는 상위의 사이클로 이전한다는 것이에요. 물론 우리 앞에 있는 우주 사이클의 우주의식은 더 앞의 사이클로 움직이는 대이동이 시작된다는 것입니다. 이것이 우주진화의 한 면입니다.

그런데 그 시기가 얼마 남지 않았다는 것이에요. 이동하기 위해서는 이 사이클에 존재하는 모든 혼들이 신과 하나가 되어 있어야 하는데 그러하지 못하다는 것이 우주의식 즉 신의 고민이지요. 그래서 고안된 것이 많이 들어본 아마겟돈이라는 것입니다.

이것은 특단의 조치로 이해하면 됩니다. 물질 욕망에 사로잡힌 인류의 의식을 영적으로 돌리려는 신의 마지막 수단 말입니다. 엄청난 재난으로 인류는 자신들이 의지해왔던 물질 과학문명이라는 것이 환영이라는 것을 알게 되지요."

"무섭네요. 정말 그런 아마겟돈이 일어날까요? 기독교인들이 말하는 아마겟돈이 있다는 것이네요?"

"물론 개념은 조금 다르겠지만 특별히 인류의 의식이 변화하지 않는다면 일어나겠지요. 미래는 고정되어있는 것은 아니지만 현재의 흐름을 보면 미래가 어떻게 다가올 것이지 예측 가능하거든요."

"요한 계시록이 맞는 건가요. 어떻게 2000년 미래를 예측할 수 있었을까요?"

"요한 계시록처럼 그대로 일어난다고 볼 수는 없겠지만 요한이 본 것은 물질계의 기본 틀이 만들어지는 아스트럴계에서 메트릭스를 본 것인데, 그 틀은 인류의 의식이 변함에 따라 변화될 수 있는 것이에요."

"어렵네요. 그 말씀은 좀 이해가 되지 않아요. 아마 한번에 다 이해하려면 머리가 좀 아프겠지요. 도저히 이해가 안 됩니다."

"하하. 그래요. 천천히 소화하도록 하세요. 그리고 요한계시록을 말씀하셨는데 국내에 해설서가 엄청 많이 나왔어요. 그런데 상징을 해석하는 방법이 달라 의미가 다 다르지요. 아마 그 내용을 바로 해석할 수 있는 사람은 비밀리 구전되어 내려온 카발라에 박식한 사람 아니면 힘들 겁니다."

계속 말을 했던지 학성이의 목청이 조금 갈라져 들렸다. 카발라는 대략적으로 알고 있었지만 깊게는 몰랐다. 언젠가 카발라에 대하여 심도 있게 물어보리라 생각했다. 김 선생이 조용히 학성에게 물 한잔을 건네주었다. 이 선생은 학성이 목을 축이도록 잠시 기다렸다가 말을 이어나갔다.

"한국인들의 종교 열정은 대단한 것 같아요. 저는 기독교신자라고 할 수 있는데 전도를 위해서 지하철에서 설교하는 사람들을 본다거나 한 사람이라도 더 전도하기 위하여 가가호호 방문하는 사람들을 보면 대단하다는 생각이 들어요. 물론 때론 너무 저돌적이라는 생각도 들지만요."

그 말을 듣자 언젠가 지하철에서 생긴 일이 생각났다. 출근시간이 지나고 조금 여유가 있는 10시경 흔히 지하철에서 볼 수 있는 광신도로 보이는 기독교인이 나타났다. 큰 소리로 하나님을 믿으라며 성경말씀을 전하는 그에게 이미 면역이 되었는지 승객들은 아무런 관심도 보이지 않았다.

그러나 책을 읽고 있는 나에게는 방해가 되었다. 아무도 그 사람을 저지하지 않으리라는 것을 경험으로 알기에 빨리 지나갔으면 하는데 마침 건너편에 여스님이 앉아 있었다. 여스님을 발견하자 그 사람은 갑자기 예수 믿는 사람은 천당 가고 불신자는 지옥에 떨어진다며 우상 숭배하는 종교는 사탄의 종교라며 떠들어대었다. 그러더니 스님 앞으로 가서 교회선전 팸플릿을 건네주려고 하였다. 눈을 감고 아무런 대응도 하지 않는 스님 모습이 눈에 띠었다.

그때 마음에 떠오르는 단어가 폭력이었다. 행동으로 위압을 가하여 정신적 육체적 위해를 가하는 것만이 폭력이 아니라 언어로 정신적 위해를 가하는 것도 폭력인데 그 사내가 폭력을 행하고 있다는 생각이 들었다. 종교를 떠나 상식에 벗어나는 행동에 몇몇 사람이 인상을 찌푸리고 있었지만 아무도 나서려고 하지는 않았다. 평소 불의에 불끈하는 성질이라 나는 버럭 소리 질렀다.

"공공장소에서 무엇 하는 거요. 조용히 가고 싶은데 시끄럽게 왜 그래요."

그러자 사내는 갑작스러운 반발에 당황했는지 전단지를 나누어주는 일을 멈추고는 말하였다.

"천당 가라고 하느님 말씀을 전하는데 그런 말하면 지옥 갑니다."

반성은커녕 공공장소에서 하나님 말씀을 전하는 행위가 당연하듯 대꾸하는 모습에 하도 어이가 없어 좀 화난 소리로 말하였다.

"독서하는데 당신 설교로 집중을 못하겠단 말이요. 난 기독교 신자가 아닌데 왜 당신 말을 들어야 한단 말이요. 당신 믿는 것만 종교야. 스님에게 전단지는 왜 나누어주고 그래. 최소한 남의 종교를 배려하는 마음이 있어야지. 안 그래요."

내 입에서 반말 비슷하게 말이 나오기 시작했다.

"그렇게 말하면 지옥가요, 지옥에 간다고."

그 사람은 내 반응에 위축이 되었는지 말을 하고 서둘러 다음 객차로 건너갔다.

나는 모처럼 대화에 끼어들어 나의 경험을 이야기하면서 이 선생에게 말하였다.

"이 선생님이 그런 분들을 옹호하시는 것은 아니겠지요. 그런 열정이 바른 목적에 사용된다면 얼마나 빨리 영적인 진화를 하겠어요."

"그래요, 상대를 배려하는 마음이 필요하다고 생각해요. 어느 단체나 항상 극단적인 사람이 있는 거니까요."

이 선생은 나의 생각을 이해한다는 듯이 가볍게 미소를 띠며 말하였다.

한동안 말없이 두 사람의 말을 경청만 하던 김 선생이 나의 대화 참여에 용기를 얻었는지 질문 하나를 했다.

"어느 종교에서든 이적은 있는데, 예수님이 십자가에 못 박혀 손과

옆구리에 피를 흘리셨는데 그런 현상이 독실한 기독교인에게 일어나는 것이 여러 번 보고되어 많은 궁금증을 야기하고 있는데 이것은 어떻게 이해하면 되지요?"

이 질문에 답하려는 사람은 없었다. 나는 학성이가 대답하기를 기대하였는데 그는 이 선생을 보며 답을 기다리는 것 같았다. 얼마간 침묵이 계속되자 학성이가 침묵을 깨며 이 선생을 보고 말하였다.

"이 선생님은 어떻게 생각하시는지요?"

그러자 이 선생은 조금 당황스러워하며 머뭇거리다 말하였다.

"종교이적 같은 그런 현상은 과학으로 증명될 수는 없다고 봅니다만 혹시 허 선생님은 다른 의견이 있으신지요?"

"기적은 인간의 능력을 초월한 것처럼 보이지요. 그러나 기적이 일어나는 원리나 법칙을 알고 그것을 마스터했다면 기적은 더 이상 기적이 아니라 현실이지요. 예수님이 물위를 걸으시고 죽은 자를 살리시고 3일 후에 부활하신 것 모두 우리에게는 기적이지요. 그러나 예수님은 우주의 법칙을 마스터하셨기에 아주 쉽게 이런 일을 할 수 있었지요.

그런데 김 선생이 언급한 신체에 피가 나는 현상은 본인의 능력과 상관없이 일어난다는 점에서 마치 상위의 신성한 힘이 작동하여 일어난 것으로 오인할 수 있는데 전혀 그런 것과는 상관없는 일이지요.

인간의 마음은 육체를 형성하고 변형시킬 수 있는 힘이 있어요. 인간의 마음을 통하여 늘 신의 창조에너지가 흐르고 있으므로 강한 집중력, 몰입, 의지력이 작동한다면 신체의 변형을 가져오는 것은 가능한 일이에요. 이런 현상은 신심 깊은 사람이 예수님이 겪었던 현상에 대하여 깊게 마음속으로 동조하고 느꼈기 때문에 일어난 것입니다. 이러한 조건이 나오도록 야기한 것은 자기 최면의 일종이라고 볼 수 있어요."

"그러면 사람이 아닌 성스러운 상에 피나 눈물이 나오는, 과학으로 도저히 설명이 안 되는 현상은 어떻게 이해해야지요?"

학성이의 말을 열심히 듣던 김 선생의 두 번째 질문은 나도 평소 궁

금했던 내용이었다. 학성은 나를 바라보며 말하였다

"엘리멘탈에 대하여 이야기했던가요. 나중에 시간을 내서 이것에 대해서 이야기해 보도록 하지요. 오늘은 이런 이야기는 그만합시다."

마지막 질문에 대한 답이 궁금했지만 우리는 대화를 멈출 수밖에 없었다.

(18)

5월 어느 날 저녁, 집으로 돌아갈 준비를 하고 있는데 김 선생과 이 선생이 피시방에 들렸다. 두 사람은 지난번 환대에 감사한다며 식사를 같이 하자고 하였다. 학성에게는 전화하여 동참을 권유했지만 저녁을 먹었다며 사양을 하였다.

규칙적인 식생활을 중시하는 학성은 특별한 경우가 아니면 밤에는 음식물을 먹지 않았다. 음식물 소화에 많은 에너지가 필요한데 이럴 경우 두뇌로 가야할 산소가 위로 가게 되어 뇌의 활동이 떨어져 명료한 의식을 유지하기 힘들다고 하였다. 특히 잠자기 3~4시간 전에 음식을 먹게 되면 소화나 숙면에 문제가 있다고 하였다.

수면 시 우리 몸은 평상시보다 이완되고 에너지 활동은 줄어드는데 음식물을 소화시키기 위하여 몸의 에너지가 위장으로 모아지면 몸의 균형이 무너져 잠을 잘 잘 수가 없다는 것이었다. 잠은 두 가지 기능이 있는데 육체의 에너지 충전과 자신이 행한 원인의 결과를 만나는 것이라고 하였다. 이를 위해서는 몸의 이완이 절대적인데 잠은 이완을 가져다주는 역할을 한다고 했다. 그런데 음식물이 이완을 방해하여 수면을 방해하면 건강에도 좋지 않고 정신적으로도 좋지 않다는 것이다. 그와 생활하면서 나도 밤에 음식물을 먹지 않는 것이 습관이 되었으나 필요에 따라 자주 위반하는 것도 사실이었다.

몇 번 만나지도 않았지만 나와 이 선생 그리고 김 선생 사이에는 친구에게 느낄 수 있는 편안함과 이해심이 자라고 있었다. 우리는 즐겁게 이야기를 나누었고 서로에 대한 이해의 폭을 넓혔다. 이 선생은 춘천 출신으로 태백에서 자치를 하고 있다 했다.

그날 이 선생은 내가 김 선생에게 보낸 영지주의 정보를 잘 보았다며 고마워했다. 김 선생은 역사를 부전공한 사람답게 유럽의 종교박해에 대하여 이야기했다. 유럽 중세시대에 유대교, 이슬람교, 기타 종교는 이단으로 박해를 받아왔으며 마녀사냥으로 수십만의 사람들이 가톨릭 당국에 의하여 죽임을 당하였고 종교개혁 시기에 가톨릭과 이에 반대하는 프로테스탄트 사이에 종교전쟁이 일어나 무수히 많은 사람들이 죽었다고 하였다.

그날 정말 모처럼 술을 마셨다. 마음이 통하여 잘 마시지도 못하는 술을 기분으로 몇 잔 마셨더니 정신이 몽롱하고 술기운이 온몸을 휩쓸었다. 남자다움을 보이려고 폼 잡고 마시다 그만 졸음이 몰려오기 시작하였다. 몇 개월 만에 마시는 술이고 주량을 넘긴 탓이지 아무리 자세를 바로 세우고 졸음을 쫓으려 해도 불가항력이었다. 체면 불구하고 등을 벽에 기대어 졸다보니 두 선생의 웃음소리가 아련히 귓가에 들렸다.

이 선생이 차로 집까지 바래다 드리겠다며 자신의 차에 타기를 권했다. 어떻게 타긴 탔는데 의자의 편안함에 그만 잠이 들고 말았다. 얼마 후 눈을 떠보니 차는 서있고 주변은 어두운 산골이었다. 가만히 살펴보니 이 선생이 옆에서 나를 지켜보고 있었다. 여기가 어딘지 처음에는 갈피를 못 잡다가 타우의 집에서 멀지 않은 도로임을 알았다.

내가 잠에서 깨어나자 이 선생은 웃으며 남자 분이 술이 참 약하다며 그런데 술 취하고 소리 없이 잠자는 버릇은 괜찮은 것 같다며 웃었다. 아마도 잠자는 사람 깨우기가 미안해서 기다린 것 같았다. 시계를 보니 상당히 늦은 시간이었다. 추정을 해보니 차안에서 30분 이상은 자지 않았나 생각되었다. 미안한 마음에 어쩔 줄 몰라 하자 괜찮다며 모처럼 별도 보고 밤의 소리도 들었다며 즐거워했다.

차문을 열고 밖을 나서니 밤공기가 아직은 차가웠다. 별이 쏟아지고 밤의 소리가 들려왔다. 이 선생에게 실례는 하지 않았는지 걱정이 되었다. 이 선생이 별이 아름답다며 옆으로 다가왔다. 바람을 타고 그녀에게서 향수냄새가 났다. 여자냄새, 불현듯 그녀가 여자라는 사실에 마음이 살짝 설랬다. 늘 그런 것이지만 밤은 사람을 아름답게 보이게 한다. 그녀의 옆모습이 희미한 별빛아래 아름답게 드러났다. 한동안 하늘을 쳐다보며 우리는 말이 없었다. 나는 그녀가 불안해할까 침묵을 깨고 말했다.

"고마워요. 혹시 차안에서 실례를 하지는 않았나요?"

그녀는 희미하게 웃으며 고개를 흔들었다. 밤공기가 추운지 그녀는 조금 몸을 떨었다. 그녀를 쳐다보니 그녀도 나를 쳐다보며 가볍게 웃었다. 순간 그녀를 안아 주고 싶은 충동이 일어났다. 그것은 남자의 욕망에 앞서 아름다운 밤하늘 아래 이 순간을 같이하는 사람에 대한 배려 혹은 동질 의식 같은 것이었다.

손을 그녀에게 내밀었다. 그녀는 조금 머뭇거리다 내 손을 잡았다. 부드러운 감촉이 전해졌다. 나는 그녀 손을 가볍게 잡아당겨 그녀를 가슴에 안았다. 그녀의 머리카락이 얼굴에 닿아 샴푸 냄새가 코를 자극하였다. 몸으로 그녀의 진동이 전해졌다. 편안하고 아늑한 느낌, 밤하늘에 빛나는 별빛을 품은 것처럼 행복했다. 그녀는 얼마 후 몸을 빼고는 말하였다.

"고마워요. 조금 추웠거든요. 선생님 품안이 아주 따뜻했어요. 우리 그렇게 늘 따뜻한 마음으로 만났으면 좋겠어요. 이만 가봐야겠어요."

그녀는 가볍게 손을 흔들며 떠났다. 그녀가 떠난 후 나는 한동안 집으로 들어가지 않고 주변을 거닐었다.

(19)

그날 이후 이지현 선생과는 커피도 마시며 대화를 나누는 사이가 되었다. 그러던 어느 날 이 선생이 저녁 식사에 초대를 하였다. 나만 초대한 것은 그녀가 나를 각별히 생각한다는 뜻이었다.

방에 들어서니 단출한 가구가 눈에 띄었다. 거실 벽에는 예수님 사진이 걸려있었고 텔레비전과 소파가 놓여 있었다. 주방은 거실과 이어져 있었다. 그녀는 미리 준비한 음식을 식탁으로 가지고 왔다. 여자가 차려주는 밥상을 받기는 정말 오랜만이었다.

내 표정에서 이를 눈치 챘는지 이 선생은 조금은 들떠있었다. 이 선생은 외로운 사람일 수 있었다. 여자나이 32세면 결코 어린 나이는 아니었다. 옛날 같으면 결혼 적령기를 넘겼겠지만 점점 결혼이 늦어지는 추세에서 그렇게 노처녀라는 생각은 들지 않는 나이였다. 단정하고 지적 분위기가 풍기는 여자였다.

그동안 그녀에 대하여 알게 된 것으로는 춘천에 부모님이 계시고 오빠와 여동생이 있었다. 독립적이고 여성인권과 종교와 사회현상에 큰 관심을 가지고 있었다. 호주제도가 남녀 차별적이며 여성인권의 저해 요소라며 유교문화의 가부장적 제도가 여성인권에 미친 영향을 말하기도 하였다.

기독교에 관심을 가지게 된 것은 종교적 이유도 있었지만 더 큰 이유는 유교보다는 남녀차별이 덜하고 합리적인 것 같아서였다 했다. 실망스럽게도 아직까지 완전한 남녀평등을 주장하는 종교 가르침을 보지 못했다며 천주교에 여자신부가 없는 것도 실망스럽고 개신교에서도 마찬가지라며 불교에 여스님이 있지만 남자스님보다 아래에 위치하는 것으로 보인다고 하였다.

사람에 따라서는 지나치게 여성인권을 옹호하는 것으로 들릴 수 있었지만 나에게는 거북하게 느껴지지 않았다. 평소 사회 모순에 관심이 많았던 나로서는 당연한 주장으로 받아들였다. 사회정의를 무엇보다 중시하는 나의 성격은 그녀와 잘 어울리는 측면이 있었다.

이 선생은 자신이 이런 문제에 적극적이어서 평소 결혼에 대하여 부정적이었다고 했다. 결혼하면 여성이 가사와 육아까지 책임지는 나라가 어디 있느냐며 동의를 구하였다. 시간은 저녁 9시를 넘어가고 있었다. 자리에 일어나면서 장난삼아 이 선생에게 말했다.

"식사도 초대해 주셨는데 이왕 대접하시는 김에 외로운 방랑자에게 하룻밤 잠자리도 제공해주지 않으시렵니까?"

"여자 혼자 사는 집에 소문나면 어떡하려고요. 그리고 남자는 늑대라 언제 야수로 돌변할지 몰라요."

이 선생은 내 농담에 미소 지으며 응대하였다.

"친구 좋다는 게 뭡니까? 우리 친구 맞죠?"

나는 여전히 장난기 있는 목소리로 말하였다.

"친구라니요. 언제 우리가 친구였어요?"

갑자기 그녀가 정색을 하며 내 말을 반박했다. 그녀가 그렇게 나올지 생각도 못하였다. 계면쩍어 하는 나를 보더니 이 선생이 쿡쿡 웃었다.

"우리 그냥 친구였나요. 섭섭하네요. 저는 김 선생님을 남자친구로 생각했는데."

나도 그만 웃고 말았다.

평소 차는 집에 두고 걸어서 다니는 편이라 오늘도 이 선생이 차편을 제공했다. 우리는 타운의 집이 보이는 도로에 차를 세웠다. 차 소리로 학성을 방해하고 싶지 않아서였다. 차에서 내리며 밤하늘 보자고 하니 그녀가 망설이다 나왔다. 우리는 도로 아래 냇가로 내려갔다. 시냇물에 달빛이 비쳐 흐르고 물 흐르는 소리가 좋았다. 보름이라 주변이 생각보다 환하였다.

사람들이 잠든 밤은 생각의 파동이 약해지므로 명상하기가 좋다고 하였다. 특히 모두가 깊게 잠든 새벽은 생각에 영향 받지 않아서 명상에 적합한 시간이라고 하였다. 그래서 절에서는 새벽 3시에 일어나는 것인지도 모르겠다.

깊은 산 속에서 그녀와 단둘이 밤의 교향곡을 듣는 것 같았다. 나는 어둠을 통하여 흘러나오는 밤의 소리에 귀를 기울었다. 그녀는 흐르는 물을 하염없이 바라보고 있었다. 그녀의 모습이 외로워 보였다. 나는 가만히 그녀를 안았다. 머리에서 샴푸 냄새가 났다. 나는 샴푸 냄새를 유난히 좋아했다. 팔을 통하여 그녀의 호흡과 육체의 진동이 느껴졌다. 아마 긴장을 하고 있는지도 몰랐다. 나는 그녀를 돌려 세워 입술을 포갰다.

(20)

아무도 모르게 이 선생과 동해안으로 여행을 떠났다. 나는 서울에 일이 있다며 토요일 오후 차를 끌고 나왔다. 일요일에 돌아온다는 말을 남기고 나오려니 속인다는 생각에 마음이 무거웠다. 그녀 아파트에서 만나 그녀를 태우고 동해로 향했다. 이번 여행은 이 선생이 동해바다를 보고 싶다는 말에 가기로 한 것이다.

선글라스를 쓴 그녀는 기분이 좋은지 운전하는 네게 음료수를 먹여주며 즐거워하였다. 도중에 우리는 신기라는 작은 마을에 들려 너와집을 구경하고 마침내 어느 작은 어촌에 도착하였다.

비릿한 바다냄새가 대기를 감싸고 있었고 바다 위를 갈매기들이 날고 있었다. 해안을 따라 걷자니 바위에 부딪친 파도가 물방울을 일으키며 얼굴을 적셨다. 바람에 실려 온 짭짤한 바닷물 맛이 좋았다. 바위 언덕 위에 앉아 하염없이 밀려왔다 밀려가는 파도물결을 보자니 마음도 푸른 바다가 되었다. 이 선생이 머리를 가볍게 어깨에 기대왔다. 나는 그녀를 한 손으로 감싸 안았다. 선글라스를 끼고 있어 그녀의 표정을 볼 수 없지만 옆모습이 선글라스와 잘 어울려 보였다.

"무엇을 생각해요."

나는 그녀를 쳐다보며 말했다.

"그냥, 행복해요. 여행을 잘 왔나 싶어요."

그녀는 말을 하며 선글라스를 벗었다. 늘 그녀를 볼 때마다 난 이 선생의 가늘게 그어진 쌍꺼풀진 눈이 고혹적이라고 생각했다. 상대를 좋아하게 되면 평소에는 그냥 지나칠 것들이 매력적으로 다가온다.

이 선생을 두 번째 봤을 때 난 그녀 눈이 아름답다고 느꼈었다. 그녀 눈을 깊게 쳐다보았다. 그녀 눈에서 푸른 바다가 보였다. 그녀는 쑥스러운지 눈을 가볍게 내리감았다. 파도에 바닷물이 얼굴에 부딪쳤다. 그녀 입술에 물방울이 번졌다.

강릉에서 우리는 바다가 보이는 방을 얻었다. 저녁 식사 후에 시내관광을 하고 우리는 방에서 가볍게 술을 했다. TV에서 뉴스가 흘러나왔다. 별로 말이 없었다. 뉴스에 관심이 있는지 TV만 쳐다보고 있었다. 이 선생과의 관계를 어떻게 진행시켜야 할지 갈피를 잡지 못하였다. 더 진행된다면 필연적으로 그녀와 깊은 인연으로 연결될 텐데 이것이 나의 생활패턴을 크게 변화시킬 수 있다는 생각이 고개를 들었다.

현실적인 문제도 떠올랐다. 이혼남에 직장도 없는 그렇다고 사회생활에 별로 관심도 없는 사람과 아직 미혼인 여선생의 앞날이 순탄치는 않으리라는 생각이 들었다. 그녀 부모는 어떻게 생각할 것인지, 그녀가 어떤 마음으로 나를 대하는지, 당장 그녀의 생각은 무엇인지도 몰랐다. 학성은 사랑 없는 섹스는 피해야 한다고 했다. 내가 이 선생을 사랑하고 있는지 그것도 확실하지 않았다. 이 선생에 대한 마음이 사랑인지 욕망인지 알 수가 없었다. 수련인은 도덕적으로 엄격해야 한다는 생각이 마음 한편에 일어났다.

뉴스가 끝나자 이 선생은 피곤하다며 욕실로 갔다. 나는 밖으로 나갔다. 복잡한 머리가 조금은 시원해졌다. 영적으로 성숙할수록 성에 대한 자기통제가 커지고 관심은 줄어든다고 했다. 물질세계 너머 상위의 계로 가기 위해서는 물질 욕망을 넘어서야 한다. 나는 그녀와의 관계에 신중해야겠다는 생각이 들었다. 학성을 속이고 온 것도 불편하였다. 1시간을 배회하다가 방에 들어가니 이 선생이 침대에 누워 있다가 일어났다.

"피곤해서 누웠는데 잠이 오지 않네요. 그리고 우리 지킬 것은 지키는 거예요. 여기 이 선으로 넘어오시면 안돼요."

그녀는 침대 아래를 가리키며 말했다.

"옆에 미녀를 두고 잠이 잘 올까 모르겠어요."

나는 조금 어색한 분위기를 의식하고 가벼운 농담을 던졌다. 그녀가 어설프게 웃었다.

샤워를 하고 잠자리를 준비하려니 바닥에 깔고 덮을 담요와 시트가 없었다. 그녀는 잠이 들었는지 누워서 아무런 소리도 내지 않았다. 전화로 룸서비스를 하려다 그냥 두었다. 불을 끄고 벽에 머리를 기대고 앉았다. 하루 종일 운전하느라 몸은 피곤하였으나 정신은 말똥말똥했다.

그녀와의 바닷가에서 뜨거운 입맞춤이 생각났다. 그 정도면 서로 상대를 원하는 것이 아닌가, 그녀가 나를 원하고 있는데 나는 소심하게 이러고 있는 것은 아닌지, 지금이라도 침대로 올라가 그녀를 안을까, 난 수련자가 아닌가, 그녀의 믿음을 지켜주어야 하지 않을까, 지금 생각 하나에 내 운명은 다른 길로 흐르지 않을까, 여러 생각으로 머리가 복잡하였다.

난 현재 생활에 변화를 주고 싶지는 않았다. 그러나 그녀를 놓치고 싶은 것도 아니었다. 나는 수련자 위치로 돌아와 생각을 지켜보는 수련을 시작했다. 어떤 상황에서도 감정에 흔들리지 않는 마음상태를 유지할 수 있어야 운명의 주인이 된다고 마음을 다졌다.

천상의 미녀가 예수를 유혹했지만 전혀 흔들림 없이 성의 유혹을 이겨낸 예수의 비전 이야기를 읽은 적이 있었다. 나는 이 상황을 마음 다스리기에 이용하기로 했다. 그녀가 뒤척이는 소리가 들리고 밤은 그렇게 흘러갔다.

언제 잠이 들었는지 모르게 잠이 들었는데 일어나니 담요가 덮여있었다. 아마 그녀가 덮어준 모양이었다. 햇살이 창문 커튼으로 비치었다. 생각보다 늦잠을 잔 것 같았다 산책을 나갔는지 이 선생은 보이지 않았다. 세면을 하고 나오니 그녀가 돌아와 있었다.

"잘 주무셨어요. 어제 밤 편하셨나 봐요, 전 잠도 못 잤는데."

그녀는 어제 밤의 어색함을 가벼운 농담으로 해소시키려 했다. 가만히 보니 잠을 설쳤는지 눈이 조금 부어있었다.

"새벽에 잠이 들었나 봅니다. 그러니 이렇게 늦잠을 자고 말이에요."

나는 어색함에 그녀의 시선을 피하였다. 돌아오는 내내 그녀는 선글라스를 쓰고는 별로 말이 없었다. 돌아오는 길은 바닷가 대신 태백산맥을 남북으로 관통하는 산간 국도를 택하였다. 차안의 분위기와는 달리 펼쳐지는 산하는 아름다웠다.

그녀 아파트에 도착하니 시계는 정오를 가리켰다. 평소 같으면 들어가서 커피나 한잔하자며 잡아끌었을 그녀였는데 선글라스도 벗지 않고 가볍게 목례를 하고는 아파트로 사라졌다. 그녀 기분이 별로 같았다. 집으로 돌아가는 내 마음도 가볍지 않았다. 아쉬움과 혼란스러움이 범벅이 된 기분이었다.

태백에 도착해서도 일부러 시내를 배회하다가 저녁 늦게 타우의 집을 들어섰다. 학성은 잘 다녀왔느냐며 나를 쳐다보았다. 그의 눈빛을 보면서 그가 모든 것을 알고 있지 않을까 생각했다. 그러나 여자와 여행 갔다 온 것이 무슨 비난받을 일이겠는가. 피곤한 몸을 자리에 눕히고 나니 오늘 이 선생이 나에게 보여준 행동이 자꾸 떠올랐다.

(21)

평소와 같이 산책과 명상으로 하루가 시작되었다. 눈을 감고 생각을 지켜보면서 서서히 생각의 흐름에서 벗어나 자아로 몰입되어갔다. 그러나 이 선생과의 짜릿한 키스 기억이 생각으로 들어와 몰입을 방해했다. 바닷가, 향수 냄새, 피부감촉, 쌍꺼풀진 예쁜 눈, 슬라이드처럼 내 마음 앞으로 지나가는 생각이미지 속으로 나도 모르게 풍덩 빠져 허우적거렸다. 그동안 잘 진전되던 명상이 오늘은 엉망이 되어버렸다.

아침을 들면서 학성이가 물었다.

"어제 말을 못했는데 너 들어오기 전에 이 선생에게 전화 왔었다. 피곤해서 헤어질 때 인사도 못했다며 여행 즐거웠다고 전해달라더군."

나는 갑자기 얼굴이 뜨거워졌다. 거짓말이 하루 만에 그것도 이 선생의 입을 통하여 드러났으니. 내가 아무 말이 없자 학성은 조금 조심스럽게 말을 했다.

"연애하니."

"……"

"이 선생이니."

"그래."

"여행은 즐거웠고."

"아무 일도 없었다."

속이 찔려서 쓸데없는 말을 해버렸다.

"사랑하는 거니"

사랑 하냐고, 나는 당황했다. 그녀를 사랑하는 걸까. 남들처럼 쉽게 사랑한다고 말할 수 있으면 좋으련만. 언젠가 학성이 사랑의 개념은 의식의 발달에 따라 계속 변한다고 했는데 '우리에게 사랑한다.'는 말은 '나는 그대를 소유하고 싶다'라는 다른 표현이라고 했던가.

"나도 몰라. 고민 중이야."

"앞으로 어떻게 할 거야."

"생각 중이야."

"순간 감정에 매이지 말고, 이 선생이 네 인생에 꼭 필요하고 궁극적 목적인 영적 깨달음에 도움이 된다고 생각되면 몰라도."

순간 기분이 조금 상했다. 마치 내가 일시적 욕망으로 이 선생을 사귀는 것으로 들렸다.

"내가 사랑 없이 욕망 때문에 이 선생을 만난다고 생각하는 거니?"

조금은 신경질적인 반응에 학성은 여유 있게 웃음으로 받았다.
"너 사생활인데 내가 참견할 일이 무엇 있겠어. 단지 너의 목적을 먼저 생각하라는 것이고."
이 말을 이해 못하는 것은 아니었지만 반발심으로 나는 계속 신경질적인 반응을 하였다.
"수련하는 사람은 여자와 사귀지도 못하냐. 섹스가 반드시 수련에 방해가 되는 것은 아니라고 말하지 않았어."
나의 거친 말에 조금 당황도 할 것 같은데 그는 흔들림이 없었다.
"그러나 감정을 통제하지 못하여 여자와의 관계가 명상에 방해가 된다면 생각해 볼 문제가 아니겠어."
아침 명상이 엉망이었던 것이 생각났다. 그러나 오늘은 끝까지 학성과 말싸움을 하고 싶었다.
"너는 도를 말하는데 옆에서 지켜보는 김선미 선생 마음을 헤아려본 적은 있는 거야?"
말을 하고 나서 순간 실수했음을 알았다. 이 상황에서 김 선생 이야기를 꺼낼 필요도 없었거니와 친구라지만 학성에게 무례함을 저지는 것 같아 마음이 무거웠다.
"이루어질 일이 아니면 그 희망의 불꽃을 철저히 잘라야 해. 좁게 보면 잔인하게 보이기도 하겠지만 계속 미련의 여지를 준다는 것은 가장 잔인한 일일 수도 있어. 사소한 감정으로 많은 것을 놓칠 수 있잖아. 깊은 사랑은 더러 잔인하게 보일 수 있는 거야."
그 말이 가슴에 와 닿았다. 그러나 학성처럼 그런 큰사랑을 생각하기에는 아직 그릇이 작다고 스스로 자위했다.
"이 선생 문제에 있어 난 내 감정에 충실하고 싶어. 너처럼 항상 궁극적인 차원에서 사랑을 논한다면 아무도 사랑을 못 할 거야. 이것이 수준 차이라면 차이일 수 있겠지?"
말을 하고 나니 정말 내가 이런 말을 하고 싶었는지 자괴감이 들었다.
 "기분 나쁘게 듣지 말고 한번 잘 생각해봐라. 누구나 감정에 충실하겠다고 그러지. 아마 그 말은 자신의 감정을 존중하겠다는 말인데 감정 너머 자아에 충실해보려고 시도해 봐. 너의 자아가 진정 무엇을 원하는지 귀 기울여 보라는 거야."
 그리고는 학성은 자리에 떠나 마당으로 나갔다.

 피시방에 있으면서 마음은 혼란스러웠다. 학성과 대화도 그렇고 이 선생 문제도 그러하였다. 이 선생 핸드폰으로 전화를 했으나 전원이 꺼 있는지 메시지 안내만 나왔다. 단순하고 평안하였던 생활에 갑자기 무엇인가 불협화음이 일어남을 느꼈다.
 오후 업무가 끝나고 김 사장이 조용히 차나 한잔하자면서 불렀다. 표정이 무엇인가 심상치 않았다. 그는 봉투를 한 장 내밀었다. 그동안 수고했다며 다른 사람이 일을 하게 되었으니 내일부터는 나올 필요가 없다고 하였다. 너무도 당황스러워 이유를 물었더니 학성이 친구인 줄 알았으면 애초에 고용하지 않았을 것이라 했다. 비밀이 어떻게 새어나갔는지 궁금하여 누가 그런 말을 했느냐며 물으니 대꾸 없이 수고했다며 자리를 떴다.
 일이 꼬여짐을 느꼈다. 그나마 3개월 정도 생활비도 벌며 인터넷도 하면서 괜찮게 지냈는데 실망이 이만 저만 아니었다. 김 선생에게 전화를 걸었으나 휴대폰이 꺼져있었다. 이 선생이 퇴근하고 집에 있을 시간 같아서 집에 전화를 했지만 받지 않았다.
 씁쓸한 마음으로 집으로 돌아오니 낯선 사내가 학성과 이야기를 나누고 있었다. 나이는 30대 초반에 양복을 차려입은 깔끔한 외모가 지적인 분위기를 풍겼다. 마침 이야기를 끝냈는지 사내는 정중하게 인사를 하고는 차를 타고 가버렸다. 누구냐고 물어보니 서울 국제경영연구소에 근무하는 사람이라며 더 이상 아무 말도 하지 않았다.

오늘 일을 어떻게 설명할까 망설이다 힘들게 말을 꺼내니 학성은 이미 알고 있었다. 일요일에 김 사장이 방문했다며 그때 자신이 이야기를 하였다고 했다. 기분이 상하여 이유가 무엇인지 그리고 오늘 출근하는 나에게 말을 했어야 되지 않았느냐고 하니, 김 사장이 나를 직접 만나서 이야기 하겠다고 해서 그냥 있었다고 했다.

김 사장이 왜 학성을 방문한 것인지 궁금했다. 김 선생과 만나지 말라는 강한 경고성 부탁으로 한동안 연락이 끊어졌다가 올 초에 나로 인하여 다시 만나게 된 것은 알고 있는데 다시 그런 부탁하러 온 것인가 싶었다. 궁금해 하는 마음을 아는지 학성은 담담하게 방금 보았던 사람 이야기를 했다.

김민용이라는 사람은 김 선생 대학 선배로 김 선생을 아주 좋아하였다. 그런데 김 선생이 고향에 좋아하는 오빠가 있다고 그 사람의 사랑을 받아들이지 않았고 사내는 마음에 상처를 안고 대학원 졸업 후 미국유학을 떠났다. 그리고 작년에 경영학 박사학위를 받고 국내에 돌아와 연구소에 근무를 시작했다.

살아가면서 하늘 아래 어디선가 살고 있을 그녀를 생각하곤 추억에 잠기고 했었는데 정말 우연히 인터넷에 들어가 김 선생 홈페이지를 알게 되었다. 그는 거기서 아직 그녀가 혼자인 것을 알고는 지난 토요일 태백을 방문하였다. 이 뜻밖의 방문에 가장 놀란 것은 물론 김 선생이었지만 김 사장도 크게 놀랐다.

외국 박사 출신의 전도유망한 사람이 자신의 딸을 마음에 두고 찾아왔다는 것은 그동안 딸 문제로 고민하던 김 사장에게는 희소식이었다. 그래서 어제 일요일 다시 학성을 찾아와 딸 애인이 찾아왔으니 절대 김 선생을 만나지 말라고 했다. 고향 오빠라고 말한 학성에 대한 김 선생의 마음이 여전히 변함없음을 알고 사내는 학성을 만나 상황을 알고자 집을 방문하였다.

학성은 장래가 유망하고 마음 씀씀이도 괜찮은 사람 같다며 더 이상 아무 말을 하지 않았다. 대략적으로 어떻게 상황이 흘러가는지 알 것 같았다. 김 선생이 참 어려운 입장에 있음을 느꼈다. 자신과 얽힌 이야기를 남 이야기하듯 하는 학성이가 신기하기도 했다.

잠자리에 누우니 오늘 일어난 일들이 마음에 떠올랐다. 이 선생과 연락이 되지 않는 것도 신경이 갔지만 김 선생 문제도 남의 일 같지가 않았다. 불현듯 새로운 사건이 일어나 우리를 도전시키는 것이 인생사 같았다.

당장 내일부터 새로운 일을 찾아야 하는데 그나마 있던 아르바이트 자리도 잃었고 수련한다는 이유로 하는 일없이 이 선생을 만난다는 것도 자존심이 상하였다. 아직 퇴직금에 전세자금이 고스란히 남아있고 돈 들어가는 일이 별로 없어 당분간 생활고는 없겠지만 미래의 경제력 문제가 현실로 다가왔다.

오전에 밭에 나가 일을 하였다. 돌아오니 학성은 원고 준비로 책상에 앉아 글을 쓰고 있었다. 수요일이 있을 강의에 대한 원고 준비였다. 강릉의 한 단체에서 학성에게 강연을 요청한 것이었다.

오후에 태백역에서 그를 전송하고 갈 곳이 없어 서성이다가 이 선생에게 전화를 했으나 핸드폰은 여전히 불통이었다. 간단히 메시지를 남길 수밖에 없었다. 그녀 아파트 앞에서 퇴근하고 돌아오는 그녀를 기다리겠다는 메모였다.

저녁 늦게까지 그녀 아파트는 불빛이 들어오지 않았다. 집으로 돌아오니 힘이 빠지고 허탈하였다. 잠이 오지 않아 읽을 것을 찾아 학성이 방에 들어가 보니 <연금술>이라는 제목의 글이 책상에 놓여있었다. 강의 원고 초안 같았다.

〈연금술〉

　연금술의 참된 의미를 이해하는 것은 형이상학도에게는 매우 중요하다. 왜냐하면 이것은 많은 형이상학 정보를 제공하기 때문이다. 서양 연금술(鍊金術,alchemy)은 사면적, 신비적, 종교적인 요소에 실제적, 기술적인 요소가 혼합되어 있다. 한편 중국에서는 불로장수 약을 발견하기 위한 연단술(鍊丹術)이 행해졌는데 이를 중국연금술이라고도 한다.

　연금술사는 구리, 철, 납 같은 일반금속으로부터 금, 은 같은 귀금속을 만들 수 있다고 주장하였다. 이들은 연금술 작업에 꼭 필요한 것으로 <현자(賢者)의 돌>을 내세웠는데 이것은 모든 금속에 용매로 작동하는 신비의 돌로 그리고 모든 질병을 낫게 하는 불사의 약으로도 알려져 있었다.

　연금술은 중세유럽에서 번성하였고 일반적으로 사이비과학으로 알려져 있었다. 그러나 이것은 외형적인 모습이며 그 이면에는 엄청난 비밀이 숨겨있었다. 진실한 연금술사는 육체를 변형시켜 육체를 신성 에너지가 흐르는 완벽한 도구로 만드는 것이 목적이었다. 진실한 연금술사가 사용하는 용어는 전부 숨은 다른 뜻이 있었다.

　연금술은 두 개의 가정에 근거하는데 하나는 합일이고 다른 하나는 현자의 돌로 알려진 용매였다. 모든 물질을 변형시킬 수 있는 매개체를 가정하고 이것은 인간의 수명연장과 인간의 치료에도 효과적일 것으로 생각을 하게 되었다. 이런 가정에 따라 <현자의 돌(Philosophers Stone)>은 인간에게 불사의 약(elixir of life)으로 생각되었다.

　참된 연금술사는 신의 힘이 흐르도록 우리의 육체를 새로운 육체로 변형시키는 것이 목적이었다. 이들은 금속을 가지고 실험실에서 일하지 않았으며 은밀히 인간 육체의 변화과정에 대하여 연구하였다. 그들은 연금술의 물질 상징 속에 숨겨있는 영적인 가치를 현시하려고 하였다. 상징으로 고대 지혜의 교사들은 그 지식을 숨겨왔다. 대부분의 사람들은 상징을 이해하지 못하고 문자 뜻 그대로 이해를 하여 늘 원하는 결과를 얻지 못했다.

참된 연금술사는 아주 거친 인간의 물질 본성을 순수하고 영적인 속성으로 변화시킨 사람들이었다. 인간들이 그렇게 오랜 세월 찾아왔던 불사의 약은 어떤 물질 요소를 결합하거나 합성하여 생기는 것이 아니었다. 이것은 우리가 육체와 마음 안에서 어떤 변형과정을 수행함에 의하여 형성되었다.

알케미는 물질적이며 동시에 영적이다. 물질적인 차원에서는 건강을 위해 물질요소를 변화시키려하였고 영적인 면에서는 암흑 속에 묻힌 혼이 신의 순수한 불꽃으로 빛나도록 하였다. 육체는 새로운 용기(容器)로 변형되어 신성에너지가 흐르도록 알케미적 변형을 거쳐야 했다.

예수는 마태복음서 9:17에서 "새 포도주는 새 용기에 담겨야 한다. 그렇지 않으면 오래된 용기는 깨어져 포도주가 새게 된다."라고 말씀하였다. 이 말은 육체에 신성에너지가 흐르기 위해서는 육체가 알케미적 변형을 통하여 새롭게 변화여야 한다는 것을 의미하는 것이다.

인간의 육체는 신성 영을 담은 그릇이다. 신 의식과 연결되기 위해서는 육체의 진동이 올라가야 하며 이것은 알케미적 변화를 통하여 온다. 이러한 과정을 통과한 사람은 자신 안에 불사의 영약을 만들어 낸 것이다.

비밀 지혜의 교사였던 고대 연금술사들은 육체 안에서 소금, 수은, 황을 결합하는 법을 배워서 신성에너지를 육체로 가져와야한다고 하였다. 물론 여기서 소금, 수은, 황은 상징적 의미이다. 연금술사들이 사용하는 물질요소의 상징은 신체의 신비센터를 각성시키는 것과 관련이 된다.

연금술에서 소금, 황, 수은이 일반금속을 금으로 변형시키기 위하여 사용되었다. 그러나 이들은 우리 머릿속의 3개 센터를 상징하고 카발라의 생명나무 3개의 세피로스를 상징한다.

연금술에는 4개의 기본요소가 있는데 소금, 황, 수은, 그리고 연금술

연구자에게 가장 이해되기 어려운 아조트가 그것이다. 아조트는 가장 이해되기 어려운 개념이면서 연금술 이론에 가장 핵심이 되는 요소이기도 하다. 이것은 신의 창조력을 현시하기 위하여 인간 의지를 신의 의지와 합일시키는 힘이다. 이것 없이는 알케미가 일어나지 않는다.

 알케미의 핵심은 12알케미 과정에 있다. 이것은 뇌 12영센터와 뇌사에서 일어나는 과정이다. 뇌사는 송과선 아래 부문에 위치하며 뇌사의 진동이 빠를수록 이곳을 통과하는 생명력의 양이 많아진다. 생명력은 육체에 생명을 주는 에너지이며 그 양이 부족하면 노화가 시작되고 건강이 나빠진다.

 뇌사 진동이 느려지는 것은 우리가 먹는 특정 음식물과 12영센터에서 발생하는 힘이 뇌사에 충분히 작동하지 못하여 일어난다. 그러므로 불사의 약은 충분한 생명력 공급이라고 말할 수 있다. 12영센터의 힘이 뇌사에 가해질 때 변형의 12과정이 일어난다. 변형의 12과정은 완전한 변형과 활성화를 가져온다.

 질병과 노화 없이 오래 사는 것이 인간의 오랜 꿈이었다. 현대 과학은 그 불사의 약을 찾으려고 노력해왔다. 노화의 원인을 알아 노화를 방지하려는 시도가 있어왔다. 최근에는 유전학의 발전으로 노화를 야기하는 유전자세포까지 찾았다고 한다. 노화에 대한 여러 이론들이 존재한다. 그러나 원인에 대한 완전한 답을 제시하는 것은 없다. 이것은 인간이 물질적 존재만이 아니라 영적 존재임을 잊고 있기 때문이다.

 인간의 물질적 면은 전체의 한 단면이다. 그러므로 노화에 대한 원인은 물질적 면만이 아니라 다른 면도 고려하여야 한다. 인간의 영적 속성을 이해할 때 우리는 한 단계 높은 이해에 도달한다.

 알케미 12과정의 완수는 물질계의 모든 장애물을 극복할 때 온다. 영적인 이해와 발전 없이는 12알케미 과정이 일어나지 않는다. 불사의 약은 우리 내면의 신성에서 찾아야 한다.

언젠가 이야기 들었던 연금술의 비밀이 담긴 소중한 내용이었다. 그러나 이 내용으로는 아무것도 할 수 없었다. 내용에 구체적인 행법이 없었다. 학성에게서 아직까지 이 수련법에 대해서는 구체적으로 들은 적이 없었지만 12센터 각성법이 핵심으로 보였다.
　학성이 나에게 12센터 예비수련법에 대한 정보는 주었지만 본격적인 수련법을 주지 않아 좀 불만스러웠는데 기회가 되면 반드시 알아야겠다는 생각이 들었다. 사이비 과학처럼 보였던, 난해한 상징으로 이루어진 연금술에 생명의 비밀이 숨겨져 있었다.

(22)

　이 선생과 연락이 끊긴지 3일째인 수요일 정오 무렵에 속달로 편지 한 통을 받았다.

　　연락 늦게 드려 죄송합니다. 지금 과학교사 정기학술대회에 참가하고 있답니다. 목요일까지는 출장이에요. 사전에 말씀드리지 못하고 걱정을 끼쳐드려서 거듭 미안한 마음뿐이랍니다. 휴대폰에 메시지 잘 받았고요. 생각할 일이 있어 스위치를 꺼놨습니다.
　　만났는지 3달도 되지 않은 것 같은데 아주 오랜 기간 알고 지낸 느낌이에요. 저를 편안하게 해주시고 순수한 눈빛이 좋았고, 과장하지 않고 자신을 솔직하게 드러내는 모습이 마음에 와 닿았답니다. 살아가면서 조건이 갖추어진 능력 있는 사람을 만날 수 있다고 생각해요. 그러나 진실한 영혼과 만남은 행운이 주어져야한다고 생각해요.
　　여행 정말 즐거운 시간이었어요. 기대도 컸고 선생님의 여러 모습을 발견하게 기쁘게 생각해요. 돌아오는 날에 말이 없었던 것은 졸음이 와서 그랬어요. 그리고 그 전날 잠을 못 잔 것 모르시지요.

아침에 눈이 부어서 시선을 마주치기 싫었어요. 예쁜 모습 보여주고 싶었거든요. 계속 선글라스 끼고 말이 없었던 것 이해되시지요.

친구 분에게 여행이야기 한 것은 그것이 숨겨야 할 나쁜 일도 아니고 그리고 허 선생님이 알았으면 해서였지요. 그것이 김 선생님에게도 나을 것 같아서요. 무엇을 감추고는 마음 편하지 못할 것 같아서요.

두렵네요. 선생님이 저를 어떻게 생각하시는지. 김 선생처럼 저도 그렇게 마음 아파하며 지켜보는 여인이 되지는 않는가 걱정도 되고요. 이번 금요일이 제32번째 생일이에요. 선생님이 축하해주시지 않으면 아무도 그날을 기억할 사람은 없겠지요.

지현 드림

그녀 모습이 떠올랐다. 이제는 거부할 수 없는 운명적인 힘으로 그녀가 다가오고 있음을 느꼈다. 나에 대한 그녀의 믿음과 관심은 과분하였다. 그녀에 대한 그리움과 미래에 대한 불확실성이 마음에 오버랩 되었다.

그날 오후에 김민용 씨가 다시 방문했다. 아직도 태백에 머물다니 단단히 결심하고 온 것 같았다. 우리는 간단히 눈인사를 건넨 적이 있어 서로 아는 체를 했다. 전에 봤을 때보다 조금 수척한 얼굴을 하고 학성의 소식을 물었다. 강연이 있어 강릉에 갔다고 하니 오늘 김 선생과 연락이 되지 않는다며 걱정하였다. 학교로 연락해 보라 하니 학교에서는 4일 휴가를 내고 나오지 않았다고 한다.

김 선생이 학성에게 간 것은 아닌가하는 생각이 들었다. 사실 어젯밤 늦게 김 선생에게 전화가 왔다. 힘이 없는 그녀의 목소리를 듣는 것은 즐거운 일은 아니었다. 강릉으로 강의가 있어 갔다니 어디에서 주최하는 거냐고 물었다. 김 선생과 사내와의 관계에 호기심이 생겨 이것저것 물었고 사내는 의외로 소탈하게 자신의 사연을 말했다.

군에서 제대 후 3학년에 복학하고 학내서클에서 신입생인 김선미를 만났다. 학내서클이라 선후배 관계가 긴밀하였는데 두드러지게 예뻐서 많은 남자들의 관심을 끌었다. 선배라는 명목으로 그녀에게 다가서서 가까이 지내게 되었다. 그녀는 선후배 관계로 한정지으려 했고 사내는 남녀관계로 발전시키려 했다.

졸업을 앞두고 유학을 준비했는데 미국 유명대학 입학허가를 받고도 그녀와 헤어지기 싫어 대학원을 한국에서 다녔다. 그러다 박사학위를 준비하면서 자신의 마음을 알렸다. 평소 만나는 남자친구도 없었고 3년을 알아온 터라 어느 정도 자신감을 가지고 사귀자고 했는데 전혀 예상도 못한 말을 들었다. 고향에 사랑하는 사람이 있다며 그냥 선후배로 지냈으면 좋겠다는 말이었다. 3년을 그녀만 바라보았는데 사랑하는 사람이 있단 말은 엄청난 쇼크였다.

사내는 미국유학 가기까지 마음에 상처를 안고 멀리서 그녀를 지켜보았을 뿐이었다. 미국으로 떠나기 전에 작별인사를 하면서 유학을 하고 돌아와서도 결혼을 안 하고 있다면 그때는 기회를 달라는 말을 했다. 그녀는 사랑하는 사람은 이 세상에 한사람밖에 없다며 미국에서 좋은 사람 만나라며 무척 미안해하였다. 그녀에 대한 미련으로 사내는 다른 여자와 깊게 사귈 수가 없었다.

인연의 사슬을 생각했다. 죽도록 좋아하는데 상대방의 뒷모습을 바라보아야 하는 사람들의 운명. 아직도 소설책에서나 보이는 사랑에 순정을 받치는 사람들이 내 주변에 있다는 것이 신기하기만 했다. 나는 이들처럼 순수한 열정을 가지고 누구를 사랑한 적이 없는 것 같았다. 뜨거운 사랑의 감정이 수개월을 지속한 적이 없었다.

미지와의 연애도 남들처럼 열렬한 것이 아니었다. 적령기가 지나가기 전에 남들 하는 결혼이니 하자는 마음으로 선택했다. 그런 점에서 이 선생에 대한 열정은 내 인생에서 가장 뜨거운 감정 같았다.

그러나 감정이 무엇인지. 이렇게 감정에 매여 사랑하고 그리워하고 가슴 아파하는 것이 어리석은 중생의 마음이겠지. 그 감정은 일시적이고 언젠가는 먼지가 쌓여 구석진 곳에 버려지겠지. 수련법인 감정 지켜보기도 사랑의 욕망 앞에서는 태풍에 나무가 뿌리째 뽑히듯 허망하게 무너지는 것을 이 선생을 만나고 경험하였다.

욕망 앞에 무너지는 내 자신에 심한 자괴감이 들기도 하였다. 이런 반성의 순간에도 이 선생의 눈과 입 그리고 자태가 생각나는 것은 더욱 나를 한심하게 하였다. 학성은 늘 감정 지켜보기를 하며 깨어있으면 된다고 하지만 도대체 몇 사람이 그런 완벽한 감정통제를 할 수 있는지 궁금하였다. 김민용 씨를 전송하면서 조금은 힘없어 보이는 뒷모습에 마음이 아팠다.

다음날 오전에 김 사장이 찾아왔다. 아직 학성이 돌아오지 않았다고 하니 근심에 찬 표정으로 아직 김 선생 연락이 없다며 학성이 돌아오면 김 선생 소식을 알고 있는지 알아달라며 전화번호를 남겼다.

김 사장이 떠나고 얼마 후 학성이 돌아왔다. 나는 김 선생이 연락 두절되어 김 사장이 방문하였다하니 한동안 생각에 잠기더니 태백산으로 가자고 했다. 태백산은 왜냐고 물으니 가면서 얘기하자며 서둘러 태백산으로 향했다.

내 생각대로 어제 김 선생이 학성을 찾아왔다고 했다. 깊은 얘기는 하지 않았지만 전후 사정으로 보아 김민용 씨의 출현과 김 사장의 압력으로 마음이 흔들리고 괴로워 학성을 만나려 했을 것이다. 내가 좀 더 알려고 했으나 학성은 입을 다물고 아무 말이 없었다. 왜 태백산으로 가냐고 물었더니 옛날 태백산에 간 적이 있다며 아마 거기에 있을지도 모르겠다했다.

평일이라 태백산은 아주 한산했다. 우리는 태백산 광장의 단군성전을 지나 계곡으로 나있는 길을 걸었다. 대학 시절 유일사를 통하여 학성과 태백산에 올랐던 기억이 났다. 골짜기 물은 맑았고 계곡은 아름다웠다.

한참을 오르니 계곡은 끝이 나고 눈앞으로 태백산이 주봉이 모습을 드러냈다. 경사가 아주 급한 길을 한동안 오르니 어느덧 태백산 중턱에 도달하였다.

숨을 고르느라 자리를 잡고 휴식을 취하였다. 아래로 우리가 올라온 골짜기가 태백산 입구로 이어져 있었다. 나는 대학시절 산을 오르던 기억을 얘기하면서 우리의 우정을 상기시켰다. 우정을 내세워 그가 김 선생과 여기서 무슨 일이 있었는지 알고 싶었다. 학성은 7년 전에 있었던 일을 담담하게 말하였다.

스님장례를 치르고 절에 머무르고 있을 때 대학 3년이던 선미가 방학을 맞이하여 자주 절에 들렀다. 중 3년 소녀가 어엿한 숙녀가 되어 앞에 나타났다. 6년 동안 이곳저곳을 헤매며 도를 구하던 어려웠던 시절 가끔씩 떠오르던 얼굴이었다. 얼마나 변했는지, 대학은 갔는지, 어릴 적부터 친동생처럼 지내온 여자, 군대에 근무할 때 매일 오빠를 위해 기도한다고 편지를 보내던 여자였다.

처음 절 문을 들어서는 그녀를 보고 반가워 어릴 적처럼 안아주려고 다가가다가 부쩍 커버린 그녀를 보고는 슬며시 내밀었던 손을 접었다. 아름다운 숙녀로 자란 선미를 보니 그동안 세월이 결코 짧지 않았음을 느꼈다. 선생님이 되고 싶다는 선미는 그동안 보고 싶었다며 무척 학성을 반겼다. 학성이의 기억 속에 그녀는 포근한 고향 같았다.

그녀는 거의 매일 절에 왔다. 방학이라 할 일이 없다며 여기서 시도 쓰고 공부도 하겠다했다. 해발이 높고 앞에는 맑은 시냇물이 흐르는 곳이라 여름 한철을 지내기는 아주 적합한 곳이었다. 그녀는 혼자 지내던 학성을 위해 점심식사를 만들어 주었고 심심하면 냇가에서 가재도 잡고 그동안 있었던 일을 이야기하였다.

그녀는 어느 날 얼굴을 붉히며 대학 선배가 자신에게 사랑한다고 말했다며 그런데 좋아하는 사람이 있다고 정중하게 거절했다며 웃었다. 처음에 좋아한다는 사람이 누구냐며 오빠에게 말해보라고 했더니 비밀이라며 하였다. 선미에게 좋아하는 사람도 있고 정말 많이 컸구나 생각이 들면서도 한편으로는 선미의 마음을 빼앗아간 사람이 누군지 무척 궁금하였다.

하루는 선미가 앞으로 어떻게 살 거냐며 물었을 때 여기 일이 정리되면 미국으로 갈 거라고 했더니 그녀 표정이 하얗게 변했다. 그녀는 눈물을 글썽이며 꼭 가야하느냐고 물었다.

그러던 어느 날 태백산에 놀러가자며 졸랐다. 태백산 정상에 올라가 주변의 주목을 배경으로 사진을 찍었다. 여름이었지만 정상은 바람이 불고 시원하였다. 선미는 한동안 하고 싶은 말이 있는지 머뭇거리다 말하였다.

"오빠, 주목은 살아 천년이고 죽어서도 천년을 산데. 지금부터 내가 하는 말은 주목이 증인이 되어 수천 년을 살아있겠지."

무슨 말을 하려는지 제법 심각한 표정의 그녀를 바라보았다. 조금 뜸을 들이더니 이어 말하였다.

"오빠, 나 좋아한다는 사람 있다고 그랬지. 그 사람이 누군지 알기나 해."

"아니. 누구를 좋아하는데. 심각한 거니."

그녀 표정이 하도 비장하여 물어보았다.

"오빠는 누구를 사랑한 적 없지. 그러니 여자의 마음을 모르는 거야."

학성은 그냥 웃기만 했다. 그녀는 학성을 쳐다보더니 말했다.

"나 너무 마음이 아파. 좋아하는 사람이 내가 좋아하는 줄도 모르는 것 같아. 바보 같아."

학성은 그녀의 심각한 고민을 들으며 혹시 하는 생각이 들어 긴장하며 다음 말을 기다렸다.

"아주 어렸을 때부터 알고 지내던 사람인데 소식도 없다가 최근에 만났는데 아직도 내가 어린 소녀인 줄 아나봐. 그런데 바라만 봐도 난 행복한데 그 바보 같은 사람이 외국으로 떠나겠대."

그녀는 그 말을 끝내고 흐느껴 울었다. 아 그랬었구나. 선미 마음을 아프게 한 사람이 나였구나. 학성은 아무 말도 할 수가 없었다. 자신이 제일 아끼는 사람이 자기를 사랑한다니 감사했다. 흐느껴 약간씩 들먹이는 그녀의 어깨를 감싸주는 일 외에는 다른 말을 할 수가 없었다.

학성은 떠날 수밖에 없었다. 이전부터 준비해온 미국행이었고 목매 찾아오던 가르침을 위해서는 떠나야 했다. 그녀에게 어떤 미련을 남겨서는 안 된다는 것을 알았다. 너무도 사랑하기에 한시 바삐 그녀가 마음을 정리하고 원래의 밝고 발랄한 모습으로 돌아갔으면 했다.

그녀는 주목에 맹세했듯이 기다리겠다고 했다. 영원히 돌아오지 않을 수도 있다며 기다리지 말라고 했다. 그리고 얼마 후 편지를 한 통 남기고 한국을 떠났다.

그랬었구나. 김 선생이 왜 그렇게 힘들어하던가를, 그리고 그 눈빛의 사연을. 우리는 아무 말이 없이 정상 아래에 있는 망경사에 이르렀다. 해발 1500미터에서 솟아나는 샘물은 시원하였다. 정상에 올라 주목이 무성한 서쪽으로 향하였다. 산기슭에 앉아 하염없이 산 아래를 내려다보는 사람이 있었다. 김 선생이었다. 나는 자리에 멈추었다. 학성이 혼자 가야할 것 같았다. 천천히 그녀에게 걸어간 학성은 그녀 옆에 앉아 한 손을 그녀 어깨에 걸치고 가볍게 감싸 안으며 다독거려주었다. 두 사람 사이에는 말이 별로 없는 것처럼 보였다.

태백산을 내려오는 동안 긴 침묵이 있었다. 그녀는 슬퍼 보였고 얼굴이 파리했다. 학성은 차를 몰아 바로 김 선생 집으로 향했다. 김 사장은

아무 말도 없이 김 선생을 데리고 집으로 들어갔다

(23)

다음날 나는 이 선생이 돌아오는 날이라 생일선물을 준비하려고 시내에 나갔다. 며칠 사이 여러 가지 일들이 주변에서 일어났다. 그러나 이 선생과의 만남을 생각하니 한시라도 집에 있을 수가 없었다. 김 선생이나 학성에게 일어난 사건이 나와는 전혀 상관없는 일인 것처럼 이 선생이 무척 보고 싶었다. 이런 내가 참 이기적이란 생각이 들었다.

저녁에 아파트 벨을 누르니 그녀가 나왔다. 분홍빛 셔츠에 반바지 차림의 그녀는 화사하게 웃고 있었다. 방에 들어서자 나는 그녀를 가볍게 안았다. 그녀도 기다렸다는 듯이 가슴에 안겨왔다. 나는 사랑한다고 말하며 그녀의 입술에 키스를 했다.

이 선생 집에서 자고 정오 무렵 조금 쑥스러운 표정으로 집으로 들어서니 학성이가 이야기 하자며 나를 불렀다. 연락도 없이 무례하게 행동하는 나에 대한 경고인가 걱정했는데 의외로 김 사장이 조금 전에 방문했다며 조만간 거처를 옮겨야겠다는 말을 했다. 무슨 말인지 캐묻자, 1주일 내로 타우의 집을 나가야 한다는 것이었다.

사연은 이러했다. 원래 이 집은 신도들의 헌금으로 구입되어 운영되어왔는데 스님이 돌아가시고 마땅한 후임 스님이 없어 4년간 방치되어 오다가 학성이 미국에서 돌아와 새로이 단장하여 타우의 집 간판을 달고 지내왔다. 그런데 김 사장이 주축이 되어 스님을 초빙하는 광고를 최근에 불교 신문사에 내어 조만간 새 스님이 온다는 것이었다.

사전 통보 없이 모든 일을 추진하고 결과만을 통보하러 온 김 사장은 학성이 딸에게서 아주 멀리 떠나기를 바라는 것 같았다. 학성은 법적으로 아무런 권리도 없다며 떠날 준비를 해야 한다고 했다. 그는 일전에 만났던 평창 지인의 집으로 임시 거처를 정하겠다며 나보고 어떻게 할 거냐고 물었다. 내가 원한다면 같이 갈 수도 있다며 나의 반응을 기다렸다.

1주일 사이에 너무도 갑작스러운 일들이 일어났다. 어떻게 해야 할지 망설여졌다. 큰 친분이 없는 남의 집에 머문다는 것도 내키지 않는 일이었지만 무엇보다도 이 선생과 헤어진다는 것은 현재로서는 생각할 수도 없었다. 내 마음을 아는지 말하였다.

"이 선생을 떠나기가 쉽지 않겠지."

"나중에 후회할 수도 있겠지만 지금은 이 선생을 떠날 수가 없어. 그녀를 사랑해."

나는 솔직하게 내 마음을 밝혔다. 그러자 무덤덤하게 학성은 말을 하였다.

"아무도 개인의 자유의지를 방해할 수 없어. 그것은 신조차도 마찬가지야. 넌 결혼 생활을 해봤으니 알겠지만 여자와의 관계가 연애시절처럼 낭만과 흥분으로 계속 유지되지는 않는다는 것은 알겠지. 내 말은 서로에 대한 인내와 헌신 거기에 경제적 부담까지 고려해야하고, 그 정도의 노력을 요구하는 것이 남녀 결혼이나 사랑이라면 그 열의로 신을 사랑한다면 내가 생각하건대 이 삶에서 깨달음을 얻으리라 생각한다. 상대에 대한 사랑, 관심, 몰입의 에너지가 내면의 자아로 돌려진다면 우리에게 엄청난 영적 발전이 있을 텐데."

나는 조금은 불쾌했다. 그 말은 이해 못하는 것은 아니지만 너무 추상적이고 보통사람에게 조금은 실현가능성이 없는 이야기로 들렸다. 그리고 무엇보다도 나의 나약함을 힐난하는 소리로 들렸다.

"이해는 한다만 보통 삶 속에도 진리가 숨 쉬고 있다고."

말을 하면서 이 선생과 뜨거웠던 밤이 떠올랐다. 이 선생과 만나기 전이었다면 아마 난 학성의 말에 별로 꼬리를 달지 않았을 것이다. 그러면서도 내가 한심하다는 생각도 들었다. 쾌락은 짧고 고통은 길다고 누군가 말했던 기억이 났다. 그와 살면서 반드시 영적 각성을 하여 인류에 봉사하겠다고 맹세한 것이 마음에 커다란 부끄러움으로 다가왔다.
"물질계의 어떤 즐거움도 깨달음이 우리에게 가져다주는 행복에는 비할 바가 안 돼. 마치 태양과 반딧불 차이라면 맞을까? 누누이 강조했지만 한정된 의식이 지각하는 세계에서 대단하다고 생각하는 것도 깨어난 의식에서 본다면 지극히 사소한 것일 뿐이야. 전에 말했듯이 나는 성에 반대는 하지 않는다. 그러나 물질집착이 괴로움을 낳듯이 사람들이 성에 과도한 집착을 하지 않았으면 해.
결혼생활을 통하여 성에 대한 환상을 더욱 키우는 사람도 있고 더러는 실망하고 그 환상을 직시하는 사람도 있지. 너는 결혼 생활을 지혜롭게 하리라 생각해. 도피성 구도자보다는 오히려 현실에 뿌리를 내리고 구도하는 마음으로 살아간다면 결혼은 너에게 영적인 발전에 큰 도움이 될 수도 있으리라 생각한다."
질타하는 것 같았으나 내 결심이 확고함을 알았는지 좋게 말을 하는 것 같았다. 나는 할 말이 없었다. 그 말대로 성을 위해 우리가 희생시키는 것이 많다는 것을 왜 모르겠는가.
언젠가 두타산 여행에서 읽었던 감정에 대한 글이 생각났다. 감정은 뇌 속에 프로그램 된 정보며 거기에 습관적으로 반응한다고. 성욕도 마찬가지라고 그랬다. 물질계에서 남녀 간의 바람직한 사랑은 이해심과 개성 인정, 서로의 영적 발전이라고 했다.
성을 통하여 무엇인가 궁극적인 것을 얻으려는 시도는 전부 실패한다고 했다. 남녀 간의 사랑은 단지 두 사람의 영적인 발전을 위한 출발점이지 끝이 아니라고 했다. 남녀 간의 사랑을 통하여 우리는 더 큰 영적인 이해로 나갈 수 있는 기회를 가지게 된다고 말했던 적이 있었다. 그런데 많은 사람이 성에서 최종적인 무엇인가를 구하려는 어리석음을 저지른다고 했다. 자꾸만 뒤로 미끄러져 가는 내 자신을 보는 것 같아 마음이 편안하지 않았다.

5장 삶의 수레바퀴

이 선생과 동거에 들어갔는지도 서너 달이 되었다. 어쩔 수 없는 그러나 운명적인 선택이었다. 학성은 평창으로 떠났고 6개월 이상을 살아온 타우의 집은 과거 기억이 되었다. 지금 생각하니 학성과 타우의 집에서 생활은 작은 천국이었다. 내 인생에서 삶의 여유와 성찰, 수련으로 이어지는 가장 알찬 시절이었다.

그때 좀 더 매진하여 내면의 자아와 명료하게 만나야 했었는데 이제는 고향을 추억하듯 기억 속에 아쉬움과 그리움으로 남아있었다. 지나고 나서 후회하는 것이 인간이던가.

이 선생은 나에게 잘해주었다. 학교선생이라 동거하다 잘못 소문이 나면 신분상 불이익이 올 수 있었는데도 나를 받아들였고 무엇보다 나의 인생관을 이해해 주었다. 나는 두 남녀의 만남의 목적은 서로의 영적인 발전에 있다는 말을 강조하였고 그런 방향으로 사랑하고 살아가자고 그녀에게 말하였다. 이것은 현실에서 할 수 있는 나의 바람이었고 마지막 자존심이었다.

이 선생은 나에게 행복하냐고 묻곤 했다. 서로가 선택한 길에 대한 보상이 행복이어야 한다는 당위성에 우리는 묶여있는지도 몰랐다. 고등학교에서 힘든 수험생활을 한 후 대학에서는 반드시 낭만을 즐겨야한다는 생각을 한 적이 있었다. 마치 그 시기를 놓치면 영원히 오지 않는 것이 낭만인 양 실체를 알 수도 없는 그것을 찾아 헤매기도 하였다. 미팅

하고 술 마시고 카페에서 커피 마시면서 낭만의 그 무엇을 발견하려고 무던히도 노력하였다. 지금 생각하니 우스운 일이었다.

우리는 행복도 외부에서 무엇인가를 해서 얻어지는 것으로 생각하는지도 모른다. 외부조건인 돈, 명예, 가족이 있어 행복하다면 그런 조건들이 사라지면 사라질 수밖에 없는 행복은 참된 행복이 될 수는 없는 것이다. 외부조건에 상관없이 언제나 행복하다는 것은 우리 마음이 신과 늘 연결되어 있기 때문이다.

나는 불행하지 않았다. 그러나 행복하지도 않았다. 단지 행복한 척할 뿐이었다. 그러나 이런 내 마음에 나는 갈등을 느끼지는 않았다. 왜냐하면 어차피 사람들이 구하는 외면적 행복은 무지개처럼 영원히 잡을 수 없는 것을 알기에.

사실 그녀에게 문제가 있는 것이 아니라 나에게 문제가 있었다. 학성이 떠나버린 태백에서 내가 할 일이란 다시 직장을 구하는 것이었다. 이선생이 나를 그녀 부모에게 소개하기 위해서도 직장이 필요했다. 좁은 지역이라 마땅한 일자리가 없었고 두 달 전에 힘들게 구한 것이 대기업에 가방을 제조하여 납품하는 작은 회사였다. 대기업의 경력을 가지고 입사했으나 회사가 작아서 구매, 납품업무를 실무적으로 담당하는 부장으로 일하였다. 말이 부장이지 관리직원은 과장 1명에 대리 2명이 전부였다.

직위 인플레이션이 심한 곳이 중소기업인지라 대기업 차장 경력 소유자가 이사로 있었다. 그동안 직장사회와 괴리되어 살아와서인지 일하기가 힘들었고 납품관계로 만나는 대기업 담당자나 과장들의 무리한 요구에 분노가 치밀기도 했다. 우월한 위치에 있는 대기업들이 회사에 무리한 요구를 하는 것은 예사였고 이해 못할 업무 관행도 많았다. 매일매일이 만만치 않은 회사생활이었고 그럴 때마다 학성이 생각났다.

곧 그녀 부모를 만나서 인사를 드려야 하는 것도 급했다. 그녀가 임신을 한 것이다. 원하지 않았는데 생각하지도 못했던 일이었다. 임신 소식은 기쁘기도 하고 한편으로는 왠지 답답해지기도 하고 종잡을 수 없는 기분이었다. 내년 여름이면 아빠가 될 것이고 그렇게 나는 남들처럼 도도히 흐르는 삶의 물결 속으로 흘러가겠고 내가 꿈꾸었던 깨달음의 세계는 뿌옇게 먼지만 쌓인 채 주인을 기다리겠지. 그리고 삶의 거미줄은 나를 점점 감아 묶겠고.

하기 나름 아닌가. 당당히 현실에 강하게 뿌리내리면서도 이상을 높게 가진다면 못할 것이 무엇인가? 마음에 떠오르는 상념은 이렇게 반복되어 흘렀다.

그가 태백을 떠난 후 난 한번도 연락을 취하지 않았다. 마음이 용납하지 않았다. 그를 실망시켰다는 생각과 나 자신에 대한 왠지 모를 불만 때문이었다.

이 선생 말에 따르면 김 선생은 장기 휴가원을 내고 학교에 나오지 않는다고 했다. 들리는 말로는 동생이 있는 미국에 가 있다고도 했다. 김 선생을 생각하면 내 일처럼 가슴이 저려왔다. 그러면서도 학성이 자신의 길을 가는 모습이 부러웠다. 세월 속에 서로 만나고 헤어지고 아픔은 추억으로 사라지고 그렇게 세월은 흘렀다.

내가 학성이 소식을 들은 것은 낙엽이 지고 겨울이 시작되는 늦은 가을이었다. 미국에서 학성의 편지가 이 선생 앞으로 왔다. 나에게 미국에 간다는 연락도 없이 떠난 것이었다. 주소를 몰라 학교로 한 모양이었다.

환영에게

내가 있는 콜로라도는 겨울이 한국보다 빠르다. 10월 말인데도 벌써 눈이 두 번이나 내렸다. 앞으로 보이는 록키산맥 준봉에 쌓인 눈이 푸른 하늘과 대비되어 하얗게 빛난다. 지금 한국 가을 하늘은 높고 푸르겠구나. 이곳은 지대가 높아 하늘은 늘 높고 푸르다. 날씨는 건조하여 한국과는 다른 느낌이다. 호수도 많고 산이 깊어 수련하기에는 정말 적합한 곳이다.

9월에 미국에서 엄청난 테러사건이 일어났다. 테러로 수천 명이 뉴욕 세계무역센터 빌딩에 묻혀 사망하였다. 공중 납치된 민간여객기를 이용하여 자살 테러를 저지른 사건은 들었겠지. 이 사건으로 다시 종교 간의 갈등을 생각해 보았다. 인류에게 많은 것을 생각하게 하는 사건 같다. 테러의 비인간성에 대한 세계적인 공감대 확대와 아울러 테러의 진정한 원인이 무엇이었는지 그리고 테러리스트들의 잔인한 분노가 무엇 때문인지 생각하게 만드는 사건이었다.

보복은 또 다른 보복을 부르고 증오는 증오를 낳고. 반인륜적 테러에는 상응하는 응징이 필요하다고 본다. 다만 보복이 아닌 정의를 위하여 합리적인 범위 내에서 이성을 가지고 행하여져야 하는데 미국이 얼마나 이성을 가지고 정의를 실현할 수 있는지 조심스럽게 지켜볼 일이다.

아마겟돈이 생각났다. 아마겟돈은 오랜 된 암흑, 밤이 지나가기 전에 다가올 신의 여명을 의미한다. 고대지혜에 따르면 1956년에 시작된 빛의 시대(지구 7주기)는 2243년간 계속되며 문명의 황금기이며 유토피아 세계가 펼쳐지는 기간이다. 이 기간의 끝에 약간의 혼을 제외하면 거의 모든 인류는 신의식/그리스도의식으로 들어가며 잃어버린 에덴동산의 상태를 다시 찾게 된다.

그러나 1956년 시작된 지구 7주기 초반에 약 400년 정도 선과 악의 마지막 전쟁이 있으며 이 기간을 아마겟돈이라고 한다. 지금 우리는 그 정점을 향하여 달려가고 있다. 아마겟돈의 절정인 대재앙이 일어날 것인지 아니면 인류의 지혜로 파국을 면할지는 인류의 의식에 달려있다.

모든 사건은 과거에 설정한 원인의 결과로서 일어나는 것이 우주의 법칙이고 그 결과를 대처하는 방식은 무한히 많다. 어떻게 대처하느냐가 바로 미래를 만드는 것이니 우리 인류가 이러한 잔인한 테러 행위에 증오로 대응할 것인가 아니면 정의로 대응할 것인가는 인류 미래를 결정짓는 중요한 사건이라고 본다. 모든 일에는 좋은 점과 나쁜 점이 동시에 존재하는데 당연히 이 부정적인 사건에도 어느 정도 교훈적인 메시지가 존재한다고 본다.

언젠가 내가 말했지. 부정의 상념은 부정을 끌어내고 더욱 증폭시킨다고. 이제 우리 마음에 부정적인 상념을 몰아내고 신의 평화와 조화를 채워야 할 때다. 이 순간 인류가 뿜어내는 부정적인 상념이 온 지구를 덮고 인류를 더욱 나쁜 상황으로 몰아가고 있다. 그러므로 우리는 부정 상념의 악순환에서 벗어나 평화와 사랑을 생각해야 할 때이다.

늘 조화롭고 평화로운 상념을 내보내는 진화된 혼들이 있기에 우리 지구는 균형을 유지하고 있다. 너의 조화로운 생각이 이 지구의 평화에 한 역할을 하도록 늘 아름답고 조화로운 생각만 하기를 바란다.

태백에서 타우의 집 문제로 한국을 떠나야했지만 그렇지 않았어도 사실은 미국으로 들어가려고 했었다. 여기서 좀 더 깊은 단계의 수련과 명상을 마치고 세상에 필요한 능력을 갖출 때 그때가 언제인지 모르겠지만 다시 한국에서 만나게 되겠지. 다시 만날 때 네가 어떤 모습으로 변해있을지 궁금하다.

너의 무한한 가능성을 알기에 너에게 수련법과 비밀 가르침을 주었다. 다시 만날 때 너의 성숙된 모습을 보고 싶다. 언젠가 이야기 나누었던 빛의 길을 걷기 위한 수련인의 자세를 기억하고 있는지 궁금하다. 그때 강조한 것 중에 아마 이런 말이 있었을 것이다.

'사람들의 비판에 상관없이 자신에게 올바른 일을 해야 하며, 육체의 욕망이 자신의 영적인 발전에 방해가 된다면 단호히 거절할 수 있어야 하며, 이기적 욕망을 버리고 이 세상, 이 우주를 영적으로 변화시키기 위하여 일해야 한다고. 진리에는 타협이 있어서는 안 되며,

치우침 없이 만사를 대면해야 한다고.'

살아가면서 어디에서 무엇을 하든지 이 말을 기억해주길 바란다. 지금 삶의 현실을 정신적으로 한 단계 성숙시키는 기회로 삼기 바란다. 의식의 확장은 마음을 사용하여 어려운 문제를 해결하는 과정 속에 일어난다. 그런 면에서 어쩌면 너의 결혼은 영적 각성에 아주 좋은 기회인 셈이다.

우리가 어디에 있든 그것이 산 속이든, 도시 속이든 우리 존재의 목적을 잊지 않고 열심히 살아간다면 진리는 늘 우리 가까이 있다. "먼저 하늘을 뜻을 구하라, 그러면 모든 것이 주어질 것이다."라는 예수님의 말씀은 우리에게 필요한 지침 같다. 늘 하늘의 뜻이 우리 뜻에 앞서 행하여지도록 노력하자.

지금 글을 쓰는데 눈이 내리고 있다. 태백도 드물게 10월 말이면 멀리 보이는 높은 산에 눈이 내리기도 하였지. 네가 편지를 읽는 그 날 태백에도 눈이 왔으면 한다. 혹시 눈이 온다면 태백에 있는 사랑하는 사람들에게 보내는 나의 선물로 알아주길 바란다.

-사랑과 조화 속에-

나를 격려하고 용기를 주는 글이었다. 편지는 흐트러진 내 삶의 목적을 다시 일깨우고 다시 삶의 방향을 잡도록 해주었다. 편지를 읽고 창문을 보니 멀리 보이는 산 위로 눈이 내리기 시작했다. 그 포근히 내리는 눈 속에 학성의 미소가 있었다.

고대 지혜의 가르침

소리 없는 소리(개정판)

(The Soundless Sound)

The Soundless Sound

차 례

1장 추억 /285

2장 새로운 만남 /309
1. 만남　2. 수의 세계　3. 공의 의미　4. 타우의 집

3장 고대 지혜의 가르침 /337
1. 신에게 돌아가는 열쇠 카발라　2. 우주 창조의 비밀과 지구 사이클　3. 신비의 세계　4. 예수의 전생과 예수의 5비전　5. 혼, 의식, 마음, 생각, 육체, 호흡　6. 건강과 치유의 신비　7. 진동의 비밀　8. 생각의 비밀　9. 기제의 대 피라미드　10. 원인 결과의 법칙　11. 스승과 제자　12. 완성의 길

4장 흐르는 물처럼 /439
1. 6각 결정체와 생명나무　2. 사랑이라는 감정　3. 종교와 과학

5장 로키 산맥 품속에서 /457
1. 8정도　2. 마음 내려놓기　3. 인생설계　4. 칼리얼과 재회
5. 내면의 성숙

6장 뉴멕시코에서 /481

7장 방황 /493

8장 고대 지혜 가르침 보완 /507

9장 새로운 출발 /525
1. 인종차별   2. 마음의 정리   3. 영적 성장
4. 재회   5. 축제의 밤

부록: 브라더후드 일반 공개 책자 목록 /543

서 문

　삶이란 무엇인지, 누구나 한번쯤 깊게 생각해본 문제이다. 태어나서 살다가 죽는 것 외에는 삶의 다른 의미가 없는 것일까? 다른 무엇이 있으리라고 생각은 하지만 확실하게 잡히는 것이 없어 이리저리 흔들리며 살아가는 것이 대다수 사람들의 현실이다. 자신이 누구이며 우주는 어떻게 존재하며 죽음 뒤에 무엇이 있는지 궁금해 하면서도 바쁘다는 핑계로 또는 인간의 사고로 알 수 없는 영역이라며 외면하거나 속편하게 절대자를 상정하고 그것에 모든 것을 맡겨버리기도 한다.

　사람들은 부귀영광이 행복의 원천인 양 그것에 깊이 빠져있고 죽을 때까지 끊임없이 이룰 수 없는 갈망과 집착 속에 살다가 삶을 마감한다. 욕심은 더 큰 욕심을 낳고 삶의 고통은 멈추지 않는다.

　사람들은 근심과 두려움 그리고 우유부단한 사슬 속에 묶여 살아가고 있다. 열심히 일하지만 얻는 것은 만족스럽지 못하고 어깨의 짐은 너무 무거워 온종일 일에 끌려 다니고 하루가 빨리 지나갔으면 바란다. 삶에 희망이 보이지 않는다.

　그러나 이제는 습관적으로 살아온 삶의 틀에서 벗어나 삶이 무엇인지 존재의 의의가 무엇인지 심각하게 고민해야 할 때이다. 그러기 위해서는 바른 길로 안내하는 참 가르침을 만나야 한다.

　예로부터 진리는 일반가르침과 비밀가르침으로 구분되어 왔다. 이것은 진주를 돼지에게 던지는 어리석음을 범하지 않기 위하여 위대한 존재들이 진리를 소수의 준비된 자를 통하여 보존되어 전해지도록 하였기 때문이다. 이를 일컬어 고대 비밀 가르침이라고 한다. 이것은 비밀 학교를 통하여 오랜 세월 원형 그대로 유지되어 왔으며 대중의식이 이런 가르침을 받아들일 수 있는 시기를 기다려왔다. 이 시기는 새로운 변화의 시대이며 이 시기를 맞이하여 고대 비밀 가르침은 자격 있는 일반 대중에게 주어지고 있다.

도리얼이라는 위대한 스승이 인류를 깨달음으로 안내할 고대 비밀 가르침을 전하고자 BWT(Brotherhood of The White Temple)라는 단체를 설립하였다. 그 가르침은 인류를 깨달음으로 이끌기 위한 최종판으로 알려져 있다.

이 책에 사용되는 정보는 BWT에서 허락받은 것으로 영어권의 일반 대중에게 공개된 책자(한국어로 번역은 금지 되고 있다)를 주로 참고한 것이다. 소설 형식을 빌려서 BWT 가르침을 소개하고자 했으나 방대한 오컬트 가르침을 요약하여 소개한다는 것이 쉽지 않았다.

그러나 이 책의 정보만으로도 우주창조에서 인간의 현재 상황 그리고 깨달음에 이르는 방법까지 우리가 걸어야 할 길을 한 눈에 알 수가 있다. 신비 카발라, 우주창조론, 우주의 비밀, 예수의 신비, 바르도, 혼과 육체의 비밀, 생각과 진동의 비밀, 치유 에너지, 참된 기도의 비밀, 물질 극복의 길, 합일의 길이 이 책을 구성하는 주요 주제이다. 구도의 길을 걷는 모든 이의 의식 확장에 큰 도움이 되었으면 하는 바람이다.

2004년 5월

개정판을 내면서

2004년에 책이 나오고 여러 해가 흘렀다. 출판사 사정으로 책이 절판된 지 오래 되어 이 책을 찾는 독자들에게 미안한 마음이 있었다. 그러나 이번에 하모니 출판사를 통하여 개정판을 내게 되어 다행스러운 마음이다.

산을 오르는 길은 많다. 가파르나 직선 길이 있고 시간은 걸리나 완만하게 이어지는 길도 있고 더러는 길이 끊어지거나 낭떠러지로 이끄는 길도 있다. 구도의 길도 마찬가지이다. 이 책이 구도의 길을 걷고 있는 분들에게 조금이라도 도움이 되었으면 하는 바람이다.

2010년 1월 4일

우타

1장 추억

1. 로키산

　로키산 아래로 드넓게 펼쳐진 초원지대를 가로질러 차를 몰아 산속 집으로 돌아오는 길은 저녁노을과 어울려 숨 막히게 아름답다. 대지의 숨결과 하늘의 기운이 온 천지를 감싸고 그 순간 자연과 사람은 자연스럽게 하나가 된다.

　초원이 끝나고 정면에 웅장한 로키산맥의 한 자락이 나타난다. 왼편에 초원지대를 오른편에 산자락을 끼고 도로를 한동안 달리면 우측으로 단정하게 포장된 2차선 도로가 나타나고 그 길은 산자락으로 길게 이어진다.

　산길 초입의 좌우는 완만한 구릉이 펼쳐져 있고 농가가 드문드문 나타난다. 나지막한 구릉이 끝나는 지점에서 도로는 비포장으로 바뀌고 길은 골짜기를 따라 굽이굽이 휘돌아 올라간다. 언덕을 힘들게 올라가면 길 왼편으로 작은 도로가 나있고 그 길을 따라가면 아담한 목가풍의 집들이 나타나기 시작한다.

　산 입구에서는 마을이 보이지 않지만 마을에서는 산 아래로 평화롭게 펼쳐진 초원이 보이고 멀리 동쪽으로는 중부 대평원이 끝없이 펼쳐진다. 북동쪽 멀리로는 덴버의 남쪽 자락이 보이고 서쪽과 남쪽은 로키산맥이 끝없이 이어진다.

마을을 지나 산 아래로 난 소로를 따라가면 아름다운 계곡을 앞에 두고 예쁜 집이 나온다. <Tau House>라는 명패가 걸려있다. 예쁜 2층 목조건물이다. 건물의 좌우 후면은 나지막한 산자락이 둘러싸고 있고 앞면 아래로는 제법 깊은 계곡이 완만한 경사를 이루며 서있다. 이층 베란다에 서면 계곡의 아름다움을 한눈에 내려다보인다.

밤에는 태고의 정적이, 낮은 햇살과 바람과 새소리가 주변을 감싸고 흐르고 사슴이 집주변에 내려와 풀을 뜯는다. 온전히 밤의 소리와 함께 잠이 들고 새소리에 하루 일과를 시작할 수 있는 곳이다. 마을에서 조금 떨어져있어 산자락을 타고 흐르는 바람 소리만이 세상의 분주함을 알린다.

허학성이 이 아름다운 집에 거주하게 된 것은 행운이었다. 집주인은 버지니아 주에서 부동산 임대업을 하는 사람이었는데 학성에게 입주 관리를 맡겼다. 주인 부부는 허학성과 같은 단체 회원이었는데 매년 7월 여름 수련회에 가족과 와서 몇 주간 머물다 갔으며 그 기간 외에는 학성이 자기 집처럼 지낼 수 있었다.

미국에 들어온 지 1년 하고도 10개월 그동안 좀 바쁘게 지냈다. 먹고 살아가는 일은 다행스럽게 쉽게 풀렸다. 주거는 지금 살고 있는 타우의 집으로 해결되었고 1년 전부터 나로빠 대학에서 시간제 일을 시작하였고 그 일은 적당한 수입을 가져다주었다.

나로빠 대학은 덴버 북서쪽에 위치한 볼더라고 하는 아름다운 도시에 있는 작은 대학이다. 이름부터 이색적인데 이 대학은 티베트 출신 승려 트룽파 린포체가 1974년에 설립한 미국 최초의 불교대학이다. 학성은 나로빠 대학의 설립취지와 가르침이 좋았다. 이 대학이 위탁 운영하는 <소수 인종 상담소>에서 일주일에 3일 일을 하게 된 것은 학성이게는 기분 좋은 일이었다.

대학 설립자 트룽파 린포체는 티베트의 카규파와 닝마파의 11번째 활불(活佛)로 알려져 있으며 영국 옥스퍼드 대학에서 비교종교학을 공부한 학승이기도 하다. 1970년 미국에 온 그는 샴발라 명상센터를 미국 전역에 세웠으며 콜로라도 볼더에 티베트 불교 카규파의 시조인 나로빠 이름을 따서 나로빠 대학을 설립하였다.

<마하무드라 노래>로 유명한 밀교 성자 틸로빠의 제자인 나로빠는 법맥을 마루빠에 전하고 마루빠는 법을 밀라레빠에게 전한다. 밀라레빠는 한 생을 통하여 최고의 깨달음을 얻은 것으로 유명하다. 틸로빠가 나로빠를 만나 전한 <마하무드라의 노래>는 제목 마하무드라(大印)가 의미하듯 깨달음의 정점, 우주와의 합일을 노래한다.

나로빠는 여섯 요가(투모요가, 환요가, 꿈요가, 광명요가, 바르도요가, 전이요가)를 남겼으며 이것이 카규파의 가르침을 구성한다. 틸로빠는 제자 나로빠를 가르치는 과정에서 12번이나 생사의 관문을 건너게 하였으며 마루빠가 밀라레파에게 법을 전하는 과정은 범인의 상상을 초월하는 인내와 고통을 요구하였다. 예로부터 제자는 진리를 얻기 위하여 혹독한 시련을 이겨내야 하였는데 그것은 제자를 훈련시키는 과정이었으며 또한 준비되지 않은 제자를 통하여 진리가 왜곡되지 않게 하기 위한 방편이었다.

학성은 오늘날 진리가 전달되는 방법(인터넷이나 채널링 등)은 너무도 가벼워 문제가 있다고 생각하였다. 이런 식으로 진리가 오고간다면 깊은 의미를 알 수가 없을 뿐 아니라 여러 잡다한 단편적 지식이 오히려 영적 성장에 장애가 될 수도 있었다.

진리는 조건 없이 누구에게나 자유롭게 주어져야 한다고 주장하는 사람들도 있다. 준비되지 않은 사람들은 진리를 왜곡하거나 개인의 이익을 위하여 또는 다른 사람에게 지배력을 행사하기 위하여 사용할 것이며 이것은 화약이나 총을 어린아이에게 지어주는 것만큼 위험할 수가 있다.

학성은 집에 도착하자 서둘러 방으로 들어갔다. 집이 마을에서 떨어져 있는 관계로 우체직원의 편의를 위하여 마을 입구에 개인 우편통을 설치해 두었는데 오늘 우체통에서 반가운 편지를 발견했기 때문이었다. 학성은 2층 베란다에 앉아 가벼운 흥분과 함께 편지봉투를 열어보았다.

친구 학성에게

아들 두 번째 생일이 어제였다. 아주 귀여운 놈이지. 지난 일요일은 회사에서 봄 야유회를 갔다. 우연히도 장소가 태백 절골이라 모임이 끝나고 모처럼 "타우의 집"에 가보았다. 그리움이 안개처럼 밀려와 한동안 가슴이 아려왔다. 마당에 앉아 너를 생각했지. 법당에도 마당에도 오른편 밭에도 너의 모습이 아른거렸다. 다시금 너와 내가 함께한 날들을 돌이켜보았다.

여전히 사는 것이 무엇인지 질문을 던진다. 그런 질문에 머리로나마 답을 안다고 생각하면서도 삶 속에 실현되지 않는 것이 지금 나의 현실이다. 네가 전해준 가르침과 수련법을 시간을 내어 하고 있다. 네가 알고 있는 가르침을 책으로 정리하여 구도에 관심 있는 사람들이 그 책을 읽었으면 하는 바람이다. 허우적거리는 생활 속에서 그래도 명상은 내 삶의 활력소이다.

이 선생이 옆에 있지만 가끔 외로움을 느낀다. 아니 솔직히 말하면 늘 외롭다. 그 외로움은 아무도 해결해줄 수 없음을 알기에 원인을 외부에 돌리지는 않는다. 너도 알겠지만 그녀는 착하고 반듯한 여자다. 그녀가 행복했으면 한다. 세상 살아가는 사람들 모습에서 서로 간에 얼마나 많은 인연의 줄이 서로를 묶고 있는지 생각을 한다. 너무 가까이 있어 부딪치거나 더러는 너무 멀리 있어 섭섭해 하는 모습들을 지켜보기도 한다. 이런 시가 생각난다.

<사랑>

사랑은 소유하는 것이 아니라 배려하는 것.
함께 있되 거리를 두라.

그래서 하늘 바람이 너희 사이에서 춤추게 하라.

서로 사랑하라. 그러나 사랑으로 구속하지는 말라.
그보다 너희 혼과 혼의 두 언덕 사이에 출렁이는 바다를 놓아두라.

서로의 잔을 채워 주되 한쪽의 잔만을 마시지 말라.
서로의 빵을 주되 한쪽의 빵만을 먹지 말라.
함께 노래하고 춤추며 즐거워하되 서로는 혼자 있게 하라.
마치 현악기의 줄들이 하나의 음악을 울릴지라도 줄은 서로 혼자이듯이.

서로 가슴을 주라. 그러나 서로의 가슴속에 묶어 두지는 말라.
오직 큰 생명의 손길만이 너희의 가슴을 간직할 수 있다.

함께 서 있으라. 그러나 너무 가까이 서 있지는 말라.
사원의 기둥들도 서로 떨어져 있고,
참나무와 삼나무는 서로의 그늘 속에선 자랄 수 없다.
진실만은 영원하리라.
〈칼릴 지브란, Kahlil Gibran〉

    삶이 힘들다가도 아들놈 해맑은 웃음을 보면 새로운 용기가 솟아난다. 이놈만은 행복하게 해주어야겠다는 사명감과 한편으로는 나를 잡아가두는 집착의 원인이 될 수 있겠다는 생각이 들기도 한다. 붓다가 아들의 이름을 리훌라(장애)라고 지은 일화가 생각난다. 부모님도 그런 마음으로 나를 키웠고 지켜보았겠지. 아빠 된 마음을 넌 모를 거야. 미안하다. 이 말은 가련한 중생의 자식에 대한 집착이라고 생각해라. 그러나 나는 많이 외롭다. 너를 자주 생각한다.

　이 편지에 너에게 온 편지 한통을 첨부한다. 오래 전에 온 편지인데 주인을 찾지 못하고 있다가 일전에 "타우의 집"에 갔을 때 거주하는 스님이 내게 주었다. 발신인은 미국 Kahlil Rubaii인데 아마 1년 이상을 스님이 옛 주인을 위해 보관해온 것 같다. 칼릴 지브란과 이름이 같아서 호기심이 생긴다. 언제 한번 한국에 나올 계획은 없는지. 많이 보고 싶다.　　　　　　2003년 4월 19

환영의 세계에 사는 친구 환영이가

　한국에서 그와 지낸 일들이 주마등처럼 머리를 스치고 지나갔다. 그와 태백 "타우의 집"에서 함께한 짧은 생활은 여러 기억할만한 사건들이 일어났던 시절이었다.

　17년 만에 찾아온 친구 환영, 대학 때 인생을 논하던 친구였다. 그를 구도의 길로 인도하면서 가르쳤던 고대 비밀 가르침과 친구 환영과 이지현 선생의 사랑, 자신과 김선미의 인연이 주마등처럼 흘러갔다. 선미의 모습이 떠오른다. 그녀를 떠올리면 고향이 떠오른다. 어린 시절 추억을 함께 한 고향 같은 여자. 그녀가 행복하기를 기원해본다.

　편지에서 친구의 외로움이 느껴졌다. 아들이 있고 부인이 있지만 외롭다고 한다. 누가 그 외로움을 달래줄 건가. 외로움을 회피하는 대신 당당히 외로움을 만나야 한다. 외로움은 신과의 분리, 자신의 신성한 자아와 분리되어 있음을 말하는 것이다. 한국에서 인연은 과거로 사라졌고 미국 땅에서 새로운 인연이 삶을 의미 있게 하리라.

　칼리얼! 그는 "Kahlil"이라는 이름을 칼리얼로 불러달라고 했다. 그와의 인연은 친구 환영이 만큼이나 깊다. 편지를 개봉했다.

안녕 학성!

뉴욕 세계무역센터빌딩 폭파사건 이후로 뉴스는 온통 아프가니스탄 폭격보도로 채워져 있다. 언론이 미국인을 복수와 폭력이라는 집단최면으로 몰고 가려는 것 같다. 굶주려 눈이 퀭한 아프가니스탄 주민들의 고통이 느껴진다.

정말 엄청난 사건이었다. 그 사건을 보고 난 기도를 했다. 졸지에 이유도 모르고 죽은 수천 명의 영혼을 위해서 그리고 사람들의 마음에 사랑이 넘쳐 분노가 들어오지 못하도록 말이다. 그리고 마지막으로 자살 테러를 감행했던 불쌍한 영혼을 위하여 기도를 하였다. 폭력과 테러는 반대하지만 보복을 부르는 피의 응징은 반대한다. 마음이 착잡하다.

수년 전 오클라호마 미연방 법원이 폭파되었을 때 제일 먼저 의심받았던 사람이 중동국가 출신의 이슬람 사람들이었다. 결국 미국인이 저지른 범죄로 판명되었지만 미국이라는 나라는 늘 이슬람에 대하여 편견을 가지고 있다.

형제(브라더)! 오늘 마음이 울적해서 너에게 편지를 띄우는 것이다. 언젠가 우리가 병에 대하여 이야기를 나누었지. 생각나니. 네가 말했지. 증상을 치료하면 무엇 하느냐고 병의 원인을 치료해야 한다고. 그 말이 떠올랐다.

아프가니스탄을 폭격하고 빈 라딘을 잡으면 무엇 하나. 그것은 증상일 뿐이고 원인은 다른데 있는데. 원인을 제거하려는 대신 단기적인 증상치료만 한다면 언젠가 그 병이 재발한다는 것은 누구나 알 수 있다.

그렇다면 이런 테러가 일어난 원인을 찾아서 해결책을 찾아야 하는데 모두가 눈을 감고 불쌍한 이슬람만 비난하는 것 같다. 지구인(earth man)이 되고 싶다. 국적이나 인종이 아닌 지구의 운명공동체로 지구에 사는 지구인으로 남고 싶다.

어떻게 지내니. 정말 보고 싶구나. 메디도 학성 삼촌에게 인사를 전해달라고 한다. 내년이면 초등학생이 된다. 언제 미국 방문할 계획은 없는지 몹시 보고 싶다.

친구 칼리얼과 메디가

2001년 9.11 사건이 일어난 지 벌써 1년 8개월이 되었다. 편지는 2001년 10월 날짜로 되어있었다. 무심하게도 나는 너무도 그를 잊고 지냈음을 알았다.

2. 지구인 칼리얼

검은 머리칼, 무성한 턱수염, 그리고 깊고 그윽한 눈동자, 그는 전형적인 중동인의 외모를 한 30대 중반의 사내였다. 학성이 그를 처음 만난 것은 교내의 주거용 아파트였다. 미국에 온 지 8개월, 어느 정도 생활에 적응하여 가던 시기였다. 아파트 편지함에서 편지를 꺼내고 있는데 "Hi(안녕)!"하며 가볍게 인사를 하는 사람이 있었다.

검은 턱수염과 그윽한 갈색 눈을 가진 남자가 학성을 보며 미소 지었다. 일상적으로 마주치면 누구에게나 가볍게 Hi(안녕)!라고 인사하는 것이 예절이라 학성도 웃으며 Hi(안녕)! 하고 인사를 하였다. 사내는 의외로 학성에게 자신을 자세히 소개하였다. 인연이 되려는지 그 후 자주 아파트에서 만나면서 둘도 없는 친구가 되었다.

학성은 그를 통하여 미국문화를 접하고 싶었다. 그는 동양에 대한 호기심이 많았고 특히 소수계-흑인, 인디언, 동양인-에 대한 관심은 지대하였다. 미국에서 억압받는 흑인에 대한 관심과 아울러 지배계층인 백인에 대한 반감이 그와의 대화를 통하여 드러났다. 반면에 미국의 경제와 정치를 장악하고 있는 유대인에 대한 반감은 컸다.

이해가 되지 않는 것은 그의 어머니가 유대인이라는 사실이었다. 그는 이민 2세였다. 그의 아버지는 이라크 출신 유학생이었고 어머니는 러시아에서 이민 온 유대인으로 두 사람은 유학 중에 만나 결혼하였다. 유대인과 아랍인은 서로 앙숙인데 어떻게 결혼까지 하게 되었느냐고 호기심으로 물어보았을 때, 그는 웃으며 사랑이 종교보다 강한 것 같다며 자신은 반은 유대인이라며 빈정대듯이 말하였다.

그에게서 모계혈족에 대한 친근감은 없었다. 아랍인에 대한 강한 애정을 드러내곤 하였다. 미국에서 태어나서 미국교육을 받았으므로 당연히 미국인의 사고를 가진 미국인으로 생각해왔지만 그는 아버지의 유산인 이슬람에 대한 깊은 애정과 유럽인이 지배하는 세계질서에 대하여 부당함을 말하곤 했다.

학성은 처음에는 솔직히 이슬람에 대한 이해가 크지 않았다. 한국에서 서구식 사고로 편찬된 세계사를 배우고 그런 시각으로 방영되는 TV뉴스와 신문을 통하여 자신도 모르게 박혀있던 이슬람에 대한 오해랄까 편견이 그를 이해하는 것을 어렵게 만들었다.

그것은 마치 <동물의 왕국> 프로그램에서 카메라 초점을 초식동물인 가젤에 맞추고 그들이 살아가는 모습을 촬영하게 되면 가젤을 공격하는 사자나 치타는 가젤의 평화를 깨는 난폭한 침략자로 보인다. 그러나 만약 치타에 카메라 초점을 맞추고 촬영을 하게 되면 굶주린 어린 새끼를 먹여 살려야 하는 어미 치타의 필사적인 가젤 사냥은 시청자에게 당연한 행동으로 비추어진다. 어쩌면 학성은 서구인의 시각으로 이슬람문화를 바라보고 이해한지도 몰랐다.

그의 밑바탕에는 이슬람 문화가 있었고 그 위에 다른 여러 문화가 놓여있는 것 같았다. 마치 한국인의 의식 밑바탕에 유교가 있고 그 위에 다른 종교나 윤리가 자리 잡듯 그도 그러하였다. 그는 이슬람교도는 아니었지만 이슬람을 이해하고 다른 여러 종교에 대하여 열려진 마음의 소유자였다. 학성은 그의 유연한 사고가 좋았다. 어떤 종교에 깊게 매달려 타 종교에 배타성이나 키우는 그런 종교인보다는 사고가 유연하고 무엇이든 일단 수용하려고 하는 자세가 좋았다.

그는 백인이 주인공으로 나와 악의 무리로 상징되는 베트콩이나, 남미인, 혹은 중동인을 물리치는 영화를 무척 싫어하였다. 너무 미국 백인 위주의 영웅담으로 되어 있다며 영화 속에 벌레처럼 죽어가는 제 3국인들의 모습을 보면 슬프다 못해 영화 제작자들에게 분노를 느낀다고 하였다. 그런 말을 들을 때면 그의 말 속에 배여 있는 증오가 학성을 곤혹스럽게 하기도 하였다.

어렸을 때 TV에서 백인과 흑인의 권투 중계를 하였을 때 백인을 응원하지 않았나 하는 생각이 들었다. 왜 백인을 응원했을까? 검은 색이 주는 어두운 이미지와 하얀 색이 주는 밝고 깨끗한 이미지를 자연스럽게 사람에게 적응시킨 결과가 아니었을까? 그리고 가난으로 상징되는 아프리카 흑인들의 모습과 부와 현대문명을 누리는 백인들의 모습이 반영되었으리라.

애초부터 흑인들이 잘 살고 세계를 이끌어 왔다면 반응은 어떠했을까? 사람의 미의 개념 그리고 색에 대한 개념이 지금보다는 다를 것이었다. 인간 관념은 주변 환경에 따라 형성되는 것이고 영화는 그런 개념을 고착화시켜 터무니없는 고정 관념을 만든다. 친구로서 우정이 쌓이고 학성은 좀 더 객관적 입장에서 그의 생각을 이해하게 되었다.

그에게 여자가 생겼다. 아이 하나가 딸린 체리라고 하는 작은 키에 푸른 눈동자를 가진 여자였다. 만난 지 1달 만에 그는 여자 집에서 동거를 시작하였다. 덕분에 학성은 체리와도 친구가 되었다.

그녀는 아이들을 돌보는 일을 하고 있었다. 체리에게 8살 난 아들 게일런이 있었는데 어린 마음에 친구 칼리얼이 자신에게 엄마의 사랑을 뺏어갔다고 질투하였으며 그것이 투정과 억지로 발전하기도 하여 친구의 마음을 불편하게 만들었다. 삶이 그렇듯이 그들에게도 행복과 고민 그리고 갈등이 있었다. 체리는 칼리얼 친구인 학성을 좋아했고 게일런도 학성을 잘 따라서 가족처럼 지냈다.

그들이 동거에 들어가고 몇 달 후 체리는 임신을 하였다. "임신했어요. 학성은 삼촌이 되는 거예요." 그녀는 학성에게 행복 가득한 목소리로 전화를 하였다. 당시 칼리얼은 고향 플로리다를 방문하고 있어 기쁜 소식을 학성에게 먼저 알렸다.

그날 저녁 체리에게 다시 전화가 왔다. 낮에 행복해하던 목소리는 어디 가고 울먹이는 소리로 칼리얼에게 임신사실을 알렸더니 기뻐하지 않았다며 실망하여 전화를 한 것이었다. 친구는 아기를 원하지 않았다. 경제력도 충분하지 못하고 공부하는 학생으로 아이는 그에게 부담스러운 존재였다.

그가 고향에서 돌아온 것은 3일 후였다. 임신문제로 체리와 다투었는지 몹시 고민스러운 얼굴을 하고 학성의 아파트를 찾아와 자문을 구했다. 평소 그는 동양사상에 관심이 많았고 학성으로부터 깨달음이니, 윤회, 마음 닦기 등에 대하여 이야기를 듣곤 하였다. 그는 우회적으로 낙태를 하면 종교적, 정신적으로 어떤 문제가 있겠느냐며 물어보았다. 낙태도 생각하고 있는데 체리 쪽에서는 결사반대라며 곤혹스러워하였다.

미국에서 남녀관계란 쉽게 만나서 쉽게 헤어지는 것이 다반사고 어쩌면 체리는 두 사람의 아이를 가짐으로써 단순한 동거관계에서 가족의 일원으로서 칼리얼을 붙잡아두려는지도 몰랐다. 내면에 귀를 기울이라고, 진실로 너의 참된 자아가 무엇을 말하는지 들어보고 결정하라고 하였다. 이런 과정을 거쳐 아들 메디가 태어났다.

아이 이름을 메디(Medhi)로 지었다. 중동에서는 부모나 친척 이름을 자녀 이름에 사용한다며 아버지가 돌아가시고 집안의 어른으로 자기 형제들을 돌보아준 삼촌 이름 메디를 아들에게 사용하였다. 이슬람식 이름이었다.

체리는 그 이름에 반대하지 않았으나 전형적인 백인 중산층인 그녀 친정에서는 손자 이름을 이슬람이 아닌 미국식으로 짓기를 원하였다. 이름만 가지고 그 사람의 종교나 인종을 대략 알 수 있으므로 굳이 소수계이며 기독교와 불편한 관계가 있는 이슬람식 이름이 손자의 장래에 좋지 않다고 생각한 것이었다.

학성도 미국인들이 자기 이름을 제대로 발음하지 못하자 방편으로 미국식 이름을 사용하려고 친구에게 의견을 물어봤더니 자기는 미국에서 태어났어도 아버지가 형제 모두에게 이슬람 이름을 지어주었고 부끄럽게 생각하지 않는다며 한국이름을 그대로 사용할 것을 권하였다. 그는 이름만 보면 누가 유대인줄 안다며 그들 때문에 중동평화가 위험하고 더 나아가 세계평화가 안전을 위협받는다면서 유대인에 대한 불편한 감정을 드러냈다. 한번은 작정하고 물어보았다.

"칼리얼! 너 엄마가 유대인인데 너는 왜 늘 유대인에 대하여 그러게 비판적이니?"

그러자 평소와는 다르게 한참을 생각하더니 그답지 않게 조금 신중하게 말을 시작하였다.

"학성! 너 세계사 공부했지. 이스라엘이 어떻게 나라를 세웠는지 아니. 팔레스타인들이 살던 곳에 유대인이 몰려와서 수천 년 전에 조상이 살았던 땅이라며 오랜 세월 그곳에 살아온 팔레스타인들을 내쫓고 미국과 영국의 도움으로 나라를 세운 거 말이야.

그런데 원주민들인 팔레스타인들의 자치도 억압하고 독립에 미온적이란 말이야. 한국이 일본에 점령되었을 때 독립운동 하였듯이 팔레스타인들은 독립운동을 하는 것인데 서방언론이 폭력집단으로 몰고 일방적으로 이스라엘 편을 드니 비판적일 수밖에 없지."

머리를 끄덕이면서도 마음 한구석에는 "한 손에 코란 한 손에 검"을 들고 있는 과격한 이슬람의 이미지가 남아있었다. 제도나 사상 등 그것이 무엇이든 자유를 최우선으로 생각하는 학성에게 엄격한 남녀구별, 종교와 정치의 일치체계, 유일신, 한 손에 코란 한 손에 검으로 상징되는 이슬람 문화에 여전히 약간의 거부감이 존재하였다.

"한 손에 코란 한 손에 검"은 서양인에 의하여 사실이 왜곡되었다는 것은 알고 있었으나 이슬람 세계의 여성에 대한 신분차별은 인류의 보편성에 비추어 거부감이 드는 제도였다. 이슬람 여성들의 신분이 남자에 비하여 열악하고 행동에 제약이 많은 것에 대하여 칼리얼의 의견을 물어본 적이 있었다. 그때 그는 이렇게 말하였다.

"외부인들 눈에는 억압이고 인권 탄압처럼 보이지만 이슬람 여성들이 그 제도를 진심으로 따른다는 것이지. 의식이 개화가 되지 않아서 그런 구속을 받아들인다고 말한다면 할 말은 없지만 말이야. 1400년 전에 만들어진 율법이니 현대인에게 맞지 않는 것도 있다고 생각해. 그런 면에서 기독교도 유사한 문제를 가지고 있다고 봐."

학성은 어느 종교 교리든 시공간을 떠나 변형되어서는 안 되는 진리와 시공간에 따라 다르게 적용될 수 있는 사회 규범적 요소가 있다고 생각해왔다. 그런데 많은 종교가 가변적인 사회 규범적 요소를 영원불멸의 진리인 것처럼 시대에 관계없이 고집함으로서 생기는 갈등을 보아왔다.

하여간 미국에서 여러 나라에서 온 학생들을 만나면서 간접적으로 알아왔던 문화상식에 오해가 많았음을 알게 되었고 너무 서구인의 시각으로 제3세계를 보고 있음을 알게 되었다.

메디가 태어나자 칼리얼은 대학원 졸업 전에 교사자격증을 취득하고 일자리를 구하려 다녔다. 그는 대학에서 건축학을 공부하고 플로리다에서 건축사무소를 운영한 사람이었다. 자신의 건축일이 자연 파괴적이라며 어느 날 사무실을 정리하고 자신이 평소 하고 싶었던 교사의 꿈을 가지고 교육 대학원에 들어온 조금은 엉뚱한 구석이 있는 친구였다. 그는 여러 학교에 이력서를 넣고 면접도 보았으나 번번이 떨어졌다. 이유는 나이 문제 같았다. 30대 중반에 교육 경험도 없는 그에게 학교는 기회를 주지 않았다.

정부 융자로 학비를 대면서 여러모로 그는 경제적으로 어려운 상황에 있었다. 이런 상황에서 두 사람은 새로운 갈등으로 접어들었는데 그것은 체리의 아들 게일런의 가정교육을 둘러싼 의견충돌이 원인이었다. 친구는 필요에 따라서는 자신의 아버지가 그랬듯이 엄격하게 게일런을 교육시키려 하였고 체리는 자신의 아들에게 엄하게 가장권을 행사하려고 하는 칼리얼이 못마땅하였다. 거의 10년의 세월동안 체리의 헌신적 보호 아래 자란 게일런은 체리에 아주 의존적이었는데 목욕부터 잠자리까지 체리의 손길이 필요했다.

결정적으로 문제가 생긴 것은 게일런이 잘 씻지 않아서 손에 무좀이 생겼는데 그 손으로 동생이 귀엽다며 얼굴을 만지고 손을 입에 집어넣고 하자 친구가 참지 못하고 여러 번 주의를 주고 심하게 나무라다가 그것이 갈등으로 번졌다.

체리는 둘 다 같은 자식인데 너무 엄격하게 다루는 칼리얼이 미웠던 모양이었다. 이것이 원인이 되어 갈등은 커져갔고 그녀는 칼리얼에게 집을 나가 줄 것을 요구했다. 학성은 중간에서 두 사람을 화해시키려고 노력했으나 역부족이었다. 마침내 두 사람은 동거에서 별거로 돌아섰다.

학성은 졸업을 하고 외국인 학생에게 부여하는 1년간의 근로비자를 받았다. 좀 더 머물면서 오컬트 단체인 BWT 공부를 계속하려는 생각에서였다. 전공한 분야에서 직업을 구하려고 노력하였으나 서류에서 더러는 면접에서 떨어지고 할 수 없이 덴버 근교의 한 전자회사 공장에 근로자로 들어가게 되었다.

학성은 여기서 다양한 종류의 사람들을 만나고 많은 것을 배운 시기였다. 제품 검사관인 베트남계 미국인 "로"와 조장인 중국계 미국인 "존", 소말리아에서 이민 온 30대의 이슬람 신자인 "하산", 20대 후반의 에티오피아 출신 흑인 "제프", 감독관인 50대 후반의 뚱뚱한 백인 여성 "베스", 마약 사범으로 보호감호를 받던 "마이클"이 그들이었다.

밤일을 하고 새벽 한시에 집에 돌아오면 주변 아파트 불빛은 거의 꺼져 있고 간간이 차 달리는 소리만 어두운 밤공기를 흔들었다. 열쇠로 방문을 열고 들어가 전등을 켜면 비로소 하루의 일과가 끝났다. 조용한 밤, 늘 습관처럼 다가오는 아늑함과 외로움이 있었다. 학성은 분주한 낮보다는 모두가 잠든 이 시간을 사랑했다. 사색 그것은 저절로 찾아왔다. 현실의 어려움도 밤의 침묵 속에 사라지고 그 시간에 학성은 늘 깊은 산골에 있는 것 같았다.

직장에서 인종 차별을 목격하게 되었다. 흑인인 하산과 제프에게는 사람들이 하기 싫어하는 힘든 일이 주어졌으며 보통 백인들은 2달이면 정식사원이 되는데 제프는 4개월 만에 정식사원이 되었다. 오래전에 입사한 동양계 미국인 존과 로는 흑인인 하산과 제프를 은근히 경멸하였으며 자신들의 직위를 이용하여 제프를 곤경에 몰아넣기도 하였다. 노란 유색인종이 검은 유색인종을 경시하는 모습은 많은 것을 생각하게 하였다.

LA 폭동사건이 기억났다. 백인 경찰이 흑인 피의자를 무자비하게 폭행하는 장면이 비디오에 찍혀 TV에 방영되어 촉발된 사건은 우습게도 백인과 흑인간의 갈등이 오히려 흑인과 한인 간의 갈등으로 변질되어 수많은 한인 점포가 약탈되고 방화되는 사건이었다.

그 당시 백인 경찰은 백인거주 지역은 경계하면서 한인 상가지역은 무방비상태로 두었다. 언론에서는 사건의 전말을 숨기고 흑백 간의 분쟁을 흑인지역에서 돈만 벌고 흑인을 무시하는 한인에 대한 불만이 사건의 원인인 양 흑인의 분노를 교묘하게 한인에게 돌렸다.

흑인은 자신들이 분노를 감히 백인에게 돌리지 못하고 대신 약한 유색인종인 한국인에 돌렸던 것이었다. 이 사건으로 가장 큰 피해를 입은 것은 한국교민이었고 미국 백인주류사회는 피해를 최소화할 수 있었다.

그러나 살펴보면 한국인이 반성해야 할 일도 조금은 있지 않았을까 하는 생각이 들었다. 유색인이면서 다른 유색인을 멸시하는 태도가 있었다면 그것이 문제가 아니었는가 하는 생각이었다.

하산은 기억에 남는 친구였다. 흑인치고는 왜소한 체격에다 이슬람을 믿는 하산은 자신은 가난하고 굶주림으로 죽어가는 소말리아에서 왔다고 밝혔다. 그리고는 사람들이 얕잡아본다며 다른 사람에게는 비밀로 해달라고 하였다. 그는 근무 중에 꼭 필요한 말 외에는 하지 않는다고 하였다. 미국에 온지 10년이 넘었지만 아직도 남아있는 아프리카 악센트가 이민자임을 보여주는 것 같아 말을 삼간다는 것이었다.

그는 예수는 아브라함, 모세처럼 여러 예언자 중의 하나였다며 예언자 마호메트는 마지막 예언자라고 말하였다. 기독교와 공통되는 내용이 많다며 사람들이 알라신을 이슬람만의 신(god)으로 생각하는데 이것은 오해라며 기독교의 신처럼 절대적인 신이라고God) 강조하였다. 어느 날 하산은 동료인 백인 여자와 싸우고 일방적으로 혼자만 해고당하였다.

마약 복용으로 수감 중인 재소자 출신의 마이클을 만난 것은 악연이었다. 사회복귀 단계에 있었던 그는 사회 적응 단계로 회사에서 일을 시작하였다. 어디서 들었는지 한국인이 개고기를 먹는다는 것을 알아가지고는 가끔 개고기 먹는 사람이라며 장난 비슷하게 학성을 놀리곤 하였다. 그럴 때마다 차분하게 응대하거나 더러는 무시하곤 하였다. 어쨌든 그동안 즐거웠던 일터가 불한당 같은 마이클의 등장으로 불편한 장소로 변했다.

하루는 업무분장을 두고 마이클의 부당한 억지에 그동안 참아왔던 울분이 터졌다. 화가 났음을 보여주려고 "빌어먹을 자식!"라고 큰 소리로 외치며 마이클을 노려보았다. 갑작스러운 반격에 놀란 마이클이 한동안 시근덕거리더니 "야만인! 야만인!"하며 소리 질렀다. 주변 동료들이 무슨 일인가 수군거렸고 감독관 베스가 이 사실을 알게 되었다.

다음날 아침 회사에서 전화가 왔다. 오늘부터 일하러 올 필요가 없다는 통보였다. 하산의 얼굴이 떠올랐다. 그도 출근을 준비하다 이런 황당한 전화를 받았겠지 하는 생각이었다. 여러 달을 근무한 사람에게 이런 식으로 해고를 통보한다는 것이 잔인하다는 생각이 들었다.

창밖을 보니 철 늦은 눈이 내리고 있었다. 삶이란 질서 정연하기보다는 가끔 모순과 황당함으로 다가온다. 분노보다는 쓸쓸한 미소와 여유로운 아픔이 학성을 감싸 안았다.

공장에서 해고당하고 얼마 후 다행스럽게 학성은 지역 교민을 위한 라디오 방송국에 취업을 했다. LA에서 송출되는 <라디오 코리아> 방송을 받아서 다시 재송출하는 아주 작은 방송국으로 거기서 지역 뉴스를 위한 영어 신문 번역과 그것을 뉴스로 방송하는 일이었다.

그러던 어느 토요일 정오 무렵에 휴일이라 집에 있는데 정말 오랜만에 칼리얼에게 전화가 왔다. 덴버에 살다보니 수개월 동안 자주 연락을 못하고 지냈다. 덴버 어린이 병원인데 메디가 암에 걸려 곧 수술에 들어간다며 시간 있으면 와달라고 하였다. 병원은 시내 중심가에 있었다.

병원에 도착하니 칼리얼과 체리 그리고 그녀 어머니가 있었다. 서로 말이 없었다. 지난 추수감사절에 체리 어머니 집에서 하룻밤을 보낸 적이 있었고 체리 집에서도 몇 번 만난 적이 있어 가볍게 인사를 나누었다.

학성은 칼리얼과 함께 수술이 잘되도록 기도하기 위하여 병원 일층 기도실에 들렀다. 성경과 코란이 놓여있었고 기도문을 적는 노트가 있었다. 칼리얼은 "신이시여! 저의 아들 메디를 살펴주소서!"를 쓰고는 간절한 마음으로 기도를 올리기 시작하였다. 그가 쓴 신(God)이 어떤 신인지는 모른다. 그러나 그것이 알라이든 하느님이든 그의 마음은 진실로 아들의 안전을 기도하고 있었다.

1차 수술은 성공적으로 끝났다. 의사의 말로는 더욱 중요한 2차 수술은 경과를 보고 결정하겠다며 암세포를 지속적으로 억제하기 위하여 항암제를 사용해야 한다며 필요한 약물 사용법을 알려 주었다. 의사는 메디의 배꼽에 약물 투여를 위하여 호스를 연결시켜 놓았다. 어린 아기로서는 감당하기 어려운 병이었다. 힘들게 태어난 아이인데 암에 걸리다니 가족 모두 불쌍해 보였다. 해줄 수 있는 것은 마음의 안정을 위하여 그들에게 정신적인 위로의 말밖에 없었다.

칼리얼은 메디가 퇴원하기까지 이틀을 덴버에 머물렀다. 다음날 그를 만나 시내에 위치한 인도 크리슈나 신을 모신 사원에 가서 기도하였고 그의 부탁으로 시내에 있는 불교사원에 가서 부처님에게 기도하였다. 평소에도 그와는 어떤 종교에 구애됨 없이 진리 그 자체만을 찾았다. 건강을 기원하며 작은 부처상 뒤에 메디 이름을 적어 넣었다.

비록 수술은 성공적으로 끝났지만 아직 최종적으로 완치되기 위해서는 가장 중요한 2차 수술과 약물투여가 있어야 했으며 그가 우려한 것은 어린 아기가 항암제를 맞고 과연 정상적으로 성장할 수 있느냐 하는 것이었다. 괴로워하는 그를 위로하며 오후에 기분 전환 삼아 덴버 변두리에 위치한 모래공원(sand park)으로 산책 나갔다.

덴버로 이사 온 후 오컬트 단체인 BWT 모임에 참석하는 일 외에는 만나는 사람이 없었다. 시간이 나면 찾아가는 곳이 집 근처의 모래공원이었다. 잘 단장된 시내 공원과는 달리 모래공원은 거칠고 황량한 분위기의 자연공원이었다. 그러다 보니 공원을 거니는 사람은 거의 없었고 쓸쓸한 분위기를 자아내었다.

바닥이 모래와 흙으로 되어있어 땅에는 풀들이 잘 자라지 않았고 오랜 세월을 견디어 온 큰 나무가 군데군데 서있었다. 나무 뒤로는 냇물이 흐르고 그 너머로는 넓은 공터가 있었고 공터 뒤에는 잔디밭이 딸려있는 주택들이 있었다. 공원에서 마주치는 것은 모래땅에서도 잘 자라는 억센 풀들과 종종 목격되는 여우들이었다. 학성은 잘 정리된 잔디가 있는 공원보다는 모래공원이 좋았다.

산책을 하는 동안 서서히 어둠이 내리기 시작하였고 황량한 벌판을 뒤로 하고 고목 뒤로 붉은 저녁놀이 아름답게 불타올랐다. 고목 뒤로 붉게 비치는 저녁놀이 숨 막히게 아름다웠다. 길을 멈추고 한동안 두 사람은 저녁놀을 쳐다보았다.

"아름답군! 그렇지?" 학성이 말하자,

"곧 사라질 햇살의 처절한 아름다움을 보는 것 같다."

직감적으로 그가 생사의 기로에 있는 아들 메디를 생각하고 하는 말임을 알았다. 학성에게 감상적으로 보이는 저녁노을도 그에게는 생명의 마지막 발버둥으로 보일 수 있었다.

수술이 있고 몇 달 후 학성은 칼리얼 집을 방문했다. 한국에 돌아가면 언제 올지 모르므로 시간 있을 때 친구를 방문하여 같이 시간을 가지기 위해서였다. 가정 법원의 판결에 따라 칼리얼은 일주일에 이틀만 아들을 집에서 양육할 수 있었다. 그에게 가장 가슴 아픈 일은 사랑하는 아들을 일주일에 이틀밖에 볼 수 없는 현실이었다.

두 사람이 헤어지고도 체리와 게일런은 여전히 학성에게는 친구였다. 사랑이 미움으로 그리고 증오로 바뀌는 현장을 옆에서 생생하게 지켜보면서 사랑의 감정이란 얼마나 변덕스럽고 환영적인지 새삼 느꼈다.

이별은 두 사람 모두에게 문제가 있었다. 어느 일방의 문제라기보다는 쌍방의 문화적 배경, 사고방식, 인생관이 두루 어우러져 일어난 일이었다. 미국이란 나라가 자녀의 연애나 결혼에 부모가 개입하지 않는 것은 사실이나 서로 살아온 가족 문화가 다르다 보니 오해가 생기기도 하는 것 같았다.

체리 집안에서는 경제력이 없는 칼리얼을 싫어하였고 무엇보다 사랑하는 외손자 게일런이 칼리얼을 싫어하는 것을 두고 보지 않았다. 체리 친정 엄마가 뒤에서 부추기어 헤어지게 되었다고 칼리얼은 믿었다.

항암제로 머리가 다 빠진 메디는 생각보다 건강하게 암을 이겨내고 잘 자라고 있었다. 이대로라면 곧 2차 수술을 받아도 될 듯싶었다. 머리에 예쁜 모자를 씌우고 우리는 가까운 공원으로 나갔다. 공원에 있는 호수를 바라보며 의자에 앉았다. 거위들이 호수를 헤엄쳐 다니고 날씨는 눈부시게 좋았다. 해발 1500미터에 위치한 도시라 늘 하늘은 푸르고 깊었다. 한국의 가을하늘처럼 푸르고 높은 하늘이 펼쳐져 있었다.

한동안 말도 없이 하늘만 쳐다보았다. 삶을 살아가면서 직접 경험을 통하여 배우고 성장하기도 하지만 주어진 기간이 짧아 세상의 모든 것을 경험할 수는 없다. 그런 점에서 책이나 드라마, 주변 사람들의 인생을 간접 경험하여 배우는 것이 참으로 많다.

친구 칼리얼의 삶을 지켜보는 것은 학성이 직접 경험 못한 것을 간접적으로 배우는 좋은 기회였다. 그들의 사랑은 타오르는 불꽃처럼 격정적으로 빠르게 시작되었다. 옆에서 지켜보는 학성도 불안스러울 정도로 쉽게 불타오르는 두 사람을 보고 좀 더 숨을 고르며 사랑이 진행되었으면 하는 바람이 있었다.

친구가 체리를 만나기 전에는 학성은 그와 같이 수련도 하고 명상에 대하여 이야기도 나누었다. 돌이켜 보면 순수함과 즐거움이 함께 하던 시절이었다. 인연에 얽혀 이전에는 생각하지도 못하였던 방향으로 친구의 삶이 흘러가면서 그가 겪고 있는 고통을 지켜보는 학성의 마음은 편치 않았다.

"기억나니, 우리가 처음 만났을 때, 그땐 좋았는데. 내가 어리석었어. 좀 더 신중해야 했었는데. 여자에 대한 욕망이 마음을 가렸나 보다."

그는 하늘에서 눈을 떼 호수로 시선을 던지며 말했다.

"과거는 과거야. 지금 너에게는 무엇보다 소중한 아들이 있잖아."

그는 임신 소식을 듣고 낙태까지 생각하였는데 오히려 자식에 대한 사랑은 한국인을 능가하였다. 그는 채식주의자였다. 고기가 들어간 음식에 혐오감을 표시하던 그였지만 아들이 오는 날에는 닭고기나 쇠고기 요리를 하여 아들에게 먹였다. 성장하는 아이는 단백질을 많이 섭취해야 한다면 기꺼이 고기 냄새를 감수하였다.

"논문은 완성했니?"

이번 봄 학기에 논문 발표회를 예정하고 있다고 들어서 물어보았다.

"완성했어. 석사학위 받고 다음 학기에는 박사과정에 등록하려한다. 아무래도 중고등학교에서 직장 구하기는 어려울 것 같아. 시간은 걸리겠지만 대학교에서 가르치는 것이 낫겠어. 조교로 장학금을 받을 수 있고 학교 아파트 임대료도 저렴하고. 이것이 현재 내가 할 수 있는 최선 같

아. 한 달에 메디 양육비로 250불을 체리에게 지불해야 하는데 이것은 정부 학자금 융자로 대체해야 할 것 같아."

박사까지 몇 년이 걸릴지 모른다. 그리고 그 다음에 교수직을 구할 수 있는지도 확실하지 않고. 그 말대로 현재 입장에서 그가 할 수 있는 최선책인지도 모른다. 정부에서 대부받은 돈만 하더라도 수만 불로 알고 있었다. 그나마 이자가 거의 없고 졸업 후 갚는 조건이어서 그에게는 구세주 같은 것이었다.

"오는 7월이면 한국에 돌아간다. 여기 온 지 벌써 3년이 넘었어."

"꼭 돌아가야 하니. 미국에서 살면 안 되니?" 그는 학성이 돌아가야 한다는 것을 알면서 말하였다.

"팽팽한 긴장과 끈적끈적한 간섭이 없는 이곳이 나 같은 자유분방한 사람 살기에는 편한 곳이지만 내가 더 유용하게 사용될 수 있는 곳은 한국이야."

사실 미국에 머물고 싶은 유혹을 견디기가 어려웠다. 쓸데없는 간섭과 참견, 몰개성적이고 집단적인 사회분위기를 생각하면 미국에 머물고 싶기도 했다. 학성이 일하는 라디오 방송국 사장이 영주권 전 단계인 장기노동비자를 취득하는데 도와주겠다고 서류까지 준비하고 변호사에게 수속을 의뢰하겠다고 말하기도 하였다. 그러나 이제 마음을 정리하고 몇 달 남은 기간 동안 마무리를 하고 있었다.

"옛날로 돌아가고 싶을 때가 있어. 간혹 미치도록 현실이 힘들고 괴로우면 말이야."

칼리얼은 조금 힘없이 말하였다. 경제문제, 가정문제, 진로문제, 그 모두가 그에게 견디기 힘든 현실이었다. 거의 술을 하지 않던 그가 최근에는 간간이 술도 마신다고 하였다.

메디를 데려다 줄 시간이 되었다며 그는 메디를 차에 태워 체리 집으로 향했다. 체리는 조금 어설픈 표정으로 학성을 바라보았다. 3개월 후에 한국으로 간다고 말하니 그녀는 섭섭한 표정을 지으며 아들 게일런이 보고 싶어 한다며 가기 전에 꼭 집에 한번 들리라며 학성의 손을 잡았다. 칼리얼은 이런 두 사람을 아무런 표정 없이 바라보고 있었다.

　미국을 떠나기 일주일 전에 메디는 무사히 2차 수술을 받았다. 경과는 좋았고 친구도 기뻐했다. 2차 수술에는 플로리다에서 칼리얼의 어머니가 손자를 보기 위하여 오셨다.

　말로만 들었던 그의 어머니는 나이가 70대였지만 아직도 병원에서 간호 일을 하고 계셨는데 유대인들의 외양이 그러하듯 중동인보다 서양인에 가까웠다. 유대인들이 서양인처럼 보이는 것은 유랑하며 떠돌아다니는 동안 혼혈된 결과라고 하였다. 그녀는 학성에 대하여 많이 들었다며 농담 삼아 말하였다.

　"내 아들 칼리얼은 인종차별주의자인데 그런 아들을 친구로 잘 대해주어 고마워요."

　평소 아들의 성향을 알고 하는 진실이 담긴 말 같았다. 그 말에 학성은 칼리얼을 쳐다보며 웃으며 말하였다.

　"칼리얼은 인종차별주의자예요. 그런데 본인은 박애주의자라고 생각하지요."

　그러자 칼리얼이 크게 웃으며 응답했다.

　"그래 난 인종차별주의자야."

　모자 관계는 괜찮아 보였다. 친구는 자기 아버지가 돌아가시고 혼자 사는 어머니에 대하여 자주 말하였다. 효의 개념에 있어서 그는 보통 미국인들보다는 동양적인 사고를 지녔다.

　　칼리얼은 학성이 미국을 떠나기 하루 전에 학성의 집에 와서 묶었고 아침에는 차를 몰고 공항까지 바래다주었다. 항공수화물로 짐을 보내고 비행기가 대기하는 입구로 갔다. 친구를 쳐다보니 눈에서 아쉬움이 짙게 비쳤다.

　"간다. 그 동안 너무 고마웠고, 다시 만나게 되겠지."

　마음에 하고 싶은 말을 다 표현하지 못하고 짧게 작별인사를 했다.

"꼭 서로 연락하자. 메디가 완쾌되면 한국에 한번 가고 싶다. 너의 행운을 빈다."

그는 팔을 벌렸다. 두 사람은 미국식으로 뜨겁게 안으며 작별인사를 했다.

그와의 지난 세월이 영화 화면처럼 머리를 스쳐지나갔다. 내년이면 메디가 초등학생이 된다니 어린 나이에 머리카락이 빠져 모자를 쓰고 공원을 거닐던 모습이 생각났다. 힘든 병마와 싸워 이겨내어 이제는 어엿한 초등학생이 되는 메디가 기특하였다.

그가 엄마 체리와 아빠 칼리얼 사이를 왕래하며 무난하게 잘 자라고 있는 것 같아 보였다. 이복형인 게일런과는 잘 지낼 것이다. 방법이 문제였지 동생을 귀여워하던 소년이었다.

게일런도 이제 중학생이 되었을 것이다. 메디가 커서 칼리얼처럼 이슬람문화를 이해하고 자신의 나라인 미국을 애증의 시각으로 볼 것인지 아니면 엄마 체리의 교육 아래 백인으로 자랄지는 모르겠지만 멀리서나마 애틋한 정이 느껴졌다. 그들과의 아름다운 추억이 마음에 떠올랐다. 시간을 내어 방문을 해야 할 것 같았다.

2장 새로운 만남

1. 만남

　덴버 외곽에 위치한 무처사(無處寺)는 실로 우연히 알게 되었다. 상담소에서 일을 마치고 모처럼 한국음식을 맛보려고 덴버 동쪽 변두리에 위치한 한국 식당으로 가다가 실수로 한 불럭을 더 가서 우회전을 하였더니 멀지 않은 곳에 무처사란 한자 간판이 걸려있는 사찰이 보였다. 시간도 있고 하여 도로가에 차를 세우고 안으로 들어가 보았다.
　한국교민들이 많이 사는 지역이라 한국 절임에 틀림없었다. 외양으로는 서양식 주택이었는데 집안을 들어서니 정원을 사이에 두고 작은 법당이 있었다. 평일이라 마당에는 사람 인기척이 없었다. 바깥에서 보았던 서양식 집은 요사체 같았는데 산사에서나 보는 하얀 고무신이 가지런히 놓여있었다. 정원에 잔디가 이상한 모양을 하고 있어 눈길을 끌었다. 원이 잔디밭 한가운데로 나 있었는데 누군가 발로 쿡쿡 눌러 만든 것 같았다.
　들어온 김에 학성은 법당에 들어가 반가부좌를 하고 명상을 하였다. 은은한 향냄새가 마음을 차분하게 가라앉히고 풍경소리가 마치 한국 산사에 있는 기분이었다. 한동안 깊은 명상에 잠겨 있다가 법당 밖을 나오니 스님이 잔디밭을 돌고 있었다. 아까 본 잔디밭의 원은 절의 스님이 걸어서 생긴 흔적이었다. 걸으면서 명상을 하는 것 같았다. 학성의 시선을 느끼고는 그는 머리를 돌려 학성을 바라다보았다. 학성이 가볍게 손을 모아 합장을 하자 스님은 답례를 하며 발길을 그에게 돌렸다. 가까이 다가오는 모습이 어디선가 낯이 익은 얼굴이라 생각하고 있는데 스님도 학성을 보고는 놀라운 표정이었다.

스님은 옛날 <무지개>란 단체에서 가끔 대화를 나누었던 한찬우였다. 인연이란 이렇게도 이어지는지 실로 10년 만에 그것도 미국에서 한찬우를 보게 되리라고는 생각도 못한 일이었다.

낙천적이고 미소가 해맑았던 사내, 그가 승복을 입고 원담이란 법명으로 미국 땅에 있을 줄이야. 당시 한찬우는 20대 중반의 구도 열정에 불타던 젊은이였다. 만나고 헤어지고 그런 것이 인생이려니, 출가한지 7년이라며 미국 무처사에 주지로 온 것은 2년쯤 된다고 하였다.

그와 많은 이야기를 나누고 돌아왔다. 절의 신도 중에 덴버대학교 <동서양 종교 연구소>에 다니는 사람이 있는데 여러 종교에 아주 박식하여 자신도 자주 정보를 얻는다며 다음 토요일에 한인회 문화행사에서 강연할 계획이니 한번 시간 나면 오라고 하였다.

2. 수의 세계

그때에 유(有)가 없었고, 무(無)도 없었으며
창공도 없었고, 그 위의 천계도 없었다.
무엇으로 덮여있었던가?
어디에서? 누구의 보호아래?
물은 있었던가, 깊이 모를 물은?
그때에 죽음이 없었고 불멸도 없었으며
밤의 표징도, 낮의 표징도 없었다.
스스로의 충동으로 저 유일자가

호흡 없이 호흡하였나니,
그 외에는 아무 것도 없었다.

어둠이 있었으니, 태초에 이 모든 것은
어둠에 싸인 물이었다.
그때 껍질에 싸여 누웠던
저 유일자가 열력(tapas; 불현듯 일어남, 자발적인 성장)으로 생겨났다.

처음에 의욕(kama)이 저 유일한 것에 나타났으니
그것은 사고(manas)의 첫 종자였다.
가슴 깊이 지혜를 구하는 현자들이
무에서 유의 고리를 찾았도다.

가로놓인 그들의 빛
그것은 아래에 있었던가, 위에 있었던가?
씨앗을 품은 자들이 충만한 힘이 있었으니
밑에는 스스로 지닌 힘이 위에는 충동이 있었도다.

실로 누가 이것을 알까?
누가 여기서 그것을 언명할 수 있겠는가?
어디로부터 이 창조가 생겨난 것일까?
신들은 이 창조에 잇달아 생겨났으니
그러면 누가 그것이 어디에서 일어났는가를 알 것인가?

이 창조가 어디로부터 누구에 의해서 행해졌는가를
혹은 그렇지도 않은 가를
최고의 천상에서 이 세계를 굽어보는 이

그만이 실로 알고 있으리라.
어쩌면 그도 또한 모를지도 몰라.
-리그베다의 나사디야 수크타(Nasadiya sukta, 無有雅歌)-

 한아름은 천부경과 여러 창조 신화를 주제로 이야기하다가 마지막에 자신이 좋아하는 인도 우주론으로 강의를 끝맺었다. 교민회 행사였지만 행사장은 교민회 주최자와 낯익은 몇 사람을 제외하고는 10여명에 불과하였다.
 청중 중에 무처사 원담 스님이 있었고 그 옆에는 처음부터 끝까지 진지하게 경청하는 사내가 눈에 띄었다. 한아름은 강연 도중 몇 번 그 사내와 눈빛이 마주쳤다. 강연회가 끝나고 아름은 주최자와 이야기를 나누고 나서는 교민 회관에서 그리 멀지 않은 무처사로 발걸음을 옮겼다. 전공이 비교종교학이라 그녀는 여러 종교단체를 부담 없이 드나들었고 그 중 무처사의 원담 스님은 그녀가 가끔 찾아뵙는 사람이었다.
 신도가 많지 않아 일요일 법회 말고는 거의 절을 찾는 사람이 없어서 당연히 스님 혼자 있으려니 했는데 손님이 있는지 못 보던 신발이 눈에 띄었다.
 잠시 어떻게 해야 할지 망설이는데 "밖에 누구요!"하며 원담 스님이 문을 열었다. 스님은 한아름을 발견하고는 반갑게 웃으며 그녀를 거실로 안내하였다. 방안의 손님이 그녀를 보고는 가볍게 목례를 하였다. 손님은 강연장에서 열심히 강연에 귀를 기울이던 바로 그 사람이었다. 평소 그녀의 주의력이라면 몰라보았겠지만 이번은 단번에 사내를 알아볼 수 있었다.
 "유익한 강의였습니다. 방금 강연에 대하여 이야기를 하고 있었지요."
 원담 스님은 밝게 웃으며 앉기를 권하였다. 평소에 손님이 오면 거실 한편에 놓인 소파에서 담소를 나누었는데 오늘은 방바닥에 방석을 깔고 이야기를 하고 있었다. 책상다리를 하고 있는 두 사람의 자세가 흐트러짐 없이 안정감 있고 단정하게 보였다.

"이 분은 허학성 씨라고 나로빠 대학에서 운영하는 상담소에서 일하고 있습니다. 출가 전에 알고 지내던 선배였는데 지난주에 우연히 만나게 되었지요. 지난번 만났을 때 강의를 한번 들어보라고 강력하게 추천했습니다. 서로 대화가 통하지 않을까 생각이 들었어요. 한 선생은 비교종교학을 공부해서 그 분야에서 계속 연구하시고 여기 이 분도 여러 종교를 섭렵하셨고 오랜 기간 수련을 하셨으니 말입니다."

스님 말이 끝나자 사내가 먼저 가볍게 머리를 숙이며 인사를 하였다. 그에게서 맑은 기운을 느꼈다. 한번 만나도 평생 기억에 남는 얼굴이 있는가하면 여러 번 만나도 얼굴조차 기억 못하는 경우도 있다. 얼굴에 강한 특성이 있거나 아니면 잊지 못할 사건과 연유될 때 기억은 오래간다. 아름은 앞의 사내가 자신의 강의를 어떻게 평가할지 그리고 여러 종교를 섭렵하였다는 스님의 소개말에 약간 긴장하였다.

"강연이 깊이 있었고 마지막 인도 리그베다 우주론은 제가 알고 있는 카발라 우주론과 비슷한 점이 많았습니다."

그는 강연 중 나누어준 인쇄물을 보면서 말하였다. 카발라! 그녀는 잠시 머릿속을 정리하였다. "유대 비밀 가르침", "생명나무" "히브리 문자" "세페르 예찌라(창조의 서)" "조하르(빛의 서)", "아인(무한)".

"창조의 서"와 "빛의 서"는 몇 번 책을 들었다가 중간에 그만둔 기억이 있고 카발라 사상을 정리한 책을 읽어본 적은 있지만 난해하고 생소함에 질려 중간에 그만둔 적이 있었다. 당혹스럽게도 백과사전에 실려 있는 카발라 소개 글 정도가 그녀의 지식 전부였다.

"유대 신비사상 카발라를 말씀하시는가요?"

그녀는 "카발라"라는 단어라도 알고 있는 사람이 도대체 얼마나 될 것인가 생각하며 의도적으로 "유대신비사상"에 강세를 두며 말하였다.

"그렇습니다. 아시겠지만 최근 들어 많이 주목받는 사상이고 사실 서양의 신비사상은 카발라에서 시작되었지요. 요즈음 인기 있는 매직(마법)이니 타로카드뿐 아니라 서양 신비사상의 근간은 카발라 철학입니다."

자신의 눈을 부드럽게 응시하며 명료한 톤으로 말을 하는 사내에게 차분함과 여유로움이 배여 나왔다.

"예전에 유대 사상을 공부하면서 가볍게 지나친 것이 카발라였지요. 카발라 우주창조론이 어떤지 궁금하군요."

허학성이란 사람이 얼마만큼 알고 있는지 기대가 되었다.

"모든 사람의 관심이 우주의 시원, 즉 어떻게 우주가 생겨났는지에 관한 것일 것입니다. 그러나 실험과 관찰을 통하여 검증된 과학처럼 단정적으로 말할 수 없는 것이 우주론이겠지요. 아마 우리가 살아가는 이 현상계에서는 영원히 이해할 수 없는 일이라고 생각합니다. 물질계 너머 여러 차원의 존재를 알아야 한다고 생각합니다. 결국 이 세상에서 우리가 논하는 것은 상징이고 방편일 수밖에 없겠지만 말이지요. 카발라에서 말하는 창조과정을 상징적으로 간단히 이야기해 드리지요.

시작도 끝도 없고, 공간도 존재도 없는 공(심연)에서 홀연히 빛이 나타났습니다. 이 빛은 심연을 밀어내며 한동안 계속 확장하였고 빛이 확장하는 가운데 조화로운 움직임과 무질서한 움직임이 나타났습니다.

확장을 끝낸 빛은 중심에 조화로운 빛, 바깥에 부조화로운 빛(부정)으로 나뉘어져서 존재하였습니다. 조화로운 빛은 우주 알 또는 모든 것의 근원, 햇불을 든 자, 왕 중의 왕, 호아라고 불리어졌습니다. 이것은 존재하는 모든 것의 첫 번째 원인입니다.

이 첫 번째 원인인 조화로운 빛은 무질서한 빛을 자신처럼 조화롭게 변형시키기 위하여 첫 번째 빛을 방출하니 여기서 창조가 시작됩니다. 이 첫 번째 빛은 창조의 숨이며 호아의 의지이며, 우주의 법칙으로 모든 것은 여기에서 시작되어 여기로 돌아갑니다.

첫 번째 빛은 무질서한 빛(부정)을 밀어내고 창조의 공간을 설정합니다. 창조 공간이 생기고 첫 번째 빛에서 순서적으로 9개의 신성 빛이 확장하여 나와 우주창조를 시작하였습니다. 그러므로 우주는 상징적으로 10개의 빛으로 구성되었습니다.

신이 우주공간에 수많은 행성들을 만들고 우주 중심에 있는 영태양의 문을 열자 신성한 에너지는 우주로 흘러 들어왔으며 행성들은 물질태양 주변을 돌고 마침내 우주는 살아 숨쉬기 시작했습니다.

창조의 숨으로 식물과 동물이 탄생하고 모든 것이 뜻대로 작동되자 호아의 확장인 우주의식(신)은 자신을 무수히 많은 빛(혼)으로 나누어 행성에 나타나 부정을 빛으로 변화시키는 일을 시작하였습니다.

한동안 뜻대로 우주는 작동하였고 모든 것이 좋았습니다. 자유의지를 가진 태초 혼들이 일에 대한 욕심으로 부정(무질서, 부조화한 빛) 속에 너무 깊게 몰입하다가 그만 무질서한 빛 속에 갇히고 말았습니다. 상징적으로 에덴동산에 더 이상 머물 수 없는 일이 일어난 것입니다. 이 일로 인간은 신성 힘을 잃고 추락하고 말았습니다.

이후 인간은 윤회를 통하여 다양한 삶을 살아가면서 영적 진화의 길을 걷고 있으며 이것은 원래의 신아(神我)를 회복하는 과정입니다. 근원으로 돌아가는 길은 카발라의 생명나무에 있으니 이것은 신과 인간을 연결하는 사다리입니다.

어려운 개념이지만 간결하게 모든 것의 근원부터 창조와 인간의 현 위치까지를 잘 설명하여 보여주었다. 생소한 개념을 당장 이해할 수는 없었지만 수용여부를 떠나서 이런 식으로 정리된 주장을 듣는다는 것은 새로운 경험이었다.

그 말대로 상징으로 표현될 수밖에 없고 증명될 수 없는 내용이지만 힌두교의 창조론과도 어떤 면에서는 유사점이 있었다.

성경 창세기에 나오는 천지창조(주: 성경 창세기 1장 2절: 어둠은 깊은 물위에 뒤덮여 있었고 그 물 위에 하느님의 기운이 휘돌고 있었다.)나 오르페우스(주: 고대 그리스 종교. BC 7세기~BC 5세기 무렵에 번성하였는데, 특히 남이탈리아에 있는 그리스 식민도시 시칠리아 섬에서 널리 신봉되었다. 오르페우스교의 특색은 윤회전생의 교리인데 육체는 감옥이고 그것과 달리 영혼은 영원불멸의 본질이라고 보는 점이다. 오르페우스교의 목적은 과거의 죄로 육체에 유폐되어 있는 영혼을 구제하는데 있다.)의 우주론에서 "처음에 태고의 물이 있었고 이로부터 알이 생겨났으며 이 알에서 첫 피조물 파네스 신이 나왔다"는 개념도 전부 유사점이 있었다.

"잘 들었습니다. 우주론들은 비슷한 내용이 많다는 생각이 드네요. 인간 의식이 최종적으로 생각할 수 있는 한계가 아닐지 생각해보았습니다. 그런데 카발라는 어떻게 공부하셨나요. 유대인들도 어렵다고 하는 사상을 말이에요."

"아직 공부하고 있는 중입니다. 우주창조를 설명하기 위하여 공(심연), 빛, 부정 같은 우리가 이해할 수 있는 언어를 사용했지만 사실 물질 언어로는 정확히 표현할 수 없는 영역임은 알고 계시리라 생각합니다. 이들 상징이 의미하는 것을 이해하려면 자신이 직접 경험하여야 하겠지요. 영지주의자인 바실리데스의 우주 창조론도 흥미롭지요. 창조가 나온 비존재의 상태에 대한 바실리데스의 설명을 말씀드리지요.

공(空)이란 물질(物質)도 본질(本質)도 아니며 본질의 텅 빔도 아니다. 공은 단순성도 구성의 불가능성도, 개념 없음도, 지각없음도 아니었고 인간도 천사도 신도 아니었다. 인간이 이름 붙일 수 있는 그 어떤 것도 아니었으며 인간의 지각과 개념의 범위 안에 있는 어떤 작용(움직임)도 아니었다. 생각 없고 느낌 없고, 결정함도 선택함도,

강요함도, 바램도 없는 존재 너머의 신성이 우주를 창조하려고 의지하였을 때(만약 우리가 시간 공간 너머 상태의 '시기'에 대해 말할 수 있다면 그 '때'), 비존재의 상태는 인간의 이해력으로는 도저히 알 수 없는 것이었다. 이 우주는 우리가 알고 있는 차원적, 차별적 우주가 아니었고, 이 차별적이고 차원적인 우주는 나중에 존재하게 되었다. 모든 우주의 씨(seed)인 존재 너머 신성은 존재 너머에서 우주를 창조하였다.

힌두철학에서 모든 우주의 씨(생명)는 물라프라크리티라 불리며 오늘날 우주과학자들은 빅뱅에 앞선 우주의 태초 상태를 나타내기 위하여 단일(singularity)이라는 용어를 사용하고 있습니다. 이 우주 씨가 잠재적으로 모든 것을 포함한다는 바실리데스의 설명은 오늘날 우주과학자들에게서 주장되는 내용입니다. 사실 복잡하고 사변적인 고대 불교와 힌두교의 우주론은 현대 물리학자들의 우주론과 놀라울 정도로 비슷하다는 점입니다.

사실 영지주의나 힌두교의 우주창조론은 카발라의 영향을 받았습니다. 카발라는 모든 신비 철학의 모태입니다. 40세가 넘어야 비로소 카발라를 공부할 자격이 주어졌다는 말이 있습니다. 이 말은 그만큼 어려운 체계이면서 우주의 비밀을 여는 열쇠임을 간접적으로 보여주는 예가 될 수 있겠지요.

카발라는 많은 이론과 해석이 있습니다. 그러다 보니 시중의 카발라 책을 보아도 많은 상징과 난해한 내용으로 이해하기는 참으로 어렵습니다. 제가 배운 카발라는 시중의 카발라와는 여러 면에서 좀 다르지요. 준비된 자에게 구전되어 내려온 비의의 카발라라고 말할 수 있어요.

성경에 잠시 언급되는 멜키지덱이라는 사람이 카발라를 처음으로 인류에게 전해주었습니다. 멜키지덱은 정말 신비한 인물입니다. 비밀 가르침에 의하면 멜키지덱은 아브라함에게 카발라를 전하고 사라졌는데 그는 후에 다른 역사상 유명한 인물로 여러 번 화신하여 인류에게 많은 가르침을 주셨지요. 한 선생께서 비교종교를 공부하시니 카발라에 어느 정도 기본적인 지식은 있으리라 생각합니다만 혹시 32라는 숫자에 대하여 아는 것이 있는지요?"

숫자가 보여주는 상징은 여러 종교에서 중요하다. 그런데 32라니. 아름은 32와 관련하여 떠오르는 생각을 찾아보려 했으나 즉각적으로 떠오르지 않았다. 겨우 부처님의 32상이 생각나서 말하니 그는 그러면 33 숫자에 대하여 연상되는 것은 없느냐고 물었다.

"3.1절 33인, 예수님이 돌아가신 나이, 33번 제야의 종 그리고 ...."

아름은 그나마 이것만이라도 생각나서 다행이었다.

"카발라에 따르면 신과 인간을 연결하는 32개의 길이 있다고 합니다. 무한자가 세상을 창조하면서 내려온 길이지요. 반대로 이 32개의 길을 거슬러 올라가면 신에게 돌아간다고 합니다. 그래서 32개 단계를 완수하면 그 너머 무한자와 만나고 상징적으로 그것을 33으로 표현하지요.

예수님이 33살에 십자가에서 임무를 완수한 것도 계획된 상징이라고 합니다. 32는 신 즉 무한자의 속성을 가진 10개의 빛 혹은 세피로트와 신의 명령을 전달하는 22개의 통로-이것은 히브리 문자 22개로 상징되는데-로 구성되지요. 우리의 척추가 33개인 것도 흥미로운 사실입니다."

아름은 새로운 정보에 관심이 가면서도 일방적으로 설명을 들어야한다는 것에 자존심이 상하였다. 그런 생각을 읽었는지 사내는 말을 중단하고 잠시 그녀를 바라보았다. 아름은 화제를 돌리고 싶었다. 전문적인 주제보다는 편하게 신변잡기로 이야기를 끌고 가고 싶었다. 앉아 있는 사내가 어떤 사람인지도 궁금하였다.

"허 선생님은 나로빠 대학에서 상담일을 하신다는데 전공이 그 분야신가요?"

아름은 은근슬쩍 개인 신상문제로 질문을 바꾸었다.

"여러 해 전에 대학에서 상담심리를 공부했습니다. 덕분에 상담관련 시간제 일자리를 구했지요."

상담심리를 전공했다는 말에 자신의 심리를 읽으면 어떡하지 하는 참으로 터무니없는 생각이 마음에 스쳐지나갔다.

"한 선생님은 덴버 대학교 동서양 종교학 연구소에 근무하신다고요. 여러 종교에 대하여 연구를 하시겠군요."

허학성은 아름의 눈을 직시하며 말을 하였다. 서양인은 자연스럽지만 한국인이 상대방 눈을 편안하게 직시하며 대화하는 것이 서툴다. 그런데 이 남자는 아주 자연스러웠다. 남자의 눈을 들여다보았다. 눈은 마음의 창이며 감정의 흐름이 순간순간 포착되고 사람의 인품까지 드러낸다. 조금 작은 눈이지만 눈빛이 빛나고 맑았다.

"그중에서 담당분야는 동양의 종교와 샤머니즘이에요. 서양 종교보다는 좀 친근감이 있는 분야라 다행이지요. 얼마 전에 천부경을 영어로 번역해서 동료들에게 보여주었는데 모두 흥미를 보이더군요."

천부경이란 말에 사내는 호기심을 보이며 다시 강연인쇄물을 주어들고 내용을 살펴보았다.

一始無始 一 析三極 無盡本 (일시무시일 석삼극 무진본)

天一一 地一二 人一三 (천일일 지일이 인일삼)

一積十鉅 無櫃化三 (일적십거 무궤화삼)

天二三 地二三 人二三 (천이삼 지이삼 인이삼)

大三合六 生七八九 (대삼합육 생칠팔구)

運三四成 環五七 (운삼사성 환오칠)

一妙衍 萬往萬來 (일묘연 만왕만래)

用變 不動本 (용변 부동본)

本心 本太陽 (본심 본태양)

昻明人 中天地一 (앙명인 중천지일)

一終無終一 (일종무종일)

"한 선생님이 이 내용을 직접 해석하셨나요, 아니면 기존 해설서를 참고하셨나요? 강연장에서 해석을 들으면서 물어보려고 했었는데 바로 말씀을 하시니 물어보겠습니다."

아름은 학성이란 사내가 조금씩 두려워지기 시작하였다. 그냥 들어주었으면 좋겠는데 예리하게 파고드는 질문에 신중해야겠다는 생각이 들었다.

"국내에 20권 정도의 해설서가 나와 있더군요. 사실 천부경은 영어 번역을 위하여 오래전에 연구를 하였는데 해설서마다 내용이 달라서 어떤 해설서를 선정할지 고민하였지요. 나름대로 여러 권을 읽고 개인적으로 마음에 와 닿는 해설서를 근본으로 하여 개인의 의견도 조금 추가하였습니다. 영문 번역본은 그렇게 완성되었고요. 영어로 번역하면서 바르게 번역이 되었는지 걱정도 많았습니다."

아름은 솔직하게 자신의 생각을 내비취었다. 천부경을 자신이 해석하였다고 주장할 수는 없기에 말이다.

"기회가 되면 영어로 번역한 천부경을 구하고 싶군요. 강연에서 하신 천부경 해석이 감명 깊었습니다. 그런데 해석을 하시면서 철학자 피타고라스를 생각해 보셨는지요?"

만물의 근원을 수로 표현한 철학자 아니던가? 모든 것은 수와 상관관계 속에 존재한다고 주장하였고, 영혼불멸, 윤회, 사후의 응보를 가르쳤고, 영혼의 정화 및 구제를 중요시한 신비에 싸인 피타고라스 아니던가.

천부경에 나오는 1에서 10까지 숫자는 함축된 의미를 전달하는 상징으로 천부경 해설자 모두가 그 숫자의 비밀을 푸는데 매진하고 있었다. 그 말을 듣고 피타고라스의 수의 철학이 천부경 해석에 도움은 되지 않을까 하는 생각이 퍼뜩 스치고 지나갔다. 점점 허학성이란 사람이 궁금해지기 시작하였다.

"거기까지는 생각을 해보지 못하였습니다. 혹시 천부경 해석에 도움이 되는 열쇠라도 있는지요?"

"잠시 그런 생각을 해보았지 깊게 생각한 것은 아니에요. 한자의 상징성 때문에 많은 이론서가 나올 수밖에 없겠지요. 피타고라스는 우주를 살아있는 존재로 그리고 거대한 혼에 의하여 살아 움직이고 지성이 퍼져있다고 생각했지요. 신은 모나드(단자, 단일)이며 인간은 육체에 갇힌 모나드의 불꽃으로 생각했습니다. 그래서 인간의 임무는 모나드에 돌아가기 위하여 자신을 정화하는 것이라고 가르쳤지요.

B.C 6세기에 그리스에 윤회 같은 동양 사상이 존재하였습니다. 아시겠지만 피타고라스는 수를 가지고 우주를 표시하려고 했지요. 그에게 수 1, 2, 3, 4, 는 우주의 기본원칙을 나타냅니다. 그래서 10(1+2+3+4)은 완전수로 신의 모든 법칙을 반영합니다.

피타고라스의 테트락티스(Tetractys)가 생각이 납니다. 열개의 점으로 형성된 삼각형 말입니다. 제일 위에 점 하나 그리고 평행선으로 그 아래 두 개의 점, 마찬가지로 그 아래 3개의 점, 마지막 밑변에 4개의 점으로 구성된 삼각형 말입니다."

그는 이해를 돕기 위하여 볼펜으로 그림을 그려보였다.

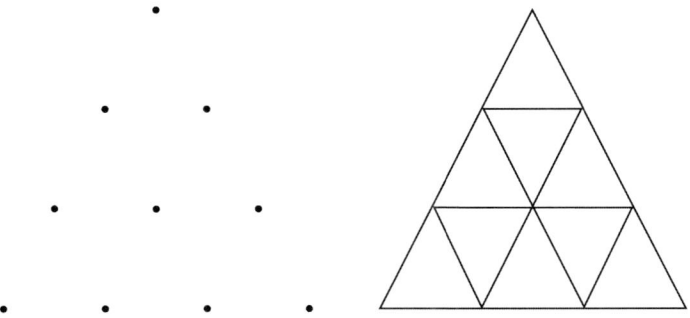

"이 테트락티스는 피타고라스가 발견한 것이에요. 아주 비밀스러운

심벌로 제자들의 비밀 맹세 하에 깊은 의미가 주어졌다고 하지요.."

"여기에 무슨 비밀이 숨어있는지요? 그러고 보니 점이 10개, 삼각형이 10개 그리고 3부분으로 나누어지군요."

아름은 이것이 또 다른 이론이 될 수도 있겠다는 생각이 들어 도형을 이리저리 음미하여 보았다.

"이 간단한 상징이 피타고라스 학도들에게는 신을 상징하고, 조화로움 그 자체로 간주되었습니다. 그리고 우리 의식이 물질계에서 다른 차원으로 들어가는 장치로 보았지요. 그가 말한 숫자 1, 2, 3, 4 원칙은 카발라의 우주 4법칙이나 점성술과 밀접하게 연관됩니다. 테트락티스의 10개 점은 카발라 생명나무의 10개 세피로트를 상징하고 작은 삼각형 9개는 9개의 세피로트, 이 9개가 형성하는 큰 삼각형은 물질계인 10번째 세피라(세피로트의 단수형)를 상징합니다."

그의 생각이 어디로 향할지 몰랐다. 4원칙이라면 지수화풍(地水火風, earth, water, fire, air)을 말하는 것 같았다. 어쩌면 이번 만남이 엄청난 기회일 수도 있다는 생각이 들었다. 관심분야가 같다는 것 그리고 자신이 모르는 정보를 얻을 수 있다는 것이 그러했다. 시간이 정오를 향하고 있었고 그녀는 두 사람에게 식사 제의를 하였다.

그들이 간 곳은 저렴한 가격에 여러 음식을 맛볼 수 있는 뷔페식당이었다. 접시에 담아 온 음식을 보니 서로의 식성이 드러났다. 아름과 허학성은 야채와 고기를 골고루 섞어 가지고 왔지만 원담 스님은 야채 샐러드와 빵을 가지고 왔다.

그녀가 스님을 알게 된 지는 6개월 정도였다. 그리고 그동안 방문에서 차를 마시며 대담을 하는 정도였지 오늘처럼 식사를 하기는 처음이었다. 그녀는 비로소 뷔페식당이 스님에게는 적합하지 않을 수 있다는 생각이 들었다. 서양음식이 주로 빵과 육류로 이루어지다보니 뷔페식당에서 스님이 드실 음식 종류는 한정되고 무엇보다도 고기 냄새에 불편해하지 않을까 우려되었다. 그래도 아무 내색 없이 응해주는 스님이 고마웠다.

"원담 스님은 출가하기 전에도 채식을 하셨던가요?"

허학성이 식사를 하는 스님에게 물었다.

"그렇지는 않습니다. 산속 생활을 오래하다 보니 입맛이 변했습니다. 계도 지켜야 하고 사실 산속에 고기 구경할 일이 있었겠습니까? 그러다 보니 지금은 채식에 적응되었습니다."

스님은 싱싱한 오렌지 한 조각을 들어서는 아름의 접시에 담긴 생선 초밥 옆에다 놓았다.

"싱싱하고 향기로운 과일 보세요. 생명력이 송골송골 맺혀있는 방울도 보시고요. 생명력이 살아 숨 쉬고 있지요. 야채나 과일을 섭취하면 그 속에 깨끗한 에너지와 동화되는 것 같아요. 그런데 고기는 죽은 동물의 분노와 원망이 스며들어 있는 것 같아 먹더라도 흡수가 될지 모르겠습니다."

그 말을 듣자 아름은 고기 맛이 조금 사라짐을 느꼈다. 육식을 하는 스님도 있던데 아무 말 없이 그냥 드셨으면 좋았을 것이란 생각이 들었다. 순간 스님도 식사 분위기에 어울리지 않는 말이었음을 알고는 그만 어색한 표정을 지었다. 잠시 침묵이 흘렀다. 침묵을 깨고 허학성이 말을 하였다.

"육식동물과 초식동물의 위 크기가 아주 다르다고 합니다. 초식동물은 영양가 없는 풀을 분해하고 소화시키기 위하여 긴 위를 가지고 되새김질도 하는 반면 육식동물은 위가 작지요. 그것은 고기가 빨리 분해되어 소화되기 때문이지요. 인간도 야채보다는 고기가 조금 빨리 흡수된다고 들었습니다. 스님의 경우는 오랫동안 채식을 하셨으니 아마 고기가 소화가 잘되지 않을 것입니다. 살아가는 환경에 따라 가장 잘 적응하여 살아가는 동물이 인간이라고 합니다."

그러면서 그는 동의를 구하듯이 아름을 쳐다보았다. 순간 즐거운 동류의식이 스치고 지나갔다. 결코 스님을 기분 나쁘게 하려는 뜻이 아니었다. 이름은 조금 어색한 분위기를 바꾸려고 33의 숫자가 불교와는 어떤 관계가 있는지 질문을 던졌다. 앞서 생각하지 못하였던 불교에서 말하는 도리천의 33천이 생각났기 때문이었다.

"그런 질문을 하시니 제가 아는 한도 내에서 간단히 설명을 드리지요. 불교가 보여주는 우주관에서는 세계의 중앙에 거대한 산이 있는데, 이 산을 수미산이라 합니다. 이 산의 꼭대기에는 욕계의 두 번째 하늘인 33천의 도리천 세계가 있어 제석천이 머무르고, 산의 중턱은 사천왕이 거처하는 곳입니다. 사천왕은 이곳에 머무르면서 동서남북 사방을 수호하고 도리천의 주인인 제석천에게 보고한다고 합니다. 우리나라 절의 입구에 사천왕문이 있는 것도 상징적으로 도량을 수호한다는 의미가 있습니다.

불교의 도리천 사상이 우리 문화에 깊숙이 파고들었다고 봅니다. 3.1 운동의 33인, 그리고 보신각종을 33번 타종하는 것도 불교의 33천 사상에서 유래되었다고 알고 있습니다. 첨성대의 단이 전부 31단으로 되어있는데 여기에 땅과 하늘을 합치면 33단이 된다고 들었습니다. 이것은 땅(이 세계)과 하늘세계(제석천)를 연결시켜주는 33천의 관념이 담겨있다고 합니다.

우리 조상에게 33의 숫자는 아주 중요한 숫자 중의 하나였습니다. 사바세계에서 신의 세계로 이르는 통로의 모습을 첨성대가 하고 있는 것이지요. 당시 사람들의 사상과 염원이 표현된 것이라고 합니다.

그러나 불교에서는 윤회하는 세계를 삼계(三界)라 하며 욕계(欲界), 색계(色界), 무색계(無色界)라고 말합니다. 욕계는 천상의 욕계 육천(6개 하늘)과 인간, 수라, 축생, 아귀, 지옥의 세계를 말하며 색계란 욕계 위에 있는 18개 하늘이며, 무색계란 색계 위에 있는 4개 하늘입니다.

33천을 가지고 있는 도리천은 천상의 욕계에 있는 6개 하늘 중 하나일 뿐입니다. 아직 윤회의 세계지요. 32개의 길을 통한 신과 합일이 완전한 깨달음을 의미하고 윤회에서 벗어났음을 의미한다면 카발라의 32

개의 길은 불교와는 직접적 연관이 없어 보입니다."

　원담 스님은 자신이 아는 범위 내에서 자세히 설명해 주었다. 직접적 관련은 없어 보여도 숫자가 나타내는 상징성은 많은 비밀을 내포하고 있는 듯했다.

　처음 만나 마음이 열리고 친해지기는 쉬운 일은 아니지만 허학성과 첫 만남에서 신뢰감이 생겼다. 전화번호와 이메일을 교환했으며 그는 시간 나면 자신의 집에 초청하겠다고 말하였다.

3. 공의 의미

　화두를 잡고 자리에 앉아 있는데 전화벨이 울렸다. 한아름의 전화였다. 지난주에 뷔페식당에서 식사를 하면서 허학성이 집으로 초청하겠다고 말했지만 그냥 지나가는 인사치레로 알아들었는데 한아름이 방문 약속을 받아냈다며 토요일에 가보자고 하였다. 교민사회에서 신부며 목사와 쉽게 친분관계를 쌓더니 허학성과 한번 만남에 방문약속을 얻어내다니 활달한 그녀다웠다.

　지난번 허학성과 만남은 뜻밖이었다. 그는 5년 연상이었지만 함부로 반말을 하지도 않았고 늘 편하게 배려해주는 사람이었다. 이전에 형처럼 그를 따르던 일을 생각하면 그에게 스님이라는 말을 듣는 것이 어색하였다. 원담은 그를 허 선배로 불렀다. 출가 전에 여러 오컬트 분야에 관심을 가지고 있었던 원담이 허 선배를 알게 된 것도 한 오컬트 단체에서였다.

　출가 후 지식공부를 무시한 것은 아니지만 한아름과 허 선배를 만난 후 자신이 너무 불교 특히 선이라는 한 가지 방법에 매여 있지 않았는지 마음이 흔들렸다. 그들의 대화에 적절하게 끼어들 지식이나 정보가 없다는 사실이 갑자기 불편하게 다가왔다.

깨달음에 우주론이 왜 필요하고 머리로 이해해야 하는 어려운 가르침이 왜 절실한지 마음에 갈등이 일어났다. 물론 출가 전에 오컬트 분야를 공부하지 않은 것은 아니지만 불교에 귀의하고 경전과 참선에만 전념하여 공부해온 자신이 최상의 길을 걷고 있는가 하는 생각이 불쑥 고개를 들었다.

6개월 전 한아름이 처음 절을 방문하였을 때 기억이 났다. 일요법회에서 20대 후반에서 30대 초반쯤 보이는 여자가 눈에 띄었다. 방석을 깔고 단정하게 허리를 세우고 앉아있는 모습이 사람들 사이에서 단연 돋보였다.

법회 후 그녀는 거실에 들어와 가볍게 합장으로 인사를 하며 자신을 소개하였다. 신도에 따라서는 그에게 3배를 깍듯이 하는 사람도 있고 지금처럼 약식으로 인사를 하는 사람도 있었다. 법도에 따른다면 삼배가 원칙이나 원담은 삼배를 받을 때마다 마음이 불편하였다. 아직 큰스님도 아니고 신도보다 나이가 많은 것도 아니어서 그러했다.

잠시 일상적인 소개와 인사가 오간 후 그녀는 거실 벽에 걸린 반야심경을 바라다보았다.

반야바라밀다심경(般若波羅密多心經)
관자재보살 행심반야바라밀다 시 조견오온개공도일체고액
사리자 색불이공 공불이색 색즉시공 공즉시색 수상행식
역부여시 사리자 시제법공상 불생불멸 불구부정 부증불감 시고.....
설반야바라밀다주
즉설주왈 아제 아제 바라아제 바라승아제 모지 사바하.

얼마 후 원담을 바라보며 질문을 하였다.
"스님 반야바라밀다는 무슨 뜻인가요?"
지금까지 여기 신도로부터 이런 질문을 받아 본적이 없었다. 그냥 법회에 참가하여 독송하고 설법 듣고 모여서 식사하고 가버리는 식이었다. 불경에 대해서는 누구 못지않게 잘 안다고 원담은 자부하여왔기에 그런 질문이 반가웠다.

"반야는 지혜를 의미하고 바라밀다는 무엇을 넘어서의 뜻이 있어요. 그러므로 전체 의미는 넘어선 지혜 즉 초월지혜를 말합니다."

"반야심경에 나오는 공즉시색이니 색즉시공은 반야바라밀다 즉 초월지혜를 말하는 것이군요."

"예, 그렇지요. 반야바라밀다 즉 초월지혜는 바로 모든 것이 공(nothingness)임을 말해주는 것입니다."

말을 하면서 이 얼마나 대단한 지혜인가 생각하였다. 원담은 그녀가 이 공의 의미를 얼마나 이해하는지 궁금했다. 그때까지도 동서양 연구소 직원 정도로 알았지 비교종교를 연구하는 학자인 줄은 몰랐다.

"저도 공이고 스님도 공이고 모든 것은 공이라."

그녀는 어려운 주제를 가볍게 받아 말하였다.

"공은 아무 것도 없음이 아니고 모든 관념이 사라진 순수한 원래의 상태를 말함이며 모든 잠재성이 존재하는 충만한 상태를 의미합니다. 이것은 초월 지혜를 얻었을 때 나타나는 상태입니다. 경험해야 알 수가 있는 상태입니다."

원담은 오해를 피하기 위하여 공에 대하여 조금 부연하여 설명해주었다.

"스님은 그런 상태를 경험하셨나요?"

그녀는 조금의 머뭇거림도 없이 아주 통렬하게 질문을 하였다. 원담은 한동안 말문이 막혔다. 자신 앞에서 이렇게 곤혹스러운 질문을 하는 신도는 없었기 때문이었다.

"보살님! 제가 깨달았다고 한들 아시겠습니까? 설사 저가 깨닫지 못한들 이 순간 무엇이 달라질 것이 있겠습니까?"

원담은 그러면서 조금 과장되게 큰소리로 웃어 제쳤다. 그러자 그녀는 애매한 미소를 지으며 서둘러 다른 질문으로 넘어갔다.

"마지막 구절 '아제 아제 바라아제 바라승 아제 모지 사바하'의 의미를 일전에 책에서 읽은 것이 기억납니다만 이제 기억이 희미하군요. 스님의 말씀을 듣고 싶습니다."

그녀가 이 문구에 대하여 관심을 가졌다는 것이 흥미로웠다.

"그건 반야심경의 내용을 요약하여 주문처럼 외우는 것입니다. 그 의미는 가자가자 높이 가자 우리 다 같이 가자. 깨달음이여 영원하여라! 입니다. 그러나 의미를 떠나 이미 주문으로 역할을 한다고 봐야지요."

"반야심경의 공사상은 중관사상인데 유식사상과의 차이를 쉽게 설명해주시겠어요. 그리고 반야심경의 주문은 왜 효과가 있는지요?"

원담은 비로소 그녀가 근무하는 동서양 종교연구소의 직책이 궁금해지기 시작하였다. 이런 질문을 한다는 것은 불교에 상당한 지식이 있다는 뜻이었다. 중관사상과 유식사상의 차이는 대략 설명은 하였으나 반야심경에 나오는 진언(주문)을 어떻게 설명해야 할지 난감하였다. 밀교의 진언을 설명하고 특정 소리가 가지는 힘이 있다고 할 수밖에 없었다. 그녀는 만족스러운 표정은 아니었지만 그렇다고 원담을 곤혹스럽게 하는 질문은 더 이상 하지 않았다.

그 후로 그녀는 법회에 참가하거나 개인적으로 찾아와서는 불교와 관련된 질문도 하고 자신이 알고 있는 종교와 철학에 대해서도 이야기하였다. 종교와 철학 분야의 전문가여서 원담은 승려의 신분을 내려놓고 허심탄회하게 그녀와 대화를 즐겼다.

4. 타우의 집

초행길이었지만 지도 한 장이면 어디라도 찾아갈 수 있는 곳이 미국이라 허 선배의 설명을 듣고 그의 집에 도착하는데 큰 어려움은 없었다.

도중에 아름답게 펼쳐지는 경치에 감탄을 연발하면서 도착한 곳은 앞으로는 산과 계곡이 좌우 뒤로는 낮은 산으로 둘러싸인 아주 아름답고 아늑한 집이었다.

"타우의 집"이란 현판이 집 정면 처마 밑에 걸려있었다. 특이한 것은 한글 이름 아래에 영어와 그리고 처음 보는 이상한 문자가 병기되어 있었다. 허 선배는 두 사람을 계곡이 내려다보이는 이층 베란다로 안내하였다. 산들이 흘러내려 긴 계곡을 이루고 있었다. 위치나 전망이 최고의 절터로 손색이 없었다. 이런 아름다운 곳에 절을 짓고 수련하며 살고 싶은 생각이 들었다.

"타우의 집 아래 병기된 이상한 글자는 히브리 문자인가요?"
한아름은 궁금하였든지 자리에 앉자마자 질문을 하였다.
"예 맞습니다. 타우가 무슨 뜻인지 아시는지요?"
"그리스의 오메가에 해당하는 히브리 마지막 문자 아닌가요. 십자가를 상징하는 것 같은데요."

원담은 그들의 대화를 지켜보면서 약간 소외감을 느꼈다. 그런 마음을 아는지 모르는지 두 사람은 한동안 히브리 문자에 대하여 이야기했다. 한아름이 질문하고 허 선배가 답변을 하는 식으로 이야기가 진행되었다. 히브리 문자에 대한 설명은 처음 접하는 정보라 기억에 남았다.

히브리 문자는 원래 모음이 없었고 자음만 있었는데 AD 500년경에 처음으로 모음기호가 사용되었으며 그전에 구약성서는 자음만으로 기록되었다. 그러므로 모음이 사용되기 전에 기록된 문서의 정확한 발음은 기억에 의존할 수밖에 없었다. 쉽게 설명하면 "나라"라는 단어가 "ㄴㄹ"으로 기록되어 있으므로 문서 속의 "ㄴㄹ"이 모음 "ㅏ"를 넣어 "나라"로 발음될 수도 있고 "ㅏ"와 "ㅣ"를 넣어 "나리"가 될 수도 있다는 말이었다.

나중에 기억으로 내려오는 과정 속에서 어떤 단어는 모음의 잘못된 적용으로 의미는 유지하되 잘못된 발음으로 바뀌었고 심한 경우는 다른 의미의 단어로 바뀌었다는 것이다. 쉽게 예를 들면 앞에서 옛날에는 국가를 의미하는 "ㄴㄹ"는 "나리"로 발음되었는데 나중에는 의미는 변화 없이 "나라"로 발음될 수 있으며 경우에 따라서는 "ㄴㄹ"에 모음 "ㅗ"와 "ㅜ"를 사용하여 전혀 의미가 다른 "노루"가 될 수도 있었다는 것이다.

물론 문맥상 단어의 의미가 명백한 것은 의미의 왜곡이 일어나지 않았으나 발음의 왜곡은 있었다. 자음과 모음으로 기록되기 전에 구전으로 전달된 단어의 발음이 왜곡된 경우가 많았으며 어떤 경우는 아예 의미가 바뀐 경우도 있었다. 이것은 구약이 여러 번 필사되어 전달되는 과정에서 첨삭되고 삭제되는 성경왜곡과는 또 다른 히브리 언어 구조에서 야기된 왜곡이었다. 그러므로 성경은 여러 면에서 많이 왜곡되었다.

지금 사용하는 히브리 알파벳 22개 발음도 원래와는 다르다. 히브리어에서 발음이 중요한 이유는 다른 언어와는 달리 히브리어 알파벳 22개 소리는 우주(신)의 에너지(명령)를 전달하는 소리이기 때문이다. 신비 카발라에서 히브리 22문자 소리는 창조와 치유의 만트람으로 사용된다. 또한 카발라에 나오는 히브리어로 되어있는 천사 이름이나 신의 이름도 특정 힘을 불러내는 만트람이다.

산속에서 어둠은 빨리 찾아왔다. 베란다로 보이는 밤하늘에 초롱초롱한 별들이 나타났다. 어렸을 때 밤하늘에 찬란히 빛나는 별을 세며 우주의 신비에 잠 못 이루던 시절과 설악산 졸업여행에서 모닥불과 함께 한 청명한 밤하늘이 생각났다. 시공을 떠나 우주 속에 한 부분임을 순간 느꼈다. 머릿속이 너무 깨끗하여 투명한 유리처럼 느껴졌다. 별의 소리와 밤의 소리가 존재한다면 이 순간 그 소리를 듣고 있지는 않는지 하는 생각이 들었다.

"여기 있는 것만으로 명상이 되는 것 같아요. 허 선생님은 좋으시겠어요. 이런 좋은 곳에 사시니 말이에요."

한아름이 부러운 듯이 허 선배를 바라보았다.

"여긴 대중의 생각 진동이 아주 약한 곳이지요. 아시겠지만 일반 대중의 생각은 조화롭기보다는 부조화합니다. 생각이 나와서 흐름을 형성하고 지표면을 흐르고 있어요. 자신도 모르게 부정적인 생각흐름에 몰입되어 잡된 생각에 빠지거나 엉뚱한 일을 하게 되지요. 생각의 흐름에서 벗어나 자신의 내면으로 몰입하는 것이 쉬운 일은 아닙니다.

생각의 흐름이 약한 곳이 있습니다. 여기처럼 도시로부터 떨어진 높은 산이나 맑은 물이 있는 곳입니다. 예로부터 수도자들이 장소에 집착하고 장소 선정에 신중한 까닭이 있는 거지요. 소음을 측정하는 기계가 있지요. 그런데 만약 생각 흐름의 정도를 측정하는 기구가 개발된다면 아마 깜짝 놀랄 것입니다. 온갖 잡다한 생각들이 강물처럼 흐르고 있다고 생각해 보세요. 흔히 혼탁한 기운이라고 표현하지요. 더러운 흙탕물이나 오염물에 들어가기를 원하지 않듯이 대중의 생각흐름에 벗어나는 것이 필요할 수도 있습니다."

옛날 산사에서 수련하다 가끔 도시에 내려오면 방금 허 선배가 말한 기운을 감지하곤 하였다. 구체적으로 말할 수는 없지만 그냥 혼탁하고 생각이 마치 실체라도 있듯이 불결한 냄새처럼 감지되어 느껴지기도 하였다 지금 느끼고 있는 맑은 정신은 어쩌면 대중의 생각흐름에서 어느 정도 자유로운 결과인지도 몰랐다.

"생각 흐름을 말씀하셨는데 어떻게 우리에게 작동하고 무엇으로 이루어져있는지요. 그리고 한번 나온 생각은 영원히 사라지지 않는가요?"

그녀의 질문은 원담이 미처 생각하지 못한 것이었다. 자신은 그냥 공감하였는데 그녀는 '왜'라는 질문을 던졌다. 과학적인 사고로 모든 것을 접근하려고 하는 것은 아닌지 싶었다. 그러나 원담은 자신에게 지식에 대한 강한 거부감이 있음을 알았다. 지식을 도외시하고 화두만 중시한

참선 수련이 가져온 문제 같았다.
 "모든 것은 진동으로 되어있다는 것은 아시겠지요. 생각도 진동입니다. 생각의 수명은 일률적이지 않아요. 머리를 스치고 지나가는 일회성 생각은 빨리 소멸하고 강한 사건이나 충격적인 상황에서 생각은 아주 오래가지요. 우리는 흘러나온 생각 흐름에 동조하여 영향을 받을 수도 있고 초연하게 지켜보아서 흘러가게 할 수도 있는 거지요. 우리는 생각의 주인이 되어야지 생각에 휘둘리는 사람이 되어서는 안 됩니다."
 그날 학성은 생각에 대하여 길게 이야기를 하였다. 그의 말대로 이곳은 대중의 생각 파동에서 벗어나 있는지 머무는 동안 머리가 상쾌하고 즐거웠다. 돌아오는 길에 원담은 허 선배가 말한 생각에 대하여 정리를 하기 시작하였다.

(생각의 흐름과 명상)

생각의 대양(흐름)은 지표면에서 500m 정도의 두께로 지구를 흐르고 있다. 눈에 보이지 않지만 우리는 이 진동 속을 헤집고 다니며 그 생각의 바다에 우리 자신의 생각을 계속 더하고 있다. 사람들의 생각은 끊임없이 생각의 대양(大洋)으로 흘러들어온다. 생각 대양 속으로 사람들은 잠재의식에 있는 자신의 여러 생각들을 흘러 보내기 때문에 우리는 집단의식에 지배되기 쉽다. 사람들은 신성한 마음 계에서 나오는 생각을 받아들여 왜곡하거나 이기적으로 사용하여 생각의 바다로 내보낸다. 요한 계시록의 666도 이 생각 흐름과 관련된다.
 명상을 하려는 초보자에게는 이 생각 흐름에서 벗어난 특정한 장소가 필요하다. 구도자로서 이 생각의 바다에서 벗어나 생각의 영향을 받지 않고 수련하는 것은 중요하다. 민감한 사람은 느끼겠지만 생각은 우리에게 많은 영향을 미치고 있다. 집중을 방해하고 의사결정을 전혀 엉뚱한 방향으로 몰고 가기도 한다.

생각의 흐름은 주로 인류의 부정적인 생각파동으로 구성되어 있다. 이 순간도 생각의 진동은 나와서 사람에게 영향을 주고 영향 받은 사람은 그 반응을 생각 바다로 내보내는 악순환이 이어진다. 이 생각의 흐름이 영적인 생각 진동으로 변환되는 순간 지구차원의 대변혁이 일어난다.

인류에 대한 봉사는 눈에 보이는 물질적인 도움만이 아니라 매순간 영적인 진동을 내보내는 것도 포함한다. 그 반대로 부정적인 생각을 내보내는 것은 그것만으로 악을 행하는 것이다. 이 얼마나 무서운 일인가? 악한 생각은 생각의 바다에 더해지고 동시에 악한 생각은 우리 혼이 상위의 계로 올라가는 것을 방해한다.

깨달음은 이유 없이 일어나는 것이 아니라 의식 정화의 결과이며 그런 사람은 조화롭고 아름다운 생각만을 한다. 부정적인 생각이 그에게 영향을 줄 수 없으며 그 생각마저 조화로 변형되어 나온다.

명상은 중요하고 그 장소는 생각의 흐름에서 벗어난 지역일수록 좋다. 생각의 흐름이 닿지 않는 높은 산이나 생각 진동에 정화 효과가 있는 깨끗한 물이 있는 호수 부근은 수련 장소로 적합한 곳이다. 산을 고를 때 무조건 해발 500미터 이상인 곳이 중요한 것이 아니라 사람이 사는 도시에서 멀리 떨어지고 그 도시를 기준으로 500미터 이상인 곳을 말한다. 해발이 기준이 아니다.

만약 해발을 기준으로 한다면 멕시코의 수도 멕시코시티는 해발 2300미터이므로 최고의 명상지가 되어야하나 여느 도시처럼 대기오염에 범죄로 얼룩져 있다. 도시에서 어느 정도 벗어나 있는 지역이 적소이다. 새벽 2시 경은 대부분의 사람들이 잠자리에 들기 때문에 생각의 흐름은 약해지고 명상이나 집중하기 좋은 시간이다.

생각의 흐름은 골짜기를 타고 모든 곳으로 흐른다. 그러니 시골이라고 해도 생각의 흐름에서 자유로울 수는 없다. 대중의 거대한 생각 흐름에서 벗어나는 일은 수련에 필요한 일이다. 물론 생각에 영향을 받지 않는 수준에 도달하면 장소는 문제가 아니다. 여건이 안 되어 도시에 살더라도 좋은 친구, 영적인 사람 만나는 것, 그리고 명상서나 위대한 스승들의 가르침을 읽고 그 흐름 속에 빠지는 것은 생각 흐름에서 벗어나는 데 효과가 있다.

가장 중요한 것은 대중의 부정적 생각 흐름에서 벗어나기 위하여 생각 지켜보기(지켜보기 수련법)를 생활화하여야 하며 늘 깨어있는 의식을 유지하여 잠 속에서도 부정적인 생각이 침투하지 못하도록 해야 한다. 지금 사회에서 일어나는 끔직한 폭력이나 범죄 상당수는 잠 속에 악의 힘에 의하여 심어진 부정적 생각파동 때문이다.

깨어있는 동안 생각의 영상과 잠잘 동안 꿈속의 영상은 둘 다 생각의 진동일 뿐이다. 잠을 자면서도 우리는 계속하여 생각을 하는 셈이다. 우리가 생각을 지켜보고 자유의지로 그것을 선택하거나 거절할 수 있듯이 꿈에서도 마찬가지이다.

우리는 부정적인 꿈을 거절하거나 좋은 내용으로 바꿀 수 있으며 심지어 꿈을 지켜보기 할 수 있다. 그래서 선가(禪家)에서 화두(話頭)가 꿈속에서도 생생히 유지되어야 한다고 말하고 남방불교의 위빠사나 수련법에서도 지켜보기가 깊어지면 꿈 속에서도 이것이 가능하며 결국 꿈이 사라진다고 말하는 이유이다.

지켜보기는 깨어있는 주의력을 요구한다. 사람들이 지켜보기를 할 때 긴장을 하는 경우가 많다. 중요한 것은 지켜보기를 비롯하여 모든 수련법은 이완이 전제조건이다. 이완 없이 집중도 사마디도 합일도 없다.

지켜보겠다고 눈을 부릅뜨고 몸을 긴장시킨다면 이것은 몸의 균형을 무너뜨려 마음의 불균형을 야기한다. 수련의 성패는 이완이다. 이완을 이해하고 그 이완법을 마스터한다면 수련의 성공은 보장된다. 한마디로 이완된 집중이 필요하다.

한 동양의 성자가 생각흐름에서 자아를 분리시킬 때 우리는 생각에 영향 받지 않고 무한(신성)을 명상할 수 있으며 이 상태가 삼매의 첫 단계라고 하였다. 우리의 목적인 합일 혹은 삼매의 시작은 생각의 흐름에서 철수하여 내면의 신성 자아로 들어가는 것이다. 그만큼 생각에 대한 이해와 통제는 깨달음에 중요한 요인이다. 카르마와 생각이 어떻게 작동하는지 아는 것은 길을 걷는 구도자가 반드시 알아야 할 내용이다.

3장 고대 지혜의 가르침

한아름은 허학성의 소개로 BWT에 관심이 생기기 시작했으며 회원이 아니더라도 누구나 구입할 수 있는 공개 책자를 구입하였다. 허 선생은 내용의 이해를 위하여 필요할 것이라면서 처음 공부하는 사람들을 위하여 주요 내용을 체계적으로 요약 정리한 노트를 건네주었다.

카발라를 처음 접하는 사람은 요약한 글에 나오는 카발라 내용이 어려울 수 있으므로 여유를 가지고 천천히 음미해 읽을 것이며 필요에 따라서는 뒤에 나오는 내용을 먼저 읽고 나중에 카발라 부문을 읽어도 좋다는 말을 하였다.

한아름은 한동안 허 선생이 전해준 노트와 구입한 책을 읽는데 시간을 투자하였다. 세상에 수많은 종교단체가 존재하고 비교종교 전문가로서 여러 단체들을 기웃거려보기도 한 그녀였지만 학문적 관심을 넘어 온전히 삶을 헌신할 단체는 발견 못하였다. 그러나 BWT 책자를 공부할수록 점점 그 가르침에 끌렸으며 종전의 학문적 관심에서 벗어나 영적 성장을 위하여 헌신하여야겠다는 생각이 들기 시작하였다.

1. 신에게 돌아가는 열쇠 카발라

(1) 개관

카발라는 유대 비밀 가르침이다. 카발라는 우주라는 거대한 그림 속에 인간이 어떤 위치에 있는지를 우리가 탐구하여 정의내릴 수 있도록 도와주는 위대한 지침서이다. 인간이 왜 존재하는지, 태어나서 살아가는 삶의 목적이 무엇인지, 인간은 어디에서 와서 어디로 가는지 카발라는 답을 보여준다. 카발라는 사변적 가르침과 실천적 가르침으로 구성되어 있다.

전설에 의하면 신이 천사에게 카발라를 가르쳤으며 아담이 추락하자 천사는 아담이 원래의 상태(신과 합일)로 돌아가게끔 카발라를 전수하였다 한다. 비밀가르침에 따르면 카발라는 아틀란티스 시대에 아틀란티스인이 가졌던 과학, 종교 등 모든 지식의 통합적 체계였으며 빛의 태양(추락한 적이 없는 혼을 지칭하여 부르는 말)이며 영원한 사제인 멜키지덱이 이 카발라를 아브라함에게 전해주었고 그 후 오랫동안 비밀리 구전으로 내려왔다고 한다. 이것이 글로 기록된 것은 그리 오래되지 않다.

카발라 가르침을 전하는 대표적인 작품으로는 <세페르 예치라, Sepher Yetzirah, 창조의 서>가 있는데 이 책의 정확한 연대는 미상이나 3세기경에 기록되었을 것으로 여겨진다. 분량은 적으나 10세피로트(상징적으로 빛/광으로 해석된다)와 히브리 22문자를 통한 우주창조과정을 다루며 카발라의 핵심이론을 형성한다. 이어서 12세기에 <바히르, Sepher ha-Bahir>가 나왔다. 이 책은 유대신비주의와 유대교에 영향을 주었으며 이 책에는 확장된 세피로트 개념과 윤회이론이 나온다.

13세기에는 <조하르, Sepher Ha-Zohar, 광명/빛의 서>라는 카발라의 이론적 토대가 되는 방대한 분량의 서적이 스페인 거주 유대인 모세스 데 레온(Moses de Leon)에 의하여 저술되었다. <조하르>의 원래 저자는 2세기경 이스라엘 출신 랍비 시메온 요하이(Simeon ben Yohai)

로 알려졌다. 토라(모세5경)의 해석, 창조의 신비, 세피로트의 기능을 다루었다. 이 책은 가장 권위 있는 카발라 책으로 인정받고 있으나 상징성과 모호성 때문에 이해하기가 쉽지 않다.

구전으로 비밀리 전해 내려오는 가르침과 앞에 언급한 책을 바탕으로 여러 카발라 학설이 나왔으며 카발라의 상징적 표현 때문에 카발라 학자들의 주석서가 많이 나왔다. 특히 16세기 카발라 학자인 이삭 루리아(Isaac Luria, 1533~1572)의 사상(침춤, 킬리포스, 티쿤 이론)은 근대 카발라에 심대한 영향을 주었다. 오늘날 카발라 학자마다 해석이나 주장하는 내용이 조금씩 다른데 이것은 카발라가 신학처럼 고정된 사유체계가 아니기 때문이다.

카발라는 한 권의 책도 혹은 단순한 하나의 신비사상도 아니다. 오히려 이것은 신비사상에 대한 종합 체계라고 말할 수 있다. 이것은 유대교, 기독교, 이슬람교 신비사상의 기초를 이루고 있다. 카발라는 높은 학식을 가진 사람에게도 어려운 학문인데, 왜냐하면 접근이 쉽지 않는 구전 가르침이라는 점 이외에도 카발라에 담긴 많은 상징 때문이다. 상징과 암호 속에 진실한 의미는 감추어져있다.

카발라는 서양 신비사상의 모태이며 고대의 영지주의에서 근대 <황금새벽> 단체까지 그 영향력은 지대하였다. 연금술, 의식마법, 타로, 점성술은 카발라에서 그 사상적 토대를 빌려왔다.

카발라는 우리가 가장 알고 싶어 하는 "신은 누구인가?", "나는 누구인가?", "신과 나와의 관계는 무엇인가?", "나의 존재 의미는 무엇인가?", "왜 우주는 존재 하는가?" 에 대하여 답변한다. 지금까지 어떤 철학이나 종교도 다루지 못한 영역으로 우리를 안내하는 신비가르침이다.

(2) 카발라의 우주창조론

창조 특히 창조의 시작점에 대하여 명백히 이해하고 그 개념을 세우는 것은 매우 어려운 일이다. 왜냐하면 유한한 마음으로 무한의 초월 영역을 이해하여 설명하려고 하기 때문이다. 그러나 물질계에서 우리가 가지고 있는 가능한 모든 개념을 사용하여 창조를 설명하는 것이 필요하다. 이런 과정을 통하여 의식은 성장하고 우리의 이해와 개념도 커지기 때문이다.

창조의 처음은 대공 즉 "The Great Void"로 시작한다. 여기서 공은 어떤 형태나 형상 혹은 의식이 존재하기 전의 상태를 의미한다. 공은 빛도 어둠도 아니고 움직임도 비움직임도 아니었으며 중심도 주변도 없었고 시작과 끝도 없었으며 어떤 한계도 시간도 없었으며 우리의 유한한 마음이 생각하는 그 어떤 것도 아니었다. 이것은 신에 앞서 존재하였으며 이것에 모든 것의 잠재성이 내재하고 있었다.

지금 이 순간 우리는 유한 마음으로 개념 너머 무한을 정의하려고 시도하고 있다. 사실 태초 상태를 공으로 표현할 수도 없으며 단지 인간 언어로 표현한 것뿐이다. 3차원 세계의 한정된 용어로 우주창조 과정을 바르게 설명할 수가 없다. 잠시 눈을 감고 형상 없고 개념 없는 대공에 대하여 느껴보기 바란다.

공(Void)에서 그 자체 내에 누르는 관성의 힘이 있어 움직임이 일어났고 여기서 빛의 회오리가 나타났다. 이 빛은 공(Void)으로부터 더 많은 힘을 끌어당기면서 확장하였다. 물론 여기서 사용하는 관성이라는 단어도 물질 개념에 비추어 그나마 가장 유사한 것일 뿐이다.

이 빛에서 의식이 자라고 이것은 카발라 용어로 고대의 나날(Ancient of Days) 또는 모든 것의 근원으로 불린다. 고대 카발라 학자들은 이것을 첫 번째 근원, 횃불을 든 자, 숨겨지고 숨겨진 것, 호아. 고대인, 왕들의 왕이라고 불렀다.

호아가 자신을 자각하게 되면서 전체와 조화롭지 못한 불완전한 것이 존재함을 자각하게 되었고 자신을 축소하여 그 부조화한 빛을 바깥으로 던져버렸다. 즉 빛의 회오리에서 조화와 부조화의 빛(질서와 무질서)이 나왔다. 이 부조화의 빛은 부정 혹은 어둠이 되었다. 횃불은 든

자(조화로운 빛)는 주변의 모든 것을 조화로운 빛으로 변화시키기를 원하였다. 이것이 창조의 원인이 되어 호아(횃불은 든 자)는 자신의 모습을 드러내기 시작한다.

창조 활동을 하기 전에 모든 잠재적 가능성으로 존재하는 호아 상태를 Negative Ain이라 하고 창조가 일어난 호아 상태를 Positive Ain으로 부른다. 호아는 부조화로운 빛 속으로 자신을 확장하여 부정을 빛으로 바꾸는 일을 시작한다. 질서와 부질서는 속성상 서로를 밀어내는 성질이 있어 부질서 즉 부정을 만나기 위해서는 빛은 자신의 속성을 낮출 수밖에 없었다.

카발라의 생명나무는 호아가 부정 속으로 자신을 낮추어 확장하여 나아가는 사다리이다. 생명나무의 10개 세피로트가 부정과 만나기 위하여 단계별로 속성을 낮추면서 4계(영계, 멘탈계, 아스트럴계, 물질계)를 형성하는데 첫번째 세피라인 케테르는 호아에 뿌리를 두게 되며 10번째 세피라인 말쿠트는 부정과 빛이 만나는 물질계에 모습을 드러낸다.

앞에서 설명하였지만 호아는 모든 것의 근원이며 두개의 개념으로 나눌 수 있다. 즉 아직 현시하지 않은 상태인 잠재적 아인(Negative Ain)과 생명나무로 그 모습을 드러낸 현시된 아인(Positive Ain)이 그것이다. 그래서 호아를 아인-아인(AIN-AIN)으로 부르기도 한다.

공(Void)은 호아의 근원이고 호아에서 아이요드가 나오고 아이요드에서 우리가 흔히 신이라 말하는 우주의식이 나왔다. 400개의 아이요드 중에 우리의 우주의식이 나온 아이요드에는 +극과 -극이 있으며 우리가 속한 우주의식은 +극에서 8번째로 나온 우주의식이다. +극에는 전부 9개의 우주의식이 존재하며 이 9개 우주의식은 야키마라는 힘으로 아이요드와 연결되어 있다. 우주의식에서 우리 혼이 확장되어 나왔다.

우주의식을 둘러싸고 있는 벽은 아레크라 하며 우주 사이클 혹은 6차원의 벽을 가리킨다. 이 속에서 물질 우주창조가 일어나 수많은 행성이 생겨나고 그 위에 무수한 생명체가 존재하게 된다. 우주에 무수히 많은 태양계 중의 하나가 우리가 속한 태양계이며 여기에서 3번째 행성이 지구 즉 우리가 살아가는 공간이다.

때가 되면 우리 우주의식은 우리 앞에 있는 우주의식이 차지하고 있는 공간으로 이전하고 우리가 차지하고 이 공간은 우리 아래에 있는 우주의식이 들어와 거주하게 된다. 즉 9개의 우주의식이 한단계식 나아가며 동시에 아이요드에서 새로운 우주의식이 나온다. 모든 것은 진화하며 우리 우주의식도 진화한다. 진화는 우주의 법칙이다. 전체 차원에서 본다면 무한히 커 보이는 이 우주는 많은 우주 중의 하나일 뿐이다.

우리가 속한 우주에는 9개 차원이 있고 동시에 9개의 물질계가 겹쳐 있다. 진동과 각 그리고 곡선으로 분리된 9개의 차원에서 1차원은 우주의식의 영역, 2차원은 모든 차원의 통로, 3차원은 물질계, 4차원은 아스트럴계, 5차원은 모든 시간이 하나가 되는 계, 6차원은 우주 벽, 7차원은 엘리멘탈이 거주하는 계, 8차원은 행성 간을 분리시키는 벽, 9차원은 우주의식이 구체화되는 차원으로 에테르가 존재하는 장소이다.

동시에 우리가 살아가는 물질계인 이 3차원 세계는 진동, 각, 곡선으로 분리되어 존재하는 다른 9개의 물질계(내부 교착계)가 있다.

(3) 생명나무

카발라의 핵심은 생명나무이며 이것은 의식(意識), 심리, 행동, 각성 등을 위한 지도(地圖)나 안내서 역할을 한다. 카발라의 핵심서인 <세페르 옛치라> 1장 1~2절에 나오는 생명나무 구절을 살펴본다.

1. 만군의 주, 예호바, 살아 있는 신, 우주의 왕, 자애롭고 고상한 우아하고 영원히 살아 계시는 이스라엘의 신께서 **32개의 가장 신비하고 경이로운 지혜의 길**에 자신의 이름을 새기고 세 개의 세파림 즉 **숫자와 문자와 소리**로 우주를 창조하였다.
2. 32개의 길은 숫자인 10개의 세피로트와 모든 것의 근본인 22개 문

자로 구성된다. 22문자 중 3개는 모자이고 7개는 복자이며 12개는 단자이다.

　이 두 문장에 우주 창조의 비밀이 함축되어 숨어있다. 이것의 의미와 상징을 해석하고 설명하려면 많은 지문이 필요하므로 여기서는 창조에 사용된 숫자(10, 32), 문자(22, 3, 7, 12) 그리고 소리를 살펴본다.
　먼저 카발라에서 가장 중요한 생명나무를 구성하는 10광(光) 즉 10개 세페로트와 그 속성 그리고 대응물을 살펴본다. 신은 10광(세피로트)으로 구성된 생명나무를 통하여 저급하고 조잡한 물질계와 접촉할 수 있다. 즉 생명나무는 무한과 유한(물질 우주) 사이에 놓인 사다리이다.
　이것은 무한 존재가 부정(부질서, 부조화)이 존재하는 물질계로 단계별 하강(10단계)하는 길이며 비유를 든다면 각 단계는 고압 전류를 낮추는 변압기에 비유될 수도 있다.
　카발라에서는 상징적으로 생명나무를 아담카드몬(원초인간, 대인간, 신성인간, "도리얼 생명나무" 346쪽 참조)으로 부른다. 아담 카드몬의 육체를 구성하는 10개 세피로트[346~347쪽에서 보듯이 케테르(머리)는 신의 영역에 말쿠트(발)는 물질 영역에 접하고 있는 거대한 신성인간]는 신의 속성을 띠고 있다. 이것은 신의 첫 번째 창조라 할 수 있고 이어서 이 아담카드몬의 형상을 따라 인간이 창조되었다.
　이 말은 우리 안에 축소판 생명나무가 있으며 신의 10개 속성이 우리에게 현시하고 있다는 의미이다. 우리는 그 신성을 찾아서 자각시키는 것을 배우지 못했을 뿐이다.

(세피로트와 대응물)

	세피로트	의미	신체부위	속성
1	케테르, Keter	왕관/창조 근원	머리	무극
2	호크마 Chokmah	지혜	뇌	양
3	비나, Binah	이해, 지성	마음	음
4	티페레트,Tiferet	미/아름다움	가슴	무극
5	헤세드, Chesed	자비	오른 팔	양
6	게부라. Geburah	힘/정의	왼 팔	음
7	예소드, Yesod	기초/토대	성기	무극
8	네차흐, Netzach	견고/승리	오른 다리	양
9	호드, Hod	광휘/영광	왼 다리	음
10	말쿠트, Malkhut	물질왕국	발	무극

(4) 생명나무의 여러 차원

카발라에는 다양한 의견이 존재한다. 10개 세피로트가 발출되어 나오는 순서에도 여러 의견이 있다. 생명나무 10광은 여러 가지 차원으로 고찰할 수가 있는데 가장 중요한 개념인 4계를 살펴보자(347쪽 그림 참조할 것).

케테르, 호크마, 비나는 영계(원초계, 신성의 계), 티페레트, 헤세드, 게부라는 신성 마음의 계(멘탈계, 창조계), 예소드, 네차흐, 호드는 모든 창조의 기본 틀이 형성되는 아스트럴계(형성의 계), 말쿠트는 우리가 살아가는 물질계를 구성한다. 각각의 계는 + -로 균형을 이루고 있다. 즉 영계의 지혜와 이해, 멘탈계의 자비와 정의, 아스트럴계의 견고와 광휘가 서로 균형을 이룬다.

생명나무에는 인간 의식 차원에서 4계에 대응하는 4개의 영혼이 존재한다. 물론 영혼은 하나지만 단계별로 하강하는 과정에서 그 단계에 어울리는 속성을 띤 영혼의 4국면이 존재한다는 뜻이다. 영적 혼(히아), 신성한 마음 혼(네쉐마), 아스트럴 혼(루아흐), 가장 낮은 속성을 가진 물질 혼(네페쉬)이 그러하다. 인간은 물질 혼에 매여 있으므로 물질 혼에서 벗어나 상위의 루아흐 속성과 연결되는 것이 필요하다.

"생명나무의 4계와 3개 기둥(347쪽)" 그림을 보면 또 다른 중요한 개념인 세 개의 기둥이 나온다. 생명나무 그림을 보면 왼편의 정의기둥은 비나, 게부라, 호드로 구성되며 오른편의 자비기둥은 호크마, 헤세드, 네차흐로 구성되고 미들필라로 알려진 중간 기둥은 케테르, 티페레트, 예소드, 말쿠트로 이루어진다. 특히 미들필라는 말쿠트(물질계, 인간)에서 케테르(영계, 신)에 이르는 가장 짧은 길을 보여주는 기둥이다. 여기서 미들필라(중간기둥)를 통한 신과의 합일 수련법이 나온다.

유한 마음은 무한 즉 신을 묘사하거나 정의할 수 없다. 그런 점에서 생명나무는 우리의 유한 마음이 신에 대하여 명상하고 신을 알 수 있도록 하는 지도 즉 안내서 역할을 한다.

생명나무는 상징적으로 여러 이미지를 나타내는데 사용되는데 우주 창조 과정 외에 우리의 의식 상태나 에너지 수준을 나타내기 위하여 사용되기도 하고 패스워킹(세피로트를 통하여 신에 돌아가는 수련)을 위하여 사용되기도 한다. 타로카드도 생명나무와 대응하여 설명된다.

생명나무 응용은 다양하다. 10개 세피로트가 생명나무를 구성하고 인간을 포함하여 만물에 이 생명나무가 비친다고 본다면 그 대응점은 무한하다고 할 수 있다.

헤르메스의 유명한 말 "위와 같이 아래와 같이(as above, so below)"는 쉽게 말해 위의 것(신, 상위 법칙 등)은 거울처럼 아래(인간, 하위법칙 등)에 반영되며 대응물은 실로 무한하다는 의미이다. 결국 신과의 합일을 찾는 구도자에게 생명나무를 어떻게 이용할 것인가는 참으로 중요하다.

유명한 솔로몬의 실(seal)은 생명나무를 함축적으로 나타낸 도형이다. 이 도형은 부정적인 존재를 물리치는 힘이 있으며 보호력을 발휘한다.

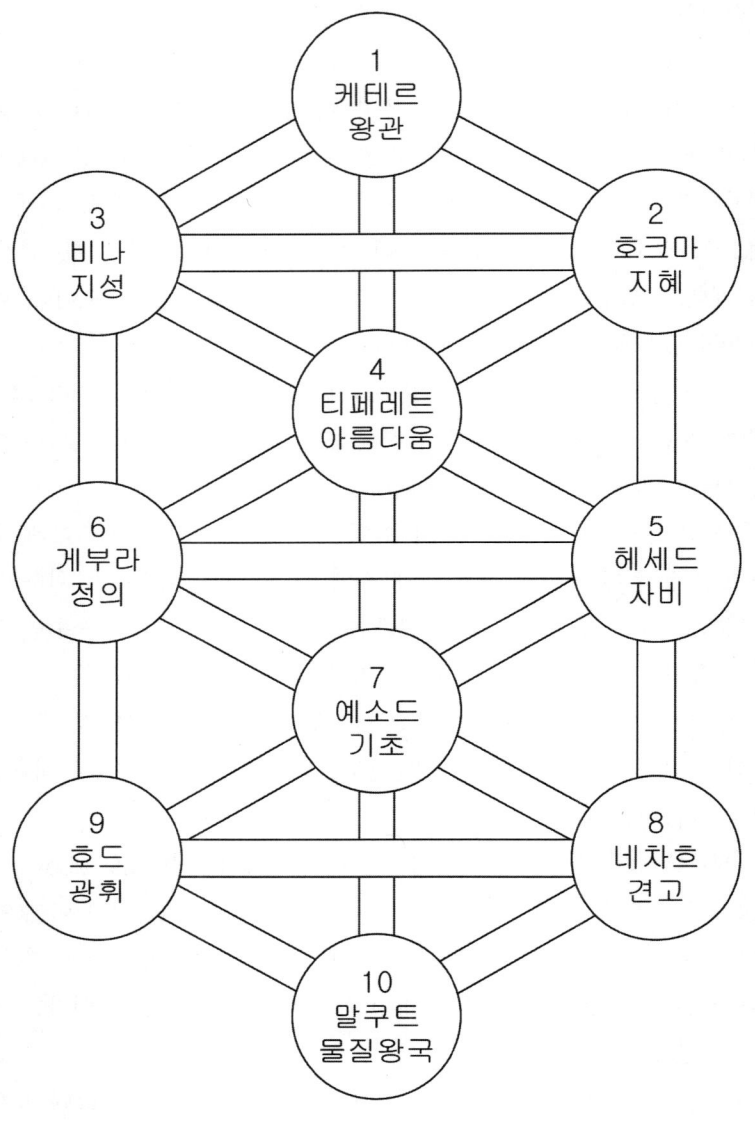

도리얼 생명나무

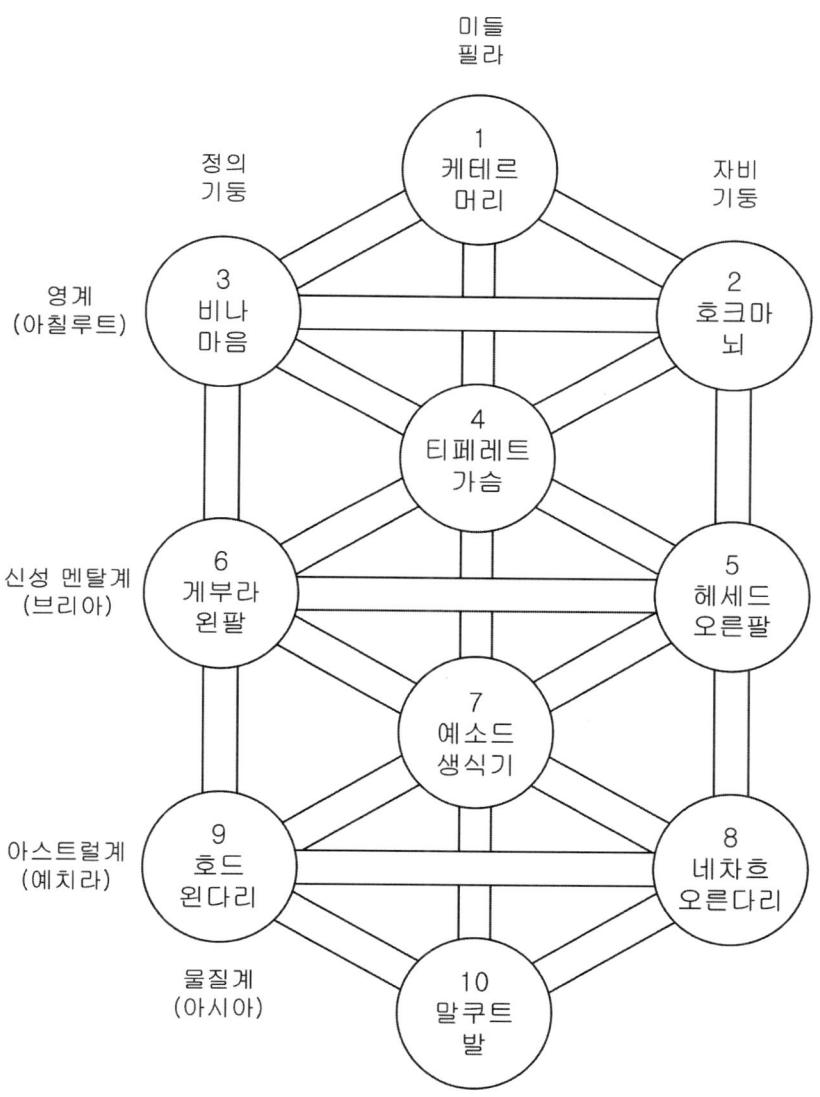

생명나무와 4계와 3개 기둥

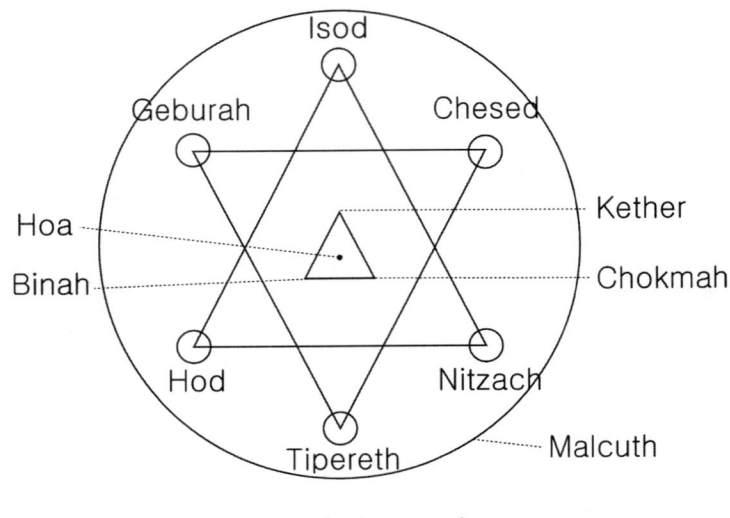

생명나무와 솔로몬 실

(5) 생명나무 10세피로트의 응용

①깨달음의 지도

생명나무를 각성에 사용하는 방법을 한번 보자.
물질계(말쿠트, 10번째 세피라)에 살아가면서 **신의 광휘(splendor, 9번째 세피라)**가 말과 행동을 통하여 현시되도록 하고 자신에 대한 훈육을 **확고(firm, 8번째 세피라)**히 하여 자기 자신의 주인이 되도록 행동한다. 삶에서 신의 빛이 드러나고 자신에 대한 훈육을 확실히 할 때 우리는 흔들리지 않는 튼튼한 **기초(foundation, 7번째 세피라)**를 세우게 된다. 신의 영광 속에서 우리가 **정의롭고(just, 6번째 세피라) 자비스럽게 (mercy, 5번째 세피라)** 행동할 때 우리의 삶은 질서와 조화로 차게 되어 모든 방면으로 **아름다움(beauty, 4번째 세피라)**을 발하게 된다. 열정적인 탐구와 노력을 통하여 **지성(intelligence, 3번째 세피라)**와 지혜

(wisdom, 2번째 세피라)의 문을 열게 되면 우리는 신과 하나라는 자각과 앎을 통하여 마침내 **케테르**(crown, 1번째 세피라)에 도달한다. 살아가면서 이러한 생각을 유지하고 행동한다면 깨달음에 한결음 다가가는 것이다.

또 다른 각성의 방법을 보자. **호드**는 신의 **광휘**이며 이것은 물질계로 내려 비치는 태양빛(신, 예로부터 상징적으로 신을 빛으로 표현하였음), 또는 우리의 고급자아를 상징한다. 인간이 빛보다 어둠을 추구하면 이 빛은 구름 속에 가려지고 우리는 암흑 속에 사는 것이 된다. 이 빛은 신의 말씀, 진리로 볼 수 있으며 이 빛이 우리에게 쏟아지나 이것을 받아들이는 인간의 의식 상태는 욕망이라는 구름 속에 가리어져 빛을 충분히 받지 못한다.

일단 우리가 바로 물질계 위에 존재하는 **9번째 세피라**(호드)인 신의 **광휘** 즉 진리에 눈을 돌린다면 다음으로 우리에게 필요한 것이 흔들리지 않는 자세이다. 즉 **8번째 세피라**(네차호)는 **견고함**을 상징한다. 이것은 빛의 길에 들어서서 흔들리지 않는 마음을 상징하며 이것을 위해서는 진리와 법칙에 대한 지속성과 계속성 그리고 의지를 필요로 한다.

7번째 세피라(예소드)는 신의 **거소**, 신의 권좌가 있는 곳으로 모든 것의 **근본/바탕**을 상징한다. 신이 생명나무를 통하여 내려와 거주하는 영역이 예소드이다. 예소드 아래에서 신은 인간의 혼으로 기능하고 그 위에서 신으로 존재한다. 이제 진리에 대한 확신을 통하여 빛의 길을 걸을 **바탕**은 마련되었다. 이 3개 세피로트가 아스트럴계를 형성하며 모든 물질창조의 기본 틀이 형성되는 곳이다.

생명나무 위로 더 올라가면 **6번째 세피라**(기부라)인 **정의**를 만나게 되고 우리는 정의로운 삶을 살아야 한다. 그러나 자비 없는 정의는 부조화, 불균형을 초래하기 때문에 **5번째 세피라**(헤세드)인 **자비**와 균형 잡힌 삶을 살아야 한다. 그때 우리는 모든 것에서 **4번째 세피라**(티페레트)인 **아름다움**을 보게 된다. 이 3개 세피로트가 멘탈계를 형성한다. 이 계에서 사람이 행한 원인이 자비와 정의에 의하여 조율되어 아스트럴계로 그리고 이어서 물질계로 내려와서 우리가 다양한 삶을 경험하도록 한다.

우리가 원인 결과를 이해하고 통제한다면 그때 비로소 우리는 케테르, 호크마, 비나로 구성된 영계로 올라갈 수 있다. 이 계에서 우리는 모든 법칙에 대한 **이해(비나, 3번째 세피라)** 그리고 이해를 통한 **지혜(호크마, 2번째 세피라)**를 얻어 마침내 신의 첫 번째 현시인 **케테르(왕관, 첫 번째 세피라)**에 도달하여 신과 합일된다. 위의 내용에 따라 살아간다면 각성에 아주 좋은 도구가 될 것이다.

②행동지침 지도

생명나무의 속성이 실생활에 어떻게 응용될 수 있는지 의사결정을 예로 들어보자.

먼저 머리와 뇌와 마음이 3위 일체가 되어 창조(의사결정, 문제해결 등)를 위한 준비를 갖춘다. 즉 신의 빛, 창조의 원천인 **케테르(왕관)**가 어떤 행동을 하기 위해서는 **지성과 지혜**가 필요하다.

다음으로 의사결정(창조)을 하는 단계로 이때 중요한 것은 **자비와 정의**가 균형이 잡힌 **아름다운** 마음상태이다. 자비나 정의 어느 한쪽으로 치우치면 부조화를 야기하며 아름다움은 훼손된다. 정의와 자비가 균형 잡힌 아름다운 의사결정에 이어 생각을 구체화시켜야 한다.

안정됨(견고함)과 역동성(광휘)이 서로 조화롭게 균형이 잡히면 아주 튼튼한 창조의 **기초가 형성**되는 것이다. 최종적으로 이 튼튼한 생각(판단 등)이 세상으로(외부로) 나와 의사결정으로 **구체화**된다.

살아가면서 매순간 의사결정이나 문제해결이 요구되며 이것은 우리가 과거에 설정한 원인의 결과를 만나는 방법이다. 대처 방법에 따라 우리 미래가 만들어진다. 생명나무의 속성을 응용한다면 우리는 후회 없는 미래를 만들 수 있다.

(6) 히브리 22 문자

신의 32개 길 중 22개를 형성하는 히브리 22문자를 살펴본다.

히브리 문자와 상응하는 숫자 그리고 음가

히브리문자	읽기	숫자	음가
א	알레프(Aleph)	1	묵음
ב	베트(Beth)	2	B, V
ג	기멜(Gimel)	3	G
ד	달레트(Daleth)	4	D
ה	헤(Heh)	5	H
ו	바우/와우(Vau/Waw)	6	W, V
ז	자인(Zayin)	7	Z
ח	(헤트)Cheth	8	CH
ט	(테트)Teth	9	T
י	(요드)Yodh	10	I, J, Y
כ ך	(카프)Kaph	20 or 500	K, Kh
ל	(라메드)Lamed	30	L
מ ם	(멤)Mem	40 or 600	M
נ ן	(눈)Nun	50 or 700	N
ס	(사메크)Samekh	60	S
ע	(아인)Ayin	70	묵음
פ ף	(페)Peh	80 or 800	P. F
צ ץ	(차디)Tzaddi	90 or 900	Tz
ק	(코프)Qoph	100	Q
ר	(레쉬)Resh	200	R
ש	(신,쉰)Shin	300	S, Sh
ת	(타우)Tau/Tav	400	T, Th

* 헤트(Cheth) 발음 시 ch는 독일어의 "ach"에서처럼 소리가 난다. 우리말로 표기하면 [흐-]라고 하겠지만 [흐]보다는 오히려 [크]에 가깝다.
* 히브리어는 문자마다 고유한 숫자가 부여되어 있다.

* 카프, 멤, 눈, 페, 차디는 두개 문자가 있고 앞에 것(ךןמסף)은 단어 뒤에서만 사용되며 숫자 가치도 500, 600, 700, 800, 900이 된다.

22문자를 구분하면 3모자는 엘에프(알레프), 멤, 쉰, 7복자는 베스(베트), 김엘, 달레스(달레트), 카프, 페, 레쉬, 타(타브, 타우), 12단자는 애인(아인), 차디, 넌(눈), 케스(헤트), 제인(자인), 라메드, 히(헤), 코프, 테스(테트), 바(바우, 와우), 요드, 새메크(사메크)이다. 히브리 22문자는 만트람으로 사용되므로 정확하게 소리를 내는 것이 중요하다. 위의 히브리 문자표에 나오는 발음은 일상적으로 알려진 발음이다.

3모자(Three mothers)는 창조의 원초 질료인 공기, 물, 불을 상징하며 7복자(Seven double letters)는 멘탈계와 아스트럴계에 이중(멘탈계에 현시하고 아스트럴계로 발출함)으로 걸쳐 존재하는 까닭에 주어진 이름으로 7차크라, 7영 행성, 혼의 7색상, 1주일 등과 관련된다. 12단자(twelve single letters)는 뇌에 있는 12영 센터, 12황도대, 12제자와 관련이 된다. 뇌에는 육체의 모든 활동을 통제하는 32개의 신경쌍이 있다. 이것은 마치 신이 32길을 통하여 모든 것을 창조한 것에 비교될 수 있다.

(7) 카발라의 중요성

고대 지혜 가르침 중에서 가장 변형되지 않고 원형 그대로의 진리를 담고 있는 것이 카발라이다. 카발라는 지식 차원에 머무는 것이 아니라 실제로 우리가 근원자와 합일되게끔(깨달음) 실제적인 안내를 하며 신의 왕국에 돌아가는 열쇠를 제공한다.

1. 10세피로트는 아인(신)의 속성을 담고 있고 아담카드몬(대성인간, 생명나무)을 형성한다.
2. 22문자는 아인(신)의 무한 힘이 흐르는 통로이다.
3. 생명나무(아담 카드몬, 대성인간, 대우주)가 물질계에 반영되어 나

타난 모습이 우리 인간(소성인간, 소우주)이며 추락 전에는 신의 완전한 채널로 작동하였으나 추락 후 채널이 단절되었다. 우리 몸에 존재하는 생명나무의 통로를 다시 열어야 한다. 생명나무를 따라 신성한 힘이 흐르듯 그 반영물인 우리에게도 신의 힘이 흐른다. 인간이 신의 창조능력을 발휘할 수 없는 이유가 이러한 힘을 사용하지 못하기 때문이다.

4. 카발라는 상징으로 신비를 드러내는데 예를 들면 10개 세피로트는 육체를 상징하고 히브리 22문자는 육체의 주요 기관, 내분비선, 신체의 여러 부분을 상징하기도 한다. 22문자는 고유한 진동을 가지고 물질 육체에 동조한다. 여기서 히브리 문자 소리를 통한 치료법이 나온다.

5. 예수는 32년을 살고 33년에 물질계를 통과하여 상위계로 갔다. 프리메이슨에는 32계급이 있고 마지막은 33단계로 이것은 깨어진 삼각형으로 상징되는데 그 숨은 의미는 모든 것의 근원으로 돌아감을 상징한다. 우리도 이 32개의 길(10개 빛과 22문자)을 통하여 마지막인 33번째 단계인 근원 존재에게 돌아갈 수 있다.

2. 우주 창조의 비밀과 지구 사이클

(1) 상징적 창조

시작도 없고 끝도 없고, 공간도 없고 존재도 없는 공(Void, 심연)에서 홀연히 빛이 나타났다. 이 빛은 심연을 밀어내며 한동안 계속 확장하였고 빛이 확장하는 가운데 조화로운 움직임과 무질서한 움직임이 나타났다.

확장을 끝낸 빛은 중심에 조화로운 빛, 바깥에 부조화로운 빛(부정)으로 나뉘어져서 존재하였다. 조화로운 빛은 우주 알 또는 모든 것의 근원, 횃불을 든 자, 호아라고 불리어 진다. 이것은 존재하는 모든 것의 첫 번째 원인이다. 이 첫 번째 원인인 조화로운 빛은 무질서한 빛을 자신처럼 조화롭게 변형시키기 위하여 첫 번째 빛을 발출하니 여기서 창조가 시작된다. 이 첫 번째 빛은 창조의 숨이며 신의 의지이며, 우주의 법칙으로 모든 것은 여기에서 시작되어 여기로 돌아간다.

첫 번째 빛은 무질서한 빛(부정)을 밀어내고 창조의 공간을 설정한다. 창조 공간이 생기고 첫 번째 빛에서 순서적으로 9개의 신성 빛이 확장하여 나와 창조를 시작한다. 신이 우주공간에 수많은 행성들을 만들고 우주 중심에 있는 영 태양의 문을 열자 신성한 에너지는 우주로 흘러 들어왔으며 행성들은 물질 태양 주변을 돌고 마침내 우주는 살아 숨쉬기 시작했다.

창조의 숨으로 식물과 동물이 탄생하고 모든 것이 뜻대로 작동되자 호아의 확장인 우주의식(신)은 자신을 무수히 많은 빛(혼)으로 나누어 행성에 나타나 부정을 빛으로 변화시키는 일을 시작하였다. 한동안 뜻대로 우주는 작동하였고 모든 것이 좋았다.

자유의지를 가진 태초 혼들이 일에 대한 욕심으로 부정(무질서, 부조화한 빛) 속에 너무 깊게 몰입하다가 그만 무질서한 빛 속에 갇히고 말았다. 상징적으로 에덴동산에 더 이상 머물 수 없는 일이 일어난 것이다.

이 일로 인간은 신성 힘을 잃고 추락을 하고 말았다. 추락 전에는 자웅동체 즉 혼은 하나로 존재하였으나 추락 후에는 혼은 음과 양, 즉 남과 여로 나뉘어져 각자의 길을 걸어가게 되었다. 소울 메이트(Soul mate)는 바로 잃어버린 우리의 반쪽이다.

이후 인간은 물질계에서 물질 육체를 입고 윤회를 통하여 다양한 삶을 살아가면서 영적 진화의 길을 걷고 있다. 이것은 원래의 자리인 신성을 회복하는 과정이다. 근원으로 돌아가는 길은 카발라의 생명나무에 있으며 이것은 신과 인간을 연결하는 사다리이다. 원래의 자리에 돌아갈 때 우리는 두 개에서 원래대로 하나의 혼이 되고 신과 합일이 된다.

(2) 구체적 창조

카발라의 <창조의 서>에 보면 "신은 32개 신비의 길로 우주를 창조하였다."고 한다. 이 문장만으로 일반인이 우주창조를 이해한다는 것은 거의 불가능에 가깝다. 함축된 문장 속에 숨겨진 창조의 비밀은 이러하다.

생명나무를 구성하는 10개 빛은 앞에서 보았듯이 다음과 같이 4계로 구분된다.

1, 2, 3 빛은 아칠루트계(영계)라 하고 원형의 세계며 모든 것이 여기에서 발출된다. 4, 5, 6 빛은 브리아(멘탈계)라 하고 신의 생각이 일어나는 창조의 세계이다. 7, 8, 9 빛은 예치라(아스트럴계)라 하고 형성의 계로 불린다. 신의 생각이 좀 더 구체화되며 물질우주에 존재하는 모든 것의 기본 틀이 존재한다. 10번째 빛은 아시아(물질계)라 하고 신의 생각이 구체화되어 나타나며 물질 활동이 일어난다.

4계를 통하여 우주가 창조되는 과정은 이러하다. 영계에서 신은 창조 필요성을 자각한다. 신의 마음이 작동하는 멘탈계에서 신은 창조를 위하여 필요한 여러 가지 계획을 세우고 실행한다. 아스트럴계에서 신은 계획은 좀 더 구체화되기 시작한다. 마침내 신의 계획이 물질계에 드러난다.

이것을 건축사에 비유하여 설명한다면 우선 건물을 창조하겠다는 생각이 있고(영계) 이것을 설계도로 작성하고(멘탈계) 이어서 창조에 필요한 재료를 구입하여 건물을 짓기 시작하고(아스트럴계) 마침내 건물이 완성되어 나타난다(물질계). 물질 우주는 신이 부정을 만나서 이것을 빛으로 변화시키려는 목적으로 자신의 속성을 가장 아래로 떨어트린 계이다.

앞에서 보았듯이 제1 원인인 호아에서 아이요드가 나오고 아이요드에서 우주의식이 나왔다. 우리가 살아가는 우주공간에 신에 해당하는 우주의식이 존재하고 영태양은 우리의 우주의식이 물질창조를 위하여 현시한 모습이다.

우주 중심에서 신의 숨(창조의 숨, 엘에프)이 나와 우주공간에 퍼져 있는 원초물질(멤)에 작동하여 물질의 질료가 되는 에테르와 우주에너지(쉰)를 발생시켰다. 쉰(Shin)은 모든 에너지의 근원이다.

여기에서 우주의 창조에너지인 + - 두 광선이 방출되어 우주의 원초물질인 에테르를 질료로 삼아 행성을 만들기 시작한다. 물질우주의 창조가 시작되었다.

우주의식은 중앙 영 태양의 주변을 둘러싸고 있는 7영행성 안으로 나중에 지상에 현시할 원초인간 즉 혼을 발출하였으며 이 7영행성에 7원초혼군(群)이 형성되었다. 영태양의 빛에서 7광선이 분리되어 지상에 나타났고 이 7광선이 지구에 작용하여 원초 7대륙이 나타났다.

신의 창조에너지가 물위에 작용하자 물은 세 개의 물(물, 중수, 경수)로 구분되었다. 신의 숨(창조에너지)은 우주광선(Cosmic Ray)과 함께 나왔으며 우주광선이 중수와 소금에 작용하여 여기서 첫 번째 생명형태가 원초 대양에 나타났다. 여기에서 진화와 변이를 통하여 여러 생명이 번성하게 된다.

행성의 창조와 행성에 거주할 생명의 창조를 통하여 신은 지상에 나타낼 준비를 마쳤다. 그리하여 7영행성에 있는 원초 혼이 확장되어 물질계에 나타났다(지구를 위주로 설명하지만 모든 행성에서 유사한 창조가 일어났다고 보면 된다). 그 형태는 신성을 띤 빛의 구형체였다.

부정(부질서, 부조화, 부정의 빛)을 조화(균형, 질서의 빛)로 변화시키는 장소인 물질계에서 신의 일부분이었던 혼은 자유의지를 가지고 상당한 기간 동안 자신의 역할을 다하였다. 그러나 더 많은 부정을 조화로 변화시키려는 의욕에 상위 우주 사이클의 문을 더 크게 열고 부질서한 빛을 받아들이는 과정에서 그만 예측 못한 엄청난 부정의 힘에 휩쓸려 그 힘에 묶이게 되었다. 이것이 우리가 알고 있는 아담의 추락이다.

인간의 추락 후에 신은 혼이 부정에서 벗어나도록 여러 가지 시도를 하였다. 그 과정에서 자웅동체였던 혼은 남녀로 나뉘어졌으며 여러 시험 끝에 혼을 둘러싸고 있는 부정은 강제로 외부의 힘에 의해서가 아니라 내부의 혼의 노력에 의해서만 제거될 수 있음을 알고 위대한 존재들은 추락한 혼이 거주할 적당한 체를 찾기 시작하였다.

당시 가장 많은 생명력을 가지고 있었고 혼이 거주하기에 가장 적합한 동물체가 인간이었기에 지금 우리가 살고 있는 형태의 육체가 혼의 거주지로 선택되었다. 당시 자웅동체였던 인간 육체는 들어온 혼의 속성(+, -)에 따라 남녀로 변화하였다. 지금 우리 혼이 거주하는 육체는 추락 후에 혼이 들어가 살게 된 동물체였다.

당시 동물체는 죽음이 없었다. 상당한 세월동안 이 동물체에 혼이 거주하였으나 죽음도 출생도 없는 정체된 상태였으며 그 상태에서 부정을 제거하려는 혼의 시도는 아주 미미하였고 부정의 제거는 아주 느린 속도로 진행되었다. 부정에서 혼을 해방시킬 방법이 묘연하였다.

그래서 위대한 존재들은 다른 방법을 찾았는데 육체가 죽을 때 일정량의 부정이 제거됨을 알고 인간에게 죽음의 진동을 보내게 된다. 육체가 죽자 혼은 다시 거주할 육체가 필요하였으며 여기에서 남녀 간의 성과 생명 잉태 그리고 출산이 시작되었다. 비로소 죽음과 탄생 그리고 윤회가 존재하게 된다.

이때 죽은 후 3일간 머무는 중음(바르도계)계도 만들어졌다. 바르도계는 우리가 살아가는 물질계만큼이나 중요한 계이며 이 계 역시 물질계처럼 환영적 속성을 띠고 있다. 그 장소는 우리의 의식 상태와 깊이 연관되며 X 행성 내의 두 개의 작은 별과 깊은 관련이 있다.

인간의 추락과 동물체에 혼이 놓이게 되는 시점에서 지금 우리가 보는 태양 빛이 빛나고 지구는 자전을 시작하였고 우주의 행성들은 자기가 속한 태양을 중심으로 돌기 시작하였다. 그전에는 모든 것은 안정적인 상태에 있었다. 동물이고 식물이고 세포구조의 확장과 변이만 있었지 파괴란 없었다. 모든 생명체는 위대한 영 태양에서 모든 방향으로 비춰는 에너지를 직접 흡수하여 살아갔지 지금처럼 양육강식 없었다. 추락 전에는 영 태양 빛이 우주 모든 곳에 동등하게 쏟아졌기 때문에 계절도 없었고 기후의 변화도 없었다. 오직 빛만이 존재하였다.

인간의 추락과 동물체에 혼이 놓이게 되는 시점에서 동물체에 갇힌 혼의 역사가 지구 사이클과 함께 시작된다. 지구에는 창조부터 마지막 시기까지 7사이클이 존재한다. 즉 지구 사이클은 큰 변화가 일어나는 시기를 말하며 지금은 1956년부터 시작된 마지막 사이클인 7사이클에 있다.

(3) 지구 사이클

지구 사이클마다 문명의 극점에 이르렀을 때 진화한 혼들은 상위의 행성으로 이동해 가고 지구 아래 행성에서 이주한 저급한 혼들이 그 자리를 차지하여 그 문명은 순식간에 몰락의 길을 걷는다. 오늘날 과학자들이 주장하는 지구의 생성은 대략 50억 년이고 인류의 문명은 1만년을 넘지 못한다. 그러나 고대 비밀 가르침에 따르면 지구의 생성은 1000만년으로 보고 그 기간 동안 많은 문명이 흥하고 몰락하였다.

과학과 오컬트 가르침의 연대가 너무도 큰 차이가 나는 것은 오늘날 과학은 모든 것을 지금 우리 기준으로 과거를 판단하려고 하기 때문이다. 과거의 지구는 지금보다 엄청나게 빠른 속도로 변화를 하였다. 지금보다 아주 강력한 우주에너지(Cosmic Ray, 종의 변이를 일으키는 에너지)가 내려와 아주 짧은 시간 안에 종의 변화를 이끌었으며 진화의 속도는 지금과는 비교할 수 없이 빨랐다.

지금 우리가 알고 있는 인류의 원시시대(구석기, 신석기 시대)는 곧 배우게 되는 지구 5사이클 시대에 찬란한 문화를 이룩했던 아틀란티스 문명의 몰락과 함께 인류의 문화가 잠시 원시시대로 돌아간 것뿐이다.

① 창조 전(우주의식이 하위 우주 사이클에서 이 우주 사이클로 들어와서 창조까지 기간, 252,000년)

②) 1사이클(창조 후 1,325,400년간 지속): 황금시대로 표현되며 앞에서 언급한 물질우주가 창조된 후 인간 추락까지를 말한다.

③ 2사이클(5,002,650년 지속): 엑시언 시대로 불리며 추락 후 잃어버린 신성을 찾기 시작하는 시기이다. 우주에는 무수히 많은 태양계가 있으며 우리가 속한 태양계의 행성에 거주하는 혼들이 추락하였듯이 다른 태양계의 행성에서도 마찬가지였다.

우리 태양계에는 아직 과학계에는 알려지지 않은 X행성이 있는데 이것은 태양에서 가장 먼 거리에 위치하며 빛을 흡수하는 속성 때문에 육안으로 관찰이 불가능한 행성이다. 인류 추락 때 이 행성 거주자들도 추락을 했으며 태양과 거리가 먼 관계로 가장 많은 부정에 휩싸인 혼들이었다. 이들은 고대가르침에서는 엑시언으로 불리며 우리 지구의 2사이클과 밀접한 관계를 가진다.

엄청난 힘과 거대한 몸을 가진 이들은 지구로 와서 인간을 지배하여 노예로 삼았다. 추락하지 않았던 빛의 자녀들이 지구에 내려와 거인종인 엑시언들을 물리치려고 하였으나 그들은 부정에 너무 심하게 휩싸여 역설적으로 부정과 조화로운 상태에 있어서 죽음의 진동도 그것을 깨뜨릴 수가 없었다.

많은 세월이 흐른 후 마침내 빛의 자녀들은 엑시언들을 잡아가둘 수 있는 방법을 찾아서 이들을 지구 중심에 가두어 버렸다. 빛의 자녀들은 우리와 같이 신의 일부인 엑시언들을 부정에서 해방시킬 수 있는 방법을 모색하여왔다.

이들의 부정적 에너지는 일 년에 두 번 지구 밖으로 배출되며 5월 1일과 11월 1일 전날인 할로인 축제날이다. 이 시기를 전후하여 지구에는 좋지 않은 일들이 일어난다. 인간을 엑시언의 지배에서 해방시킨 위대한 마스터들은 오랫동안 인간 내면의 영적인 불꽃을 깨우기 위하여 일하였다. 한편 이들 엑시언을 둘러싸고 지상에 많은 전설이 생겨나기 시작하였다.

④ 3사이클(2,342,000년 지속): 극시대로 불리며 당시 극 지대는 눈과 얼음의 나라가 아니라 더운 땅이었으며 사람들이 모여 사는 세계 중심지였다. 시베리아 빙하에서 발견된 맘모스가 이것을 증명한다.

한편 우리 태양계 너머 멀리 있는 안타레스별에 사는 존재들은 인간 추락 때 물질계가 아니라 부분적으로 6차원에 있었기 때문에 다른 행성에 사는 혼들보다는 부정에 그다지 휩싸이지 않았다. 그들은 빠르게 진화하였으며 지구 2사이클 시대에는 마스터만큼의 지혜에 도달하였다.

3사이클 시작 무렵에 이들은 지구를 찾아와 마스터들과 함께 인간이 부정을 벗어나도록 도왔다. 이들의 도움으로 인간 의식은 진화되어 상당한 수준에 도달하였다.

그러나 영적 성장보다는 부정에 몰입하여 오직 지배를 위한 힘을 원하였던 일부 사악한 혼들이 우리 우주의식 아래에 있는 우주 사이클의 문을 열었고 전혀 예측 못한 존재들(토티안)을 불러들이게 되었다. 마스터들과 안타레스인들은 이러한 이질적인 존재에 대하여 충분한 지식이 없었기에 지구를 떠나갔다. 여기서 안타레스를 둘러싸고 천국의 전설이 생겨났다.

이후 1,000,000년 동안 아래 사이클에서 불리어진 존재들은 인간을 지배하여 노예로 삼았다. 이들은 물질 형태를 유지하기 위하여 인간의 피가 필요하였으며 인간을 동물처럼 지배하였다. 여기서 피의식이 시작되었다. 한편 이들에게 동조하지 않았던 영적으로 진화한 사람들은 당시는 기름진 땅이었던 고비 지방에 이주하여 서서히 힘을 길러갔다.

⑤ 4사이클(678,000년 지속): 고비시대이다. 고비지방에 정착한 사람들은 문명을 발전시켜나갔고 그들 의식은 영적으로 크게 성장하여 거의 깨달음에 이르렀다. 이들은 토티안으로부터 보호를 위하여 진동의 벽을 설치했으며 여기서 살면서 높은 문명을 이루고 지혜를 얻었다. 이들은 마침내 토티안들이 견딜 수 없는 파괴 진동을 발생시키는 장비를 개발했으며 이 진동의 힘이 보내지자 엄청난 변화가 지구에 일어났다.

당시 지구 대기는 아주 짙은 물안개로 덮여있었는데 진동의 힘이 너무 엄청나서 지구를 둘러싼 물을 머금은 대기는 순식간에 얼음으로 변하여 떨어져서 극지방은 동토로 변하였고 지구상에 수많은 생명이 사라졌다. 지축도 기울어졌고 대대적인 지각 변동이 일어났다.

이때 마스터와 안타레스인들의 도움으로 고비사람들은 토티안 대부분을 원래의 아래 사이클로 돌려보냈다. 한편 엄청난 진동의 힘에 의하여 지구를 덥고 있던 짙은 수분을 함유한 대기가 얼음이 되어 날아가 상당수가 달 주변에 모였고 이것이 달의 대기를 사라지게 만들었다. 과학자들이 알고 있는 운석과의 충돌이 지금의 울퉁불퉁한 달을 만든 것은 아니다. 이후로 달의 표면은 생명이 살지 못하는 곳이 되었다. 그러나 달의 내부는 다르다.

이후 고비인은 여러 지역에 사람들을 파견하여 가르침을 전하였다. 고비인을 포함 살아남은 인류는 진화하여 갔으며 앞서 지구의 대변동으로 고비지방은 점차 사막으로 변하였다. 고비인들 상당수가 지금은 사라진 대서양 상의 섬으로 이주했으며 한편 고비 사람들의 도움을 거절한 토티안들의 추종자들은 당시 태평양에 존재하였던 대륙으로 이주하였다.

⑥ 5사이클(450,000년 지속): 이 시기는 아틀란티스와 레무리아 시대이다. 시간이 흐르고 고비지역이 서서히 사막화되어가고 고비문명은 쇠퇴하여 갔다. 한편 아틀란티스와 레무리아 대륙에 정착한 사람들은 문명을 발전시켜나갔다. 대서양에 위치한 아틀란티스 문명의 사람들은 우주법칙

과 조화롭게 살면서 영적 문명을 일으키고 반대로 태평양 지역에 문명을 이룩한 레무리아 사람들은 물질문명 발전시킨다.

상당한 시간이 지난 후 레무리아인들은 파괴 무기를 앞세워 아틀란티스 대륙을 공격하려하나 아틀란티스의 위대한 영적 지배자 홀레트는 지구 내부의 에너지 흐름을 변경시켜("지구의 내부 공간" 참조) 레무리아 문명을 태평양 아래로 사라지게 한다.

이후 아틀란티스인에 의하여 구조된 레무리아인들이 아틀란티스에 거주하게 되면서 점차 아틀란티스 문명은 이들에 의하여 붕괴되기 시작한다. 많은 세월이 흐르고 레무리아 후손들은 점차 아틀란티스에서 주요한 위치를 차지하기 시작하였다. 이들의 사주로 아틀란티스 지도자들이 힘을 얻고자 아래 사이클의 문을 열려고 시도하였다. 홀레트는 메신저를 보내 이를 경고하였으나 지도자들은 이를 무시하였다. 결국 홀레트는 다시 지구의 균형을 변화시켜 아틀란티스 대륙을 대서양 아래로 가라앉게 한다.

지금부터 5만 년 전, 지구 내부의 에너지 통로를 변동시키자 엄청난 지각변동이 일어났으며 11개 섬으로 구성되었던 아틀란티스 문명은 역사 속에서 사라졌다. 이때 인류에게 고대 지혜를 전하기 위하여 살아남은 위대한 혼들이 이집트와 세계 여러 곳으로 흩어져서 가르침을 펴게 된다. BWT 창시자인 도리얼 박사가 번역한 <에메랄드 타블레트>에 아틀란티스 대륙의 침몰과 토트 일행의 이집트 도착 그리고 숨겨왔던 고대 비밀 가르침이 나온다.

⑦ 6사이클(50,050년 지속): 기록된 역사를 포함하는 시기이며 이 시기 동안 이집트와 그리스의 문명이 크게 발전하며 이 때문에 이집트, 그리스 사이클로 불린다.

아틀란티스가 침몰한 후 아직 완전히 가라앉지 않았던 운달 섬(아틀란티스 문명을 이룩한 11개 섬 중의 하나)의 사람들과 세계 여러 곳에 흩어져 있던 아틀란티스 식민지에 거주하던 아틀란티스인들 소수가 살아남았다. 이들 식민지 주변에는 반야만 상태의 사람들이 거주하고 있었다. 운달 섬의 살아남은 아틀란티스 사람들은 여러 그룹으로 나뉘어져서 세계 여러 지역으로 파견되어 원주민들에게 고대 가르침을 전해주었다. 토트의 <에메랄드 타블레트>에 토트 일행의 이집트 도착이 나오는데 이 상황을 말하는 것이다.

당시 아틀란티스인 이외에 그나마 의식적으로 가장 진화한 인종들은 아프리카의 루웬조리 산맥(달의 산, Mountains of the Moon이라고 불리며 우간다와 콩고 국경에 있다)과 아틀라스산맥(모로코에서 튀니지까지 뻗어있는 아프리카에서 가장 긴 산맥)주변에 주로 살고 있었으며 이곳에 가장 많은 아틀란티스인들이 파견되어 아틀란티스 문화를 전파하였다.

여러 세기를 거치면서 이곳 사람들은 진화하여 발달된 문명을 이루었다. 이들 문명을 아틀란티스 문명과는 비교할 수 없지만 지금 현대문명과 비교하면 오히려 더 발달된 문명일 수도 있었다. 이들 아프리카 종족들은 소수의 흑인과 황인을 제외하고는 큰 키에 피부가 흰 인종이었다. 세월이 흐르고 이들 속에 거주하던 아틀란티스인들은 영적 성장을 이루어 더 이상 지구에 윤회를 하지 않게 되자 숫자는 점차 줄어들었다.

B.C 25,000까지 아프리카는 번성하였고 이 시기에 문명이 뒤떨어진 아시아 계통의 종족이 아프리카 침략을 시작하여 전쟁이 시작되었다. 당시 문명을 전파한 아틀란티스인들은 아프리카인들이 서로 전쟁 없이 평화롭게 살아가기를 원하였다. 그래서 자신들이 지닌 파괴적인 무기 제조법 지식을 전해주지 않았으며 오랜 세월이 지나면서 무기 지식은 이들에게 잊어졌다.

결국 전쟁에서 아시아계 종족이 승리하고 이들은 이 지역을 점령하게 된다. 당시 지배적 인종이던 큰 키에 흰 피부를 지닌 종족들은 유럽으로 이주하게 되며 이들이 우리가 고고학에서 배운 크로마뇽인이다. 이들은 오늘날 사람보다 더 큰 뇌를 가졌다. 이들은 점차 유럽대륙에 흩어져 살고 있던 여러 인종들과 결합하여 유럽인의 모체가 되었다.

여러 크로마뇽인 중에 가장 발전한 종족이 고대 그리스 선조가 되어 그리스 문명을 일으켰으며 이들은 점차 여러 인종과 결합하여 오늘날 우리가 볼 수 있는 검은 머리칼에 약간 거무스름한 현대 그리스인이 되었다.

아프리카를 점령한 아시아 계통 사람들은 대부분의 도시를 파괴하였으며 남아있던 원주민들을 노예로 삼았다. 이들이 오랜 세월 거주하게 되면서 서서히 원주민에 흡수되어 아시아의 유전적 특징은 사라졌으며 아울러 흑인의 수가 크게 늘어나 아프리카의 다수 인종이 되어갔다. 그러나 지금도 아시아 계통의 흔적을 줄루 부족에서 찾을 수 있다.

아시아에 남아 있었던 여러 부족들은 점차 지금의 인도와 중국 주변에 모여들었고 이들은 지구 형제단이 위치한 라사 가까이에 위치한 까닭에 위대한 마스터의 가르침을 받아 고대 아틀란티스 지혜를 배우게 되었고 좀 더 평화로운 성품을 지니게 되었다. 여기에서 서서히 두개의 문명 즉 인도 문명과 차이나 문명이 자라났다.

한편 당시 남아있었던 아틀란티스인들은 크로마뇽인과 함께 한동안 유럽(주로 아일랜드와 스코틀랜드에 정착하고 살았음)에 들어와 살다가 다시 이집트로 돌아와서 정착한다. 이집트의 거대한 신전이나 건축물은 이들의 지식으로 건립하였으며 만약 그들 지식이 없었다면 도저히 그런 거대한 건축물들은 불가능하였을 것이다. 이들은 이집트 원주민과 섞이지 않고 살았으며 왕으로 또는 교사로 이집트인들을 다스려왔다. 이들은 사원의 사제가 되었으며 종교의 이름으로 고대 지혜를 가르쳤다.

대략 B.C. 6000년경에 한 무리의 아틀란티스인들이 이집트를 떠나 남아메리카로 가서 이집트에서 자신들이 가르쳤던 지식을 원주민에게 전한다. 당시 중심지는 지금의 브라질 지역이었으며 기원전 5,550년 이후에 지각 변동으로 이 지역이 물에 잠기자 원주민 일부를 유카탄으로 데리고 가서 지금의 마야 문명을 이룬다. 한편 물에 잠겼던 브라질 지역은 서서히 물이 빠져 기원전 500년쯤에는 원래 상태로 돌아온다.

오늘날 고고학자들에게 아메리카 마야 문명이 신비스러워 보이는 것은 성숙한 마야 문명이 갑자기 나타났다가 발전에 역행하여 그 문명이 쇠퇴하다가 사라졌다는 것이다. 마야 문명이 지리적으로 멀리 떨어진 이집트의 문명과 닮은 것은 두 문명이 아틀란티스 사람들의 도움으로 이룩되었기 때문이다. 의문투성이의 거대한 석조 건축물, 다른 고대 문명보다 훨씬 앞선 역법, 천문학, 수학 등의 비밀은 바로 아틀란티스인들과 관련이 있다.

⑧ 7사이클(2,243년 지속): 황금시대로 불리며 마지막 사이클이다. 1956년 시작되었으며 앞으로 2243년 남아있다. 많은 지각 변동이 일어나며 인류의 영적인 변화를 위한 시기이기도 하다. 황금시대는 7사이클이 시작된 1956년에서 약 448년이 지나 본격적으로 시작되며 그 후 1000년간 계속된다. 황금시대가 오기까지 448년 동안 인류는 엄청난 일들을 경험하게 된다(이 시기에 대해서는 도리얼 박사가 해석한 <요한계시록 해석>에 잘 나온다).

황금시대에 지축은 원래대로 돌아오고 지표면은 1사이클 때처럼 평평해지며 지상에 우리가 상상도 못할 세상이 세워진다. 지구 7사이클 끝에 우리 우주의식은 바로 위에 있는 상위 우주의식이 차지하고 있는 우주 사이클 자리로 들어가고 우리가 차지하고 있는 우주공간은 아래 우주의식이 차지하게 된다. 비유를 들자면 혼이 윤회하듯 우주의식도 윤회를 하는 것이다. 우주진화의 한 면이다.

(아마겟돈)

아마겟돈은 특정 사건을 말하는 것이 아니라 빛과 암흑이 격렬한 싸움을 하는 기간을 지칭하는 것이다. 7사이클이 시작된 1956년에서 약 448년 기간은 아마겟돈이 일어나는 시기이다. 이 기간의 끝에 약간의 혼을 제외하면 거의 모든 인류는 신의식/그리스도의식으로 들어가며 잃어버린 에덴동산의 상태를 다시 찾게 된다. 기독교에서는 천년왕국, 불교에서는 미륵이 다스리는 세계라 하며 다른 종교에서도 유사한 개념이 존재한다.

지금 우리는 그 정점을 향하여 달려가고 있다. 아마겟돈의 절정인 대재앙이 일어날 것인지 아니면 인류의 지혜로 파국을 면할지는 인류의 의식에 달려있다. <요한 계시록>은 이 시기를 카발라 상징으로 보여주고 있다.

아마겟돈이 필요한 이유는 우리 우주의식이 이 우주 사이클에 머물 수 있는 시간이 얼마 남지 않았다는 것이다. 앞에서 혼이 윤회하듯 우주의식도 상위 우주 사이클로 이동한다고 하였는데 이를 위해서는 이 사이클에 존재하는 모든 혼들이 부정에서 해방되어 신과 하나가 되어있어야 하는데 그러하지 못하다는 것이다. 그래서 고안된 것이 아마겟돈이다.

이것은 특단의 조치로 이해하면 된다. 물질 욕망에 깊게 사로잡힌 인류의 의식을 영적으로 돌리려는 신의 마지막 수단이다. 엄청난 재난과 고통을 통하여 인류는 자신들이 의지해왔던 물질 과학문명이라는 것이 한줌 환영이라는 것을 알게 되고 의식을 영적으로 돌릴 것이다.

(황금시대)

고대지혜에 따르면 1956년에 시작된 빛의 시대(지구 7주기)는 2243년간 계속되며 문명의 황금기이며 유토피아 세계가 펼쳐지는 기간이다. 미래에 다가올 황금시대는 모든 암흑과 부정은 사라지고 병도 슬픔도 죽음도 없는 생명과 즐거움이 넘치는 시기로 인류가 꿈꾸어왔던 그리스도 왕국(미륵 세계)이 펼쳐어진다. 인종과 신조에 상관없이 모든 사람들은 형제처럼 지내게 되며 인간은 육체를 극복하게 되며 육체 대신 영체를 입게 된다.

오늘날 물질 한계 속에 살고 있는 인간의 의식으로는 도저히 이해할 수 없는 세계이다. 이 황금시대에 모든 사람들은 자신들의 신성을 자각하며 우주법칙과 신의 속성을 이해하고 신성 법칙과 완전히 조화롭게 살아가게 된다.

3. 신비의 세계

(1) 태양의 신비

태양은 과학자들이 알고 있는 언젠가 꺼져버릴 타오르는 불덩이가 아니다. 태양은 상위 계의 신성 에너지가 흘러나오는 창문 즉 모든 것의 중심인 영(靈) 태양의 창문이다. 태양 빛은 생명을 지속케하는데 필요한 요소를 수반하는 영적 에너지이다.

하나의 영 태양에 무수히 많은 태양(창문)이 있는 것으로 이해하면 된다. 태양 광선은 열광선이 아니고 에너지광선이다. 태양 빛 속에는 다양한 형태의 에너지가 있으며 그중에는 인간의 노화와 죽음을 촉진하는 에너지도 있다. 3차원 한계 속에서 물질태양과 영 태양의 관계를 이해할 수는 없다. 영 태양은 물질 차원에 있지 않으므로 동시에 수많은 물질 태양의 근원이 될 수 있다.

태양 흑점은 11년 주기로 변한다. 오컬트 가르침에서 말하는 흑점은 혼 혹은 의식의 흐름을 나타내는 현상이다. 5.5년간 흑점이 증가하여 정점에 도달하는데 이것은 금성, 수성을 거쳐 마지막 단계인 태양에 도달한 혼들이 모여서 생긴 현상이다. 이곳은 신과의 마지막 합일을 위한 입구이다. 정점에 도달한 흑점은 다시 5.5년 동안 흑점이 하나도 남지 않을 때까지 줄어든다.

이것은 이 기간 동안 혼들에게 남은 마지막 부정이 제거되어 혼들은 신성합일을 얻은 것이다. 혼의 부정은 태양계의 행성으로 던져지고 이것이 지구에 거주하는 혼들에 부딪쳐서 의식의 혼란을 가져온다. 이러한 혼란이 혼돈과 전쟁 그리고 이상 기후를 야기한다.

흑점의 정점에서 5.5년 동안 마지막 준비를 하는 혼들은 부정을 정화해야 하기 때문에 태양에서 방출되는 영 에너지의 흐름은 줄어들고 지구는 혼란이 일어난다. 반대로 최저점에서 올라가는 5.5년 동안은 태양에서 나오는 영 에너지가 꾸준히 증가되어 지상의 더 많은 혼들이 물질에서 해방된다.

(2) 달의 신비

지구는 자전하면서 태양 주위를 도나 달은 지구 주위를 돌고 있으나 자전은 하지 않는다. 달의 한 면은 늘 지구를 향하고 있다. 우리가 볼 수 없는 달 뒤에는 무엇이 있는가? 비밀가르침에 따르면 원래의 달 말고 작은 검은 달(dark moon)이 또 하나 있다.

오래 전에 지구의 부정을 정화하는 일이 있었는데 이 시기에 부정적인 존재들이나 세력들이 쫓겨나서 거주하게 된 장소로 알려졌다. 우리의 달이 지구와 이 검은 달 사이에 늘 존재하는 것은 이 검은 달에서 나오는 부정적 에너지를 차단하기 위한 목적이다.

오늘날 사람들은 달에는 생명이 살지 않는 것으로 알고 있다. 그러나 옛날에는 생명이 존재했으며 지구와 활발한 거래가 있었다. 당시는 우주 공간 여행을 가능하게 하는 자력에너지에 대한 완전한 지식이 있었다.

지구 4사이클 시대에 일어난 엄청난 파괴 진동의 여파로 달 표면에 대기가 사라지고 생명은 존재할 수 없게 되었으나 달의 내부는 다르다. 내부는 비어 있고 그 안에는 대기가 존재하고 영적으로 진화한 존재들이 거주하고 있다. 이들은 지구를 검은 달로부터 지키고 있다.

보름달 무렵에 지구에 대한 검은 달의 영향력이 가장 강하게 된다. 큰 전쟁이나 파괴가 이 시기에 일어나고 범죄가 많이 발생한다. 달(lunar)에서 파생된 단어 "lunatic"이 의미하는 "미치광이, 정신이상"은 의미하는 바가 있다 하겠다.

달은 지구 2사이클 시기에 지금 남태평양 캐롤라인 섬이 위치한 주변 지역의 땅이 떨어져나가 만들어졌다. 당시 지구는 지금처럼 딱딱한 물체가 아니라 반 액체 상태에 있었으며 떨어져나간 곳에는 거대한 공간이 생겨났고 상처가 아물 듯 그곳에 격리된 공간이 생겨났다.

지구 5사이클 시기에 레무리아 문명의 중심지가 지금은 물속에 사라진 남태평양 지역이었으며 레무리아 대륙이 침몰하기 전에 이들의 일부는 자신들이 이룬 과학지식으로 달이 떨어져 나간 거대한 공간에 피난처를 만들어 들어갔다.

아직도 이들은 태평양 아래 존재하는 거대한 공간에 살고 있으며 예수가 부활 후 여러 지역에서 영적 봉사를 하였는데 그 활동지 중에 이들 사악한 레무리아인이 갇혀있는 장소도 있다. 7대 비밀 도시 중의 하나인 미국 사스타산에 거주하는 존재들은 레무리아인이 갇힌 감옥의 경계를 맡고 있다.

(3) X행성과 바르도

우리 태양계에 9개의 행성이 발견되었다. 아직 발견되지 않은 행성이 있는데 이것은 X행성으로 불린다. 이 행성은 빛을 흡수하는 성질을 가지고 있어 과학자들이 찾아낼 수가 없다. 지구 사이클에서 엑시언을 설명할 때 이 행성을 간단히 언급하였다.

이 행성은 구형이 아니라 태양을 마주보는 것과 태양을 등지고 있는 두개의 오목한 형태가 서로 연결되어 있다. 태양을 등지고 위치한 오목한 형태는 반대편보다 더 크며 이 오목한 공간 속에 두개의 작은 빛의 구체가 돌고 있다. 축소된 태양 같으며 원주가 100마일 정도다.

이 두개의 작은 태양은 그 기능이 있는데 하나는 혼을 바르도로 이끄는 문이고 다른 하나는 혼을 상위계로 이끄는 문이다. 깨닫지 못한 혼은 환영의 세계인 바르도를 통과하여 다시 윤회를 하게 되고 해탈한 영혼은 꿈의 세계가 아닌 실재의 세계로 가게 된다.

두개의 오목한 형태가 서로 만나는 점에 보름달처럼 빛나는 내부 구체(球體)가 있다. 이 장소는 우주의 모든 곳(모든 태양계, 여러 차원, 내부 물질계)으로 갈 수 있는 입구이다. 또한 작은 두 태양은 여기에 도착한 혼에게 빛을 가하여 혼이 생전에 극복한 부정을 씻어낸다.

여기를 통과한 혼은 자신이 생전에 설정한 원인에 따라 배워야 할 교훈이 주어지는 바르도의 여러 단계로 들어간다. 일반인이 알고 있는 티베트의 <사자의 서>에 나오는 내용이나 의식(儀式)은 수준이 낮은 일반인들을 대상으로 한 내용이며 참된 바르도의 비밀은 대중에게 감추어져 전해왔다.

바르도는 죽은 후 때어날 때까지 경험하는 세계이다. 많은 사람들이 죽은 후에 가는 이 바르도에 대하여 잘 모르고 있다. 바르도에서 일어날 수 있는 두 가지 가능성이 있다. 첫째는 바르도를 경험하고 다시 태어나는 것이고 두 번째는 바르도 상태에서 자신의 의식을 신의식과 동조하여 신과 합일하는 일이다. 깨어있는 의식으로 바르도를 통과하면 직면하는 모든 것이 환영임을 알게 되어 환영의 세계에서 벗어나 참된 세계로 갈 수가 있다.

물질계에서 모든 것이 환영임을 알고 집착을 버리면 깨달음을 얻듯이 바르도에서 마찬가지이다. 그러므로 바르도에 대한 이해는 삶에 대한 이해만큼이나 중요하다. 앞에서 말하였지만 바르도는 인간 추락 후에 생겨난 것이며 모든 인간이 신과 합일 된다면 바르도는 존재할 필요가 없다.

중음계로 알고 있는 바르도에는 49단계가 있는데 이것을 49일로 오해하여 혼이 중음계에 49일을 머무는 것으로 알고 있는 사람들도 있다.

특정한 경우가 아니면 혼은 49일이 아니라 3일 만에 다시 태어나며 3일 동안 바르도를 경험하게 된다. 바르도 49계는 혼이 거치는 여러 단계를 말하는 것이지 물질 시간을 의미하는 것은 아니다. 실제로 바르도 49단계와 탄생을 합쳐 바르도 50계로 표현된다.

중음계는 물질계와 마찬가지로 환영의 세계이며 물질계에 비하여 좀 더 가변적인 세계이다. 물질의 움직임으로 측정되는 물질시간은 바르도에서 존재하지 않는다. 바르도에 머무는 기간은 물질시간으로 3일이지만 사실 그 상태에서 시간은 아주 길게 느껴질 수도 있다. 우리가 하룻밤 꿈속에서 오랜 세월을 경험하듯이 환영의 세계인 바르도에서도 마찬가지이다.

인간이 가지고 있는 모든 개념이 바르도에 존재하며 예를 들면 기독교인이 가지는 지옥과 천국도 불교인이 믿고 있는 극락세계도 바르도계에 존재한다. 좋든 나쁘든 결국 인간이 가지고 있는 모든 개념이 형태를 취하여 우리에게 나타나는 꿈과 같은 세계인 것이다.

어떤 개념이든 그 개념을 넘어설 때 비로소 우리는 신과 대면하게 된다. 결국 바르도의 여러 단계는 우리가 극복해야 할 개념을 만나는 곳이다. 바르도는 반드시 죽어서 가는 것만도 아니다. 간혹 어떤 황홀상태나 이완상태에서 잠시 바르도계로 들어가는 경우도 있다. 이들은 바르도에 들어가서 신이나 영적 상태에 대하여 자신들이 지니고 있는 관념이 실재처럼 펼쳐지는 것을 경험한다.

경험하는 사람에게는 그것이 진실로 보이며 이것을 바탕으로 그들은 종교를 창립하거나 자신을 위대한 영적 경험을 한 스승으로 내세우기도 한다. 신의 세계를 경험하였다거나 초월 경험을 하였다고 하는 사람 중에 상당수가 바르도의 경험을 초월 경험으로 오해한 것이다.

온몸이 빛으로 충만하고 끊임없이 행복이 넘쳐흐르는 상태를 경험하였더라도 깨달음 상태에 대한 개인의 관념이나 개념이 구체화된 것이라면 여전히 물질계에 묶여있는 것이다. 초월경험이나 사마디를 경험하였다고 하는 신비가 중 상당수가 사실 바르도 경험을 한 경우가 많다. 깨달음 즉 신과 합일은 모든 개념을 너머 가는 것이며 공(空)상태로 들어가는 것이다.

(4) 지구의 내부 공간

오늘날 과학자들이 생각하는 것처럼 지구는 속이 지각, 맨틀, 핵으로 꽉 차있는 것이 아니라 지구 내부에는 거대한 공동(空洞)들과 통로 그리고 공간들이 존재한다. 과거 사람들이 믿었던 여러 과학적 사실이 지금 오류로 밝혀졌듯이 마찬가지로 지금 사람들이 믿는 과학이 미래에 오류로 밝혀질 것이다. 지구 내부에 대한 인류의 과학적 지식은 같은 운명을 맞을 것이다.

지각을 지나 맨틀 층 아래 150마일 지점에 지구의 균형을 잡고 있는 피라미드 힘이 지나가는 통로가 지구를 일주하고 있으며 이 주(主) 통로(通路)에서 갈라지는 두개의 큰 통로가 있고 이 두개의 통로에서 16개의 작은 통로가 나온다. 전부 19개의 통로가 있는 셈이다.

지구의 균형을 변화시키려면 이 피라미드 힘을 다른 통로로 흐르도록 하면 된다. 과거 레무리아와 아틀란티스 침몰 때도 이 에너지를 작은 통로로 흐르게 하여 일어난 일이다. 지구의 균형이 크게 변화된 적은 4번 있었다. 북극과 남극의 극점이 네 번이나 변화하였다. 한때 북극과 남극에 야자나무가 자라기도 하였다.

여기서 피라미드 힘이란 것은 말로 표현하기 어려운 것이지만 보이지 않는 불꽃을 내며 불타오르는 거대한 에너지 덩어리로 표현할 수가 있으며 피라미드 형상이다. 이 통로 아래를 내려가면 대도시보다 훨씬 큰 공간들이 나타나며 공간을 이어주는 연결로가 있다.

더 아래로 내려가면 원주가 1천마일 정도의 거대 공간이 나타나고 한가운데 거대한 금속 구체(球體)가 나타난다. 이것이 내부 지구이며 회색빛을 띤 검은색 구체는 엄청난 압력 때문에 중성자로 형성되었으며 밀도가 높아 대단히 무겁다. 이 금속 구체는 높이가 125마일 정도의 공간에 의하여 지구의 내부와 분리되어 있다. 마치 지구가 공중에 떠있듯이 이것도 공중에 떠있다. 검은 색을 띤 구체는 직경이 100마일이며 여기에 엑시언이 갇혀있다.

내부 지구로 가는 통로가 지표에 8개 있으며 이 통로를 청색인이 지키고 있다. 청색인은 아주 의식이 높은 고대 인종으로 지구 내부에 존재하는 공동(空洞) 속에 살면서 여러 임무를 수행하고 있는데 지구 중심에 있는 엑시언을 감시하는 것은 그 임무 중 하나이다.

신약의 베드로서 1의 3장 19절에 "그리스도께서는 부활까지 3일 동안 감옥 속에 갇힌 영에게 가서 가르침을 폈다"라는 말이 나온다. 기독교인들은 이 구절을 예수 이전에 살아 그리스도를 영접할 기회가 없었던 혼들을 말한다고 해석한다. 그러나 여기서 말하는 영은 지구내부에 갇힌 엑시언들을 말하는 것이다. 어떤 비전 단계에 도달한 사람은 지구 중심에 내려가 엑시언에게 내재하는 부정을 중화시키고 변화시키는 일을 해야 한다.

이들 엑시언들은 일 년에 두 번 특정한 날 이외에는 지구 표면과 접촉을 할 수가 없다. 이날이 서양의 할로윈 축제와 5월 1일이다. 이 날에 이들은 자신들의 부정적 생각이나 부조화를 바깥으로 투사할 수가 있고 민감한 사람들에게 영향을 주게 된다. 실제로 옛날에 이들을 숭배하는 단체가 형성되었으며 여기에서 중세 마녀 축제(사바타) 전설이 생겨났다.

(5) 뱀 인간

지구 사이클과 관련하여 뱀 인간에 대한 여러 전설이 전해진다. 인간의 육체와 뱀의 머리를 가진 존재로 그 근원에 대해서는 여러 주장이 있으나 인간에게 해로운 존재임에는 틀림없다. 피부는 뱀처럼 얇은 비늘로 덮혀있으며 이들은 뱀 머리를 자신들이 원하는 어떤 인간 머리로도 보이게 할 수 있는 힘이 있다.
　그들은 죽을 때만 원래의 모습으로 돌아왔다. 과거 지구의 여러 사이클(3사이클에서 5사이클, 지금도 소수가 존재하고 있다)에 걸쳐 이들과 인간 사이에 전쟁이 있었으며 이들에 대한 이야기가 전설로 전해진다.

(6) 우주 형제단과 지구 형제단 그리고 샴발라

　인간의 추락이 일어났을 때 상위의 계에 존재한 관계로 부정의 힘에 휩싸이지 않은 혼을 아바타, 추락 후에 끊임없는 노력 끝에 3해탈(우주 의식과 합일)에 도달한 혼들을 아테프트라고 부른다. 이들 혼들을 신의 태양으로 부르기도 하며 마스터 혹은 대사(大師))로 부르기도 한다.
　인류와 같은 혼을 가진 존재이므로 좀 더 친근하게 "형제(Brother)"라고 부르기도 한다. 이들은 인간이 부정에서 벗어나 신의 광휘에 이르도록 은밀히 일하고 있다. 이들은 필요한 경우에 육체로 화신하여 인류가 영적인 길을 걷도록 가르침을 편다.
　이 우주를 총괄하는 우주 형제단은 안타레스별에 본부가 있으며 지구를 총괄하는 지구 형제단의 본부는 티베트 수도인 라사 지하의 샴발라에 위치한다. 지구에는 이곳 말고도 위대한 존재들이 거주하는 비밀 장소로는 고비 사막, 사하라 사막이 위치한 아틀라스 산맥, 캐나다 최북단 지역(북방 샴발라), 중앙아메리카 유카탄 반도, 미국 캘리포니아 사스타산, 독일 하르츠 산이 있다. 각각의 비밀 도시는 고유한 목적과 임무를 가진다.
　샴발라에 대하여 여러 이야기가 있으나 이것은 실재하는 장소이며 라사 아래 75마일 지점에 물질세계와는 다른 9차원 진동으로 존재하는 공간이 있다. 물질 입구는 라사의 내부 사원에 있으며 지구 형제단의 내부 서클에 속하는 두 명의 제자에 의하여 지켜진다.
　샴발라 중심에는 지구 동포단의 거대한 백색 사원이 있으며 샴발라 크기는 수 마일에 이르며 내부에는 전체 공간을 밝히고 에너지를 공급하는 태양 같이 불타오르는 물체가 있다. 외부 세계와 같이 식물이 자라고 꽃이 피어난다. 중심에 위치한 사원은 많은 방이 있으며 중앙에는 큰 홀이 있는데 이곳이 지구형제단이 대회의가 열리는 중앙 회의실이다. 사원 안에는 고대 인류의 기록들이 보관된 많은 방들이 있다. 중앙 회의실 옆에 작은 방이 있는데 이곳은 지구형제단의 최고 위원회가 열리는 장소이다.

지구 형제단은 144명의 마스터로 이루어지며 12명의 마스터와 1명의 수장으로 구성된 최고위원회에 의하여 운영된다. 예수와 12제자, 송과선과 주변 12영 센터와 같은 이치이다. 12명의 마스터는 12법칙 혹은 12힘을 물질계에 현시하고 지시하는 책임이 있다.

사원 아래에 거대한 공간이 있으며 이곳에 층층이 놓여있는 수많은 불꽃이 있다. 불꽃들은 밝기에 따라 여러 그룹으로 나뉘어 있으며 이 불꽃은 인간의 의식수준을 반영하는 혼의 빛이다. 영적 성장을 하게 되면 샴발라에 비치는 혼의 빛은 더욱 빛나고 그 혼은 지금 소속해 있는 그룹에서 더 밝은 그룹으로 이동해 간다. 이것이 일어나면 지상에서도 마찬가지로 이동이 일어난다. 이 빛의 밝기를 보고 위대한 마스터들은 그 사람이 스승을 만날 준비가 되었는지 그 여부를 판단하게 된다.

144명의 존재들은 각자 10명의 제자들을 통하여 사역하고 있으며 (1,440), 1,440명의 제자들에게도 10명의 제자들이 있고(14,400), 또한 14,400명의 제자들에게도 10명의 일꾼이 있다. 이렇게 하여 마침내 이 세계에는 144,000명의 일꾼이 존재한다.

과거 여러 시대에 마스터들은 외각 조직을 만들어 일하여 왔는데 예를 들면 지금은 비밀 속으로 사라진 프리메이슨이나 장미십자회가 그러하였다. 오늘날 프리메이슨이나 장미십자회로 활동하고 있는 단체들은 이들 단체를 모방한 조직일 뿐이다.

비밀 도시 중 하나인 북극지방에 위치한 북방 샴발라는 둘레가 150마일이며 에텔 에너지 장에 의하여 이 세계와 분리된 공간에 있어 사람들이 이 주변에 가더라도 얼음과 눈의 환영만 볼 뿐이다. 북극지방에 나타나는 오로라(Aurora borealis)는 북방 샴발라에서 사용한 에너지의 방출물이다. 이곳은 지구 7사이클의 메사아인 할자스(불교에서는 미륵)와 그 제자들이 거주하는 곳이며 시기가 되면 이 지상에 나타난다.

마스터들은 인간의 감정과 욕망이 없는 것이 아니라 극복한 분들이기 때문에 오히려 우리 인간들의 감정을 깊게 이해할 수가 있으며 사람들을 효과적으로 도울 수가 있다. 이들이 육체로 화신하면 비록 깨달은 존재이지만 자신의 육체가 완전한 통로가 되도록 동조시킬 필요가 있다.

즉 매번 태어날 때마다 다시 구도자의 길을 걸어 전체와 일체화가 되어야 한다. 그러나 실패하는 법은 없다. 깨달음에 실패는 없지만 육체를 길들이고 감정과 욕망을 극복하는데 있어 우리 일반인들보다 훨씬 많은 노력이 필요하다고 한다. 여기서 우리는 참된 형제애와 사랑을 볼 수 있다.

자유(해탈)를 얻은 사람이 자의로 감옥(물질계/육체)에 산다는 것은 평생 감옥에 살아와서 자유가 무엇인지 모르는 사람이 감옥에 사는 것보다 훨씬 힘들 것이다. 그러나 그런 것을 감내하고 육체로 화신하신 위대한 스승님들의 사랑이 바로 우리가 추구하는 인류에 대한 형제애의 표상이다. 우리는 예수의 일생을 통하여 이것을 잘 알 수가 있다.

4. 예수의 전생과 예수의 5 비전

(1) 예수의 숨겨진 삶

예수의 전생을 살펴보면 까마득한 시기, 아틀란티스 시대 이전에도 지상에서 인간의 영적 발전을 위하여 일하였으며 우리가 알고 있는 역사시대에서 흔적을 찾는다면 구약성경 속에 이름만 대면 잘 아는 인물로 화신하신 적도 있고 아메리카, 인도, 중국에서도 화신한 적이 있다.

예수는 부활 후에 100세가 될 때까지 여러 나라를 돌아다니며 가르침을 펼쳤는데 주요 나라와 활약 기간은 로마에서 6개월, 이집트에서 2년, 북중국에 1년, 티베트에 있는 생명의 사원에서 5개월, 티베트에 위치한 샴발라에서 4.5년, 레무리아인들이 갇혀있는 남태평양 지하세계에서 15년, 지구 중심에 갇혀있는 엑시언 교화를 위해서 2달, 팔레스타인, 그리스, 스칸디나비아반도, 아메리카에서 9년, 다시 샴발라 1년, 북극지방에 있는 북방 샴발라에서 35년을 보내고 우주형제단으로 돌아갔다가 다시 지구에 화신하여 사역을 하셨다.

예수는 우리가 알고 있는 긴 수염에 부드러운 모습의 소유자가 아니라 키가 크고 아주 넓은 어깨를 지녔으며 황금색을 띤 불그스레한 머리카락에 얼굴은 좁고 턱은 뾰족하였으며 매우 활달한 성격의 소유자였다. 에세네파인 예수는 수염을 기르지 않았으며 갈색인종인 셈계의 유대인이 아니었던 예수는 푸른 눈을 지녔다.

오늘날 많은 사람들이 유대인을 이스라엘 연합과 동일시하는데 유대인은 이스라엘 12연합체의 한 부족일 뿐이었다. 마찬가지로 사람들은 예수를 유대인으로 생각하는데 유대인과 예수는 다른 인종으로 유대인은 검은 머리, 검은 눈에 검은 피부의 인종이었고 예수는 붉은 머리칼에 흰 피부, 푸른 눈의 소유자였다. 신약에 나오는 예수의 족보는 사실을 전하기보다는 상징적 의미를 부여할 뿐이다.

이 문제를 논하기 위해서는 이스라엘 12부족을 다루어야 한다. 성서에 야곱은 열두 아들을 갖게 되는데 이것은 상징이며 12개의 민족(르우벤, 시므온, 레위, 유다, 이사갈, 즈불룬, 오셉, 베냐민, 단, 납달리, 가드, 아셀)이 이스라엘 부족연합을 형성한 것을 의미하였다.

기원전 1020년 이스라엘 왕국이 탄생했는데, 다윗이 남쪽에 따로 유대왕국을 이룩하면서 이 12부족은 6부족씩 남과 북으로 갈라지게 되었다. 그러나 이스라엘 왕국의 왕이 죽자 다윗왕은 이 두 왕국을 통합했고 그의 아들 솔로몬은 위세를 크게 떨쳤다. 그러나 솔로몬 왕이 죽자 이

왕국은 다시 둘로 갈라지고 만다.

　북쪽 이스라엘 왕국은 10부족, 남쪽의 유대왕국은 2부족에 의해 지탱되고 있었지만, BC 721년에는 이스라엘 왕국도 앗시리아 군대에 의해 멸망하고 BC 586년에는 유대왕국이 신바빌로니아 침입으로 멸망하고 만다. 유대 왕국을 구성한 베냐민 부족과 유대 부족은 그 후 혼혈을 통하여 거의 유대인이 되었다. 그러나 이스라엘 왕국의 10부족은 앗시리아에게 멸망당한 뒤 역사에서 사라지고 말았다. 그들이 어디로 갔는지 기록이 남아있지 않다.

　중요한 것은 유대부족만이 갈색 인종인 셈어족이었고 다른 부족은 백인계통의 인종이었다는 것이다. 이스라엘 12지파 중에 레위 부족이 지배계급으로 사제직을 수행했다.

　예수 생존 당시 유대교에는 바리사이파, 에세네파, 사두가이파가 존재했으며 이중 바리사이파 사람들은 성서와 율법에 정통한 사람들이었다. 그들은 성서와 율법을 오랫동안 전문적으로 배우고 연구한 사람들이었으며 당시 이스라엘의 지도층이었다. 사두가이파는 로마정권에 기대어 정치적으로 기득권을 누리며 정권에 아부하는 기회주의적 입장을 취했으며 종교적이기보다는 현실적인 것에 관심을 두었다.

　한편 우리에게 잘 알려지지 않은 에세네파는 이들과는 완전히 달랐다. 바리사이파와 사두가이파가 부유한 계급을 형성했다면 에세네파는 이들과는 달리 영적인 삶을 살았으며 고유한 제도를 가지고 있었다. 이들은 여러 곳에 수도원을 설립하여 자급자족의 사회를 이루고 살았다. 예수의 아버지 요셉은 에세네파의 지도자였으며 마리아도 에세네파의 회원이었다.

　위대한 빛의 태양(추락한 적이 없는 혼)인 예수는 12세에 신의 에너지가 흐르는 통로인 12영센터가 개통되었으며 이때부터 신의 법칙을 가르치기 시작하였다. 예수가 12세 되던 해 유월절에 마리아와 요셉과 함께 예루살렘으로 갔다가 성전에 앉아 학자들과 토론해 사람들을 놀라게 한 것은 그런 이유에서였다. 현재의 신약성서에는 예수가 비범한 기질을 나타내기 시작한 12세 때부터 30세까지의 행적이 기록되어있지 않다. 12세에 예수는 이집트로 가서 기제의 대피라미드에서 4년을 보내게 된다. 대피라미드는 쿠푸왕의 무덤이 아니라 고대 지혜의 보고이며 동시에 비전의 장소였다. 이것은 36000년 전에 아틀란티스인 토트에 의하여 건립되었다.

예수는 4년을 대피라미드에서 보내고 인도와 티베트로 갔다. 티베트 카시미르 골짜기에 위치한 사원에서 20살까지 머물었으며 여기에 자신의 기록을 남긴다. 이어서 인도에 가서 5년간 가르침을 펴기 시작하다가 다시 티베트를 거쳐 이집트에 가서 1년을 보냈다. 그리고 로마와 그리스에 갔다가 27세 되던 해에 팔레스타인 지역으로 돌아왔다. 그리고 2년 후에 본격적으로 일을 시작한다.

(2) 예수의 5비전(입문)과 깨달음

깨달음은 비전(입문) 과정으로 설명될 수 있다. 사람들은 비전을 의식(儀式)으로 이해를 하지만 사실 비전은 영적 성장의 단계를 의미한다. <예수 삶에서 상징되는 5가지 비전, The five Great Initiations as symbolized in the Life of the Master Jesus>이라는 책자는 비전의 의미를 잘 보여준다.

5가지 상징적 비전은 예수님의 출생, 세례, 변형, 십자가에 못 박힘, 승화를 말한다. 비전은 깨달음에 필수조건이다. 예수님의 삶에서 보여주는 5비전은 구도의 길을 걷는 우리에게 등대 같은 역할을 한다.

첫 번째 비전은 예수의 탄생으로 상징된다. 예수는 뇌에 있는 동굴(3뇌실)을 상징하는 동굴에서 태어났다. 뇌에 있는 동굴은 세 개의 위대한 힘의 센터와 관련되는 송과선, 뇌하수체, 시신경교차가 발견되는 장소이다. 이곳은 내면의 비전이 일어나는 장소이다.

예수 탄생 때에 선물을 가지고 방문한 3명의 현자는 상징 차원에서 해석한다면 이 세 개 신비 센터였으며 이것은 출생 때에 이미 이 세 개의 센터가 각성되어 열려있었다는 것을 의미한다. 선물은 실제로 깨달은 존재인 위대한 영혼이 태어날 때 늘 열려있는 세 개의 위대한 힘의 채널 혹은 흐름을 말하는 것이었다.

현자가 본 동쪽의 별은 예수가 육체에 들어가기 전에 이미 첫 번째 비전인 감정과 욕망을 정복한 것을 상징하였다. 이것은 물질 집착에서 해방을 의미한다. 일반인은 살아가면서 우선 이 1비전을 얻기 위하여 공부와 수련이 필요하다.

영적 성장을 특별한 현상을 경험하거나 힘을 얻는 것으로 이해하는 사람들에게 1비전의 상징이 감정과 욕망의 통제라는 말은 이상하게 들릴 수도 있다. 그러나 감정의 통제와 욕망에서 해방 없이는 환영의 세계인 물질계를 넘어갈 수가 없다.

구도자에게 가장 중요한 것은 욕망에서 해방과 감정 통제이다. 첫 번째 비전이 가장 어려운 관문이다. 무지 때문에 물질에 집착하고 집착 때문에 괴로워한다. 고통의 원인을 모르기(무지) 때문에 다시 집착하는 악순환의 삶을 살고 있다. 이 사슬을 끊기 위하여 우주 법칙과 진리를 알아야 한다.

어떻게 감정을 통제하고 욕망에서 해방될 수가 있는가? 감정을 다스리고 욕망에서 해방되기 위한 여러 수련법이 종교단체마다 존재한다. 잘 알려진 방법 중 하나가 생각 지켜보기 수련이다. 우리는 생각과 자신을 동일시하는 경향이 있다. 무심하게 지켜봄을 통하여 생각과 자아를 분리시켜야 한다. 이를 위해서는 의식은 늘 깨어있어야 한다. 우리가 감정과 욕망에서 자유로워질 때 제 1비전을 통과한다.

두 번째 비전은 예수의 세례로 상징된다. 예수의 참된 세례는 물의 세례가 아니라 영과 불의 세례이다. 세례는 마음 혹은 생각의 정화를 의미한다. 그릇된 생각이나 개념은 각성을 위한 영적 진화에 방해물로 우리를 잘못된 길로 이끈다. 감정이나 욕망에 어느 정도 벗어난 구도자들이 그릇된 가르침이나 개념에 매여서 영적 성장이 멈추어버린 것을 본다. 붓다가 8정도(바른 지식, 바른 견해, 바른 말, 바른 행동, 바른 생활, 바른 노력, 바른 지켜보기, 바른 집중)를 강조한 이유가 여기에 있다.

토트의 <에메랄드 타블레트>에 "지식은 지혜가 되고 지혜는 힘이다"라는 말이 있다. 오래된 개념, 부조화를 바른 지식과 조화로 대체하는 것이 필요하다. 잘못된 개념, 생각, 부조화에서 벗어나 균형 상태로 마음을 가져올 때 우리는 신성한 영속에 세례를 받을 수 있다. 영의 세례를 통하여 육체는 순수한 상태로 변형된다. 이 상태에서 신을 바로 볼 수가 있고 상위계의 신성 빛이 비치는 통로가 될 수 있다. 그러나 아직도 극복해야 할 마음의 한계가 존재하는 상태이다.

세 번째 비전은 예수의 삶에서 변용으로 상징된다. 이것은 자비심을 상징한다. 이 상태에서 그리스도 의식/신의식과 만나기 시작하고 고통, 무지, 부정으로 채워진 세계를 보게 되며 고통 속에 있는 사람들을 위한 자비심을 느낀다. 빛 속에서 더욱 더 사람들의 고통과 세상의 부정이 잘 보이게 된다. 3비전을 통과한 사람은 어둠 속에 헤매는 영혼들을 돕기 위하여 세상으로 돌아온다.

네 번째 비전은 예수님의 십자가에 못 박힘으로 상징된다. 이것은 형태에 대한 욕망의 정복을 의미한다. 그리스도 의식/빛 속에 존재할지라도 여전히 빛과 하나가 된 것이 아니라 빛을 의식하는 상태이다. 다른 말로 자아는 자신의 형태(육체)를 의식하기 때문에 빛과 자아 사이에 분리가 존재한다.

가장 높은 상태에 이르기 위해서는 육체(형태)에 대한 욕망을 버려야 한다. 예수는 십자가 위에서 육체를 버렸으며 형태에 대한 모든 욕망을 극복하였다. 이 상태에서 마지막 비전인 신과 합일인 승천 이외에는 우주의 모든 것을 극복한 것이다.

다섯 번째 비전은 예수의 승천으로 상징된다. 이것은 마지막 비전이다. 의식 확장의 끝이다. 긴 여행을 완수한 것이며 신 의식과 하나가 되었음을 말한다. 빛 그 자체가 된다. 성경에 "극복한 자는 내 사원의 기둥이 될 것이며 그는 더 이상 나가지 않을 것이다."라는 구절은 이 상태를 말한다.

다섯 비전을 정리한다면 감정이나 욕망의 통제, 마음과 생각의 정화, 신의식과 연결(자비심 발동), 형태에 대한 욕망 극복, 신과 합일이다. 이것은 우리 자신이나 타인의 영적인 발전 단계를 판단할 수 있는 훌륭한 기준이다. 감정이나 욕망을 벗어나지 못하였다면 1비전도 통과하지 못한 것이며 고정관념이나 그릇된 생각을 가지고 있다면 2비전을 통과하지 못한 것이다.

한편 깨달음에는 3단계가 있다. 첫째는 신성한 영을 상징하는 빛을 보는 단계이다. 둘째는 빛 속으로 들어가는 단계이며 세 번째는 빛이 되는 단계이다.

(3) 신비의 인물 멜키지덱

창세기 14장 17~21절에 아브라함이 멜키지덱에게 10일조를 바치는 내용이 짧게 나오는데 멜키지덱은 많은 사람들에게 신비의 인물이었다. 바울(히브리서 5장, 7장)은 멜키지덱을 지극히 높으신 하느님의 사제이며 아버지도 없고 어머니도 없고 족보도 없으며 생애의 시작도 끝도 없는 영원히 사제직을 맡아보는 사람으로 표현하였다.

또한 예수가 하느님으로부터 "멜키지덱 교단"의 영원한 사제로 임명되었다고 말하였다. 아브라함에서 십일조는 물론이고 예수까지 멜키지덱 교단의 사제직을 잇게끔 만드는 멜키제덱은 누구인가?

그에 대한 고대 기록에 따르면 멜키지덱은 한 번도 추락한 적이 없는 빛의 태양(혼)이었으며 까마득한 오랜 세월을 인류의 영적 성장을 위하여 살아왔다. 그래서 상징적으로 시작도 끝도 없는 영원한 사제로 표현된다. 오랜 세월 동안 활동해 왔지만 역사적 기록은 성경에 나오는 짧은 내용밖에 없다.

비밀 기록을 거슬러 올라가 보면 그분은 지구 제 2사이클인 극 시대에도 지상에 있었으며 지구 5사이클 시대에는 아틀란티스에 와서 사람들에게 지혜와 지식을 전수하였다. 그리고 아틀란티스 맞은편에 있는 남아메리카 대서양 해안의 안틸리아라는 섬에 가서 아틀란티스 지혜의 학교를 열었다. 당시 최고로 뛰어난 젊은이들이 이곳에 와서 교육을 받았으며 나중에는 아틀란티스의 10개 섬의 지배자인 10명의 왕들도 이곳에 와서 멜키지덱의 자문을 구하였다.

아틀란티스 문명이 저급한 혼들에 의하여 점차 붕괴되기 시작하였을 때 멜키지덱은 우날 섬의 거주자(지배자)와 아틀란티스의 앞날에 대하여 협의를 하였다. 지구 사이클에서 설명하였지만 우날 섬의 거주자는 지구 균형을 변화시켜 아틀란티스를 침몰시키고 만다.

당시 여러 대륙에 아틀란티스 식민지가 있었으며 식민지 주변에는 원시인들이 살고 있었다. 침몰과 함께 세계의 지각은 엄청나게 변화였고 멜키지덱은 안틸리아 사람들을 인솔하여 다른 땅으로 이동하였다. 이들이 가지고 있었던 지혜 중에 오늘날 카발라라고 하는 것이 있었다. 카발라는 이들에 의하여 보존되었다.

이들은 오랜 세월을 여러 지역을 돌아다녔으며 그중 오늘날 드루이드로 알려진 종족과 일을 하기도 했다. 드루이드 족은 우리가 알고 있는 사악한 인종이 아니라 의식이 높은 존재들이었다. 드루이드족의 인간제물 이야기는 거짓이며 로마인들이 거짓 기록을 남겼다.

멜키지덱 일행은 여러 지역을 여행하다 마침내 이집트에 도착하여 성경에 나오는 아브라함을 만나게 된다. 멜키지덱은 여기서 국가 통치법과 여러 법칙을 아브라함 부족에게 가르쳤다.

아브라함 시대에 멜키지덱은 기억력이 비상한 유대인에게 카발라를 전수하였으며 이 카발라는 아틀란티스에서 가르쳤던 엄청난 지식을 숫자, 문자, 상징 속에 숨기고 있다. 나중에 이 지식이 피리미드를 지키는 사제들에게 전하여졌으나 사제들은 이미 그 내용을 알고 있었다. 왜냐하면 대피라미드 건립 당시에 멜키지덱은 그 현장에서 있었고 이때 이미 그 지식을 토트의 사제들에게 전하여 주었기 때문이다.

아브라함에 카발라를 전하고 멜키지덱은 지상에서 다른 사역을 위하여 오랜 세월 자신을 수행해온 높은 의식의 혼들과 그 후손들로 "멜키지덱 교단"을 만들어 고대 가르침을 보존하게 하고 자신은 그들을 떠난다.

구약성경에 멜키지덱에 대한 기록이 거의 없는 이유는 이스라엘 12부족 중 사제직을 담당하였던 레위족이 이스라엘 부족 권위가 대사제장인 멜키지덱의 존재로 훼손될 것을 우려하여 후대에 성경에서 그의 내용을 삭제하였기 때문이다.

한동안 잊히었던 카발라를 모세가 다시 찾았고 모세는 이것을 부족장들에게 가르쳤고 이후 카발라는 비밀리 전해져왔다. 멜키지덱은 카발라의 전수자이며 고대지혜의 전수자였다. 멜키지덱이 사라진 후 무리 일부가 남아 이스라엘 연맹체의 사제 겸 왕이 되었다. 고대에 이들은 히브리인으로 알려졌으며 유대인은 아니었다. 아브라함 무리는 셈계 사람이었고 멜키지덱 사람들은 푸른 눈에 하얀 피부, 붉은 머리를 한 족속이었다. 예수는 히브리인이었다.

5. 혼, 의식, 마음, 생각, 육체, 호흡

(1) 용어정의

종교나 명상에 사용되는 언어 중에 사람들에게 혼란을 주고 있는 단어가 있다. 용어 정리가 되어야 오해를 방지하고 이해력을 높일 수 있다. 그런 단어로는 생각, 마음, 의식, 혼이 있다.

사람들은 생각, 마음을 혼용하여 사용하고 마음과 의식에 대한 명확한 이해를 하지 못하고 있다. 더 나아가 의식과 에고(자아), 혼에 대한 구분도 명확하지 않다. 그러다 보니 문맥에 따라 같은 단어가 여러 의미로 해석되어야 하는 경우도 있다.

언어의 모호성으로 정확한 의미가 다가오지 않으면 내용을 이해하기 어렵고 올바른 수련을 할 수가 없다. 명상서적이나 명상단체마다 이들 개념을 조금씩 다르게 사용하고 의미가 모호하기까지 하다.

여기서는 사전적 정의보다는 마음을 닦는 데 도움이 되는 차원에서 생각, 마음, 의식, 혼 등을 정의해 본다. 사전에 보면 혼이나 자아에 대한 태도는 사뭇 다르다. 철학적 정의와 심리학적 정의, 종교적 정의가 다른 것은 이들 학문의 성격 때문이다.

과학의 한 분야로 인간 심리분석에 초점을 둔 심리학은 혼이란 존재를 인정하는데 인색하고 인간의 행동과 관련지어 자아를 설명하려한다. 철학은 관념적인 형태로 대상의 세계와 구별된 인식, 행위의 주체이며, 작용, 반응, 체험, 사고, 의욕의 작용을 하는 것을 자아로 본다. 기독교에서는 신에 의하여 창조된 혼을 말한다.

우선 가장 중요한 정의는 혼에 대한 정의이다. 혼이란 인간에게만 존재하는 것으로 인간이 신성이나 불성을 가졌다고 주장하는 근거이다. 혼에 대한 자세한 내용은 생략하고 간단히 오컬트 입장에서 혼을 신의 속성을 지닌 한 부분으로 정의한다.

혼이 정의되었으면 다음은 의식이다. 사전적 정의로는 "어떤 일, 현상, 대상 등을 대상으로서 알거나 깨닫거나 느끼는 것"으로 나와 있는데 오컬트 차원에서 보면 의식은 자각하는 능력에 따라 단순의식, 자아의식, 우주의식(신 의식)으로 나누어진다.

단순의식은 단계별로 무생물이나 식물, 동물이 가지고 있는 의식이며(3단계로 나누어짐) 자아의식은 인간만이 가지고 있는 의식이다(3단계로 나누어짐). 우주(신)의식은 인간이 궁극적으로 도달하고자 하는 의식이다. 이것에는 3단계가 있으며 1단계는 1해탈, 2단계는 2해탈, 3단계는 3해탈로 불린다.

여기서 이해를 돕기 위하여 "의식"을 "혼"과 비교한다면 혼이 의식을 가지고 우리에게 존재한다고 말할 수 있다. 우리는 자아의식 상태에서 우주의식 단계에 도달해야하며 이것은 다른 말로 깨달음이며 삶의 목적이다. 우주의식 상태는 붓다 상태 혹은 니르바나 상태, 그리스도 의식으로 표현되기도 한다.

다음은 마음에 대한 정의이다. 마음에 대한 정의는 참으로 애매하다. 심리학에서 "의식"의 뜻으로 쓰이는가하면, 육체나 물질의 상대적인 말로서 철학에서 "정신" 또는 "이념"의 뜻으로도 쓰이는 막연한 개념이 되었지만 여기서는 일관성 있게 의식과 관련하여 정의를 내려 본다.

쉽게 말해서 "자아의식이 사물에 대해 어떤 감정이나 의지, 생각 등을 느끼거나 일으키는 작용이나 그 상태"를 말한다. 간단히 설명하면 의식이 활동하는 면이 마음이라고 할 수 있다. 깨달음 상태에서 자아의식은 우주의식과 합일되어있기 때문에 우리의 마음은 신의 마음이다. 우리가 마음 공부하는 이유는 바로 원래의 우주의식을 다시 얻기 위함이다.

마지막으로 아주 중요한 주제인 생각에 대한 정의이다. 마음과 생각을 같은 차원에서 이해하고 혼용하여 사용하는 사람도 많다. 과학자들은 우리 마음에 존재하는 생각이 우리가 태어나서 받은 여러 느낌이나 인상을 통하여 개성이나 개체를 형성한다고 말한다.

엄밀한 의미에서 생각은 마음(의식)이 사용하는 도구 혹은 대상물이다. 우리 마음은 우리의 영적인 각성 정도에 따라 다르게 기능한다. 깨달은 자의 마음은 신의 마음이므로 생각(감정)을 자유롭게 통제하고 늘 조화로운 생각을 하나 그렇지 못한 경우는 감정(생각)에 휘둘려서 살아가게 된다.

생각은 실제로 존재하는 어떤 것이다. 눈에 보이지 않지만 공중에 퍼져있는 전파처럼 특정 진동수를 가지고 이 공간을 흐르고 있다. 조화로운 생각은 우리에게서 나가서 다른 사람에게 좋은 영향을 미치고 나쁜 생각은 그 반대이다. 물론 어떤 생각을 받아들이는 여부는 사람들의 자유의지에 달려있다. 생각은 양날을 가진 칼이다.

생각은 여러 용도로 사용되고 있다. 치유의 경우에 생각은 절대적이다. "생각한대로 그렇게 된다."라는 말이 있는데 이것은 신의 창조에너지가 우리 혼으로 들어와 우리 마음을 통하여 흘러나오기 때문이다.

(2) 혼과 의식

혼에 대하여 뒤에 좀 더 설명이 나오겠지만 영혼의 근원에 대한 설명은 형이상학 분야라 일반인이 이해하는데 어려움이 크고 처음에는 무슨 말인지 당혹스러울 수 있다.

우주의식(신)이 있고 이 우주의식은 자신 주변에 7개의 영행성(spiritual planets)을 만들어 그곳에 자신을 발출하였으며 이 7개 영행성의 발출물이 물질계로 확장하여 나온 것이 바로 우리 혼이다.

그러므로 혼은 신의 한 부분이다. 원래 혼은 늘 7영행성에 존재하고 혼의 빛이 확장하여 물질계에 비친 것이 우리가 알고 있는 혼이다.

인간과 다른 생명체의 차이는 혼의 존재 여부에 있다. 인간 이외에 어떤 생명체도 혼은 없다. 인간은 크게는 혼, 육체, 그리고 혼과 육체를 살아있게 만드는 생명력(생명에너지)으로 구성되며 다른 동물체는 체(體)와 에너지가 있으나 혼은 없다. 윤회를 좁은 의미(혼의 윤회)로 해석한다면 인간만이 윤회를 한다.

혼을 가진 인간의 가장 큰 특징은 이성 즉 합리적 판단을 할 수 있다는 것이다. 동물의 경우는 본능에 의하여 살아 갈 뿐이다. 돌고래나 유인원에게 보이는 지성은 혼의 존재와는 상관없다. 의식을 가진 모든 것은 지성이 있고 의식은 동물에게도 존재하기 때문이다.

의식은 크게 3종류 즉 단순의식, 자아의식, 우주의식으로 구분된다. 각각의 의식은 다시 3단계로 구분된다. 단순의식의 1단계에는 바위, 광물, 흙처럼 무생물이 가지며, 2단계는 식물, 3단계는 동물이 가지고 있다. 인간은 동물처럼 단순의식을 가지고 있으며 동시에 자신을 의식하는 자아의식을 가진다.

　자아의식도 3단계로 구분되는데 1단계는 원시인이 지닌 자아의식이며 2단계는 미개인의 영역을 벗어난 일반인들의 의식, 3단계는 자신을 보다 높은 존재의 일부분으로 인식하는 사람들이 지닌 의식이다.

　우주의식도 3단계로 구분되는데 1단계는 빛을 본 것으로 비유되며 1해탈에 해당한다. 2단계는 빛 속에 있는 것으로 비유되며 2해탈에 해당한다. 3단계는 빛과 하나가 된 것으로 설명되며 3해탈로 불린다. 우리의 목적은 신 의식과 하나가 되는 데 있다.

(3) 신의 사원인 육체

　사원은 기도와 경배 그리고 명상의 장소이고 신을 모신 성소이기도 하다. 그러다 보니 우리는 경건한 마음으로 사원을 대한다. 우리는 사원에서 평화와 사랑을 느끼고 신에 대한 경외감을 높인다.

　사람들은 인간의 모습을 한 신, 인간을 벌주거나 복을 주는 신, 천국에서 우주를 주재하는 신 등을 상상하고 외부에서 신을 찾고 있다. 그래서 외부에 사원을 만들고 신을 모시고 경배한다. 하지만 진짜 사원은 우리 자신에게 있음을 모르고 있다.

　사람들은 자신이 누구인지 모른다. 이것은 기억을 상실하여 자신이 누구인지 모르고 살아가는 사람과 다를 바 없다. 자신을 아는 것은 모든 것의 출발점이다. 그런데 사람들은 자신에 대한 탐구보다는 외부로 온통 관심을 돌린다. 부와 명예를 추구하고 외부에서 신을 찾고 위안을 구한다. 그러다 보니 겉은 찬란하나 그 속은 황량하다 못해 무지 상태이다.

　신은 물질계로 자신의 일부분을 확장하여 인간의 육체에 나타났으며 이 신의 일부분(혼)이 인간 육체와 연결되는 부위가 머리 중심의 송과선이다. 제 3의 눈으로 불리는 곳이며 이곳이 열리면 깨닫게 된다.

　혼이 육체를 통제하는 과정은 상당히 흥미롭다. 머리 중심에 위치한 송과선은 해부학적으로 보면 3개 부분으로 나뉘어져 있으며 혼은 가장 아래 부분인 첫 번째 부위에서 육체와 만난다. 송과선 첫 번째 부위에 접촉한 혼은 송과선 두 번째 부위로 확장하여 잠재의식을 형성하고 여기서 앞으로 나아가 뇌하수체 자리에서 현재의식을 형성한다. 이어서 혼의 힘은 뇌교와 척수를 통하여 확장하여 가슴 아래에 위치한 태양신경총을 통제하고 태양신경총은 다른 여러 기관을 통제한다.

우리가 관심을 안으로 돌려 육체가 바로 신이 거하는 장소임을 알게 된다면 육체에 대한 우리의 태도는 달라질 것이며 생각과 행동은 신중해질 것이다.

육체가 신이 거주하는 사원일지라도 완전한 사원은 아니다. 신의 영적인 빛은 이기심, 편견, 감정, 조잡함, 무지로 차있는 우리의 마음과 육체를 통하여 제대로 반영될 수 없기 때문이다. 그러므로 신의 빛이 제대로 드러나도록 마음을 닦아야 한다.

① 송과선과 뇌사(腦砂)

오컬트 가르침을 보면 송과선과 혼을 연결하는 은줄이라는 것이 있다. 은줄의 가장 아래 끝에는 "불사의 뼈(원초체)"가 있고 가장 위에는 7영행성에 거주하는 원래의 혼이 있다. 즉 은줄은 상위계와 물질계를 연결하는 통로이면서 동시에 영적 에너지가 육체로 흐르는 통로이다.

"불사의 뼈"는 추락 후 우리가 경험한 부정과 기억이 축적된 곳이며 동시에 영적 에센스가 육체로 비춰지는 초점이기도 하다. 부정의 무게 때문에 "불사의 뼈"에 확장하여 존재하는 혼은 영행성에 존재하는 원래의 자신의 근원인 혼과 합일하지 못하고 있다. 우리가 태어난 후 육체는 이 불사의 뼈에 의하여 통제된다. 즉 얼마나 부정에 몰입되어 있는지에 따라 운명 심지어 외형도 영향을 받는다.

해부학적으로 3뇌실에 위치한 송과선은 세부분으로 나누어진 작은 자루처럼 생겼다. 가장 아래 부분은 제 3의 눈이라는 곳이며 은줄이 물질계와 접촉하는 곳이다. 죽을 때 은줄이 여기에서 철수한다. 이 주변에 오시움, 인, 칼슘으로 구성된 뇌사(腦砂)가 있다. 이 뇌사에 대하여 현대 의학은 다음과 같이 설명한다.

    뇌의 일정 부분에서 볼 수 있는 작은 모래 모양의 단단한 입자(粒子)로 석회가 침착되어 생긴 것이다. 뇌사가 모여 있는 부위는 보통 송과선(松果腺)과 그 부근인데 젊은 사람에게는 없고 노인에게 많다. 그러므로 이것은 퇴화현상으로 생각되며, 또 뇌사의 내부에는 동심성(同心性)의 줄무늬가 있는 것으로 보아 처음에는 작은 것이 차차 커진 것이라 생각된다.

    오컬트 입장에서 뇌사는 아주 중요한 기능을 한다. 뇌사는 아유라베다 센터에서 들어오는 생명력이 흐르는 통로이며 이곳을 통하여 내려온 생명력은 태양신경총에 저장된다. 생명력은 육체를 살아있게 하는 에너지로 세포 재생능력을 포함하여 여러 주요한 기능이 있다.

    뇌사의 진동은 생명력의 양과 밀접한 관계가 있다. 나이가 들면서 지방 조직이 송과선 밑 부분에 쌓이게 되고 이것이 뇌사를 누르게 되어 뇌사는 진동이 느려지게 된다. 뇌사의 진동이 느려지면 생명력이 원활히 흐르지 못하게 되어 우리 육체는 노화가 촉진되고 그 밖에 질병에 노출된다.

    한편 생명력은 뇌사를 구성하는 3개의 화학성분(인, 오시움, 칼슘)에 작동하며 이때 나오는 힘이 뇌세포를 자극하고 활성화시켜 명료한 이미지가 심어지도록 한다. 즉 기억력을 강화시키는 역할을 한다. 나이가 들어 기억력이 떨어지는 것은 뇌사와 깊은 관계가 있다.

    문제는 우리가 뇌사를 진동시킬 그리고 육체를 유지할 충분한 생명력을 가지지 못한다는 것이다. 이것을 방지하기 위해서는 의지로 송과선을 흔들어 아래 형성된 조직을 느슨하게 하는 수련을 해야 하며 이 조직 형성에 관여하는 음식도 피해야한다.

    제 2부분은 잠재의식의 자리이며 제 3부분은 육체의 에너지 통제 센터이다. 송과선 주변에 12개 영센터가 있으며 송과선 3번째 부위가 태

양처럼 에너지를 내보내 12센터를 밝히는 역할을 한다.

성경에 "Let your eye be Single and your whole body will be full of light!(그대 눈이 바르게 되도록 하라, 그러면 몸은 빛으로 채워질 것이다. 마태복음 6:22)"라는 구절이 있다. 이것은 무슨 의미인가?

예수가 의미한 것은 육체의 여러 감각기관을 차단하고 내부의 성소인 송과선(제 3의 눈)으로 들어가면(집중하면) 그때 혼의 빛 즉 제 3의 눈으로 볼 수 있게 된다는 의미이다.

송과선은 혼의 자리이다. 이 자리에 집중하게 되면 침묵의 소리를 들을 수 있으며 이 침묵의 소리는 신의 계획과 목적에 따라 조화로운 길로 우리를 안내하려는 내면의 고급자아의 소리이다. 우리는 이 침묵의 소리를 들을 수 있어야 한다.

② 송과선과 뇌하수체(현재의식과 잠재의식)

앞에서 언급하였듯이 송과선 제 2부위는 잠재심의 자리이고 뇌하수체는 현재심의 자리이다. 이 두 센터를 연결하는 두개의 작은 채널이 있다. 왼쪽 채널은 감각을 통하여 현재의식이 받아들인 지각이 잠재의식으로 들어가는 통로이며 오른쪽 채널은 잠재의식의 반응이나 정보가 현재의식으로 나오는 길이다.

현재의식은 미래나 과거를 자각하지 못하며 잠재의식에서 주는 정보에 한정된다. 현재의식이 감각을 통하여 받아들이는 것은 잠재의식에 의하여 해석될 뿐이다. 잠재의식을 통하여 고급자아와 접촉하게 되며 잠재의식은 고급자아의 통로로 기능한다.

잠재의식은 도서관의 사서로 비교될 수 있다. 현재의식(감각)을 통하여 받은 정보와 고급자아(혼)로부터 받은 정보를 정리하여 적절하게 배치하며, 반응해야 할 경우는 뇌세포에 저장된 정보를 추려서 현재의식에게 보내기도 한다.

잠재의식에는 본능과 여러 콤플렉스가 존재하는 곳이면서 동시에 위대한 마음 즉 신 의식에 이르는 문이기도 하다. 잠재의식이 우리 몸을 통제하고 있으며 우리가 의식하지 않더라도 심장은 작동하고 호르몬은 적절히 분비되고 있다. 이 모든 것은 잠재의식의 기능이다.

초의식(고급자아)은 잠재의식을 통하여 경고를 하거나 어떤 행동을 하도록 임펄스(impulse)를 보낸다. 이것은 원인과 결과의 법칙이 현시하는 방법이다. 불현듯 누구를 만나고 싶든가 특정 장소에 가고 싶은 욕망이 일어나서 그 충동에 따른 결과 생각하지 않았던 일들을 경험하게 된다. 이런 임펄스는 상위의식에서 나온다.

상위의식은 현재의식과 잠재의식을 통하여 우리가 설정한 원인의 결과를 삶으로 가져오게 하여 경험하도록 한다. 이때 어떠한 방식으로 대응하느냐에 따라 새로운 원인을 설정하는 것이며 우리가 완전하게 대응했다면 더 이상 유사한 경험은 하지 않는다.

(육체를 신의 사원으로 만들기 위한 짧은 명상)

우주의식의 일부분인 내 의식은 신과 완전한 조화 속에 있나니 내 신성 의식은 어떤 질병이나 고통을 받아들이지 않도다.

신의식이 존재하는 곳에 부정적인 조건은 존재하지 않나니 신이 거주하는 내 육체에서 부조화는 사라지도다.

(4) 쿤달리니와 호흡의 중요성

물질계에 존재하는 모든 것은 아스트럴 틀 혹은 아스트럴체를 가진다. 이것은 눈에는 보이지 않지만 물질의 기본 틀을 형성하는 것으로 육체는 이 아스트럴 틀 위에 형성된다. 인간의 경우 아스트럴체는 임신 7개월에 완성되고 죽을 때까지 육체를 떠나지 않는다.

많은 신비학도가 아스트럴 투사(유체이탈로 많이 알려진 것) 때에 아스트럴체가 육체를 떠나는 것으로 잘못 알고 있다. 이것은 사실이 아니며 아스트럴체가 육체를 떠나면 육체는 존재할 수 없다. 아스트럴 투사에서 보이는 체는 자신의 상념이 만든 생각 폼(thought form)일 뿐이다.

이 4차원 체(아스트럴체)를 통하여 상위의 영적 에너지가 육체로 흘러 들어온다. 이 4차원 체에는 수많은 채널과 여러 센터가 있으며 그중 중요한 것이 프라나 에너지가 흐르는 3개 중추 채널이다.

이다(Ida)는 왼쪽 콧구멍에서 시작하여 소뇌와 연수를 지나 척추 왼편으로 내려가 미저골에서 끝난다. 핑가라는 오른편 콧구멍에서 시작하여 소뇌와 연수를 지나 척추 오른편으로 내려가 미저골에서 끝난다. 미저골은 쿤달리니가 존재하는 장소이며 여기에서 척추 중심을 따라 머리의 송과선에서 끝나는 수슘나가 있다.

호흡을 통하여 공기만 들어오는 것이 아니라 눈에 보이지 않는 + - 프라나 에너지도 같이 들어온다. 프라나 에너지는 4차원 통로(아스트럴 통로)인 이다와 핑가라를 통하여 들어와서 척추 끝에 위치한 미저골에서 합쳐져서 척추 중심에 위치한 4차원 통로인 수슘나를 통하여 올라간다.

문제는 우리 호흡이 짧아서 충분한 프라나 에너지가 미저골까지 내려가지 못한다는 점이다. 공기 속의 프라나 에너지를 충분히 끄집어내기 위해서는 깊고 느린 호흡(들숨, 날숨)이 필요하다. 신체에서 프라나 에너지의 역할은 쿤달리니 형성뿐만 아니라 다른 여러 기능이 있다.

호흡을 자세히 살펴보면 호흡 때에 한쪽 콧구멍은 많이 열려있고 다른 쪽은 거의 닫혀있다. 즉 이다를 통하여 호흡이 시작되면 핑가라는 막혀있고 그 반대도 마찬가지이다. 양코 호흡이 될 때 균등한 + - 프라나 에너지가 쿤달리니가 있는 미저골까지 흐르게 된다. 양코가 동시에 열려있을 때는 수슘나가 작동한다.

쿤달리니 에너지는 미저골에 존재하며 호흡과 아사나 그리고 만트람을 통하여 이것을 깨워서 중심 통로인 수슘나로 끌어올리면 쿤달리니는 올라가면서 수슘나에 위치한 7차크라를 각성시키는 것으로 알고 있다.

실제로 쿤달리니는 이다, 핑가라를 통하여 내려온 + - 프라나 에너지의 합일을 통하여 발생한다. 즉 쿤달리니 각성은 아래에서 끌어올리기 전에 먼저 위에서 에너지가 내려와야 한다. 이것이 요가에서 놓치고 있는 비밀이다.

쿤달리니 에너지는 신의 창조 숨이 현시된 것이다. 호흡 통제는 쿤달리니 각성에 필수적이다. 양코로 동시에 호흡이 이루어질 때 이것을 수슘나 호흡으로 부르기도 한다.

양코 호흡을 통하여 균등하게 두 에너지가 내려올 때 쿤달리니가 형성되므로 쿤달리니 각성에 앞서 먼저 양코 호흡을 배워야 한다. 일반적으로 일반인의 경우는 일정 시간을 두고 코의 호흡은 바뀌며 호흡이 바뀌는 순간에 약 5분 정도 양코로 동시에 호흡을 하는 경우가 생긴다.

이다는 음(-)의 프라나 에너지, 반대로 핑가라는 양(+)의 프라나 에너지 통로이다. 또한 오른 코 호흡은 현재의식, 왼 코 호흡은 잠재의식과 밀접한 관계가 있다. 잠재의식으로부터 어떤 생각이나 느낌을 받기 원한다면 왼 코 호흡을 하고 현재의식이 작동하는 오감을 통하여 생각이나 느낌을 받기 원한다면 오른 코 호흡이 필요하다.

마음의 활발한 활동, 체온 상승, 소화, 변비, 신경쇠약, 감기에는 오른 코 호흡, 내분비물 조절, 긴장완화, 냄새 맡을 때는 왼 코 호흡이 좋다. 단식을 하는 경우 왼 코 호흡을 하면 배고픔을 덜 느끼고 에너지 소비도 적다. 양코 호흡이 일어나면 신의 창조에너지가 흐르므로 우리 생각이 바로 현시된다. 그러므로 이때는 영적인 것에 생각을 집중하여야 한다. 미움, 질투, 두려움 같은 부정적인 생각이 일어나지 않도록 주의해야 한다.

우리가 양코 호흡 상태에 있을 때 아스트럴 투사(유체이탈)가 잘 일어난다. 오른 코 호흡은 우리를 물질에 더욱 고착시키므로 아스트럴 투사는 거의 일어나지 않는다.

바른 호흡은 건강에 필수적이다. 바른 호흡이란 느리고 깊은 호흡을 지칭하는 것으로 천천히 깊게 공기를 흡입할 때 산소만 들어오는 것이 아니라 프라나 에너지도 같이 들어온다. 강조하지만 프라나 에너지를 충분히 흡수하기 위해서는 깊은 호흡이 필요하다.

프라나 에너지의 기능은 쿤달리니 각성뿐만 아니라 다른 다양한 기능이 있는데 무엇보다도 내분비선에 작동하여 호르몬 분비에 관여한다. 많은 질병이 호르몬 분비이상에서 발생한다는 것을 고려한다면 바른 호흡은 영적 성장뿐만 아니라 건강에 필수적이다. 호흡만 깊게 하여도 질병에서 해방된다.

4차원 체에 7차크라 이외에 중요한 센터로는 24개의 오컬트 센터가 있다. 그중 12개는 송과선을 둘러싼 12영 센터를 형성하고 다른 12개는 육체에서 12물질 센터를 형성한다. 물론 여기서 물질센터는 12영 센터에 상대적인 개념으로 사용한 말이지 물질적이라는 말은 아니다.

12영 센터가 열린 정도에 따라 12물질 센터가 열린다. 12영 센터의 신성 에너지가 4차원 통로를 통하여 12물질 센터로 흐른다. 24개 센터가 활성화되면 신의 에너지가 자유롭게 신체로 흐르고 우리는 신의 완전한 통로가 된다.

12영 센터는 12황도대와 대응한다. 출생 때에 황도대에 대응하는 12영 센터 중 하나가 더 많이 열려 그 센터를 통하여 들어오는 영적 에너지의 영향을 많이 받게 되는데 이것이 참된 점성술의 이론적 근거이다.

12센터 전부를 열어서 모든 에너지가 흐르는 통로가 되어야 하며 이럴 때 우리는 운명의 주인이 되며 신과 합일된다. 극복할 수 없는 운명은 없다. 12영 센터를 여는데 사용되는 만트람은 히브리 12문자이다.

아스트럴체를 나무에 비유하여 설명할 수 있다. 이 아스트럴체를 통하여 삶에 필수적인 에너지가 흐르므로 비유적으로 생명나무로 부르기도 한다. 물론 카발라에 나오는 아담카드몬(생명나무)을 지칭하는 것은 아니다. 수액이 나무를 통하여 흐르듯이 신성한 힘이 이 생명나무를 통하여 흐른다. 아스트럴체의 통로(나디)는 생명나무의 혈관으로 통로에 있는 여러 센터는 생명나무의 과실로 그리고 척추는 생명나무의 본가지로 비유될 수 있다. 여기서 척추는 척추에 발견되는 4차원 채널인 수슘나를 말한다.

나무뿌리는 머리의 12영 센터에 위치하고 있으며 이 뿌리는 12방향으로 뻗어나간다. 뿌리 중에서 가장 깊게 견고히 박혀있는 중심 뿌리가 송과선이다. 이곳은 혼의 에센스가 육체와 만나는 점이다. 여기서 나무 줄기가 척추를 따라 내려와서 척추 끝에서 끝난다.

이 본줄기(수슘나)에서 무수히 많은 곁가지가 나오고(나디), 이들 가지에서 12물질 센터에 해당하는 12과실이 열린다. 이 가지들을 통하여 신성 에너지와 힘이 물질 육체에 드러난다. 12물질 센터가 위치한 곳은 뇌하수체, 시신경교차, 갑상선, 부갑상선, 흉선, 태양신경총, 비장, 간장, 췌장, 미저골, 부신선, 성선이다.

육체의 12과실은 우리가 물질계에서 삶의 부조화를 통제하기 위하여 사용할 수 있는 12개 힘이다. 우리가 삶을 마스터하여 내면에 존재하는 힘을 이용할 때까지 이 나무는 과실을 맺지 못하고 단지 봉오리 상태에 있다. 나무가 자라듯 영적 성장과 함께 가지(나디) 수는 증가한다.

(5) 아스트럴계와 아스트럴 투사

카발라에 따르면 이 세상에는 4계(영계, 멘탈계, 아스트럴계, 물질계)가 존재한다. 눈에 보이는 물질계는 3차원 세계로 누구도 의심할 수 없는 세계이다. 사람들은 눈에 보이는 3차원 물질계를 우주의 전부로 이해한다. 물질계에 묶여있는 사람들이 보이지 않는 세계를 인정하기는 쉬운 일이 아니다. 영적 성장을 위해서는 물질계와 가장 밀접한 관계를 가지는 아스트럴계에 대한 이해가 필요하다.

4차원(아스트럴계)은 물질계와 같은 공간을 차지하고 있으나 공간의 각도, 선, 그리고 진동의 차이에 의하여 구분되어 있다. 이런 4차원을 언어로 설명할 수는 없지만 상징적으로 설명한다면 수학 차원에서 점이 확장되어 선이 되고 선이 확장되어 면이 되고 면이 확장되어 입체가 된다. 이것이 3차원이라면, 4차원은 입체가 물질 감각으로는 알 수 없는 어떤 방향으로 확장되어 4차원 된다고 설명한다.

피타고라스는 테트락티스를 통하여 이것을 설명하려고 하였다. 그는 10개의 점으로 구성된 테트릭티스를 완전히 이완하고 집중하여 바라보면 어느 순간 4차원으로 들어갈 수 있다고 말하였다.

물질계에 존재하는 것은 아스트럴계에 상응하는 복사물을 가진다. 이것을 아스트럴체 혹은 아스트럴 구조물로 부르기도 한다. 우리 몸은 눈에 보이지 않는 아스트럴 구조물에 의하여 유지된다. 사람들은 아스트럴 투사(유체이탈)를 하면 아스트럴체가 육체를 떠나는 것으로 잘못 알고 있다.

아스트럴체는 상위계와 물질계 사이에 신성 에너지가 흐르는 통로로 기능하고 있다. 아스트럴체가 육체를 떠나면 육체는 그 즉시 생존을 멈춘다. 아스트럴체는 죽은 후 3일이면 해체되기 시작한다. 드물게 죽은 후 3일 안에 소생하는 경우는 있지만 3일을 넘으면 아스트럴체가 파괴되기 때문에 특별한 경우(예수 같은 마스터들은 필요한 경우 3일 지난 사람도 소생시킬 수가 있다.) 말고는 소생이 불가능하다.

아스트럴 투사 때 사람들이 보게 되는 자신의 체는 자신의 상념이 만든 생각 폼(thought form)이다. 아스트럴계에서 생각은 즉각적으로 형태를 취한다는 것을 알아야 한다. 투사 상태에서 모든 것은 운반체를 가져야 한다는 우리의 습관적 생각이 즉각적으로 체를 만든다. 투사자들이 옷을 입은 자신의 체를 보는 경우가 많은데 옷이 어떻게 아스트럴계로 갈 수 있겠는가? 우리 마음이 옷을 입은 상념체를 만든 것이다.

아스트럴 투사와 관련하여 몇 가지 오해가 있는데 첫째는 물질계와 아스트럴계 사이에 존재하는 중간 영역을 참된 아스트럴계로 오인하는 경우이다. 투사자 거의 전부는 이 중간영역에 의식을 투사한다.

진실한 아스트럴계는 23계가 있고 각각의 계를 통과하기 위해서는 특정 만트람이 필요하며 강한 진동 때문에 의식이 높은 수준에 이르지 못하면 갈 수가 없다. 반면 중간 영역은 물질계보다는 좀 더 가변적이고 유연성을 띤 영역으로 투사자 대다수는 이 영역으로 간다.

둘째는 아스트럴 영역에 무서운 존재들이나 죽은 사람들이 거주한다고 생각하는 경우이다. 이 영역은 생각이 바로 창조력을 가지므로 개인이 가지고 있는 부정적 생각이나 관념이 즉시 구체화된다. 투사에서 만나는 괴물이나 무서운 존재들, 고인이 된 사람들은 투사자 자신이 가지고 있는 상념이 물질화된 것이다. 그러므로 아스트럴 투사 전에 의식에서 부정적 상념을 제거하여 마음을 정화하는 일이 필요하다.

셋째로 투사하는 동안 남겨진 육체가 악한 힘에 빙의되거나 공격받을 수 있다는 두려움을 가진다. 투사를 하더라도 은줄로 연결되어 있으며 육체에 약간의 충격이 있어도 즉시 의식은 육체로 돌아온다. 더군다나 투사는 자동적으로 어떤 악한 힘(엘리멘탈 등)도 통과 할 수 없는 원(圓)의 보호막을 형성하므로 두려워할 것은 없다.

넷째로 투사의 목적을 모른다는 것이다. 육체에서 분리된 경험은 의식 확장에 도움은 되겠지만 이곳저곳 호기심을 가지고 돌아다니는 것이 목적이 아니다.

아스트럴계에서 스승들을 만나 물질계에서 배우지 못하는 가르침을 받을 수 있다. 그러나 의식에 남아있는 두려움이나 부정적인 생각이 이들 존재와 접촉을 방해한다. 왜냐하면 부정은 위대한 스승들의 속성인 질서, 조화, 빛과는 반대되기 때문이다.

아스트럴 투사에는 사전에 8시간에서 24시간의 단식이 필요하다. 일반 수련에는 최소한 3~4시간 단식이 바람직한 결과를 가져온다. 음식물을 소화시키는데 에너지가 사용되면 의식은 육체에 묶이게 되며 이럴 경우 투사는 어렵기 때문이다.

6. 건강과 치유의 신비

(1) 건강과 생각

과학자들이 마음을 뇌에 작동하는 힘으로 정의하기도 하나 이것은 마음을 너무 한정시킨 것이다. 오컬트 입장에서는 신성한 혼의 창조력이 드러나는 것이 마음이며 잠재의식과 현재의식을 통하여 혼의 창조력이 흐른다고 한다.

병의 원인은 상당수가 마음에서 근원한다. 오늘날 우리는 끊임없는 정신적 스트레스 속에 살아가며 이로 말미암은 억압된 생각 특히 부정적이거나 파괴적 생각이 육체에 크나큰 영향을 주고 있다. 마음이 육체를 지배한다. 다른 말로 생각하는 대로 이루어진다. 어떤 어려운 상황에서도 마음의 평온과 평형을 유지하는 일이 건강에 필수적이다. 마음에 증오나 분노, 두려움이 있는 한 건강한 육체를 기대할 수가 없다.

신의 신성한 속성, 에너지는 마음과 육체에 건강을 가져다주는 원천이며 그 신성은 평온과 균형 속에 존재한다. 마음에 평온을 유지한다면 육체는 신성과 동조할 준비가 된 것이며 육체의 건강은 보장된다. 사람들은 마음의 평온을 유지하는 법, 우주법칙에 따라 조화롭게 생각하고 살아가는 법을 모르기 때문에 병에 걸린다.

사실 병은 물질화된 생각패턴에 의하여 일어난다. 생각은 자력이라는 에너지를 통하여 신체 부위로 전해지는데 부정적 생각패턴이 신체에 오랜 세월 축적되어 이것이 병을 야기한다.

마음을 통하여 신성한 혼의 창조력이 작동하기 때문에 마음은 육체의 뼈나 조직을 새로 형성하거나 변화시킬 힘이 있다. 만약 48시간 동안 의식에서 파괴, 부정, 분노 같은 부정적 생각이나 행동을 하지 않는다면 부정적인 생각패턴은 분해되고 신체는 즉각적으로 기적처럼 건강을 되찾는다.

암은 죽은 세포에만 나타난다. 세포가 죽는 이유에는 여러 가지가 있겠지만 생명력은 이것과 아주 밀접하게 관련된다. 생명력이 특정 신체부위에 도달하지 못하면 세포핵은 생명력 부족으로 죽게 된다. 이 죽은 세포부위에 자력에너지를 통하여 운반되는 억압된 감정(부정적 생각 폼)이 쌓이게 되면 암으로 발전한다. 암의 원인은 억압된 감정에서 시작되며 이것은 증오나 두려움 혹은 슬픔뿐만 아니라 심지어 사랑도 원인일 수 있다.

우리가 생각하는 것보다 놀라울 정도로 우리 육체는 마음에 민감하게 반응한다. 예를 들면 칼에 난 상처로 손의 통증이 있다고 하자. 다른 일에 바빠서 한동안 그 통증을 잊어버리고 지낸다면 신기하게도 그 상처는 빨리 치유된다. 그러나 그 상처가 걱정이 되어 신경을 그것에 집중한다면 자신도 모르게 부정적 창조에너지를 사용하는 것이 되어 병은 오래 갈 수가 있다. 마음을 통하여 늘 창조 에너지가 흐르는 것을 기억해야 하다. 병은 생각패턴이 물질화되어 일어나는 일이다.

의사가 환자에게 여행이나 새로운 환경을 요구하는 것은 새로운 생각이 필요하기 때문이다. 여행이 치유하는 것이 아니라 오래된 사고 습관에서 벗어나 새로운 것을 보고 새롭게 생각하기 때문에 치유가 일어나는 것이다.

마음의 조화와 평온은 건강에 필수조건이나 우리 마음이 부정적인 생각으로 차있는 것이 문제이다. 평온한 상태를 유지하기 위한 마음 수련이 필요하다. 부정적인 생각을 거절하고 조화로운 생각을 유지하면 할수록 마음과 육체에는 변화가 일어나는데 즉 신으로부터 좀 더 고상한 생각들이 육체로 흐르기 시작하여 육체는 더욱 더 완전하게 된다.

(2) 3계의 균형

인간을 세 영역 즉 영혼과 마음 그리고 육체로 나눌 수 있다. 우리는 이 3계(영역)에 걸쳐서 살고 있다. 혼은 영계, 마음은 멘탈계, 육체는 물질계로 구분할 수 있는데 이 3계가 균형 있게 작동해야 한다. 인간을 물질적 존재로만 보고 마음과 혼을 무시한다면 부분적인 삶을 살아가는 것이 되고 균형이 무너진 삶이 된다. 이 3자의 긴밀한 관계를 이해하고 완벽한 협력이 있을 때 균형된 삶, 각성의 삶이 펼쳐진다.

육체는 너무도 불가사의한 기관이다. 과학이 많이 진보하였지만 여전히 육체의 많은 부문이 비밀로 남아있다. 마음은 육체보다 더욱 이해되지 않는 분야이다. 마음을 뇌의 신경작용으로 이해하기도 하나 사실 마음이 무엇인지 정의하기는 어렵다. 생각이 무엇이며 어떻게 작동하는지 뇌의 신경 작용으로 설명하기에는 부족한 것이 너무 많다.

인간의 혼에 대해서는 종교나 과학 모두 이해가 부족한 현실이다. 혼을 긍정하는 종교가 혼의 존재를 잘 설명하는 것도 아니고 영혼의 존재를 부정하는 과학자들의 이론도 유치하기 그지없다. 이 3계에 대한 법칙과 기능을 이해함 없이 삶을 이해할 수 없다.

과학자들이 드러난 현상에 연구를 한정시키는 한은 절름발이 이론일 수밖에 없다. 외면적인 것뿐만 아니라 내면의 세계, 형이상학적인 면을 연구해야 비로소 인간이 무엇인지 알게 된다. 3개의 면이 서로 연결되어 작동되는 것이 인간이다. 육체는 마음의 도구이고 마음은 혼의 통로이다. 이 3면이 조화롭게 작동할 때 참된 인간으로서 살아가게 된다.

오늘날 많은 사람들이 물질적인 욕망에 사로잡혀 살아가는데 이것은 균형이 무너진 삶이다. 마찬가지로 물질적인 면을 무시하고 아예 영적인 면에만 치중한다면 이것 또한 균형이 무너진 삶이다. 대표적인 예가 극단적으로 육체를 혹사시키는 금욕주의 요기들이다. 이들은 균형이 무너진 삶을 살고 있다.

게을러서는 안 된다. 이것은 물질적 게으름만 말하는 것이 아니라 영적 게으름도 함께 말하는 것이다. 영적 게으름은 내면의 성장에 가장 큰 장애이다. 물질적으로 근면하게 살아가는 사람이 있으나 자신의 영적 성장에는 무심한 사람들이 많다. 영적 차원에서 이들이 참으로 게으른 사람들이며 삶을 헛살고 있다.

(3) 치유에너지

①자력 에너지(마그네틱 에너지)

동양에서 극성이 무너지면 병이 생긴다고 하는데 이러한 극성이 무너지는 이유는 생각과 밀접하게 연관되어 있다. 생각은 일정한 진동수를 가지고 온 공간을 진동하고 있다. 소리와 빛, 냄새 더 나아가 우주의 모든 물질이 진동하고 있다.

진동수에 따라 형태가 결정되며 눈에 보이는 물체는 진동이 낮은 것이다. 생각은 진동이며 뇌의 지령을 받고 신체 각 부위로 전달된다. 그 전달 통로는 과학이론에 따르면 신경망이며 이 신경계는 우리 몸 구석구석 퍼져있다. 오컬트 가르침에 의하면 이 생각을 전달하는 운반자는 자력이라고 하는 에너지이다.

자력에너지를 통하여 나간 생각 이미지는 신체의 모든 세포에 반응을 하며 내분비선과 다른 여러 기관에 반응한다. 만약 이 생각 이미지가 부정적인 것이라면 신체 기관의 정상적인 작동을 방해한다. 마음에 병의 생각패턴을 세워서 강하게 집중한다면 그 생각 패턴은 자력흐름으로 들어가서 관련되는 신체에 정착하여 장애를 일으킬 수 있다.

예를 들면 부모가 위암으로 사망한 자녀들의 경우 약간 위에 이상을 느껴도 혹시나 유전적 요인에 의한 것이 아닌지 과민하게 반응하고 뉴스에서 소개되는 유사한 질병 증상에 대하여 들을 때마다 자꾸 자신의 위에 대하여 오랫동안 신경 쓰게 되면 그 생각 패턴이 위에 형성되어 증상이 나타날 수도 있다. 이것을 연관성의 법칙이라고 하는데 많은 병이 이러한 연관성의 법칙에 의해 일어난다.

그러나 치유를 위하여 건강한 생각 이미지를 유지하면 그것은 자력에너지를 따라 흘러가 부정적 조건이 있는 신체 부위에 반응하기 시작하여 그 조건은 사라지기 시작한다. 타인을 치유할 때 그가 완전한 건강 이미지를 유지하도록 해야 한다. 치유사가 자신의 건강한 생각 이미지를 환자에게 보내 일시적으로 환자의 병을 치유할 수 있지만 환자가 자신의 마음속에 부정적 생각을 제거하지 않으면 그 병은 재발할 수 있다.

자력에너지가 약할 때 생각 이미지는 신체에 잘 전달되지 못하며 아울러 타인과 대화에서 설득력 있게 자신의 주장을 전할 수가 없다. 자력에너지는 왼편으로 들어오고 오른편으로 나간다. 그러므로 자력 치유를 할 때 자력 에너지가 나오는 오른손을 상처나 치료를 요하는 부위에 놓는다.

②프라나 에너지

프라나 에너지의 주요한 기능은 "아스트럴 통로와 쿤달리니 호흡"에서 이미 설명했다. 프라나 에너지는 생명에너지와 합쳐져서 호르몬 분비물을 만든다. 올바른 호흡만으로 육체 건강은 유지된다.

③아카사 에너지

육체에는 프라나 에너지가 흐르는 4차원 통로(나디) 이외에 아카사 에너지가 흐르는 미세한 물질 통로가 있다. 동양에서 기 에너지로 알려진 것이 아카사 에너지이다. 일반인에게는 14만개의 아카사 채널이 있으며 이 채널을 통하여 아카사 에너지는 온몸으로 흐른다.

이 에너지는 치유의 에너지로 알려져 있으며 신체에 33개의 중요 센터가 있다. 아카사 에너지는 머리를 통하여 가장 많이 들어오나 실제로는 온몸을 통하여 들어오는 에너지로, 좀 더 민감하면 피부호흡을 통하여 산소와 함께 이 아카사 에너지가 들어온다.

치유는 질병 부위에 가장 가까이 위치한 아카사 센터를 자극하여 치유 에너지를 불러내면 된다. 이들 센터를 자극시키는 방법으로는 생각의 힘, 마사지, 침술, 약초, 뜸 등이 있다.

④생명력(생명에너지)

송과선 위에 위치한 아유라베다 센터를 통하여 들어오는 에너지가 생명력이며 이것은 송과선을 통하여 내려와 태양신경총에 저장된다. 이 에너지는 태양신경총에서 핏줄과 신경망을 통하여 온몸으로 흘러들어가 육체에 생명력을 준다. 이 에너지는 육체 재생에너지이다. 노화는 재생되는 세포보다 파괴되는 세포가 많기 때문에 일어난다.

연금술에서 찾고 있는 현자의 돌(모든 물질을 변형시킬 수 있는 용매로 이것은 인간의 수명 연장과 인간의 치료에도 효과적일 것으로 생각되었음)은 생명력과 밀접한 관계가 있다.

연금술의 핵심은 12알케미 과정에 있으며 이것은 두뇌 12영 센터와 뇌사에서 일어난다. 앞에서 언급하였지만 뇌사 진동은 건강과 노화에 결정적 영향을 미치며 생명력의 양은 뇌사의 진동에 따라 결정된다.

진동이 느려지는 이유는 우리가 먹는 음식물과 송과선을 둘러싸고 있는 12영 센터의 에너지가 뇌사에 충분히 작동하지 못하여 뇌사가 적당한 진동을 유지하지 못하기 때문이다. 불사의 약은 완전하고 균형 잡힌 생명력 공급이라고 말할 수도 있다. 12영 센터의 힘이 뇌사에 가해질 때 연금술에서 말하는 변형의 12과정이 일어난다. 12과정은 12영 센터의 힘이며 육체의 완전한 변형과 활성화를 가져온다.

(4) 개념을 통한 치유

물질계는 신성한 마음이 구체화된 이미지/개념의 세계이며 물질계의 모든 것은 개념으로 존재한다. 질병도 우리의 개념이며 건강도 우리의 개념이다. 그러므로 치유에 있어 우리가 지닌 개념은 매우 중요하다. 개념은 인간의 집단최면과도 밀접하게 관련되고 시대에 따라 변화하여왔다.

신의 속성을 지닌 우리는 창조력을 지니므로 생각하는 대로 이루어진다. 질병도 우리가 그것에 창조력을 주었기 때문에 존재한다. 꿈속에서 불치병에 걸려도 꿈에서 깨어나면 환상이듯이 우리가 지닌 부정적 개념을 바꾸거나 제거하면 질병뿐 아니라 모든 물질 한계를 넘어설 수 있다.

우리가 육체의 속성과 부정적인 조건에 매여 있는 이유는 자신을 영적인 존재가 아닌 육체적 존재로 인식하기 때문이다.

신에게 돌아가는 출발점은 우리가 지금 살고 있는 육체에서 시작된다. 육체가 신의 에너지가 흐르는 완전한 통로가 되지 않는다면 우리는 신과 만날 수가 없다.

우리가 병에 걸리는 이유는 완전한 건강이 무엇인지에 대한 앎(지식)을 잃어버렸기 때문이다. 완전한 건강은 신의식의 완전한 현시를 의미한다. 완전한 건강에 대한 앎이란 우리가 신의 속성을 아는 것, 우리의 신성한 속성에 대하여 의심이 없는 것, 신의식과 조화 속에 있는 것, 우리 의식 속에 부정적 생각이 없는 것, 신성한 우주 법칙을 이해하는 것, 육체를 우주의식이 현시하는 절대적인 통로로 생각하는 것이다.

(5) 내분비선과 질병

내분비선에 이상이 생기면 병이 생긴다. 예를 든다면 천식, 건초열, 편두통은 특정 물질에 대한 알레르기 반응으로 일어나는데 이 알레르기는 부갑상선과 부신선의 기능 저하 때문에 생긴다.

자력에너지를 증상이 있는 신체부위에 보내면 증상을 완화시킬 수가 있으나 근본 원인 제거는 되지 않는다. 부신선과 부갑상선을 자력에너지로 자극하여 분비선을 정상으로 분비시키면 몸이 정상화된다.

생각의 힘으로 자력에너지를 이용하여 내분비선을 자극하는 방법이 있다. 호르몬 분비물 증가가 필요하면 생각으로 내분비선이 자극되어 분비물이 빠르게 흐르도록, 분비물 감소가 필요하면 흐름이 느려지도록 의지를 작동한다.

그러면 즉시 해당 내분비선으로 자력에너지가 흘러가 즉각적인 반응이 일어난다. 여기서 중요한 것은 생각의 힘이다. 생각이 아닌 손을 사용하여 자력에너지를 보낼 경우, 해당 내분비선이 위치한 부위에 오른손을 둔다.

뇌하수체는 신체의 성장에 관여하며 왜소증이나 거인증은 뇌하수체의 불균형에서 일어난다. 왜소증은 분비물의 부족으로 반대로 거인증은 과다로 일어난다.

신체의 질병에 저항력을 주는 것이 갑상선 호르몬이다. 갑상선 호르몬의 부족은 사람에게 활력을 뺏어가며 쉽게 지치게 만든다. 감기에 자주 걸리는 것은 갑상선의 티록신 부족 때문이다.

(호르몬선 자극하기 요법)

상당수 질병은 호르몬 분비 이상으로 발생한다. 내분비선이 적절히 작동되면 질병은 사라진다. 내분비선이 적절하게 작동하지 않아 생기는 질병은 자력에너지를 사용하여 해당 내분비선에 자극을 주면 매우 효과적으로 치유할 수 있다. 오른손으로 해당 내분비선에 놓고 그 기관이 잘 작동하도록 완전한 기관으로 생각한다. 3분 동안 그 생각을 계속 유지하면 진동이 설정된다.

7. 진동의 비밀

(1) 진동의 비밀

우주는 진동으로 운행되며 신은 진동으로 우주의 모든 것을 창조하였다. 그러므로 우주는 모두 진동으로 되어있고 진동의 비밀을 아는 자는 우주의 비밀 열쇠를 가진 셈이다. 이 세상에 진동 아닌 것이 없다. 그 유일한 예외는 진동을 창조한 신뿐이다.

물질계의 원자부터 분자, 물질도 진동이며, 상위의 계로 들어가는 장벽도 진동이며 우주의식을 둘러싸고 있는 6차원 벽도 진동으로 되어있다. 물질의 차이는 진동의 차이일 뿐이며 물질계와 상위계의 차이도 진동의 차이다.

위대한 스승들은 소리와 음조 그리고 강세로 이루어진 특정한 소리가 우리의 영적 성장에 크게 도움이 됨을 아시고 깨달음의 수단으로 여러 만트람을 고안하였다. 티베트의 진언, 센터 각성에 사용되는 여러 만트람, 카발라에 나오는 히브리 문자 소리, 신의 이름, 천사 이름은 모두 소리의 진동과 관련이 된다.

그런데 중요한 것은 소리 그 자체만으로는 아무런 효과가 없고 의지가 소리와 합쳐져야 소리가 작동한다. 소리(진동)는 어떤 힘을 전하는 매체일 뿐이다. 전기가 구리선을 통하여 흐르듯이 특정 힘은 특정 진동을 가진 소리를 통하여 흐른다. 나무나 플라스틱이 전기를 전달하지 못하듯이 아무 소리나 힘을 전하는 매체가 되지는 못한다.

만트람에는 발성자의 의지와 생각이 아주 중요하다. 같은 만트람을 하여도 어떤 사람은 효과가 있고 어떤 사람은 아무런 효과가 없는 것은 발성자의 의지와 생각이 소리에 영향을 미친 까닭이다. 만트람을 하면서 마음속으로 그 효력을 부정한다거나 마지못해 한다면 만트람은 효력을 발휘할 수 없다.

개인의 의지나 생각은 만트람의 효력에 핵심이며 발성방법도 그러하다. 만트람은 적당한 방법으로 발성해야 효과가 있다. 만트람을 발성할 때 조화로운 생각과 존경심을 유지해야 하며 육체와 마음을 완전히 이완하고 소리를 내야한다. 최고의 생각이 유지되어야 하며 의식은 가능한 평온하고 침착한 상태에 있어야 한다. 반드시 해당 만트람의 용도를 알고 그것에 마음을 집중해야 한다.

소리의 힘은 양극성을 가지므로 만트람을 하기 전에 들숨을 하면서 마음으로 발성하고(-극) 그리고 날숨을 하면서 소리 내어 만트람을 발성하는 것(+극)이 절대적으로 필요하다. 사실 이 발성법은 세상에 거의 알려지지 않은 비밀스러운 내용이다. 사람들은 날숨에만 집중한다.

만트람은 여러 용도로 사용되는데, 신체의 특정 부위에 반응하여 신체에 흐르는 상위의 힘과 동조하기, 신체에 작동하여 세포 구조를 배열하거나 재배열하여 치유하기, 오컬트 센터 열기, 부정적인 힘을 몰아내기, 상위 계의 문을 열기, 육체와 우주를 영적으로 조화롭게 동조시키기, 신과 자아의 동조 등이다. 우리가 우주의식과 동조하여 진동할 수 있을 때 우주의식과 합일에 이른다.

결론적으로 만트람을 사용하는 사람의 의지와 생각이 만트람에 주입되지 않으면 만트람은 거의 효력이 없다. 만트람에 힘을 부여하는 자는 바로 우리 자신이다. 혼은 근원적 존재에서 창조력을 끌어당겨 생각으로 표현한다. 생각은 물질계의 창조 수단이다. 그러므로 신의 창조력을 바르게 사용하기 위하여 마음 정화와 의지 강화가 필요하다.

(2) 혼의 진동

비밀 가르침에 따르면 인간의 혼은 특정한 색상에 동조하는 고유한 색깔이 있으며 전부 7개로 나뉜다. 이것은 요즈음 많은 관심을 모으고 있고 영적 진화 상태를 보여준다는 개인 오라를 말하는 것이 아니다. 이 혼의 고유 진동 색상은 진화 정도와는 상관없이 혼의 고유한 속성을 나타낸다.

같은 혼의 색상을 가진 사람들은 서로 간에 잘 동조된다. 살다보면 여러 부류의 사람을 만나게 되고 그중에는 특별한 이유 없이 쉽게 친해지고 편안함을 주는 사람이 있다. 여러 이유가 있겠으나 같은 혼 진동을 가진 사람일 가능성이 크다. 사람을 7가지 부류로 구분 가능하다는 의미이다.

왜 7인가? 7옥타브, 무지개 7색(빨강, 주황, 노란, 초록, 파란, 남색, 보라), 7차크라, 히브리 문자의 7복자, 일주일(7일). 호수에 돌을 던지면 일어나는 7개의 동그란 물결. 이 모든 것이 우연일까? 세상에 우연은 없다. 모든 것은 우주법칙에 따라 운영된다.

7이란 숫자가 주는 메시지는 무엇인가? 고대 비밀 가르침에 따르면 신은 우주창조 과정에서 자신 주변에 7개의 영 행성을 만들고 자신의 일부(혼)를 그곳에 발출하였다. 이 혼들은 그 상태에서 우주의식과 동조하고 신의 한 부분으로 기능하고 있었으며 나중에 신의 의지에 따라 물질계로 확장하여 물질 삶을 시작하였다. 랜턴 불빛처럼 혼의 빛은 발출되었으나 그 근원은 물질계로 나온 적이 없다. 단지 혼 빛의 확장 내지 연장이었다.

상징적으로 표현되는 인간의 추락 때문에 혼(엄밀한 의미에서 혼의 확장)은 육체에 갇히게 되고 그때부터 원래의 상태를 향한 인간의 분투와 윤회가 시작되었다. 7은 7영 행성에서 시작된 것이다. 이것이 물질계에 반영되어 나타난 것이 7차크라, 7음계, 무지개 7색 등이다.

(3) 색과 빛

빛과 색은 진동이며 우리 삶에 엄청난 영향을 미친다. 전등, 가구, 벽지, 옷, 사무실, 작업장 등에 어떤 색깔을 사용하는 가는 아주 중요하다.

청색, 보라색, 녹색은 신경계통을 이완시키고 빨강색, 주황색, 노란색은 신경을 자극하는 색이다. 집이나 일터의 조화롭지 못한 색상 배합 때문에 신경불안에 놓인 경우도 있다. 색상에 대한 이해 없이는 그 원인을 찾지 못하는 수도 있다.

일터에서 작업효율에 가장 좋은 색상은 녹색, 적색, 노란색 같은 밝은 색깔이다. 파리는 찬 느낌을 주는 청색을 싫어하며 반대로 따뜻한 색깔을 좋아한다. 근육 반응도 색상에 따라 변하는데 적색, 주황색, 노란색, 녹색, 청색 순으로 강한 반응을 보이며 운동 전에 적색 전등이 있는 곳에서 한 시간 정도 있으면 실제 경기에서 평소보다 뛰어난 결과를 얻을 수 있다.

색상은 음식에도 적용되는데 음식 고유색상과는 반대되는 전등불빛

아래에서 음식을 먹게 되면 대개는 구역질을 하게 된다. 음식은 녹색으로 포장하면 좋다. 식사에 가장 좋은 주변색은 적색, 주황색, 노란색 등이며 피해야 할 색상은 초록색, 청색, 보라색 등이다. 기억력도 색상과 연계되는데 마음은 청색 빛에 느리게 작동하며 기억력은 적색에서 증대된다.

식물도 색상에 영향을 받으며 상추는 적색 빛 아래에서 4배 빨리 성장하며 콩류는 적색과 백색광에서 잘 자라고 녹색과 청색에서 죽는다. 일반적으로 적색, 주황색, 노란색은 식물에 생명을 주고 청색, 녹색, 보라색은 성장을 멈추게 하거나 죽게 한다.

색상은 치유와 관련하여 아주 중요하다. 특히 뇌와 신경계통에 큰 영향을 미친다. 정신적 혼란이나 육체적 이상의 원인 일부는 색상의 부조화에서 찾을 수 있다.

카발라에 따르면 신은 빛이며 우리 육체는 빛의 또 다른 형태이다. 즉 빛이 침강한 것으로 본다. 그러므로 육체의 세포는 빛에 민감하게 반응할 수밖에 없다. 질병에 대응하여 잘 작동하는 색상이 있다. 예를 들면 관절염은 주황색, 고혈압은 청색, 저혈압은 적색, 눈의 긴장에는 청색 등이다.

(4) 파동과 세계평화

모든 것은 진동한다. 진동하지 않는 것은 존재하지 않는다. 생각은 진동이며 생각 파동은 온 세상을 감싸고 흐르고 있다. 라디오 전파 주파수를 맞추어 수신하듯 우리는 알게 모르게 주변의 생각 파동을 수신하고 송신하는 셈이다.

우주는 끊임없이 사람들로부터 나오는 생각으로 채워지고 동시에 우리는 그 생각에 반응하여 새로운 생각을 내보낸다. 이것은 연쇄반응 속에 거대한 사슬로 끊임없이 이어진다.

어느 순간 인류 모두가 동시에 세계 평화를 기원하며 평화의 진동을 보낸다면 순식간에 이 지구는 평화와 행복이 가득한 세계로 변화될 것이다. 그동안 이어 내려온 부정적 생각 파동의 연쇄 고리는 조화로운 생각 파동의 고리로 변화되고 모두는 그 기운을 느껴 엄청난 영적 성장이 일어날 것이다. 여기에 세계평화를 위한 기도의 비밀이 있다. 여러 영적인 단체에서 특정 시간을 정하여 평화의 진동을 보내는 것도 생각의 바다를 정화하려는 일환이다.

고려시대 몽골의 침략에 맞서 온 국민이 팔만대장경을 조판한 이유도 마찬가지이다. 부처님의 말씀을 조판하는 일에 참가하면서 자연스럽게 사람들의 마음은 맑아지고 그 기운은 온 국토를 청정하고 조화로운 진동으로 바꾸며 적군도 이 조화로운 진동에 영향을 받게 되는 것이다. 치성을 드릴 때 목욕재계하고 부정한 것을 보지 않는 것도 마찬가지 의미가 숨겨져 있다.

행동만이 아니라 생각으로도 죄를 짓게 된다. 우리가 의도적으로 또는 무심결에 내보내는 부정적 생각은 많은 사람들에게 영향을 줄 수 있으며 이것은 어떤 의미에서는 우리 카르마를 쌓는 일이다. 그래서 스승들은 바른 생각을 강조한다.

8. 생각의 비밀

(1) 생각이란!

생각은 눈에 보이지 않으나 특정한 진동을 가진 실체이다. 과학은 진동을 에너지로 보는데 그런 점에서 생각은 에너지이다. 오컬트 차원에서 본다면 생각은 신의 창조력을 수행하는 에너지이다.

우리가 하는 육체적 경험이나 지각은 즉시 마음에 이미지를 형성한다. 뇌에 형성된 이미지가 표현되는 것이 말이다. 글이나 소리는 마음에 그것에 상응하는 이미지를 형성한다. 마음의 이미지나 영상은 다른 말로 생각 이미지이다.

  우리가 실재한다고 알고 있는 지상의 모든 것은 환영이다. 존재하는 것은 신 의식의 물질화된 생각 혹은 우리 혼의 물질화된 생각이다.

  생각은 자력이라는 에너지를 통하여 운반되는데 자력은 몸 왼쪽으로 들어오고 오른쪽으로 나가는 성질이 있다. 이것을 이용하여 누군가를 설득할 때 오른쪽 눈으로 상대방의 왼편 눈이나 신체부위를 강하게 바라보며 이야기하면 상대방에게 명확한 이미지를 보낼 수 있으며 상대방은 의도를 쉽게 알아챈다. 이 방법은 좋은 생각을 전할 때만 사용해야 한다. 그렇지 않으면 나쁜 업을 축적하는 흑마법이 될 수 있다.

  생각은 다음과 같이 분류할 수 있다.

(가) 일상적 생각: 대부분의 사람들의 생각은 과거 기억이나 연상(聯想)의 혼합물이다.

(나) 창조적 생각: 소수의 사람들만이 기억이나 연상 너머에서 새로운 개념과 생각을 가지고 온다. 창조적 생각을 할 수 있을 때 깨달음에 다가가고 있다. 즉 우주의식과 접촉하기 전에 대중의식을 넘어서야한다. 일반인들은 새로운 생각인 창조적 혹은 건설적 생각을 가진 자를 끌어 내리려고 한다. 새로운 사고의 소유자는 늘 박해를 받아왔다. 왜냐하면 대중은 자신들보다 앞선 사람을 질시하기 때문이다. 대중이 용납할 수 없는 것은 인종과 시대를 넘어 앞서 가는 사람들이다. 타인이 우리를 어떻게 생각하든 신경 쓰지 말아야 한다. 타인의 의견에 영향을 받게 되면 자신의 진보는 지체된다.

(다) 신성한 생각: 우리의 영적인 성장을 위하여 신의 마음에서 흘러나오는 생각이며, 이 생각은 완전하고 조화로우며 인간을 더 나은 삶으로 안내한다. 신성 멘탈계에서 형태 없는 그러나 잠재성을 띤 생각이 창조

되어 아스트럴계로 내려온다. 아스트럴계에는 역할에 따라 23개의 내부 공간이 있고 이 공간에는 위대한 존재들이 형태 없는 무수한 잠재적 생각들을 관리하고 필요에 따라 물질계에 생각을 내려보낸다. 이 잠재적 생각이 물질계로 흘러나와 마음으로 흐를 때 우리가 그 잠재적 생각을 받아들여 그것에 우리의 창조력을 부여하여 새로운 발견을 하거나 위대한 작품을 쓰게 된다. 우리가 잠재적 생각을 받아들이면 그것에 생명력을 주는 것이고 이것은 생각의 바다로 흘러들어간다.

(라) 원인과 결과의 수단인 생각: 우리가 행한 모든 원인은 신성 멘탈계에서 정의와 자비에 의하여 조율되어 그 결과가 생각 임펄스로 나와서 우리의 의식에 영향을 준다. 이 생각은 개인의 원인과 결과를 실현하는 수단으로 작동한다. 그런 생각이 마음을 지나갈 때 사람의 의식 수준에 따라 다양하게 변하여 생각의 바다로 들어간다. 경우에 따라 정화되기도 하고 더러워질 수 있다. 우리가 어떤 종류의 생각을 채택할 때 이 생각은 삶을 자극하는 요인이 되어 우리 삶의 방향을 통제하기 시작한다.

(마) 생각의 바다에서 특정 생각을 받아들여 우리가 덧칠하여 내보내는 생각: 우리는 생각의 바다 속에 살고 있으며 생각을 받아들여 그것에 자신의 생각을 덧칠하여 내보내기도 한다. 생각의 바다는 주로 부정적인 생각으로 차있다. 왜냐하면 사람들 의식이 부정적이어서 왜곡된 이미지를 생각의 대양(大洋)에 내보내기 때문이다. 만약 모든 사람들이 동시에 한 시간만 마음에 평화와 평온을 유지한다면 아무도 이전의 부정적인 생각으로 돌아가지 못할 것이다. 왜냐하면 우리가 조화로운 생각을 내보낼 때 생각은 라디오 전파처럼 그것에 동조한 세상 모든 사람에게 받아들여져 끝없는 조화의 생각 사슬을 만들 수 있기 때문이다. 현실은 그 반대에 가깝다. 알게 모르게 우리가 내보내는 생각은 생각의 대양 속에 더해져서 흐르며 이것은 사람들에게 영향을 주게 된다. 생각에는 책임이

따른다. 그래서 생각이 실제로 눈에 보이듯이 생각해야 하며 조화, 질서, 아름다운 생각이 습관이 되도록 해야 한다.

(2) 생각이 일어나는 과정

생각 이미지는 오딕 에너지(odic force)에 진동으로 각인되어 뇌세포에 보관된다. 오딕 에너지는 뇌세포 감각제로 불리며 이것은 모든 뇌세포에 스며있으며 죽을 때까지 분해되거나 사라지지 않는다.

생각 이미지가 오딕 에너지에 기록되는 것은 마치 소리가 축음기에 기록되는 것과 비슷하다. 잠재의식은 받아들여진 이미지를 적절하게 해당되는 뇌세포로 배치하는 역할을 수행한다. 그리고 필요한 정보를 해당되는 뇌세포에서 끄집어내어 현재의식으로 내보기도 한다. 도서관의 사서 역할을 한다.

감각을 통하여 받아들인 모든 정보나 충동은 오딕포스라는 에너지에 의하여 이미지로 각인되어 뇌에 보관(기억)되며, 생각할 때마다 해당되는 뇌세포의 오딕포스에서 생각 이미지가 방출된다. 기억은 해당되는 정보를 보관한 뇌세포의 오딕포스를 불러내는 과정이다. 그러므로 특정 부위의 뇌세포에 문제가 생기면 기억상실이 일어나기도 한다.

송과선(잠재의식)과 뇌하수체(현재의식) 사이에는 두개의 통로가 있다. 왼쪽 채널은 현재의식을 통하여 받아들인 감각을 잠재의식으로 보내는 것이며 오른쪽 채널은 잠재의식의 반응이나 정보가 현재의식으로 나오는 길이다. 집중력이 요구되는 일을 하는 경우 과도한 음식물은 피한다. 왜냐하면 음식물을 소화시키기 위하여 정신활동에 사용될 에너지를 위에서 사용하기 때문에 정신활동(생각)이 많이 느려진다.

(3) 생각의 중요성

생각이 무엇인지 안다면 우리는 함부로 부정적인 생각을 하지 못할 것이다. 우리는 부정적 사고에 익숙해져있다. 사소한 부정적 생각이 마음을 어지럽히고 나중에는 이것이 전체 생각을 지배하게 된다. 같은 것은 같은 것을 불러들인다. 부정적 생각은 부정적 생각을 끌어당긴다. 우리는 부정적 생각을 긍정적 생각으로 대체하고 최종적으로는 공(空)의식으로 대체해야 한다.

생각은 우리의 신성의지와 작동하여 병을 치유하고 물질창조하게 하는 도구이면서 동시에 우리가 내면으로 들어가는 것을 방해하는 장애물이기도 한다. 우주의식과 합일은 생각을 분리하여 지켜보는데 있다. 지켜보기 수련에서 우리가 생각에서 분리되어 내면으로 들어가면 생각을 지켜보는 자 즉 혼과 만나게 된다.

지켜보는 자아는 물질계, 아스트럴, 멘탈, 영계에 전부 존재하며 카발라 용어로 말한다면 네페쉬(물질혼), 루아흐(아스트럴 혼), 네쉐마(멘탈 혼), 히아(영적 혼)이다. 그러나 이들 혼 모두가 지켜보는 자일지라도 능력에 있어서는 다르다.

우리는 지금 물질 육체에 몰입하여 상위의 혼들을 지각하지 못하고 있다. 카발라 입장에서 본다면 아스트럴 혼, 멘탈 혼을 지나 영적 혼과 합일이 진정한 삼매이다. 카발라의 수련법에는 물질 혼과 상위 혼과의 통로를 여는 것이 있다.

(4) 생각과 물

부정적 사념에서 해방되는 것이 필요하다. 우리 주변은 사람들로부터 뿜어지는 생각 파동으로 차있다. 부정적 생각에 동조하면 그 생각에 영향을 받아 부정적인 사고나 행동을 하게 된다. 주변의 사념을 완전히 통제할 정도의 의식 수준에 도달하였다면 몰라도 그전에는 사념은 명상에 방해물이다. 그래서 예로부터 수련을 위하여 특정한 장소가 선호되었다.

그런 장소는 주변에 마을이 없는 높은 산이나 맑은 호수가 있는 곳이다. 높은 산에는 사념이 미치지 못하고 호수가 있는 곳은 호수의 맑은 물이 생각의 흐름을 차단하기 때문이다. 물은 외부의 힘에 가장 민감하게 반응하고 받아들이는 성질을 가진다. 컵에 깨끗한 물을 넣고 특정 생각을 보내면 물은 그 진동을 받아들여 그 성질을 띠기도 한다. 그것은 물의 속성에서 기인하는 것이다. 말이나 감정은 특정 진동을 가진 생각이며 이것이 물에 반응하여 물의 속성을 바꾼다.

(6) 생각과 성경에 나오는 666

요한 계시록 13장 18절에 "바로 여기에 지혜가 필요하다. 영리한 사람은 그 짐승을 가리키는 숫자를 풀이해 보라. 그 숫자는 사람의 이름을 표시하는 것으로 그 수는 육백육십육이다."라는 구절이 있다.

이 숫자는 인간의 생각이 이 진동 옥타브를 통하여 흐르는 것을 말한다. 이것은 1초당 6백6십6조의 진동이며 1조분의 1초에 생각파동이 666번 진동한다. 이것은 인류가 가진 생각의 기본 옥타브(보편적 상념 진동수)이다. 이 옥타브 안에서 개인 각자 독특한 자신의 진동을 가진다.

요한계시록의 짐승의 마크인 666은 바로 의식적으로 혹은 무의식적으로 사람에 대한 생각 지배를 배운 사람들이 행하는 인간에 대한 정신(생각)지배를 의미한다. 요한 계시록은 미래에 생각의 진동을 통제하여 인류를 지배하려는 악의 세력에 대하여 말하는 것이며 그 수단은 다름 아닌 생각의 흐름이다. 깨달은 자는 자신의 생각을 통제하는 자이며 일반인들은 오히려 생각에 통제되는 경향이 크다. 감정적 반응이나 습관적 반응은 그 대표적 예이다.

역사적으로 대중의 생각을 조정한 예로는 히틀러가 있다. 독일국민이 유대인이나 집시에 대한 반감과 증오로 집단학살에 동참한 것은 나치집단이 생각흐름을 통하여 대중을 최면 상태로 이끈 결과였다. 상식이 마비되고 죄의식도 사라지는 집단 최면상태의 예를 가장 가까운 곳에서 찾자면 일본인이 관동 대지진에서 수천 명의 한국인을 무참히 학살한 사건이나 일본 군대가 중국인을 대량 학살한 난징사건에서도 볼 수가 있다.

　집단의식이나 인종의식은 모든 사람에게 작동하는 강력한 힘이다. 우리가 이것을 올바로 사용한다면 긍정적 결과가 되겠지만 대부분 집단이나 인종의식에 이용된다. 인종차별은 그 대표적 예이며 선조나 집단의 그릇된 사고와 행동을 반복하여 따르도록 강요된다.

　이런 사건들은 과거의 일이며 오늘날 문명사회나 미래에는 일어나지 않으리라 생각하는 것은 너무 위험한 발상이다. 인류가 생각과 참된 자신을 분리하여 지켜보고 통제하지 못하는 한, 언제든지 일어날 수 있는 일이다.

　오히려 과학이 발전할수록 더욱 생각의 지배하에 놓일 가능성이 커진다. 통신기술의 발전으로 과거 같으면 여러 달 아니면 평생 몰랐을 정보를 단지 수 분만에 접할 수 있다. 인터넷 혁명은 이것을 가능하게 했다. 좋은 정보든 나쁜 정보든 쉽게 그 영향을 받게 되었다. 첨단 기술이 우리에게 여러 유익한 것을 제공하지만 반면에 부정적인 것도 많이 있다.

　인터넷 사이버 세계에서 사람을 만나고 사이버에 자신이 바라는 사회를 만들고 사이버 게임에 몰입하여 현실에서 도피하는 것이 지금의 모습이다. 물질세계에 비교한다면 이것은 환영의 세계이며 가상현실이다. 물질세계를 환영의 세계로 보는 입장에서 가상현실은 꿈속의 꿈이다. 우리는 깨어나는 대신 더욱 더 꿈의 세계로 들어가고 있다.

　가상세계에서 모든 것은 가능하다. 원하는 것은 즉시 주어지며 힘든 현실을 잊기에는 더할 나위 없이 좋다. 이것은 인류에게 천국처럼 보일 것이다. 미래에 어느 시점에서 정말 인류가 과학에 종속되어 과학문명을 신처럼 받들며 살아가는 시기가 있을 것이다.

　요한 계시록 13장 1절에 보면 "그 짐승은 뿔이 열개이고 머리가 일곱이었다. 그 뿔에는 각각 관이 하나씩 씌어져 있었으며 그 머리 마다 하느님께 모독이 되는 이름이 쓰여 있었다."

여기서 짐승은 국가 연합을 상징하며 이 짐승의 머리에 쓰여 있는 하느님을 모독하는 이름은 영적가르침에 적대적인 일곱 나라의 물질적 가르침이나 종교를 나타내는 말이다.

13장 2절 "내가 본 짐승은 표범과 같았는데 그 발은 곰의 발과 같았고 그 입은 사자의 입과 같았다. 그 짐승은 용으로부터 힘과 왕위와 권세를 받았다."

여기서 동물은 국가를 상징하며 사자는 연맹의 수장인 영국, 곰은 러시아, 표범은 아프리카연합국, 용은 중국을 말한다. 이 시기에 이들 나라들이 개발한 과학 힘 때문에 사람들은 과학을 숭배하고 물질 너머 다른 영적인 세계를 상상하지 못한다. 즉 과학이 종교가 되어 신처럼 대접받는 사회이다.

다시 요한 계시록 13장 16, 17, 18절을 살피면 "모든 사람에게 오른손이나 이마에 낙인을 받게 하였다. 그리고 그 짐승의 이름이나 그 이름을 표시하는 숫자의 낙인이 찍힌 사람 이외에는 아무도 물건을 사거나 팔거나 하지 못하게 하였다. 여기에 지혜가 필요하다. 영리한 사람은 그 짐승을 가리키는 숫자를 풀이해 보라. 그 숫자는 사람의 이름을 표시하는 것으로 그 수는 육백육십육이다."

이 시기에 지배자인 과학자들은 사람들 뇌에 어떤 수술을 하여 몸과 마음이 과학자 의지에 절대 복종하게끔 만들어 놓을 것이다. 이 수술을 거부하는 자는 물질낙원(?)인 도시에서 추방되어 짐승처럼 살해될 것이다. 과학자들은 자신들이 만든 기계(개인의 진동이 기록되어 있음)를 통하여 수술 받은 사람들의 행동과 사상을 통제할 수 있게 된다.

9. 기제의 대피라미드

(1) 대피라미드의 비밀

BC 36000년 전에 아틀란티스인 토트에 의하여 건립되었다. 토트는 아틀란티스 문명의 지식을 이집트에 가지고 와서 인류가 그 지식을 이해하고 적절하게 사용할 수 있을 만큼 성장할 때까지 고대 지식이 훼손되지 않고 보존되도록 대피라미드를 지어 보관하였다. 피라미드는 고대 지식의 보관소이다. 피라미드를 구성하는 여러 상징은 신비학도에게는 아주 중요한 정보를 제공한다. 피라미드는 카발라 이론의 구현이며 카발라는 아틀란티스인이 가졌던 과학, 종교 등 모든 지식의 통합적 체계이다.

기제의 세 개 피라미드와 스핑크스는 카발라 생명나무(아담카드몬)의 4계를 상징하며 스핑크스는 물질계, 가까이 있는 대피라미드는 영계를 상징한다. 스핑크스와 대피라미드 사이에 봉해진 통로는 물질계와 영계 사이에 숨겨진 연결을 상징한다.

대피라미드는 비전의 장소였으며 모세, 솔로몬, 예수가 여기서 비전을 받았다. 비전을 준비하는 자는 여러 단계를 거쳐 왕의 방에 있는 석관에 오게 되고 여기서 혼을 육체에서 해방시키는 의식이 있다. 이 의식을 통하여 앞선 지구 사이클의 신비를 경험한다.

다음으로 가는 곳은 여왕의 방이며 여기서 9시간의 단식과 명상을 하면서 혼자 놓여진다. 9시간 끝에 토트 앞에서 비밀을 위한 최종 서약을 위하여 여왕의 방 뒤에 숨겨진 통로와 연결되어 있는 비전의 사원으로 안내된다. 여기서 최종적으로 받아들여지면 비전가는 우주의 신비를 구하는데 헌신하여 살게 되며 우주 계획 완수를 위하여 일하게 된다.

피라미드 안에는 인간에게 숨겨진 모든 힘의 비밀이 있으며 피라미드는 인간육체에 있는 오컬트센터와 힘의 완전한 상징이다. 사실 고대 지혜학교 사원들은 피라미드 형태로 지어졌다.

(2) 피라미드의 건설자 토트와 에메랄드 타블레트

BC 36000년 전에 피라미드가 건립된 사실은 아틀란티스인 토트가 남긴 <에메랄드 타블레트>에서 드러난다. 이 책은 BWT 창립자인 도리얼 박사가 1925년에 남아메리카에서 아틀란티스어로 기록된 타블레트를 찾아 영어로 번역한 것이다.

토트는 BC 50000년 전부터 BC 36,000까지 이집트를 지배했으며 이집트를 떠날 시기가 되었을 때 그는 아멘티(상위 우주의식인 7주님들이 거주하는 장소로 이들은 인류의 영적성장을 돕고자 자신의 존재를 지구에까지 발출하였다. 혼이 존재하는 모든 행성에 이들 분신이 거주하는 아멘티가 있다)에 이르는 입구 위에 대피라미드를 건설하고 그 안에 여러 기록을 넣어두고 뛰어난 자들을 선택하여 피리미드 비밀을 지키게 하였으며 이들의 후손이 피라미드 사제가 되었다.

토트는 이후 세 번 지상에 화신하였고 마지막 화신은 헤르메스로 알려졌으며 오컬트 학자에게 헤르메스의 <에메랄드 타브레트>로 알려진 책을 남겼다. 이 책과 도리얼 박사가 찾아 번역한 <에메랄드 타블레트>과는 내용과 수준이 다르다.

이 책이 우리에게 알려진 과정을 보면 BC 1300년경 고대 이집트는 혼란에 있었으며 많은 사제들이 세계 여러 곳으로 흩어졌다. 이 중 일단의 사제들이 자신들보다 미개한 종족에 대하여 자신들의 권위를 상징할 수 있는 타블레트를 부적처럼 지참하고 남아메리카에 가서 그곳에 정착하였고 타블레트는 태양신을 모신 신전제단 밑에 숨겨졌다.

도리얼 박사가 지구 형제단으로부터 이것을 찾아서 대피라미드에 다시 보관하라는 임무를 받고 생명을 건 모험 끝에 타블레트를 찾아내었다. 도리얼 박사는 반납하기 전에 타블레트를 번역하여 그 사본의 소유를 허락받았다. 이때가 1925년이었다.

도리얼 박사는 번역 서문 마지막에 "이 지혜를 읽어라. 내용을 믿지 않더라도 읽어라. 책 속에 진동이 그대의 혼에 반응하여 그대를 각성시킬 것이다."라고 말하였다.

(3) 피라미드와 관련한 에메랄드 타블레트의 주요 내용

"아틀란티스인 나 토트는 신비의 마스터, 기록의 보관자, 강력한 왕, 마법사, 많은 세월을 살아온 자로, 이제 아멘티로 떠나가기에 앞서 후세의 길잡이가 되도록 위대한 아틀란티스의 깊은 지혜를 기록으로 남겨두려 한다."(책 편찬 이유)

"내주변의 사람들이 죽고 다시 윤회하는 것을 지켜보면서도 나는 오래 동안 살아왔다. 나와 함께 하였던 높은 의식의 혼들은 점차로 아틀란티스를 떠나고 낮은 행성에서 온 저급한 혼들이 대신 자리를 차지하였다." (아틀란티스 문명의 쇄락)

"거주자는 영원히 불타오르는 불의 꽃 방향을 변화시키니 지구의 균형이 변화되어 바다가 넘쳐나 수많은 사람들이 죽고 단지 빛의 신전만이 운달 섬의 높은 산위에 남아있었다. 거기에 거주하는 소수의 사람만이 구원되었다." (아틀란티스의 침몰)

"마스터가 나를 불러 말씀하였다. '사람을 모아 그대가 배운 기술로 그들을 사막의 동굴에 사는 털 많은 야만인의 땅으로 데리고 가라. 거기서 그대가 알고 있는 계획을 수행하라.'" (이집트로 감)

토트는 이집트에 가서 오랜 세월 야만 상태의 사람들을 교화시켜 어느 정도 영적인 상태에 이르도록 한다. 이집트를 떠날 시기가 되었을 때 대피라미드를 건설하게 된다.

"나는 아멘티로 통하는 입구 위에 아멘티로 통하는 문을 높게 쌓아올렸다. 나는 그 통로 위에 중력을 이겨내는 힘을 사용하여 강대한 피라미드를 쌓아올렸다." (피라미드 건립)

"오랜 세월 남아 있도록 나는 영원히 불타는 지구 내부의 힘의 피라미드를 본떠서 대피라미드를 건립하였다. 내가 다시 돌아올 때까지 여기에 남아있도록 이 속에 마술 같은 과학의 지식을 비장하여 둔다. 내가 아멘티 홀에 쉬고 있는 동안에도 내 혼은 사람들 속에 자유롭게 화신하여 살 것이다." (피라미드의 비밀)

10. 원인 결과의 법칙

(1) 현재의 중요성

우주법칙은 다른 말로 신의 의지가 작동되는 방법이며 우주의 질서이며 진리이다. 모든 것 뒤에 작동하는 우주법칙이 없다면 우리가 사는 우주는 존재하지 못할 것이다. 우연히 물질창조가 일어나고 우연히 태양이 빛을 발하고 우연히 지구에 생명이 태어나 살아간다고 생각한다면 수학적으로 이런 질서 정련한 사건들이 일어날 일은 거의 불가능에 가깝다. 세상에 우연은 없다. 모든 것은 신성한 우주법칙 하에 움직인다.

4개의 공간, 즉 호아의 초월 공간, 아이요드의 무한 공간, 우주의식의 우주 공간, 우리가 살아가는 물질 공간이 있으며 각각의 공간에 4개의 시간(초월 시간, 무한 시간, 우주 시간, 물질 시간)이 존재하고 4개의 법칙(초월 법칙, 무한 법칙, 우주 법칙, 물질 법칙)이 존재한다. 모든 것은 호아에서 근원하며 상위법칙은 하위법칙으로 확대되어 적용되나 현시되는 공간의 속성에 어울리게 변화되어 드러난다.

우주법칙은 4계(영계, 멘탈계, 아스트럴계, 물질계)의 속성에 따라 작동하고 있다. 우리에게 가장 밀접한 것은 물질법칙이나, 눈에 보이지 않는 상위의 3계 법칙도 우리 혼과 마음을 통하여 작동하고 있다. 물질계 너머 작동하는 3계의 법칙을 편하게 영적 법칙으로 부르기도 한다.

법칙 중에 가장 핵심이 되는 것이 원인과 결과의 법칙이다. 많은 사람들이 원인과 결과의 법칙을 운명론적으로 잘못 이해하고 있다. 카발라의 생명나무(347쪽)를 보면 헤세드(자비)와 게브라(정의)라는 세피로트가 있는데 이것은 티페르트(미)와 함께 신성 멘탈계를 형성한다. 즉 신의 마음이 작동하는 계이다.

인간의 모든 행동이 이 신성한 멘탈계의 자비와 정의에 의하여 심판되며 심판에 따라 개인 성장에 가장 도움이 되는 결정이 일어난다. 만약 정의가 강조되면 잘못한 행동은 즉각적으로 그것에 상응하는 조치를 받게 될 것이며 이것은 개인에게 잘못을 반성할 기회를 주지 않을 것이다. 반대로 자비가 강조되면 잘못된 행동은 용서되고 개인은 잘못을 반복할 것이다. 이 양자가 균형이 잡일 때 가장 적합한 조치가 나오게 된다. 신은 행위를 종합적으로 판단하여 선과 악을 저울질 하지 "눈에는 눈, 입에는 입"이라는 방식으로 원인과 결과의 법칙을 작동시키지는 않는다.

상위의 계에서 결정된 조치 즉 이전의 원인에 의한 결과를 만나 이것을 극복하게끔 우리를 일정한 방향으로 몰고 가는 힘은 잠재의식을 통하여 우리에게 온다. 불현듯 특정 장소에 가고 싶어 그곳에 가서 운명적 사건을 만나거나 또는 인생 항로를 바꿀 사람이나 사건을 만나기도 한다.

물론 우리가 과거에 행한 원인의 결과가 항상 중요한 사건으로 오지는 않는다. 사실 일상 속에 일어나는 생각이나 삶의 흐름은 원인의 결과가 현시되는 과정이다. 다가오는 과거 원인의 결과를 이 순간 어떻게 직면하느냐에 따라 우리가 새로운 미래를 만들고 있다고 보면 된다. 대처 방법은 수없이 많으며 그 방법만큼 결과는 다양하다. 운명은 우리가 개척해 나가는 것이다.

"어제는 역사이며 오늘은 선물이고 미래는 신비이다. 그래서 현재는 선물이다(Yesterday is history, Today is gift, Future is mystery. So Present is gift)"라는 재미있는 구절이 있다. 이 말은 과거는 사라진 것이며 미래는 여전히 신비 영역일 뿐이니 지금 주어진 현재 즉 선물에 충실하자라는 말이다. 현재(Present: ①현재 ②선물)라는 선물에 감사하고 최선을 다하는 일이 중요하다.

원인과 결과의 법칙과 관련하여 아주 중요한 비밀이 현재에 숨어있다. 개인의 과거 행동은 좋든 나쁘든 업으로 남아 있으나 중요한 것은 현재 우리의 의식 상태에 따라 그것과 동조하는 과거 행위를 이끌어낸다는 것이다. 과거에 나쁜 짓을 많이 하였어도 이 순간 긍정적이며 조화로운 생각을 유지한다면 과거에 행한 좋은 원인의 결과를 이끌어내게 되고 이것이 계속되면 선업은 쌓이고 악업은 자비와 정의의 균형 속에 점차 줄어들게 된다. 이 말은 현재가 모든 것을 결정한다는 의미이다.

티베트 성자 밀라레빠의 일화는 우리에게 많은 것을 제시한다. 부모의 원한을 갚고자 흑마술을 사용하여 많은 생명을 죽인 그였지만 나중에 참회하고 온힘을 다하여 깨달음에 전념한다. 엄청난 악업을 지은 그였지만 당대에 3해탈을 얻어 과거의 모든 업에서 벗어나게 된다.

만약 그의 카르마가 작동하였다면 아마 수많은 생을 최악의 상태에서 보냈을 것이다. 그러나 모든 의식을 영적 성장에 돌린 덕분에 쉬운 일은 아니었지만 그는 수많은 생을 통하여도 극복하기 어려웠을 카르마를 당대에 극복하고 신 의식에 도달하였다.

(2) 꿈과 원인결과의 법칙

육체의 휴식을 위하여 수면이 반드시 필요한 것은 아니다. 육체는 일정 시간 이완을 필요로 한다. 육체 이완에 수면은 필요하나 깨어있는 상태에서도 신경체계가 충분히 이완된다면 잠이 꼭 필요한 것은 아니다.

꿈에는 진실한 꿈과 거짓 꿈 두 가지가 있다. 진실한 꿈은 신성과 접촉하여 얻게 되는 지혜, 경험, 지식을 가지고 오며, 잘못된 꿈은 잠재의식 속에 내재한 여러 억압된 감정, 묻혀있는 욕망이 드러난다.

꿈 상태에서 상위의식과 접촉하면 잠재의식을 통하여 그 임펄스가 내려오고 이것은 현재의식을 통하여 우리에게 필요한 어떤 경험을 하도록 몰아가거나 안내한다. 이것이 원인과 결과의 법칙이 실현되는 방법이다.

우리는 보통 잠자기 직전 그날 있었던 부정적 혹은 걱정스러운 일을 생각하고 또한 내일 일을 걱정하며 잠자리에 든다. 이것은 상위계의 조화로운 경험을 가져오는 방법이 아니며 잠 속에서 상위계보다는 저급한 육체에 묶이게 한다. 그러므로 잠자리에 들기 전에 상위계와 동조하기 위하여 사랑, 아름다움, 질서, 균형 같은 긍정적 생각만 해야 한다. 마음이 조화로운 상태에서 우리는 신성마음의 계(Divine Mind)와 접촉하여 과거에 우리가 설정한 조화로운 원인과 동조하게 된다. 이렇게 될 때 우리는 다음날 조화로운 원인 결과가 작동하는 의식 상태에 놓이게 된다.

잠은 영적이다. 우리가 잠에 대한 인식을 바꿀 때 우리 삶은 변화한다. 잠자리에 들기 전의 마음상태가 그날 밤에 꿈의 질을 결정한다. 잠이란 헛되이 낭비하는 의식 없는 시간이 아니라 영적인 성장을 위한 시간이다.

꿈은 어떤 점에서 꿈속의 생각 흐름이라고 볼 수도 있다. 차이는 좀 더 깨어 있느냐 아니냐의 차이이다. 눈을 뜨면 생각이고 눈을 감으면 꿈이다. 수면 속에서 의식이 깨어있다면 깨어있는 상태에서 생각을 통제할 수 있듯이 꿈도 통제가 가능하다.

생각을 통하여 원인결과가 작동하는 방법은 꿈이나 생시나 마찬가지이다. 그러므로 늘 긍정적 생각, 조화로운 생각을 유지하면 상위계의 좋은 원인과 동조하게 되어 좋은 임펄스를 이끌어 낼 수가 있으며 이것은 바람직한 미래를 만들어 가는 좋은 방법이다.

11. 스승과 제자

(1) 스승과 제자의 관계

영적 지식과 힘은 개인에게 내재하지만 가장 효율적으로 그리고 가장 적은 실수로 그 힘을 이끌어 낼 수 있도록 돕는 스승 즉 안내자가 필요하다. 앞서 길을 걸었던 분들의 지시에 따라 길을 걷는다면 실수나 방해물들을 피할 수 있기 때문이다.

제자가 준비되면 스승은 나타난다. 제자가 스승을 선택하는 것이 아니라 스승이 제자를 선택한다. 스승은 어둠 속에 빛을 비추는 등불 같아서 진리를 구하는 사람들이 이 빛에 끌려온다. 스승과 제자 관계가 설정되면 둘 사이를 연결하는 눈에 보이지 않는 끈이 형성되며 제자의 행위에 어느 정도 짐을 짊어지게 된다. 그래서 스승이 제자를 채택하는 일이 쉬운 일이 아닌 것이다.

(2) 참된 스승을 알아보는 기준

• 거짓 스승들은 빠르고 쉬운 길을 약속한다. 그들의 달콤한 말에 빠져 잘못된 길로 들어서지 않도록 해야 한다.
• 지구 형제단과 함께 일하는 스승은 자신이 마스터라고 말하지도 않고 자신의 힘에 대하여 말하지 않는다. 아주 겸손하며 지혜로 가득 찼다.
• 스승은 제자에게 깨달음(우주의식과 합일)에 필요한 가르침을 준다. 이 가르침이 아닌 다른 것에 우선을 둔다면 거짓 스승이다.
• 말은 바로 하나 행동이 따르지 못한다면 거짓 스승이다. 이런 거짓 스승은 그럴싸한 약속과 말로 사람들을 유혹하므로 이성과 식별력으로 잘 판단하여야 한다.
• 세속적 명성이나 재산에 관심이 있고 다른 사람의 성공을 시기하는 자는 거짓 스승이다.
• 자신의 의견을 강요하는 자, 자신의 방식대로 제자가 살아가도록 기대하는 자는 참된 스승이 아니다.
• 자신의 이익을 위하여 행동하며 자신의 만족을 위하여 자신에 대한 남의 믿음을 이용하는 자는 참된 스승이 아니다.
• 우월감을 가지거나 충고에 분개하는 자는 참된 스승이 아니다.
• 편협한 의식을 가지고 있거나 사람에게서 좋은 점보다 나쁜 점을 보는 자는 참된 스승이 아니다.
• 자신 주변에 추종자를 가지려는 욕망이 있는 자는 참된 스승이 아니다.

(3) 제자의 길

구도의 길은 쉬운 행로가 아니다. 모든 약점과 장애물을 극복하고 가야 하는 길이다. 제자가 살아가면서 지켜야 할 것이 있다.
- 제자의 가장 큰 열망은 진리에 대한 탐구이어야 한다.
- 자신과 같은 영적인 목적을 가진 사람을 찾아야 한다.
- 자신의 신념이나 가치에 부정적인 반응을 보이는 친구나 친지를 멀리하고 같은 길을 걷는 동료와 함께 한다.
- 음식은 몸에 적당한 만큼 먹는다. 과도한 음식 섭취는 영적 발전에 사용될 에너지를 음식물 소화에 사용하게 만들며 신체에 긴장을 야기한다.
- 위대한 스승들의 가르침을 공부해야 한다.
- 걷거나 앉거나 먹거나 잠자거나 늘 의식은 깨어있어야 한다.
- 다른 사람의 결점을 말하지 않는다.
- 모든 것, 심지어 우리의 육체와 우리의 경험도 환영이며 이것은 속박의 결과임을 알아야 한다.
- 물질에 대한 집착은 영적 성장에 해가 된다. 물질이 아니라 물질에 집착이 해가 된다.
- 알면 실행해야 한다.
- 자신의 욕망, 강점, 약점, 그리고 목적에 대하여 통찰해야 하며 말과 행동을 하기 전에 신중해야 한다. 생각 없이 말하면 후회가 따른다. 과시하지 말아야 한다. 곧 경멸이 따른다.
- 타인의 경험과 실패로부터 자신의 결점을 교정하는 법을 배워야 한다.
- 이유 없이 불신하지 말 것이며 또한 증명될 때까지 신뢰하지 말 것이다.
- 감정이 격한 상태에서 아무 것도 하지 말라. 열정이 잠잠해 질 때까지 기다려라.
- 거짓 구도자는 겸손한 척하나 자신이 대단하다고 믿는다. 그는 작은 성취에 만족하고 타인에게 자랑하고 타인에 대한 우월의식으로 자신의

에고를 강화한다. 그 사람의 가슴에는 자비가 아니라 숭배 받을 욕망이 있을 뿐이다. 참된 구도자는 숭배가 아닌 **이해**를 바란다. 행복의 비밀은 **이해** 안에 있다. 이해 없이는 **무지의 사슬**에 묶이기 때문이다. 신으로부터 우리를 분리시키는 것은 무지이다.
- 현실에 만족하면 마음에 정체가 생기고 이 자기만족은 진화에 방해가 된다.
- 구도의 길에서 자신의 의식에 부여한 한계를 제거하지 않으면 그 족쇄에 걸려 나아가지 못한다. 이런 이유로 열망 너머 얻기 힘들어 보이는 것을 구하라는 말이 있다. 이런 한계 너머 것을 구할 때 자신을 속박하는 것에서 벗어나게 된다.
- 자신에게 진실하여야 한다. 자신에게 진실한 사람에게 신은 나타난다. 평생이 아니라 하루 동안만이라도 자신에게 진실한 사람이 얼마나 되는가?
- 스승은 제자가 침묵의 가치를 배울 때까지 최고의 지혜를 주지 않는다. 신비단체에서는 수년간 제자의 침묵을 요구하기도 한다. 가르침을 받는 자는 이것을 보존해야 하기 때문이다. 비밀이 요구되는 것은 침묵으로 그 비밀을 지켜야 한다.
- 진리에 대한 강렬한 열망이 있어야 한다. 성경에 "먼저 하늘의 왕국을 구하라, 그러면 모든 것이 그대에게 주어질 것이다." "온 가슴으로 온 마음으로 온 혼의 힘을 다해 신을 사랑하라."는 말이 나온다. 이것은 진리를 추구하는 제자의 태도를 언급한 것이다. 가슴과 마음과 혼을 다해 신과 진리를 사랑하라.
- 문제에 직면하여 늘 이성을 사용하고 침착성을 유지해야한다.
- 두려움은 정복하여야 할 장애물이다.
- 제자는 큰 봉사를 하기 위하여 직위나 재산을 추구하지 직위나 재산만을 위해서는 그러하지 않는다.
- 건강과 강한 체력은 영적 성장과 발전에 아주 중요하다. 마음 못지않

게 육체는 청결해야 하며 깨끗한 외모와 청결한 주변 환경은 질서와 조화가 표현되는 방법이다.
- 진리를 농담 형식으로 가볍게 말하지 않는다.
- 제자는 분별의식을 가지고 자비를 베풀어야 한다. 분별의식 없이 행해지는 자비가 늘 좋은 결과를 가져오는 것이 아니다. 최고의 자비는 스스로 일어서도록 돕는 데 있다.
- 늘 즐거워하며 미소 지어라. 기도를 통하여 신에게 다가가는 것보다 오히려 즐거운 마음과 미소를 통하여 신에게 다가갈 수가 있다. 어두운 마음으로 신을 사랑 할 수가 없고 신을 알 수도 없다. 왜냐하면 신은 평화와 즐거움의 상태에 있기 때문이다.
- 모르는 것을 아는 척 말하지 말라. 자신에게 진실 하라. 다른 이들의 의견에 신경 쓰지 말라.
- 연민으로 도와주지 말라. 연민을 느낀다는 것은 자신에게도 그러한 일이 일어날지 모른다는 간접적인 두려움이다. 우리가 연민에 흔들린다면 완전한 균형 속에서 일할 수가 없다.
- 즐거움과 행복과 평온 속에 살아가라.
- 부족(돈, 기억력, 힘, 조화 등)을 말하거나 생각하지 말라. 왜냐하면 말하기 시작할 때 그것을 끌어당기기 시작한다.
- 정신적, 육체적으로 사람들의 생각에 영향을 받거나 흔들림이 없이 그들과의 관계를 유지할 수 있어야 하며, 세인들이 무슨 말을 하든, 자신의 길을 꿋꿋하게 갈 수 있는 의지가 필요하다.
- 어리석은 사람들은 쓸데없이 남의 일에 간여하거나 비난하는 경향이 있다. 사람들의 비판에 상관없이 올바른 일을 해야 한다.
- 육체의 욕망이 영적인 발전에 방해가 된다면 단호히 거절할 수 있어야 한다.
- 개인적이며 이기적 욕망을 버리고 이 세상, 이 우주를 영화시키기 위하여 일해야 하며, 노력과 봉사만이 모든 것을 이룰 수 있음을 알아야

한다.
- 올바름과 잘못됨 사이에는 타협이 있어서는 안 된다.
- 강한 근육을 위해 매일 많은 운동이 필요하듯 영적 성장을 위해 매일 마음과 혼의 힘을 발전시켜야 한다. 무엇이든 사용할수록 강해진다.

(4) 스승이나 진리를 만나지 못하는 이유

사람들은 자신의 주인이 되려고 스승을 찾는 것이 아니라 경배할 스승을 찾기 때문에 참된 스승을 만나지 못한다. 천성적으로 사람들은 게으르며 신이나 스승이 대신 일을 해주기를 원한다. 사람들은 맹목적 믿음을 강조하거나 감성을 자극하는 성직자나 스승들에게 귀를 기울인다. 사람들은 별다른 노력을 할 필요가 없기 때문이다.

이런 자극에 잘 반응하는 인간심리를 이용하는 종교와 종교지도자가 나온다. 종교는 공포, 사랑, 증오, 노여움 등 인간의 감정에 기초를 두고 설립된다. 이런 이유로 종교의 신들은 추종자의 의식을 반영하는 노여움의 신, 사랑의 신, 복수의 신, 처벌의 신 등으로 존재한다. 참된 신은 예배를 요구하지 않는다.

12. 완성의 길

(1) 참된 기도

많은 사람들이 기도를 하나 응답 없는 경우가 많다. 참된 기도의 비밀, 즉 기도를 어떻게 할 것인가는 중요한 문제이다. 신과 동조하는 유일한 방법은 내면으로 들어가 침묵 속에 있는 것이다. 침묵으로 들어가는 법은 명상을 통하여서이다. 침묵에 들어가기 위해서는 바른 명상이 필요하다. 침묵 속으로 들어가기 위한 명상의 1단계는 혼(자아)과 생각

(관념)을 분리시키는 것이며 2단계는 혼으로 들어가는 것이며 3단계는 혼을 신 의식과 동조시켜 신의 에너지와 말씀이 완전히 현시하는 통로로 만드는 것이다. 우리가 완전한 통로가 될 때 우리의 기도는 신에게 전달되고 신의 답변을 침묵의 소리로 듣게 된다.

성경에 기도에 대하여 언급한 구절이 있다. "기도를 할 때 위선자처럼 하지 말라. 그들은 남에게 보이려고 회당이나 한길 모퉁이에 서서 기도하기를 좋아한다. 나는 분명히 말하노라. 너는 기도할 때 골방에 들어가 문을 닫고 보이지 않는 네 아버지에게 기도 하여라. 그러면 몰래 보고 계시는 아버지께서 다 들어주실 것이다(마태복음 6장 5절)"

예수님이 여기서 말하는 위선자는 바리새인으로, 당시 그들은 하루 세 번 아침, 점심, 저녁에 긴 로브(법복)를 입고 사람들로 붐비는 길가에서 큰소리로 신에게 사람들의 죄를 용서해 달라고 기도하였는데 이는 바리새인의 관습이었다.

이런 방식의 기도는 보이기 위한 말만의 기도이지 혼의 기도가 아니기 때문에 신에게 도달하지 않는다. 또한 기도는 자신이 직접 하는 것이지 남이 대신 해주는 것이 아니다. 마스터는 길을 가리킬 수 있지만 각자가 그 길을 걸어야 하는 것과 마찬가지이다.

골방에서 기도하라고 하는데 이 단어는 영어로 골방(closet, chamber)등으로 번역되었으나 그리스 원본에는 내부 신전(Inner Sanctuary), 내부 성소(inner Holy)로 되어있다. 예수가 한 말은 골방에서 기도하라는 말이 아니라 내부성전에 들어가서 기도하라는 말이다.

오컬트 가르침에 따르면 혼이 육체에 현시하는 장소가 머리의 송과선이며 머릿속의 공동(空洞)인 제 3뇌실(腦室, 송과선과 뇌하수체, 시신경교차가 있는 곳)이 내부 성소이다. 내부 성소의 송과선은 신성한 제단으로 간주되었다.

참된 기도는 명상을 통하여 내면의 성소인 송과선에 몰입하여 침묵 속에 있는 것이다. 신은 우리가 말하지 않더라도 이미 모든 것을 알고 있으며 신과 동조 속에 기도는 응답된다. 결국 침묵 속에 들어가기 위하여 그리하여 참된 기도를 하기 위하여 우리 마음에서 문제나 조화롭지 못한 조건, 부족하다는 의식을 제거해야 하며 의식 속에 완전한 평화와 조화만을 유지하여야 한다. 생각에 흔들리는 마음속에 침묵은 존재하지 않고 신과의 동조는 존재할 수 없다.

신은 항상 우리 문제를 알고 있으나 우리 의식이 신의 의식과 조화로운 상태에 없어서 문제나 조건을 변화시킬 힘을 내려보낼 수가 없다. 그러므로 신의 기도가 응답되도록 우리 의식을 침묵의 상태에 두어야 한다. 내면의 평화는 침묵 속에서 나온다. 생각에서 벗어나 내면의 신성, 불성, 참된 자아에 머무는 사람, 모든 것을 깨어서 지켜보는 자에게 마음의 평화와 신의 축복이 있다.

(2) 운명을 너머서

많은 사람들이 운명에 대하여 관심이 많고 점성술이나 기타 여러 수단에 의거하여 자신의 운명을 알려고 한다. 태어나면서 운명이 결정되었다면 노력이 필요 없을 것이다. 살아간다는 것은 운명을 만들어 간다는 말이다. 우리가 점성술이나 기타 여러 수단을 통하여 운명을 예측하려는 것은 미래에 대한 호기심과 두려움 때문이다.

그런데 운명을 안다는 것이 과연 우리 인생에 도움이 될까? 부정적인 정보에 아주 민감하게 반응하여 그것에 구속되는 사람들의 속성을 고려한다면 운명예측은 부정적인 측면이 강하다. 참된 구도자나 스승이 제자나 일반인의 운명에 대하여 점을 치는 경우는 없다. 우주법칙을 아는 사람들은 개인의 운명을 사사로이 말하지는 않는다.

태어나는 시기마다 우주에서 흘러 들어오는 에너지의 성질이 다르고 이러한 에너지의 힘이 평생 그 사람의 인생 항로를 안내하는 역할을 한다. 태어나는 시기에 12황도대의 위치에 따라 사람의 성향이 드러난다. 이것은 우리 머리에 12황도대에 대응하는 12개의 영센터가 있고 출생

별자리와 대응하는 특정 센터가 상대적으로 많이 열리게 되어 그 에너지의 흐름에 영향을 많이 받게 되어 일어나는 일이다. 뇌에 12영 센터를 다 열어야 우주의 모든 에너지가 우리에게 흘러 들어와 우리는 우주와의 합일을 이룰 수 있다.

이 흘러나오는 우주의 에너지는 시기에 따라 그 성질이 다르며 이것이 사람의 성향을 어느 정도 결정하는데 흔히 서양 점성술에서는 달, 태양, 수성, 금성, 화성, 목성, 토성이 인간에게 영향을 미친다고 한다. 이 7행성은 상징일 뿐이며 우주 중심의 중앙 영 태양을 둘러싸고 있는 7영 행성을 가리킨다. 이 물질 우주는 거대한 수레바퀴처럼 공간을 움직이며 이 움직임 속에 물질계와 상위계 사이에 접합점이 12번 일어나며 그때 상위계로부터 영적 힘이 물질우주로 흘러 들어온다.

우리는 우주의 법칙에 따라 살아가며 이중에 원인과 결과의 법칙은 개인 운명의 흐름과 성향을 결정한다. 특정 황도대에 때어나서 특정 성향을 나타내는 것도 원인과 결과의 법칙이 반영된 것이다.

운명을 숙명으로 받아들이는 사람이 있다면 다음 단어를 빌려 운명의 가변성을 설명할 수 있다. "임펠(impel)"과 "컴펠(compel)"이 그러하다. 이 두 단어는 "어떤 방향으로 몰고 가다, 강요하다"라는 뜻을 가지고 있다. 그러나 두 단어에는 미묘한 차이가 있는데 임펠은 몰고 가는 힘이 우리가 통제 가능한 일반 바람에 비유될 수 있고 컴펠은 우리가 어찌할 수 없는 폭풍 같은 힘에 비유될 수 있다.

운명에 저항하지 않고 가만히 있으면 바람에 떠내려가는 배처럼 운명의 힘에 휩쓸리겠지만 바람에 저항하여 노력하면 얼마든지 바람을 이겨내어 뜻하는 대로 갈 수 있는 것이 운명이다. 즉 운명은 피할 수 없는 컴펠링(compelling)한 힘이 아니라 얼마든지 조정 가능한 임펠링(impelling)한 힘이라는 말이다.

살아가면서 저항할 수 없는 운명은 없다. 극복할 수 없는 것은 존재하지 않는다. 강한 의지와 올바른 지혜를 통하여 윤회의 사슬을 당대에 끊을 수 있으며 운명은 단지 일정한 방향으로 삶의 물결을 흐르게 하는 성향일 뿐이다. 우리가 원한다면 운명은 얼마든지 바꿀 수 있고 뜻하는 대로 이끌 수가 있다.

(3) 개념을 넘어서

물질계는 한정된 개념의 세계여서 진리를 원래대로 표현할 수가 없다. 언어와 개념에 방해됨이 없이 진리를 담아내기 위하여 상징이 필요하다. 언어로 표현할 수 없는 것은 진리만이 아니라 너무나도 많다. 물질세계에 묶여 있는 우리는 상징이나 유추를 통하여 진리에 접근할 수밖에 없다. 그래서 여러 가지 상징이나 부호 혹은 비유를 통하여 진리가 전해진다.

의식 수준이 다르기 때문에 사람들 사고나 개념은 다르다. 어떤 개념을 가지느냐에 따라 우리 삶도 변한다. 예를 들면 사람들이 지닌 신의 이미지를 보면 알 수 있다. 벌을 주는 무서운 형상을 한 신의 이미지, 사랑을 베푸는 자비로운 신의 이미지, 형체 없는 신의 이미지, 만물에 깃든 신의 이미지, 무신론 등 우리가 지닌 이미지에 따라 삶의 철학과 인생이 바뀐다. 우리는 각자 지닌 신의 개념에 매여 살아가는 셈이다.

그러므로 우리가 한정된 의식으로 신을 신이라 말하면 그것은 신이 아닌 것이다. 신은 언어 너머, 지식 너머, 모든 것을 초월한 존재이기 때문이다. 선사들이 부처를 만나면 부처도 죽이라는 말은 바로 자신이 지닌 부처 개념에 매이면 결코 참된 부처를 알 수 없다는 말과 같은 것이다.

어떤 개념이든 개념은 진리에 방해물로 존재한다. 그래서 오컬트 가르침에서는 영적 성장의 수단으로 개념을 사용한 후 마지막에는 그 개념을 버리라고 한다. 강을 건너는데 배가 필요하지만 강을 건너고 나서는 배를 버려야 하는 이치와 같다.

구도의 길에서 우리는 오래된 개념을 버리고 새로운 좀 더 나은 개념을 받아들이고 마지막에는 그 개념마저 버려야 한다. 깨달음이나 우주의식과 합일은 개념을 초월한 공의 세계이다. 우리가 개념을 넘어 공(空)이 될 때 우주의식과 합일할 수 있으며 우주의 모든 비밀을 알 수 있다.

일상생활에서 우리가 해야 할 것은 먼저 부정적 생각을 긍정적 생각으로 대체하고 이것을 더 높은 빛의 개념으로 대체하고 마지막에는 빛 개념마저 없애고 모든 것이 나온 공(空)의식으로 들어가야 한다. 개념을 마스터한 사람은 모든 것을 마스터한 사람이다. 조심할 것은 공(空)이란 개념에 구속되지 않는 일이다. 마음속에 공이란 개념을 만들어 그것에 매이는 사람도 있기 때문이다. 공(空)을 공(空)이라 하면 공이 아니기 때문이다.

비교(秘敎) 가르침에 "길과 목적은 하나이다."라는 구절이 있다. 이 말은 여러 의미로 해석이 되지만 그중 하나가 구도의 길을 걷고 있다는 개념에 얽매여있는 한, 목적(깨달음)은 분리되어 존재한다는 것이다. 신과 합일, 전체와 합일을 추구하면서 길을 목적과 분리시켜 생각한다면 분리의식(개념)에 묶여 영원히 그 목적에 도달할 수가 없기 때문이다. 이 분리의식(개념)을 넘어갈 때까지 우리는 길에 묶여있게 된다. 지금 이 순간 길과 목적은 하나이다. 단지 분리되었다는 개념이 우리를 분리시킨다.

과거나 현재가 아닌 영원한 지금인 이 순간 속에 모든 것은 하나로 존재한다. 이 도리를 안다면 길과 목적은 하나이다.

사실 이런 합일의 개념을 유지하기는 쉬운 일이 아니다. 마음이 스스로에게 부여한 한계 의식(개념)을 꾸준히 인내심 있게 제거해야 한다. 육체에 집착하거나 묶이지 않고 생각에 초연할 때 우리는 내면의 신성자아에 머물게 되고 침묵은 찾아오고 그 순간 개념을 통해서가 아니라 소리 없는 소리로 존재하게 된다.

(4) 죽음(최면)을 넘어서

인간이 극복할 마지막 적은 죽음이다. 세상은 최면 속에 있다. 그런 최면 중의 하나가 "나이가 들면 늙게 된다."라는 고정관념이다. 우리는 이러한 최면을 받아들이고 점차 늙어짐을 운명으로 받아들인다. 나이가 들면 반드시 늙어야 한다는 생각을 마음속에 집어넣는다. 나이와 죽음은 잠재의식 속에 깊게 각인된 심리적 콤플렉스일 뿐이다.

대중은 잠재의식적으로 노화와 죽음의 불가피성을 깊게 받아들인다. 인간은 스스로 신으로부터 분리되었다는 최면에 빠져있다. 최면의 예(얼음을 뜨거운 철로 최면 걸면 손이 타는 예)에서 우리가 알고 있는 물질 법칙은 깨어진다. 종교 기적(열렬 신도의 옆구리나 손에 나왔던 피)도 사실은 자기 최면의 예이다. 예수가 겪었던 일들이 잠재의식 깊이 박혀 있었고 자기 최면이나 암시를 통하여 그것이 실현된 결과이다.

여기서 생각할 것이 마음의 힘은 육체를 변형, 심지어 창조까지 가능하다는 사실이다. 창조 에너지는 마음을 통하여 나온다. 평소에는 창조 에너지가 잘 작동하지 않지만 현재의식의 영향을 받지 않는 최면상태에서 그 에너지는 잘 작동한다.

매일 모든 것이 좋아지고 있다고 생각한다면 삶을 변화시킬 수가 있다. 즉 모든 것은 최면의 결과이며 창조력을 가진 인간이기에 노화와 죽음이라는 집단최면에서 벗어날 수가 있다. 최면의 예로서 장수 집안에 태어난 사람은 오래 산다는 생각이 의식 속에 심어지기 때문에 실제로 오래 산다.

물론 인간에게 죽음은 필요하다. 왜냐하면 부정을 변화시켜야 하기 때문이다. 자신들이 세운 개념에 매이고 더 이상 영적인 성장과 발전이 보이지 않는다면 변화가 있어야 한다. 우주 속에서 정지란 있을 수 없는 일이다. 그래서 혼이 오래된 개념(부정)을 씻어내고 새로운 환경에 태어나서 성장하도록 죽음의 진동이 다가오는 것이다. 집단최면에 벗어남은 다른 말로 깨달음이다.

죽음을 의식하는 한 죽음은 운명이다. 마스터는 원한다면 육체를 창조할 수 있으며 죽음의 진동이 오기 전에 육체를 버리고 떠난다. 죽음은 그들에게 운명이 아니다. 육체의 죽음을 극복할 때 혼은 더 이상 윤회하지 않는다.

4장 흐르는 물처럼

1. 6각 결정체와 생명나무

한아름은 <물은 답을 알고 있다>라는 책을 읽으면서 아주 큰 흥미를 느꼈다. <물은 답을 알고 있다>는 일본인 에모토 마사루 박사가 쓴 책으로 여러 나라에서 베스트셀러가 되었다. 인간의 감정에 반응하는 물의 신비를 여러 가지 실험을 통하여 보여주었는데 실험 조건에 따라 물은 다양한 반응을 나타내었다.

저자는 물에 여러 가지 실험(물에 음악을 들려주고, 언어를 사용하고, 문자를 보여주는 식)을 한 후 그 물을 얼려 결정 사진을 찍는 방식으로 여러 중요한 사실을 찾아낸다. 즉 물이 인간의 언어와 음악, 감정에 반응한다는 것이다.

실험의 예를 보면 "사랑", "감사"라는 글을 보여준 물에서는 아름다운 육각형 결정이, "악마"라는 단어에는 위협적인 형상이 나타났다. "고맙습니다."라고 했을 때는 잘 정돈된 육각 결정이 맺히다가 "바보" 등 부정적인 말에는 기형적인 형상이 생겼다. 음악에도 반응해 쇼팽의 "빗방울"을 들려주자 빗방울 모양의 결정이 "이별의 곡"에는 부서지는 형상이 나타났다. 또한 지하수 등 오염되지 않은 물은 아주 선명한 6각 결정이 나타났고 오염된 물은 그렇지 않았다.

저자는 오래 동안 파동을 연구하여 온 전문가이며 그 과정 중에 물의 결정 비밀을 알게 되었다고 하였다. 책은 저자가 공부해온 파동론에 대해서도 소개하고 있으며 아울러 자신이 연구해온 우주론과 삶의 철학을 제시하였다. 파동론에서 모든 것은 파동으로 이루어졌고 익히 알고 있듯이 소리는 같은 파장에 공명을 한다는 것이다. 저자가 주장하는 것은 소리는 같은 파장의 배수에도 공명하며 우주는 7음계의 기본 진동으로 이루어 졌다는 것이다. 즉 "도 레 미 파 솔 라 시"가 되풀이 된다는 것을 찾아낸다. 수백 배 아니 수만 배 높은 옥타브의 7음계도 모두 같은 성질을 가지고 있으며 세상은 도레미파소라시로 이루어졌다는 결론을 이끌어낸다.

주파수나 진동이 맞으면 모든 것과 공동의 장, 즉 동조할 수 있다고 것은 대단히 중요한 것을 시사한다. 만트람이나 기도가 효력이 있는 것은 동조 원리가 적용된다고 볼 수 있기 때문이다. 그는 인간은 소우주라며 우리들의 생각이 건강하다면 우주도 건강하다고 주장한다.

무기물인 물이 언어나 음악 소리에 반응한다는 것을 알고 놀랐다. 식물이 음악소리에 반응하여 좋은 결실을 맺으며 인간 감정에 반응한다는 것은 알고 있었지만 물도 반응하리라고는 생각해보지 못한 일이었다. 그렇다고 물에도 의식이 있다고 말해야 하는지 여러 의문이 들었다. 음악이나 말은 그래도 이해할 수도 있겠지만 소리가 아닌 글자에 물의 결정이 변한다는 것은 생각해 볼 문제였다.

저자는 결론으로 기도를 강조하였다. 생각은 파동이며 기도를 통하여 마음에서 나오는 평화의 파장은 쓰러져가는 지구를 다시 일으킬 수 있다는 것이다. 분쟁 지역에 인류 모두가 사랑과 감사의 마음을 보내면 더 이상 분쟁은 없을 것이라는 주장이었다.

많은 것을 생각하게 하는 책이었다. 논리적이고 탐구적인 그녀에게 떠오르는 의문은, 아마 많은 사람들은 그냥 지나쳤을 근원적인 문제 제기인 왜 7옥타브인가, 그리고 왜 건강한 물, 좋은 음악이나 말에 물은 6각 결정을 보이는가, 물은 의식이 있는가, 하는 것이었다.

허 선생이 건네준 자료에 나오는 7영 행성이 7음계와 관계되는 것 같았고 6각 결정은 생명나무(아담카드몬, 대우주)를 육각 삼각형으로 나타낸 솔로몬의 실(348쪽)과 깊은 관련이 있어 보였다. 솔로몬의 실은 여러 신비단체에서 사용된다. 심지어 사악한 단체도 이 심벌을 이용하는 것을 볼 수 있다. 이 6각별에 우주와 우주 에너지가 담겨있다고 이해하면 되지 않을까 하는 생각이 떠올랐다. 물의 6각 결정이 생명나무의 상징은 아닌지 하는 강한 확신이 들었다.

말, 감정, 글에 반응하는 물의 결정 사진은 물이 의식이 있는 것처럼 보이게 한다. 그러나 글자도 엄밀하게 따지면 생각의 진동이 작동한 것이다. 글을 쓸 때 이미 그 의미를 알고 있으므로 생각 진동은 그 글에 각인되며 그 생각 진동이 방출되어 나오는 것이다.

책에 보면 밥에 "감사"와 "바보"라는 문자를 붙이고 그 결과를 보여 준 사진이 있다. 여기에는 두 가지 요인이 개입할 가능성이 있었다. 첫째는 문자에 각인된 생각 파동, 둘째는 거리를 떠나 의식적이든 무의식적이든 실험자의 생각이다. 실험 상황을 생각하는 것만으로 생각은 시공을 떠나 즉시 그 실험이 행해지는 밥에 영향을 미치기 때문이다.

깨끗한 물이나 긍정적 말에 물이 6각 결정을 띤다는 것은 많은 것을 시사해준다. 우주에 존재하는 모든 것은 신으로부터 나온 것이며 그것은 신의 속성을 띨 수밖에 없다. 부정적인 말이나 조화롭지 못한 음악은 균형 잡힌 우주체계에 방해물이며 상징적으로 물의 결정이 그 사실을 증명하는 것은 아닌가?

"위와 같이 그렇게 아래와 같이"라는 유명한 헤르메스 말이 있다. 카발라에서 생명나무(아담카드몬, 대성인간, 대우주)는 인간(소성인간, 소우주) 모두에게 반영되어 존재한다고 말하였다. 그러면 생명나무를 상징하는 육각별(✡)이 물에 반영되는 것은 너무 자연스러운 일이 아닌지 아름은 자기 나름의 결론에 이르렀다.

이런 정보를 얻게 되면 늘 그녀는 우주의 신비에 대한 경외감으로 짜릿한 전율을 느꼈다. 허 선생을 만나면 자신이 생각해 낸 논리가 합당한지 물어볼 작정이었다.

BWT 소책자 중에 <세인트 저메인(생제르망)의 진실>은 많은 것을 생각하게 하였다. 서양 오컬트 단체에서 승천한 성자(마스터)로 숭배 받고 있는 생제르망은 그가 살았던 시대에 일반인들보다 비범하였으나 결코 그들이 생각하는 위대한 마스터가 아니었음을 이 책은 믿을 만한 문서 기록을 통하여 잘 설명하고 있었다.

오늘날 생제르망을 추앙하는 단체들은 그에게 예수에 버금가는 힘을 부여하여 위대한 성자로 받아들인다. 아름은 얼마 전에 채널링을 통하여 그의 메시지를 전하는 단체에 대하여 들었기 때문에 더욱 흥미를 가지고 읽어 볼 수가 있었다. 그를 위대한 마스터로 숭상하고 메시지를 받는 단체는 누구에게 메시지를 받는 것인지 참으로 눈먼 사람이 눈먼 사람을 인도하는 꼴이었다. 얼마나 많은 형이상학도가 이처럼 잘못된 가르침에 빠져 어둠 속을 헤매고 있을 건가?

아름은 또한 허 선생 집에서 빌려온 <위대한 가짜 예언서 격암유록, 도서출판 만다라>을 읽고 깊은 생각에 잠겼다. 격암유록에 대해서는 평소 관심이 있었는데 허 선생 책꽂이에 충격적인 제목의 격암유록을 접하고 호기심에 빌려온 것이었다. 그녀는 격암유록에 대한 여러 해설서를 읽어본 적이 있었다.

아름은 이 책을 읽고 격암유록이 국내에서 대단한 예언서로 인정받고 있는 현실이 걱정이 되었다. 예언서는 암호나 상징으로 되어있어 해석하기 나름이다. 특히 동양의 예언서는 한자로 기록되다보니 한자 자체의 모호성으로 많은 의미가 숨겨질 수 있는 동시에 여러 의미로 해석될 수 있는 여지가 많다.

격암유록은 조선 중엽 명종 때의 도인 남사고(1509~1571)선생이 소년시절 신인(神人)을 만나 전수 받았다는 예언서이다. 국내 해설서에 보면 임진왜란부터 현대사의 박정희까지 행적이 정확하게 예언되어 있는 것으로 나온다. 그 후 국내 민족주의 사가나 여러 작가들이 격암유록을 많이 인용하거나 해설집을 내어왔다. 그런데 한 독자가 격암유록의 진위를 파고 들어가 처음 격암유록이라는 책이 나타난 시기와 이유 그리고 누가 조작했는지를 <위대한 가짜 예언서 격암유록>에서 상세히 보여주었다.

이 책이 국립도서관에 처음 등록된 시기가 1977년이며 그 이전에는 존재조차 없었던 책이다. 450년 전 예언서에 19세기 조어된 한자(哲學, 建設, 事業, 停車場, 計劃, 半島, 沐浴湯 등)가 사용되고 있다는 것이 의심의 한 예가 되고 있었다. 사실 우리가 쓰고 있는 학문과 관련되는 많은 단어는 근대화가 빨랐던 일본이 서구문명을 받아들이면서 조어한 단어들이다. 그래서 법률서적의 경우는 일본어를 몰라도 한자로 기록만 되어 있다면 대략 뜻은 알 수 있다. 그것은 법률 서적만이 아니라 철학, 문학 등 많은 학문 용어가 그러하다.

1977년 이 책을 국립도서관에 처음 기증한 사람이 있는데 이 사람은 신앙촌에 사는 박태선 추종자로 드러났다. 책의 저자가 이 사람을 만나 확인한 결과 격암유록을 해석하면 박태선이 한국의 구세주이므로 이 사실을 전하기 위하여 자신이 도서관에 처음 갖다놓았다는 말을 듣는다. 그러나 자신이 원본을 보고 필사하여 도서관에 기증하였지만 위서(僞書)는 아니며 진본은 불타버렸다고 주장한다.

그런데 <위대한 가짜 예언서 격암유록>의 저자가 격암유록을 해석하였는데 모든 내용이 박태선을 구세주 즉 정도령으로 만들기 위한 내용으로 되어있었다. 누가 보더라도 박태선을 위하여 만들어진 책임을 알 것 같았다. 물론 이 책이 100%로 정확하다고 할 수는 없겠지만 이성과 식별력을 가진 독자라면 그 진위를 알 것이라 생각 들었다. 세상에 이런 식으로 진짜처럼 취급받는 얼마나 많은 가짜 예언서, 가짜 성인들, 가짜 역사가 존재할까 생각해보았다.

2. 사랑이라는 감정

　5월 첫째 일요일의 아침 햇살이 눈부셨다. 작년 가을에 캘리포니아에서 이곳 콜로라도로 왔으니 이곳 5월의 봄 하늘은 처음 접하는 셈이었다. 지금까지 콜로라도 날씨는 늘 화창하다고 할 만큼 높고 푸르렀다. 대기가 조금 건조하였으나 살기에는 좋은 곳이었다.
　며칠간 쌓인 우편물을 확인하다가 잡다한 영수증과 안내 우편물 속에 눈에 익은 편지 한통이 있었다. 김선우에게 온 편지였다. L.A 소저 대학에서 알게 된 김선우는 그녀보다 3살이 연하였다. 친하게 지냈지만 그녀에게 선우는 대학 후배이자 친구 같은 존재였지 연인 감정은 없었다. 박사학위를 받고 덴버에서 직장을 구하여 이사를 준비하고 있는데 선우는 그동안 사랑해 왔다며 자신의 마음을 진지하게 고백하였다.
　선우가 연하라서가 아니라 남자로서 그를 생각한 적이 없었다. 고백을 듣고도 마음은 변화가 없었고 그녀가 콜로라도로 이주하자 그는 매월 서너 통의 편지를 보내왔다. 처음에 전화를 하다가 아름이 전화를 받지 않자 나중에 편지를 본격적으로 보내기 시작하였다.
　편지를 받고 답장을 한 것은 두 번이었다. 그것도 편지 보내지 말라는 간곡한 거절의 글이었다. 간혹 자신이 너무 잔인하지 않은가 하는 생각이 들었지만 그녀 성격에 아닌 것은 아닌 것이었다. 어쩌면 이렇게도 미련하게 자신에게 애착을 가지고 있는지 안쓰럽기도 했고 부담스럽고 불편하였다. 하는 일이 좋았고 선우뿐만 아니라 세상 남자에 대한 관심이 적었다. 편지를 펼쳐들었다.

　봄이군요. 여기 하늘의 끝을 따라가면 아름 씨가 숨 쉬고 살아가는 하늘에 닿겠지요. 답장도 없고 어떻게 지내시는지 궁금합니다. 봄 학기에 박사학위 종합시험을 통과하였습니다.
　본격적으로 논문준비에 들어갈 계획입니다. 봄이 되니 예전에 국어교과서에 나오는 "청춘 이는 듣기만 하여도 가슴이 뛰는 말이다"로 시작하는 <청춘찬가>가 기억 나군요.

나에게는 "한아름"하면 생각만 하여도 가슴이 뛰는 말입니다. 지난주에는 종합시험도 끝나고 모처럼 책 한권을 읽었습니다. 유명한 에밀리 브론테의 <폭풍의 언덕>을 읽어보면서 주인공들의 절절한 사랑의 감정이 이해가 되더군요.

이전에 명작 감상용으로 피상적으로 읽었던 경우와는 많이 다르더군요. 아래 글은 어쩌면 제 감정을 대변하고 있는 것 같아 인용합니다. 여주인공 캐서린이 자신이 사랑하는 히스클리프에 대한 사랑을 보여주는 글입니다.

내가 이 세상에서 맛본 크나큰 아픔들은 다 히스클리프의 아픔이었어. 처음부터 그 아픔 하나하나를 지켜봤고 겪어냈지. 살아오는 동안 내 생각의 가장 큰 몫이 바로 히스클리프였단 말이야. 모든 것은 죽어 없어져도 그가 남아있다면 나는 계속 있는 거야. 그러나 모든 것이 있되 그가 사라진다면 우주는 아주 낯선 곳이 되고 말거야. 내가 우주의 일부라고 생각할 수도 없을 거야. 린튼에 대한 나의 사랑은 숲의 잎사귀 같아. 겨울이 되면 나무들의 모습이 달라지듯이 세월이 흐르면 달라지리라는 걸 난 잘 알고 있어. 그러나 히스클리프에 대한 사랑은 나무 아래 있는 영원한 바위와 같이 눈에 보이는 기쁨의 근원은 아니더라도 없어서는 안 되는 거야. 내가 바로 히스클리프야. 그는 언제나 내 마음속에 있어. 기쁨으로서가 아니야. 내 자신이 반드시 나의 기쁨이 아닌 것처럼 내 자신으로서 내 마음속에 있는 거야. (유명숙 번역)

주인공의 감정이 절절히 드러나는 명문장이라고 생각이 듭니다. 글 속의 캐서린이 히스클리프에 대한 사랑만큼 아름 씨를 사랑합니다. 제 사랑은 영원한 바위처럼 변함없을 것입니다. 이제는 논문준비만 하면 되므로 어느 정도 시간을 낼 수 있습니다. 보고 싶고 논문

자료 준비도 있어 조만간 그곳으로 날아갑니다. 그럼 콜로라도에서
뵙겠습니다.

선우 드림

아름은 한동안 멍하니 앉아있었다. 도저히 그의 감정이 유치하여 견딜 수가 없었다. 연애소설을 인용하여 자신의 감정을 표현하는 방법이나, 그동안 냉담하였던 자신의 태도를 이해한다면 이런 무모한 편지를 쓰지 않을 것이라 생각하였다. 배울 만큼 배운 사람이 왜 이런 유치한 행동을 하는지 그러면서도 마음 한구석에 그의 열렬한 사랑 고백이 무조건 싫은 것은 아니었다.

글을 읽으며 재미있는 생각이 떠올랐다. 문장 속에 "린튼에 대한 나의 사랑은 숲의 잎사귀 같아. 겨울이 되면 나무들의 모습이 달라지듯이 세월이 흐르면 달라지리라는 걸 난 잘 알고 있어. 그러나 히스클리프에 대한 사랑은 나무 아래 있는 영원한 바위와 같이 눈에 보이는 기쁨의 근원은 아니더라도 없어서는 안 되는 거야."에서 히스클리프 대신 진리/신이라는 단어로 대체한다면 진리의 길을 걷는 구도자에게 좋은 글이 아닌지 생각해보았다.

사랑은 감정이다. 대학시절 심하게 한 남자를 사랑하였고 그 후로는 그녀에게 사랑은 찾아오지 않았다. 아니 사랑의 속성을 알고 그 감정에 초연해졌다고 할 수 있을 것이다. 왔다가 흔적도 없이 사라지는 바람과 같은 것이었다.

대학시절 한 남자와의 만남은 그녀에게 폭풍처럼 다가왔다. 수업시간에도 문득 문득 그 사람 생각이 나고 하루 종일 그 사람에게서 연락이 오지 않을까 전화만 바라보고 안절부절못하고, 잠자리에 누워 낮에 그가 한 말 하나하나에 의미를 부여하며 잠을 설치고, 하루라도 만나지 않으면 무슨 일이 생긴 건 아닐까 걱정이 되고, 보는 것만으로 좋기만 한 사람, 세상은 두 사람을 위한 거대한 무대장치였다. 살아가는 모든

것이 솜사탕마냥 달콤하고 행복한 시절이었다. 그런데 그 꿈은 너무도 쉽게 깨어졌다.

그는 집이 지방이어서 방학이면 고향으로 내려갔다. 대학 3년 여름방학을 앞두고 그는 아름을 불러내었다. 최근에 피로해하는 모습을 보고 걱정이 되었는데 그럴 때마다 그는 아무 일도 아니라며 웃음으로 넘겼다. 그가 남긴 말은 방학동안 소설을 한 편 완성해야하니 방학동안 전화도 편지도 하지 말라는 말이었다. 문학을 전공하는 그는 평소에도 훌륭한 작품을 쓰겠노라고 말하곤 하였다. 말하는 그의 눈동자가 사슴 눈처럼 슬퍼보였다.

그렇게 헤어지고 다음 가을학기가 시작되었지만 그에게서 연락이 없었다. 전화를 했으나 결번으로 나왔다. 평소 그와 친하던 친구를 수소문하여 만났다. 그에게서 들은 "암", "사망" 이 두 글자만이 머릿속에 남아 긴 메아리를 남기고 있었다. 떠난다는 말도 없이 그는 사라졌다. 삶의 의미가 사라졌고 찬란히 빛나던 가을 풍경이 그녀에게 우중충한 회색빛으로 다가왔다. 하루하루가 고통스러운 날들, 잠도 사라지고 생활도 사라지고, 슬픔과 추억만이 그녀를 지배하였다. 그해 가을은 끝없이 이어지는 어두운 터널 같았다.

집에서 그녀를 걱정하여 데려간 곳이 시골의 작은 사찰이었다. 그녀 아버지와 주지스님이 잘 아는 사이라 하였다. 새벽 4시에 일어나 스님과 예불에 참석하고 공양보살을 도와 식사도 준비하고 스님에게 참선과 명상을 배웠다. "떠오르는 감정이 있으면 무엇이든 반응하지 말고 그냥 지켜보아라. 반응하면 괴로울 뿐이니라. 그렇게 지켜본다면 어느 순간 아픈 감정은 사라지고 청청한 원래의 모습이 드러날 것이다."

시키는 대로 감정을 지켜보기 시작하였고 스님은 하루 일과를 철저하게 관리하여 한순간도 여유를 주지 않았다. 심부름, 사경, 독송, 경 암송, 경전 공부, 그것은 스님의 마음 치유법이었다. 생각만 하여도 가슴 아리던 추억도 그리움도 점점 강도가 약해졌고 어느 순간에는 남의 일처럼 보이기도 하고 감정을 지켜볼 여유가 생겨났다. 염불을 하면 그 속에 몰입하여 아무런 생각도 나지 않았고 사경을 해도 전심으로 몰입을 하게 되었다. 그녀는 처음 절에 온 목적을 잃어버리고 절 생활에 심취하였다. 다음해 그녀는 복학을 하였고 그와의 추억을 담담히 관조할 수 있었다. 그녀가 비교종교학을 공부하게 된 것도 절에서의 경험 때문이었다.

언젠가 <은행나무 침대>라는 영화를 비디오로 본 적이 있었다. 시대를 초월하는 사랑이 주제였고 많은 사람들이 그 사랑에 감명 받았다지만 그녀에게 그것은 무서운 집착과 어리석음의 극치로 다가왔을 뿐이었다. 집에서는 그녀가 아직도 결혼을 하지 않은 이유가 대학시절 뜨거운 사랑의 열병 때문으로 생각하지만 그녀의 기억 속에 그는 꿈속어 잠시 만난 그림자일 뿐이었다.

3. 종교와 과학

학성은 일이 끝나고 모처럼 상담소 직원 로즈와 대화를 나누었다. 그녀는 어머니가 한국인이고 아버지가 백인인 혼혈아였다. 옅은 금발에 피부는 하얗지만 전체적으로 풍기는 모습은 동양인이었다. 아버지가 군인으로 한국 복무 중에 어머니를 만나 결혼하여 서울에서 그녀를 낳았으며 6살 때 미국에 들어와서 한국말을 잘하지는 못하였으나 말은 어느 정도 알아들었다.

그녀는 전문대학을 졸업하고 상담소에 들어온 지 2년 정도 되었으며 바쁜 시간을 쪼개 대학에 편입하여 통신수업과 저녁수업으로 심리학을 전공하는 부지런한 여자였다. 그녀는 리포트를 제출해야 한다며 "증교와 과학의 거리"에 대한 보고서를 어떻게 구성해야 할지 모르겠다며 학성이의 조언을 구하였다. "종교와 과학의 거리"라, 학성은 주제가 평범하면서 동시에 가치관에 따라서는 아주 색다른 글이 나올 수 있음을 알았다. 우선 주제에 대한 그녀의 생각을 들어보고 방향을 제시하고 싶었다.

"종교 도그마와 과학이론 중에서 어느 것이 마음에 끌리나요?"

학성은 로즈를 바라보며 질문을 던졌다. 그녀에게는 20대 초반의 발랄함과 청순함이 있었다. 혼혈인으로 자라면서 정체성의 혼란을 많이 겪었을 것이었다.

"과학이론요."

그녀는 별다른 망설임 없이 대답하였다. 미국에서 종교생활을 열심히 하는 젊은이는 그리 많지 않다. 당연한 결과일 수도 있었다.

"로즈가 알고 있는 종교 도그마는 어떤 것인지 알고 싶군요? 그리고 과학에 더 끌리는 이유는 무엇인지."

"어머니는 기독교인이에요. 아버지는 어머니처럼 열렬하지는 않지만 습관적으로 다니시고요. 그러나 난 별로에요. 창조론도 그렇고 성경의 내용도 이해가 되지 않는 부분도 많고요. 과학은 바로 우리 눈앞에서 사실을 증명하여 보여주지 않나요?"

그 나이에 나올 수 있는 예측가능한 말이었다. 학성은 과학과 종교를 생각하면 1999년 캔자스 주에서 있었던 사건을 기억하지 않을 수 없었다.

1999년 8월 캔자스 교육위원회는 진화론을 캔자스의 과학교재 커리큘럼에 삭제할 것을 주장하며 투표를 하였다. 이것은 헌법 위반을 교묘히 피하면서 오히려 더욱 효과적으로 기독교 창조론을 선전할 수 있는 기회였다. 과학에 대하여 아주 무지한 기독교 근본주의자인 셸티 존슨이 앞장선 이 운동은 6대 4로 통과되었다. 이 결과로 유치원에서 고등학교에 이르기까지 미국 캔자스 주의 생물교과서에서 진화론 부분이 삭제되었다. 교육위원회는 또 창조론과 위배되는 빅뱅이론에 대해서도 삭제를 결정했다.

창조론자들인 존슨과 교육위원회 동료들은 이 지구가 약 7천 년 전에 창조되었고 그것도 성경구절처럼 7일 만에 창조가 일어났다고 믿었다. 그들은 이런 미신을 토론을 통하여서 뿐만 아니라 협박과 궤변으로 전파하려고 하였다.

성경 내용이 진실하다는 것을 말로만 주장하였지 짜증스러운 수사학적 말, 예를 들면 "당신 조상이 원숭이였다는 것을 믿습니까?" 같은 불완전한 단편적 사실들을 합쳐놓은 것 이외는 아무런 증거도 제공하지 않았다. 예를 들면 "1인치 표토가 쌓이려면 1천년이 걸린다. 지구의 평균 표토의 깊이는 7에서 8인치이다. 그러므로 성경에서처럼 지구는 대략 수천 년 전에 존재하였다."하는 식이었다. 그들은 진화론자가 지적하듯 표토가 침식을 당한다는 결정적인 요인을 무시하였다.

종교와 과학이 충돌한 대표적인 사건이었다. 학성은 어느 쪽도 완전하지 않음을 알고 있었다. 과학과 종교는 평행선이 아니라 서로 협조하고 보완하는 관계가 되어야 한다고 여겨왔다. 과학과 기독교 간의 해묵은 논쟁의 대상인 창조론과 진화론은 서로 양립할 수 없는 것이 아니다. 창조론이나 진화론 어느 하나가 지구의 생물 출몰과 진화를 충분히 설명할 수는 없다. 서로 간에 존재하는 모순을 양자는 보완하고 있다.

예를 들면 도저히 확률적으로 일어날 수 없는 화학물의 우연한 조합으로 생명이 시작되었다고 하는 진화론이나 화석이나 생명의 관찰에서 볼 수 있는 생명의 진화를 무시하고 흙으로 인간을 바로 창조하였다는 창조론 모두가 한계가 있는 이론이다.

그러나 혼과 육체를 분리하여 보면 문제는 쉽다. 혼의 존재를 믿는다면 인간은 육체와 혼으로 구분되고 이 양자의 진화는 다른 길을 걸어왔다. 혼의 윤회를 인정하지 않는 기독교에서는 출생 시 혹은 임신 시인지 명확한 성경 규정은 없지만 그럴 때마다 매번 혼은 창조된다고 간주할 수밖에 없다.

혼의 존재를 인정하지 않는 과학계는 육체와 정신을 하나로 보니 단세포 동물에서 현재의 인간으로 진화했다는 진화론이 맞다. 그런데 기독교에서 육체를 진화의 결과로 보지 않고 성경에 의거 그 모습 그대로 혼과 더불어 창조된 것으로 보니 서로가 평행선을 달릴 수밖에 없다. 고대 지혜의 가르침에는 혼과 육체를 나누어 설명한다. 육체는 진화론에서 말하듯이 단세포에서 진화하여 고등동물로까지 진화하였고 신의 분광 혹은 확장인 혼은 인간으로 진화한 육체에 들어온 것이다.

무신론자나 일부 과학자들은 형이상학이나 교리가 과학적으로 증명될 때 믿을 것이라고 말한다. 이 말은 믿을 것이 더 이상 없을 때 믿겠다는 말과 같고, 교리(도그마)가 과학적 정리(명제)가 될 때 믿겠다는 말과 같다. 다른 말로 무한(절대자)이 한정된 틀 속에서 설명되고 정의될 때 무한을 인정하겠다는 말과 같다. 심하게는 무한이 더는 존재하지 않음을 확신할 때 무한을 믿겠다는 것이다. 또한 작은 그릇 속에 대양이 들어가는 것을 볼 때 대양의 거대함을 믿겠다는 말과 같다.

증명할 수 없는 종교의 체험세계와 과학의 실증세계가 부딪치는 영역이다. 무엇을 안다는 것은 관찰과 증명을 통해서만 가능한 것이 아니라 체험이나 의식 확장을 통하여서도 가능하다. 특히 물질계 너머 세계의 존재에 대해서는 더더욱 그러하다. 문제는 영적 체험이나 영적 각성은 과학의 기준에 따라 증명될 수 없는 영역이란 점이다.

인간의 감각을 기준 한다면 개와 고양이의 청각능력은 인간의 한정된 능력을 초월한다. 산 너머 주인의 발자국 소리를 듣고 곧 주인이 나타날 것을 기다리는 개의 능력을 우리 누군가가 발휘하여 일반인에게 보여준다면 과학은 초능력으로 간주할 것이며 누군가 물질세계를 초월하여 다른 차원을 본다면 과학은 증명을 할 수 없다고 인정을 하지 않을 것이다.

우리는 오감으로 느끼고 지각한다고 말하는데 개나 고양이보다 못한 감각으로 과학은 어떤 것을 진실로 관찰하고 증명할 수 있다고 확신하는지 생각해 볼 문제이다. 그래서 신과학이 대두하기도 하였다. 불교는 이 세계를 환영으로 보고 있다. 환영의 세계에서 우리는 모든 것을 우리가 지닌 개념으로 이해하고 연결시키려 한다. 이것이 과학 마인드이다.

학성은 그녀에게 어떤 이야기를 할까 생각하다가 우주 문제로 실마리를 풀기로 하였다

"한번 같이 생각해 보지요. 우주는 왜 작동하는가? 물질 형성, 별의 운행같이 우리가 자연스럽게 받아들이는 현상이나 규칙은 어디에서 오는가? 당연하다고 생각하는 것들도 잘 생각해 보면 신비스러울 뿐인데 이 모든 것이 우연인가 아니면 그런 움직임 속에 창조자의 의지가 있는 건가? 이런 경이로운 일들이 저절로 일어났다고 생각해요, 로즈는?"

그녀는 아무런 말이 없이 그냥 미소를 짓고 학성을 쳐다보았다.

"절대자의 존재를 인정하지 않을 수 없게끔 세상은 신비한 일들이 많아요. 지금 우리가 여기 대화하는 것도 우연이라 생각해요. 우연히 우주가 창조되고 우연히 생명체가 살 수 있는 행성이 만들어지고 거기에 우연히 유기물이 합성되고 기적같이 생명이 생겨나서 진화하여 우리가 이 순간 마주보고 있다고 생각하나요? 인간의 상상을 초월하는 어떤 창조의 힘을 상정하지 않고는 생각할 수 없는 일이지요.

과학자의 40%가 나름의 신을 믿고 있다고 합니다. 어떤 물리학자들은 전능하고 목적을 가진 형상 지을 수 없는 절대자가 우주전체를 운영하고 있다고 주장하지요. 과학이 알 수 없는 영역이 있다고 봐요. 형이상학은 과학이 다룰 수 없는 영역이지요.

예를 들면 중력의 존재는 알려져 있지만 왜 존재하는지, 우리는 물리법칙을 이야기하면서도 그것이 왜 존재하는지는 설명하지 못하지요. 발전기를 사용하여 전기를 끌어내면서 전기의 성질은 알지만 전기가 왜 존재하는지 설명하지 못하지요. 과학은 우주 존재의 이유를 설명 못하고 신의 존재 여부를 말해주지 않아요. 과학이 발전하더라도 이런 한계는 사라지지 않을 것입니다. 과학이 가진 본질적 한계입니다."

학성은 그녀가 자신의 말에 이해를 표하면서 열심히 경청하자 안심이 되었다.

"과학이 최고로 발전한다면 종교를 이해할 수 있을까요?"

"감각의 세계인 물질세계에서 과학은 한계를 가질 수밖에 없어요. 최고로 발전하더라도 우리가 사는 3차원의 감각 한계 내에서의 발전일 것입니다. 물질 감각으로 알 수 없는 상위의 다른 차원이 있다면 그것은 여기서 알 수 없는 영원한 미지의 영역일 것입니다.

결국 우리가 그 세계로 가서 경험하는 수밖에 없지요. 신이 무한이라면 우리가 무한이 되지 않으면 경험할 수 없는 존재이겠지요. 그래서 영적인 성장이니 깨달음이니 신과의 합일이란 단어가 나오지요."

"적당한 비유는 되지 않겠지만 적도에 사는 사람이 눈을 본 적이 없다고 눈의 존재를 부정하면 안 된다는 말 같아요. 점차로 어떤 방향으로 보고서를 이끌어 나갈지 가닥이 잡혀요."

학성은 먼저 과학의 한계를 말하면서 그녀의 이해를 이끌었는데 그녀는 학성이의 말에 수긍을 하면서 긍정적으로 반응하여 기뻤다.

"그럼 간단히 과학의 한계를 보았는데 종교의 문제는 무엇인지 한번 생각해 보지요. 세계에 여러 종교가 있고 주장하는 바가 다른데 무엇이 바른 가르침이고 판단의 기준은 무엇인가 하는 것이지요. 로즈양은 기독교 말고 다른 종교에 대하여 아는 것이 있어요?"

"뉴에이지 관련되는 책을 읽어보았고, 티베트 승려가 쓴 불교서적도 서너 권 읽어보았습니다. 그러나 깊게 공부한 것은 없어요."

"그러면 먼저 백과사전에서 세계 여러 종교에 대한 글을 읽어보세요. 그러면 크게 두개의 흐름으로 구별될 것입니다. 신과 인간의 관계를 주종관계로 보느냐 아니면 동등관계로 보느냐. 무엇이 옳은지 기준은 없어요. 답은 자신의 이성과 식별력으로 판단하세요.

그리고 좀 더 알고 싶은 내용은 책을 구입하여 지식을 넓히고요. 지금은 무엇을 믿느냐가 문제가 아니라 보고서를 작성하는 일이니까 종교에 대한 균형 있는 정보와 이해가 필요해요. 역사적으로 종교와 과학의 갈등, 예를 들면 중세의 우주관, 지동설, 천동설을 언급하고 지금 과학이 도달한 최신 이론 즉 물리학의 양자이론 등을 세계 중요 종교 도그마와 관련하여 설명을 하는 것도 생각해보세요."

"고마워요. 대략 방향은 잡히는 것 같아요. 고등학교 시절 인종차별을 하는 급우가 있었어요. 구약성서에 신이 인간을 백인과 황인 그리고 흑인으로 구분하여 창조하였다며 인종 간의 구별은 필요하다고 주장한 급우였는데 부모가 KKK단이라는 소문도 있었고요. 그런데 대학을 어디로 갔는지 아세요. 밥 존슨 대학교에 진학했어요.

대학 정책이 '신이 차별하여 인종을 창조하였으므로 인종은 서로 분리되어짐을 믿는다. 근본적으로 3인종인 백인, 황인, 흑인이 있음을 받아들이며 백인은 황인과 데이트를 못하며 황인은 백인과 데이트를 할 수 없다. 백인과 황인은 흑인과 데이트를 할 수 없다.'라고 합니다. 사실 백인과 황인종의 혼혈인 저로서는 받아들인 수 없는 아니 말도 되지 않는 주장이었는데 그런 도그마를 믿는 사람이 있다는 것이 놀라웠어요."

학성은 그녀가 자신을 믿고 솔직하게 대함을 느꼈다. 인종차별은 여전히 미국의 아킬레스건으로 존재하였다. 인종차별이 미국의 문제만은 아니지만 인종 집합소인 미국이 안고 있는 뜨거운 감자였다. 미국이란 나라에 인종 간의 차별을 주장하는 대학이 버젓이 존재하고 보수정치인이나 기독 극우주의자들의 지지를 받고 있다. 이전 대통령 선거에서 레이건과 현 부시 대통령은 이 밥 존슨 대학교를 방문하여 연설을 하기도 하였다.

이와 관련 대학원 시절 아주 얼굴 뜨거운 일이 있었다. 호스트 패밀리라고 미국가정과 외국학생을 연결하여 가족처럼 미국생활을 도와주는 제도였는데 학성의 호스트패밀리는 전형적인 미국 중류층의 백인 부부였다. 한국에 대하여 아는 것이라고는 미국에서 유명한 코미디 프로그램인 메쉬(6.25전쟁을 배경으로 미군 이동 외과부대가 전쟁 중인 한국에서 경험하는 에피소드를 코미디로 꾸민 것으로 아프리카처럼 못사는 한국의 풍경과 어리석게 묘사되는 한국인이 소재였다)에서 본 가난한 한국인의 모습이나 미디어를 통하여 접한 격렬히 데모하는 한국인의 모습이었다. 그나마 최근에 조금 발전한 국가라는 인식이 전부였다.

　쇼핑몰을 구경시켜 주면서 한국에도 이와 같은 쇼핑몰이 있느냐고 물어보기도 하였다. 인종문제가 나와 이야기 하다가 혼혈에 대한 이야기가 나왔는데 자신들이 아는 미국인이 한국에서 여자아이를 입양했는데 한국인과 흑인 혼혈이라고 하였다. 한국에서 흑인에 대한 인종차별 때문에 아이 정신 건강을 위하여 직업군인이었던 미국 양부모는 서둘러 미국으로 돌아왔다며 정말 그런지 물어보기도 했다. 한국의 현실이 그러하므로 당시 학성은 변명할 수가 없었다. 그가 할 수 있는 말은 일부 사람들이 그렇다고 말할 수밖에 없었다.

　피부색에 상관없이 육체 속에 거주하는 혼은 전부 신의 신성한 부분인데 인류의 의식에 분리와 차별이 존재하는 한, 갈등과 분쟁은 멈추지 않는다. 인종차별이 얼마나 터무니없는 일인 가를 알면서도 고치기보다는 은근히 차별을 즐기는 사람들이 있다.

　차별하는자와 차별받는자 모두 우리 이웃일 수도 우리 친척일 수도 있다. 너와 나보다는 "우리"라는 개념이 우선하는 사랑과 평화가 넘쳐나는 세계를 마음으로 기원하였다. 로즈에게 존재의 의미나 종교에 관심이 있으면 언제라도 상담해 주겠노라고 말하고 특히 불교에 대하여 알고 싶으면 무처사 원담 스님을 만나 뵐 것을 권하였다.

5장 로키산맥 품속에서

1. 8정도

오컬트 단체에서는 물질육체를 "조잡한(gross) 육체"라는 단어로 표현한다. 예술가와 시인이 "아름답고 눈부신 육체여!"라며 찬미할 때 그들은 "육체의 조잡함이여!"라며 능멸한다. 그들에게는 썩어 냄새를 풍기며 사라질 것이 육체이고 하루라도 씻지 않으면 악취를 풍기고 찌꺼기를 배설해야 하는 것이 육체이다.

대중에게 육체는 찬미의 대상이며 쾌락의 수단이나 자유로운 혼의 소유자에게 육체는 혼의 무덤이다. 육체 너머 존재하는 섬세하고 정교한 체가 있는데 영어로 "subtle body"로 표현된다.

육체는 근본적으로 조잡한 물질로 구성되어있다. 빛이 하강하여 가장 낮은 진동으로 침전된 것이 물질이라면 빛의 가장 높은 현시는 영(靈)이다. 물질은 변하고 흩어지며 영속하지 않는 것은 실재하지 않는다. 그러므로 물질은 환영이며 꿈과 같다. 물질에 집착은 꿈에 집착하는 것과 마찬가지로 어리석은 일이다.

법구경에 "사랑하는 사람은 못 만나서 괴롭고 미워하는 사람은 만나서 괴롭나니 사랑하는 사람도 미워하는 사람도 가지지 말라!"라는 말이 있다. 살다보면 그 말이 맞다. 집착은 괴로움을 낳고 괴로움은 더 많은 집착을 생산한다. 부처님이 삶을 돌아보고 밝히신 4성제와 8정도는 바로 현실과 길을 보여주는 가르침이다.

붓다는 4개의 고상한 진리를 말씀하셨다. 그것은 4성제로 고집멸도(苦集滅道)이다. 이 말은 삶은 고이며 그 원인은 갈망(집착)이며 고통을 멸하는 방법이 있으니 바로 8정도이다. 이것으로 도를 이룰 수 있다는 말이다. 이 짧은 말속에 우리가 직면하는 현실과 그 현실 너머로 가는 방법이 있다. 고통을 멸하는 8정도를 살펴보자.

첫째는 정견[正見]이다. 이것은 바른 견해로, 사성제와 십이인연(十二因緣)을 바르게 이해함이다. 즉 고통과 그것의 근원 그리고 그것을 멸하는 것을 이해하는 것이다. 정견은 모든 것의 출발점이다. 바른 견해가 없으면 이어지는 바른 생각이 없고 바른 생각이 없으면 바른 행동도 없다.

둘째는 정사유(正思惟)이다. 이것은 갈망, 욕망, 악한 생각, 잔악함에서 자유로운 마음이다. 행동하기 전에 바른 생각을 갖는 것이다.

셋째는 정언[正言]이다. 남에게 유익한 바른 말을 하는 것으로, 진실을 말하고 허풍을 피하고, 악담을 피하고, 가십을 피함을 의미한다.

넷째는 정업[正業]이다. 살인, 절도, 탐욕, 기망 행위를 하지 않고 바르게 행동하는 것이다.

다섯째는 정명[正命]이다. 바른 직업과 규칙적인 생활에 의한 바른 생활이다. 즉 정업에 의하여 살아감을 말한다.

여섯째는 정정진[正精進]이다. 이것은 위대한 노력, 즉 악을 피하고, 이를 극복하고, 선을 발전시켜 유지하려는 노력을 말한다.

일곱 번째는 정념(正念, 지켜보기, 마음 챙김)이다. 언제나 바른 의식을 가지고 이상과 목적을 잊지 않음을 말한다. 이것은 육체, 느낌, 마음, 현상에 대한 주의 깊음을 유지하는 것이다. 이것은 우리가 잘 알고 있는 위빠사나 즉 남방불교의 지켜보기 수련법을 말함이다.

여덟 번째는 정정[正定, 삼매]이다. 이것은 정념 즉 지켜보기를 통하여 무념무상의 마음상태에 이르는 것으로 다른 말로 삼매이다. 이것이 우리의 마지막 목적이다.

　지상에 존재하는 많은 가르침 중에 이처럼 짧게 그러나 논리적으로 현상을 분석하고 깨달음의 길을 보여주는 가르침도 없을 것이다. 너무 귀가 따갑게 들어서 불교의 초보자들도 다 아는 내용을 왜 강의하는지 모르겠다는 사람은 곰곰이 자신이 얼마나 8정도에 따라 삶을 살아오고 있는지 살펴보아야 한다. 각성을 원한다면 8정도는 일상생활에서 실행되어야 한다.

　첫 단계인 정견 즉 바른 견해는 가장 중요하다. 여기 계신 분 중에서 바른 견해를 가지신 분이 얼마나 되겠는가? 바른 견해는 무지에서 벗어나기 위한 가르침을 말한다. 무지에서 벗어나기 위하여 성인의 가르침을 공부해야 한다. 무지로 발생하는 죄는 용서되지 않으며 원인과 결과에 바로 종속된다. 무지의 사슬을 끊는 것이 각성의 출발점이며 종착점이다.

　바른 견해에서 바른 생각이 그리고 바른 생각에서 바른 말과 행동이 나온다. 이것은 바른 생활로 안내하며 바른 생활을 위한 바른 노력을 가져온다. 삶에 이것이 유지된다면 자연스럽게 정념 즉 지켜보기가 되고 마지막에 바른 집중인 합일이 일어난다. 합일은 먼저 내면의 신성자아와 일어나고 더욱 진전되면 전체와 합일이 일어난다.

　깨달음은 멀리 속세를 떠나 고행이나 은거를 통해서만이 아니라 바로 이 삶의 현장에서 성취할 수 있다. 8정도를 생활화할 때 삶은 새로운 모습으로 다가온다.

　원담은 이런 강연을 잘 마련했다는 생각이 들었다. 신도뿐만 아니라 교민사회를 대상으로 불교 교양강좌를 매주 1회 정도 개최할 계획은 주지로 부임 후 늘 생각하여 왔던 일이었으나 마땅한 연사를 찾지 못하다가 한아름과 허 선배의 도움으로 6월 처음으로 교양강좌를 개설하고 오늘 자신이 강연의 첫 문을 열었다.

토요일 오후 법당 안은 모처럼 사람들로 가득 찼다. 강연에는 특별한 사람이 있었다. 한아름은 강연이 있기 4일 전에 찾아와 김선우라는 사람과의 관계를 말하면서 그가 강연에 참석할 것이라며 강연 후에 그를 만나 자신의 생각을 전해달라고 부탁하였다. 내키지는 않았지만 그녀의 부탁을 거절할 수도 없었고 사연을 듣고 보니 두 사람을 위하여 바람직할 것 같기도 하였다.

강연이 끝나자 김선우는 원담에게 다가와 가볍게 합장을 하였다. 눈빛이 선하고 이목구비가 반듯한 젊은이였다. 원담은 그를 안내하여 절에 가까이 위치한 카페로 갔다. 마주앉아 무슨 말을 먼저 꺼낼 것인지 생각을 해보았다. 한아름 말로는 마음의 상처가 되겠지만 사내의 집착을 한칼에 베어달라고 말하였다. 원담은 한아름의 말을 듣고 어느 정도 김선우라는 사람에 초점을 맞추어 강연 내용을 준비한 것도 사실이었다.

"한아름 선생에게서 말씀 많이 들었습니다. 캘리포니아에 사시지요. 여기는 언제 오셨나요?"

"어제 와서 덴버 북부에 위치한 포트콜린스라는 도시에 묵었습니다. 누나가 그곳에서 공부를 하고 있습니다."

"그래 오늘 강의는 어떠했습니까?"

"아주 유익했습니다. 제가 종교는 없지만 집에서는 불교를 믿습니다."

"아시는지 모르겠지만 오늘 강의는 김선우님을 위한 강연이기도 하였습니다. 세속적인 사랑과 자비심의 차이를 아시는지요. 세속적 사랑은 대상에 집착이 있지만 자비심은 대상에 집착이 없어요. 그냥 베푸는 사랑이에요. 부처님의 자비를 생각하시면 쉽겠군요. 말씀드리기 싫지는 않지만 한아름 씨가 하기 힘든 말을 대신 나보고 전해달라고 해서 이렇게 자리를 마련하게 되었습니다."

원담은 말을 하면서 그의 표정을 살폈다. 그의 얼굴에서 슬픔이 배여 나왔고 이어서 체념의 그림자가 그의 얼굴을 스치고 지나감을 보았다.

"이번이 마지막이라 생각하고 왔습니다. 대략 아시겠지만 제가 아주 좋아하던 선배입니다. 감정이 감정을 부른다고 선배에 대한 감정이 어느 순간 사랑으로 변하여 온 마음을 차지하고 있었습니다. 놓치면 평생 이런 사람은 만나지 못할 것이라 생각이 들었지요.

여기 온다고 편지를 하였는데 연락이 왔어요. 스님 강의가 있으니 꼭 참가하고 개인적으로 만나서 말씀을 들어보라고 하였습니다. 사실 참석하기까지 좋은 일인지 아닌지 판단을 할 수가 없었습니다. 강연이 시작되고 그녀의 의도를 알았습니다."

김선우는 착 깔린 목소리로 독백하듯 말하였다. 허탈한 표정이었다.

"인연이 없다고 생각하세요. 살다보면 좋은 사람이 나타날 것입니다. 시간이 많은 것을 해결하여 줍니다. 어떠한 괴로움도 시간이 해결해주지 않은 경우는 없으니까요?"

시간은 약이다. 이것만큼은 확실하다. 그러나 사랑의 감정에 빠진 사람에게 시간은 약이라기보다 한동안 괴로움으로 다가올 것이다. 그것은 감정에 지배되는 사람들의 공통 문제가 아니던가.

"스님 말씀대로 시간은 모든 것을 해결할 것입니다. 당분간 누나 집에서 지낼 것입니다. 이대로 캘리포니아에 돌아가면 혼자 너무 외로울 것 같아서요."

"마음이 괴로울 때는 무엇인가에 몰입할 일이 필요합니다. 최대한 시간을 바쁘게 보내시던가 아니면 감정을 솔직하게 지켜보는 것입니다. 감정에 몰입하지 말고 그냥 무심히 남의 일처럼 지켜보라는 말이지요. 이것은 아주 효과적인 방법인데 처음에는 매우 힘들지요."

지나보면 아무 것도 아닌 일이 당시에는 얼마나 미로처럼 빠져 나오기 힘든가. 감정 특히 이성에 대한 감정은 자기 최면이 아주 강하다. 자신이 만든 환상 속에 상대방이나 사건을 잡아두고 상대방과 영원을 꿈꾸는 것이 사랑이다.

2. 마음 내려놓기

일요법회가 끝나고 신도들과 점심공양을 하고 차를 나누면 보통 오후 2시가 된다. 그러면 오전 중에 분주하였던 절은 다시 적막 속으로 빠져들고 마당 고목(古木)에 집을 짓고 살아가는 다람쥐는 자신들의 일상으로 돌아온다. 이때가 가장 인간적인 외로움을 느끼는 순간이었다. 평소에는 눈뜨고 저녁 잠자리에 들 때까지 혼자서 잘 지내다가도 법회가 있는 날, 사람이 떠난 오후는 유별나게 절이 텅 비어 보였고 덩달아 가슴도 허전하였다.

문지방에 걸터앉아 다람쥐들을 지켜보며 6월 초순의 따뜻한 햇살을 즐기고 있는데 누군가 절 문을 열고 마당으로 들어오는 인기척이 들렸다. 강한 햇살에 눈을 가늘게 뜨고 바라보니 햇살을 받으며 들어서는 여인이 있었다. 처음 보는 얼굴, 신도는 아니었다. 가끔 몇 개월 만에 얼굴을 내비치는 신도도 있었고 심지어 부처님오신 날에만 나오는 신도도 상당수였다.

손을 마주하고 합장을 하는 여인의 모습이 아름다웠고 맑은 기운이 풍겼다. 그녀는 어제 만났던 김선우의 누나였다. 동생에게 얘기를 들었다며 좋은 말씀에 감사드리러 왔다고 자신을 소개하였다.

"아버지가 절에 신도 회장을 하시어서 어려서 부모님 따라 절에 다녔습니다. 앞으로 공부를 마치려면 미국에 1년은 더 있어야 할 것 같아요. 고향에 절 이름은 관음사였지요. 무처사(無處寺)라 이름이 아주 독특하군요. 이름에 무슨 사유라도 있는 건가요?"

그녀는 좀 궁금해 하는 표정으로 물었다. 전임 스님에게 절 이름에 관한 숨은 이야기가 있는지 물어보았지만 별다른 이야기는 없었다. 아마 도시 한가운데 일반 주택을 개조하여 들어선 절을 빗대어 무처사라 하지 않았겠느냐 하였다. 원담은 장난스럽게 "비구가 사는 곳이니 유처사(有處寺/有妻寺)보다는 무처사(無處寺/無妻寺)가 좋지 않는가요."라고 말

장난을 하였다. 원담의 유머를 이해했는지 여자는 상큼하게 웃었다.
"무엇을 공부하시나요?"
"상담학을 공부하고 있어요. 상담학을 시작한 지는 얼마 되지 않지만 동생에게 도움을 주려고 했는데 잘되지 않았어요. 어제 스님이 동생에게 아픔을 극복하는 방법을 말씀하셨다고 하더군요. 다른 일에 몰입을 통하여 마음의 아픔을 잊어버리거나 감정을 직시하고 그 실체를 아는 방법은 좋아보였습니다. 마음의 상처를 받은 사람들은 세상의 아픔을 혼자서 짊어지고 가는 것처럼 힘들어하지만 힘들어하는 마음을 내려놓는 방법을 모르는 것이 문제겠지요. 동생도 마찬가지예요. 스님 말씀 따라서 지금 열심히 나름대로 노력하고 있어 마음이 놓여요."

그녀는 "힘들어하는 마음을 내려놓는 방법"을 말하면서 마치 자신은 그런 일에서 초연한 표정이었다. 한아름처럼 당당한 모습은 아니지만 부드러우면서도 여유 있는 모습이 인상 깊었다.

"신도님께서는 힘들어하는 마음을 내려놓는 적이 있으시지 싶습니다."

그 말에 여자는 묘한 미소를 보이며 잠시 생각에 잠기는 듯싶었다.

"이전에 제가 아는 분이 이런 말을 하였지요, 사랑은 지나가는 바람 같아 잡을 수도 머물 수도 없는 것이라고요. 무서운 폭풍 속에 세상이 끝날 것 같지만 지나고 나면 폭풍이 남긴 상처는 아물고 오히려 깊은 평온이 찾아온다고. 제 생각은 사랑은 자기최면이고 자기연민 같아요."

일방적으로 충고나 가르침을 주는 승려입장에 있다가 남에게서 이야기를 들어야하는 경우는 많지 않다. 그러나 한아름이나 지금 앞에 있는 여자처럼 주저함이 없이 편하게 말하는 사람은 좀 특별한 경우였다. 성직자 입장에서 남의 상처에 귀를 기울이고 충고를 주는 경우는 많이 있지만 자신에게 충고를 하거나 대등하게 상대하려는 사람을 만나면 거북스러운 것이 사실이었다.

원담은 이런 무의식적인 반응이 바로 오만한 자신의 에고가 작동하는 것임을 알고 있었다. 그러나 신도들보다 자신이 늘 무엇인가 많이 말해야 하고 도움을 주어야 하고 영적으로 지적으로 나아 보여야 한다는 생각이 사라진 것은 아니었다. 마음속에 일어나는 이런 유치한 감정들이 부끄러워졌다.

원담은 그녀에게 일요법회와 참선 수련 그리고 불교 교양강좌를 소개하였다. 그녀는 시간이 나면 방문하겠다며 신도 인명록에 자신의 이름과 연락처를 남기고는 떠났다. 김선미, 옆에다 미국명 서니(Sunny)라고 부기하였다. 서니, 아마 부르기 편하게 영어이름을 사용하는 것 같았다.

3. 인생설계

일요 법회에 참석하는 사람은 거의 일정하였다. 오늘 법회에는 일전에 절을 방문한 적이 있는 김선미가 참석하였다. 한아름과 김선미가 자리를 하고 있어서인지 법당 분위기가 평소와는 달랐다. 젊은 사람들이 절에 많이 왔으면 하는 것이 원담의 바람이었다. 준비한 글을 참고로 법회를 시작하였다.

(삶의 태도)

출생과 사망 사이에 인생이 있지요. 여기 그림을 그려봅시다. 왼편에 출생이라는 인생 출발점, 오른편 끝에 사망이라는 인생 종착점이 있습니다. 그 사이에 무엇을 채우고 싶은가요? 교육, 취업, 사랑, 결혼, 자식, 성공, 안락한 노후, 그런 건가요? 사람들의 인생 목적은 주로 이 물질적 욕망에 집착 되어있습니다. 이렇게 살아가는 것이 우리의 목적이 되어야 할까요? 다른 목적은 없을까요? <짜라투스트라는 이렇게 말했다>의 서문에서 니체는 인간성에 대한 통찰을 다음과 같이 말하였습니다.

"인간이란 실로 더러운 강물일 뿐이다. 인간이 이 강물에 오염되지 않으려면, 바다가 되어야 한다." 여러분은 바다가 되어야 합니다. 인간의 굴레에서 붓다의 경계로 들어가야 합니다. 그러기 위해서는 하심, 자신을 낮추세요. 물은 아래로 흐르고 지혜는 자신을 낮추는 것에서 생겨납니다.

자신이 누구라고 생각하세요. 불자인 여러분은 "그대는 부처다." 이런 말을 다 들어 알고 있을 것입니다. 그런데 실제로 자신이 붓다라고 생각하고 살아가는 사람이 얼마나 되겠습니까? 습관적으로 생각하고 반응하고 살아가는 삶 속에 붓다는 잠자고 있습니다. 지금까지 살아오면서 경험한 가치체계, 생각, 관념이 여러분을 지배하고 있습니다.

이것이 우리 내면의 불성이 드러나는 것을 방해하는 장애물입니다. 여러분은 관념이 자신이라고 생각하고 살아가고 있습니다. 도둑이 주인 행세를 하는 것입니다. 참된 주인이 나설 때 우리는 창조적 삶, 붓다의 삶을 살기 시작하는 것입니다.

여러분이 자각을 하고 있지는 못하지만 늘 우리 내면에는 우리의 생각과 행동을 지켜보고 있는 자가 있습니다. 이것을 우리의 참된 자아, 내면의 불성이라고 말할 수 있습니다. 고급스러운 삶을 살기 바랍니다. 고급 삶이란 물질적 존재인 재산, 직위, 명예에 의존하는 것이 아니라 내면의 불성에 동조하여 살아가는 삶을 말합니다.

습관적 반응/생각/판단/행동에 앞서 내면의 신성한 존재를 자각하세요. 매순간 생각과 행동을 지켜보는 깨어있는 삶을 살아가야 합니다. 분노도 일단 지켜보면 반응에 간격이 생기고 그러면 사그라집니다.

기쁨도 슬픔도 우리 마음 즉 우리 관념이 조건반사적으로 반응하는 것이지 진실한 자아의 반응은 그러하지 않습니다. 모든 감정은 마음이 만든 것 입니다. 지켜보세요, 그러면 감정을 넘어선 침묵의 향기를 느낄 것입니다. 여러분은 둑 위에 앉아 흐르는 강물을 바라보는 자가 되어야지 흙탕물 속에 허우적거리는 사람이 되어서는 안 됩니다.

지금 이 순간 죽어야 한다면 마음에 남는 미련은 무엇입니까? 많은 미련이 남겠지요. 가족이나 연인, 친구, 재산을 두고 떠나야 한다는 안타까움, 아직 이루지 못한 일들, 꼭 하고 싶은 일들, 아마 수많은 미련과 안타까움이 머리에 떠오를 것입니다.

그 미련이 사람을 다시 육체로 끌어당겨 윤회하게 하는 자석과 같은 역할을 합니다. 세상에 미련이 하나라도 남아있다면 삶과 죽음의 수레바퀴에서 벗어날 수가 없습니다. 돌고 도는 윤회의 수레바퀴에서 움직임이 없는 수레의 중심으로 들어가야 합니다.

미련은 집착이 있기 때문이며 집착은 무지 때문에 그러합니다. 무지를 타파하면 집착이 사라지고 집착이 없으면 세상에 미련은 사라집니다. 부처님께서는 12인연법과 4성제로 우리 사는 세상을 표현하시었고 8정도를 통하여 고통에서 벗어날 수 있음을 말씀하셨습니다.

신도 여러분! 삶 속에 8정도가 생활화 되도록 그리하여 자신에게 있는 원래의 청정한 불성을 찾기 바랍니다.

법회가 끝나고 참석한 사람들은 절에서 마련한 식사를 하고 대부분 절을 떠났다. 다시 절 마당은 고요한 정적이 찾아왔고 내리비치는 6월 햇살은 눈부시었다. 평소처럼 한아름은 거실에서 차를 준비하고 있었다. 법회 후 그녀와 차를 마시고 이것저것 세상 돌아가는 이야기를 하는 일이 많았다. 김선미라는 여자도 자리를 지키고 있었다. 우연히도 김선우와 연결된 두 사람이 한자리에 있었다. 원담은 내심 두 사람의 만남이 흥미로웠다. 두 사람은 비슷한 나이 같았다.

"두 분은 인사를 나누었는가요? 제가 소개 시켜드리지요. 한아름 씨! 이분은 김선미 씨라고 지난주에 처음 절을 방문하였습니다. 지금은 대학원에서 상담심리학을 공부하고 있습니다. 그리고 김선우 씨의 누나가 되기도 합니다."

원담은 소개하면서 번거로움을 피하고자 김선우라는 이름을 바로 언급하였다. 그것이 좋을 듯싶었기 때문이었다. 두 사람은 약간 놀라는 눈치더니 곧 평소의 모습으로 돌아와서 얼굴에 가볍게 미소까지 띠었다. 먼저 말을 꺼낸 사람은 김선미였다.

"동생에게 이야기는 들었습니다. 만나서 반가와요. 여기서 만나리라고는 생각도 못했습니다."

자신의 일이 아니어서인지 그녀에게서 별다른 느낌을 받을 수가 없었다. 그냥 환하게 인사하는 그녀가 자연스러워 보였다. 반면에 한아름은 조금은 멋쩍은 표정이었다.

"저도 반가워요. 동생은 잘 있지요. 박사 학위 받고 한국으로 돌아가 성공하기를 바란다고 전해주세요."

"사실, 오늘 아침에 LA로 떠났습니다. 나중에 꼭 전해드리겠습니다. 동생이 많이 가슴 아파했는데 전부 성장의 한 과정으로 이해를 한다면 동생에게 정말 좋은 경험이었다고 생각해요."

원담은 분위기를 바꾸기 위하여 얼른 화제를 바꾸었다

"지금 사시는 포트콜린스는 어떤 곳인가요? 덴버 주변 말고는 가본 곳이 없군요."

"대학촌이에요. 살기 좋은 곳이지요. 시간 나시면 한번 방문하세요."

김선미는 원담의 의도를 알았다는 듯이 미소를 띠며 답하였다. 한아름은 조용히 듣고만 있었다. 내심 미안한 마음도 있을 것이었다. 찻잔을 마주하고 긴 침묵이 있었다. 어색함을 없애기 위하여 애써 대화를 이끌어 나가고 싶지는 않았다. 지그시 눈을 감고 온전히 침묵 속으로 몰입하는 일은 즐거운 일이었다. 긴 침묵을 깨고 말을 한 사람은 김선미였다.

"스님 행복하세요?"

이런 질문은 누군가 "스님 깨달았습니까?"라고 묻는 만큼 곤란한 질문이었다. 당돌한 질문 속에 숨어있는 의도가 무엇인지. 자신에게 진실하기는 어렵다. 우리는 약한 모습을 내보이기 싫어 과장된 모습을 보이고 짐짓 여유로운 척한다. 사실 우리는 나약한 모습을 감추려고 명예와

부를 축적한다.

　숨 끊어지면 썩어 없어질 몸뚱이 하나인데 우리는 그것에 너무 많은 투자를 하고 있다. 육체도 생각도 내가 아닌데 집착과 아상이 생기는 이유는 무엇인가? 행복하다고 말한다면 거짓말을 하는 것이다. 마음이 늘 여여하고 세속적인 것에 전혀 끌림이 없어야 하는데 아직 마음속의 번뇌가 존재하지 않는가?

　"보살님, 행복이 무엇이라고 생각하시나요?"

　원담은 답변을 피하고 그녀의 생각을 되물었다. 언젠가 숭산 스님이 미국에서 강연을 하실 때 한 미국인이 "사랑이 무엇입니까?"라고 물었다. 숭산 스님은 오히려 질문자에게 "사랑은 무엇입니까?"라고 되물었다. 그러자 질문자가 "저는 당신에게 사랑이 무엇인지 물었습니다."라고 말하자, 숭산 스님은 "당신은 나에게 사랑이 무엇인지 물었고 나는 당신에게 사랑이 무엇인지 물었습니다. 이것이 사랑입니다."라는 글을 읽은 기억이 났다. 즉 사랑이 무엇인지 질문하는 자에게 스스로 사랑이 무엇인지 생각하게 하는 것, 이것이 사랑이라는 말로 원담은 이해를 하였다.

　"우리가 알고 있는 행복은 아름다운 무지개처럼 다가가면 흔적도 없이 사라지는 것이 아닌가 합니다. 그러면서도 끊임없이 그 무지개를 쫓는 것이 인간이고요. 행복은 외부에서는 찾을 수 없다고 그러더군요. 자신 안으로 들어가서 자신의 본질을 알 때, 내적 충만으로 어떤 상황에도 흔들림 없는 상태에 있을 때, 행복하다고 볼 수 있겠지요. 사랑하는 사람이 사라진다고, 명예가 사라진다고, 돈이 없어진다고 행복했던 마음이 불행해진다면 그건 애초부터 행복이 아니었던 거지요. 내면의 불성과 하나가 될 때까지 우리는 떠다니는 부초이며 방랑자라 생각해요."

　그녀는 망설임 없이 자신의 견해를 밝혔다. 그녀가 사용한 "무지개", "방랑자"라는 단어가 원담의 마음에 다가왔다. 세상이 무지개임은 알았으나 아직도 방랑자임을 부정할 수는 없었다. 원담은 그녀의 말에 공감한다는 미소를 보여주었다.

"방랑자라는 말을 들으니 성경에 '극복한 자는 내 사원의 기둥으로 만들어 더 이상 나가지 않도록 하리라.'란 구절이 생각 나군요. 예수님이 여기서 '극복한 자'라는 말을 사용하였는데 불교의 깨달은 자와 같은 말이며 더 이상 삶의 수레바퀴에 매여 윤회할 필요가 없이 신성 상태에 머물게 된다는 말이라고 하더군요.

성경도 엄밀히 분석하면 불교와 상통하는 구절이 많이 있습니다. 윤회에 대한 언급이 대표적인 것이지요. 방랑자라는 말을 들으니 부초처럼 방랑하는 우리 인생이 생각났습니다."

한아름이 방랑자라는 말을 받아 성경을 인용하여 대화를 이끌어주었다. 성직자라고 두 사람 앞에 무게 잡고 대화를 이끌어 나가야 한다는 쓸데없는 강박관념에서 해방된 것은 다행이었다. 서로에게서 교훈을 얻고 스승이 될 수 있다면 승려라는 타이틀이 방해가 되는 말이야 한다. 아직 기복적인 수준에 머물고 있는 일부 신도들에 비하여 이들은 같은 구도의 길을 걷는 도반인 셈이었다.

두 사람이 떠나고 원담은 여러 생각에 잠겼다. 일반 신도들의 기복적이며 수동적 신앙관을 생각하자 마음이 답답해졌다. 보통 종교인들은 일주일에 한번 예배에 참석하는 것으로 종교적 의무를 다했다고 생각한다. 특히 유일신 종교에서 신이 알아서 모든 것을 보살펴주고 구원까지 해주는 편리함 때문에 사람들은 외부에서 신을 찾는다. 숭배하면 구원받는 아주 편리한 종교들. 그런데 일부 신도들의 부처님에 대한 태도는 기독교도가 신을 대하는 것과 다를 것이 없었다.

일반인은 어디로 가야할지 의식이 없기 때문에 어디에도 도착 못한다. 태어나 자라고 일하고 먹고 잠자고 결혼하고 자녀 낳고 살다가 죽는다. 영적 성장을 위한 명확한 목적이 없다. 목적 없이는 아무것도 성취하지 못한다. 신도들을 좀 더 각성시키고 조직 활성에 도움이 될 수 있는 방법을 생각하기 시작하였다.

4. 칼리얼과 재회

학성은 오랜만에 친구 칼리얼이 사는 포트콜린스로 차를 몰았다. 옆에는 한아름이 동행하고 있었다. 그녀는 BWT 책을 구입하고 나서는 가끔 의문 사항을 전화로 질문을 하곤 하였는데 어제 전화를 하다가 학성이 친구 방문차 포트 콜린스를 방문한다고 말을 했더니 자신도 그곳에 갈 일이 있다며 동행을 부탁하였다. 콜로라도 주립대학원에서 심리학을 전공하는 한국유학생과 뉴멕시코 주를 함께 여행하게 되었다고 했다. 친구가 사는 포트 콜린스에서 1박하고 다음날 차를 렌트하여 여행을 떠난다 하였다.

활달한 성격 때문인지 옆에 있어도 불편하다는 생각이 들지 않았다. 한아름을 캠퍼스 내에 위치한 기숙사에 내려주고 학성은 도로 건너편의 대학 아파트 단지로 차를 몰았다.

차를 주차하고 나오니 주차장 한편에 눈에 익은 차가 보였다. 학성이 얼굴에 미소가 번졌다. 미국을 떠나기 전 친구 칼리얼에게 넘겨준 86년형 토요다 캠리를 6년이 지난 지금 다시 보게 되리라고는 생각도 못하였다. 여전히 은은한 상아빛을 띠고 있는 차의 도량 상태가 나빠 보이지는 않았다. 거의 20년이 되어 가는 차. 친구에게 차를 넘길 때 마일리지가 17만 마일이었으니 거의 27만 킬로를 달린 차였다.

한국에서는 폐차 대상이겠지만 미국에서 이 정도 차는 거리에서 그리 어렵지 않게 볼 수 있었다. 반가움에 차를 쓰다듬어보았다. 차에서 아직도 남아있는 옛 체온을 느낄 수 있었다. 3년간 누구보다도 함께한 말없는 친구 같은 차였다.

친구와는 6년만이었다. 미국에 돌아와서도 한동안 그에게 연락을 하지 않은 것은 아무리 생각해도 너무 무심한 일이었다. 그는 아직도 박사과정에 등록하고 있었으며 커뮤니티 칼리지(2년제 단과대학)에서 수학 강사를 하고 있었다.

이번 가을에 초등학교 2년이 되는 아들 메디는 몰라보게 건강한 아이로 자라있었다. 가족을 만나는 기분이었다. 인종과 국적을 떠나 깊은 우정과 형제애를 공유할 수 있다는 것은 행복한 일이었다.

친구가 체리와 헤어질 무렵 괴로워하던 일이 생각났다. 늦은 밤 집에 찾아와 친구는 감정이 격한 상태에서 체리에 대한 미움을 토로하였고 그 때 친구를 위하여 한 말이 아직도 떠올랐다.

이번 일로 사랑이 무엇인지 생각을 해봤니. 사람들이 사랑한다고 너무 쉽게 말하지만 그 이면에는 상대방을 소유하고 싶다는 욕망이 사랑의 가면을 쓰고 서로를 속이는 거야. 남녀 간의 낭만적 사랑이 영원히 변치 않고 존재할 수 있다고 보니. 우리가 누구를 사랑하다가 그 사랑이 배신당하였을 때 증오로 돌변한다면 그것은 처음부터 사랑이 아니었겠지. 자신의 사랑을 위해서 누군가의 마음에 상처를 준다면 그것은 사랑이 아니겠지. 분별의식 없이 모두에게 베푸는 마음이 사랑이고 자비라 생각해. 성경에 사랑은 모든 것을 감싸 안는다고 하지. 사랑은 모든 상처를 감싸 안는 것이야. 연애감정은 변하기 마련이고 영원한 것은 없어. 얼마나 빨리 그것을 알아채느냐가 중요하겠지. 사라질 낭만적 사랑 감정에서 벗어나 서로에 대한 깊은 이해를 통하여 형제애를 키웠어야했어. 남녀 사이에 믿음과 형제애가 존속하지 않는다면 그 남녀 관계는 오래 지속되지는 않아. 잊어버려. 그리고 마음에 나쁜 감정은 다 버리라고. 그것이 이전에 네가 사랑한 사람에 대한 도리라 생각해.

학성은 칼리얼과 오랜만에 캠퍼스를 거닐었다. 몇 년 사이 새 건물들이 들어섰으나 전체적으로 크게 변한 것은 없어 보였다. 초원처럼 넓게 펼쳐진 잔디밭에는 6월 저녁 햇살 속에 상체를 벗은 채 프리즈비를 즐기는 학생들 모습이 예전과 다름없는 풍경이었다. 봄 학기가 끝나고 방학과 여름학기가 동시에 시작되는 시기여서인지 캠퍼스는 조금 한산해 보였다.

학창시절 자주 거닐었던 대학 본부 앞 공터로 갔다. 본부건물 주변에 높이 솟아있는 오래된 나무숲을 보고 싶었기 때문이다. 1870년 대학 설립 당시 본부 건물 앞 도로변에 식목되었던 나무는 엄청 크게 자라서 그 옆에 서면 세월의 깊이를 느낄 수가 있어 좋았다.

외로우면 자전거를 타고 가로수 사이를 달리곤 했고 나무 아래 서면 늘 마음이 넉넉해지곤 했었다. 지친 심신을 잔디밭에 누이고 고목(古木) 사이로 지는 해와 붉게 물드는 저녁노을을 바라보면 온몸으로 평화와 행복이 넘쳐흐르곤 했다. 노을이 사라지고 서서히 어둠이 내리면 가로수 사이로 하나 둘 별이 나타나고 그럴 때면 어린 시절 고향 하늘에서 본 별인 것 같아 반갑기도 하였다.

나무는 넓은 가슴을 벌리고 변함없이 학성을 맞이하였다. 가로수 길을 가로질러 다람쥐가 지나갔다. 미국 다람쥐는 덩치가 커서 한국 다람쥐처럼 귀여운 맛은 없다. 그래도 6년 전 보았던 그 다람쥐려니 생각하니 학성은 옛 친구를 만나는 듯싶었다.

캠퍼스를 나와 친구와 예전에 가끔 들렀던 타이 식당을 찾았다. 위치도 내부 디자인도 크게 변한 것이 없었고 주인도 옛 주인이었다. 세월이 빗겨나간 듯 3년간 지냈던 대학촌의 풍경은 변한 것이 별로 없어 보였다. 다만 친구의 얼굴에서 세월의 흐름을 보았다. 삶이란 어디서든 누구에게나 호락호락하지 않듯이 박사 논문 준비, 대학 강의, 아들 양육 등으로 빠듯하게 살고 있는 듯싶었다.

이라크의 대량살상무기를 제거함으로써 자국민 보호와 세계평화에 이바지한다는 대외 명분을 내세워 미국이 동맹국인 영국과 오스트레일리아와 함께 2003년 3월 17일, 48시간의 통첩을 보낸 뒤, 3월 20일 시작된 미국 이라크 전쟁은 발발 26일 만에 끝이 났다.

칼리얼 아버지는 이라크 태생으로 미국에 정착한 이민 1세였다. 누구보다 이라크에 대한 강한 애정이 남아있는 칼리얼이 이번 전쟁에 대하여 어떤 태도를 취하였는지 내심 궁금하였다. 조국인 미국과 조상의 나라 이라크에 대한 그의 애증이 이전에 자주 드러나곤 했었다. 그는 대학을 졸업하고 아버지 나라를 경험하고 싶어 2년을 이라크에서 일하며 이라크 문화를 경험한 적도 있었다.

말은 하지 않았지만 친구 마음고생이 심하였을 것이다. 학성은 새삼 칼리얼이 처한 미묘한 입장을 보면서 그가 이번 기회에 인종과 국가라는 집단 틀에서 깨어났으면 하였다. 이국땅에서 만나는 다양한 인종, 중동인, 한국인, 일본인, 대만인, 태국인, 유럽인, 중국인, 모두가 특정 인종의식, 집단의식이라는 알 속에 살고 있는 셈이다. 알에서 깨어나야 한다.

인연이란 묘한 것이다. 한국에 살았으면 만나지 못하였을 인연들, 그 중에 칼리얼과는 특별한 인연이 있는 것 같았다. 학창시절 그에게 물질적 정신적 도움을 많이 받았고 결정적으로 그의 인생을 지켜봄으로써 간접 체험한 소중한 교훈은 잊을 수 없는 일이었다.

미국인의 연애관, 가족관, 결혼관, 사회의식에 대하여 배운 교훈은 돈으로 주고 살 수 없는 값비싼 것들이었다. 세상에 경험할 것은 많이 있고 모든 것을 직접 경험할 수는 없는 일이다. 가르침에 "어리석은 자는 직접 체험하여 알고 현명한 자는 남이 하는 것을 보고 알게 된다."라는 말이 있다. 그는 학성이의 인생교사였다.

5. 내면의 성숙

미국 유학생활을 돌이켜보면 외로울 때가 많았다. 그 외로움이 한국의 가족이 그리워서가 아니라 마땅한 대화 상대가 없는 현실과 삶의 단조로움에서 생긴 인간에 대한 그리움이었다. 선미는 언제부턴지 외로움이란 단어를 싫어하게 되었다. 동시에 자신의 외로움이 남에게 전해지는 것도 싫었다. 강해지고 싶었고 홀로 우뚝 서고 싶었다.

그것은 한때 열렬히 사랑했던 남자가 "신과 합일까지는 사람들은 늘 외로움을 느끼지. 그건 원초적인 것이야. 너의 외로움, 아픔은 너의 내면에 존재하는 불성을 보지 못하기 때문이야. 다음에 만날 때는 슬픈 표정보다는 환한 모습을 보고 싶어. 나는 너를 믿어."라는 말이 잠재의식에 깊이 박혀 과민 반응하는 것인지도 몰랐다.

언제부턴가 외롭다는 말을 의도적으로 사용하지 않기 시작했다. 말로는 물론이고 그런 생각이 떠올라도 즉시 지워버리곤 했다. 사람들은 외로움을 잊기 위하여 모여 떠들고 술 마시고 놀이를 즐긴다. 혼자 있을 때 직면하는 외로움을 견디는 방법을 사람들은 술이나 오락 같은 외부에서 구하는 것이다. 그녀는 치열하게 외로움을 직시하였고 명상 속에서 마음의 평화를 구하기 시작하였다.

진리를 내부에서 찾으라는 가르침을 그녀는 실행하고 있었다. 자신이 생각해도 많이 변하였다. 삶의 여유와 안정이 변화의 긍정적 면이었다. 잠시 도피성 비슷하게 미국에 왔다가 쓰이는 사람, 남에게 도움이 될 수 있는 일을 생각하였고 상담이 자신의 적성에 어울리고 여러 사람들에게 도움을 줄 수 있으리라 생각하여 선택한 공부였다. 가끔 떠오르는 얼굴, 그러나 이제는 거리를 두고 지켜볼 수 있는 마음의 여유가 생겼다. 시간은 치유이며 경험은 성숙을 위한 학습이었다.

행복한 조건을 가진 사람(좋은 직장, 좋은 집, 예쁜 아내와 귀여운 자식이 있는)에게 "당신은 외롭지 않겠군요?"라고 물어본다면 "행복합니다. 사랑하는 가족과 안정된 직장, 멋진 집이 있는데 외로울 리가 있겠습니까?" 그렇게 말하는 사람이 이 세상에 있을까? 원초적이라는 말은 본질적인 것이며 외부에서 충족될 수 없는 것이라는 뜻이다. 사람들은 대안으로 신에게 의존한다. 대다수의 사람들은 고집스럽게 외부에 의존하면서 내면의 신비와 진실을 탐구하려 하지 않는다.

상담학은 인간속성, 인간심리, 잠재의식 분야를 다루었는데 마음공부와 밀접한 관련이 있어 흥미가 컸다. 상담학 프로그램에 외국인 학생은 6명이었다. 한국, 일본, 중국, 대만, 카타르, 태국출신 유학생들이 그들이었다. 외국인이라는 공통된 입장이라 서로 친밀감을 느꼈으나 중국인 쉬엔만은 예외였다.

한국역사에 대한 몰지각성과 은근히 중화사상을 가지고 선미를 대하는 태도가 몹시 마음에 걸렸다. 한국이 한자만 쓰는 줄 알았다가 선미를 통해 한글의 존재를 알 만큼 한국에 대하여 무지하였다. 한국은 중국인인 기자가 만든 나라이며 역사 이래 중국의 직간접적 지배하에 있었다며 특히 발해와 고구려를 자신들의 지방 국가로 이해하고 있었다.

서툰 영어로 그와 역사 논쟁을 벌이고 나면 마음이 개운치 못하였다. 공산주의 체제에서 일방적으로 배운 역사와 중화사상을 고취시키는 중국의 애국주의가 얼마나 국민을 왜곡되고 편협하게 만들 수 있는지 실감하였다. 티베트 역사에 관심이 있는 그녀로서는 중국의 티베트 침략은 용서할 수 없는 범죄였다. 평화로운 나라를 침략해서는 120만이나 되는 사람들을 학살하고 중국의 역사 속에 티베트를 일개 지방으로 편입한 야만스럽고 파렴치한 나라가 중국이었다.

2002년 2월에 개최된 동계 올림픽이 끝나고 한 언론사에게 국가 이미지 조사를 하여 발표하였다. 그때 미국에 온지 얼마 되지 않아 고국 소식에 목말라 교민 신문을 뒤지다 여론 결과를 보고 크게 우려했었다. 그때 그녀가 교민 신문에 투고한 글이 생각났다.

〈중국의 실체〉

친밀감을 느낀다는 나라에 중국이 미국과 일본을 앞섰고 미래 한국이 중시해야 할 나라로 역시 중국이 미국이나 기타 나라를 앞섰다. 동계 올림픽 경기(2002년 2월)에서 미국의 편파적 판정에 국민의 대미 감정이 악화된 것이 조사에 어느 정도 영향을 미쳤겠지만 한국인의 중국에 대한 호감도와 중시하는 정도가 증대하고 있음은 부정할 수 없는 사실이다.

심지어 미국을 멀리하고 대신 지리적 이웃인 중국과 가까워져야 한다는 주장도 심심찮게 나오고 있다. 영토를 접한 이웃과 친하게 지내는 것은 바람직한 일이지만 너무 감성적으로 중국을 판단하고 있지는 않은지 걱정이 된다.

이웃과 비슷한 힘을 가지고 있으면 서로 견제하면서 살아갈 수 있지만 이웃이 너무 강하면 동등한 관계보다는 상하 관계 혹은 복종 관계로 변질되기 마련이다. 과거 우리 역사를 보면 여실히 드러난다.

미국이라는 강대국이 한국에 이권을 가지고 영향력을 행사하기에 중국이 한국을 함부로 못하는 것이지 만약 한국 혼자만 옆에 있다면 내정 간섭을 포함 상당한 정도의 종주권을 행사할 것이다. 지형적으로 멀리 있으면서 영향력을 행사하는 미국보다는 가까이에서 영향력을 행사하려는 중국이 훨씬 위험하고 우리에게 불행한 일이다.

중국은 공산주의 국가이며 인권 탄압 국가에다 한국에 대한 종주국 감정을 은밀히 가지고 있는 나라이다. 심지어 전근대적인 패권주의 성향을 주변 국가에 드러내고 있다. 겉으로는 한국은 문화적으로 역사적으로 가까운 형제 나라고 말하지만 속내는 은근히 한국을 무시하는 성향이 강하다.

중국인들이 가지고 있는 터무니없는 역사의식(세상의 중심이 중국이고 한국은 미국 꼭두각시, 한국은 조선시대까지 속국, 만리장성이 한반도까지 이어졌다는 주장, 한국역사는 중국인 기자로 시작되었다는 주장, 고구려, 발해를 중국역사로 인정 등)과 자신들이 세계의 중심이라는 중화사상은 한편의 코미디 같지만 실소하고 무시하기에는 위험한 수준이다.

중화 패권주의적 태도가 드러난 예로 달라이라마 초청 관련이다. 중국정부는 공개적으로 한국정부에 압력을 넣어 두 번이나 달라이라마의 한국 방문을 무산시켰다. 한국을 제외한 일본, 대만, 태국 등 세계 많은 나라가 달라이라마를 초청하였지만 한국은 여전히 중국 눈치를 보면서 국가 주권을 행사하지 못하고 있다. 달라이 라마 초청에 대하여 중국 정부가 공공연히 한국정부에 경고를 하고 그 방법이 참으로 오만하고 무례하다는 점이다. 마치 종주국으로서 명령하는 느낌이다.

지금 티베트는 중국 한족(漢族)이 다수가 되었다. 1950년대 강제로 점령 후 꾸준히 한족을 이주시켜왔으며 그 목적은 티베트인을 소수계로 만들어 영원히 티베트를 차지하려는 속셈이다. 역사적, 문화적, 인종적으로 전혀 공통점이 없는 티베트를 점령하여 티베트 사람을 억압하고 지배를 합리화하는 중국은 21세기 세계 유일의 제국주의라고 할만하다.

한국에서 반미, 반일은 흔하지만 반중은 거의 없다. 해상에서 중국어부들의 한국해경 폭행사건, 한국인 마약사범 총살사건, 한국 영사관 침입 및 외교관 구타사건 등 만약 이런 일을 미국이나 일본이 했다면 시민단체나 학생들이 대사관 앞에서 데모하고 규탄대회를 열고 했겠지만 중국에 대해서는 말이 없다.

한국인, 한국정부는 너무 중국에 대하여 비굴한 모습을 보인다. 조상들이 중국에 보인 사대의 유산이 아직도 잠재의식 속에 남아 유령처럼 괴롭히는 것인지 당당하게 주권국가로서 행동을 보여주지 못한다.

인구가 13억이고 미래에 초강대국이 될 것이 확실하니 그들과 잘 지내야 한다고(다른 말로 눈치 보고 살아야 한다고)말하는 사람들이 많다. 더러는 문화적으로 역사적으로 가까운 이웃이어서 일본이나 미국보다는 친밀감을 느끼고 심지어 서양이 주도하는 세계사를 중국이 돌려주기를 바라는 사람도 보았다. 감상적인 발상 같다. 지금 중국인의 고루한 의식으로 세계를 선도한다면 그것은 세계의 재앙일 수 있다.

많은 한국 사람들이 한국은 약소국이라며 자기비하를 한다. 경제력이 세계 12위이고 인구가 세계 20위권인 한국이 약소국이면 그 나머지

200여개 나라는 무엇이란 말인지 궁금하다. 인구와 땅이 크다고 중국을 대국으로 생각하는 사대주의 성향의 자기비하 한국인이 많다는 것은 나라 안위를 위해서는 안타까운 일이다.

친구를 사귀려면 예의가 있고 교양이 있는 사람을 사귀어야 한다. 중국인을 아는 사람들은 중국인을 예의가 없고 정신적 토대가 없는 사람들이라고 말한다. 우리가 알고 있는 유교의 중국 문화는 중국 공산화와 문화혁명을 통하여 과거 속에 사라졌고 지금은 물질 만능 문화가 중국을 지배한다.

중화 패권의식이 살아 있는 한, 한국은 그 위험에 일차적 목표물일 수밖에 없다. 역사 속에서 교훈을 얻어야 하는데 정치인들이나 사람들은 그것을 놓치고 있는 것 같다. 이런 사람들을 이웃으로 둔 우리는 좀 더 의연하게 주장할 것은 하면서 견제할 것은 견제하면서 살아야 한다.

개인적으로 특정 민족을 부정적으로 평가하는 일은 슬픈 일이다. 그러면서도 현실을 인정해야 한다는 것은 피할 수 없는 일이다. 개인 간에 지배하고 지배되는 관계는 피해야 할 최악의 사태이듯 국가 간에는 마찬가지이다. 우리는 중국이라는 나라를 너무 모르는 것이 아닌지 우려된다.

주변에 한인 학생들은 한국인 목사가 운영하는 교민 교회에 많이 다녔으나 김선미는 종교적 이유보다 미국문화와 영어습득을 위하여 미국인 교회에 다녔다. 외로운 유학생에게 한인 교회는 사교의 장을 제공하는 역할을 잘하고 있다는 생각이 들었다. 미국 교회는 조금씩 쇠퇴하고 동양 종교 특히 불교에 관심이 증대하는데 교민이나 유학생은 열렬한 기독교 신자들이었다.

모태신앙을 자랑스럽게 말하는 사람들, 은혜 받았다는 사람들, 하느님의 복음을 사명감을 가지고 전하는 사람들을 보면 한국이나 교민 사회나 마찬가지였다.

당신이 행복하지 않은 이유가 무엇이라고 생각하십니까?
가난 때문입니까? 그러면 부자는 행복합니까?
육신의 질병 때문입니까? 그러면 건강한 사람은 행복합니까?
무식해서 입니까? 그러면 유식한 사람은 행복합니까?
인간관계 때문입니까? 그러면 좋은 인간관계 가진 사람은 다 행복합니까?
낮은 지위 때문입니까? 그러면 높은 지위에 있는 사람은 행복합니까?
성경은 그 해답을 이렇게 말합니다. 하나님을 떠났기 때문이라고(창세기 3:1~20)
바로 이곳에 하나님 만나는 길이 있습니다. ○○교회로 오십시오. 당신의 영원한 행복의 길이 열릴 것입니다.

일전에 받은 교회 광고 안내문이었다. 행복이라! 아주 재미있는 글이라 생각이 들었다. 불행한 이유는 무엇인가? 이 글에서 하나님 대신 "자신의 불성을 발견 못했기 때문이다."라고 말한다면 어떨지 생각해 보았다. 글에서 무식이 불행한 이유가 아닌 것처럼 말했는데 불행의 시초는 무지가 아니던가? 무지의 반대가 유식은 아니다. 많이 알아도 헛된 것, 바른 지식, 지혜를 알지 못하면 그것은 무지이다. 세속적으로 박식한 박사나 정치인 같은 사람도 지혜 차원에서는 무지할 수 있다.

붓다가 고통의 원인은 무지라고 말하지 않았던가? 무지로 집착이 생기고 집착으로 고통이 생긴다고 설하였다. 기독교나 불교가 아주 많이 다른 것 같지만 하나님을 불성, 신성 혹은 우주법칙으로 이해한다면 서로 이해 못할 것도 없어 보였다.

"교회로 오라. 영원한 행복의 길이 열린다." 이 문구가 웃음을 자아냈다. 절대자에 대한 믿음만으로 행복이 보장된다고 한다. 믿음은 무엇에 근거하는가, 그 근거 기준은 무엇인가, 모르면서 믿음이 생기는가, 신을 모르고 신을 믿을 수 있을까, 신을 안다는 것은 무엇을 의미하는가, 무엇을 안다는 것(앎)과 믿음은 같은 건가? 모르면 믿음이 생기지 않는다.

앎이란 이성과 분별력으로 사실을 이해하여 현실에 적용할 수 있는 힘이 아니던가? 아는 것을 삶에 현시할 수 없다면 그것은 완전한 앎이 아닌 것이다. 이성은 믿음에 필수불가결한 요소가 아닌가? 그런데 왜 이성은 대다수 종교에서 사라지고 없는 걸까?

최근에 선미는 한아름이라는 여자를 알게 되었다. 동생과 얽힌 기묘한 인연도 불편하지는 않았다. 세련되고 학구적 분위기에 당당한 모습이 좋았다. 원담 스님과 대담 후에 그녀와 같이 절에서 나와서는 덴버에 위치한 그녀 집을 방문하여 많은 이야기를 나누었다. 그녀와 대화가 통한다는 느낌이었다.

그날 한아름은 뉴멕시코 나바호 인디언 보호구역에 여행을 저안하였다. 이전부터 방문하고 싶었는데 마침 학술자료탐방 차 그쪽으로 출장이 결정되었다며 혼자 가기 외로우니 같이 가자고 하였다. 말로만 듣던 뉴멕시코 주였다.

마침 교수 중에 뉴멕시코의 산타페가 고향인 분이 있었는데 태양이 작열하는 이국적인 곳이라며 자랑을 한 것이 생각났다. 여름 학기라 여유가 있어 동행을 약속하였다. 그녀가 올 시간이 되었다. 뉴멕시코로 가려면 덴버를 지나야하므로 굳이 이곳까지 올 필요 없이 선미가 차를 렌트하여 그녀 집을 방문해도 되었는데 어제 전화가 와서 하룻밤 여기서 묵고 출발하자고 하였다. 선미는 내일 여행이 기다려졌다.

6장 뉴멕시코에서

　북미대륙의 로키산맥은 캐나다에서 발기하여 남으로 힘 있게 뻗쳐 내려와 미국을 동서로 가른다. 꿈틀되는 거대한 몸통은 콜로라도에서 솟아올라 그 장엄함을 자랑하고 그 줄기는 남으로 이어져 뉴멕시코로 향한다. 북미대륙의 등뼈산맥, 한반도의 태백산맥과 비교할 수 있으나 로키산맥의 너비는 그 규모가 한반도 동서거리 만큼이나 넓고 길이는 한반도 몇 배나 되는 대륙 같은 산맥이다. 힘차게 내려오던 줄기가 콜로라도 남쪽에 이르자 서서히 힘을 잃고 뉴멕시코 주와 경계를 이루고는 남으로 이어진다.

　조심스럽게 가파른 주 경계선을 넘으니 뉴멕시코 주가 눈앞에 모습을 드러내었다. 별로 높아 보이지 않는 산들과 까마득히 이어지는 구릉이 보였다. 콜로라도의 웅장한 산세와는 대조가 되었다. 서쪽에는 로키산맥이 병풍처럼 서있고 동으로는 바다처럼 펼쳐진 드넓은 평야가 콜로라도의 지세라면 뉴멕시코는 새로운 모습이었다. 아래로 내려다보이는 로키산맥의 준령들이 아주 낮아진 모습으로 남서쪽으로 이어지고 있었다.

　차는 뉴멕시코를 남북으로 이어주는 고속도로를 질주하고 있었다. 한동안 달리니 오른편 서쪽 산들이 점점 멀어지고 앞에는 거친 평야가 끝없이 펼쳐졌다. 지세가 지도를 보고 대략 추산한 것과는 달랐다. 이런 드넓은 광야가 펼쳐지리라고는 생각도 못한 일이었다. 도로는 앞이 보이지 않을 만큼 끝없는 일직선, 자동차 핸들을 그냥 가볍게 쥐고 있어도 차는 잘 달렸다. 시속 120킬로로 30분을 달려도 여전히 앞은 끝없이 이어지는 광야였다. 인디언의 말달리던 소리가 들리는 듯하고, 수천 마리의 들소 떼가 무리지어 달려가는 모습이 떠올랐다. 이런 거친 광야에서 그들은 삶을 영위하였으리라. 그들의 사랑과 꿈도 이 광야를 먹고 살았으리라.

너무 직선 길이라 자동차 핸들 감각을 잃어버릴 것 같았다. 차가 일직선에서 옆으로 조금씩 벗어나는 느낌이 들자 선미는 가볍게 핸들을 좌우로 흔들어 균형 감각을 잡았다. 속도계를 보니 시속 140킬로, 얼른 속도를 줄였다. 주변에 시야를 가리는 언덕이나 구조물이 없어 빨리 달려도 평소의 속도감을 느끼지 못하였다.

왼편으로 언덕이라고 할 수 없는 나지막한 구릉과 거친 초원이, 오른편으로 아스라이 로키산맥의 산줄기가 보였다. 4차선 고속도로, 앞에도 뒤에도 차는 없고 드물게 맞은편 차선에서 트럭과 자가용이 지나갔다. 주변에 사람 그림자 하나 없는 적막한 땅이었다.

고속도로 표지판을 보니 아직도 휴게소까지는 150마일이 남았다. 2시간은 달려야 할 거리었다. 선미는 갓길에 차를 세웠다. 차안에서는 몰랐지만 가까이서 보니 초원으로 보였던 곳은 모래가 섞인 메마른 땅이었고 거친 풀들이 뿌리내리고 있었다. 곡식을 기르기에는 조금 메말라 보이는 땅이었다.

초원 위를 뛰어도 보고 양팔을 벌리고 누워도 보고 싶었던 희망은 무산되었다. 적당한 거리에서 바라보기는 좋아도 너무 가까이 하면 실망을 주는 것이 사람이고 자연이고 마찬가지였다.

6월 중순이지만 콜로라도와는 달리 한여름의 날씨 같았다. 햇살은 눈부시고 바람은 거침없이 사방을 휩쓸고 지나갔다. 사방을 둘러보아도 사람이라고는 두 사람뿐이었다. 주위의 시선에 완전히 자유로운 상태. 용기를 내어 평소 소리 지르고 싶었던 "야호!"를 외쳐보나 아무런 메아리도 남기지 않고 바람 속으로 사라졌다. 자유, 해방이라는 단어와 동시에 신독(愼獨)이라는 단어가 떠올랐다.

선미는 운전하느라 굳어진 근육을 풀고 바람을 맞으며 광야를 응시하였다. 적막함. 시간이 잠시 멈추어 서있는 듯하였다. 바람만 시간의 흐름을 알리고 있었다. 시간이 멈추자 생각이 멈추고 적막 속에 하나가 되어버린 듯하였다. 생각을 멈추고 내면으로 끊임없이 몰입하다 보면 어느 순간 하나로 녹아들어가 전체와 합일 의식을 경험하듯이 자아가 광야가 되는 느낌이었다.

운전을 한아름에게 넘겼다. 그녀는 무료한지 은근히 가속기를 밟았다. 얼마나 속도가 나오는지 계기를 보니 속도계가 급하게 120킬로에서 140킬로로 올라갔다. 차에 무리가 오는지 엔진 소리가 좀 불안하게 들렸다.

전방 갓길에 차가 서있고 누군가 손을 흔들고 있었다. 차에 문제가 있는 듯싶었다. 속도를 줄여 갓길에 차를 세우니 20대 후반으로 보이는 금발에 푸른 눈의 여자가 반갑다는 듯이 미소 지으며 다가왔다. 여자 외모와는 어울리지 않게 차는 아주 낡아 보였다. 주행 중 엔진이 갑자기 정지하여 급히 갓길에 세웠다 하였다. 엔진이 갑자기 중지했다면 응급처치할 수 있는 것이 아니라 카센터에 수리를 해야 할 것 같았다.

"앞으로 1시간이면 산타페에 도착하는데 거기 도착하여 수리 센터에 여기 위치를 알리고 견인차를 불러드릴까요?"

도움을 주고자 선미가 말을 하니 그녀는 무슨 생각을 하는지 한동안 말이 없었다.

"운이 좋으면 순찰차를 만나 도움을 청할 수도 있겠지만 이런 곳에 고속도로 순찰차가 다닐지 의심스럽네요."

선미는 그녀가 판단을 하지 못하자 여러 시간 고속도로를 달리면서 순찰차를 보지 못하였던 것을 상기시켜주었다.

"산타페까지 태워주시겠어요?"

그녀는 마침내 결정을 내리고 자신의 차에서 가방과 소지품을 꺼내 선미 차 트렁크에 실었다. 그녀는 차를 포기한다는 메모와 차량등록증 그리고 자동차 열쇠를 운전석에 두고는 선미 차에 탑승하였다.

"자동차 열쇠는 왜 두고 가세요?"

"이제는 필요 없어요. 캔자스시티에서 중고차를 600불에 샀죠. 25만 마일이나 달린 1979년 차예요. 그런데 최소한 캘리포니아에 도착할 때까지는 잘 달릴 줄 알았어요. 실망이에요. 아마 견인비와 수리비가 자동차 가격보다 더 나올 것은 확실하거든요. 그래서 여기에 두면 여기서 가까운 지역의 중고차 상인들이 수거할거예요."

그녀는 미련 없이 말하였다.

"그럼 어떻게 캘리포니아까지 가실 거예요?"

"산타페에 가면 장거리버스가 있어요. 이번 여행길에 뉴멕시크 최남단의 라스크루세스와 캘리포니아 가는 길목에 있는 나바호 인디언 보호지역을 들릴 계획이에요."

"그곳 괜찮은 곳인가요? 라스크루세스요?"

처음 들어보는 도시 이름이었다.

"사막처럼 황량한 곳에 신기루처럼 나타나는 아름다운 도시가 있어요. 이국적인 분위기가 넘쳐나는 곳이지요."

그녀는 피곤한지 몸을 의자에 기대어 눈을 감았다. 산타페에 접근할수록 사라졌던 산이 다시 보이고 도로는 산을 끼고 언덕을 달렸다. 광야는 사라졌다. 오른편으로 산타페가 20마일 남았음을 알려주는 표지판이 보였다. 아침부터 오후 4시까지 콜로라도에서 뉴멕시코 주도 산타페까지 달려온 셈이었다. 오늘은 아무래도 산타페에서 쉬어가야 할 것 같았다. 한아름에게는 연구 출장이었지만 선미에게는 관광이었다.

산타페! 도시가 온통 붉었다. 아니 불타오르는 것 같았다. 주변 산의 바위도 붉은 색이고 눈에 보이는 건물도 붉은 색이었다. 아직 해가 저물기 전이라 붉은 햇살은 여지없이 도시를 붉은 황토색으로 채우고 있었다. 도발적인 색상, 마음을 들뜨게 하는 도시였다.

"난 수잔. 당신은?" 도시에 들어서자 여자는 눈을 뜨고 말을 걸었다.

한 시간 이상을 동행하면서 이제 이름을 물어보다니 정말 미국적이지 않았다. 만나면 이름부터 주고받는데.

"난 서니, 그리고 운전하는 사람은 아름."

받침이 있으면 미국인들은 잘 못 알아듣고 따라하지도 못한다. 그래서 다행히 이름을 영어식으로 바꾸어서 좋았다. 그녀는 아름이라는 발음이 힘들다는 듯이 서너 번 반복하더니 어디에서 왔냐고 물었다. 코리아라고 하자,

"코리아! 아 알아요."

그녀는 제법 아는 체를 하였다. 한국이 어디 있는지 처음 들어본다던 사람도 있는데 말이다.

"우리는 모텔에 묵을 텐데 수잔은 어디에서 묵을 건가요?" 거리 양 옆으로 모텔 간판이 지나갔다.

"우리 같은 모텔에 묵어요."

그녀는 두 사람의 동의를 구하였다. 방에 들어서자 한아름이 먼저 샤워를 해야겠다며 욕실로 들어갔다. 선미는 방을 나와 모텔 주변을 어슬렁거렸다. 산들이 높지는 않으나 저마다 아름다움이 있었다. 가판대에서 관광 안내서를 뽑아들었다.

뉴멕시코 주의 중심에서 약간 북쪽으로 치우쳐, 로키산맥 남동단의 해발 3,900m의 산그리드 크리스트 산맥 기슭에 위치한 해발 2,100m의 아름다운 고원도시. 1년 중 300여일 이상이 맑은 날씨이며, 건조하기 때문에 여름에도 비교적 쾌적하다. 미국에서 가장 오랜 역사를 지닌 주의 수도로서 인구는 약 5만 명이다. 인구의 약 절반이 스페인계로서 그 역사를 반영하듯 이국적인 문화 매력으로 가득 차있다. 도시는 1609년에 건설되어, 1617년에 프란시스코 수

도회가 부근의 인디언 일만 사천 명을 그리스도교로 개종시킨 이래 이 지방의 종교적 중심지가 되었다. 산타페 다운타운의 박물관, 갤러리, 상점, 레스토랑 등은 걸어서 다닐 만하다. 국제민속예술박물관, 인디안 예술문화 박물관 등 도시 외곽에 위치한 명소에 가려면 자동차나 버스를 이용해야 한다.

인구 5만에 주도라니, 해발 2100m라면 선미가 사는 지역과 비슷한 고도였다. 그렇다면 아까 지나온 광야는 해발 1500m 정도는 되지 않을까 하는 생각이 들었다. 태백산 높이에 나있는 광활한 도로를 달려온 것이다.

산타페가 마음에 들었다. 교수가 자랑할 만한 곳이었다. 모델로 돌아오니 한아름은 샤워를 끝내고 소파에 앉아 TV를 보고 있었다. 갈아입을 속옷을 가지고 화장실로 들어갔다. 샤워기에서 나오는 물줄기에 몸을 맡기니 피곤이 물줄기와 함께 씻기고 기분이 상쾌하였다. 이 순간만은 세상에 누구보다 행복하였다.

"무엇하세요. 같이 식사하러가요?" 옆방의 수잔이 방문을 열고 소리쳤다. 활발한 미국여자였다. 식사를 하면서 알아낸 정보로는 나이는 28세, 캔자스 출신, 전공은 인류학, 지금 여행 중이며 LA가 최종도착지였다. 원래 계획은 뉴멕시코 산타페, 라스크루세스, 나바호 인디언보호구역을 구경하고 애리조나를 거쳐 캘리포니아로 향할 예정이었는데 차가 고장 나서 내일 오전 산타페 구경하고 버스로 여행을 계속할 것임을 알았다.

지도를 보니 그녀의 코스는 라스크루세스를 뺀다면 나바호 인디언 보호구역까지는 경로가 같았다. 그녀의 코스는 비경제적이었다. 뉴멕시코 남쪽에 위치한 라스크루세스를 가려면 나바호 인디언 보호구역으로 가는 갈림길에서 남쪽으로 4시간을 더 내려가야 하는 길이며 아울러 갈림길로 돌아오는데 같은 시간이 걸리므로 왕복 8시간을 소비해야 하는 코스였다.

　만약 그녀가 바로 나바호 인디언 보호구역으로 간다면 같이 동행할 수도 있었다. 라스크루세스를 거치지 않는다면 나바호 인디언 보호구역까지는 태워줄 수 있다고 말하였다. 그녀에게는 손해날 일이 아니었다. 그녀는 새로운 제안을 하였다. 라스크루세스를 경유한다면 기름 값과 하루 묵을 모텔비를 자신이 지불하겠다고 제안하였다.

　"좋아요. 운전도 교대로 하는 조건으로 제안을 받아드리겠어요."

　선미는 그녀의 제안을 받아들였다.

　다음날 산타페 시내를 구경하고 남쪽으로 방향을 돌렸다. 수잔은 인디언, 멕시코, 스페인 등의 영향을 받은 다양한 문화와 독특한 도시가 뉴멕시코에 산재한다며 산타페는 그중에 가장 아름다운 도시라 하였다.

　서너 시간을 달리니 뉴멕시코의 최대 도시이며 뉴멕시코 주립대학이 있는 앨버커키(Albuquerque)가 나타났다. 최대 도시답게 도시는 웅장하였다. 산이 도시를 둘러싸고 그 너머로 준 사막지대가 펼쳐있었다. 멈추지 않고 도심 한가운데를 관통하는 고속도로를 통하여 남쪽으로 차를 몰았다. 이제 오늘 목적지까지는 4시간이었다.

　도시를 벗어나니 사방이 황야 같았다. 사막은 아니지만 거칠고 메마른 땅에는 관목과 선인장이 자라고 있었다. 말로만 듣던 태양이 불타는 미국 남서부가 실감났다. 태양이 하늘과 땅에서 비치는 것 같았다. 황야에 부는 바람이 운전대를 흔들고 강한 바람에 주의하라는 표지판이 군데군데 눈에 띄었다.

　"뉴멕시코는 광활한 곳이에요. 산과 초원, 사막 등 다양한 풍경이 공존하고 있는 곳이에요. 주변을 보세요. 생명이 살 수 없는 것처럼 보이지만 방울뱀과 여우, 도마뱀 등 다양한 생명이 살고 있어요. 여기선 인간만이 살 수 없지요."

　그녀 말대로 정말 메마른 땅, 사막이나 진배없어 보였다. 서있어도 숨이 막힐 것 같은 느낌이었다.

"가끔 이 황야를 걷는 사람도 있어요. 멕시코와 국경선이 가까워요. 그래서 불법으로 국경을 넘은 사람들이 죽음을 무릅쓰고 이 지역을 걸어 앨버커키로 가기도 해요. 고속도로에는 이민국 검문소가 있거든요."

그녀는 슬쩍 두 사람을 바라다보더니 "영주권자인가요?"라고 물었다.

"아니 난 학생비자고 친구는 취업비자 있어요."

"그럼 됐어요. 내려가는 길은 검문이 없지만 나중에 돌아오는 길목에는 이민국 검문이 있어요."

그녀는 친절하게 설명해 주었다.

사막 같은 황야가 끝나는 지점에 백색도시가 나타났다. 태양 빛과 흰 모래에 반사된 햇살 사이로 신기루처럼 나타나는 눈부시게 하얀 도시였다. 산타페에서 보았던 붉은 도시, 그 정렬을 뿜어대던 이국적 풍경이 여기서는 아라비안나이트의 빛나는 궁전 모습으로 드러났다. 어디에 숨어있다 나왔는지 멀찌감치 산들이 보이고 거리에는 아열대 나무와 푸른 잔디가 펼쳐졌다. 주변 산은 웅장한 기암괴석의 모습을 띠고 있었다. 수잔은 시내에 들어가면서 지도도 없이 거리를 잘 달렸다.

"수잔, 이 도시와 무슨 사연이 있나요?"

선미는 그 동안 궁금했던 말을 꺼냈다.

"4년 전에 여기로 여행을 왔어요. 제가 살던 캔자스와는 너무 다른 풍경에 반했지요. 캔자스는 나지막한 산과 넓은 평야가 끝없이 펼쳐진 단조로운 곳이지요. 삶을 흥분시키는 강렬함이 없어요. 여기가 원래는 스페인의 영토였어요. 지금도 지명이나 건축물은 정열적인 스페인의 흔적을 가지고 있어요. 제 성격이 낙천적이고 놀기 좋아하는 스페인과 닮은 데가 있는 것 같아요."

외모로 봐서는 그녀에게 남유럽의 피가 섞여있는 것 같지는 않다. 검은 머리에 갈색 눈동자로 대표되는 정렬의 라틴족. 그녀는 묻지도 않았는데 라스 크루세스에 대하여 설명하기 시작했다. 인구 8만의 이 도시는 뉴멕시코 주 남쪽에 자리하고 있으며, 리오 그랜드 계곡과 오르간 산맥 그리고 로키산맥의 자락과도 맞닿아 있고, 박물관과 미술관이 많고 주립대학이 있다고 알려주었다.

그날 저녁 수잔은 두 사람을 안내하여 대학촌에 위치한 생맥주 집에 데려갔다. 뒤죽박죽이었다. 한쪽은 술 마시는 무리, 한쪽에는 생음악 연주에 흥겹게 춤을 추는 사람들, 그리고 더 안쪽에는 구슬오락에 빠져있는 사람, 포켓볼을 치는 사람. 혼란스러우나 그 속에 질서가 있었다. 수잔은 생음악 연주에 맞추어 혼자서 몸을 흔들어 되었다.

밖을 나오니 별이 눈부시게 밝았다. 일 년 중 흐린 날이 별로 없다는 곳. 저녁 10시, 이 시간이면 미국 어디서든 거리는 조용하다. 저녁 9시만 되어도 거리는 사람 발길이 끊어지고 가게는 문을 닫는다. 자본주의 종주국, 밤낮을 가리지 않고 거리가 사람들로 분빌 것 같지만 신기하게 미국사람들은 모두 일찍 집으로 숨어든다.

라스크루세스의 밤은 서늘하였다. 한낮의 열기도 어둠 속에 식어갔다. 아침이 찾아오면 햇살은 다시 서늘하게 식은 대지를 달굴 것이다. 밤은 평온하다. 그 고요함이 좋았다

어제 온 길을 거슬러 올라갔다. 많이 친해졌다. 농담도 하고 장난도 치고 밝고 건강한 여자였다. 신뢰가 생겼다. 짧은 동행이지만 신뢰가 생긴다는 것은 즐거운 일이었다.

"수잔, 캔자스에서 콜로라도를 거쳐 유타와 네바다로 해서 LA로 가는 것이 더 빠른 코스인데 뉴멕시코로 온 이유가 뭐예요?"

"이런 느낌이나 상황에 있은 적 없어요. 즉 현실이 답답하고 무엇을 해야 할지 마음을 잡지 못하는 상황. 구체적으로 무엇이라고 말할 수는 없는 것이지만 말이에요. 이 황야와 거친 산, 강한 햇살이 모든 갈증을 다 날려버릴 것 같아요. 뉴멕시코는 그래서 온 것이고요."

그녀 말대로 사소한 고민은 전부 날아가 버릴 것 같은 높은 하늘, 넓은 황야, 눈부신 태양이 있는 곳이었다.

"사라질 육체도 흐르는 생각도 네가 아니야. 그럼 넌 누구라고 생각

해. 개념지울 수 없지만 늘 내재하는 무엇인가 있어. 그것을 느껴봐. 외부에서 찾지 말고 내면에서 말이야. 여유롭게 미소 짓는 지켜보는 그것을 느껴봐."

언젠가 학성이 진지하게 하였던 말이 생각났다. 그 말은 화두처럼 늘 그녀에게 살아남아 일상의 수련법이 되었다. 그 말을 생각하면 마음에 여유가 생기고 얼굴에 미소가 피어났으며 모든 것을 지켜보는 내면의 "존재"를 자각할 수 있었다.

어제 지나왔던 뉴멕시코 최대 도시 앨버커키에서 왼쪽으로 나있는 고속도로로 방향을 틀었다. 이 길로 계속 달리면 나바호 인디언 보호지역이 나오고 더 가면 애리조나 주가 나온다. 그리고 거기서 조금 북쪽으로 가면 유명한 그랜드 캐년이 나온다. 서쪽으로 끊임없이 나있는 길, 태양은 차 위에 뜨거운 열을 내리쏟고 있었다. 좀 더 달리면 서쪽으로 기우는 태양을 마주하고 달릴 것 같았다.

남북도로와는 달리 서쪽 길은 또 다른 모습으로 시선을 잡아끌었다. 서부 영화에 본 적이 있는 거친 산과 황야가 펼쳐지고 도로가 그 사이로 한 폭의 그림처럼 나있었다. 넓은 평원은 거의가 황무지이고 짙은 붉은 색의 샌드스톤으로 뒤덮여 있었다. 정말 색다른 풍경에 넋을 잃을 지경이었다. 이곳이 옛날부터 나바호 인디언들이 살아온 삶의 터전이었다.

불그스름한 인디언들의 얼굴처럼 산도 같은 색깔이었다. 가끔 수목이 푸르른 산이 나오다가 사라지면 붉은 바위산이 나타나곤 했다. 도로와 나란히 하여 오른편으로 멀리 철도가 보였다. 대륙 횡단 철도가 이 거친 땅을 지나가고 있었다.

"이 지역 전부 인디안 땅이었지요. 그런데 스페인 사람들이 광산 개발을 위하여 들어오기 시작하여 인디언과 전쟁이 났습니다. 싸움과 화해가 여러 번 있었고 결국 현대 무기 앞에 인디언들이 패하지요. 나중에 미국과 스페인 간의 전쟁에서 미국이 이 지역을 차지하고 인디언과 분쟁에 놓이게 됩니다.

지금 보이는 끝없이 뻗은 붉은 대평원의 거대한 암석기둥과 언덕은 백인들과의 수많은 싸움에서 패한 아메리칸 인디언들의 불행한 역사가 기록된 역사의 현장이지요.

1863년에 미합중국 정부는 키트 카슨 대령에게 뉴멕시코 북서쪽과 애리조나 북동쪽에 자리 잡은 나바호 인디언 지역에 가서 모든 작물과 가축을 완전히 말살시키라고 명령했습니다. 카슨 대령은 그 지역을 약탈한 다음 도망치는 나바호 인디언을 추적해서 반항하는 사람들을 모두 죽이고, 나머지는 우리가 지나온 산타페에서 170마일 떨어진 '여름 요새'로 강제 이주시켰습니다. 나바호 인디언들은 1868년까지 여름 요새에 수용되어 있다가 돌아왔지요."

수잔은 나바호 인디언에 대하여 많이 알고 있었다. 인류학을 하면서 이곳에 2번 탐사를 왔다 하였다. 역사는 이긴 자의 기록이라더니 땅의 주인이었던 사람들은 이런 황야에서 살아가고 이주민이며 침략자인 서양인들은 기름진 땅에서 살고 있다.

"하필이면 갤럽에 가려고 그래요. 나바호 인디언 보호구역의 모뉴먼트 밸리가 가장 볼거리가 많은데요."

이곳에 오기 전에 대략적으로 나바호 인디언에 대한 자료를 찾아보았다. 20만의 나바호 인디언들이 애리조나, 뉴멕시코, 유타, 콜로라도의 4개주에 걸쳐있는 보호구역에 살고 있으며 그중 애리조나에 가장 많은 인디언들이 살고 있었다. 그랜드캐년과 가까이 있는 모뉴멘트 밸리는 세계적인 관광명소이다. 그러나 이번 여행의 목적지는 갤럽이었다.

나바호 인디언 보호구역에 위치한 인구 2만 명의 갤럽에 도착하였다. 콜로라도는 여름은 푸르고 겨울은 하얗지만 갤럽은 모든 것이 붉어보였다. 사방이 불타오르고, 바람마저도 붉어보였다. 새로운 세상에 온 것 같았다. 주변 경관도 사람도 신선하였고 거칠어 보이는 원색의 세계였다.

수잔과 헤어지기 전 날 아쉬움을 달래기 위하여 시내 한 카페에서 가볍게 식사를 하면서 잡담을 나누었다. 미국 속의 인디언 도시였다. 동양인을 더 많이 닮은 사람들이 거리를 채우고 있었고 토속적 냄새가 잔뜩 풍기는 장신구며 공예품을 파는 가게가 곳곳에 눈에 띄었다.

뜨거운 날씨, 그러나 습기는 순식간에 사라지는 건조한 대기, 마음속에 생각의 찌꺼기가 다 날아갔는지 머리는 텅 비고 시원한 바람만 솔솔 거리며 머릿속을 흐르고 있었다. 고민도, 번뇌도, 그 어떤 감정도 한 점 흔적 없이 사라진 느낌이었다.

행복했다. 마주한 사람도, 주변 사람들도 모두 아름답고 사랑스러웠다. 이런 기분은 처음이었다. 기분 좋은 상태, 원하지 않으면 생각은 저절로 멈추고 내면으로 자꾸 몰입하여 들어가는 기분. 자신을 무심하게 바라볼 수가 있고, 미소 지을 수 있고, 호흡은 깊어지고 심지어 달콤하기까지 하였다.

돌아와 잠자리에 누우니 평소 같으면 몰려올 하루의 피곤은 사라지고 파도처럼 은은하게 진동이 몰려와 마음을 채웠다. 호흡이 거의 멈추고 끝없는 심연으로 까마득히 추락하기 시작하였다. 끝도 없는 심연. 심연 속에서 "육체가 네가 아니고 생각도 네가 아니면 너는 누구인가?" 선미는 학성이 화두처럼 던져준 말을 생각하였다.

다음날 수잔은 떠나고 한아름은 나바호 인디언 자료 수집 때문에 바쁘게 돌아다녔다. 그날 선미는 바람에 날리듯 거리를 쇼핑하고 대기에 취하였다. 이번 여행에서 그녀는 마음속에 남아있는 여러 감정의 찌꺼기를 날려버린 느낌이었다.

7장 방황

1. 장미

 6월 셋째 토요강좌는 허 선배가 해주었다. 절 행사에 자주 참석하던 한아름은 뉴멕시코 출장이라 오지 않았고 허 선배가 다니는 상담센터 직원인 로즈(장미)라는 여자가 참석한 것이 새로웠다. 그날 강의는 생활습관과 의식구조에 대한 것이었으며 참석자 모두 좋은 반응을 보였다.

(생활습관과 의식구조)

 국민의식은 여러 요인에 의하여 형성되며 생활습관은 그중 하나이다. 음식문화를 한번 살펴본다. 일 년에 음식물 찌꺼기로 낭비되는 돈이 엄청나다. 국물 음식이 많아서 다른 나라에 비하여 음식물 찌꺼기 배출량이 많다. 밥 한 톨 남기지 않는 스님들의 식사법(발우공양)을 우리 세속인이 배워야 하지 않을까 생각해본다. 그러나 일반인이 따라 하기에는 너무 야박한 식사법 같아 망설어지기도 할 것이다. 사실 그렇게 엄격한 식사법은 수련하는 마음으로 행하지 않는다면 일반인에게 힘들고 생활의 여유로움이 사라질 수도 있다.
 그런 정도의 엄격한 식사법은 아니더라도 우리가 하기에 따라 음식물 찌꺼기 배출량도 줄이고 위생적인 생활도 할 수 있는 방법이 있다.

즉 밥을 남기지 않기 위하여 알아서 먹을 만큼 밥그릇에 담고 국도 먹을 만큼 담아 남기지 않는 습관을 기르는 것이다.

이것은 음식물 낭비를 줄이려는 이유가 크지만 또한 먹다 남긴 밥이나 국 등은 불결하기 때문이다. 남이 휘적거린 된장찌개나 반찬 또는 고춧가루가 묻어있는 남겨진 밥을 먹어야 할 때 누구나 유쾌한 기분은 아니다. 밥과 국은 반드시 먹을 만큼 덜어먹어야 한다.

아직도 습관적으로 음식을 남기는 사람들이 많다. 처음부터 먹을 만큼 덜어먹으면 좋을 텐데, 남긴 밥이나 반찬은 점심이나 저녁에 가족 중 누군가가 먹거나 버려야하기 때문이다.

이 습관은 책임성과 관련되는 것 같다. 찌개나 국이 필수인 우리 음식문화 특성상 음식물 찌꺼기가 많이 발생하는 것은 필연적이며 찌게나 밑반찬의 경우는 여러 사람의 타액이 묻은 숟가락이나 젓가락이 사용되므로 위생적이지 않다. 우리사회의 고유성과 동질성을 깊게 반영하는 음식문화라 할지라도 시대에 따라 합리적으로 변화되어야 한다.

식사 습관이 개인의 행동에 어떤 영향을 미치는지 생각을 해본 적이 있다. 서양에서는 모든 음식을 자기가 먹을 만큼 덜어 접시에 담아 먹는다. 그런 점에서 낭비가 없고 먼저 먹을 양을 계산해야하므로 자신은 의식 못하지만 매사에 계획적이 되고, 담은 음식을 자신이 알아서 다 먹어야 하므로 책임감이 생기고 이런 식사예절을 통하여 나와 타인에 대한 관계설정과 질서의식도 자연스럽게 체득하게 되는 것이 아닌가 한다.

반면 우리 식사예절은 음식을 공유하는 공동체 문화이므로 나와 타인(가족포함)과의 관계설정이 모호하고 그런 면에서 책임도 막연하고 생각도 계획적이지 못하다는 점이다. 처음부터 자녀의 의사를 반영하여 음식물을 담고 할당된 음식물에 대해서는 특별한 경우 말고는 책임지고 남김없이 먹도록 가정교육이 필요한데 이것이 잘 지켜지지 않는 것 같다. 우리는 이러한 가정의 식사예절이 아이의 장래 발전과 사회 발전에 장애물로 작동할 수 있음을 심각하게 생각을 하지 않는다. 책임감이나 질서의식의 결여를 가져오는 원인 중의 하나가 아닌지 모르겠다.

물론 우리의 공유하는 음식문화가 서로에게 일체감과 친밀감을 줄 수 있다는 것은 사실이다. 이런 음식공유가 서양사회에서도 연인들 사이에는 사랑이나 친밀감의 징표로 행해지고 있다.

접촉이나 공유를 통하여 집단의 일체감을 구하였던 의식(儀式)은 역사 속에서 많이 발견된다. 피를 내어서 서로 마시던가 한 잔의 술을 모든 멤버가 입을 대어가며 마시는 의식이 그러하다. 그러나 연인 사이나 부모와 자녀 사이에서 이루어지는 음식공유는 예외로 양보할 수 있지만 직장 동료나 지인, 친구와의 음식공유는 생각해볼 문제가 아닌가 한다.

음식문화는 주식이 무엇인가에 따라 결정도 되었겠지만 한편으로 사회의 규범이나 사상이 음식문화에 반영되었음은 틀림없는 사실이다. 우리의 강한 가족 공동체 의식이 음식공유의 문화를 낳았을 수도 있다. 한 나라의 문화는 여러 요인이 서로 영향을 주어 고유한 성격을 형성하게 되고 이런 요인에 음식문화도 큰 기여를 한다고 봐야한다.

개인적이고 독립적 성향에 질서를 지키고 정이 없는 계산적인 서구인에 비하여 의존적이고 집단적 성향에 질서를 경시하고 계산적이기보다는 정에 의존하는 한국인의 습성은 사소하게 보이나 음식문화와 긴밀한 관계가 있을 것이다.

인도나 아프리카, 이슬람국가에서는 수저 없이 오른손으로 식사를 한다. 우리가 보기에는 불결하게 보이겠지만 오히려 그들은 우리가 타액 묻은 숟가락을 사용하여 음식물을 공유하는 모습을 보고 그 불결함에 놀란다고 한다. 우리는 의식 못하나 외국인의 눈으로 볼 때 우리의 음식공유 습관이 불결하게 보인다는 것이다.

위생상 그리고 사회 구성원의 의식발전에 영향을 고려한다면 이제는 식생활 문화의 변화를 사회적 차원에서 한번쯤 심사숙고해야 할 때가 아닌가 싶다.

다음으로 구별 의식을 살펴보자. 고향, 나이, 결혼유무, 직업, 출신학교. 앞에 나열된 단어를 보고 무엇이 생각났는가? 사람을 만나면 서로 물어보는 질문이거나 궁금해 하는 내용이다. 서양인들은 아주 친해지지 않으면 이런 질문을 하지 않는다. 어느 정도 친하더라도 미국 친구 나이가 몇 살인지도 모르는 경우가 있다. 나이와 상관없이 모든 사람이 친구가 될 수 있는 그들에게 나이는 우리처럼 그다지 중요한 관심사는 아니다.

간혹 나이 때문에 주먹다짐이 벌어지기도 하는 곳이 한국이다. 그래서 "주민등록증 까자!"라는 말이 나오기도 한다. 한국 나이는 달수로 따지지 않고 새해마다 1월생이든 12월생이든 한살을 먹으니 1달 먼저 태어난 사람이 나이 한살 많다고 형 대접받고 그 반대도 마찬가지이다.

언젠가 미국 어린아이에게 나이를 물었더니 7년 2개월(seven years and two months)이라고 하였다. 다른 것은 몰라도 정확하게 계산을 하게 되니 이것이 인격 형성에 영향을 미치리라는 생각은 든다. 미국인들 원리원칙을 잘 지킨다. 좋은 점이다.

물론 그들에게 우리처럼 끈끈한 정이 없다는 것은 아쉽다. 우리의 덤 문화는 어쩌면 우리의 나이 계산과 밀접한 관계가 있지 않을까 생각한다. 덤 문화가 나쁘다는 뜻이 아니라 사소한 생활습관이 사회문화를 형성하는 원인일 수 있다는 것이다.

여름 선 수련에 참가하면 묵언이 요구된다. 같은 방을 쓰는 사람들과 친하게 지내는 것도 필요하겠지만 사람의 배경을 알게 되면 사람을 원래 모습 그대로 바로 보지 못한다는 것이 묵언의 이유이다. 배경을 모르니 그냥 그 모습만으로 사람을 보게 된다. 수련회가 끝나고 비로소 작은 키에 지극히 평범한 30대 초반 여자가 판사임을 또는 옆자리의 보잘 것 없는 50대 사내가 대학 교수임을 알게 되기도 한다.

선입감은 무서운 것이다. 우리는 사람의 참된 모습을 보기보다는 그 사람의 배경을 가지고 판단하는 경향이 강하다. 인간관계를 설정할 때 아직도 많은 사람들이 배경에 의존하고 있는 것 같다. 사람들은 출세하였거나 잘살거나 좋은 간판을 가진 친구나 선배, 동료와 친분관계를 가지려 하고 이것을 남에게 은근히 자랑하고 싶어 한다. 전부 극복해야할 명예욕이다.

　서로를 잘 아는 것은 원활한 인간관계를 위해 필요한 일이고 그러기 위해서는 경우에 따라 위의 질문도 필요하겠지만 그 의도가 사랑과 우정을 위한 것인지 아니면 호기심 충족이나 비교를 위한 것인지 중요할 것이다.

　무엇이든 초연한 마음가짐과 태도가 필요하다. 초연함이 없으면 결코 깨달음을 얻을 수 없다. 육체도 생각도 자신이 아닌데 왜 육체에 집착하고 생각에 매여 있을까? 그 매여 있는 그것을 아시기 바란다.

　강연이 끝나고 허 선배가 동행한 직원을 원담에게 소개시켜주었다. 어머니가 한국인인 혼혈 2세, 로즈라는 이름에 잘 어울리는 장미처럼 예쁜 여자였다. 동양인의 깨끗한 피부와 부드러움, 서양인의 또렷한 이목구비를 물려받아서인지 한눈에 사람의 시선을 잡아끄는 매력이 있었다. 한창 피어오르는 20대 초반의 나이였다. 허 선배는 로즈가 불교에 관심이 있으니 설명 좀 해 달라고 부탁하고는 약속이 있다며 바쁘게 차를 몰고 사라졌다.

　로즈는 한국어를 말하는 것은 서툴렀지만 말은 알아들었다. 서툰 영어로 불교 교리를 설명하는 일이 원담에게 쉬운 일은 아니었다. 가끔 불교에 관심 있는 외국인이 절을 방문하면 포교의 열망보다 영어에 대한 부담감이 더 컸다.

　수도자라고 감정에 초연한 것은 아니었다. 다만 계율에 대한 맹세와 수도자로서 윤리의식 거기에다 교리에 대한 공부와 수련을 통하여 일반인보다 더 강한 통제력이 있는 것은 사실이었다. 전임 스님이 절을 인계하면서 당부한 말이 있었다.

　"이곳은 말이 많은 곳이니 행동에 조심하십시오. 온갖 소문이 나돌아다닐 수가 있습니다. 이 절에 여러 스님들이 거쳐 갔지만 이상한 풍문에 곤욕을 치르지 않는 스님은 손꼽을 정도입니다. 한국이라면 절이나 주변 사찰에 도반들을 만나 적적함을 덜고 서로 구도의 열정을 주고받지만 이곳은 오직 스님 혼자입니다. 이 넓은 주에 한국 스님은 혼자입니다. 그러니 지내기가 아주 힘들 것입니다. 여기서 큰 적은 의외로 외로움일 수 있습니다."

미국에서의 생활은 문화적 이질감에 언어 불통으로 명상에 익숙한 그에게도 지루한 날들이었다. 영어가 딸려 원활한 의사소통이 되지 않았고 일요법회와 참선수련일 말고는 하루 종일 말 한마디 없이 보내곤 하였다. 그나마 6월에 매주 토요 강연회가 생겨나서 다행이었다. 절은 도심 속의 섬이었다. 이전에 여러 스님들이 너무 적적하여 1년도 채우지 못하고 많이들 떠났다고 하였다.

앞마당 잔디밭에 둥그런 원이 만들어졌다. 매일 시도 때도 없이 화두를 잡고 돌다보니 그 자리에는 잔디가 잘 자라지 않아서 멀리서 보면 둥그런 원이 그어져 있는 것 같았다. 친구라곤 마당에 집을 짓고 사는 다람쥐와 가끔 날아드는 이름 모를 새들이었다.

행동에 신중을 기하여 왔으나 한번은 본의 아니게 큰 오해를 산 적이 있었다. 법회에 자주 나오던 유학생이 있었다. 석사학위를 끝내고 박사과정을 콜로라도 주 옆에 위치한 캔자스 주에서 하게 되자 원담은 절 소유인 8인용 봉고를 직접 운전하여 캔자스시티까지 짐을 날라다 준 적이 있었다.

그날 오전에 출발하여 8시간을 달려 저녁 늦게 캔자스시티에 도착하여 인근 모텔에서 혼자 숙박하고 다음날 돌아오니 스님이 여대생과 몰래 여행을 떠났다는 소문이 하루 만에 퍼져있었다.

그 소란 이후 원담은 되도록이면 여신도와는 외부에서 식사나 대담하는 것을 피하여 왔다. 어디를 가나 한국교민들이 있었고 이들이 신도는 아니었지만 승복 입은 한국 승려를 알아보는 것은 쉬웠다. 그러다 보니 출입도 삼가게 되고 찾아오는 이도 별로 없는 절은 원담에게 깊은 계곡의 절이나 다름이 없었다.

  원담은 장미에게 초보자를 위한 불교 경전을 위주로 쉽게 불교를 설명하였다. 지루하게 받아들일 줄 알았는데 그녀는 초지일관 깊은 관심을 가지고 이야기를 경청하였다. 변화가 없는 반복되는 삶에서 가끔은 새로운 요인이 끼어들고 그것은 삶에 활력소를 가져다준다. 로즈가 그러하였다. 기분 좋은 만남이었다.

2. 번뇌

  원담은 최근 흔들리는 마음을 잡기 위하여 더욱 필사적으로 잔디밭을 돌고 있었다. 그 흔들리는 마음이 어디에서 근원하는지 알면서도 부정하고 싶었다. 은사스님으로부터 법인가까지 받았는데 좀처럼 마음이 안정되지 않았다.

  내 마음이 우주를 통하고 모든 마음은 하나이며, 드러난 모든 세상은 마음이 지어낸 것임을 알고 얼마나 희열을 느꼈던가. 둥둥 떠다니는 솜털처럼 가벼운 존재감을 경험하였다. 그런데 마음에 구름이 몰려오고 그 구름에 속수무책으로 휘둘리는 자신이 두려웠다. 아직 닦아야 할 습이라고 애써 자위했다.

  로즈는 개방적이고 직선적인 성격의 소유자였다. 여자라고 의견 개진을 망설이기보다는 활달하게 표현하였고 더러는 당돌할 만큼 예민한 화제에도 전혀 거리낌이 없었다. 6월 토요강좌에 처음 나오더니 그 후 일요법회, 수요일 저녁 참선수련회도 빠지지 않고 나오고 있었다.

  "살아오면서 이 여자라면 한평생 같이 살고 싶다고 생각든 여자 없었어요?"

  감히 성직자에게 이런 말을 할 수 있는 여자, 그러면서도 멋쩍은 표정도 지어보이지 않는 어린 여자였다. 어쩌면 미국인의 사고를 가진 그녀에게는 이상한 일도 아닐 것이다.

"어머니에게 한국여성들이 정조관념이 대단하다고 들었는데 그런 것만도 아니더군요. 제가 다니는 대학에서 영어 공부한다고 미국남자와 동거하는 유학생 여럿 봤어요. 나중에 들은 소식인데 한국에 돌아가서 괜찮은 남자 만나 잘 산다고 해요. 이런 것은 미국에서는 문제가 되지 않아요. 좋으면 동거하고 사는 거예요. 스님은 이런 성의 자유화에 대하여 어떻게 생각하세요?"

참으로 곤혹스러운 질문이 성에 대한 것이었다. 다행히 사람들은 수도자에게 이런 질문을 삼갔다. 그는 이런 질문이 불편하였다. 자신을 너무 가볍게 보는 것이 아닌지 하는 생각이 컸다. 원담은 산만한 마음을 잡으려고 일요법회 원고를 정성들여 작성하기 시작하였다.

(일요 법문)

최근 컴퓨터 윈도우가 바이러스에 걸려 고생했습니다. 부팅이 반복되어 고생했는데 컴퓨터 수리공이 바이러스 파일이 윈도우 작동을 방해하고 있다며 바이러스 파일을 삭제하고 백신 프로그램을 설치하여 주었습니다. 윈도우를 사용하는 많은 사람들이 피해를 당하였다고 합니다.

그 바이러스를 만들어 퍼트린 사람의 업보가 얼마나 클 것인지 생각해보았습니다. 작은 프로그램 하나겠지만 전 세계적으로 그것 때문에 고생한 사람들을 생각한다면 엄청난 업을 지은 것이지요.

이 문제를 생각하면서 요정을 법정스님에게 보시하여 길상사라는 절을 탄생시킨 김 길상화라는 여인은 얼마나 큰 공덕을 쌓았을까 생각하였습니다. 한 분의 보시 때문에 많은 사람들이 진리를 구할 수 있고 마음의 휴식을 얻을 수 있다는 것이 얼마나 큰 복이겠습니까?

재산은 모으기보다 쓰기가 어렵다는 말이 있는데 주변에 갑부들을 보면 알겠지만 어렵게 모은 재산 정말 가치 없게 쓰고 있음을 봅니다. 단지 피붙이라는 이유만으로 자식의 성실성이나 영적능력에 상관없이 많은 재산을 물려주는 작태를 봅니다. 정말 멋지게 돈을 쓸 줄 모르는 사람들입니다.

카네기가 돈을 버는 과정에서 많은 업을 지었다고 합니다. 그러나 나중에 그 돈으로 훌륭한 일을 많이 하여 공덕이 쌓여 업이 소멸되었다는 말을 들었습니다. 성경에도 금은보화를 물질계에 보관하지 말고 하늘나라에 보관하라는 말이 나옵니다. 보시는 하늘나라에 보물을 보관하는 일이며 공덕을 쌓는 일입니다.

절에 오면 부처님에게 3배를 드리고 스님에게 3배를 합니다. 절을 통하여 하심(下心, 자신을 낮추는 일)을 배우는 것입니다. 스님의 법이 높아서 삼배를 드리는 것이 아니라 절에 오면 따라야 할 예절이며 자신의 수양이기도 합니다. 스님에게 절하는 것이 아니라 한없이 자신을 낮추는 수련으로 보십시오.

이전에 성철 스님을 만나려면 3000배를 해야 한다는 것은 알고 계실 것입니다. 여러분이 온몸에 땀을 흘려가며 3000배를 하시려면 8시간 이상 걸립니다. 마라톤을 완주한 사람도 힘들어하는 일입니다. 그러나 과정은 괴롭지만 하고나면 깊은 희열이 있습니다.

우리 스님들은 안거에 들어갈 때마다 마음을 다지기 위하여 3000배를 합니다. 그것도 무거운 장삼가사 걸치고 말입니다. 세상 힘들면 중이나 되어야겠다고 말하는데 중노릇 쉬운 일 아닙니다. 스님 아무나 되는 것 아닙니다. 신체 건강하고 최소 학력이 고졸은 되어야 합니다. 요즈음은 대학 이상 나온 고학력 출신이 많이 출가합니다.

산문에 100명이 들어오면 행자 기간을 거쳐 정식 스님이 되는 사람은 10명에 불과합니다. 계를 받은 스님 중에 중간에 속세로 환속하는 경우도 반이 넘습니다. 결국 죽을 때까지 승려로 남는 비율은 4~5% 라는 것입니다. 그만큼 어렵다는 것입니다.

가족도 세속적 미련도 버리고 출가하여 살아가는 스님들에게 즐거움은 오늘처럼 법회를 통하여 부처님 말씀을 전하는 일입니다. 가르침이든 돈이든 가진 것을 남에게 베푸는 공덕만큼 큰 보시는 없습니다.

여러분이 가지고 있는 재물, 죽으면 아무런 소용이 없습니다. 생전에 어려운 사람 돕고 자선 단체에 기부하고 그러세요. 소중한 물건 있으면 즐겁게 남에게 주세요. 애지중지하던 물건의 소유자가 죽으면 그 물건도 같이 죽습니다. 누가 죽은 자의 손때가 묻은 물건을 좋아합니까? 생전에 필요한 사람에게 주면 그 물건은 충분히 가치를 발휘하는 것입니다. 창고나 서랍에 썩히고 있는 물건은 없나 생각해 보세요.

법구경에 이런 구절이 있습니다. "나의 아이여, 나의 재산이여! 어리석은 자는 이렇게 괴로워한다. 그러나 그가 어떻게 아이와 재산을 가질 수 있겠는가? 그는 자기 자신의 주인도 아닌 것을." 여러분은 먼저 자신의 주인이 되어야 합니다.

부처님이 물질 집착을 버리라고 말씀하시지만 물질이나 돈을 반대하는 것은 아닙니다. 다만 물질이나 돈에 노예가 되지 말라는 것입니다. 집착만 하지 않는다면 재물이 많으면 좋은 일입니다. 남을 도울 수 있고 생계에 시간을 낭비하지 않고 공부할 수 있기 때문입니다. 돈의 노예가 아니라 주인이 되는 방법을 배우세요. 그러기 위해서는 마음의 양식이 되는 불법을 공부해야 합니다.

많이 배운 소위 가방 끈 긴 사람들 많습니다. 이들이 세속적 학문만 알고 진리를 모른다면 글을 쓰거나 읽지도 못하는 사람보다 나을 것이 없습니다. 우주 법칙에 대한 무지는 물질과 명예에 집착을 가져오고 집착은 괴로움을 낳습니다. 백만장자라도 현실에 만족하지 못하고 끊임없이 재물에 집착한다면 자연이 주는 작은 양식에 만족해 살아가는 시골 농부보다 못한 삶을 살고 있는 것입니다. 마음이 부자여야 합니다.

불법 만난 인연을 감사히 생각하시고 부처님 되는 일에 온 힘을 쏟으시기 바랍니다. 사람들은 자신을 찾는 가장 중요한 일을 뒤로 미루고 중요하지 않은 일에 힘을 쏟고 있습니다. 사람들은 늘 주어진 조건이나 환경을 핑계로 마음공부를 뒤로 미룹니다. 삶은 찰나입니다. 이것저것 할 여유가 없습니다. 죽음은 소리 없이 우리에게 다가옵니다. 삶을 헛되이 소비하지 마십시오.

원담은 대략 법회에서 할 말을 정리하고는 밖으로 나왔다. 7월 말의 뜨거운 오후 햇살이 삭발한 머리에 사정없이 내리비쳤다. 차 문을 여니 차안의 공기가 한증막처럼 뜨거웠다.

시동을 걸고 잠시 어디로 갈 것인지 생각을 하였다. 갈 곳이 마땅찮았다. 식사를 해도, 시내를 걸어도, 유명 장소를 방문해도, 혼자인 몸, 도반이 그립고 사람이 그립기도 하였다. 어디로 갈 것인가, 절에 있기에는 답답하여 견딜 수가 없었다.

원담은 특별한 목적지를 생각하지 않고 일단 차를 몰고 거리로 나왔다. 여름 휴가철이라 거리에는 차량이 별로 없었고 거리를 걷는 사람도 눈에 띄지 않았다. 덴버 시내를 벗어나 북서쪽으로 차를 몰았다. 로키산자락이 다가오고 멀리 볼더라는 도시가 시야에 나타났다. 로키산자락 밑에 아늑하게 자리 잡고 있는 아름다운 도시였다. 절이 위치한 덴버 동남쪽은 볼만한 경치가 없으나 로키산자락이 있는 서쪽은 아름다운 곳이 많았다.

볼더는 유명한 관광도시이며 동시에 다양한 종교단체가 이 지역에 자리 잡고 있었다. 진리, 자유, 낭만, 활기, 여유로움이 어우러진 흥미로운 도시였다. 허 선배가 일하는 나로빠 대학 부설 상담센터도 볼더에 있었다. 그를 만나겠다는 생각보다는 모처럼 볼더의 공기를 느끼고 싶었다.

원담은 주차장에 차를 세우고 볼더의 명소인 진주(pearl)거리를 거닐기 시작하였다. 저녁이 되자 더위는 사라지고 걸어도 땀이 나지 않는 쾌적한 날씨가 되었다. 습기가 높지 않아 여름도 그늘 속에 있으면 견딜만

한 곳이 콜로라도였다.

거리는 사람들로 붐비고 길을 따라 들어서있는 고풍스러운 건물에는 사람의 눈을 유혹하는 물건들로 차있었다. 곳곳에 길거리 음악가, 거리의 마술사들이 사람들의 시선을 잡아끌고 있었다. 거리를 지나다니는 다양한 피부색, 자유분방한 헤어스타일, 개성 있는 옷차림 덕분에 원담의 승복이나 삭발한 머리는 별다른 관심의 대상은 아니었다.

"완더러(wanderer)"! 누군가 뒤에서 부르는 소리가 들렸다. 처음에는 누군가가 다른 사람을 부르는 소리로 생각했는데 다시 한 번 바짝 뒤까지 따라와서는 "완더러!"하였다. 누군가 자신을 잘못 보고 부르는 소리 같아 뒤를 돌아보니 장난스럽게 미소 지으며 서있는 사람은 로즈였다. 반가웠다. 1시간을 차를 몰아 볼더에 온 것은 어쩌면 잠재의식 속에 이런 기적 같은 우연을 기대하였는지도 몰랐다.

평소 절에서는 스님으로 부르더니 난데없이 의미도 알 수 없는 완더러라니. 원담은 반가운 표정을 지으면서 동시에 의아해 하자 로즈는 웃으며 "방랑자!"라고 말하였다. 방랑자를 영어로 말하니 처음에는 그 의미가 다가오지 않았던 것이다.

"방랑자!"

원담이 반가우면서도 방랑자라는 말에 짐짓 의아해하는 표정을 지었다.

"한참을 뒤에서 지켜보았어요, 이곳저곳 기웃거리며 유유히 돌아다니는 스님을 보면서 나그네 같다는 생각이 들었지요. 그런데 스님 이름이 원담이니, 발음이 약간 비슷한 "완더러"라는 단어가 떠올랐지요. 어때요 앞으로 스님 영어 이름을 완더러로 하는 것 말이에요."

로즈는 여전히 조금 장난기 있는 미소를 띠며 알아듣기 쉽게 천천히 영어로 말하였다. 원담은 그녀의 격의 없는 말에 이제는 어느 정도 면역이 되어서 버릇없다거나 무례하다는 생각은 들지 않았다. 성별, 연령, 직급에 크게 구애됨이 없는 문화라 한국에서처럼 격식을 따지다면 피곤할 뿐이었다. 방랑자라는 말이 마음에 걸렸다. 마음을 잡지 못하고 이리저리 헤매는 자신의 모습을 바로 지적하는 것 같아서였다.

"그러고 보니 로즈가 다니는 회사가 볼더에 있군요. 여기서 우연히 만나다니 반가워요."

원담은 그녀의 말에 응대를 하지 않고 화제를 전환함으로써 간접적으로 거부의 의사를 보였다. 그러면서 마음속으로 지금 여기에 있는 그럴듯한 이유를 생각해내기 시작하였다. 무료해서 기분전환으로 나왔다고 하기보다는 다른 이유가 좋을 듯싶었다. 누구에게나 특히 신도에게는 쓸쓸한 모습을 보이는 대신 꿋꿋하고 고고한 모습으로 비취기를 바랐다.

어둠은 깔리고 거리는 더욱 많은 인파로 붐볐다. 만날 때마다 느끼지만 그녀에게 흘러나오는 경쾌한 에너지는 풋풋한 채소처럼 푸르렀다. 그녀와 식사를 하고 그녀의 제안으로 볼링장으로 갔다.

교민사회에서 소문은 치명적이다. 이전에 천주교 신부가 신도와 이상한 소문에 휩싸여 한국으로 돌아간 일이 있었고 절을 거쳐 간 스님 중 이상한 소문 때문에 곤욕을 치른 분도 있었다. 로즈와의 볼링은 여가생활로 볼 수 있었지만 만약 신도들이 알게 되면 오해의 소지도 있어 여간 조심스러운 것이 아니었다.

6년 만에 해보는 볼링이었다. 출가 전에는 볼링을 특히 즐겼다. 핀이 쓰러지는 소리가 마음에 들어서였고 답답한 마음에 활력을 주었기 때문이었다. 로즈가 먼저 라인 위에 섰다. 몸에 청바지가 잘 어울린다고 생각했다. 처지지 않은 탄력 있는 엉덩이와 아름다운 허리선, 쭉 뻗은 다리가 매혹적이었다. 원담은 퍼뜩 그녀의 뒷모습을 즐기고 있는 자신을 발견하고 소스라치게 놀랐다.

방황　505

8장 고대 지혜 가르침 보완

(여와 남)

　자세히 살펴보면 손을 깍지 끼어도 오른손이나 왼손 중 어느 하나가 항상 위에 위치한다. 바지를 입더라도 바지에 먼저 넣는 발은 정해져있다. 한번 정해진 습관은 의식적으로 계속 노력하지 않는다면 바꾸기가 어렵다. 사회의 언어습관도 한번 정해지면 무의식적으로 지속된다. 남과 여, 이것이 당연한 순서로 생각하고 여와 남이라고 순서를 바꾸어 말하려면 아주 특별한 의도가 있어야 한다.
　언어는 그것을 사용하는 사람들의 의식이 반영된 것이고 우리의 의식이 고스란히 언어에 드러난다. 한국어는 존대어가 발달된 언어이나 다른 대부분의 언어는 평상어로 되어있다. 우리 언어에는 평등보다는 질서와 권위가 드러나며, 수평적 보다는 수직적 사고가 드러난다.
　우리의 호칭은 얼마나 복잡하고 사람을 피곤하게 만드는가? 외국인이 한국어를 배우면서 가장 어렵게 느끼는 분야가 존대어와 호칭문제라고 한다. 한국인인 우리도 힘든데 외국인은 얼마나 힘들 건가 생각해본다. 엄격한 위계질서를 중시하였던 조선시대 존대법은 지금보다 많았고 복잡하였으나 지금은 사용되지 않는다. 우리 사회가 수평적 사회로 급속히 변화함에 따라 언어는 크게 바뀔 것이다.
　우리의식이 여성과 관련된 언어에 어떤 모습으로 반영되어 있는지 알아보는 것은 흥미로운 일이다. 언어에서 여성이 경시된 예로는 모계의 친척은 외(外)가 붙는다는 것이다. 친(親)할아버지와 외(外)할아버지 삼촌과 외삼촌 등이다. 이것은 언어에 있어 성차별의 한 예일 수 있다.
　최근 서양에서는 남성위주의 언어를 성차별 언어로 정의하고 새로운 단어를 사용하기 시작했다는 점이다. 성경의 신(God, 하나님 아버지)은 남성 신을 나타낸다. 그리고 특별히 여성 신을 말하고자 하면 Goddess 로 표시한다. 이것은 성경이 남성 우월의 시각에서 기록되었다는 것을 의미한다. 영어에 성차별 언어는 의장(Chairman), 소방수(fireman), 의원(congressman), 우체부(mailman), 인류(mankind), 일기예보자(weatherman), 등이 있는데 이들은 현재 중성적인 chairperson, legislator, firefighter, mail carrier, people/humans, forecaster로 대체되고 있다. 아마도 옛날에는 이러한 직업은 남성만의 전유물이어서 자연스럽게 사용되었을 것이다.
　남녀 차별은 여러 분야에서 나타난다. 예를 든다면 친족의 범위가 1990년대에 민법의 가족법이 개정되기 전까지는 부계에 비하여 모계는 친족 인정범위가 좁았다. 자신을 기준으로 부계는 8촌 모계는 4촌을 친족으로 인정하였다.
　지금은 부계와 모계 구별 없이 8촌 이내의 혈족이거나 4촌 이내의 인척 그리고 배우자가 친족에 든다. 이것은 헌법이 보장한 남녀평등 조항에 위배되는 법이었으며 결국 개정되었다.
　한국인의 의식이 인류 보편적 진리인 합리성과 평등성으로 나가게 됨으로써 이제는 호주제도의 폐지가 우리 사회의 이슈가 되고 있으며 더 나아가 여성계에서는 자식에게 부모의 성 중 하나를 선택할 권리가 주어져야 한다고 주장한다.
　여성계의 주장이 다 옳은 것은 아니지만 진리의 길을 걷는 구도자로서 사회의 이런 문제에 대하여 생각해 볼 필요가 있다. 진리는 현실과 떨어져 추구하는 어떤 것이 아니라 우리가 사는 여기에 그 진리를 실현하는 것이기 때문이다.
　왜 이런 문제를 제기하였느냐면 종교와 그 성직자에게서 우리는 성차별을 경험하며 이러한 차별의식은 영적인 각성에 장애물이라는 것을 말하기 위함이다. 여와 남에 관계없이 모두가 신성한 존재이다. 여기에 남녀의 차별이 있을 수가 없다. 그러면 종교에 남녀차별은 어떠한가. 만약 남녀의 생리상 발생하는 합리적 차별이 아닌 인격에 차별이 있다면 이것은 진리가 아닌 것이다.

천주교는 여자 신부가 없다. 수녀를 성직자로 보기에는 그 역할이 크지 않다. 기독교는 여자 목사가 배출되고 있으나 그 숫자는 남자에 비하여 미미하다. 왜 이러한 차별이 존재할까? 그것은 역사를 보면 알겠지만 남자가 세상을 지배하여 왔고 남자들이 가지고 있는 고정관념이 교회법에 반영되었기 때문이다. 예수의 12제자도 전부 남자여서 여자 사제는 안 된다는 논리도 등장한다.

불교는 어떠한가? 여자 성직자(비구니)가 존재한다. 즉 깨달음의 대상으로 남녀를 동등하게 인정하였다는 것이다. 그러나 여기에도 남녀차별이 존재한다. <팔경법, 八敬法> 1항에 보면 "1백세의 비구니라도 새로 수계를 받은 비구(남자승)를 보면 일어나서 맞이해 절하고, 깨끗한 자리를 권하여 앉게 해야 한다"는 말이 나온다. 또한 "비구니는 비구를 비방할 수 없다" 같은 성차별이 명시되어있다.

팔경법은 석가모니가 여성의 출가를 허락하면서 출가한 여성이 지켜야할 조건으로 남긴 말씀으로 알려진 것이다. 그러나 이런 계율을 부처님이 직접 말한 것이 아니라 후세에 남성 출가자들이 만든 것이라는 주장이 많다. 부처님이 그런 성 차별적인 계율을 만들었다기보다는 남존여비가 엄격했던 당시 인도사회의 분위기가 반영된 시대적 산물이라는 것이다. 지금 인도의 성차별을 볼 것 같으면 이러한 추측은 가능하다고 본다.

그런데 아직도 많은 비구승들이 비구니를 우습게 알고 무시한다. 더러는 도를 안다는 이름 있는 스님도 남자가 여자보다 우월한 존재로 생각한다. 이런 마음을 가지고 어떻게 깨달음을 추구하고 보편적 진리를 구하려는지 의문이 든다.

만물에 불성이 있다고 하는 사람들이 남녀 문제에 있어 옹졸해지는 것은 내면 깊이 숨어있는 자신의 성숙하지 못한 의식수준을 드러내는 일이다. 진실한 사람은 말이 아니라 행동으로 진리가 구현되게끔 한다.

영적 각성은 우리 내면의 모든 부정적 개념을 제거하는 과정에서 드러나는 신성의식(불성)의 현시인 것이다. 그런 면에서 남녀에 대한 고정관념도 영적 각성에 방해물로 존재한다.

여성에 대한 불평등한 사회현실을 바로 잡아서 남녀평등의 사회를 만들어야 한다는 명제는 오늘날 여성계의 화두이다. 여성에 대한 불평등한 사회규약이나 법규가 사회 전반에 퍼져있는 현실에서 진리를 추구하는 종교계 또한 여성 차별에서 예외가 아니다.

남녀차별에 대한 허 선생의 강연은 좋았다. 여성입장에서 남녀 차별을 인정하는 종교나 가르침에 대해서는 불만이 컸다. 그런 점에서 BWT의 남녀평등에 대한 가르침은 한 아름에게 쉽게 받아들여졌다.

아름은 미리 그와 식사 약속을 해두었기 때문에 강연이 끝나고 인근 레스토랑으로 장소를 옮겼다. BWT 공부와 관련하여 질문할 것이 있어서였다. 일전에 구입한 책자를 계속 읽고 있었으며 허 선생이 참고자료로 건네준 자료는 이미 다 읽었다. 지난 2달 동안 너무도 많은 것을 배웠고 내용 중에 좀 더 설명을 듣고 싶은 부분이 많았다.

이런 가르침이 존재한다는 것이 신기하기도 하였다. 단순한 지적 호기심 너머 새로운 세계에 대한 탐구욕이 일어났으며 어쩌면 인생의 새로운 전환점이 되지는 않을까 생각이 들었다.

허 선생은 아름의 질문에 아직 BWT 회원이 아니므로 정식 교과 과정에 나오는 중요한 내용은 직접 가입하여 공부할 것을 당부하면서 질문에 대하여 개괄적으로 설명을 하였다.

(질문과 답변)

(1) 인간 실락에 대하여 좀 더 구체적으로 설명하면.

9개의 우주 사이클(6차원 벽으로 튜브 형태의 공간)에 9개의 우주의식이 존재한다. 우리가 거주하는 우주 사이클은 순서로 보아 위에서 8번째이며 아래에서는 2번째에 위치한다.

아이요드(만물의 근원인 호아의 첫 번째 발출)에서 가장 먼저 나와 제일 앞에 존재하는 우주 사이클(제9우주 사이클로 부른다)에 이어 순서대로 전부 9개가 나왔다. 우리 우주 사이클(제2우주 사이클로 부른다)은 8번째로 나왔다.

각각의 우주 사이클마다 거기에 존재하는 우주의식에 의하여 물질창조가 일어났다. 그러나 그 과정에서 혼의 추락이 일어난 곳은 우리 우주의식이 거주하는 제2우주 사이클이었다. 추락은 이전에 설명했지만 우주의식이 예상 못한 특별한 사건이었다.

우리 우주의식은 6차원 벽으로 둘러싸여 외부의 부정에서 보호되고 있으며 부정이 들어오는 80개의 통로는 아룰루의 주님이 관리하고 있다. 아룰루 주님들은 모든 것의 근원자인 호아에서 직접 발출된 존재로 어둠의 문과 빛의 문을 지키는 주님이다.

처음에 혼은 적당 양의 부정(부질서, 부조화)을 받아들여 빛으로 변화시키는 일을 잘 수행하였다. 부정이란 다른 말로 무질서한 빛, 조화롭지 못한 움직임 속에 있는 빛으로 표현할 수 있는데 예측할 수 없는 움직임 때문에 이것에 대처하기 위하여 혼에 자유로운 의지가 주어졌다.

혼들은 오랫동안 성공적으로 이 일을 수행하였으며 조금씩 일에 대한 자만심이 들기 시작하였다. 이들은 더 많은 일을 하려는 욕심에 아룰루의 주님들에게 부정의 통로인 아룰루 문을 좀 더 많이 열어줄 것을 요청하였다.

문이 좀 더 열리고 많은 부정이 이 물질 우주 안으로 밀려들어오기 시작하였다. 한꺼번에 부정이 밀려들어왔고 혼들은 이 흐름에 압도되어 휩싸여버리는 결과가 되었다. 부정에 둘러싸인 혼은 더 이상 신성 힘이 흐르는 통로로 작동할 수 없었다. 아룰루의 주님들이 상황을 파악하고 신속하게 문을 닫았지만 이미 부정은 물질계에 활동하던 혼들을 어둠 속으로 잡아가두어 버렸다.

앞에서 생명나무를 설명할 때 부정과 접촉을 위하여 물질계(말쿠트)가 창조되었고 부정은 물질계에만 존재한다고 말하였다. 물질계 너머 상위의 계에 활동하던 혼들은 부정에 영향을 받지 않았으며 이들 혼들이 추락한 혼들을 해방시키기 위하여 빛의 태양, 빛의 자식, 마스터 등의 이름으로 지상에 내려오게 된다.

이것이 우리가 알고 있는 혼의 추락이며 이후 원래의 신성 상태를 찾아가는 머나먼 구도여정이 시작되었다. 과학자들이 말하는 우주의 블랙홀은 부정이 들어오는 장소이다.

(2) 예수가 멜키지덱의 대사제로 임명되었는데 두 사람의 관계는?
추락한 적이 없는 빛의 태양인 예수는 멜키지덱과 동일 인물이다.

(3) 마스터나 신이 있다면 왜 전쟁을 멈추게 하지 않는가? 왜 나타나서 기적을 보여주지 않는가?
사람의 내면 즉 의식이 변하지 않는 한, 외부 변화는 소용이 없다. 병의 증상이 아니라 원인을 제거하지 않으면 병이 재발하듯이 인간 의식에 있는 파괴와 증오 같은 부정적 속성을 버리지 못하면 그것은 전쟁이나 파괴로 나타날 수밖에 없다. 우리가 이 부정을 극복하고 신과 합일하는 방법 외에는 방도가 없다.

앞에서 추락 후 신이 부정 제거를 위하여 여러 방안을 강구했지만 결국 인간 스스로 자신의 부정을 제거하는 방도밖에는 다른 방법이 없음을 설명하였다. 그 도구로서 죽음과 바르도, 윤회, 그리고 원인과 결과의 법칙이 우리에게 주어졌다.

(4) BWT 가르침의 특징은 무엇인가?

　시대나 지역 특성에 따라 사람들 의식 수준에 맞는 종교가 나왔고 그런 점에서 종교는 일정부문 긍정적 역할을 해왔다. 지금은 인류가 황금시기로 들어가는 시기이다. 이 시기에 초등학생에게나 어울리는 종교 교리로는 더 이상 인류를 바르게 안내할 수 없다.

　이제는 인류를 깨달음으로 이끌 가르침(고대비밀가르침)이 필요한데 그 가르침을 전하는 단체가 바로 BWT이다. 고대 비밀 가르침은 비밀 중의 비밀이며 모든 가르침의 최종판이다.

　BWT 가르침에는 모든 사상의 모태인 카발라 가르침, 예수님의 비밀 가르침(영지주의), 연금술, 기독교 신비주의, 요가, 티베트 비밀불교 같은 고대 신비가 포함되어있다.

　구체적으로 살펴보면 삶의 문제를 해결하기 위하여 내면의 신성 자아와 동조하는 법, 물질 집착에서 해방되는 법, 신체 오컬트 센터를 각성시켜 혼의 힘이 물질계로 흐르도록 하는 법, 마스터와 접촉하는 법, 우주의 신성법칙을 이해하고 사용할 수 있는 법, 우주법칙과 조화롭게 사는 법, 우주 창조법칙, 우주적 차원에서 신의 계획, 연금술의 비밀, 카발라, 상징의 숨겨진 의미, 혼과 마음이 육체를 통하여 완전하게 현시하도록 신체 조직을 활성화하는 법, 치유법, 고대 요가비밀(아사나, 호흡, 만트라), 아카식 레코드 읽는 법, 우주의식과 합일하는 법 등이 있다.

　카발라는 심오한 가르침이다. 인간과 신과의 관계, 우주와 만물의 존재 근거를 명확히 알 수가 있으며 전체 그림을 볼 수가 있다. 카발라에는 미들 필라 수련법, 12영센터 수련법과 히브리 문자를 통한 치유와 물질창조 등이 나온다.

　이러한 내용은 대중에게 드러나지 않고 준비된 자에게 전승되어 내려왔다. 지금은 진리에 목말라하는 진실한 사람들에게 열려있다. 그런데 오늘날 사람들은 아직도 눈앞의 진리도 바로 보지 못한다.

　사람들은 기존 종교의 도그마에 빠져있거나 이상한 단체의 가르침이나 쉬운 길을 내세우는 수련단체에 관심을 보인다. BWT 가르침에는 이론과 실제가 완벽하게 드러난다. 열심히 하면 한 만큼 성장할 수 있는 가르침이다.

(5) 요가나 불교 사마타나 지켜보기 수련법에 대한 견해는?

많은 수행법 중 인류에게 많이 알려진 것이 사마타수행법과 위빠사나 수행법이다. 사마타는 집중, 선정, 지(止)라고 번역되며 흩어져 산만한 마음상태를 하나의 대상에 집중함으로써 고요함과 평온함을 얻게 하는 수행법이며, 위빠사나는 통찰, 관으로 번역되며 항상 마음을 챙겨 몸(色)과 마음(감각 인식, 의지, 의식)에 일어나는 현상을 일어나는 그대로 알아차림으로써 그 본성을 꿰뚫어 보게 하는 수행법이다.

남방불교에서는 깨닫기 위해서는 사마타와 위빠사나가 조화된 수행을 해야 한다고 강조한다. 깨어있음과 알아차림이 있는 위빠사나 수행은 순간에 집중을 하면서 깨어있는 상태를 유지할 수 있는 지혜를 갖추는 것이다. 깨어있음과 알아차림이 함께 있을 때 집중은 자연스럽게 일어난다.

위빠싸나 수행법에도 여러 가지가 있다. 아랫배의 일어남과 사라짐에 마음을 집중하기, 호흡에 마음을 집중하기, 느낌에 마음을 집중하기 등이 있다. 수행자는 집중과 관찰이 동시에 일어나도록 하고 그렇게 일어난 집중과 관찰이 항상 유지될 수 있도록 노력을 해야 한다. 남방불교의 경전에는 아함경, 법구경 등이 있으며 연기설, 4성제(고집멸도), 8정도(八正道), 삼법인이 중요 사상적 토대이다.

우리에게 익숙한 화엄경, 금강경, 법화경, 반야심경, 열반경 등은 전부 대승불교의 경전이고 대승경전은 남방불교의 중요 사상적 토대 위에 공(空)사상, 불성, 보살정신이 새롭게 드러난다.

북방불교는 수련법으로 선을 중시한다. 선은 불교가 중국에 들어와 중국인의 사유체계에 맞게 생겨난 수련법이다. 선불교의 불립문자, 추상성, 반전과 함축, 논리적 사유의 부정 등으로 사람들을 혼란스럽게 한다는 의견도 있다. 논리의 세계를 벗어난 선문답에서 요구하는 것은 문자나 말에 매이지 말고 현상 너머 존재하는 진리를 바로 보라는 메시지이다.

교리 공부 없이 화두만 잡고 단숨에 문자 너머 비논리의 세계를 경험하고자 하는 것이 어찌 보면 무모하기도 하다. 그런 점에서 남방불교의 위빠사나는 단순하기는 하지만 확실히 명료한 점은 있다. 즉 깨어있는 의식으로 지켜보기를 하여 청정한 마음을 찾는 과정이 누구에게나 이해되고 공유될 수 있다는 점이다.

남방불교와 북방불교에 이어 나타난 것이 티베트불교 즉 밀교(密敎)이다. 탄트라 혹은 밀교라 불리는 티베트불교는 아주 새로운 수련법을 보여주는데 그 특징은 진언과 만다라 그리고 심상화법이다. 이 티베트불교야말로 불교의 진수가 숨어있는 곳이다. 여기서는 깨달음의 수단으로 진언, 만다라, 심상화가 사용된다. 사람마다 자신이 수행하는 수련법이 최고라고 하는데 사람 근기에 따라 결정되어야 할 것이다.

인도 요가에 대하여 알아보자. 요가란 말의 뜻은 결합, 수단, 성취 등 여러 뜻이 있으며 그 목적은 범아일여(梵我一如)의 성취가 목적이다. 파탄잘리의 <요가 경전>에 보면 요가는 다음과 같이 8개 부분으로 이루어진다.

금계(禁戒: 금하는 계율로 남을 해치지 말라, 거짓말하지 말라, 도둑질 하지 말라, 욕망을 절제하라, 탐내지 말라), 권계(勸戒: 권하는 계율로 몸과 마음을 깨끗이 하라, 만족하라, 고행하라, 스스로 연구하라, 헌신하라), 좌법(Asana), 호흡법(Pranayama), 제감(制感, 감각에 끌리는 마음을 통제하는 것), 응념(凝念, 한곳에 마음 집중), 선정(禪定: 깊은 명상), 삼매(samadhi, 아트만에 녹아드는 상태).

이 과정은 삼매에 이르기 위한 단계를 설명한 것이다. 그러나 우리가 알고 있는 요가는 이 8개 부분에서 좌법을 발전시키고 여기에 호흡법을 결합시킨 신체 건강을 위한 하타 요가를 말하는 경우가 많다.

인도 주요 요가에는 박티 요가, 카르마 요가, 지냐나 요가, 라자 요가가 있다. 박티 요가는 신에 대한 헌신을 통하여 신과의 합일을 추구하며 라마크리슈나가 대표적 수행가였다. 카르마 요가는 자기를 비우고 모든 것을 신게 바치는 행위(일)를 통한 수행법이며 비베카난다가 이에 해당한다.

지냐나 요가는 지성을 통한 본성 분석을 통하여 신과의 합일을 추구하며 <나는 누구인가>로 유명한 라마나 마하리시가 여기에 해당한다. 이것은 불교의 화두선과 유사한 점이 있다. 라자 요가는 여러 형태가 혼합된 요가로 센터 각성을 통한 쿤달리니 활현이 이 요가에 포함된다.

삼매에는 유상삼매와 무상삼매가 있으며 유상삼매 중 아스미타 삼매는 물질육체에 대한 생각을 제거한 의식 상태이며 무상삼매는 자아의식 너머 상태이다. 유상삼매는 외부에서 모든 힘을 철수하여 안에 있는 현시된 자아 안에 집중함으로써 드러나는 영적인 속성으로 몰입하는 것이다. 이 삼매는 생각에서 철수하여 내면의 자아에 집중한 후에 온다.

삼매는 부정적인 생각에 묶여있는 사람에게 일어나지 않는다. 삼매는 의식의 정화가 전제 조건이며 이러한 정화에는 많은 의식적 노력이 요구된다. 무상삼매는 신과의 동조를 말한다. 이 삼매에 도달하면 우주의 지혜가 드러난다.

삼매는 완전한 집중과 완전한 이완이 동시에 일어난 상태로 말할 수도 있다. 욕망에 따라 자신의 마음이 창조한 황홀한 감정 상태를 삼매로 오해하여 그것에 매여 있는 사람도 있는데 구도자는 이런 함정에 빠지면 안 된다.

(6) 깨달음과 지식공부의 관계는?

동양에서 특히 선불교에서는 마음공부를 지나치게 좁게 해석한 나머지 학문이나 지식공부를 마음공부에 반대되는 개념으로 간주하는 경우도 있다. 그래서 화두 하나만 잡고 정진하는 편이다. 깨달음은 지식공부와는 상관없는 것일까?

우주의식과의 합일로 표시되는 깨달음은 우주법칙을 알고 우주의 작동원리에 조화롭게 살아갈 수 있는 의식 상태를 가리킨다. 진리가 우리를 자유롭게 할 것이라는 말이 있듯이 바른 지식 공부는 마음공부의 근간이 되며 바른 목적을 설정하게 하고 바르게 나아가도록 한다. 아무런 지식이나 사전 정보 없이는 도가 무엇인지 알 수 없다.

깨달음이란 목적을 위해 화두를 잡는 것도 정보이며 지식이다. 이러한 사전 정보 없이 화두를 잡지는 못한다. 선불교에서는 스님은 물론 재가 불자들도 단번에 깨닫는다는 생각을 하고 있다. 한순간에 깨달을 수 있다는 생각으로 지식공부를 멀리하고 깨달음에 필요한 과정이나 순서를 도외시한다.

박사가 되려고 해도 수년을 전공분야에 매달려야 하는데 하물며 우주의 지혜와 하나가 되는 깨달음에 이론이 필요한 것은 당연한 일이다. 마냥 화두만 잡고서 의식 확장이 일어난다는 보장은 없다. 물론 전생의 많은 수행으로 영적으로 준비된 사람의 경우는 참선이 수단이 될 수 있을지는 몰라도 일반적으로 다른 수행법보다 우월하다고 할 근거는 없는 것이다.

동양에서 마음공부는 참된 자신의 자아를 방해하는 사념 혹은 생각의 정체를 알고 원래의 마음자리를 찾아가는 것이다. 그러므로 일어나는 생각을 통제할 수 있고 자신의 진실 된 모습을 보게 될 때 자신이 부처이고 모두가 신성한 존재임을 알게 된다.

그런데 수련을 통하여 이런 참된 본성(本性)을 보게 되는 것은 깨달음의 출발점일 뿐이다. 그 본성을 보고 나서도 불가에서 말하는 습(習)으로 여전히 욕망에 흔들린다. 깨달음을 얻었다고 하는 사람마다 그 경험이나 내용이 다르니 그들의 깨달음은 개인의 주관적인 착각일 수도 있다.

나라나 문화 혹은 개인에 따라 깨달음에 대한 내용이 다르다면 이것은 바른 자리를 경험하지 못한 까닭이다. 아울러 깨달았다고 다 같은 것이 아니라 단계가 있음을 의미한다. 고대 지혜가르침에서는 깨달음을 1해탈, 2해탈, 3해탈로 구분한다. 그런데 이러한 지식 없이 한정된 의식 속에 경험한 전체와의 합일을 깨달음으로 오해하고 잘못된 가르침을 전하는 경우가 많다.

그러면 왜 한정된 의식에 매여 있을까? 그것은 우주적 차원의 지식 공부가 없었기 때문이다. 지도 없이 길을 나서 어딘가에 도착했는데 그것을 목적지로 오해하는 경우일 수 있다. 우리에게 스승이 필요한 이유가 여기에 있으며 설사 내면의 빛을 스승 삼아 혼자 길을 걷더라도 바른 지식은 수련에 반드시 필요한 것이다.

우리가 알고 있는 동서양의 여러 가르침 중 적지 않은 교리가 완전하지 못하다. 바른 가르침은 비밀리에 구전으로 소수 준비된 자들에게 주어져왔으므로 우리가 만나는 가르침에는 핵심이 빠져있다.

BWT가 전하는 "고대비밀가르침"은 우리 의식을 확장시키는데 필요한 우주론, 신과 인간의 관계, 깨닫기 위한 수련법으로 구성되며 여기서는 지식(이론)과 수련법이 서로 보완적으로 작용한다.

바른 지식은 깨달음의 기본 틀을 형성하므로 그만큼 수련은 수월해진다. 고대비밀가르침에서는 수련과 지식공부 양자를 동전의 양면으로 보고 어느 것 하나 소홀히 하지 않는다. 그러므로 다양한 수련법(진언, 신체 신비센터 각성법, 심상화법, 개념사용법, 호흡법, 심벌 등)과 우주의 신비지식이 깨달음의 도구로 사용된다. 그러나 마지막 단계에서는 이런 모든 개념을 넘어서 근원 상태인 공의 상태로 들어간다.

동양에서 말하는 마음공부는 공부의 끝이 아니다. 마음 너머 마음의 주인인 혼의 공부, 그리고 혼이 근원한 우주의식/신에 대한 공부가 기다리고 있다. 이러한 종합적이며 우주론적 각성이 일어날 때 우리는 완전한 각성에 이른다.

깨달음의 다른 표현은 완전한 앎이다. 부분적이 아닌 존재하는 모든 것에 대한 앎이며 우주법칙을 아는 것이다. 간혹 각자(覺者)에게 보이는 편견이나 오만함 또는 아집은 그것이 부분적인 각성임을 보여주는 예이다. 자신의 감정 통제를 하지 못한다면 그것은 제 1해탈도 못한 증거이다. 시기심, 분노, 증오심, 등 자신의 욕망을 통제하지 못하면 신/전체/우주의식과 하나가 될 수 없다.

우리는 기성 종교에서 우주적인 차원의 원대한 그림을 보기 어렵다. 그러다 보니 상당히 수련을 한 수도자도 인간이 동물로 윤회한다고 가르치기도 한다. 부처님의 비밀가르침에는 그러한 이야기는 없다. 그 내용은 후대에 제자들이 사람들에게 겁을 주어 나쁜 짓을 하지 못하도록 하기 위한 도덕적 방편이었다.

무지는 용서가 되지 않고 모르면서 범한 죄는 모두 업으로 남는다. 그래서 우리는 무지를 없애고 지혜를 얻고자 하는 것이다. 원인과 결과의 법칙은 우주의 법칙이다. 이 법칙을 안다면 감히 누구도 나쁜 짓을 하지 못한다. 모르니까 죄를 범하는 것이다. 법칙을 알면 법칙이 우리를 자유롭게 한다.

빠른 각성의 길을 보여준다고 말하는 사람들이 상당히 많다. 생각을 통제하고 참된 자아를 보게 되면 바로 자신이 신이고 부처라고 주장하기도 한다. 겹겹이 쌓인 부정 즉 업이 하루아침에 사라지는 것은 아니며 마음을 통제하고 다스리는 상위의 혼의 영역에 대해서는 무지하기 그지없다.

마음공부 너머 혼의 공부 없이는 우리는 진정한 깨달음을 얻지 못한다. 혼의 공부는 근원적 존재에 대한 공부이며 우주계획에 대한 공부이며 신/우주의식과 인간에 관한 공부이다.

이를 위해 우리에게 고대비밀가르침이 필요하다. 마음공부로 모든 것이 끝난다고 생각하면 그 한계에 부딪쳐 스스로를 한정시키는 결과가 되며 얼마간 주어지는 마음의 평정이나 생각의 통제 상태를 영원히 머물어야 하는 자리로 알고 거기에서 멈추게 된다. 이것은 아직 생각이 주는 환영에 매여 있는 증거이다.

선, 요가, 호흡법, 심상화법, 위빠사나는 수련법의 일종이다. 수련법 중에 심상화법이 있는데 이것은 수련에 필수불가결한 요소이다. 모르는 것은 심상할 수 없다. 우주를 심상할 경우 우주에 대한 지식이 없다면 심상은 일어나지 않는다.

그러므로 우선 알아야 하며 아울러 수련을 하는 경우 왜 이런 수련을 해야 하는지에 대한 이해와 신뢰가 있어야 한다. 신뢰는 앎이 있을 때 생겨난다. 스승에 대하여 많이 안다면 그만큼 믿음이 커지듯이 어떤 것에 대한 앎이 없이는 신뢰나 믿음이 생기지 않는다. 그러므로 수련을 하는 이유나 그 작동 방법에 대하여 알아야 수련의 효력이 생겨난다. 지식은 믿음의 바탕이 된다.

바른 지식을 통하여 우리가 가야 할 목적지를 안다면 우리는 허매지 않고 길을 갈 수 있다. 자칭 깨달았다는 사람들이 우주의 계획이 두엇인지도 모르는 무지한 일이 생기는 것은 자신의 주관적 인식의 한계에 빠진 결과이다. 의식의 확장이 제한된 범위에서 일어난 까닭이다.

이 시대는 감추어져왔던 참된 진리가 모두에게 드러나는 새로운 시대이다. 더 이상 진리는 소수의 비전가에게만 주어지는 것이 아니라 구하는 사람 모두에게 주어지는 황금시대이다.

(7) 혼은 육체 즉 유전자를 변화시킬 수가 있는가?

우리에게는 혼의 유전과 육체 유전이 있다. 육체 유전은 부모의 형질적 유전자를 이어받는 것이고 혼의 유전은 수많은 생을 통하여 형성된 개성을 의미한다. 성격은 혼의 유전 결과이고 신체적 특질은 육체의 유전 결과이다. 육체 유전은 일회성을 띠나 혼의 유전은 영속성을 가진다. 그러나 육체에 거주하는 한 혼은 육체의 유전자에 영향을 받으며 그 반대도 마찬가지이다.

육체 유전이 반드시 외형적인 것에 한정되는 것은 아니며 본능 같은 의식 차원도 있다. 동물 마음은 순전히 본능적인데 반하여 인간의 마음은 자발적이며 지성적이다. 혼은 육체와 본능을 통제할 수 있으며 심지어 유전자의 질을 변화시킬 수가 있다. 이것은 창조력을 가진 혼이 유전자에 영향을 주기 때문이다. 혼은 물질 창조도 가능하므로 의식의 힘으로 유전자를 변화시키는 일은 너무도 당연하다.

　사람들은 자기 피붙이에 대한 애착이 강하다. 자신의 유전자를 이어 받았다는 것, 그래서 자식을 핑계로 험한 세상 용감하게 살아간다. 인간 모두가 신에게서 나온 한 형제라는 것을 이해한다면 나와 네가 없고 우리만이 존재 할 것이다. 우리는 일회성인 육체 유전자에 매이지 말고 영원한 혼의 유전자에 시선을 돌려야 한다.

(8) 믿는 것과 아는 것의 차이?
　사람들은 믿음으로 충분하다고 하는데 모르면서 믿는 것은 우리를 맹신으로 이끈다. 완전한 앎이 존재할 때 믿음은 창조적인 힘이 된다. 믿는 대신 알아야 한다. 앎이란 법칙을 현시하는 능력이다. 현시를 하지 못한다면 우리는 단지 법칙에 대한 믿음만 가진다고 할 수 있다. 믿음은 나쁜 것이 아니나 앎의 대체물이 될 수는 없다. 믿음은 앎을 향한 길 위에 있는 어떤 것일 뿐이다.

(9) 창조과정을 좀 더 간단하게 정리하면?
　①우주창조를 다음과 같이 비유할 수 있다: 창조의지(영계, 부정을 빛으로 변화시키려는 의지) - 설계도 작성(멘탈계, 우주 창조의 계획) - 재료를 사용하여 건축(아스트럴계, 계획에 따라 기본 틀 만듦) - 완성(물질계, 부정을 만날 수 있는 세계 창조).
　②창조과정을 물질을 기준하여 본다면 다음과 같이 된다. 공 - 호아 - 아이요드 - 우주의식 - 물질우주 - 은하계 - 태양계 - 지구 - 육체

- 세포 - 원자 - 전자 - 쿼크 - 원초 물질 - 공

③인간 혼의 근원: 공 - 호아 - 아이요드 - 우주의식 - 혼

호아와 아이요드, 우주의식 그리고 혼은 엄밀한 의미에서는 동일한 장소에 존재하나 의식과 진동의 차이로 분리되어 있을 뿐이다. 이 장소에 모든 것이 존재한다. 극대와 극소는 하나이다.

(10) 우주창조론에 보면 생명 창조는 중수, 식염, 우주광선의 작용에 의하여 일어났다고 하는데 그렇다면 과학으로 이러한 조건들을 조합하면 생명창조가 일어나는가?

중요한 것은 신의 숨(창조에너지, 신의 의지)이 우주광선(Cosmic Ray)과 함께 나왔다는 점이다. 현대 과학자들이 발견 못한 요소가 신의 숨이라고 불리는 것이다. 생명 창조를 가능하게 하는 신의 숨은 창조 에너지이며 이것 없이는 생명 창조가 일어날 수가 없다. 과학자가 원시 우주 상태를 만들고 여기에 인위적 방전을 통하여 생명 창조를 실험한 것으로 알고 있다. 성공할 수 없는 이유는 신의 숨이라는 변수를 생각하지 못하기 때문이다.

(11) 인류학자가 현생 인류라고 하는 크로마뇽인이나 고대 아틀란티스와 레무리아 문명 그리고 많은 사람들이 궁금해 하였던 마야 문명의 신비가 BWT 가르침에서 드러나는데 과학자나 인류학자 혹은 고고학자들은 왜 이 이런 사실에 귀를 기울이지 않는가?

오늘날 과학이라는 것은 옛날 문명에 비하면 초보 수준이다. 모든 것을 지금 기준에 의거하여 평가하기 때문에 진실을 보지 못한다. 지금의 과학은 내일은 미신(거짓)이 될 것이다. 그러나 과학자들이나 일반인들은 이런 내용을 꾸며낸 이야기로 간주하고 큰 관심을 가지지 않는다.

(12) 종교마다 음식에 대한 지침이 있다. BWT에서는 음식물에 대한 특

별한 지침은 있는가?

특별하게 가리는 것은 없다. 채식만을 요구하지도 않는다. 다만 균형 잡힌 영양식을 권하고 과식을 금한다. 특별히 주의하는 음식이 있다면 과도한 지방 섭취 특히 돼지고기 지방의 과도한 섭취를 금한다. 이것은 뇌사의 진동을 방해하여 생명력이 원활히 흐르는 것을 방해한다. 또한 과도한 당분 섭취도 건강에 좋지 않다.

건강과 관련하여 물을 많이 마실 것을 권장한다. 물은 많이 마실수록 몸에 좋다. 채식과 관련하여 여러 의견(건강, 영성 등)이 있는데 우리가 알아야 할 것은 우리 몸은 고기든 채소든 이것을 분해하여 몸에 필요한 영양소와 에너지를 얻을 뿐이다. 고기든 채소든 얻어진 에너지는 같은 에너지이다. 음식물이 영성을 결정하는 것이 아니라 혼 의식이 영성을 결정한다.

신의 신전인 육체의 건강을 위하여 균형 잡힌 식사를 하는 것은 중요하다. 잘못된 식생활이 육체의 건강을 해쳐 영적인 성장에 방해가 될 수도 있으나 그렇다고 음식물 그 자체가 혼에 영향을 주지는 않는다.

예수는 "사람을 불경하게 만드는 것은 입으로 들어가는 것이 아니라 입에서 나오는 것이다."라고 하였다. 히틀러는 채식주의자였다. 음식물과 관련하여 고정 관념에서 벗어나야한다. 일주일에 하루 정도의 단식은 육체에 휴식을 주고 육체에 활력을 주기 때문에 바람직하다.

9장 새로운 출발

1. 인종차별

　한국에서 친하게 지냈던 도반이 미국 LA를 방문하여 원담은 1주간 LA에 가서 도반과 시간을 보내고 덴버에 돌아왔다. 절문을 들어서니 신도들이 웅성거리며 절 마당에 모여 있었다. 의심에 찬 그들의 시선과 불만스러운 표정을 보고 원담은 무슨 일이 벌어졌음을 알았다. 신도들은 막 도착한 원담에게 면담을 요구하였다.
　"이렇게 스님 오시자마자 좋지 않은 이야기를 하게 되어서 송구스럽습니다."
　거실에 앉자 이전에 신도 회장을 하였던 김연호가 말문을 열었다. 그러나 말과는 달리 송구스러워하는 모습은 찾아볼 수가 없었다.
　그는 절에 가장 영향력 있는 사람 중의 한 사람이었다. 10년 전에 신도들의 보시로 절을 지었는데 당시 김연호는 가장 많은 돈을 기부하였으며 그는 절에 없어서는 안 될 돈줄이었다. 절은 신도 명의로 되어있었고 절의 스님은 신도들이 한국에서 모시고 왔다.
　전임 스님이 업무를 인계하면서 김연호가 절의 실력자이니 신경을 써야 한다는 말을 하였다. 절의 재정은 신도회에서 관리하였으며 모든 지출은 회장의 승인 하에 총무를 통하여 하였고 원담에게는 한달에 300불의 용돈이 지급되었다. 사실 생활비며 기타 여러 비용은 총무가 지불하였기 때문에 300불도 고스란히 남는 돈이었지만 그래도 마음 한편에는 불편한 심기가 있었다.

원래는 스님이 절의 재정권을 가지고 있었으나 스님들이 절을 떠날 때마다 모은 돈을 전부 가지고 떠나자, 전임 스님인 심원 스님부터 신도회에서 재정권을 행사하였다.

원담은 김연호와 사이가 좋지 않았다. 의사결정은 독단적이었고 스님에 대한 예의가 없었다. 선 공부를 좀 했는지 아는 척하기가 예사였다. 그는 화두를 타파했다며 선사들 흉내를 내어 신도들에게 선문답을 툭 던지곤 하였다. 수학 공식에 대입하듯 일정 패턴 속에 모든 화두를 이해하려고 하였다.

누군가 교리에 대한 질문을 하면 무례하게 자신이 나서서는 "교리보다 먼저 그런 질문하는 자가 누구인지 자문하세요!"라고 중간에 말을 가로채기도 하였다. 교리에 대해서는 냉소적인 태도를 보였으며 자신은 한 소식 한 것처럼 아무에게나 선사들 흉내를 내서 자신을 알라는 말을 던지곤 하였다. 모든 질문에 자신이 누구인지 알라고 일갈하는 그의 자신만만한 태도는 어디에서 근원하는지 미스터리였다. 자신이 만든 개념 속에 그는 이미 깨달은 사람이 되어 있지 싶었다.

진리도 누구의 입에서 나오느냐가 중요하다. 그런 점에서 자신도 추스르지 못하는 자가 선승 흉내 내는 것이 마음에 걸렸다. 되도록 그와 대면하는 것을 피하였으며 한두 번 우회적으로 그의 행동에 주의를 주기도 하였으나 거북스러운 존재였다.

진정한 스승은 제자의 근기를 보고 거기에 맞는 가르침을 전하지 아무에게나 똑같은 방법을 말하지 않는다. 선(禪)을 하는 원담 자신도 참선이 모든 신도들에게 동일하게 효과적일 것이라고는 생각하지 않았다.

부임 후 1년이 지나고 신도 회장선거에서 원담은 김연호 대신 박수현을 밀었고 평소 김연호의 오만한 행실을 못마땅하게 생각하던 일부 신도들의 합세로 박수현이 회장으로 선임되었다. 회장에 밀려난 김연호는 그 후 절에 거의 발걸음을 끊었고 큰 행사가 있으면 잠시 모습을 드러낼 뿐이었다. 알게 모르게 냉랭한 분위가 두 사람 사이에 존재하였다. 그런 그가 이번에 무언가 벼르고 말을 시작하였다.

"한 10일 전에 부모님 제사 때문에 절에 온 사람이 있었다고 들었습니다. 제사 지내고 사례비로 스님에게 5000불을 드렸다고 하는데 그 돈을 어찌하셨습니까?"

원담은 아차 싶었다. 부모님 제를 지내겠다며 찾아온 50대 중반의 여자 신도가 있었다. 미국에 들어와 한국에 계신 부모님 임종도 못보고 두 분을 떠나보냈는데 나이가 들고 이제 생활의 여유가 있다 보니 아무래도 마음이 쓰인다며 제사를 지내줄 것을 부탁하였다. 한 번도 얼굴을 본 적이 없는 여자였다.

성의껏 제사음식을 마련하게 하여 원담은 제사를 지내드렸다. 여자는 사례비로 돈이 든 봉투 한 장을 건네주었다. 여자가 가고 봉투를 열자 거금 5000불짜리 수표가 나왔다. 미국이라 절에서 제사나 49제 지내는 일은 흔하지 않았고 수고비로 건네는 돈도 부담스러운 정도의 금액은 아니었다. 그러나 이번 경우는 금액이 컸다.

여자의 흔적이라고는 주소지밖에 없었다. 원담은 총무에게 돈을 입금시키기보다는 돌려주는 것이 좋을 듯싶어 다시 절을 방문하여 달라는 편지를 보냈다. 그리고 LA로 여행을 가서는 이 사건을 잠시 잊고 있었다. 시주금이고 사례금이고 간에 모든 수익은 절에 귀속되도록 규정되어 있는데 김연호는 그것을 지적하고 있었다.

원담은 의심을 받았다는 사실에 몹시 마음이 언짢았으나 애써 표정을 가다듬고 자초지종을 설명하였다. 김연호와 신도들은 원담의 설명에도 반신반의하며 여전히 의심을 거두지 않았다. 김연호는 원담에게 두 번째 질문을 하였다.

"스님 개인 일로 LA에 다녀오셨는데 총무에게 500불을 청구하셨더군요. 공사는 구분되어야 하는데 절의 돈은 공금이지 스님 돈이 아니지 않습니까?"

빤히 원담을 쳐다보는 김연호의 얼굴에 승자의 미소가 피어났다. 관행적으로 여행 경비는 절에서 지불하였다. 그런데 이것을 트집 잡다니 원담은 착잡한 심정이었다. 도대체 어느 절에서 여행경비 문제를 가지고 신도 앞에서 노골적으로 스님을 추궁할 수가 있는지 서운하기도 하고 슬퍼지기도 하였다. 자괴감과 더불어 마음 한 편에 서러움이 일었다. 2년 이상 절의 주지로 일해 온 스님에게 이들이 보이는 태도는 기본 예의도 모르는 막가는 사람들의 행동으로 보였다.

미국에서 무례함을 처음 경험한 것은 절에 부임하고 인사차 지역 교민 신문사를 방문하였을 때였다. 연락을 하고 찾아간 교민신문사 편집장이 다리를 꼬고 앉아 있다가 마지못해 일어서서는 담배도 끄지 않은 상태로 원담을 맞이하였다. 거의 매일 술에 절어 사는 술주정뱅이로 소문이 난 사람이었으나 글 실력은 이곳 교민사회에서 알아주었다. 미국에 이민 와서 20년을 교민신문사에 일한 사람이었다. 그날 그가 한 말은 아직도 생생히 원담의 기억 속에 남아있다.

"신도들의 보시로 살아가는 스님들이 이번 삶에서 깨닫지 못한다면 지옥에 가야한다고 생각합니다. 스님! 제 말이 틀렸습니까? 하하하. 스님, 농담입니다. 많은 중생들을 지옥에서 구원해 주셔야지요."

첫 만남에서 그런 무례한 말을 듣고 속이 상했지만 웃으며 농담이라고 말하는 그에게 화를 낼 수도 없었다.

지금은 절의 신도가 무례한 모습을 보이고 있었다. 원담은 김연호의 사늘한 시선을 받으며 회의장을 빠져나왔다. 더 이상 설명도 필요 없었다. 절을 나와 인근 공원으로 발길을 돌렸다. 하늘은 너무 푸르렀다. 그런데 그런 하늘이 눈에 들어오지 않았다. 배신감과 외로움이 교차하고 아직 감정을 냉정하게 추스르지 못하는 자신이 미웠다.

공원에는 초등학생 5~6년으로 보이는 흑인아이들이 미식축구를 하고 있었다. 덴버 남동쪽에 위치한 이 지역은 빈민가와 가까웠고 흑인들이 많이 거주하는 지역이었다.

　원담은 의자에 앉아 앞으로 어떻게 할지 생각에 빠졌다. 그때 아이들이 가지고 놀던 공이 원담에게 굴러왔다. 한 아이가 원담을 보고는 칭크(chink, 중국인을 경멸하며 부르는 이름)하고 웃었다. 그러자 여러 아이들이 재미있다는 듯이 일제히 "칭크"하면서 원담을 조롱하였다. 동양인 하면 중국인을 생각하는 아이들에게 어쩌면 원담은 영화 속의 중국 무사처럼 보일지도 모르는 일이었다. 미국에 살면서 직접적으로 인종차별을 겪기는 이번이 두 번째였다.

　1년 전 늦은 저녁에 절 주변을 걷다가 마약인지 술인지 모르겠지만 상당히 취한 한 무리의 백인 청소년들이 길을 걷는 원담에게 인종차별적인 욕을 하면서 돌을 던져 체면불구하고 급하게 도망친 적이 있었다. 만약 원담이 백인이었다면 그들이 아무리 술이 취했어도 지나가는 사람에게 욕을 하고 돌을 던졌을까 의문이었다.

　작년에 한 신도 집을 방문하였을 때, 2002년 월드컵을 앞두고 한국 시민들의 의식을 점검하는 국내 TV 프로그램을 시청한 적이 있었다. 인종차별을 다룬 그 프로그램은 많은 것을 생각하게 하였다. 피부색이 다르다는 이유로 직장, 학교, 사회에서 차별을 당하는 사례가 나왔다.

　프로그램 내용 중에 한국에서 대학 교수를 하는 케냐 출신의 흑인이 경험한 인종차별 사례가 방영되었는데 한국인의 국제화 지수를 보여주는 부끄러운 모습이었다. 대학로에서 한 몰상식한 50대 여자가 그 흑인 교수를 보고 경멸적인 어투로 "당신은 왜 그렇게 시커멓소!"라고 말하는 모습이던가, 귀엽다고 쓰다듬는 흑인을 보고 무서운 듯 도망가는 어린아이의 모습이 방영되었다.

　반면에 독일 출신 백인 선교사가 경험한 한국인은 달랐다. 한국인이 외국인에게 늘 친절한 줄 알고 있다가 피부색이 검은 외국인 근로자에게 보여주는 한국인의 이중적 태도에 놀랐다는 인터뷰를 보여주었다.

　한국인은 백인에게는 과공(過恭)하고 흑인, 동남아시아인, 서남 아시아인에게는 오만하게 행동하는 이중적인 모습을 보이고 있다. 왜 우리는 피부색에 차별을 두는가? 미국에서 흑인 할아버지가 백인 아이의 머리를 쓰다듬어도 아이는 이상하게 반응하지 않는다. 그들은 어렸을 때부터 가정교육과 학교교육을 통하여 피부색의 다양성을 배웠기 때문이다. 물론 그들 사이에 인종차별이 없는 것은 아니지만 눈에 확연히 보이는 차별은 없다. 피부색이 달라도 한국처럼 따가운 시선을 느낄 필요가 없는 곳이다.

우리 사회는 인종에 대한 배려가 부족하다. 오랜 세월 단일 민족으로 살아와서 그렇다고 해도 왜 백인에게는 과도한 친절을 보여주는 건가? 이것은 우리의 잘못된 시각 즉 강자에 약하고 약자에 강한 사대 근성이 있기 때문이다. 얼굴이 검다든가 조금 못산다는 이유로 그들을 낮추어 보고 차별하는 사람들의 의식수준은 차별받는 사람보다도 못하다.

언젠가 한 미국인이 한국의 수준을 낮게 보고 한국에도 백화점이 있느냐, 식량이 부족하여 굶주리는 곳이 한국이냐고 물은 적이 있었다. 한국이나 북한을 구별 못하는 사람도 있고 뉴스에 나오는 북한의 기아 문제를 한국의 문제로 이해하는 사람도 있는 곳이 미국이다. 대다수 미국인들은 외국에 대하여 무지하다. 외국에 나가면 우리가 흑인이나 동남아시아인에게 행하던 일들이 우리에게 일어난다. 인종 차별이 없는 세계를 꿈꾸기에는 한국이고 미국이고 아직은 멀어 보였다.

원담은 아이들을 뒤로 하고 서둘러 자리를 떴다. 초라한 마음에 슬픔이 더해졌다. LA 여행에서 돌아오면서 계획하였던 일들이 생각났다. 미국 문화에 좀 더 적극적으로 다가가기 위하여 여러 다양한 행사에 참석하려고 했고 정적인 참선에만 의존하기보다는 다양한 방법을 찾아야겠다는 생각을 하였다. 그것은 로즈에게 느껴지는 삶의 또 다른 모습인 삶의 활력, 그것을 찾고 싶었는지도 몰랐다. 그러나 이제 다른 선택을 해야 하였다.

2. 마음의 정리

　원담은 자의 반 타의 반으로 절을 떠나기로 하였다. 김연호가 신도회의를 소집하여 새로운 스님을 모셔오자고 의견을 제시하였지만 신도회장이 강력 반대하여 일단 다음 달에 다시 토의하자는 것으로 의견이 모아졌다. 총무를 통하여 회의 결과를 들은 원담은 스스로 떠나기로 결심하였다.
　2달간의 여유를 갖고 오는 10월에는 한국으로 돌아가기로 결심하고 신도들에게 후임스님을 구해보라는 말을 전했다. 원담은 남은 2달간 미국 생활을 의미 있게 보내기로 마음먹었고 깔끔하게 뒷정리를 하기 시작하였다. 우선 한국에 돌아가면 거주할 절을 수소문하기 시작했으며 국내에 돌아가기 전에 영어 불경서적과 여러 종교서적을 구입하기로 마음먹었다.
　떠나려하니 마음에 남는 사람들이 그다지 많지는 않았다. 허 선배, 한아름, 로즈. 로즈를 생각하면 복잡한 심정이었다. 그녀가 눈에 아른거렸다. 미국생활에서 그녀와 함께한 짧은 만남은 행복하였고 가슴 설레는 날들이었다.
　원담은 책방을 순례하기 시작하였다. 대형 책방부터 오컬트나 종교서적을 다루는 전문 책방까지 폭넓게 발걸음을 하였다. 인구 200만 도시에 책방이 너무도 많았고 특히 오컬트 관련 전문서점만 20개는 되는 듯싶었다. 1000만 인구의 서울에 명상 전문서점이 한 곳 있는 것을 고려한다면 대단한 숫자였다.
　처음 책방에 가서 불교서적의 방대함에 놀랐고 책 저자들의 불교에 대한 이해는 생각보다 깊었다. 불교에 대한 자신들의 이해를 바탕으로 서양 대중에게 어울리게끔 실용적 입장에서 불교를 표현하였다는 점이 인상 깊었다.
　짧은 미국 불교역사를 고려하면 영어로 번역된 불경과 불경서적이 많았다. 더군다나 도시마다 생활화된 시민들의 참선 모임이 있었고 사원이나 승려 없이도 선이 시민들의 생활 속으로 파고들고 있음에 부러움마저 느꼈다. 초파일만 절에 오는 불자, 복(취직, 시험, 승진)을 빌로 오는 불자를 생각하면 아직 소수지만 자신의 내적 평화와 각성을 의하여 불교를 생활화하고 있는 미국인의 모습은 많은 것을 생각하게 하였다.

원담은 책방에서 아주 흥미로운 책을 발견하였다. 이 순간을 자각하고 살아갈 때 나오는 힘과 이 순간에 머물 수 있는 방법을 소개하는 책이었다. 불교 위빠사나의 호흡과 생각 지켜보기를 서양인의 논리체계에 맞추어 재정립한 책이었다.

자각이 변하면 생각과 행동이 변한다며 이 순간, 감정에 즉각적으로 반응하는 자신을 지켜보아서 자신과 감정 사이에 간격을 만들어, 습관적으로 혹은 본능적으로 반응하지 말고 선택하자는 이야기였다. 현재에 머물면서 감정에 즉각 반응하는 대신 의지로 선택을 하자는 메시지였다.

책에는 "삶의 지각이 변화할 때 느낌과 행동의 변화는 자연스럽게 따라온다. 여기 이 순간에 현존하는 의미를 배울 때 삶은 훨씬 작은 갈등과 큰 기쁨으로 채워진다." "이 순간에 사는 것은 삶을 즐길 수 있는 무한한 새로운 기회의 영역으로 들어가는 능력을 얻는 것이다. 이 순간에 사는 것을 배울 때 과거의 감정적 짐과 미래의 불안을 벗어나는 방법을 발견한다." 같은 중요한 메시지가 있었다.

현재 이 순간에 존재하는 평화와 행복을 즐기는 법을 보여주는 실용적인 자기개발용 책이었다. 저자는 종교이야기나 형이상학적 개념인 깨달음은 말하지 않았다. 깨달음을 전하는 명상서적과는 달리 단지 현재에 머물러서 향유할 수 있는 속성(평화, 행복 등)을 이야기하고 그 방법을 보여주었다.

책에서 흥미로운 것은 지켜보기용 알람시계였다. 순간순간에 깨어있어야 하는 수련자에게 일정 시간마다 경고음을 주어서 경고음이 나오는 순간 만약 현재에 깨어있지 못하다면 즉시 화두 들듯이 다시 정신을 차리고 그 순간에 깨어있도록 하는 도구였다. 미국인들의 실용적 마인드에 저절로 고개가 끄덕여졌다.

미국 유일의 불교대학인 나로빠 대학 도서관을 방문하여 필요한 티베트 관련 도서를 복사하기도 하였다. 시내 중심에 자리 잡은 작은 대학이라 흔히 볼 수 있는 넓은 주차장이나 잔디밭도 없었고 건물 5개동이 전부였다. 그러나 캠퍼스 분위기가 밝았고 활달하고 자유로운 학생들의 모습들이 보기 좋았다. 대학이 추구하는 정신은 캠퍼스에 스며들어 드러나는 법이었다. 허 선배와 로즈가 일하는 상담소는 학교 내에 있었지만 그들을 불러내지는 않았다.

3개월 동안 지속된 토요강좌도 그만두었다. 토요강연과 일요법회의 글을 모아 한 권의 책으로 편찬하여 신도들에게 나누어주기로 하였다. 가기 전에 신도들에게 해줄 수 있는 작은 선물이기도 하였다. 여러 편의 글들을 A4 용지에 정리하여 복사점에서 제본하면 큰돈은 들지 않을 것 같았다. 원담은 자료를 정리하면서 허학성의 토요강연 글을 훑어보았다.

〈부모의 역할을 생각하며〉

일전에 LA 신문이 한국의 조기 영어 열풍을 보도하면서 일부 부모가 영어 발음을 잘하도록 어린아이들에게 혀 수술을 시킨다는 충격적인 기사를 실었다. 자녀 성공을 위하여 수단과 방법을 가리지 않는 일부 한국 부모의 한 단면을 보는 듯싶었다.

이런 기사를 읽은 미국사람들은 어떤 생각을 했을까? 영어를 위하여 좋다면 이것보다 더한 일도 우리 부모는 할지 모른다. 이것이 그들이 자식을 사랑하는 방법이다. 그 사랑은 소유욕, 과시욕, 대리욕구, 무지, 잘못된 인생관 등 여러 복합적인 감정이지 사랑은 아니다. 그들이 자식의 의견을 물어 보았는지, 수술하면 정말 영어 발음이 잘되는지 확인은 했는지 알 수는 없지만 답답했다.

일부 부모의 자식 사랑은 유별나다 못해 엽기적 수준이다. 영어 발음은 혀의 문제가 아니라 훈련과 반복 학습, 끊임없는 모방의 결과이다. 어려서 이민 간 한국인이나 이민 2, 3세들은 원어민과 똑같은 영어발음을 한다. 한국인의 혀가 문제라면 그들은 영어를 원어민처럼 할 수 없어야하나 그렇지는 않다.

언어는 발화점이 입안 어디냐에 따라 다양한 소리가 나온다. 여기에 혀의 위치, 입의 개폐 정도가 소리를 결정한다. 즉 혀의 위치를 정확히 놓고 입의 개폐정도를 명확히 하고 정확한 발화점에서 발음한다면 영어 발음은 바르게 이루어진다.

그런데 우리가 한국어의 발음구조에 익숙해 있어 습관적으로 한국식 발음을 하게 된다. 한국어의 "ㄱ"은 영어의 "g" "k"로 대치되는데 엄밀한 의미에서 그 소리가 나오는 위치(발화점)가 조금 다르다. 만약 우리가 "Green"을 "그린"으로 발음한다면 비슷하게 들리겠지만 미국인에게는 어색하게 들린다. 왜냐하면 같은 "ㄱ" "G"이지만 영어의 "g"는 우리보다 좀 더 안쪽에서 나오는 소리이다. 그러므로 우리가 정확히 발음하려면 좀 더 입천장 뒤쪽에서 소리를 내야 한다.

이런 예는 영어의 모음과 자음에 많이 있다. "ㅏ"와 "a"는 같은 소리로 알고 있지만 영어의 "a"는 좀 더 안쪽에서 나오는 소리이다. 그러므로 우리가 Atom을 발음할 때 우리식으로 "아톰"하면 정확한 발음이 아니다. 좀 더 안쪽에서 "아"를 발음해야 하며 그렇게 하려면 좀 더 입을 크게 벌려야 한다.

이것은 미국인이 한국어를 배울 때 마찬가지로 일어나는 현상이다. 만약 그들이 "아저씨"를 발음할 때 자신들의 "아" 발음인 좀 더 뒤에서 나오는 "아" 소리를 낸다면 우리에게는 부자연스러운 소리로 들린다.

결국 한국어와 영어는 예를 들면 "ㄱ"을 "g"로 "ㅏ"을 "a"로 하자고 약속을 했더라도 비슷한 소리이지 같은 소리는 아니다. 여기에서 발음의 문제가 생겨나는 것이다. 한국어를 사용하는 사회에 살아오면서 우리는 좀 더 자연스럽게 한국어 발음에 익숙해져 있는 것이며 미국인은 그 반대인 것이다. 혀가 무슨 잘못인가?

이 뉴스를 접하고 부모가 자식의 일에 어느 정도 개입이 가능한지 생각해 보았다. 부모는 아이가 성인이 될 때까지 보호자와 안내자의 역할을 한다. 그런데 자식의 의사에 상관없이 혹은 의사결정 능력이 부족한 아이의 동의를 가지고 이런 수술을 하는 것이 부모의 권리인가 하는 것이다. 이 일로 부모는 좋은 업을 설정했을까? 자녀든 부모든 개인의 자유의지에 개입하는 것은 나쁜 업을 짓는 일이다.

영어에 집착하는 이유가 자식의 세속적 성공이라면 이는 그릇된 동기이다. 물론 자식이 인류를 위한 인재가 되도록 투자하는 부모도 있을 것이다. 그러나 대부분은 세속적 출세이며 물질 집착의 결과이다.

주변에서 자식의 영적인 성장을 위하여 투자하는 부모를 만나기는 참으로 어렵다. 사실 영적인 성장이 교회 다니거나 맹목적인 믿음으로 이해하는 사람이 많은 현실에서 참된 영적 성장이 무엇인지 아는 부모가 얼마일까? 자식의 영적 성장의 토대를 만들어 주는 부모, 그것이 바로 참된 부모의 의무이다.

오늘날 우리가 잘못되는 이유 중의 하나가 삶에 참된 영적 목적이 없어서이다. 사람들은 자신이 영적인 존재임을 잊었으며 자신의 목적을 세속적 부, 명성 혹은 물질적 권력에 두고 살아간다.

요즈음 사람들은 환경문제나 건강문제에 대하여 많은 관심을 보인다. 몸에 좋은 음식을 골라 먹고 땀을 뻘뻘 흘리며 몸을 관리한다. 중요한 일이지만 이것이 우리의 영적인 성장만큼 절실한 것은 아니다. 사람들은 환경을 걱정하고 몸에 신경 쓰면서 왜 자신의 영적 결핍에 대해서는 주의를 기울이지 않는가? 자신의 주인공인 혼을 잃고 전 세계를 얻는다면 무슨 소용인가? 외부에 돌리는 에너지를 내면의 성장으로 돌려야 한다.

〈효의 변질〉

산 정상이 가까이 보이는 나지막한 봉오리 아래에 묘지가 하나 있다. 양지 바른 곳에 자리 잡고 있어 추위를 피하여 겨울산행을 하는 사람들의 발길이 머무는 곳이다. 세월의 풍상 속에 묘의 봉분은 낮아지고 묘비도 보이지 않는다.

잔디에 앉아 휴식을 취하려니 묘의 사연이 궁금해진다. 산 입구에서 가파른 언덕길을 오르는데 걸리는 시간은 어림잡아 60분인데 상여를 매고 올라왔으면 훨씬 시간이 더 걸렸을 것이다. 산 아래로 도로가 나기 전에는 주변이 밭이나 산이었겠고 그것을 고려한다면 대단히 먼 거리였을 것이다.

그런데 거리를 떠나 상여를 매고 경사가 급한 산을 어떻게 올랐을까 궁금해진다. 명당을 찾아서 이렇게 높은 산 위에 묘를 쓰는 한국인의 매장풍습이 새삼스러이 답답해진다.

명당을 찾는 것은 죽은 자의 복을 위한 것보다는 묘를 잘 써서 부귀영화를 얻고자 하는 발복(發福)사상 때문이다. 묘를 잘 쓰면 후손인 자신들이 잘될 수 있다는 사고가 어찌 보면 가증스럽다. 이것은 노력 없이 얻고자 함이며 원인과 결과의 법칙에 어긋남을 모르는 무지의 소치이다.

일 년에 여의도 크기의 땅이 묘지로 사라진다고 하는데 그런 점에서 불교의 화장법은 매장의 문제점을 해결할 수 있는 좋은 방법이다. 유별나게 우리나라는 매장이 선호되는데 이것은 유교의 영향이 절대적이다.

효와 충이 국가 통치이념의 중심축이었던 조선사회에서 죽은 부모의 시체를 화장한다는 것은 쉬운 일이 아니었을 것이다. 겉보기에는 효란 그럴듯한 이념으로 보이지만 조선시대 왕권 강화를 위하여 임금에게 충성을 그리고 그 충이 가정에 적용되어 부모에 대한 효로 나타난 것이다.

충과 효는 조선시대 체제수호를 위한 무기였다. 인간의 보편적 진리에 상관없이 임금에 대한 절대적 충성과 부모에 대한 절대적 충성(효)이 강요되었다. 이성과 합리성 그리고 자유보다는 집단과 비합리성 그리고 억압이 지배한 사회였다. 과거 전두환 정권이 내세운 것이 정의로운 사회였다. 그 정의라는 원래의 의미가 그 정권을 통하여 어떻게 왜곡되었는지 잘 안다. 조선시대 충과 효도 정도의 차이는 있지만 부패되고 왜곡된 것이다.

영적 성장은 의식의 확장을 통하여서이다. 이런 문화가 아직까지 우리의 의식을 통제하고 우리를 비생산적인 일에 묶어둔다. 사회 이념이나 문화가 인간의 의식에 얼마나 지대한 영향을 미치는지는 굳이 인류문화사를 들추지 않더라도 바로 우리의 사례에서 찾을 수 있다.

효 문화 그리고 그 파생물인 매장문화는 신체에 대한 집착을 가져왔고 쓸데없는 허례의식의 양산을 가져왔다. 죽은 자에 대한 인적 물적 자원의 낭비는 산 자를 위하여 투자되고 사용되어야 한다. 제사나 묘 조성 등에 들어가는 돈을 교육이나 후생복리에 투자한다면 우리나라는 쉽게 선진국으로 한 단계 성장할 것이다.

그러나 이런 물질적 이유 말고 정신적인 측면이 중요하다. 육체는 혼이 사용하는 도구이다. 그러므로 때가 되면 언제든지 미련 없이 버리고 떠나야 하는 것이다. 그런 차원에서 혼이 떠난 육체는 빈 껍질이며 보존의 필요도 없으며 숭배나 제사의 대상도 아니다. 이런 것에 집착은 혼의 자유를 구속하는 요인이 된다.

예로부터 위대한 스승님들은 화장을 가장 위생적이며 동시에 혼의 각성에 좋은 방법이라고 하셨다. 화장은 후손에게도 육체에 대한 덧없음과 환영을 직시하게 할 수 있는 기회를 준다.

기성세대가 거부감을 가지고 있는 화장제도는 젊은 세대에 의하여 필연적으로 채택될 것이다. 우리 주변에 물질적이든 정신적이든 과거를 돌이켜 교훈이 될 수 있는 것은 받아들이고 의미가 없는 것은 배제하는 것이 영적인 성장에 도움이 된다. 진리를 깨닫지 못하면 살아도 살아 있는 것이 아니다. 우리 사회는 죽은 자가 지배한다. 우리의 예절과 의식 중에는 낭비적이고 과시적인 것들이 너무 많다.

효는 존재하여야 한다. 그러나 진정한 효란 무엇인가를 생각하여야 한다. 효란 인류 모두가 서로에게 실행해야 할 형제애의 한 단면이며 그것은 사랑과 같다.

3. 영적 성장

뉴멕시코 여행은 김선미에게 새로운 삶의 지평선을 가져다주었다. 생각도 육체도 아닌 지켜보는 그것을 생생히 경험하였고 그 후 내면의 자아는 언제나 명료하게 빛을 발하고 있었다. 많은 욕망이 떨어져나갔고 그럴수록 한없이 커가는 느낌이었다.

지난 주말 한아름 집을 방문 하였다가 우연히 알게 된 허학성의 소식은 더 이상 그녀에게 놀랍거나 가슴 아픈 일은 아니었다. 이제는 옛날처럼 사랑으로 마음 아파하는 그녀가 아니었다. 그가 콜로라도에 살고 있다는 것은 알았지만 한아름을 통하여 그의 소식을 듣게 되리라고는 생각도 못하였다.

한아름의 책상 위에 놓인 눈에 익은 책들, 그것은 이전에 허학성의 집에서 보았던 책들이었다. 선미가 책에 관심을 보이자 한아름은 자신이 처음 이 단체를 알게 된 사연을 말하면서 허학성에 대하여 언급하였다. 처음에는 가벼운 긴장감이 일었으나 모르는 사람 대하듯 그녀의 설명을 들었고 심지어 그에 대하여 물어보기까지 하였다. 허학성이 살고 있는 "타우의 집"에 대하여 말하자 한동안 기억 속에 지워버렸던 고향의 산하가 떠올랐다.

그날 한아름은 한국에서 대학교수 자리를 얻었다며 조만간 미국을 떠날 것이라고 말하였다. 가을학기부터 수업에 들어가야 하므로 미국 생활을 빨리 정리해야 한다는 그녀의 표정에는 즐거움과 아쉬움이 교차하고 있었다. 아울러 무처사의 원담 스님도 9월 말에 한국으로 돌아간다며 떠나기 전에 타우의 집을 방문할 예정이니 같이 동행하자는 말을 하였다.

못 만날 사람이 아니었고 자신의 변한 모습을 보여주는 것도 좋겠다는 생각이 들었다. 헤어질 때 가졌던 아쉬운 감정은 사라졌고 지금 그를 잘 이해할 수 있을 것 같았다. 그 감정은 동반자라는 느낌, 형제 같은 편안한 것이었다.

초면인 사람이 가도 되겠느냐며 먼저 허락을 구한다면 가겠노라고 말하고는 집으로 돌아왔다. 그리고 다음날 허락을 얻었다는 말을 전해 들었다. 한아름이 자신을 어떻게 소개하였는지 자신의 이름은 말했는지 궁금했으나 그것을 물어보지는 않았다.

4. 재회

"타우의 집" 명판이 나타났다. 고향에 온 것처럼 반가움이 일었다. 주변을 살펴보니 앞으로는 산들이 첩첩이 이어지고 집 아래로는 여러 산들이 흘러내려 계곡이 펼쳐지고 집 좌우와 뒤로는 낮은 산이 집을 포근하게 감싸고 있었다.

아무런 인기척도 없었다. 가볍게 현관문을 두드렸다. 이윽고 문을 열고 한 남자가 나왔다. 50 후반의 한 동양인이 반갑게 인사를 하였다. 사내는 학성이 잠시 일이 있어 조금 늦게 올 것 같다며 계곡이 내려다보이는 이층으로 안내하였다.

작은 산들이 흘러내려 계곡을 만들고 그 계곡을 따라 물이 흐르고 있었다. 적당한 거리에 위치한 전방의 산들이 길게 물결을 이루며 남으로 이어지고 있었다. 그냥 바라만 보아도 가슴이 후련해지는 전망 좋은 집이었다.

사내는 7월에 열린 BWT 여름학교에 참가하고 잠시 이곳에서 명상을 하고 있다고 자신을 소개하였다. 활달한 성격의 한아름이 능숙하게 대화를 주도하며 분위기를 편하게 만들었다. 방에는 미리 준비한 듯 가벼운 음식과 음료수가 준비되어 있었다.

원담 스님이 준비해온 티베트 명상 음악을 틀자 아름다운 선율이 방안으로 흐르기 시작하였다. 사람들이 음식을 먹으며 음악을 듣고 있는 동안 선미는 조용히 마당으로 나왔다. 현관을 나오니 오른 편으로 소나무가 숲을 이루며 자라고 있었다.

선미는 무엇에 홀린 듯 소나무 숲으로 발걸음을 옮겼다. 나무 사이로 저물어가는 저녁 햇살이 분홍빛으로 쏟아졌다. 조금 들어가니 숲 속에 작은 공터가 나오고 한 사람이 나무 아래 벤치에 앉아 있는 것이 보였다. 선미를 보고는 환한 미소를 던지며 오라는 손짓을 하였다. 저녁 햇살을 받으며 손짓하는 사람은 학성이었다.

"편안한 모습을 보니 기쁘다."

학성은 마치 그녀가 올 줄 알았다는 듯이 반갑게 그녀를 맞이하였다. 한아름이 방문 허락을 구하면서 선미 이름을 말하였을 것이다. 학성을 보는 순간 친오빠 같다는 생각이 들었다. 사랑의 감정이 싹트기 전에 학성에게 지녔던 포근한 감정이 그러했다. 이심전심으로 학성과 아무런 장벽 없이 마음이 통하는 것 같았다. 말을 안 해도 모든 것을 알 수 있었다.

"잘 지내셨지요. 오빠가 나를 보고 어떤 표정을 지을지 궁금했는데 그다지 놀라는 표정이 아니네요."

말을 하면서 가슴이 뛰었다. 그건 이성에 대한 감정이 아니라 어렸을 때 무지개를 바라보며 느꼈던 순수한 감정 같은 것이었다. 어린 시절 추억은 무지갯빛이었다. 특히 학성과 함께한 기억은 그러했다.

"여기 앉아."

학성은 옆자리를 가리키며 말하였다.

"상담학을 공부한다고 들었는데 네 성격에 어울릴 것 같아. 많은 사람들에게 유용하게 쓰일 수 있는 사람이 될 거야. 너를 보니 영적으로 많이 성장했음을 알겠어. 무척 기뻐."

가벼운 미소만 지으며 선미는 아무런 말도 하지 않았다. 의자에 깊이 기대고 앉아 무지갯빛으로 빛나는 공기를 마셨다. 어린 사슴 한 마리가 오른편 숲에서 나와 그들이 앉아 있는 공터를 가로질러 숲으로 사라졌다.

이 나무 아래 벤치에서 잠시지만 긴 꿈을 꾼 것 같았다. 꿈속에 선미가 되어 살아온 것 같았다. 순간이 영원이 되어 흐르고 소리 없는 소리가 들리는 것 같았다.

5. 축제의 밤

어둠이 내리고 베란다로 하나 둘 별이 빛나기 시작하였다. 김선미가 보이지 않았다. 주변을 산책하기에는 어둡지 않을까 생각하며 방문을 나서니 정적의 세계였다. 그러나 밤하늘에 별빛이 유난히 아름답게 빛나고 있었다. 그때 두 사람이 마당으로 들어서고 있었다. 두 사람이 길에서 우연히 만나서 같이 들어오나 싶었다. 한 아름이 두 사람을 인사시키려 하자 허 선생이 먼저 말을 하였다.

"한 선생님! 참, 세상이 좁습니다. 여기 김선미 씨와는 고향 선후배 사이입니다."

고향 후배라니. 두 사람이 친분이 있다는 것이 신기하였다. 멀리 미국, 그것도 후미진 산골에서 고향 사람을 만나다니 좁고도 좁은 세상이었다. 그러고 보니 두 사람에게 풍겨 나오는 조용하고 맑은 느낌이 닮아 보였다.

미국 생활도 1주일 남았다. 교수직을 얻은 것은 기뻤지만 아름다운 산천과 친형제 같은 사람들과 이별은 가슴 아픈 일이었다. 30년 조금

넘는 삶을 돌이켜 볼 때 가장 의미 있고 보람찬 시기를 꼽으라면 이곳 콜로라도에서 생활일 것이었다.

직업, 사람, 자연 모든 것이 만족스러웠고 기쁨으로 충만한 날들이었다. 이곳에 모인 허 선생, 김선미, 원담 스님은 잊을 수 없는 인연으로 남을 것이었다. 무엇보다 진리탐구에 있어 학문적 관심에서 내면의 영적 성장으로 초점이 바뀐 것은 허 선생의 도움이 컸다.

허 선생이 곧 떠나는 한아름과 원담 스님의 앞날을 위해 축배를 들자고 제안하였다. 잔이 부딪치고 우정이 안개비처럼 방 안에 내리기 시작하였다. 같은 어머니 뱃속에서 태어나지 않았고 같은 품속에서 자라지 않았지만 모두가 신의 자녀이니 한 형제, 한 가족이었다. "Brotherhood, 형제애"라는 말이 이 순간 분위기를 표현할 수 있는 가장 적합한 말이었다.

"제가 한국에 돌아가서 좋은 토굴을 마련할 터니 그곳에서 만납시다. 허 선배도 언젠가는 한국에 돌아오실 것 아닌가요. 선미님은 졸업하면 당연히 돌아오시겠고……"

원담 스님이 조금은 감상적으로 한국에서 재회를 기약하였다. 헤어짐은 다시 만날 것을 기약하는 것이라고 하지 않던가. 밤이 깊어 갈수록 별은 빛나고 헤어짐을 아쉬워하는 사람들의 마음은 깊어갔다.

브라더후드 일반 공개 책자 목록

Metaphysical and Occult Books

The Ancient Wisdom $8.00

Asana, Breath & Mantram $7.00

Creation - by Metro Dimion $4

Cosmogony and Cosmology $8.00

Emerald Tablets $30.00

Faith, Harmony and Meditations $4.00

Flying Saucers $8.00

Four Gospels - Interpretation $12.00

Four Planes of Healing $8.00

Fundamentals of Healing $6.00

George Washington's Vision $4.00

Healing Power $6.00

Kabbala $10.00

Masters, Visible and Invisible $6.00

Meditation, The Science of Silence $6.00

Neophyte and The Path $10.00

Occult Book Catalogue $6.00

Path of Mastership $6.00

Revelations - Interpretation $12.00

Sahaj Yoga, Yoga of Life $8.00

Sepher Yetzirah -The Book of Creation $8.00

Spiritual Power, Magnetic Healing $6.00

Stanzas of Dzyan - Interpretation $8.00

Symbolism of the Great Pyramid $8.00

Textbook of the Ancient Wisdom $8.00

Yoga, Science of Breath $6.00

Acts of the Apostles & Epistles of Paul - Interpretation $8.00

Junior Lessons: PartsI,II,III,IV Each part $6.00

Doreal As I know him by Dr. W. Whitby(For Members only) $ 10.00

My experience with my guru, Dr. Doreal by J. Morrow(For Members only) $ 10.00

LITTLE TEMPLE LIBRARY

Any of the following books - $4.00 each or 6 for $20.00

Adam and Eve in the First Cycle

Adam and the Pre-Adamites

Akashic Records and How To Read Them

Ancient America

Armageddon Plan For Safety

Astral Projection and How To Accomplish It

Astro-Chemical Analysis

Atlantis and Lemuria

Authentic St. Germain

Awareness

Banner of Shamballa,

Bardo, Maya, and The Wheel of Life

Christ and The Last Days

Color and Light

Concentration and Relaxation

Creation and The Fall of Man

Divine Healing

Dragons of Wisdom

Dream State,

Dweller on the Threshold

Fellowship of the Holy Ones

First Age of Man & The Seven Secret Cities

Great Masters of the Himalayas

Great Temple, The

Inner Earth, The

Inner Light, The

Life of Jesus, The

Maitreya, Lord of the World

Man and The Mystic Universe

Many That Are Now Living Shall Never Die

Master Key, The

Material Inharmony and How To Overcome It

Melchesideck

Messiah Aggadoth

Milarepa, The Tibetan Saint

Mysteries of the Gobi

Mysteries of the Mayas

Mysteries of Mt. Shasta

Mystery of Color

Mystery of The Ark of The Covenant

Mystery of The Moon

Mystic Way, The

New Golden Age, The

New Religion, The

Occult and Mystery Teachings of Jesus

Occult Symbols Unveiled

On The Path

Our Relation to the Universe

Path To Attainment

Perfect Way, The

Personal Magnetism

Pineal Eye, The

Polar Paradise

Reincarnation, Life After Death

Reincarnation, Mystery of Life and Death

Return of The Gods To America

Science of Health, The

Secret Teachings of The Himalayan Gurus

Secret Teachings of Jesus

Secret of True Prayer

Shamballa or The Great White Lodge

Soul and Its Nature, The

Soul Cycles

Spinal Brain and Health, The

Spirit and Soul

Supernormal, The

Symbolism of The Life of Jesus

Ten Lost Tribes of Israel, The

Tibet and Its Religions

Thought and Will in Relation To Mantrams

Treasures of Light

Two Ways, The

Vitamins and The Elements

Webs of Destiny

Wheel of Life

Wisdom of The Kabbala

World War and Reincarnation

Astral Projection, The Astral Body, The Fourth Dimension

Bardo or The Journey of The Soul After Death

Cosmic Consciousness, Samadhi and The New Age

Cosmic White Lodge & The Great White Lodge of This Earth

Five Great Initiations As Symbolized in the Life of the Master Jesus

How To Live In Harmony With Divine Law

Man's Higher Self, His Subtle Bodies - How They Influence His Life

Material Man & The Present Conditions & Spiritual Man & The Future Conditions

Mystery Teachings of The Second Coming of the Christ

Mystical Teachings in The Gnostic Works Concerning Jesus and The Mysteries

Mysticism and Mysteries of The New Age

Occult Anatomy of Man, The Astral Plane & Divine Power
Personal Experiences Among the Masters and Great Adepts cf Tibet
Some Previous Incarnations of Jesus and the Unknown Period of His Life
Spiritual Alchemistry & Its Relationship To Spiritual Healing and Psychic Ills
Symbolism of The Great Seal of The United States
Universal Brotherhood of Man In This New Age

To insure prompt delivery, send 30% of amount of order for Air Mail.
Send Order to: Brotherhood of the White Temple   7830 Oak Way
　　　　　　　Sedalia, Colorado 80135   U.S.A.
　　　　　　　website: www.bwtemple.org